ROUSSEAU · KORRESPONDENZEN

RECLAM Bibliothek

BELLETRISTIK

Jean-Jacques Rousseau

KORRESPONDENZEN

Eine Auswahl

Reclam-Verlag Leipzig

Aus dem Französischen
Übersetzung von Gudrun Hohl
Herausgegeben von Winfried Schröder
Mit einem Anhang „Dokumente zur Person Rousseaus“

ISBN 3-379-01439-7

Auswahl der Briefe und Dokumente mit den entsprechenden Ordnungszahlen (s. Inhalt) aus:
Correspondance complète de Jean-Jacques Rousseau;
édition critique, établie et annotée par R. A. Leigh;
49 Bände, Genf / Oxford 1965 – 1989.

Reclam-Bibliothek Band 1439
1. Auflage, 1992
Umschlaggestaltung: Friederike Pondelik unter Verwendung eines Porträts von J.-J. Rousseau (Kupferstich, 1761) von J. B. Michel.
Printed in Germany
Satz: Mitterweger Werksatz GmbH, Limbach-Oberfrohna
Druck und Binden: Ebner Ulm
Gesetzt aus Garamond-Antiqua

Für Benjamin Walter

Einleitung

Wer sich für Jean-Jacques Rousseau interessiert, der wird feststellen, daß im Verlauf der über zweihundertjährigen Rezeption nicht nur kontinuierlich neue Erkenntnisse über sein Leben und sein Werk gewonnen wurden. Es gibt vielmehr auch einen gegenläufigen Vorgang, den der negativen Legendenbildungen. Schon seine Zeitgenossen, insbesondere Voltaire, der Patriarch der französischen Aufklärung, haben in Auseinandersetzung mit Rousseaus Geschichtsphilosophie sowie seinen sich daraus ableitenden gesellschaftspolitischen Konzepten bzw. Aktivitäten und in Abgrenzung von ihnen eine Reihe von simplifizierenden und diffamierenden Pauschalurteilen verbreitet, die wie antithetisch-polarisierende Feindbilder bis in die Gegenwart hinein immer wieder reproduziert wurden. Nach wie vor ist daher in den populären Rousseau-Bildern das Spektrum generalisierender Urteile und Vorurteile weit gefächert. Wer sich für Rousseau interessiert, muß dies bedenken, da auf diese Weise nicht nur die Realität ausgegrenzt oder auf unzulässige Art vereinseitigt, sondern auch der Zugang zu ihr verstellt wurde.

So geht schon auf Voltaire die Behauptung zurück, Rousseau sei ein „Fanatiker widerwärtiger Hirngespinste" gewesen, ein Prophet „egalitären Wunschdenkens"[1], der sich dafür engagierte, „daß alle Reichen von den Armen ausgeraubt werden, damit die brüderliche Vereinigung der Menschen leichter zustande" käme[2]. Daran schloß Nietzsche an, für den Rousseau „Idealist und Cannaille in einer Person"[3] war, eine „Moral-Tarantel", deren „Gedanke des moralischen Fanatismus" von Robespierre vollstreckt wurde[4].

Selbst der Vorwurf ist ihm nicht erspart geblieben, der vollkommenste Egoist gewesen zu sein, der sich für den Mittelpunkt der gesamten Schöpfung hielt, der die Einsamkeit suchte, weil er nur dort fand, was allein ihn auf der Welt interessierte: sich selbst, seine Empfindungen und Gedanken. So konnte es scheinen, als hätte Rousseau alles, was um ihn herum geschah, nur als seinetwegen geschehen verstanden, und in allem, was ihn am Schreiben störte, ein „Komplott gegen seine Person“ gesehen[5].

Schon im Nachruf der Zeitschrift „Literarische Korrespondenz“ vom Juli 1778 auf Rousseaus Tod war seine sechzehn Jahre anhaltende Verfolgung entpolitisiert und weitgehend personalisiert worden. Hier hieß es, Rousseau sei das „Opfer einer wirklich nur geringfügigen, wenngleich recht seltsamen Verfolgung“ geworden, „die er vielleicht selbst verschuldet hatte“[6].

Noch im Jahre 1965 gab es für den Romanisten Werner Krauss keinen Zweifel, daß „der Gedanke an ein systematisches Komplott immer mehr Macht über Rousseaus verwundeten Geist gewann“ und daß in den Dialogen „Rousseau richtet über Jean-Jacques“ von 1772 bis 1776 „das Wahnsystem zum beherrschenden Faktor geworden“ war[7]. Auch dieses Urteil über die „Dialoge“ geht auf die „Literarische Korrespondenz“ zurück. Sie wurden hier nach ihrem Erscheinen im Jahre 1780 als „trauriges Geschwätz“ eines „vollkommen Wahnsinnigen“ disqualifiziert. Die begründete Frage des Romanisten Fritz Schalk, ob diese „Dialoge“ nicht vielmehr ein Versuch Rousseaus waren, „die Verschwörung des Schweigens zu durchbrechen, die Gegner zum Sprechen zu bringen“[8], blieb nicht nur von Krauss unbeantwortet.

Wie hartnäckig an diesem traditionellen Urteil der Gegner Rousseaus aus dem 18. Jahrhundert, die selbst an seiner Verfolgung teilgenommen hatten, festgehalten wurde, zeigt auch ein Aufsatz von Roland Mortier vom Jahre 1980. Auch für Mortier ist erwiesen, daß Rousseaus „Bewußtsein einzigartigen moralischen Ausgezeichnetseins (...) mit unerbitterlicher Logik zur Zwangsvorstellung des Komplotts“[9] geführt hat.

Nicht einmal scheint hier bedacht zu sein, daß sich mit dieser subjektzentrierten und psychologisierenden Sicht die Frage nach der sechzehnjährigen Verfolgung Rousseaus, nach ihren Ursachen, Formen und Konsequenzen für den Betroffenen überhaupt nicht mehr stellt. Mehr noch, durch eine Reduktion dieser Verfolgung auf Charakterschwächen und auf pathologische Irrungen und Wirrungen werden die

Täter dieses Komplotts in Opfer und das Opfer in den eigentlichen Täter verkehrt. Eine in der Tat merkwürdige Methode der Schuldzuweisung, deren Funktion eigentlich nur als Warnung an die Nachgeborenen verstanden werden kann, sich nicht so kompromißlos wie Rousseau gegenüber mächtigen Zeitgenossen zu verhalten, um sich ein ähnliches Schicksal zu ersparen[10].

Gleichsam der Gipfelpunkt der Reproduktion derartiger psychologisierender Kopfgeburten und Legendenbildungen, die keine Geschichte, Philosophiegeschichte oder Politik kennen, sind die pauschalen Verdikte eines gebürtigen Schweizer Romanisten vom Jahre 1987. In seinem Beitrag zur Biographie Rousseaus heißt es, Rousseau sei „das neurotische Gespenst aus Genf, das auf seinen Neckermann-Reisen kein Helsingör und keine Wiener Anschrift Freuds fand", der „größte Tränenvergießer und Tränenlieferant des 18. Jahrhunderts", der „neurotische Reklamemensch der Abstinenz, der nur mühsam seinen dauernden Vollrausch verbirgt", der „wirksamste Drogenfabrikant der Weltliteratur"[11].

Inzwischen liegt mit der von 1965 bis 1989 durch den englischen Rousseau-Forscher R. A. Leigh veröffentlichten 49bändigen Gesamtausgabe des Rousseauschen Briefwechsels mit 8386 Briefen von, an und über Rousseau und mit wichtigen Zeitdokumenten ein Quellenmaterial vor, das einen neuen Zugang zur Biographie und zum Werk Rousseaus eröffnet und von dem daher zukünftige Rousseau-Darstellungen nicht mehr absehen können. Dies betrifft nicht nur den schon von Rousseau in den „Bekenntnissen" (1762–1770) beschriebenen Verlauf seines Lebens bis zum Jahre 1765, sondern vor allem die letzten sechzehn Jahre nach seiner Vertreibung aus Frankreich im Juni 1762: die Jahre des Bürgerkrieges in Genf von 1763 bis 1768, des nationalen Befreiungskampfes der Korsen bis 1769 und der Verfolgung Rousseaus, seines Exils und der Illegalität.

Die vorliegende Auswahl basiert gänzlich auf obiger Gesamtausgabe von Rousseaus Korrespondenz. Die Ordnungszahlen der ausgewählten (bzw. nur in der Einleitung erwähnten) Briefe und Dokumente, die im Inhalt angeführt

werden, verweisen auf sie. Anliegen der Auswahl – bei der versucht wurde, der Dialogform des Briefwechsels soweit wie möglich gerecht zu werden – ist es, Einblick in die wichtigsten Etappen der Biographie Rousseaus zu geben, über seine widersprüchlichen Beziehungen zu bedeutenden Zeitgenossen zu informieren und vor allem bewußtzumachen, daß die bisher in der Rezeption vorherrschende Reduktion seines Schaffens auf die Werke der Jahre von 1750 bis 1762 der sachlichen Begründung entbehrt, da die Schaffensperiode von 1762 bis 1778 eine neue literarische und politische Qualität aufweist[12]. Allein die „Bekenntnisse" wurden, im allgemeinen vereinfacht als ein Werk der Vorromantik betrachtet, in die Rezeption einbezogen[13].
Da zwischen diesen beiden Entwicklungsperioden logischerweise ein äußerer und innerer Begründungszusammenhang besteht, ist daher auch die zeitlich frühere Periode ohne die spätere nicht hinlänglich zu begreifen. Und dies betrifft sowohl die sogenannten autobiographischen Schriften, die „Bekenntnisse" (1762–1770), die Dialoge „Rousseau richtet über Jean-Jacques" (1772–1776) und die „Träumereien eines einsamen Spaziergängers" (1776–1778) als auch den „Brief an Christophe de Beaumont" (1763), die „Briefe vom Berge" (1764), den „Entwurf einer Verfassung für Korsika" (1764/65), Rousseaus Briefe zu einer Reform der Genfer Verfassung (1768) und die „Betrachtungen über die Regierung von Polen und ihre beabsichtigte Reformierung" (1770/71).

Wander- und Lehrjahre eines citoyen de Genève (1712–1742)

Rousseau wurde am 28. Juni 1712 in dem französischsprachigen Stadtstaat Genf geboren. Mit etwa 20000 Einwohnern war dieser die kleinste Republik Europas, unmittelbarer Nachbar der feudalabsolutistischen Monarchie Frankreich, und das Zentrum des reformierten Glaubens, das „Rom des Protestantismus". Rousseaus Mutter verstarb zehn Tage nach seiner Geburt, er wuchs bei seinem Vater Isaac Rousseau auf, einem Genfer Uhrmachermeister. Die

Uhrmacher waren in Genf ein besonders qualifizierter und angesehener Berufsstand, der die Stadt ihren Reichtum und Aufschwung verdankte. Zugleich gehörte Isaac Rousseau nach der Genfer Verfassung juristisch und politisch zu den „Staatsbürgern“ (den *bourgois* und den *citoyens*). Hierbei handelt es sich um eine kleine politisch privilegierte Schicht (etwa 1500 Personen), die im Unterschied zur Mehrheit der Genfer Bürger, den sogenannten Einwohnern *(habitants)* und ihren Söhnen *(natifs)*, Mitglieder des „Allgemeinen Rates der Republik“ *(Conseil générale de la République)* waren und in dieser Funktion die politische Legislative ausübten. Ihnen übergeordnet waren die Amtsträger der drei Regierungsorgane. Es waren der „Rat der Zweihundert“, auch „Großer Rat“ genannt, der „Rat der Sechzig“ und der „Rat der Fünfundzwanzig“, auch „Kleiner Rat“ genannt. Sie rekrutierten sich vor allem aus einer Gruppe reicher Bankiers und Kaufmannsfamilien.

Die Geschichte der Republik Genf im 18. Jahrhundert, die auch Rousseaus geschichtsphilosophisches und politisches Denken entscheidend geprägt hat, ist wesentlich bestimmt durch den Kampf um die Einhaltung und Auslegung des vom „Allgemeinen Rat“ am 8. Mai 1738 gebilligten Grundgesetzes, des sogenannten Meditationsreglements, das die unterschiedlichen Rechte und Machtbefugnisse von Legislative und Exekutive festlegte. Die Regierungsvertreter des „Kleinen Rats“ gaben den Anlaß zu diesen politischen Auseinandersetzungen, da sie permanent bestrebt waren, ihre Machtbefugnisse zu erweitern. Im 9. Brief der „Briefe vom Berge“ hat Rousseau aus der Sicht eines *citoyen* die politische Geschichte der Republik Genf als die Geschichte des Kampfes zwischen den demokratischen Republikanern und dem herrschenden Patriziat eingehend beschrieben.

Von seinem zehnten Jahr an besuchte Rousseau zwei Jahre eine Internatsschule in dem Genf benachbarten Ort Bossey. Den zentralen Platz im Lehrplan nahmen Latein und der kalvinistische Katechismus ein. Darauf folgte eine dreijährige Lehrzeit bei einem Kupferstecher in Genf, die er jedoch nicht beendete. Am 15. März 1728 entschloß sich Rousseau bei einem Sonntagsausflug, seine Geburtsstadt zu verlassen. Sein Weg führt ihn nach Confignon im katholischen Savoyen (etwa zehn Kilometer von Genf entfernt) zu einem Dorfpriester, der darauf versessen war, heimatlose Genfer zu bekehren. Er schickte Rousseau nach Annecy zu der neunundzwanzigjährigen Baronin Françoise-Louise de Warens, die sich seiner mildtätig annahm. In zärtlicher Verehrung nannte Rousseau sie später „maman“. Madame de Warens gab ihm Geld für eine Reise nach Turin, damit er im Hospiz des „Heiligen Geistes“ auf den Übertritt zum Katholizismus, der „heiligen Mutterkirche“, vorbereitet werde. Am 12. April 1728 wurde er im Hospiz aufgenommen und am 21. April nach römisch-katholischem Glauben getauft. Anschließend mußte er sich zur Inquisition begeben, um – wie er in seinen „Bekenntnissen“ berichtet – „die Absolution für Verbrechen der Ketzerei zu empfangen und mit derselben Feierlichkeit, der sich Heinrich IV. durch seinen Gesandten unterworfen hat, in den Schoß der Kirche zurückzukehren“[14].

Die nun folgenden anderthalb Jahrzehnte sind in Rousseaus Biographie Jahre der Wanderschaft und des vergeblichen Bemühens, sich eine berufliche Existenz zu schaffen, um seinen Lebensunterhalt zu verdienen (siehe Brief 11).

Im Herbst 1729 trat er in das Seminar von Saint-Lazare ein, um sich auf die Priesterschaft vorzubereiten. Jedoch schon nach fünf Monaten schickte ihn sein Lehrer zu Madame de Warens zurück, mit der Bemerkung, daß er ein „recht guter und durchaus nicht lasterhafter Bursche sei“, aber nicht geeignet für den geistlichen Stand („Die Bekenntnisse“ Buch III). Das einzige Talent des inzwischen Siebzehnjährigen war offenkundig eine Begabung für die Musik. Dies veranlaßte Madame de Warens, ihren Schützling jetzt in eine Chor- und Musikschule der Domkirche von Annecy zu schicken. Jean-Jacques sang im Chor, spielte Flöte, liebte die katholischen Hymnen und war glücklich. Doch auch diese Zeit währte nicht lange. Eines Tages geriet er in Streit mit dem Musikmeister und verließ Annecy.

Erneut zog Rousseau als Landstreicher und Musikant in der Schweiz und in Frankreich umher. Von Genf nach Turin, nach Annecy, nach Lausanne, nach Neuchâtel, nach Chambéry, nach Lyon waren ihm die Straßen bekannt. Auf diese Weise lernte er Typen aus allen sozialen Schichten kennen und erfuhr, was Armut und Erniedrigung aber auch Reichtum und Luxus bedeutete. „Man kann sich leicht vorstellen“, bemerkt er später in den „Bekenntnissen“ (Buch II), „welch plötzliche Umwälzung in meinen Gedanken erfolgen mußte, als ich mich aus meinen glänzenden Glücksplänen in das vollkommenste Elend fallen sah und, nachdem ich morgens über die Wahl eines Palastes nachgedacht, den ich bewohnen würde, abends gezwungen war, auf der Straße zu schlafen.“

Stets kehrte Rousseau nach einiger Zeit zu Madame de Warens zurück, die inzwischen nach Chambéry, der Hauptstadt des Herzogtums Savoyen, übergesiedelt war. In einem kleinen Anwesen, genannt Les Charmettes, das Madame de Warens vor den Toren von Chambéry gepachtet hatte, verbrachte Rousseau die wohl glücklichste Zeit seines Lebens. „Ich erhob mich mit der Sonne und war glücklich; (...) ich las, ich ging müßig; ich arbeitete im Garten, ich pflückte die Früchte, ich half im Hauswesen, und das Glück folgte mir überall“ („Die Bekenntnisse“ Buch VI).

In diesen Jahren begann sich Rousseau als Autodidakt intensiv mit den Naturwissenschaften sowie mit antiken und modernen philosophischen Werken zu befassen. Er las Stücke von Vergil, Horaz und Tacitus sowie eine lateinische Übersetzung von Platons Dialogen, aber auch Werke von Pascal, La Bruyère, Fénelon, Locke, Malebranche, Leibniz, Descartes und Bayle. Nichts von alldem, was Voltaire schrieb, entging ihm. Über seine Studienmethoden schreibt er: „Ich bemerkte bald, daß all diese Schriftsteller untereinander in einem fast ständigen Widerspruch waren, und faßte den schimärischen Plan, sie in Übereinstimmung miteinander zu bringen, was mich sehr ermüdete und viel Zeit verlieren ließ. Ich verwirrte mir den Kopf und kam nicht vorwärts. Als ich endlich auf diese Methode verzichtete, wählte ich eine unendlich bessere (...) Während ich jeden Schriftsteller las, machte ich es mir zum Gesetz, alle seine Gedanken anzunehmen und zu verfolgen, ohne weder die meinigen noch die eines andern dazuzutun oder je mit ihm zu streiten (...) Nachdem ich einige Jahre damit verbracht hatte, nur genau die Gedanken anderer zu

denken, ohne nachzudenken und fast ohne zu überlegen, hatte ich mir einen ziemlich großen Schatz von Kenntnissen erworben, um mir selbst zu genügen und ohne Hilfe anderer zu denken" („Die Bekenntnisse" Buch VI). Auf diese Weise schuf sich Rousseau die geistigen Voraussetzungen für seine späteren literarischen, geschichtsphilosophischen und politischen Werke.
Ihren Abschluß fanden diese Wander- und Lehrjahre, als Rousseau im Jahre 1740 die Stellung eines Hauslehrers bei dem Bürgermeister von Lyon, Jean Bonnot de Mably, annahm (siehe Briefe 35, 36, 37). Während dieser einjährigen Tätigkeit verfaßte er für Herrn Mably eine Darstellung seiner pädagogischen Ideen, die teilweise Prinzipien vorwegnehmen, die er dann später im „Emile" eingehend entwickelt hat. Von einer kulturpessimistischen Ablehnung der Künste und Wissenschaften ist zu dieser Zeit allerdings noch nicht die Rede.

Beginn einer Karriere in der Pariser Gesellschaft (1742–1754)

Im August 1742 kam Rousseau mit fünfzehn Louisdor in der Börse und einigen Empfehlungsbriefen in Paris an. Hatte er bei früheren Reisen diese Weltstadt mit ihren etwa 500 000 Einwohnern von ihrer ungünstigen Seite gesehen, so sah er sie jetzt von ihrer glänzenden. „Ein junger Mensch", schreibt er, „der mit einem leidlichen Äußern nach Paris kommt und sich durch Talente ankündigt, ist stets freundlicher Aufnahme sicher. So ging es auch mir" („Die Bekenntnisse" Buch VII).
Bereits am 22. August 1742 wurde ihm durch Protektion des berühmten Physikers de Réaumur die Möglichkeit eröffnet, einem Gremium der Akademie der Wissenschaften seinen „Plan bezüglich neuer Zeichen für die Musik" vorzustellen, der jedoch von den Gelehrten und insbesondere von dem berühmten Komponisten und Musiktheoretiker Jean-Philippe Rameau abgelehnt wurde.[15] Rousseaus Kommentar zu diesem Vorgang: „Während meiner Unterredungen mit diesen Herren erfuhr ich mit ebenso großer

Gewißheit wie Überraschung, daß, wenn die Gelehrten manchmal weniger Vorurteile als die andern Menschen haben, sie dagegen noch stärker an denen festhalten, die sie haben. (...) Ich war stets über die Leichtigkeit erstaunt, mit der sie mich durch klingende Redensarten widerlegten, ohne mich verstanden zu haben" („Die Bekenntnisse" Buch VII).

Nicht weniger vergeblich war Rousseaus Versuch, eine diplomatische Karriere einzuschlagen. Im Frühjahr 1743 erhielt er durch die Empfehlung adliger Gönnerinnen die Stelle eines Sekretärs bei dem französischen Botschafter, dem Grafen de Montaigu, in Venedig. In dieser Funktion mußte er wöchentlich zweimal für seinen Botschafter Berichte schreiben. Dabei wurde ihm bewußt, daß man sich mit Fleiß und Korrektheit oft unbeliebter machen kann als mit Trägheit und Liederlichkeit. Nach Streitigkeiten mit dem Botschafter und anderen Angestellten wurde Rousseau am 4. August 1744 seiner Funktion enthoben (siehe Brief 120) und kehrte am 11. Oktober nach Paris zurück. Aus dieser Zeit stammt sein Plan, ein Werk über die politischen Einrichtungen zu schreiben.

Um seinen Lebensunterhalt in Paris zu verdienen, betätigt sich Rousseau jetzt als Kopist von Noten. Die Vorliebe für eine derartige Tätigkeit gehörte zu seinem Traum vom einfachen Leben eines von seiner Hände Arbeit lebenden Menschen.[16] In dieser Zeit lernte er in einem Gasthof seine spätere Lebensgefährtin Thérèse Levasseur kennen, die dort arbeitete. „Anfangs", heißt es in den „Bekenntnissen" (Buch VII), „hatte ich nur ein Vergnügen gesucht. Ich sah, daß ich mehr gefunden und eine Gefährtin erworben hatte." Während dreiunddreißig Jahren hat Thérèse mit seltener Geduld Rousseaus nicht einfaches Leben geteilt. Als 1747 ihr erstes Kind geboren wurde, gaben sie dieses – wie später auch noch vier weitere Kinder – ins Findelhaus. Im Jahre 1751 hat Rousseau, in einem Brief an die Frau seines Freundes Dupin de Francueil, diese Entscheidung mit seiner damaligen sozialen Lage begründet (siehe Brief 157).

Eine neue Perspektive eröffnete sich Rousseau, als er 1746 von Frau Dupin als Sekretär angestellt wurde. Sie war nicht nur als Frau eines Generalsteuerpächters eine der reichsten

Frauen Frankreichs, sondern, dem Bericht Rousseaus in den „Bekenntnissen" (Buch VII) zufolge, auch „eine der schönsten Frauen von Paris". Zu seinen Aufgaben als Sekretär gehörte es, Frau Dupin bei einer Reihe von Buchprojekten zu unterstützen. Neben einer Arbeit über die natürliche Gleichheit der Geschlechter, einem Themenbereich, zu dem Rousseau später im fünften Kapitel des „Emile" aus seiner Sicht Stellung genommen hat[17], stand im Mittelpunkt seiner Arbeiten bei den Dupins eine kritische Auseinandersetzung mit Montesquieus 1749 erschienenem politischem Hauptwerk „Vom Geist der Gesetze"[18]. Die von Rousseau im Februar 1768 in Briefen an François-Henri d'Ivernois entwickelten Pläne zu einer Teilung der Genfer Regierungsorgane (siehe Brief 6241) gehen auf Montesquieus Theorie der Gewaltenteilung zurück[19].
In dieser Zeit wurde Rousseau in den verschiedenen Pariser Salons empfangen und fand neue gleichaltrige Freunde unter den Pariser Aufklärungsphilosophen. Besonders Diderot und Melchior Grimm war er freundschaftlich verbunden. Nachdem es Philippe Rameau abgelehnt hatte, die Artikel zur Musik für die von d'Alembert und Diderot geplante „Enzyklopädie" zu verfassen, hat Rousseau im Jahre 1750 dreihundertsechsundfünfzig Artikel dazu geliefert, die er größtenteils allein schrieb (siehe Brief 162). Rameau reagiert darauf im Jahre 1755 mit einem polemischen Pamphlet.[20]
Die größten Erfolge in der Pariser Gesellschaft hatte Rousseau mit seinen musikalischen Bühnenstücken. Schon im Jahre 1743 war seine Ballettoper „Die galanten Musen" im Haus des Steuereinnehmers La Poplinière mit einigem Aufsehen aufgeführt worden. Im Herbst 1745 erhielt er vom ersten Kammerherrn des Königs, dem Herzog von Richelieu, den ehrenvollen Auftrag, das musikalische Festspiel von Voltaire und Rameau „Die Prinzessin von Navarra" umzuarbeiten (siehe Briefe 139 und 140). Rousseaus in Text und Musik überarbeitete Fassung wurde unter dem Titel „Die Feste des Ramiros" auf der Königlichen Bühne in Fontainebleau gespielt und fand den Beifall des höfischen Publikums. Der Gipfelpunkt seiner musikalischen Erfolge war jedoch das Singspiel „Der Dorfwahrsa-

ger“, das am 18. Oktober 1752 in der Privatoper des Königs und am 1. März 1753 an der Pariser Oper seine Premiere hatte.
Obwohl Rousseau an den „Galanten Musen“ und am „Dorfwahrsager“ mehr verdiente als später mit seinem „Emile“, ließ er sich von seinen Erfolgen nicht blenden (siehe Brief 795). Sogar der Einladung zu einer Audienz beim König leistete er nicht Folge und verscherzte sich damit eine in Aussicht gestellte Pension (siehe Brief 195). Seine Freunde und vor allem Diderot hatten dafür kein Verständnis.

Positionswechsel. Der geschichtsphilosophische Bruch mit der Pariser Salongesellschaft und der Fortschrittstheorie der Aufklärung (1749–1755)

In den Jahren von 1749 bis 1755 zeichnet sich in Rousseaus Biographie ein einschneidender Positionswechsel ab. Seinen literarischen Ausdruck hat er in dem „Fragment über die Freiheit“ (1749), in der ersten Akademieschrift über „Das Wiederaufleben der Wissenschaften und Künste“ (1749/50), in der „Vorrede“ zur Komödie „Narcisse“ (1753), im „Versuch über den Ursprung der Sprache“ (1753/54), in der zweiten Akademieschrift „Über den Ursprung und die Grundlagen der Ungleichheit unter den Menschen“ (1753/54) und in der für die Enzyklopädie geschriebenen „Abhandlung über die politische Ökonomie“ (1754) gefunden.[21]
Rousseaus entschiedenes Nein auf die Frage, ob das Wiederaufleben der Wissenschaften und Künste zur Besserung der Sitten beigetragen habe, galt letztlich dem bisherigen Zivilisationsfortschritt der Menschheit und brachte zum Ausdruck, daß die Zivilisation nichts anderes als ein Prozeß der Korrumpierung und des Machtmißbrauchs sei. Der Aufklärungsforscher Robert Darnton hat Rousseaus Argumentation auf folgenden Nenner gebracht: „Die Kultur korrumpiert und die absolutistische Kultur korrumpiert absolut“[22].
Mit seiner geschichtsphilosophischen Gesellschafts- und

Staatstheorie steht Rousseau, wie auch seine aufklärerischen Zeitgenossen, in der Tradition des anthropologisch-naturrechtlichen Denkens des 17. Jahrhunderts. Er reproduziert diese Tradition jedoch nicht, sondern bricht mit ihren wesentlichen Prämissen und Schlußfolgerungen.
Es steht auch bei ihm am Anfang seiner Überlegungen über den bisherigen Verlauf der Geschichte der zivilisierten Gesellschaft und ihrer politischen Organisationsformen die anthropologische Frage nach dem „natürlichen Menschen", nach seinen Naturanlagen und Fähigkeiten. Dabei gelangt Rousseau jedoch zu dem hypothetischen Ergebnis, daß dieser „natürliche Mensch" noch dem Tier näher stand als dem „zivilisierten Menschen", daß er isoliert in den Wäldern lebte, keinerlei Gemeinschaft kannte. Sein einziges Interesse war das der Selbsterhaltung, die Selbstliebe *(amour de soi)*. In seinem Verhalten zu seinen Mitmenschen wurde er durch ein natürliches Mitgefühl für das Leid anderer bestimmt. Entsprechend seiner isolierten Lebensweise hatte er jedoch weder Sprache noch Vernunft entwickelt. Lediglich die Fähigkeit, sich vollkommener zu machen, wird ihm von Rousseau zuerkannt.
Dies war nicht nur eine eindeutige Distanzierung von der christlichen Anthropologie mit ihrer Kernthese von der Erbsünde des Menschen und der absoluten Unterwerfung des Menschen unter die Allmacht seines Schöpfers oder – präziser – seiner Stellvertreter auf Erden.
Mit seiner Definition des „natürlichen Menschen" verwirft Rousseau zugleich das naturrechtliche Denkmodell, nach dem der „natürliche Mensch" durch seine Naturanlagen befähigt sei, den Übergang vom Naturzustand zur Zivilisation durch einen Akt der menschlichen Vernunft zu vollziehen. Aus seiner Sicht ist die Geschichte nicht mehr eine präformierte Entfaltung von Naturpotenzen des Menschen, nicht mehr ein von der Natur vorgegebener zielgerichteter Fortschrittsprozeß von menschlicher Selbstentfaltung und rationeller Selbstverwirklichung.[23]
Für Rousseau ist der Übergang vom Naturzustand zur Zivilisation eine Folge der Veränderung der natürlichen Umwelt- und Lebensbedingungen, die den „natürlichen Menschen" zwingen und veranlassen, seine ursprüngliche

Lebensweise zu verändern. Er denkt dabei an große Waldbrände, die gemeinsame Anstrengungen erforderten, um gelöscht zu werden, an Überschwemmungen, die den bisher isoliert lebenden „natürlichen Menschen" zwangen, auf einem kleineren Territorium zu leben, und an Bevölkerungszuwachs, der produktivere und arbeitsteilige Formen der Existenzsicherung der Menschen notwendig machte.
Indem Rousseau so die Bedeutung der äußeren Umstände für die Entwicklung des Menschen und des Zivilisationsfortschritts hervorhebt, schließt er nicht nur von vornherein ein „Zurück zur Natur" aus, wie ihm von Voltaire und anderen Vertretern der aufklärerischen Fortschrittstheorie polemisch vorgeworfen wurde. Unter diesem Gesichtspunkt eröffnet er auch den Zugang zum Verständnis der menschlichen Arbeit als der Grundlage für das soziale Zusammenleben und für den Zivilisationsfortschritt. Dabei unterscheidet er zwischen zwei grundsätzlich unterschiedlichen Entwicklungsstufen und -formen. Solange sich die Menschen nur mit Arbeiten befaßten, die erforderlich waren, um ihre gemeinsamen existentiellen Bedürfnisse zu befriedigen, lebten sie in einfachen freien und homogenen Gemeinschaften von Hirten. Rousseau nannte diese Zeit „die glücklichste und dauerhafteste Epoche der Menschheit".
Nach seinem Geschichtsverständnis vollzog sich erst mit der Einführung der Arbeitsteilung und dem Austausch von Waren die entscheidende Wende in der Zivilisationsgeschichte.[24] Jetzt veränderte sich nicht nur die natürliche Lebenseinstellung der Menschen, es wurde aus dem Interesse an der Selbsterhaltung die egoistische Eigenliebe *(amour propre)*, das partikulare Privatinteresse. Damit verfielen auch die relativ homogenen Formen des gesellschaftlichen Zusammenlebens, und es begann ein allgemeiner Konkurrenzkampf, ein Kampf aller gegen alle, in dem die von Natur Schwachen unterlagen und zu Opfern der von Natur Starken wurden. Die sich so ausbildende soziale Spaltung der Gesellschaft, mit der sich für Rousseau der Zivilisationsfortschritt für die Mehrheit der Menschen in einen Verfallsprozeß verkehrte, wurde schließlich durch die Einführung des Privateigentums und die Institutionali-

sierung des politischen Machtmonopols der Reichen legalisiert.
In programmatischen Sätzen hat Rousseau diese Verkehrung des gesellschaftlichen Zivilisationsfortschritts in einen Sieg der Reichen und Mächtigen kritisch beschrieben. So beginnt der zweite Teil der „Abhandlung über den Ursprung und die Grundlagen der Ungleichheit unter den Menschen" mit den Sätzen: „Der erste, der ein Stück Land einzäunte, auf den Gedanken verfiel, zu sagen: *Das gehört mir*, und Leute fand, die einfältig genug waren, ihm zu glauben, war der eigentliche Gründer der Gesellschaft. Wieviel Verbrechen, Kriege, Morde, wieviel Grauen und Leid hätte nicht derjenige der Menschheit erspart, der, indem er die Pfähle herausriß oder die Graben zuschüttete, seinesgleichen zugerufen hätte: ‚Hütet euch, auf diesen Betrüger zu hören! Ihr seid verloren, wenn ihr vergeßt, daß die Früchte allen gehören und die Erde keinem!'"[25] Und in der „Abhandlung über die politische Ökonomie" charakterisiert Rousseau das Wesen und die Funktion des Staates auf folgende Weise: „Geld ist die Saat des Geldes (...) Mehr noch: alles was der Arme bezahlt, ist ihm auf immer verloren, bleibt in den Händen des Reichen oder kehrt dorthin zurück (...) Resümieren wir in wenigen Worten den Gesellschaftsvertrag der beiden Stände. *Ihr braucht mich, denn ich bin reich, und ihr seid arm; treffen wir also ein Abkommen: Ich werde gestatten, daß ihr die Ehre habt, mir zu dienen, vorausgesetzt, ihr gebt mir das wenige, das euch bleibt, für die Mühe, die ich aufwende, euch zu befehlen*"[26]. So gesehen ist es folgerichtig, wenn Rousseau in seinem „Fragment über die Freiheit" über das Gerede der Politiker sagt: „Alle Untertanen zittern bei der geringsten Erklärung, die der Fürst zu ihren Gunsten macht, und sie fühlen sich verloren, sobald er erklärt, ihnen etwas Gutes zu tun"[27].
Mit dieser Darstellung der Zivilisationsgeschichte hat Rousseau nicht nur der ständisch strukturierten absolutistischen Ordnung den Kampf angesagt. Mit ihr widersprach er auch entschieden der naturrechtlichen Legitimation des Privateigentums[28], der naturrechtlich-rationalistischen Legitimation der politischen Institutionen und vor allem den liberalen Gesellschafts- und Fortschrittstheorien seiner auf-

klärerischen Zeitgenossen, wie sie in den fünfziger Jahren des 18. Jahrhunderts in Frankreich von Turgot[29], d'Alembert und Voltaire exemplarisch vertreten wurden.
Obwohl Rousseau den bisherigen Verlauf der Zivilisationsgeschichte negativ wertete, da er für ihn keine Zukunftsperspektive eröffnete, war seine Alternative dazu nicht – wie immer wieder fälschlich behauptet wurde – die konservativ-utopische Forderung, zu den Anfängen der Zivilisationsgeschichte zurückzukehren. Worum es ihm vielmehr ging, war, durch die historische Analyse[30] zu ermitteln, warum die Zivilisationsgeschichte zur Ausbildung von sozialen und politischen Gegensätzen geführt und welchen Entwicklungsstand dieser Prozeß erreicht hat, in der Absicht, bewußtzumachen, welche praktischen Maßnahmen erforderlich sind, um einer weiteren Zuspitzung der gesellschaftlichen Konflikte Einhalt zu gebieten.

Die geschichtsphilosophische Kontroverse mit Voltaire und d'Alembert

Da Rousseau mit seiner geschichtsphilosophischen Zivilisationskritik eine eindeutige Gegenposition zur Fortschrittstheorie der Aufklärungsphilosophen bezogen hatte, war die Auseinandersetzung mit ihnen unausbleiblich.
Schon im Jahre 1736 hatte Voltaire in dem philosophischen Poem „Le Mondain" seinen Standpunkt zum Fortschritt der Menschheit dargelegt. Er verspottete hier diejenigen, die den Urzustand der Menschheit als das Goldene Zeitalter preisen. Nicht jene Zeiten, in denen die Menschen nackt einhergingen, Eicheln aßen und unwissend waren, so meint Voltaire, seien zu preisen, sondern die Gegenwart sei es, in der selbst der Luxus einen günstigen Einfluß auf die Sitten ausübt und in der die Menschen alle Freuden genießen, die ihnen die Fortschritte der Wissenschaften und Künste zu bereiten vermöchten.
In diesem Sinne reagierte Voltaire auch in dem berühmt gewordenen Brief vom 30. August 1755 (siehe Brief 317) auf Rousseaus „Abhandlung über den Ursprung und die Grundlagen der Ungleichheit unter den Menschen". Seine

Einwände gegen Rousseaus Zivilisationskritik gipfeln in dem polemisch-generalisierenden Argument: „Man bekommt Lust, auf allen vieren zu gehen, wenn man Ihr Werk liest. Da ich jedoch seit mehr als sechzig Jahren diese Gewohnheit abgestreift habe, fühle ich unglücklicherweise, daß es mir unmöglich ist, sie wieder aufzunehmen." Gelassen und gleichfalls ironisch weist Rousseau in seinem Antwortbrief vom 7. September 1755 (siehe Brief 319) Voltaires Einwände zurück. Ausdrücklich betont er: „... ich beabsichtige nicht, uns wieder in unsere Einfalt zurückzuversetzen, obgleich ich für meinen Teil das wenige, das ich davon verlor, zutiefst bedaure. Auf Sie bezogen, Monsieur, stellte eine Rückkehr ein so großes Wunder dar, daß nur Gott es zu tun vermöchte, und zugleich ein so schädliches, daß nur der Teufel es wünschen könnte."
Zu einem zweiten philosophisch-politischen Disput zwischen Rousseau und Voltaire kam es im Jahre 1756. Voltaire hatte in den philosophischen Gedichten „Die natürliche Religion" und „Das Erdbeben von Lissabon" dieses furchtbare Ereignis, bei dem 30 000 Menschen ums Leben gekommen waren, als eine eindeutige Widerlegung der christlichen These vom Walten einer segensreichen göttlichen Vorsehung gedeutet. In einem langen Brief vom 18. August 1756[31], der einem philosophischen Essay gleicht, warf Rousseau Voltaire vor, die Welt als ein Jammertal zu beschreiben, anstatt den Menschen zu zeigen, „wie sie ihr eigenes Unglück selber schufen, und folglich auch, wie sie es vermeiden konnten". Nach Rousseau sind für die Katastrophe von Lissabon weder die Natur noch Gott verantwortlich zu machen, sondern der Zivilisationsfortschritt, der zum Bau von „zwanzigtausend Häusern von sechs bis sieben Stockwerken" führte, die bei dem Erdbeben einstürzten.
Die Auseinandersetzung zwischen Rousseau und d'Alembert wurde durch d'Alemberts Artikel „Genf" im VIII. Band der „Enzyklopädie" ausgelöst (siehe Briefe 659 und 660). Als Bürger dieser Stadt und entsprechend seiner Kritik am Zivilisationsfortschritt sah Rousseau in der von d'Alembert erhobenen Forderung, auch in Genf endlich ein Theater zu errichten, einen „verderblichen Ratschlag",

dem er sich als Genfer Patriot entschieden entgegenstellen müsse. Mit seinem „Brief an d'Alembert über die Schauspielkunst"[32] vom Juli 1758 eröffnete Rousseau dann eine geschichtsphilosophisch-politische Theaterdebatte, in der es um die Frage ging, ob der Verfall der demokratisch-republikanischen Sitten durch die Institution des Theaters und die fiktive Welt des Schauspiels befördert werde oder ob das Theater für den Fortschritt der Aufklärung eine wichtige Funktion habe. Auch hier war Rousseaus Antwort eindeutig. Er plädierte dafür, die öffentlichen Feste vor dem Verfall zu bewahren, auf denen sich ein glückliches Volk sein eigenes Schauspiel gab. Sich mit Tragödien zu befassen, die uns Tyrannen und Helden vorführen und uns eitle Bewunderung für Macht und Größe einflößen, schien ihm unsinnig und abwegig.

Die damit von Rousseau vollzogene eindeutige Abgrenzung von der Position Voltaires und denen der Pariser Philosophen wirkte sich zwangsläufig auch negativ auf die persönlichen Beziehungen der Kontrahenten aus. Exemplarisch dokumentiert dies der Brief Rousseaus an Voltaire vom 17. Juni 1760 (siehe Brief 1019).

Voltaires Gegenreaktion blieb nicht aus. Beleidigt und zornentbrannt entfaltet er in den folgenden Jahren gegen Rousseau eine Diffamierungs- und Denunziationskampagne, die in ihrer Art beispiellos ist. Die Spaltung der Aufklärungsbewegung in einen „konservativ"-demokratischen und einen „progressiv"-liberalen Flügel hatte damit einen Punkt erreicht, der eine Verständigung über gemeinsame antifeudale und antiabsolutistische Ziele ausschloß.

Persönliche Konsequenzen der Zivilisationskritik: Die Flucht aus Paris

Bereits am 1. Juni 1754 war Rousseau von Paris zu einer Reise in seine Heimatstadt aufgebrochen. Sein Anliegen war es, die Genfer Bürgerrechte wiederzuerlangen, die er im Jahre 1728 durch seinen Übertritt zum Katholizismus verloren hatte. Er beabsichtigte damals, später endgültig nach Genf zurückzukehren. Der Genfer Klerus gab am 1. August der Wiederbegehrung des kalvinistischen Glaubens durch Rousseau seinen Segen. Dies bedeutete zugleich, daß Rousseau auch seine politischen Rechte als Bürger Genfs zurückerhielt.

Wenn Rousseau nach seiner Rückkehr nach Paris im Oktober 1754 sein ursprüngliches Vorhaben nicht realisierte, so hatte dies verschiedene Gründe. Vor allem war es die Enttäuschung über die reservierte Aufnahme seiner „Abhandlung über die Ungleichheit" in den Genfer Regierungskreisen, die seine Sinnesänderung bewirkte. Ferner störte ihn, daß sich Voltaire im Dezember 1754, nach seinem Konflikt mit dem preußischen König, in Genf niedergelassen und sich zwischen ihm und einer der einflußreichsten Familien der Genfer Aristokratie, der Familie Tronchin, enge Beziehungen entwickelt hatten.

Da Rousseau dennoch entschlossen war, die ihm inzwischen verhaßte Pariser Salongesellschaft und die Hauptstadt der französischen Monarchie zu verlassen, nahm er im Jahr 1756 das Angebot seiner damaligen Mäzenin und Freundin, der Madame d'Epinay, an, sich auf ihr Landgut La Chevrette bei Montmorency, einem Dorf fünfzehn Kilometer nördlich von Paris, zurückzuziehen. Am Ostersonntag 1756 verließ er Paris und bezog ein kleines Haus, l'Ermitage genannt, das ihm Madame d'Epinay zur Verfügung stellte. Rousseau war glücklich, aber sein Glück war nicht von langer Dauer. Wegen einer Liebesaffäre mit der Comtesse d'Houdetot, der geistreichen Schwägerin der Madame d'Epinay, kam es zwischen ihm und seiner Wohltäterin zum Streit. Am 15. Dezember 1757 verließ Rousseau l'Ermitage. Sein neues Domizil war das Gartenhaus Mont-Louis in Montmorency, das er von einem Verwaltungsbeamten mietete. Eine zweite Wohnung stellte ihm der Herzog von Luxembourg im „Kleinen Schloß" zur Verfügung.

Die sechs Jahre, die Rousseau in Montmorency verbrachte, waren die literarisch produktivsten in seinem Leben. Insbesondere drei Männer haben ihm in dieser Zeit mit Rat und Tat beigestanden: der Herzog von Luxembourg und Marschall von Frankreich, Direktor der königlichen Zensurbehörde, der Kammerpräsident Lamoignon de Malesherbes und der aus Genf stammende Amsterdamer Verleger Marc-Michel Rey, den Rousseau 1754 bei seinem Aufenthalt in Genf kennengelernt hatte.

Drei literarische Reformmodelle: „Die neue Heloïse", der „Emile" und der „Gesellschaftsvertrag"

Das erste große Werk, das Rousseau in Montmorency schrieb, war der Erfolgsroman „Julie oder Die neue Heloïse"[33] (siehe Briefe 796, 968, 993, 1303, 1306, 1316, 1337, 1344, 1379). Im Sommer 1756 begann Rousseau mit der Arbeit, und am 13. September 1758 kündigte er seinem Amsterdamer Verleger Marc-Michel Rey die Fertigstellung des Manuskripts an. Nach einer im März 1759 beginnenden Überarbeitungsphase erschien die Erstausgabe im Jahr 1761 in Amsterdam und in Paris, wobei die Pariser Ausgabe erst nach Eingriffen des Chefs der Zensurbehörde zustande kam (siehe Brief 1303). Bereits bis zum August 1761 hatte Rey dreitausendfünfhundert Exemplare des Romans verkauft. Bis zum Ende des 18. Jahrhunderts erschienen mindestens zweiundsiebzig, wahrscheinlich aber über hundert Neuauflagen und Raubdrucke.[34]

Über das Anliegen seines Briefromans schreibt Rousseau 1761 im Vorwort: „Seitdem alle natürlichen Gefühle durch die bis auf das höchste gesteigerte Ungleichheit der Lebensverhältnisse erstickt werden, lassen sich die Laster und das Unglück der Kinder aus dem unbilligen Despotismus der Väter ableiten (...) Wollen sie dem Übel abhelfen, so müssen sie bis auf die Quellen zurückgehen. Soll in den öffentlichen Sitten irgendeine Reform angebahnt werden, so muß man mit den häuslichen Sitten den Anfang machen, und das hängt lediglich von den Vätern und Müttern ab. Aber gerade nach dieser Seite hin unterläßt man jede Einwirkung; eure elenden Schriftsteller haben nur für diejenigen Strafpredigten, die unterdrückt sind, und die Moral der Bücher wird stets erfolglos sein, weil sie nur in der Kunst bestehen, dem Stärkeren den Hof zu machen."[35] Und darüber hinaus betont Rousseau im Roman selbst: „Die Ro-

mane eignen sich vielleicht zum letzten Belehrungsmittel, das noch für ein Volk übrigbleibt, welches bereits so gesunken ist, daß es sich für jedes andere unempfänglich zeigt."[36]
Ihrem Inhalt nach ist daher „Die neue Heloïse" eine komplexe Kritik der Ständeordnung des Ancien régime und der ständischen Vorurteile. An ihnen scheitert die legitime Verbindung der beiden Haupthelden, die Verbindung von Saint-Preux und Julie. Der Entschluß Julies, dem Gebot ihres Vaters zu folgen und den Baron Wolmar zu heiraten, eröffnet ihr eine neue Lebensperspektive durch aufopfernden Einsatz für die privaten und öffentlichen Belange, für Familie, Haus und Hof. In weiten Teilen ist so die „Neue Heloïse" die idealisierte Darstellung der Schönheit des Landlebens und einer harmonischen Gemeinschaft.
An seinem zweiten bedeutenden Werk dieser Zeit „Emile oder Über die Erziehung"[37] hat Rousseau in den Jahren von 1758 bis 1761 gearbeitet. In seinem Selbstverständnis ist dieses Buch kein pädagogisches Buch über die besten Prinzipien der Erziehung (siehe Brief 3564), sondern eine geschichtsphilosophische und kulturkritische Abhandlung über den Widerspruch zwischen der naturgemäßen Entwicklung des Menschen und seiner gesellschaftsgeschichtlichen Entartung. Sie hat die Funktion zu zeigen, wie durch Erziehung dieser Entartung entgegengewirkt werden kann. In seinem zweiten Brief an Malesherbes vom 12. Januar 1762[38] spricht Rousseau daher auch von seinen „Hauptschriften", zu denen er die „Abhandlung über die Wissenschaften und Künste", die „Abhandlung über die Grundlagen und den Ursprung der Ungleichheit" und die „Abhandlung über die Erziehung" rechnet. Ausdrücklich betont er, daß diese „drei Schriften unzertrennlich sind und zusammen ein einziges Ganzes bilden".
In dem aus fünf Büchern bestehenden „Emile" fordert Rousseau, daß die „natürliche Erziehung" des Kindes an die Stelle der schädlichen traditionellen Erziehungsmethoden treten solle, die darauf gerichtet sind, das Kind unmittelbar in den Zivilisationsprozeß zu integrieren. Diese Überlegungen führen Rousseau zum Begriff der „negativen" Erziehung, worunter er die Abschirmung des Kindes von den schädlichen Einflüssen der Zivilisation versteht. Diese an

der Natur des Menschen orientierte Erziehungsmethode lehrte keine Wahrheiten, doch bewahrte sie vor Irrtümern, sie vermittelte keine Tugenden, doch schützte sie gegen Laster. Sie entwickelt nach Rousseau im Kind die Fähigkeiten, der Wahrheit und dem Guten zu folgen, sobald sein Verstand in der Lage ist, beide zu erkennen und zu lieben.

An das vierte Buch des „Emile“ schließt das ursprünglich als selbständige Abhandlung konzipierte „Glaubensbekenntnis des savoyischen Vikars“ an. Es beinhaltet Rousseaus Bekenntnis zur natürlichen Religion, seine philosophisch-religiöse Positionsbestimmung und zugleich seine Abgrenzung von den materialistischen Theoremen der Aufklärungsphilosophie einerseits und von dem dogmatischen Anspruch der Offenbarungsreligion andererseits. Dies erklärt, warum der „Emile“ und insbesondere das „Glaubensbekenntnis des savoyischen Vikars“ von kirchlichen Kreisen in Genf und in Frankreich als ein ketzerisches Werk entschieden abgelehnt und bekämpft wurden.

Den Abschluß dieser Schaffensperiode Rousseaus bildet sein Werk über politische Einrichtungen: „Vom Gesellschaftsvertrag oder Grundsätze der politischen Rechte“. Im Winter 1759/60 hatte er die Arbeit daran aufgenommen, und im August 1761 lag die Reinschrift des Textes vor. Er erschien im April 1762, einen Monat vor dem „Emile“, in Amsterdam. Bereits im Juni 1762 wurde er zusammen mit dem „Emile“ in Frankreich und Genf verboten.

Die Hauptthesen seiner Theorie von der Bildung der Gesellschaft durch einen Vertrag hatte Rousseau bereits in gedrängter Form 1755 im Enzyklopädieartikel „Politische Ökonomie“ und im 5. Buch des „Emile“ entwickelt. Erneut ging er dann noch einmal im 6. Brief des ersten Teils der „Briefe vom Berge“[39] darauf ein.

Was Rousseau veranlaßt, sich mit den politischen Einrichtungen zu beschäftigen, ist sein Bestreben zu zeigen, wie eine gesellschaftliche Ordnung beschaffen sein muß, damit deren politische Organe die Gewähr bieten, die Selbsterhaltung der Menschen und soziale Gerechtigkeit zu sichern.[40]

Der zentrale Begriff seiner politischen Theorie ist der Gemeinwille *(volonté générale)*, das heißt ein Wille, der die Freiheit und soziale Gleichheit im Interesse der Unabhängigkeit der Menschen und des sozialen Zusammenhalts des Staates zum Ziel hat.[41]

Die politische Institution, die diesem Gemeinwillen Gesetzeskraft verleiht, ist die gesetzgebende Körperschaft, die Legislative. Sie wird von der Gesamtheit der Bürger gebildet, ist der Souverän und darf ihre Funktion nicht auf ein repräsentatives Parlament übertragen.

Die Regierung als die Exekutive ist dem Gemeinwillen (d. h. dem Gesetz) untergeordnet, sie hat das Gesetz in praktische Politik umzusetzen. Um zu verhindern, daß sie sich über den Gemeinwillen hinwegsetzt und ihre partikularen Interessen verfolgt, schlägt Rousseau eine Teilung der Regierungsgewalt[42] vor (siehe Briefe 6241 und 6256).

So gesehen ist es folgerichtig, daß Rousseau sowohl die demokratische Republik ablehnt, in der diejenigen, die die Gesetze machen, sie auch ausführen, als auch den Despotismus, in dem die Exekutive die Funktion der Legislative an sich reißt.

Mit dem „Gesellschaftsvertrag" hat Rousseau nicht ein ideelles abstraktes Modell entworfen, nach dem die wirklichen politischen Verhältnisse umzugestalten seien. Ihm ging es vielmehr darum, die Strukturen unterschiedlicher Staatsformen zu rekonstruieren und ihre Vorzüge und Nachteile bewußtzumachen. Darin sah er eine unabdingbare Voraussetzung für politisches Handeln. Eine exemplarische Bestätigung für diese historisch-realistische Methode sind die „Briefe vom Berge", mit denen Rousseau in die politischen Kämpfe in Genf eingreift, der „Entwurf einer Verfassung für Korsika", den er auf Bitte der korsischen Freiheitskämpfer schrieb, aber auch die Vorschläge zur Beendigung des Bürgerkriegs in Genf vom Februar 1768 (siehe Brief 6241) und die „Betrachtungen über die Regierung von Polen".

Aus der Sicht von Voltaire vom Jahre 1762/65 findet der aufmerksame Leser im „Gesellschaftsvertrag" nicht „eine Seite, auf der nicht Irrtümer und Widersprüche stehen"[43]. Und auf das Verbot dieses Buches in Genf und auf die Verfolgung Rousseaus bezogen folgert er daher: „Man hat dieses Buch bei uns verbrannt. Diese Verbrennung ist vielleicht ebenso verabscheuungswürdig gewesen wie die Abfassung des Buches. Es gibt Dinge, über die eine weise Verwaltung hinwegsehen muß. Wenn das Buch gefährlich war, dann muß es widerlegt werden. Ein Buch, in dem Gedanken entwickelt werden, zu verbrennen, heißt soviel als: wir haben nicht genug Geist, um es zu widerlegen. Bücher voll Schmähungen und Verunglimpfungen müssen verbrannt und ihr Verfasser streng bestraft werden, denn eine Schmähung ist ein Vergehen. Schlechte Gedanken sind nur ein Vergehen, wenn sie offenkundig zum Aufruhr anstiften"[44] (siehe Dokumente zur Person Rousseaus Nr. A 343).

Im Laboratorium der Revolution: Der Bürgerkrieg in Genf (1763–1768) und der nationale Befreiungskampf der Korsen (1755–1769). Exil in Preußisch Neuenburg (Neuchâtel) (1762–1765)

Am 9. Juni 1762, kurz vor seinem 50. Geburtstag, mußte Rousseau fluchtartig Montmorency und Frankreich verlassen. Die oberste französische Gerichtsbehörde, das Parlament von Paris, hatte nicht nur den mit Druckgenehmigung des Direktors für Buchwesen veröffentlichten „Emile" als ein religionsfeindliches und verbrecherisches Buch verboten und die Konfiskation des in Amsterdam erschienenen „Gesellschaftsvertrages" angeordnet, sondern zugleich die Verhaftung des Autors gefordert. Dieser Forderung kam der französische Außenminister, der Herzog von Choiseul, nach und beauftragte den Polizeipräsidenten von Paris, den Grafen d'Alby Sartine, den Haftbefehl zu vollstrecken (siehe Briefe 1835 und 1874).

Angesichts dieser unmittelbaren Bedrohung entschloß sich Rousseau, Frankreich zu verlassen und in seiner Heimatstadt Genf Schutz zu suchen. Bevor er jedoch sein Ziel erreicht hatte, erfuhr er, daß sich am 19. Juni auch die Genfer Regierung, der „Kleine Rat", den französischen Gerichtsbeschlüssen angeschlossen hatte und daß sie für den Fall, daß er die Stadt betrat, mit Verhaftung drohte.

Da Rousseau auch vom Rat des Kantons und der Stadt Bern keine Aufenthaltsgenehmigung erhielt, blieb ihm als einzige und letzte Zuflucht nur das Fürstentum Neuenburg

(Neuchâtel), das im Jahre 1707 durch Erbschaft an König Friedrich I. von Preußen gefallen war. Als Gouverneur des Königs Friedrich II. residierte hier der schottische Marschall Lord George Keith, der selbst aus seiner Heimat vertrieben worden war. Anfangs zögerte Rousseau, seine Einladung anzunehmen, da er als demokratischer Republikaner kein Freund von absoluten Herrschern war und sich auch kritisch über die Politik des Königs von Preußen geäußert hatte. Da ihm jedoch keine Wahl blieb, bezog er vierundzwanzig Kilometer südwestlich der Stadt Neuenburg in Môtiers-Travers ein Haus der Madame de La Tour, der Nichte seines alten Freundes Daniel Roguin. Am 10. oder 11. Juli 1762 richtete Rousseau ein Schreiben an Friedrich II. mit der Bitte, ihm Asyl zu gewähren (siehe Briefe 1976 und 2274). Obwohl sich der Preußenkönig damals im Siebenjährigen Krieg und im Feldlager befand, beauftragte er umgehend den Marschall Keith, nicht nur den armen Unglücklichen in Neuenburg aufzunehmen, sondern sandte ihm auch hundert Taler, um Rousseau mit dem Nötigsten zu versorgen.

Die dreieinhalb Jahre, die Rousseau als Exilierter auf dem Territorium der Enklave Neuenburg verbrachte, waren Jahre, die in seiner Biographie einen neuen Lebensabschnitt und eine neue Schaffensperiode einleiteten. Auf die ruhigen und produktiven Jahre in Montmorency folgten jetzt sechzehn Jahre des politischen Engagements, der existentiellen Bedrohung, der Kriminalisierung und infamsten Diffamierungen.

Bereits im Herbst 1762 nahm Rousseau mit seinem „Brief an Christophe de Beaumont"[45] den Kampf gegen den mächtigen Erzbischof von Paris auf, der ihm vorgeworfen hatte, im „Emile" Grundsätze vertreten zu haben, die der Morallehre des Evangeliums widersprechen, den Frieden des Staates gefährden und eine Revolte gegen die Autorität des Herrschers legitimieren, ja fordern.

Weiterreichende Konsequenzen hatte jedoch Rousseaus Engagement für die sich 1763 in Genf formierende demokratische Bürgerbewegung, die im Vorgehen ihrer Regierung gegen Rousseau einen Verfassungsbruch und einen Machtmißbrauch sah und dagegen protestierte. Bereits

durch seine Erklärung vom 12. Mai 1763, in der Rousseau dem „Großen Rat“ von Genf mitteilte, daß er auf immer seiner Bürger- und Wohnrechte in der Stadt und der Republik Genf entsage und die Bürgerrechte von Neuenburg angenommen habe, hatte er den Formierungsprozeß der Genfer Oppositionsbewegung befördert. Dies war eine demonstrative Entscheidung gegen die Genfer Regierung, deren Wirkungen nicht ausblieben (siehe Briefe 2503, 2705, 2726, 2734, 2885). In den folgenden Monaten nahmen in Genf die Proteste von Bürgern gegen die Regierung zu und mehrten sich die Beschwerden über die Ungesetzlichkeit des Urteils gegen Rousseau und über die Verletzung des Eigentumsrechts durch die Konfiskation von Exemplaren des „Emile“ in Genfer Buchläden. Die Genfer Regierung wies diese Beschwerden zurück und verurteilte sie als Akt des Aufruhrs. So konstituierten sich im Verlauf dieser Konfrontation in Genf zwei Parteien, die demokratische Partei unter Führung ihres Sprechers Jacques-François Deluc, eines Genfer Uhrmachers und Freund Rousseaus, und die Partei des „Kleinen Rates“, die Partei der *négatifs*. An ihrer Spitze stand Jean-Robert Tronchin, der Generalstaatsanwalt der Republik.
Angesichts der demokratischen Protestbewegung sah sich die Genfer Regierung gezwungen, ihre Entscheidungen gegen Rousseau juristisch zu fundieren. Zu diesem Zweck legte Jean-Robert Tronchin mit seinen „Briefen vom Lande“ im September 1763 eine regierungsoffizielle Verfassungsinterpretation vor. Die Reaktion der demokratischen Partei blieb nicht aus. Schon am 30. September forderte Deluc seinen Freund Rousseau eindringlich auf, in seinem eigenen Namen und im Namen der demokratischen Partei zu den „Briefen“ des Herrn Tronchin kritisch Stellung zu nehmen (siehe Brief 2945). Rousseau kam dieser Aufforderung sofort nach und verfaßte nach gründlichem Studium der Geschichte Genfs und des Staatsrechts der Republik in neun Monaten seine „Briefe vom Berge“[46]. Sie wurden im Dezember 1764 in Paris veröffentlicht, unmittelbar nach ihrem Erscheinen jedoch gleichfalls verboten und verbrannt.
Die Veröffentlichung der „Briefe vom Berge“ erwies sich

für Rousseaus weiteren Lebensweg als folgenreich. Vom angeklagten und verfolgten demokratisch-republikanischen Aufklärungsphilosophen war er zum geistigen Haupt einer demokratisch-republikanischen Partei geworden, und diese kämpfte gegen die Amtsanmaßung einer Regierung, die unter dem Schutz der französischen Monarchie stand.

Ein weiterer Schritt auf diesem Wege war Rousseaus Engagement für die seit 1755 um ihre nationale Unabhängigkeit von Genua und Frankreich kämpfenden Korsen. Am 31. August 1764 war er von dem korsischen Patrioten Matthieu Buttafoco aufgefordert worden, die Rolle des Gesetzgebers zu übernehmen und eine Verfassung für das freie Korsika auszuarbeiten (siehe Brief 3475). Wie aus seinen Briefen an Buttafoco zu entnehmen ist, hat sich Rousseau in den Jahren 1764/65 intensiv mit diesem Projekt befaßt. Als er im September 1765 aus Neuenburg vertrieben wurde, gehörte ein Dossier mit der Aufschrift „Affaires de Corse“[47] zu seinem Reisegepäck.

Gewollt oder ungewollt geriet Rousseau so in die Rolle eines der prominentesten Staatsfeinde seiner Zeit. Auch für seine Freunde und Gegner aus den verschiedensten Lagern gab es darüber keine Zweifel (siehe Brief 4014). So konnte es nicht ausbleiben, daß auch die persönlichen Angriffe gegen ihn neue Dimensionen annahmen. Beispielgebend dafür ist Voltaires unmittelbare Reaktion auf die Veröffentlichung der „Briefe vom Berge“. Noch im Dezember 1764 setzte er in Genf ein anonymes Pamphlet in Umlauf mit dem Titel „Die Meinung der Bürger“[48] (siehe Dokumente zur Person Rousseaus Nr. A 343). In seiner persönlich diffamierenden und politisch denunzierenden Art war es kaum noch zu übertreffen. Es sollte jedoch nicht das letzte derartige Pamphlet bleiben, mit dem versucht wurde, Rousseau ideologisch und politisch auszuschalten.

Die Folgen dieser systematischen und gezielten publizistischen Kampagne gegen den Ketzer und Staatsfeind Rousseau blieben nicht aus. Im September 1765 hatten seine Gegner ihr Ziel erreicht. Als ein aufgehetzter Pöbel des Nachts Steine in die Fenster seines Hauses warf, entschloß sich Rousseau, Môtiers und Preußisch Neuenburg zu verlassen.

Da ihm auch der Berner Rat jetzt kein Asyl gewährte, sah er sich am 29. Oktober bei schlechtem Gesundheitszustand und unwirtlichem Herbstwetter gezwungen, mit einer Kutsche nach Straßburg aufzubrechen (siehe Dokumente zur Person Rousseaus Nr. 4318 und 4505). Da der Haftbefehl des Pariser Gerichtshofs noch galt, war selbst diese Fahrt durch französisches Staatsgebiet nicht ungefährlich.

Exil in England (1766–1767)

Noch auf der Reise hatte sich Rousseau nicht entschieden, ob er in England oder in Preußen Asyl suchen sollte. Jedoch außerstande, im Winter die beschwerliche Reise nach Berlin anzutreten, nahm er die Einladung des englischen Aufklärungsphilosophen David Hume an, der zu dieser Zeit an der englischen Botschaft in Paris tätig war und enge Beziehungen zu den Pariser Philosophen unterhielt. In den ersten Januartagen des Jahres 1766 trafen Rousseau und Hume in London ein. Da Rousseau nach wie vor das Leben in den großen Städten verabscheute, mietete er im März in Wootton, einem kleinen Ort in der Grafschaft Derbyshire, zweihundert Kilometer von London entfernt, im Haus eines Herrn Richard Davenport eine Wohnung. Finanziell war seine Existenz gesichert. David Hume hatte seinen Freund Henri Seymon Conway überredet, für den berühmten Ausländer eine Pension bei König Georg III. zu erbitten. Hundert Pfund pro Jahr wurden ihm bewilligt. Zu den Bewohnern von Wootton hatte Rousseau keine Kontakte, da er der Landessprache nicht kundig war.
Zunächst gefiel es ihm in seinem neuen Heim. Seinen Lebensbedingungen gemäßt setzte er jetzt die Arbeit an seinem im Exil in Preußisch Neuenburg begonnenen autobiographischen Werk mit dem Titel „Die Bekenntnisse“[49] fort. Mit der Titelgebung und der Gliederung schloß er an die vom Kirchenvater Augustinus im vierten Jahrhundert verfaßten „Bekenntnisse“ an. Seine Darstellung hatte jedoch keine heilsgeschichtliche, sondern eine geschichtsphilosophische Dimension. Rousseau versucht zu zeigen, wie der Verlauf seines Lebens durch den Verfallsprozeß der

Zivilisation geprägt und er schließlich zum Opfer eines „Komplotts der Finsternis" wurde, das sich den Anschein von Progressivität und Aufgeklärtheit gab. Im damaligen Sprachgebrauch konnte „Komplott der Finsternis" Komplott des Teufels oder der Unaufgeklärten heißen. Abzuschließen vermochte Rousseau dieses Werk erst im Jahr 1770. Es erschien aber nicht mehr zu seinen Lebzeiten. Als die Pariser Salongesellschaft von dem Unternehmen erfuhr, war man dort sehr beunruhigt. Offenbar fürchtete man unangenehme Enthüllungen.

Hatte Rousseau anfänglich gehofft, in seinem neuen Exilland Ruhe zu finden, so sollte sich dies sehr schnell als ein Irrtum erweisen. Zwar war er jetzt weit von Genf entfernt, aber dennoch blieb er nach wie vor die Schlüssel- und Symbolfigur der Genfer Demokraten, mit deren Repräsentanten er auch weiterhin postalische Kontakte unterhielt (siehe Briefe 5139 und 5178). So erklärt es sich, daß mit der Verschärfung des Bürgerkriegs in Genf im Jahr 1766, in den jetzt auch die französische Regierung mit verschiedenen politischen Maßnahmen zur Unterstützung der Genfer Regierung direkt eingriff (siehe Dokumente zur Person Rousseaus Nr. A 477, A 479, 5659, 5778), auch in England die publizistische Verleumdungskampagne gegen ihn geführt wurde. Gleichsam eröffnet wurde sie mit einem spektakulären angeblichen „Brief des Königs von Preußen an Rousseau", den der englische Publizist Horace Walpole verfaßt hatte (siehe Dokumente zur Person Rousseaus Nr. A 431). Dieser „Brief" war schon am 23. Dezember 1765 in Paris im Salon der Madame Geoffrin geschrieben worden, als sich Rousseau auf dem Weg nach England befand. Am 1. Januar 1766 hatte ihn Melchior Grimm den Lesern der „Literarischen Korrespondenz" mit der Bemerkung vorgestellt, er habe „die Runde in Paris gemacht und einen großen Erfolg gehabt". Rousseau war schon im Januar von Hume über den Umlauf dieses Briefes informiert worden (siehe Brief 4988). Jedoch erst nachdem er am 3. April 1766 auch in der Londoner Zeitung „Saint-James Chronicle" publiziert wurde, reagierte Rousseau heftig darauf. Auch sein Brief vom 30. März 1766 an den König von Preußen ist in diesem Zusammenhang zu sehen. Nach den Erfahrungen,

die er im Exil in Neuenburg mit derartigen Verleumdungskampagnen gemacht hatte, ist sein vehementer Protest durchaus verständlich (siehe Brief 5149). Rousseau verdächtigte nicht unbegründet d'Alembert und Hume, an diesem Unternehmen mitgewirkt zu haben. Der erbitterte und spektakuläre Streit zwischen ihm und Hume nahm hier seinen Anfang.
Inzwischen hatte sich auch Voltaire wieder zu Wort gemeldet. Am 18. Mai 1766 betätigte er sich als Informant der französischen Regierung und denunzierte Rousseau als Staatsfeind. Und im Juni setzte er in England ein weiteres anonymes Pamphlet in Umlauf, den „Brief an Doktor Jean-Jacques Pansophe", in dem er aus Werken Rousseaus negative Aussagen über die englische Staatsverfassung zusammengestellt hatte.[50]
Die Auseinandersetzung zwischen Rousseau und Hume erreichte im Oktober 1766 ihren Höhepunkt, als Hume in einer polemischen Schrift seine Haltung gegenüber Rousseau zu rechtfertigen suchte. Wie schon von Voltaire wird auch hier Rousseau als Wahnsinniger dargestellt, der in seiner Eitelkeit und Ruhmsucht unfähig sei, die Freundschaftsbekundungen Humes anzuerkennen. Von den Pariser Philosophen, mit denen Hume diese Rechtfertigungsschrift abgesprochen hatte, war es nur Turgot, der Einwände gegen eine derartig einseitige Darstellung des Konflikts und gegen seine Zuspitzung erhob.
Nach fast fünfjähriger Verfolgung, die offenkundig nicht ohne psychische Folgen geblieben war, sah sich Rousseau durch diese erneute publizistische Diffamierungskampagne auch im Exil in England existentiell bedroht und zog es vor, fluchtartig nach Frankreich aufzubrechen (siehe Briefe 5858 und 5859).

Illegalität in Frankreich (1767–1778)

Am 22. Mai 1767 kehrte Rousseau nach Frankreich zurück, obwohl hier der im Juni 1762 gegen ihn erlassene Haftbefehl des Pariser Gerichts noch nicht aufgehoben war (siehe Brief 5866). Die Gefahr, der er sich mit dieser Entscheidung

aussetzte, war nicht gering. Bereits am 20. November 1766 war sein langjähriger Genfer Freund, der radikaldemokratische Bankier Toussaint-Pierre Lenieps, in Paris mit der Beschuldigung verhaftet und in der Bastille eingekerkert worden, einen von Rousseau verfaßten Plan zu besitzen, der in Genf die Einführung einer demokratischen Verfassung vorsah (siehe Dokumente zur Person Rousseaus Nr. A 479). Das gleiche Schicksal ereilte am 25. Januar 1767 Pierre Guy, den Verleger Rousseaus in Paris. Ihm wurde unter anderem vorgeworfen, den „Gesellschaftsvertrag" und die „Briefe vom Berge" illegal verbreitet zu haben. Erst nach der Beendigung des Bürgerkrieges in Genf im März 1768 wurden beide wieder aus dem Staatsgefängnis entlassen.
In dieser kritischen und politisch zugespitzten Situation war es nicht verwunderlich, daß es selbst dem Prinzen von Conti, einem Verwandten des Königs Ludwig XV., der sich für Rousseau einsetzte, nicht gelang, die Annullierung des Haftbefehls zu erreichen. Das Ergebnis seiner Bemühungen war lediglich, daß es Rousseau gestattet wurde, illegal und unter falschem Namen, weit von Genf und Paris entfernt, auf einem Schloß des Prinzen in der Normandie zu leben. Von nun an nannte sich Rousseau Jean-Joseph Renou (siehe Brief 5944).
Während seines Aufenthalts auf Schloß Trie beendet Rousseau die Arbeit am ersten Teil der „Bekenntnisse". Ein wichtiges Dokument aus dieser Zeit ist sein intensiver Briefwechsel mit dem Marquis de Mirabeau, in dem Rousseau kritisch zur Lehre der Physiokraten Stellung nimmt und sich eindeutig vom politischen Konzept des *despotisme légal* distanziert[51] (siehe Brief 5991).
Unmittelbar in den Bürgerkrieg in Genf hat Rousseau dann noch einmal im Februar 1768 eingegriffen. In Briefen an seine alten Genfer Freunde François Coindet und François-Henri d'Ivernois entwickelt er einen Plan, wie der Bürgerkrieg zu beendigen sei und die Genfer Verfassung zu verändern, um zu verhindern, daß die Genfer Regierung ihren Anspruch auf das Machtmonopol durchsetzt (siehe Briefe 6225, 6141, 6256).
Auch nach Abschluß des Bürgerkriegs in Genf am 11. März 1768 (siehe Brief 6289) – durch den der „Allgemeine Rat

der Republik“ das Recht erhielt, die Hälfte der Mitglieder des „Großen Rates“ zu nominieren – und nach der Annexion Korsikas durch Frankreich im Mai 1768 konnte Rousseau weder nach Genf zurückkehren noch wurde er jetzt wie seine Freunde in Frankreich amnestiert. Seiner diesbezüglichen Bitte an den Herzog von Choiseul vom 27. März 1768 wurde nicht stattgegeben (siehe Brief 6311). Dennoch verließ Rousseau im Juni 1768, im Einvernehmen mit dem Prinzen von Conti, das Schloß Trie. Inzwischen fühlte er sich auch dort bedroht und fürchtete um sein Leben. Erneut führte ihn sein Weg in den Süden Frankreichs, in die Dauphiné. Es liegt die Vermutung nahe, daß er noch immer die Hoffnung nicht aufgegeben hatte, nach den schweren Jahren des Exils und der Illegalität, eines Tages nach Genf zurückkehren zu können (siehe Brief 6308).
Unerwartet traf Rousseau dann im Juni 1770 wieder in Paris ein (siehe Dokumente zur Person Rousseaus: Rousseaus Rückkehr nach Paris). Seit seiner Verurteilung durch das Pariser Gericht waren jetzt acht Jahre vergangen, und da der damals gegen ihn erlassene Haftbefehl nach wie vor in Kraft war, lebte er nun in Paris in einer von den Behörden geduldeten Illegalität. Seine Handlungs- und Wirkungsmöglichkeiten waren dadurch jedoch weiterhin erheblich eingeschränkt. Empört äußerte sich d’Alembert am 4. August 1770 in einem Brief an Voltaire darüber, daß Rousseau trotz des Haftbefehls die Genehmigung erteilt worden war, seinen „Kopf in Paris zu erheben“ (siehe Brief 6770). Jedoch auch jetzt beschränkte sich Rousseaus Tätigkeit nicht auf das Kopieren von Noten, eine Arbeit, mit der er seinen Lebensunterhalt verdiente. Im Dezember 1770 vollendete er das Manuskript der „Bekenntnisse“. Die von ihm veranstalteten Lesungen aus den „Bekenntnissen“ wurden im Mai 1771, auf Veranlassung der Madame d’Epinay, vom Chef der Pariser Polizei verboten. Bereits im Herbst 1770 hatte er im Auftrag des polnischen Grafen Michał Wielhorski (siehe Brief 6796) die Arbeit an einem neuen politischen Projekt aufgenommen, das er im April 1771 abschloß: „Betrachtungen über die Regierung von Polen und ihre beabsichtigte Reformierung“[52]. In Analogie zu seiner

angedachten Reform der Genfer Verfassung und seinem Verfassungsentwurf für Korsika versucht Rousseau mit den „Betrachtungen" dem polnischen Adel der Konföderation von Bar, der die monarchische Herrschaft des Königs Stanisław II. August Poniatowski, des Günstlings der Zarin Katharina II., beseitigen wollte, eine Orientierung für die Demokratisierung des Landes zu geben.

In ärmsten Verhältnissen und vereinsamt (siehe Dokumente zur Person Rousseaus Nr. 7021) hat der sechzigjährige Rousseau nach der zehnjährigen Verfolgung von 1772 bis 1776 sein letztes Werk vollendet: „Gespräche: Rousseau richtet Jean-Jacques"[53]. Wer sich den Zugang zu diesen „Gesprächen" nicht durch die nach wie vor verbreitete Lesart verstellt, hierbei handele es sich um ein Zeugnis des Wahns, der Rousseau in dieser Zeit verstärkt heimgesucht habe, der wird erkennen, daß dieses umfassende Buch ein bemerkenswertes literarisches Zeitdokument ist. Es vermittelt wichtige Aufschlüsse sowohl über die Realitätserfahrungen Rousseaus mit ihren nicht nachvollziehbaren psychischen Belastungen als auch über die Widersprüche innerhalb der Aufklärungsbewegung und die Methoden, mit denen hier geistige Konflikte ausgetragen wurden.

Bei diesen „Gesprächen" handelt es sich nämlich um den interessanten Versuch Rousseaus, den von ihm schon 1764 im ersten der „Briefe vom Berge" geforderten Gerichtsprozeß[54] jetzt fiktiv in literarischer Form durchzuführen. Zu diesem Zweck wird in den „Gesprächen" das „Ich" der „Bekenntnisse" zweigeteilt: in „Jean-Jacques", den Angeklagten, und in einen „Herrn Rousseau", seinen Verteidiger. Mit dieser Spaltung seiner Person reproduziert Rousseau die Spaltung, die seine Gegner mit ihm vorgenommen hatten: einerseits der tugendhafte und liebenswerte Rousseau vor der geschichtsphilosophischen Wende der fünfziger Jahre und andererseits das menschenfeindliche Monster Jean-Jacques danach. Als Ankläger der Öffentlichkeit fungiert in den „Gesprächen" ein „anonymer Franzose". Dem Anliegen dieses Gerichtsprozesses, ohne den nach Rousseau kein objektives Urteil über die gegen Jean-Jacques erhobene Anklage möglich ist, entspricht auch die Struktur der „Gespräche" und die Logik der Gedankenführung und Argumentation. Im ersten „Gespräch“ werden vom Ankläger, dem „anonymen Franzosen“, die Beschuldigungen vorgetragen, die Jean-Jacques von seinen Gegnern zur Last gelegt wurden. Das zweite „Gespräch“ bringt die kritischen Einwände seines Verteidigers gegen die Punkte der Anklage, die die Person Jean-Jacques betreffen. Zugleich wendet er sich gegen die ungesetzlichen Methoden der Urteilsbildung und eine Vollstreckung des Urteils durch die Gegner Rousseaus. Und im dritten „Gespräch“ gelangen Ankläger und Verteidiger nach der Analyse der Werke „Jean-Jacques'“ gemeinsam zu dem Ergebnis, daß „Jean-Jacques“ als Person unschuldig sei und nur angeklagt und verfolgt wurde, weil die partikularen Interessen seiner Gegner von seinen Wahrheiten bis ins Innerste getroffen wurden. Aus Selbstinteresse und Eitelkeit konnten und wollten sie ihm dies nicht verzeihen, denn andernfalls hätten sie ihren ungerechtfertigten Anspruch auf Allwissenheit und Alleinherrschaft nicht aufrechterhalten können. Dennoch leiten sich für den einstigen Ankläger und den Verteidiger aus diesem Untersuchungsergebnis nicht die Schlußfolgerungen ab, daß jetzt Anklage gegen die Gegner „Jean-Jacques'“ erhoben und sie gezwungen werden müssen, die Larve der Heuchelei und Lüge, die sie sich zu tragen gewöhnt haben, abzulegen. Ein derartiges Engagement erscheint beiden bei den gegenwärtigen Machtverhältnissen eine Donquichotterie. Für möglich und sinnvoll halten sie es dagegen, „Jean-Jacques“ Beistand zu leisten und ansonsten abzuwarten, bis die Mehrheit der Menschen, die in ihrem Leben kein Glück kennen, begriffen hat, daß die bequeme Philosophie der Reichen und Glücklichen, die sich in dieser Welt ihr Paradies bereiten, nicht ihre Philosophie sein kann. Erst wenn diese Desillusionierung und Aufklärung erfolgt seien, so meinen der einstige Ankläger und Verteidiger, wenn es keiner Revolution mehr bedarf, um den Spuk der Lügen und Heucheleien zu entlarven, dann sei die Zeit gekommen, um „Jean-Jacques“ voll zu rehabilitieren und seine Wahrheiten zu verkünden.

Bemerkenswert sind diese Erwägungen auch deshalb, weil daraus hervorgeht, daß Rousseau in dieser schwersten Krise seines Lebens nicht resignierte und weder in Katastrophen-

Hysterie verfiel noch in apokalyptische Visionen. Trotz seiner geschichtlichen Niederlage, über die es auch für Rousseau keinen Zweifel gab, hielt er an seiner Grundüberzeugung fest, daß die soziale und politische Polarisierung in Arm und Reich, in Unterdrückte und Herrschende eine zwangsläufige Folge der ungehemmten Entfaltung partikularer Interessen und des damit verbundenen Konkurrenzkampfes sei. Für Rousseau war daher keine andere historische Reaktion auf diese Art von negativem Zivilisationsfortschritt denkbar als die, ihm Einhalt zu gebieten. Aus diesem Grunde war er auch davon überzeugt, daß der Triumph des „Komplotts der Finsternis", der sich hinter der Maske der Aufklärung und des Fortschritts verbarg, nicht das Ende der Zivilisationsgeschichte bedeute. Sein Kampf für demokratische Prinzipien und Zivilcourage – Symptome eines Wahns?

Sein letztes Werk, die „Träumereien eines einsamen Spaziergängers"[55], hat Rousseau im Jahre 1776 begonnen und am 12. April 1778, weniger als drei Monate vor seinem Tod, abgeschlossen. Es ist gewissermaßen ein Epilog zu den „Bekenntnissen" und bezieht sich auf seinen Pariser Aufenthalt nach 1770.

Im Frühjahr 1778 wurde Rousseau vom Marquis René de Girardin eingeladen, ein Landhaus in der Nähe seines Schlosses in Ermenonville zu beziehen, etwa fünfzig Kilometer von Paris entfernt. Am 20. Mai zog er mit seiner Frau dort ein. Als Gegenleistung gab Rousseau der Tochter seines Gastgebers Musikstunden, unternahm mit dem zehnjährigen Sohn des Marquis Ausflüge in die Umgebung und unterrichtete ihn in Botanik. Nach sechswöchigem Aufenthalt auf dem Lande starb Rousseau am 2. Juli 1778. Ob er eines natürlichen Todes gestorben ist oder ermordet wurde, konnte nicht geklärt werden.

Zu den Siegern der Geschichte gehörte Rousseau nicht, weder zu seinen Lebzeiten noch nach seinem Tode. Eine triumphale Rückkehr nach Genf oder nach Paris, wie sie Voltaire im Februar 1778 zuteil wurde,[56] war ihm nicht vergönnt. War seine Niederlage selbstverschuldet, und hätte er sich sein schweres Schicksal ersparen können, wenn er sich klüger verhalten hätte, wie Turgot meint (siehe

Dokumente zur Person Rousseaus Nr. 7018)? Die Frage so zu stellen scheint absurd und besserwisserisch.
Wenn Rousseaus Verhalten anders gewesen wäre, hätte er den Nachgeborenen nicht ein Lebenswerk hinterlassen, das zu den bedeutendsten der Aufklärungsbewegung des 18. Jahrhunderts gehört und dessen Zivilisations- und Fortschrittskritik bis heute ihre Aktualität nicht verloren hat.
Erst in der Französischen Revolution von 1789 wurde Rousseau – der seiner physischen und psychischen Konstitution nach durchaus nicht zu einem Leben als Revolutionär prädestiniert war und der letztlich durch seine Verfolgung gleichsam zum Revolutionär wider Willen wurde – von den Egalitaristen, den Demokraten und den Republikanern rehabilitiert und zu ihrer Leit- und Symbolfigur gemacht.
„Die Reinheit seiner Lehre", betonte Robespierre in seiner programmatischen Rede vom 7. Mai 1794, „die er aus der Natur und dem tiefen Abscheu gegen das Laster herleitete, seine unüberwindliche Verachtung für die Ränke schmiedenden Sophisten, die sich den Namen Philosophen anmaßten, zogen ihm den Haß und die Verfolgung seiner Nebenbuhler und falschen Freunde zu. Ach, wenn er diese Revolution (...) erlebt hätte – wer vermag daran zu zweifeln, daß dann seine großmütige Seele mit Begeisterung die Sache der Gerechtigkeit und der Gleichheit ergriffen hätte?"[57]
Am 11. Oktober 1794, zweieinhalb Monate nach dem Sturz der Jakobinerdiktatur, wurden Rousseaus sterblichen Überreste von Ermenonville nach Paris in den Panthéon überführt und in einem schlichten Holzsarg gegenüber denen Voltaires beigesetzt. Selbst hier ist es Rousseau nicht erspart geblieben, daß Voltaires Büste bis heute hämisch grinsend auf sein Grab hinabsieht.
Die Entscheidung für oder wider Rousseau war mit dieser Ehrung durch die revolutionäre französische Republik erneut zu einer politischen Entscheidung geworden.

Berlin 1988/91 *Winfried Schröder*

1 Voltaire, Philosophisches Wörterbuch, hrsg. von R. Noack, Leipzig 1963, S. 121–125.
2 Ebenda, S. 125.
3 F. Nietzsche, Götzen-Dämmerung. Kritische Studienausgabe, hrsg. von G. Colli und M. Montinari, München 1988, Bd. 6, S. 150.
4 Ebenda, Bd. 3, S. 14.
5 F. Grillparzer, Tagebücher und Reiseberichte (1822), Berlin 1980, S. 82.
6 Siehe Dokumente zur Person Rosseaus: Zum Tode Rousseaus.
7 W. Krauss, Rousseaus „Bekenntnisse". In: W. Krauss, Das wissenschaftliche Werk, hrsg. von R. Geißler, Berlin/Weimar 1987, Bd. 6, S. 485.
8 Ebenda, S. 670.
9 R. Mortier, Rousseau et la dissemblance. In: S. Harvey u. a., Reappraisals of Rousseau. Studies in Honour of R., A. Leigh, Oxford 1980, S. 29.
10 Siehe Brief 7018.
11 R. Hofer, Befreien französische Autoren des 18. Jahrhunderts die schwarzen Rebellen aus ihren Ketten? oder Versuch darüber, wie man den Guten Wilden zur Strecke bringt. In: Th. Koebner/G. Pickerodt (Hrsg.), Die andere Welt. Studium zum Exotismus, Frankfurt am Main 1987, S. 143 und S. 149.
12 Exemplarisch dokumentieren dies: I. Fetscher, Rousseaus politische Philosophie, Frankfurt am Main [5]1988; M. Launy, J.-J. Rousseau, écrivain politique, Paris 1972.
13 Dazu: W. Schröder, Die Präromantiktheorie – eine Etappe in der Geschichte der Literaturwissenschaft? In: Weimarer Beiträge 5/6, 1966.
14 J.-J. Rousseau, Die Bekenntnisse. Die Träumereien eines einsamen Spaziergängers, München 1978.
15 J.-J. Rousseau, Musik und Sprache. Ausgewählte Schriften, hrsg. von P. Gülke, Leipzig 1989, S. 364 ff.
16 Ebenda, S. 370 ff.
17 Zu diesem Thema: J. Derrida, Grammatologie, Frankfurt am Main 1988, S. 300 f.; L. Steinbrügge, Das moralische Geschlecht. Theorien und Entwürfe über die Natur der Frau in der französischen Aufklärung, Weinheim und Basel 1987; Ch. Garbe, Fiktion des weiblichen Begehrens. Eine Re-Vision der sexuellen Diskurse von J.-J. Rousseau und Fr. Schlegel. In: Konkursbuch 20, Tübingen 1988.
18 R. Shackleton, Montesquieu, Dupin, and the early writings of Rousseau. In: S. Harvey u. a., Reappraisals of Rousseau, a.a.O., S. 234–249.

19 B. Burmeister, Feudale Ständeordnung und Menschenrechte. Zur Entwicklung des politischen Denkens der Aufklärung. In: Französische Aufklärung. Bürgerliche Emanzipation, Literatur und Bewußtseinsbildung, hrsg. von W. Schröder, Leipzig 1974, [2]1979.

20 J.-J. Rousseau, Musik und Sprache. Ausgewählte Schriften, a. a. O., S. 382 ff.

21 Die hier zitierten Arbeiten sind publiziert in: J.-J. Rousseau, Sozialphilosophische und politische Schriften, hrsg. von I. Fetscher, München 1981; J.-J. Rousseau, Kulturkritische und politische Schriften, 2 Bde., hrsg. von M. Fontius, Berlin 1989.

22 R. Darnton, Rousseau in Gesellschaft. Anthropologie und der Verlust der Unschuld. In: E. Cassirer, J. Starobinski, R. Darnton, Drei Vorschläge, Rousseau zu lesen, Frankfurt am Main 1989, S. 104.

23 J. Rohbeck, Die Fortschrittstheorie der Aufklärung. Französische und englische Geschichtsphilosophie in der zweiten Hälfte des 18. Jahrhunderts, Frankfurt am Main/New York 1987, S. 61–72. („Rousseau, der sich in seiner Begriffswahl an Buffon anlehnt, unterscheidet zwischen Fähigkeiten, die die Menschen zu allen Zeiten besitzen, und Fähigkeiten, die erst im Verlauf der Entwicklung hinzukommen.")

24 Ebenda, S. 182–198. („Für Rousseau markiert die Einführung der Arbeitsteilung die entscheidende Wende im Prozeß der Vergesellschaftung. Und genau in diese Übergangsphase verlegt er die Entstehung des Privateigentums, um es in seiner Eigenart als soziales Verhältnis hervorzuheben.")

25 Rousseau, Abhandlung über den Ursprung und die Grundlagen der Ungleichheit unter den Menschen. In: Rousseau, Sozialphilosophische und politische Schriften, a. a. O., S. 93.

26 Rousseau, Abhandlung über die politische Ökonomie. In: Rousseau, Sozialphilosophische und politische Schriften, a. a. O., S. 259. Von Rousseau wird das Wort *économie* oder *oeconomie* noch im traditionellen Sinne von Hauswirtschaft oder Hausverwaltung und Staatswirtschaft oder Staatsverwaltung gebraucht. Dazu: J.-J. Rousseau, Frühe Schriften, hrsg. von W. Schröder, Leipzig [2]1970, S. 340 f.

27 Rousseau, Fragment über die Freiheit. In: Rousseau, Kulturkritische und politische Schriften, a. a. O., Bd. 1, S. 21.

28 J. Rohbeck, Die Fortschrittstheorie der Aufklärung, a. a. O., S. 192–201.

29 Turgot, Über Fortschritte des menschlichen Geistes, hrsg. von J. Rohbeck und L. Steinbrügge, Frankfurt am Main 1990.

30 Weder Rousseaus Naturbegriff noch sein Arbeitsbegriff waren

apriorisch-normative Begriffe. Daher sind auch sein Eigentums- und sein Staatsbegriff bereits historische Begriffe. Diesem Verständnis entspricht auch Rousseaus historisch-genetische Methode, die darauf gerichtet ist zu erklären, *warum* die Entwicklung der Menschheit so und nicht anders verlaufen ist, um damit politische Handlungsorientierungen für die Gegenwart und Zukunft zu ermitteln. Vgl. dazu: M. Rang, Rousseaus Lehre vom Menschen, Göttingen 1959, S. 95 ff.

31 Brief 424. In: Rousseau, Schriften in zwei Bänden, hrsg. von H. Ritter, München/Wien 1978, Bd. 1, S. 333–474.

32 Ebenda,S. 333–474.

33 J.-J. Rousseau, Julie oder Die neue Heloïse, München 1978. Dazu: Rolf Geißler, Ein Idealmodell bürgerlicher Gesellschaftsbeziehungen: Rousseaus „Nouvelle Héloïse". In: Französische Aufklärung. Bürgerliche Emanzipation, Literatur und Bewußtseinsbildung, a. a. O., S. 584–599; M. Lentzen, Rousseau, Julie ou la Nouvelle Heloïse. In: Der französische Roman vom Mittelalter bis zur Gegenwart, hrsg. von K. Heitmann, Düsseldorf 1975, S. 584–599; I. Baxmann, Revolutionsfeste. Die natürliche Ordnung der sozialen Welt (Rousseau und der Staat als Familie). In: Vive la Révolution. Freiheit, Gleichheit, Brüderlichkeit, hrsg. von H. J. Neyer, Berlin (West) 1989, S. 96.

34 J.-J. Rousseau, Julie oder Die neue Heloïse, a. a. O., S. 820 f.

35 Ebenda, S. 22.

36 Ebenda, S. 285.

37 J.-J. Rousseau, Emile oder Von der Erziehung, München 1979. Dazu: M. Rang, Rousseaus Lehre vom Menschen, a. a. O.

38 Rousseau, Vier Briefe an den Herrn Präsidenten von Malesherbes. Das wahre Gemälde meines Charakters und die wahren Beweggründe meiner ganzen Aufführung enthaltend (1762). In: Rousseau, Schriften in zwei Bänden, a. a. O., Bd. 1, S. 475–496.

39 Rousseau, Briefe vom Berge. In: Rousseau, Schriften in zwei Bänden, a. a. O., Bd. 2, S. 7–252. Hier nimmt Rousseau erstmals öffentlich zu seiner Verfolgung Stellung, S. 133 f.

40 Über Rousseaus Historisierung der Vertragstheorien des 17. Jahrhunderts siehe: J. Rohbeck, Die Fortschrittstheorie der Aufklärung, a. a. O., S. 206–212.

41 I. Fetscher, Rousseaus politische Philosophie. Zur Geschichte des demokratischen Freiheitsbegriffs, Frankfurt am Main ^{5}1988, S. 118–133.

42 Ebenda, S. 169–171.

43 Voltaire, Republikanische Ideen. In: Voltaire, Erzählungen,

Dialoge, Streitschriften, hrsg. von M. Fontius, Berlin 1981, Bd. 3, S. 267.

44 Ebenda, S. 268.

45 In: Rousseau, Schriften in zwei Bänden, a. a. O., Bd. 1, S. 497–589.

46 Ebenda, Bd. 2, S. 7–256.

47 Rousseau, Entwurf einer Verfassung für Korsika. In: Rousseau, Sozialphilosophische und politische Schriften, a. a. O., S. 507–561.

48 In Paris wurde im April 1991 im Theater La Bruyère ein Dialogstück von Jean-François Prévand aufgeführt, das den Titel trägt: Voltaire – Rousseau ou Crache ton venin. Hier wird Voltaire wegen dieses Pamphlets zur Rede gestellt und aufgefordert, seine Autorenschaft zu bekennen. Im Stück verweigert Voltaire das Eingeständnis, trotz eindeutiger Beweise Rousseaus.

49 Siehe Anm. 14.

50 Es vollzog sich jetzt im Ton der britischen Presse ein plötzlicher Wechsel von ehrender Achtung gegenüber Rousseau zu Schmähungen. Inwieweit dabei auch innenpolitische Vorgänge in England eine Rolle spielten, ist bisher nicht untersucht worden. Siehe W. und A. Durant, Rousseau und die Revolution. Eine Kulturgeschichte Frankreichs, Deutschlands und Englands von 1756 bis 1789 und des übrigen Europa von 1715 bis 1789, Bern – München 1969, S. 252 ff.

51 I. Fetscher, Rousseaus Stellung in der Geschichte der volkswirtschaftlichen Lehrmeinungen. In: I. Fetscher, Rousseaus politische Philosophie, a. a. O., S. 244–254.

52 In: Rousseau, Sozialphilosophische und politische Schriften, a. a. O., S. 562–655.

53 In: Rousseau, Schriften in zwei Bänden, a. a. O., Bd. 2, S. 253–636.

54 Rousseau, Briefe vom Berge, a. a. O., S. 136–140.

55 In: Rousseau, Schriften in zwei Bänden, a. a. O., Bd. 2, S. 637–760.

56 „Ein Standbild für Voltaire“ (1. 5. 1770); „Dichterkrönung Voltaires“ (März 1778). In: M. Grimm, Paris zündet die Lichter an. Literarische Korrespondenz, hrsg. von K. Schnelle, Leipzig 1977, S. 303–305, S. 389–392, S. 398.

57 M. Robespierre, Habt ihr eine Revolution ohne Revolution gewollt?, hrsg. von K. Schnelle, Leipzig 1958, S. 363.

Wander- und Lehrjahre
1728–1744

Rousseau an Isaac Rousseau

[Ende Mai/Anfang Juni 1731]

Mein teurer Vater!

Trotz der traurigen Versicherungen, die Sie mir gaben, daß Sie mich nicht mehr als Ihren Sohn betrachten, wage ich noch zu Ihnen als dem besten aller Väter Zuflucht zu nehmen, und welche triftigen Gründe auch immer der Haß haben mag, den Sie gegen mich hegen müssen, als unglücklicher, reuiger Sohn lösche ich sie in Ihrem Herzen aus, und der lebhafte, aufrichtige Schmerz, den ich empfinde, von Ihrer Vaterliebe so schlechten Gebrauch gemacht zu haben, setzt mich wieder in die Rechte ein, die das Blut mir bei Ihnen verleiht. Sie sind stets mein teurer Vater, und hätte ich nichts als die Last meiner Fehler zu tragen, so wäre ich genugsam gestraft, seit ich Schuld auf mich lud. Doch ach, es gibt noch viele andere Gründe, die Ihren Zorn in gerechtfertigtes Erbarmen verwandeln könnten, sowie Sie nur volle Kenntnis erhielten. Die Schicksalsschläge, die mich seit langem zu Boden zwingen, sühnen nur allzusehr die Vergehen, deren ich mich schuldig fühle, und wenn es wahr ist, daß die Fehler unsäglich groß sind, die Reue ist noch größer.

Welch trauriges Schicksal, wenn das Herz von Kummer erfüllt ist und man nicht einmal wagt, seinem Schmerz in einigen Seufzern Luft zu machen, welch trauriges Schicksal, wenn man von einem Vater verstoßen wird, dessen höchste Freude, dessen Trost man hätte sein können, doch welch noch viel traurigeres Schicksal, wenn man gezwungen ist, auf immer undankbar und zugleich unglücklich zu sein, und sein Elend und seine Gewissensbisse über die ganze Erde mit sich herumtragen muß. Ihre Augen füllten sich mit Tränen, würden Sie meine wirkliche Lage richtig kennen, die gerechte Entrüstung machte sofort dem Mitleid Platz, und Sie könnten nicht umhin, einigen Kummer wegen des Unglücks zu empfinden, das mich verfolgt. Ich hätte nie gewagt, mir die Freiheit zu nehmen, Ihnen zu schreiben, wenn mich nicht eine unumgängliche Notwendigkeit dazu zwänge. Lange schwebte ich in der Furcht, Sie womöglich noch mehr zu beleidigen, doch schließlich kam ich zu der Ansicht, daß ich mich in meiner traurigen Situation doppelt schuldig machte, wenn ich nicht alle Anstrengungen unternähme, von Ihnen jene Hilfe zu erhalten, die ich unbedingt brauche. Obschon ich Ihre Ablehnung befürchten muß, schmeichle ich mich nichtsdestoweniger mit einiger Hoffnung, ich habe nicht vergessen, daß Sie ein guter Vater sind, und ich weiß, daß Sie großherzig genug sind, um Unglücklichen Gutes zu erweisen, unabhängig von den Gesetzen des Blutes und der Natur, die in erhabenen Seelen niemals erlöschen. Nun, mein teurer Vater, ich muß Ihnen gestehen, ich bin in Neuchâtel durch eigene Unvorsichtigkeit in Elend geraten. Da ich weiter kein Talent als das zur Musik hatte, das mich aus der Klemme hätte ziehen können, meinte ich, gut daran zu tun, wenn ich sie nutzte, sofern es möglich wäre; und weil ich sehr wohl wußte, daß ich sie nicht genügend beherrschte, um sie in katholischen Ländern auszuüben, ließ ich mich in Lausanne nieder, wo ich einige Monate lang unterrichtete, so daß ich mich, nach Neuchâtel kommend, in kurzer Zeit in der Lage sah – vermöge recht beträchtlicher Einnahmen, verbunden mit einer streng geregelten Lebensweise –, einige Schulden zu begleichen, die ich in Lausanne hatte. Da ich aber nach einer langen Folge von Abenteuern,[1] die im einzelnen mündlich zu erzählen ich mir die Ehre vorbehalte, wenn Sie erlauben, ein wenig unüberlegt von hier weggegangen war, kehrte ich zurück. Doch für den Kummer, den meine Schülerinnen angesichts meiner Abreise empfunden hatten – dies sage ich ohne Eitelkeit –, habe ich gehörigen Lohn erhalten, indem sie den Unterricht nicht wieder aufnehmen wollten, so daß ich, der nötigen Mittel beraubt, hier einige Schulden machte, deren ich mich nicht ehrenhaft zu entledigen vermag und die (...)[2] dergleichen Wohltaten, die zu vergelten sich der Himmel vorbehält.

Was soll ich bloß tun, wenn Sie sich vor mir verschließen, wie bange wird mir werden?! Muß es denn sein, daß ich, nachdem ich trotz der Wechselfälle eines unbeständigen Schicksals so lange ohne Tadel lebte, meinen Namen jetzt durch Unwürdigkeit entehre, nein, mein teurer Vater, ich bin [sicher], Sie werden dies nicht zulassen.

Befürchten Sie ja nicht, daß ich Ihnen jemals wieder eine solche Bitte antragen könnte: mittels einer Wissenschaft, in der ich mich unablässig bilde, werde ich schließlich ohne die Hilfe anderer leben können. Ich fühle, wie schwer es auf einem lastet, wenn man Verpflichtungen gegen Fremde hat, und ich sehe mich in der Lage, nach unablässigen Bemühungen meinen Lebensunterhalt selbst zu bestreiten, ich werde nicht mehr im Staube kriechen, denn dieses Gebaren ist meiner nicht würdig. Wenn ich mehrere Male ein glänzendes Los ausschlug, so, weil ich eine düstere Freiheit mehr schätze als eine glänzende Knechtschaft. Meine Wünsche werden in Erfüllung gehen, und ich hoffe, ich werde mich bald eines angenehmen, ruhigen Schicksals erfreuen, ohne von jemand anders abhängig zu sein als von mir allein und von einem Vater, dessen Weisungen ich stets respektieren und befolgen will. Um dazu in der Lage zu sein, fehlt es nur daran, aus den Verpflichtungen herauszukommen, in die ich mich tollkühn einließ. Vertrauensvoll erhoffe ich diese letzte Wohltat aus Ihrer Hand.
Erweisen Sie mir, mein teurer Vater, die Ehre einer eigenhändigen Antwort, es wird der erste Brief sein, den ich von Ihnen erhalte, seit ich aus Genf wegging,[3] gewähren Sie mir zumindest das Vergnügen, diese teuren Buchstaben zu küssen, gewähren Sie mir die Gnade, sich zu beeilen, denn ich stecke in einer schwierigen Krise. Meine Adresse liegt bei, Sie werden leicht die Gründe erraten, die mich einen falschen Namen wählen ließen. Ihre besonnene Verschwiegenheit wird nicht zulassen, daß Sie diesen Brief bekannt machen oder ihn jemandem zeigen, außer meiner lieben Mutter, die ich meiner untertänigsten Hochachtung versichere und unter Tränen bitte, mir meine Fehler zu verzeihen und mir wieder ihre teure Liebe zu schenken. Was Sie anbelangt, mein teurer Vater, so fände ich keinen Frieden mehr, wenn ich nicht würdig wäre, daß die Ihrige zurückkehrt, und ich schmeichle mich mit der Hoffnung, daß der Tag kommen wird, an dem es ein wahres Vergnügen für Sie sein wird, sich als mein teurer Vater zu bekennen.

Ihr untertänigster und gehorsamster
Diener und Sohn

1 Darüber berichtet Rousseau eingehend in seinem autobiographischen Werk „Die Bekenntnisse". (Im folgenden zitiert nach: Winkler Dünndruck-Bibliothek der Weltliteratur, München 1978.)
2 Textlücke im handschriftlichen Original.
3 Rousseau verließ Genf am 15. März 1728.

Rousseau an Isaac Rousseau

26. Juni 1735

Mein teurer Vater!

Je kleiner die Fehler, desto verzeihlicher. Wenn dieser Grundsatz stimmt, so war nie ein Mensch der Verzeihung würdiger als ich. Es ist wahr, ich schulde der Güte Madame de Warens voll und ganz meine Rückkehr zum gesunden Menschenverstand und zur Vernunft. Es waren ferner [ihre] Weisheit und Großherzigkeit, die mich von meinen Abwegen zurückholten, ich hoffe, daß nach dieser neuerlichen Wohltat meine noch größere Dankbarkeit und meine respektvolle Anhänglichkeit an diese Dame dauerhafte Bürgen für mein in Zukunft besonnenes Betragen sind. Ich bitte Sie, mein teurer Vater, gleichfalls darauf zählen zu wollen, und obschon ich sehr wohl begreife, daß Sie nach meinem jetzigen Schritt keine Ursache haben, fest auf die Zuverlässigkeit meiner Überlegungen zu bauen, ist es doch recht und billig, wenn Sie erfahren, daß ich meinen Entschluß nicht unbesonnen gefaßt habe und also nicht darauf geachtet hätte, die bei solchen Gelegenheiten notwendige Schicklichkeit zu wahren. Ich schrieb gleich am Tage meiner Abreise an Madame de Warens, um jeglicher Beunruhigung zuvorzukommen, ich tat es nochmals wenige Tage später, ich war auch willens, Ihnen zu schreiben, doch meine Reise war von kurzer Dauer, und mir ist lieber, um meiner Ehre willen und zu meinem Vorteil, wenn mein Brief von hier abgeht und nicht von woanders.

Ich danke Ihnen aufrichtig, mein teurer Vater, für Ihr Interesse, das Sie noch an mir zu haben scheinen. Ich war unendlich gerührt von der zärtlichen Art und Weise, in der Sie von mir in dem Briefe sprachen, den Sie Madame de

Warens schrieben. Eines ist sicher: wenn die heißesten Gefühle der Zuneigung und der Hochachtung, die ein Sohn für seinen Vater hat, irgendeinen Rückfluß von diesem verdienen können, so sind Sie mir in dieser Hinsicht stets verpflichtet gewesen.
Madame de Warens läßt Sie vielmals grüßen und für Ihre Mühe danken, daß Sie ihr antworteten. Freilich, mein teurer Vater, ist dies sonst nicht Ihre Gewohnheit, ich sollte Sie aber nicht bitten müssen, daß Sie dieser Dame nicht wieder Ursache zu derartigen Danksagungen geben. Ich habe bemerkt, daß jedesmal, wenn sie die Ehre hatte, an den König oder an die höchsten Herren am Hofe zu schreiben, ihre Briefe mit größter Pünktlichkeit beantwortet wurden. Wenn es stimmt, daß Sie mich liebten und daß Sie wahrem Verdienst stets die Achtung und Aufmerksamkeit entgegenbrachten, die man ihm schuldet, so ist es Ihre Pflicht, wenn ich wagen darf, dies auszusprechen, keine Vorurteile zu haben.
Beunruhigt bin ich über den Zustand meiner lieben Mutter. Ich habe Ursache, aus Ihrem Brief zu schließen, daß sich ihre Gesundheit verschlechtert hat. Ich bitte Sie, sie meiner Anteilnahme zu versichern; Gott möge sich der Ihrigen annehmen und sie zu meiner Genugtuung lange über mein eigenes Leben hinaus erhalten. Ich habe (...)

Rousseau an Isaac Rousseau

[Herbstende 1735]

Monsieur und liebster Vater!
In Ihrem letzten Brief, den mir zu schreiben Sie am 5. dieses Monats die Güte hatten, ermahnten Sie mich, Ihnen meine Absichten über eine Berufswahl mitzuteilen. Ich bitte Sie, mir zu verzeihen, wenn ich mit meiner Antwort an Sie zögerte; die Angelegenheit ist wichtig, ich benötigte einige Tage, um meine Betrachtungen anzustellen und klar zu formulieren, bevor ich sie Ihnen mitteilte.
Ich stimme mit Ihnen überein, mein liebster Vater, daß es notwendig ist, sich beizeiten einen Broterwerb zu suchen

und sich darum zu bemühen, dieses Ziel mit Eifer zu verfolgen – dies hatte ich schon begriffen, doch fehlte es bislang stets an der Voraussetzung, die für diesen Fall absolut unerläßlich ist und ohne die man nicht zu handeln vermag, nämlich eine günstige Möglichkeit zu finden.
Nehmen wir zum Beispiel an, meine geistigen Fähigkeiten wären von Natur aus auf das Studium ausgerichtet, sei es auf das der Theologie oder das der Rechtswissenschaft, so ist klar, daß finanzielle Mittel vonnöten gewesen wären, sowohl für meinen Unterhalt und meine Kleidung als auch für die Kosten des Studiums. Setzen wir sodann den Fall, der Handelsstand wäre mein Ziel; außer meinem Unterhalt wäre das Lehrgeld zu bezahlen gewesen, und schließlich hätte ein angemessenes Anlagekapital aufgebracht werden müssen, um mich anständig etablieren zu können. Die Kosten wären nicht viel geringer gewesen, hätte ich ein Handwerk ergriffen. Freilich beherrsche ich bereits einige Fertigkeiten eines Graveurs, aber abgesehen davon, daß ich diesem Beruf nie Geschmack abgewinnen konnte, ist es sicher, daß ich noch nicht einmal genug könnte, um selbst für meinen Lebensunterhalt aufzukommen, und daß kein Meister mich einstellte, wenn ich nicht die Kosten für die Indienststellung übernähme.
Dies sind nach meiner Meinung die verschiedenen Möglichkeiten einer Berufsausübung, zwischen denen ich vernünftigerweise hätte wählen können. Ich überlasse es Ihnen, mein lieber Vater, selbst zu beurteilen, ob es von mir abhing, die Bedingungen dafür zu erfüllen.
Was ich soeben sagte, gilt freilich nur für die Vergangenheit; in meinem jetzigen Alter ist es zu spät, an so etwas zu denken, denn ich bin in der mißlichen Lage, daß mir, als ich einen gediegenen Beruf hätte ergreifen können, alle nötigen Mittel fehlten, und daß jetzt, da ich allen Grund habe, mit einem gewissen Darlehen rechnen zu können, die Jugend, jene kostbare Zeit des Lernens, unwiederbringlich dahin ist.
Sehen wir uns nun an, was in meiner jetzigen Lage zu tun angemessen wäre. Erstens könnte ich die Musik praktisch ausüben, die ich dafür hinreichend gut beherrsche. Zweitens könnte mir ein gewisses Talent zum Schreiben (ich

spreche vom Stil) behilflich sein, eine Anstellung als Sekretär bei irgendeinem großen Herrn zu finden. Schließlich könnte ich in einigen Jahren und mit ein wenig mehr Erfahrung jungen Leuten von Stand als Hofmeister dienen.
Was den ersten Punkt anbelangt, so konnte ich mich immer des Glückes rühmen, einige Fortschritte in der Musik gemacht zu haben, für die ich, wie man mir schmeichelt, ein recht feines Gefühl besitze, und darum habe ich, mein lieber Vater, einige Schlußfolgerungen gezogen.
Die Musik ist eine Kunst, deren Ausübung keine großen Schwierigkeiten bereitet, das heißt, man kann sie in allen Ländern leicht betreiben. Die Menschen sind so veranlagt, daß sie allzuoft das Angenehme dem Nützlichen vorziehen; man muß bei ihren Schwächen ansetzen und daraus Nutzen ziehen, wenn man dies tun kann, ohne ein Unrecht zu begehen, denn was gibt es Gerechteres, als ein angemessenes Entgelt für seine Arbeit zu erhalten? Die Musik ist also von allen Gaben, die ich besitzen mag, wenn auch vielleicht nicht die, welche mir die größte Ehre einbringt, zumindest aber die sicherste, weil sie am leichtesten anzuwenden ist, denn Sie werden zugeben, daß es nicht immer einfach ist, Zugang zu den vornehmen Häusern zu finden, und solange man sucht und erst einmal alles in die Wege leitet, muß man leben, und da kann die Musik als Überbrückung dienen. Das waren meine Überlegungen, wie die Musik mir nützlich sein könnte. Nun zum zweiten Punkt, dem Posten eines Sekretärs.
Da ich schon einmal in dieser Lage war, weiß ich in etwa, welche verschiedenen Fähigkeiten für eine solche Stellung notwendig sind: ein klarer, leicht verständlicher Stil, peinliche Genauigkeit und Gewissenhaftigkeit, eine umsichtige Handhabung aller Angelegenheiten, die zu diesem Amt gehören, und vor allem unbedingte Verschwiegenheit, mit diesen Eigenschaften kann man einen guten Sekretär abgeben. Einige davon schmeichle ich mir zu besitzen, und tagtäglich arbeite ich daran, die anderen noch zu erwerben; und mein Ziel zu erreichen, scheue ich keine Mühe.
Was schließlich den Posten eines Hofmeisters bei einem jungen Herrn anbelangt, so muß ich Ihnen freilich gestehen, daß dies der Beruf ist, für den ich eine gewisse Vorliebe

hege, Sie werden darüber zunächst erstaunt sein, doch schieben Sie bitte Ihre Bewertung noch einen Augenblick auf. – Sie dürfen nicht denken, mein lieber Vater, ich hätte mich so ausschließlich der Musik gewidmet, daß ich jede andere Art der Arbeit vernachlässigt hätte. Die Güte, mit der Madame de Warens mir eine Unterkunft in ihrem Hause gewährte, hat mir den Vorteil verschafft, meine Zeit nützlich anzuwenden, und eben dies tat ich bisher mit großer Sorgfalt.

Zunächst, ich habe mir ein Studiensystem erarbeitet, das ich in zwei Hauptgebiete unterteilte: das erste umfaßt alles, was dazu dient, den Geist zu erleuchten und ihn mit nützlichen und angenehmen Kenntnissen auszustatten, das zweite enthält die Mittel und Möglichkeiten, das Herz für Weisheit und Tugend aufzuschließen. Madame de Warens war so gut und versorgte mich mit Büchern, und ich bemühte mich, soviel Fortschritte wie möglich zu machen und meine Zeit so gut einzuteilen, daß sie nie ungenutzt blieb.

Des weiteren, jedermann wird mir wegen meiner Lebensführung Gerechtigkeit widerfahren lassen; ich halte die guten Sitten in Ehren, und ich glaube nicht, daß mir jemand ein grobes Vergehen gegen die Keuschheit vorwerfen könnte. Ich bin gläubig und fürchte Gott, im übrigen aber habe ich große Schwächen und viel mehr Fehler als jeder andere Mensch auf der Welt: ich weiß, wie viele Untugenden es in mir zu bessern gälte. Doch schließlich wären die jungen Leute schon glücklich, wenn sie immer in die Hände von Menschen gerieten, die ebensosehr das Laster hassen und die Tugend lieben wie ich.

Sodann, was Wissenschaften und Literatur anbelangt, so glaube ich genug zu wissen, um einen jungen Edelmann erziehen zu können, zumal es nicht direkt zu den Aufgaben eines Hofmeisters gehört, Unterrichtsstunden zu geben, vielmehr muß er darauf achten, daß sie von Nutzen sind, und es sollte de facto so sein, daß er auf allen Gebieten mehr weiß, als ein Schüler lernen muß.

Dem Vorwurf, den man mir wegen der Unregelmäßigkeiten in meiner Vergangenheit machen könnte, habe ich nichts entgegenzusetzen; da sie nicht entschuldbar sind, maße ich mir nicht an, sie zu entschuldigen. Außerdem sagte ich an-

fangs zu Ihnen, mein lieber Vater, daß ich erst in einigen Jahren und mit mehr Erfahrung wagen würde, die Erziehung irgendeines jungen Menschen zu übernehmen: das heißt, ich habe den festen Willen, meine Fehler gänzlich abzulegen, und ich hoffe, es wird mir gelingen.
All dem, was ich soeben sagte, können Sie entgegenhalten, dies seien keine rechtschaffenen Möglichkeiten einer Berufsausübung, vor allem, was den ersten und den dritten Punkt anbelangt, doch ich bitte Sie zu bedenken, daß ich sie Ihnen gar nicht als solche unterbreite, sondern lediglich als einzige Möglichkeiten, die ich nutzen könnte, wenn der Fall einträte, daß mir die gegenwärtige Unterstützung einmal fehlen sollte, doch es ist Zeit, daß ich Ihnen meine wirklichen Pläne enthülle und meine Schlüsse ziehe. – Es ist Ihnen, mein lieber Vater, nicht unbekannt, wie sehr ich Madame de Warens verpflichtet bin, die mich in ihrer Mildtätigkeit mehrere Male aus dem Elend errettete und es sich seit acht Jahren angelegen sein läßt, für all meine Bedürfnisse zu sorgen und sogar für weit mehr, als notwendig war. Die Güte, mit der sie mich in ihrem Haus aufnahm, mit der sie mir Bücher besorgte und Lehrer bezahlte, vor allem aber ihre vortrefflichen Unterweisungen und ihr lehrreiches Beispiel gaben mir die Möglichkeit einer ausgezeichneten Erziehung und wandten meine bis dahin noch unbeständige Lebensführung zum Guten. Es ist nicht nötig, daß ich hier die Größe all ihrer Wohltaten enthülle, die einfache Darstellung, die ich Ihnen gab, genügt, um Sie auf den ersten Blick deren ganzen Wert erkennen zu lassen: Urteilen Sie selbst, mein lieber Vater, was in einem redlichen Herzen aus Dankbarkeit für solche Wohltaten vorgeht; die meinige ist grenzenlos, und hören Sie, wie groß mein Glück ist: ich habe keine andere Möglichkeit, sie zu beweisen, als die eine, die mich vollkommen glücklich macht. Ich hege nämlich die Absicht, Madame de Warens inständig zu bitten, sie möge mir gestatten, daß ich den Rest meiner Tage bei ihr verbringe und ihr bis an mein Lebensende jeden Dienst erweise, der in meiner Macht liegt. Ich will sie, soweit es von mir abhängt, durch meine Zuneigung und durch eine vernünftige, geordnete Lebensweise die Früchte der Sorgfalt und Mühen genießen lassen, die sie für mich aufgewendet. Dies

ist keineswegs eine sinnlose Art und Weise, ihr meine Dankbarkeit zu bekunden; die kluge und liebenswerte Dame hat ein solches Zartgefühl, daß sie sich für ihre Wohltaten an eben ihren Wohltaten schadlos hält wie auch an der fortwährenden Huldigung eines Herzens, das von Eifer erfüllt ist, von Zuneigung und von Ehrfurcht vor ihr.
Ich habe Grund zu hoffen, mein lieber Vater, daß Sie meinen Entschluß billigen und ihn nach Kräften unterstützen werden; somit sind alle Schwierigkeiten behoben, mein Broterwerb ist gesichert und gewiß so beständig und günstig, wie er nur sein kann auf dieser Welt, nicht nur, weil er mir Vorteile bringt, sondern weil er beiderseitig auf Herzensgüte und Tugend begründet ist.
Übrigens will ich mich damit nicht etwa eines Vorwandes bedienen, um ein Leben in Nichtstun und Müßiggang führen zu können; freilich habe ich neben meinen täglichen Beschäftigungen viel freie Zeit, doch sie ist voll und ganz dem Studium gewidmet, und Madame de Warens wird mir jederzeit die Gerechtigkeit widerfahren lassen, zu bestätigen, daß ich meinen Plan ziemlich regelmäßig in die Tat umsetzte, denn bis jetzt hat sie sich nur meines Übereifers wegen beklagt. Es steht nicht zu fürchten, daß mein Geschmack sich ändert; das Studium hat seinen Reiz, von dem sich, wer ihn einmal genossen, nicht wieder lösen kann, und andererseits ist der Gegenstand so schön, daß es niemanden gibt, der jene tadeln könnte, die so glücklich sind, an ihm Geschmack zu finden und sich mit ihm zu beschäftigen.
Dies, mein lieber Vater, ist die Darstellung meiner Pläne. Ich bitte Sie demütigst, sie zu billigen, an Madame de Warens zu schreiben und sich bei ihr für diese Vorhaben zu verwenden, damit sie gelingen. Ich habe Grund zur Annahme, daß Ihr Schritt erfolgreich sein wird und zu unser aller Zufriedenheit führt. Ich bin etc.

Rousseau an Françoise-Louise-Eléonore de La Tour, Baronin de Warens

[24. und 26.? Juli 1737]

Madame,
ich hatte die Ehre, Ihnen am vergangenen Donnerstag zu schreiben, und Madame de Genevois hat sich meines Briefes angenommen: seitdem habe ich Monsieur Barrillot kein einziges Mal gesehen, denn ich war in meiner Herberge wie ein echter Gefangener eingesperrt. Voller Ungeduld, etwas über den Stand meiner Angelegenheiten zu erfahren, schrieb ich gestern an Monsieur Barrillot und bekundete ihm in recht heftigen Worten meine Unruhe. Er antwortete mir dies: „Beruhigen Sie sich, mein werter Monsieur, alles läuft gut. Ich glaube, daß Montag oder Dienstag das Ganze abgeschlossen sein wird. Ich bin nicht in der Lage, aus dem Hause zu gehen. Doch ich werde Sie aufsuchen, sobald ich kann.“ So, Madame, steht es also um mich: ich bin über meine Angelegenheiten so wenig informiert, als wäre ich hundert Meilen fern von hier. Denn es ist mir untersagt, mich in der Stadt sehen zu lassen. Zudem bin ich stets allein und habe große Ausgaben, andererseits entstehen Kosten, wenn ich an dieses jämmerliche Geld herankommen will, aber auch, weil ich für die Konsultation eines Arztes einiges brauchte sowie für die Bezahlung etlicher Arzneimittel, die er mir überließ. Sie können sich leicht denken, daß meine Börse schon lange leer ist, und dabei habe ich auch bereits hübsche Schulden in diesem Gasthaus. So führe ich also nicht gerade das angenehmste Leben der Welt, und um das Glück voll zu machen, habe ich keine Nachrichten von Ihnen, Madame. Dennoch bin ich guten Mutes, soweit möglich, und ich hoffe, daß ich, noch bevor Sie meinen Brief erhalten, die Erklärung für alles weiß. Denn, wahrhaftig, wenn das so weiter geht, muß ich annehmen, daß ich an der Nase herumgeführt werde und mir nur die Schale von der Auster bleibt.
Sie sehen, Madame, daß die Reise, die ich als eine Art Vergnügungspartie unternahm, eine völlig entgegengesetzte Wendung bekam. Im übrigen trägt dieser Bannkreis, in dem ich, den ganzen Tag über in einem Zimmer allein, vol-

ler Bangigkeit nur Grillen fange, nicht gerade zur Besserung meiner Gesundheit bei, was Sie nicht wundernehmen wird. Ich sehne mich nach dem Augenblick meiner Rückkehr, und ich werde hinfort Gott bitten, mich mit einer solchen verdrießlichen Reise zu verschonen.
Soweit war ich mit meinem Brief gekommen, als Monsieur Barrillot mich besuchte; er versicherte mir hoch und heilig, meine Angelegenheit bereite keine Schwierigkeiten mehr, Monsieur le Résident[1] habe sich vermittelnd eingeschaltet und sei so freundlich, ein gutes Wort für diese Angelegenheit einzulegen. Da ein Zeitraum von zwei Tagen zwischen Anfang und Ende meines Briefes liegt, bin ich inzwischen meiner Pflicht gegenüber Monsieur le Résident nachgekommen, er empfing mich auf die liebenswürdigste und – ich wage zu sagen – zwangloseste Weise der Welt. Ich bin jetzt sicher, daß meine Angelegenheit in weniger als drei Tagen abgeschlossen ist und mein Erbteil mir ohne Schwierigkeit ausgezahlt wird, abzüglich der Kosten, die freilich ein wenig hoch sind, so wie auch Monsieur Barrillots Anteil, der sehr viel höher liegt, als ich angenommen hätte.
Ich habe, Madame, mit der Normalpost keine einzige Nachricht von Ihnen erhalten, beide Male nicht; ich bin zu Tode beunruhigt darüber. Erhalte ich auch bei der nächsten nichts, weiß ich nicht, was aus mir wird. Ich bekam einen Brief vom Onkel mit einem weiteren für den Priester, seinen Freund. Ich werde hinfahren, doch ich weiß, daß nichts zu machen und die Wiese für mich verloren ist.
An meinen Vater habe ich noch nicht geschrieben, ich traf auch niemanden aus meiner Verwandtschaft, da ich die Order habe, das Inkognito bis zur Auszahlung zu wahren. Ich hätte wahnsinnige Lust, das Blatt umzudrehen, alldieweil ich noch so viele Dinge zu sagen habe, doch ich werde es nicht tun und mir für die nächste Normalpost vorbehalten, Ihnen gute Nachricht zu geben. Ich habe die Ehre, Madame, mit tiefem Respekt etc.

Ihr untertänigster und gehorsamster Diener zu sein
J.-J. Rousseau

1 La Closure

Rousseau an Suzanne Serre (?)

[1739]

Ich habe mich der Gefahr ausgesetzt, Sie wiederzusehen, und Ihr Anblick hat meine Befürchtungen mehr als gerechtfertigt, da alle Wunden in meinem Herzen wieder aufgerissen wurden. Ich habe in Ihrer Nähe vollends das bißchen Verstand verloren, das mir geblieben war, und ich spüre, daß ich in dem Zustand, in den Sie mich versetzten, zu nichts anderem mehr zu gebrauchen bin, als Sie anzubeten. Mein Leiden ist um so verdrießlicher, als ich weder die Hoffnung noch den Willen habe, von ihm zu genesen, und was auch immer geschehen mag, ich muß Sie nun ewiglich lieben. Ich weiß, Mademoiselle, daß von Ihrer Seite keine Erwiderung zu erwarten ist, ich bin ein junger Mann ohne Vermögen, einzig ein Herz habe ich anzubieten, und sosehr dieses Herz auch erfüllt sein mag von Feuer, Empfindung und Zartgefühl, es ist ohne Zweifel kein Geschenk, das würdig wäre, von Ihnen angenommen zu werden. Dennoch halte ich dafür, daß eine unendlich tiefe Zärtlichkeit und ein stets lebhafter, beständiger Charakter Quellen des Glückes sind, die in den Augen einer nicht gänzlich unempfindsamen Geliebten von gewissem Wert sein und Güter sowie gutes Aussehen aufwiegen könnten, an denen es mir mangelt. Aber ach, Sie haben mich mit unglaublicher Härte behandelt, und sooft Sie mir so etwas wie Liebenswürdigkeit entgegenbrachten, ließen Sie mich anschließend teuer dafür zahlen, so daß ich hätte schwören können, Sie verfolgten kein anderes Ziel, als mich zu quälen. All das bringt mich zur Verzweiflung, ohne daß es mich wundernimmt, denn ich sehe all meine Fehler als eine Rechtfertigung an für Ihre Empfindungslosigkeit gegen mich. Doch glauben Sie ja nicht, daß ich Sie für wirklich empfindungslos halte: nein, Ihr Herz ist nicht weniger zur Liebe geschaffen als Ihr Antlitz, meine Verzweiflung besteht darin, daß ich nicht derjenige bin, der es rühren sollte. Ich weiß aus sicherer Quelle, daß Sie eine Herzensbindung hatten, ich kenne sogar den Namen des glücklichen Sterblichen, der die Kunst verstand, erhört zu werden, und um Ihnen eine Vorstellung von meiner Denkungsart zu geben, will ich Ihnen sagen, daß ich durch Zufall davon erfuhr, ohne danach geforscht zu haben, denn meine Hochachtung für Sie wird mir nie erlauben, etwas anderes über Ihr Tun und Lassen erfahren zu wollen, als das, was Sie selbst mir mitzuteilen belieben. In einem Wort, wenn ich zu Ihnen sagte, daß Sie nie eine Nonne sein würden, so, weil ich erkannte, daß Sie in keiner Weise dafür geschaffen sind, es zu sein. Und wenn mir als leidenschaftlichem Liebhaber dieser schlimme Entschluß ein Schrecken ist, so werde ich als aufrichtiger Freund und Ehrenmann Ihnen niemals raten, Ihre Zustimmung zu solcherlei Plänen zu geben, die man in Hinblick auf Sie hegt, denn Sie sind offensichtlich zu ganz anderem berufen und würden nur unnütze Klagen und ewige Reue davontragen. Ich sage es Ihnen so, wie ich es tief in meinem Herzen denke und ohne Rücksicht auf meine eigenen Interessen zu nehmen. Dächte ich anders, so sagte ich es Ihnen gleichfalls, und wenn ich dann auch nicht selber glücklich sein könnte, so fände ich mein Glück doch wenigstens in dem Ihrigen. Ach, sofern Sie mir Gehör schenken wollen, wage ich zu sagen, daß ich Sie die wahre Glückseligkeit kennenlernen lassen könnte, niemand vermag sie besser zu empfinden als ich, und ich wage zu glauben, daß auch niemand sie besser zu vermitteln vermag als ich. Gott, hätte ich zu diesem reizvollen Besitz gelangen können, so wäre ich sicherlich daran gestorben, denn wie sollte ich im Herzen genügend Kraft finden sollen, um diesem Freudentaumel zu widerstehen: doch hätte die Liebe ein Wunder geschehen lassen und ich wäre am Leben geblieben, sosehr auch mein Herz durch sie erglühte, sie würde sich, fühle ich, noch verdoppeln, und um zu verhindern, daß ich mitten im Glück mein Leben aushauchte, entfachte sie in jedem Augenblick neues Feuer in meinem Blut. Allein dieser Gedanke bringt es zum Sieden, ich vermag den Schlingen einer verführerischen Chimäre nicht zu widerstehen, Ihr reizvolles Bild folgt mir überallhin, ich werde es nicht los, selbst wenn ich mich ihm hingebe, es verfolgt mich bis in den Schlaf, es versetzt mir Herz und Verstand in Aufruhr; es zehrt an meiner Natur, mit einem Wort, ich spüre, Sie bringen mich gegen Ihren Willen um, und gleich ob ich die Grausamkeit der Wirklichkeit erlebe

oder die Freuden meiner Träume, das Schicksal meiner Liebe ist stets, daß sie mir den Tod bringt.
Doch ach, während ich meine Qualen beklage, bereite ich mir neue; ich kann nicht an meine Liebe denken, ohne daß Herz und Sinne in Wallung geraten, und wie entschlossen auch immer ich bin, Ihnen zu gehorchen, wenn ich meine Briefe zu schreiben beginne, ich fühle mich sogleich außerstande zu tun, was Sie von mir verlangen. Sind Sie so hart, mich dafür zu bestrafen? Der Himmel verzeiht Fehler, die versehentlich begangen werden, seien Sie nicht strenger als er und stellen Sie das Übermaß einer unbesiegbaren Neigung in Rechnung, die mich gegen meinen Willen weiter führt, als ich will, ja, so weit sogar: stünde es in meiner Macht, meine anbetungswürdige Königin für einen Augenblick zu besitzen – unter der Bedingung, daß ich eine Viertelstunde später dafür gehängt würde –, so wollte ich mit größerer Freude dieses Geschenk annehmen als den Thron des Universums. Weiter habe ich Ihnen nichts zu sagen, und Sie müßten ein barbarisches Ungeheuer sein, wenn Sie mir nicht wenigstens ein bißchen Mitleid gewährten.
Weder Ehrgeiz noch Ruhm rühren mein Herz, ich hatte mich entschlossen, den Rest meiner Tage als Philosoph an einem abgeschiedenen Ort zu verbringen, der sich mir bot: Sie haben all diese schönen Pläne zunichte gemacht, ich merkte, daß es mir unmöglich war, fern von Ihnen zu leben, und um Mittel und Wege zu finden, in Ihre Nähe zu kommen, wage ich eine Reise und schmiede Pläne, die mein ständiges Pech ohne Zweifel scheitern lassen wird: doch da ich bestimmt bin, Trugbildern nachzujagen, will ich mich wenigstens den angenehmsten hingeben, das heißt jenen, die Sie zum Gegenstand haben. Haben Sie die Güte, Mademoiselle, ein paar Zeichen Ihres Wohlwollens einem leidenschaftlichen Liebhaber zu gewähren, der kein anderes Verbrechen an Ihnen beging, als Sie allzu liebenswürdig zu finden. Geben Sie mir eine Adresse oder erlauben Sie, daß ich Ihnen eine für die Briefe vorschlage, die Ihnen zu schreiben ich die Ehre habe, und für die Antworten, die Sie mir bitte schreiben möchten, kurz, lassen Sie mir aus Mitleid einen Hoffnungsschimmer, und wenn auch nur, um die Torheiten abzuwenden, die zu begehen ich fähig bin.

Verurteilen Sie mich während meines hiesigen Aufenthaltes nicht mehr dazu, Sie so selten zu sehen; ich könnte es nicht ertragen. Gewähren Sie mir in den Zwischenzeiten wenigstens den Trost, Ihnen schreiben zu können und von Ihnen Nachricht zu erhalten, sonst droht mir viel öfter die Gefahr, daß alles Mögliche passiert. Ich wohne bei der Witwe Petit in der Rue Genti.

Rousseau an Pierre de Chaponay, Baron de Morancé und Seigneur d'Eybens

[Anfang 1740]

Madame de Warens erwies mir die Ehre, die Antwort, die Sie ihr freundlicherweise sandten, sowie den mich betreffenden Brief, den Sie von Monsieur de Mably erhielten, an mich weiterzuleiten. Mit großer Dankbarkeit habe ich darin die Zeichen Ihrer Bemühung bewundert, Gutes zu wirken, welche wahrhaft edelmütigen Herzen eigen ist. Meine respektvollen Lobesworte und die Bekundungen meiner Rührung verdienen sicher kaum Ihre Aufmerksamkeit, doch sollten Sie zumindest meinem Eifer erlauben, Ihnen, Monsieur, zu versichern, daß ich Ihnen Ihre Freundlichkeit gegen mich gar nicht genug danken kann. Ich fürchte sehr, Monsieur, das Übermaß Ihrer Langmut könnte allzu vieles zu meinen Gunsten getan haben. Wohl habe ich mich bemüht, der Fürsorge Rechnung zu tragen, die Madame de Warens, meine allerliebste Mama, mir angedeihen ließ, um mein Wissen zu fördern, doch die Prinzipien, deren ich mich rühme, haben mich oftmals die Bildung der Geistesgaben vernachlässigen lassen zugunsten derer des Herzens, und ich strebte viel mehr danach, gerecht zu denken, als viel zu wissen.

Ich werde jedoch, Monsieur, gerade in dieser Hinsicht die größten Anstrengungen unternehmen, um die vorteilhafte Meinung zu rechtfertigen, die Sie von mir abzugeben beliebten, und in diesem Sinne betrachte ich all das Gute, das Sie über mich sagten, als eine höfliche Ermahnung, mein Bestes zu tun, um der ehrenvollen Verpflichtung nachzu-

kommen, die Sie in meinem Namen einzugehen geruhten. Monsieur de Mably erkundigt sich nach den Bedingungen, unter denen ich die Erziehung seiner Herren Söhne übernehmen könnte. Erlauben Sie mir, Monsieur, Ihnen diesbezüglich ins Gedächtnis zurückzurufen, was ich die Ehre hatte, Ihnen mündlich zu sagen. Ich bin wenig auf meinen Vorteil bedacht, wohl aber auf die Achtung, die ein vom Schicksal benachteiligter Ehrenmann, der sein Herz an seine Pflichten hängt, vernünftigerweise erhoffen kann, und ich werde stets der Meinung sein, auf meine Kosten gekommen zu sein, wenn man mit Achtung ein mittelmäßiges Gehalt aufzuwiegen gedenkt. Dennoch, Monsieur, Uneigennützigkeit darf nicht unbesonnen sein, und so werden Sie verstehen, daß ein Mann, der sich der Erziehung junger Menschen mit jener Lust und Achtsamkeit annehmen will, die notwendig ist, um sich berechtigte Hoffnung auf gutes Gelingen machen zu können, nicht abgelenkt werden darf durch Sorgen um sein Auskommen. Ganz allgemein gesagt, es wäre lächerlich, wollte man glauben, daß ein Mann, dessen Herz durch Elend oder zu harte Behandlung geschwächt ist, seinen Schülern Gefühle des Edelmuts oder der Großherzigkeit einzuflößen vermöchte. Und die Kinder ihrerseits werden wohl kaum einen Lehrer respektieren, der sich durch schlechte Kleider oder erbärmliche Untertänigkeit in ihren Augen verächtlich macht. Pardon, Monsieur, meine weitschweifigen Einzelheiten grenzen fast an Unbescheidenheit. Doch da ich mir vornehme, meine Pflichten mit aller Aufmerksamkeit, allem Eifer und aller Rechtschaffenheit zu erfüllen, deren ich fähig bin, hege ich die berechtigte Hoffnung, daß man mir ein wenig Achtung und eine angemessene Freiheit gewähren wird. Was das Gehalt anbelangt, so bitte ich Sie, Monsieur, dieses selbst zu regeln, und ich versichere Ihnen im voraus, daß ich mit Freude allem zustimmen werde, was Sie vereinbaren. Monsieur de Mably kann sogar, sofern er es für angebracht hält, die Erörterung dieses Punktes aufschieben, bis ich die Ehre habe, von ihm genügend gekannt zu werden, und er sicher sein kann, daß er sein Wohlwollen nicht vergeudet.
Es wäre wünschenswert, daß ich meine Fürsorge nicht unter einer so großen Anzahl von Schülern aufteilen müßte.

Der aufmerksamste Mensch hat Mühe, einen einzigen bei allen Einzelheiten zu begleiten, in die einzudringen wichtig ist, um eine gute Erziehung sicherzustellen, und ich bewundere die glückliche Leichtigkeit jener, die mehrere zur gleichen Zeit erziehen können, während ich nicht wage, von mir Gleiches zu erwarten. Gewiß ist, daß ich keine Mühe sparen werde, um dabei Erfolg zu haben. Was den Älteren anbelangt, dessen günstige Veranlagung man bereits kennt, so wage ich mir im voraus Hoffnung zu machen, daß er nicht aus meinen Händen gehen wird, ohne mir in den Empfindungen gleich und in den Geistesgaben überlegen zu sein. Damit ist nicht viel versprochen, doch ich kann bei meinen Verpflichtungen nur von meinen Kräften ausgehen. Jedes Mehr wird von ihnen abhängen.

Es ist Zeit, daß ich aufhöre, Sie zu ermüden. Haben Sie die Güte, Monsieur, auch fürderhin mir die Ehre Ihres Wohlwollens zu gewähren und den Ausdruck meiner tiefen Hochachtung entgegenzunehmen, mit der ich die Ehre habe, der Ihre zu sein.

Rousseau an Jean Bonnot de Mably

[April 1740]

Gestatten Sie mir, mich dafür zu verbürgen, daß es mich sehr drängt, Ihnen auf Ihr ehrendes Angebot zu antworten, durch das Sie mich zu sich rufen. Sie können dessen versichert sein, Monsieur, daß ich darauf bedacht sein werde, meine Pflichten zu erfüllen, deren Gewicht ich kenne, und daß es nur an mir liegen wird, für meine mittelmäßigen Geistesgaben und Kenntnisse einen Ausgleich durch Eifer und Sorgfalt zu schaffen, welche ebenso nützlich sein können wie die begehrtesten Talente. [Ich versichere Ihnen, daß ich] dieses Amt, welches Sie mir anzuvertrauen belieben, [nicht vernachlässigen werde] und daß erstes und wichtigstes Ziel all meinen Tuns sein wird, Ihren Wünschen zu entsprechen.

Häufig ist es üblich, daß, wer in ein anderes Haus kommt, an seinen eigenen Auffassungen von Plänen und Interessen

festhält, so daß er stets dort ein Fremder bleibt. Was mich anbelangt, Monsieur, so wird es bei mir anders ein, ich werde mich würdig zu erweisen versuchen, daß Sie die Freundlichkeit haben, die Vaterstelle bei mir zu vertreten, wie ich mich auch befleißigen werde, Ihnen gegenüber alle Pflichten eines ehrerbietigen Sohnes zu erfüllen …
Seit meiner Kindheit von meinem eigenen Vaterland losgelöst, hänge ich an nichts auf dieser Welt, außer an einer Wohltäterin und selbstgewählten Mutter. Das ausgenommen, was ich ihren Tugenden und Wohltaten schulde, werde ich also in Ihr Haus alle Gefühle des Eifers und der Zuneigung mitbringen, die sich gewöhnlich bei den anderen Menschen durch Wesensart und Freundschaft abschwächen, weil sie auf allzu viele Dinge verteilt sind. Sollte es passieren, daß ich irgendwelche Fehler mache, so erkläre ich Ihnen im voraus, daß sie stets verzeihlich sein werden, da ich sie nicht mit Absicht begehen werde, was nicht daran hindern soll, Monsieur, daß Sie die Güte haben sollten, sie mir mitzuteilen, damit ich sie vermeiden lerne. Dies sind die Grundsätze, mit denen ich die Ehre haben werde, in Ihr Haus zu kommen, und an denen ich beständig festhalten werde, wenn Sie mich gütigst aufzunehmen geruhen.

Rousseau an Françoise-Louise-Eléonore de La Tour, Baronin de Warens

Grenoble, 25. April 1740

Madame, meine allerliebste Mama!
Ich war gezwungen, mich einen Tag länger als erwartet in Grenoble aufzuhalten, weil kein Wagen aufzutreiben war.
Monsieur de Mably wird mir nur 350 Francs festes Gehalt zahlen, die restlichen 50 Francs erhalte ich als Taschengeld. Ich reise morgen früh nach Lyon ab, Monsieur l'Abbé zur gleichen Zeit nach Chambéry; mein Koffer ist nicht geöffnet worden. Soviel zu dem Geschäftlichen, doch woher soll ich, teure Mama, Worte nehmen, die ergreifend und überzeugend genug wären, um Sie zu bewegen, meine Unruhe zu vertreiben, indem Sie sich mehr um Ihre Gesundheit

sorgen? Ich bitte inständig Ihr ganzes Haus, Sie gut zu pflegen, und besonders Monsieur de Courtilles, den ich von ganzem Herzen grüße. Sehen Sie zu, daß Sie sie wiederherstellen, diese teure Gesundheit, damit spornen Sie Ihren Sohn wirksamer zu Eifer und Mut an, als es die besten Vorsätze der Welt tun können.

Es kommt mir so vor, als hätte ich vor tausend Jahren Les Charmettes verlassen. Ich lege Ihnen die Sorge um die Bibliothek ans Herz.

Ich habe die Ehre, Madame, meine allerliebste Mama, hochachtungsvoll und in zärtlichster Dankbarkeit

Ihr demütigster und gehorsamster Diener
und Sohn zu sein.

J.-J. Rousseau

Rousseau an Françoise-Louise-Eléonore de La Tour, Baronin de Warens

[1. Mai 1740]

Madame, meine allerliebste Mama!

So bin ich nun endlich bei Monsieur de Mably eingetroffen; ich kann Ihnen zwar noch nicht genau sagen, wie sich meine Lage hier gestalten wird, aber was ich bis jetzt sehe, hat nichts Abschreckendes an sich. Monsieur de Mably ist ein sehr ehrenhafter Mann, den eine gute Kenntnis von der Welt, dem Hof und den Freuden des Lebens frühzeitig das Philosophieren lehrte und der es zufrieden war, in mir Empfindungen zu entdecken, die mit den seinigen ziemlich übereinstimmen. Bis jetzt kann ich mich nur glücklich schätzen, daß er mir soviel Achtung zollt, er legt großen Wert darauf, daß ich mich in seinem Hause ungezwungen bewege und in keiner Weise gehemmt fühle. Sie können sich leicht denken, daß ich mir in meiner Bescheidenheit gerade deshalb um so weniger Freiheiten herausnehmen werde; die guten Manieren vermögen alles über mich, und sollte Monsieur de Mably sich nicht selbst untreu werden, so kann er sicher sein, daß mein Herz ihm aufrichtig anhängen wird: Doch Sie haben mich gelehrt, nicht unter dem ersten Eindruck bis zum Äußersten zu gehen und niemals mehr als notwendig mit all dem zu rechnen, was von der Laune der Menschen abhängt. Bereits jetzt zu wissen, wie man über mich denkt, steht ganz und gar nicht in meiner Macht; meine übliche Schüchternheit ließ mich am ersten Tag einen rechten Narren spielen, und wäre Monsieur de Mably ein Savoyer gewesen, er hätte darüber sein gefürchtetes Urteil gefällt, das mir keine Hoffnung auf Berufung gelassen hätte. Ich weiß nicht, ob er hinter meiner Verlegenheit irgend etwas Gutes entdeckte, sicher ist aber, daß ich durch sein höfliches, einnehmendes Betragen meine Sicherheit voll und ganz wiedergewann und daß es nur noch an mir liegt, mich ihm als der zu zeigen, der ich bin. Er schreibt an den hochwürdigen Pater de la Coste, der Sie ganz sicherlich seinen Brief lesen lassen wird, und Sie werden danach urteilen können, was er über mich denkt. Ich wage Sie zu bitten, meine allerliebste Mama, den ehrwürdigen Jesuitenpatern meine ergebensten Empfehlungen zu übermitteln. Was meinen kleinen Schüler betrifft, so kann man ihm nicht absprechen, daß er sehr liebenswürdig ist, aber ich vermag Ihnen noch nicht zu sagen, ob sein Herz in gleicher Weise gut ist, denn oft ist das, was in diesem Alter als Zeichen der Bosheit erscheint, in Wirklichkeit nur Lebhaftigkeit und Unbesonnenheit. Ich habe meinen Brief mit Lappalien angefüllt, doch haben Sie die Güte, meine allerliebste Mama, mir so bald wie möglich über das Aufschluß zu geben, was mir einzig und allein wichtig ist, nämlich Ihre Gesundheit und der Fortgang Ihrer Angelegenheiten, sowie darüber, was Les Charmettes und die Kiki machen, und über alles, woran ich Anteil nehme. Meine Adresse ist: bei Monsieur de Mably, Generalprofoß von Lyon, Rue St. Dominique. Ich habe die Ehre, Madame, in großer Dankbarkeit und tiefer Achtung Ihr untertänigster und gehorsamster Diener und Sohn zu sein.

J.-J. Rousseau

Rousseau an Jean-Gabriel La Porte du Theil

Venedig, 8. August 1744

Monsieur,
ich fühle wohl, wie unangebracht die Freiheit, die ich mir nehme, für einen Menschen wäre, dem ein anderes Hilfsmittel bliebe, doch die Situation, in der ich mich befinde, entschuldigt meine Kühnheit. Ich wage es, meine berechtigten und ehrerbietigen Beschwerden über einen Botschafter des Königs und einen Herrn, dessen Brot ich aß, bei Ihnen vorzubringen. Ein vernünftiger Mensch unternimmt nicht unnötigerweise solche Schritte, und ein Mensch, der wie ich Übung hat in Gelassenheit und Geduld, entschließt sich nicht dazu, solange es seine Pflicht ihm nicht gebietet. Ich schäme mich, Monsieur, daß ich Ihre Aufmerksamkeit, die auf die wichtigsten Angelegenheiten gerichtet ist, auf Dinge lenken muß, die, so gestehe ich, an und für sich nicht wert sind, Sie auch nur für einen Augenblick zu beschäftigen, sie sind jedoch das Unglück und die Verzweiflung eines Ehrenmannes und deshalb für ein so großmütiges Herz wie das Ihrige von Interesse.

Vor vierzehn Monaten trat ich als Sekretär in den Dienst von Monsieur le Comte de Montaigu[1]. Es steht mir nicht an zu beurteilen, ob ich für diesen Posten geeignet war oder nicht; sicher ist, daß ich, um ihn gut auszufüllen, stets mehr meinem Eifer vertraute als meiner Begabung, und ebenso sicher ist, daß die Briefe, die, von meiner Hand geschrieben, seit etwa einem Jahr an den Hof gelangen, nicht geeignet sind, eine besonders gute Meinung von meiner Tüchtigkeit zu verbreiten, und es nur natürlich ist, daß zumindest die Fehler und Unkorrektheiten, von denen sie strotzen, mir angelastet werden: mich diesbezüglich zu rechtfertigen, wäre ein leichtes für mich, doch ist es nicht schicklich. Ich werde auch nicht die stets harten Worte und endlosen Verdrießlichkeiten aufzählen, die ich zu erdulden hatte, teils weil ein Übermaß an Feinfühligkeit mich vielleicht allzu empfindsam gemacht hat, teils weil es mir schwer ankäme, sie so weit zu beschönigen, daß sie glaubhaft würden, und weil ich Ihre Güte nicht durch Einzelheiten mißbrauchen darf, die nicht zur Sache gehören.

Die Unzufriedenheit war beiderseitig, und man kann sich leicht vorstellen, daß jeder nur die seinige für gerechtfertigt hielt: Letzten Endes entschloß sich Monsieur l'Ambassadeur, mich zu entlassen. Ich rechnete damit, die Angelegenheit werde mit der zwischen einem würdevollen Herrn und einem rechtschaffenen Diener üblichen Ehrenhaftigkeit abgehandelt, da diesem einige persönliche Fehler nicht alle Achtung entziehen können, die man seinem Stand, seinem Eifer und seiner Redlichkeit schuldet. Ich habe mich geirrt; Monsieur l'Ambassadeur, der es sich zum Grundsatz machte, einen jeden, der in seinem Dienst steht, als einfachen Diener anzusehen, und alle Leute, die aus seinem Hause gehen, wie Galgenvögel zu behandeln, hielt es für richtig, auch gegen mich diese seltsame Politik anzuwenden. Nachdem er sich unerhört aufgeführt hat, nachdem er der Mehrzahl seiner Verpflichtungen nicht nachgekommen ist, wollte Monsieur l'Ambassadeur mich vorgestern ablohnen, wie er es nannte. Und diese Ablohnung begann in einem Ton, der mich zittern machte. Die Ausdrücke, deren er sich bediente, die gehässigen Schimpfwörter, mit denen er mich überhäufte, hatten allein das Ziel, mich einzuschüchtern und für die ungerechten Abzüge gefügig zu machen, die er vornehmen wollte. Nachdem ich mehrmals Einwendungen vorgebracht hatte, da ich mich so schmählich beleidigt sah, fragte ich, nach etlichen vergeblichen Einwendungen, S. E. den Botschafter ehrerbietig, ob er die Ablohnung mit mir auf der Basis der Rechtlichkeit vorzunehmen gedächte oder ob er entschlossen sei, seinen alleinigen Willen zu Rate zu ziehen, denn in diesem Falle sei meine Anwesenheit nur unnütz. Darüber geriet Monsieur l'Ambassadeur schrecklich in Zorn, er unterstellte mir, ich habe gesagt, sein Wille und die Redlichkeit seien nicht immer dasselbe, und der Wahrheit gemäß wies ich diese Auslegung nicht zurück, um so weniger, als die Beleidigungen, mit denen er mich überhäufte, mir gar keine Zeit ließen, auch nur ein einziges Wort vorzubringen. Schließlich, als er sah, daß er mich nicht zu der Einwilligung zwingen konnte, die Ablohnung in der Weise durchzuführen, wie er es wollte, schlug er mir in sehr scharfen Worten vor, sie zu unterschreiben oder durchs Fenster zu fliegen, er schwor,

mich auf der Stelle hinauswerfen zu lassen, und ich sah den Moment kommen, da er sich anschicken würde, die Drohung höchstpersönlich in die Tat umzusetzen: weil ich aber eine solch gräßliche Wende vermeiden wollte und überdies nicht mehr länger die Scheußlichkeiten ertragen konnte, von denen mein Gedächtnis noch besudelt ist, ging ich hinaus und beglückwünschte mich, daß meine Aufregung über eine solche Behandlung mich nicht dazu hingerissen hatte, es Monsieur l'Ambassadeur gleichzutun und den tiefen Respekt abzulegen, den man seiner Würde schuldet. Da er mich hinausgehen sah, befahl er mir, auf der Stelle seinen Palast zu verlassen und nie wieder einen Fuß auf dessen Schwelle zu setzen, was ich auch tat, fest entschlossen, mich nie wieder im Leben in die Gefahr zu begeben, ihm unter die Augen zu treten, nicht etwa, weil ich den Tod so sehr fürchtete, mit dem er mich bedrohte, sondern aus gerechtfertigtem Mißtrauen gegen mich selbst und um nicht noch einmal in die Verlegenheit zu kommen, mit dem Gesandten des größten Königs der Welt in Streit zu geraten.
So bin ich nun brotlos, entkräftet, krank, ohne Beistand, ohne Vermögen, ohne Heimat, vierhundert Meilen von all meinen Bekannten entfernt, bis zum Hals in Schulden, die zu machen ich genötigt war, weil Monsieur l'Ambassadeur seinen Verpflichtungen gegen mich nicht nachkam und ich keine anderen Hilfsmittel besitze als ein paar mittelmäßige Fähigkeiten, die nicht vor der Ungerechtigkeit derer schützen, welche sie ausnutzen. Verzeihen Sie daher, Monsieur, daß ich in einer solchen Situation mir die Freiheit herausnehme, Ihren Schutz vor der Grausamkeit anzurufen, mit der Monsieur l'Ambassadeur den eifrigsten und treusten Diener behandelt, den es jemals geben wird. Ich kann meine gerechtfertigten Klagen vor kein Gericht bringen: nur am Fuße des Thrones Eurer Majestät ist mir erlaubt, Gerechtigkeit zu erflehen; ich erbitte sie ehrerbietigst und voller Herzeleid, und nie hätte ich mich zu diesem Schritt entschlossen, hätte ich Hoffnung auf irgendeine andere Hilfe haben können, um meine Schulden zu begleichen und nach Frankreich zurückzukehren, von der Zahlung meines Gehaltes ganz zu schweigen, wie auch der Reisekosten und der Ausgaben, die zu machen ich hier genötigt

bin, während ich darauf warte, daß Sie mir freundlicherweise Ihre Order zukommen lassen.
Ich weiß, Monsieur, wieviel gegen mich spricht, ich weiß, daß bei Streitigkeiten zwischen Herrn und Diener letzterer stets im Unrecht ist; ich weiß auch, daß sich niemand für mich als völlig Unbekanntem verwendet: Ihre Großmut und mein Recht sind meine alleinigen Beschützer. Doch ich vertraue auf die eine wie auf das andere. Vielleicht spricht auch gar nicht alles gegen mich: zum Beispiel die öffentliche Meinung. Es ist nicht anzunehmen, Monsieur, daß Sie nicht unterrichtet sein sollten über das, was sich hierzulande abspielt und wie man darüber denkt: das ist alles, was ich zu meinen Gunsten sagen kann, denn lieber lasse ich einige Mittel der Verteidigung ungenutzt, als daß ich in der üblen Rolle eines Denunzianten gegen einen Herrn vorgehe, dem ich diente. Es sei mir lediglich gestattet, für meinen Charakter und die Gefühle, deren ich mich rühme, auf das Zeugnis all jener zu verweisen, mit denen ich hier zusammen lebte.
Im übrigen, sollte sich herausstellen, daß ich in meinem Bericht, den zu erstatten ich die Ehre hatte, der Wahrheit ein einziges Wort hinzugefügt habe, was nicht schwer zu überprüfen ist, so bin ich bereit, meine Verleumdung und Dreistigkeit mit meinem Kopf zu bezahlen.
Mit hochachtungsvollen Empfehlungen bin ich, Monsieur,

Ihr demütigster und ehrerbietigster Diener

J.-J. Rousseau

P. S.
Wenn Sie, Monsieur, die Güte haben, mich mit Ihren Ordern zu beehren, so kann Monsieur Le Blond sie mir mitteilen.

1 Französischer Botschafter in Venedig.

In Paris
1744 – 1756

Rousseau an Françoise-Louise-Eléonore de La Tour, Baronin de Warens

Paris, 25. Februar 1745

Ich habe, meine allerliebste Mama, zusammen mit den beiden Briefen, die Sie mir schrieben, die Geschenke erhalten, die Sie beifügten, sowohl die Seife als auch die Schokolade; ich hielt es nicht für angebracht, meinen Schnurrbart mit ersterer einzureiben, und hebe sie mir auf, um mich bei Gelegenheit ihrer nutzbringender zu bedienen. Doch beginnen wir mit dem Wichtigsten, nämlich mit Ihrer Gesundheit und dem gegenwärtigen Stand Ihrer geschäftlichen Angelegenheiten, das heißt also, unserer. Über Ihre ständigen Leiden bin ich eher bekümmert als erstaunt. Gott in seiner Weisheit macht nicht gern unnütze Geschenke. Weil Sie Tugenden empfingen, sind Sie dazu verurteilt, sich ständig darin zu üben. Wenn Sie krank sind, so ist es die Geduld, wenn Sie jenen dienen, die es selber sind, so ist es die Menschenliebe. Da Ihre Leiden Ihnen sämtlich zu Ihrem Ruhm gereichen oder aber anderen Erleichterung bringen, gehen sie ein in das allgemeine Wohl, so daß wir nicht murren dürfen. Die Krankheit meines armen Bruders ging mir sehr nahe, ich hoffe, ich erhalte von Mal zu Mal bessere Nachrichten über ihn. Monsieur d'Arras berichtete mir davon mit einer Warmherzigkeit, die mich entzückte, er hat mir damit besser den Hof gemacht, als er selbst wohl gedacht hätte. Sagen Sie ihm bitte, er möge Mut fassen, denn ich schätze, daß er über den Berg ist, und ich bereite ihm einen überaus feinen medizinischen Puder zu, welcher ihn unsterblich machen wird.

Was mich anbelangt, so ging es mir seit meiner Ankunft in Paris stets recht gut, und das ist mein Glück: denn ich wäre, ganz wie Sie, kein ersprießlicher Kranker für Ärzte und Apotheker gewesen. Im übrigen blieb mir nicht erspart, das gleiche Ungemach zu erleiden wie Sie, denn der Freund, bei dem ich logiere, zog sich in diesem Winter eine Lungenkrankheit zu, von der er sich schließlich doch erholte, obwohl ich keinerlei Hoffnung gehabt hatte. Dieser gute und großherzige Freund ist ein sehr wohlhabender spanischer Edelmann, der mir eine Zuflucht in seinem

Haus anbietet und mich drängt, sie anzunehmen, um hier, gemeinsam philosophierend, den Rest unserer Tage zu verbringen. Wie groß auch die Übereinstimmung in Interessen und Empfindungen sein mag, welche mich an ihn bindet, ich nehme ihn nicht beim Wort, und ich überlasse Ihnen zu erraten, warum.
Zu der von Ihnen erwogenen Reise kann ich Ihnen nichts Rechtes sagen, weil die Zustimmung zu ihr davon abhängt, ob Sie Unterstützung erhalten, so daß die Kosten gedeckt werden können, und ob Mittel und Möglichkeiten gegeben sind, um Hoffnung auf einen erfolgreichen Abschluß dessen setzen zu können, was Sie dort zu unternehmen gedenken.
Was Ihre anderen Pläne betrifft, ich sehe nichts, was (...) er, und ich erwarte keine anderen Aspekte als die, welche Sie und ich mit unseren Augen erkennen können. Ja, Sie sind sogar besser als ich in der Lage zu beurteilen, welche Pläne richtig und durchsetzbar sind. Ich finde sein Fräulein Tochter recht liebenswürdig, dennoch denke ich, daß Sie mir mehr Ehre als Gerechtigkeit zuteil werden lassen, wenn Sie mich mit ihr vergleichen, denn es kostet mich zumindest den teuren Namen eines Menschen von niedriger Geburt. Zu dem, was Sie sonst noch darüber berichten, werde ich nichts sagen, denn ich weiß keine Antwort auf etwas, das ich nicht verstehe. Ich kann diesen Punkt nicht abschließen, ohne Sie zu fragen, wie Ihnen dieser Oberesel Keister bekommt. Ich sehe es einem Dummkopf nach, wenn er sich von einem anderen zum Narren halten läßt, er ist dazu da. Doch wer über Geistesgaben verfügt wie Sie, dem steht es nicht gut an, sich von einem solchen Tier führen zu lassen, es sei denn, man hat sich die Augen ausgestochen. Je mehr Kenntnisse ich in Chemie erlange, desto mehr erscheinen mir all diese Meister, die nach Geheimnissen und Pudern suchen, als Dummköpfe und Tölpel. Vor zwei Tagen sah ich in einem Laboratorium, in dem ich mich gerade befand, einem dieser Idioten zu, wie er das Gewicht von Vitriolöl in der Hand abschätzte, er war über dessen Schwere nicht weiter erstaunt, weil es, wie er sagte, viel Quecksilber enthalte, und derselbe Mann rühmte sich, die Analyse und Zusammensetzung der Körper vollständig zu beherrschen.

Wüßten solche Schwätzer, daß ich ihre Plattheiten niederzuschreiben geruhe, so wären sie auch noch stolz.
Sie werden mich fragen, was ich tue. Ach, Madame, ich liebe Sie, ich denke an Sie. Ich beklage mich über diesen Grobian von einem Botschafter[1], man beklagt mich, man schätzt mich, doch weiter tut sich nichts, um mir Gerechtigkeit widerfahren zu lassen. Das heißt aber nicht, daß ich nicht hoffte, mich eines Tages dafür rächen zu können, indem ich ihm zeigen werde, daß ich nicht nur mehr wert bin als er, sondern auch mehr geachtet. Im übrigen habe ich viele Projekte und wenig Hoffnung, doch mein einziger Gesichtspunkt ist dabei stets das Glück, mit Ihnen meine Tage zu beenden. – Zu meinem Leidwesen bin ich Monsieur de Ville zu nichts nütze. Denn er hat seine Angelegenheiten sehr glücklich geregelt, und es fehlt ihm nur an Geld, jener Art von Ware, mit der sich meine philosophischen Hände nicht mehr besudeln. Ich weiß noch nicht, wie dieser Brief zu Ihnen gelangt: Denn man sagte mir, Monsieur de Ville müsse morgen abreisen, und da ich ihn heute nicht kommen sehe, fürchte ich sehr, daß ich für ihn ein nutzloser Mensch bin, dessen sich zu erinnern die Mühe nicht nicht lohnt: Adieu, Mama, denken Sie daran, daß Sie mir oft schreiben und eine sichere Adresse angeben sollen.

29. [vielmehr 1. März]

Die Abreise von Monsieur de Ville hat sich um einige Tage verschoben, das gibt mir, liebe Mama, noch Zeit, mich weiter mit Ihnen zu unterhalten. – Da ich keinerlei Verbindung zum Hof des Infanten[2] habe, kann ich Sie nur ermuntern, sich die Bekannten zunutze zu machen, die Ihnen Ihre Freunde dort vermitteln können. Ich kann darüber hinaus ein paar Gefälligkeiten vom spanischen Hof erwirken, da ich mehrere Freunde besitze, die uns in dieser Hinsicht dienlich sein könnten. Unter anderem habe ich hier Monsieur le Marquis de Turrieta, der ein so enger Freund meines Freundes ist, daß er auch ein wenig der meine ist. Ich habe vor, ihm bei seiner Abreise nach Madrid, wohin er in diesem Frühjahr zurückkehren muß, ein Gesuch bezüglich Ihrer Pension mitzugeben, in dem ich geltend machen werde, daß sie für immer festgesetzt wird und von Ihnen verbraucht werden kann, wo immer es Ihnen beliebt. Denn nach meiner Meinung ist diese Angelegenheit vom Turiner Hof her aussichtslos, da die Savoyer dort stets genügend Einfluß haben werden, um Ihnen Schaden zuzufügen, soviel sie wollen oder vielmehr können. In Spanien wird es nicht so sein, dort werden wir jederzeit ebenso viele, ja, wie ich glaube, noch mehr Freunde finden als sie. Im übrigen bin ich weit davon entfernt, Ihnen Hoffnung auf den Erfolg meines Vorhabens zu machen, doch wir sollten den Versuch wagen. Was Monsieur le Marquis Scotti anbelangt, so war mir bereits alles bekannt, was Sie mir über ihn berichten, und ich werde nicht versäumen, diesen Weg jenem geschickt vorzuschlagen, dem ich das Gesuch übergeben werde, doch da das Ganze von mehreren Umständen abhängt, zum einen, ob man bei ihm Zugang findet, zum anderen, ob meine Brieffreunde auf Ablehnung stoßen, wenn sie ihm ihre Aufwartung machen, und schließlich auch davon, ob der König von Spanien[3] am Leben bleibt, wäre es vielleicht gar nicht so verkehrt, wie Sie denken, wenn man den üblichen Weg über die Minister einschlagen wollte. Die Angelegenheiten, die über die Bürotische gehen, sind, auf die Dauer gesehen, besser geregelt als jene, die nur auf Gunsterweisung beruhen.

Sowenig ich mich auch für öffentliche Festlichkeiten interessiere, ich könnte mir nicht verzeihen, wenn ich Ihnen nicht von jenen erzählte, die hier anläßlich der Hochzeit von Monsieur le Dauphin begangen werden. Sie sind ohne Beispiel: nach den Wundern, die der heilige Paulus sah, vermag der menschliche Geist nichts Herrlicheres zu ersinnen. Ich würde Ihnen ausführlicher berichten, meine aber, daß Monsieur de Ville Sie damit unterhalten wird. Ich werde Ihnen nur in kurzen Worten eine Vorstellung vom Hof geben, sowohl in bezug auf die Menge als auch auf die Pracht, indem ich Ihnen erstens sage, daß fünfzehntausend Masken auf dem Kostümball waren, der in Versailles stattfand, und die Gewänder auf dem Ball paré, im Ballett und auf den großen Empfängen überaus kostbar waren, weshalb mein Spanier, vom poetischen Enthusiasmus seines Landes gepackt, ausrief, Madame la Dauphine sei eine Sonne, deren Gegenwart alles Gold des Reiches geschmolzen habe, so

daß ein unermeßlicher Strom entstanden sei, in dem der ganze Hof schwimme.
Ich für meinen Teil habe nicht das schlechteste Schauspiel genossen, denn ich sah in diesen prachtvollen und herrlich illuminierten Sälen, die allerorten zur Belustigung des Volkes erbaut wurden, den ganzen Pöbel von Paris tanzen und springen. Nie zuvor waren sie auf einem solchen Fest. Sie haben ihre Lumpen so sehr geschüttelt, sie haben so viel getrunken und sich so vollgestopft, daß die meisten davon krank wurden. Adieu, Mama.

1 Der Graf von Montaigu.
2 Don Philippe, der am 7. Januar 1743 in Chambéry seinen Hof etablierte.
3 Philipp V.

Rousseau an François-Marie Arouet de Voltaire

[11. Dezember 1745]

Monsieur,
seit fünfzehn Jahren arbeite ich daran, Ihrer Beachtung und Fürsorge würdig zu werden, mit der Sie die jungen Musen fördern, in denen Sie ein gewisses Talent entdecken: Doch nur weil ich die Musik für eine Oper[1] machte, sehe ich mich nun, ich weiß selbst nicht, wieso, in einen Musiker verwandelt. Denn, Monsieur, als solcher habe ich von Monsieur le Duc de Richelieu den Auftrag erhalten, die Szenen zu bearbeiten, mit denen Sie Ihre Zwischenspiele in der „Prinzessin von Navarra"[2] verbanden. Er verlangte sogar, daß ich am Text notwendige Veränderungen vornehme, um ihn Ihrem neuen Thema anzupassen. Ich habe mich respektvoll dagegen verwahrt. Monsieur le Duc bestand jedoch darauf, so gehorchte ich, es ist dies die einzige Entscheidungsmöglichkeit, wenn ich meiner Vermögenslage gerecht werden will. Monsieur Ballot übernahm es, Ihnen diese Veränderungen mitzuteilen. Ich befleißigte mich, sie auf ein Mindestmaß von Wörtern zu beschränken. Dies ist das einzige Talent, das ich dabei anwenden konnte. Ich bitte

Sie inständig, Monsieur, sie zu prüfen oder aber, sie durch solche zu ersetzen, die würdiger sind, an ihrer Stelle zu stehen. Was die Rezitative anbelangt, so hoffe ich ebenfalls, Monsieur, daß Sie sie vor der Aufführung beurteilen und mir die Stellen angeben, an denen ich mich vom Schönen und Wahren entfernte, das heißt von Ihrer Denkweise. Wie auch immer der Erfolg dieser schwachen Versuche für mich ausfallen mag, sie werden stets ruhmvoll für mich sein, weil sie mir die Ehre verschafften, von Ihnen gekannt zu werden und Ihnen die Bewunderung und die Hochachtung zu bezeugen, mit denen ich die Ehre habe, Monsieur,

Ihr ergebenster und gehorsamster Diener zu sein.

J.-J. Rousseau

1 Rousseau hatte im Jahre 1743 eine Kombination von Oper und Ballett zu erarbeiten begonnen, die er „Les Muses galantes" nannte.

2 Eine von Voltaire und Jean-Philippe Rameau verfaßte Oper, die Rousseau in kürzester Zeit in das Singspiel „Die Feste des Ramiros" umarbeitete.

François-Marie Arouet de Voltaire an Rousseau

[15. Dezember 1745]

Sie vereinigen, Monsieur, zwei Talente in sich, die es bisher stets nur getrennt gab. Das sind bereits zwei gute Gründe für mich, Sie zu schätzen und danach zu trachten, Sie zu lieben. Es tut mir um Ihretwillen leid, daß Sie diese zwei Talente auf ein Werk wenden, das ihrer gar nicht würdig ist. Vor einigen Monaten befahl mir Monsieur le Duc de Richelieu unumwunden, von heute auf morgen eine kleine, grob ausgeführte Skizze einiger abgeschmackter und häßlicher Szenen zu entwerfen, die zu Zwischenspielen passen sollten, welche durchaus nicht dafür gedacht waren. Ich gehorchte mit der größten Pünktlichkeit, ich arbeitete sehr schnell und schlecht. Diesen erbärmlichen Entwurf sandte ich an Monsieur le Duc de Richelieu in der festen Überzeugung, daß er entweder nicht verwendet werde oder daß ich ihn noch verbessern könne.

Glücklicherweise ist er in Ihren Händen, und es steht Ihnen völlig frei, mit ihm zu machen, was Ihnen beliebt, ich habe das Ganze völlig aus den Augen verloren. Ich zweifle nicht, daß Sie alle Fehler, die mir zwangsläufig bei einer so schnell verfaßten einfachen Skizze unterlaufen sein müssen, ausgemerzt haben und daß Sie die Lücken auffüllten und alles, was nötig, ergänzten.

Ich erinnere mich an gewisse Ungereimtheiten, unter anderem daran, daß in diesen, die Zwischenspiele verbindenden Szenen gar nicht gesagt wird, wie die Prinzessin Grenadine urplötzlich aus einem Kerker in einen Garten oder in einen Palast gelangt. Da es kein Zauberer ist, der ihr Feste gibt, sondern ein spanischer Edelmann, so scheint mir, daß auch nichts durch Zauber bewerkstelligt werden dürfe. Ich bitte Sie, Monsieur, diese Stelle, von der ich nur noch eine verworrene Vorstellung habe, noch einmal gründlich durchzugehen. Prüfen Sie, ob es notwendig ist, daß der Kerker sich öffnet und daß man unsere Prinzessin hinaus und in einen schönen, goldglänzenden Palast gehen läßt, der eigens für sie eingerichtet wurde. Ich weiß sehr wohl, daß all dies ganz erbärmlich ist und daß es unter der Würde eines denkenden Menschen sein muß, solche Nichtigkeiten als ernsthafte Angelegenheiten zu behandeln. Doch da es schließlich darum geht, so wenig Mißfallen wie möglich zu erregen, muß man so viel Vernunft wie möglich aufbieten, selbst wenn es sich um ein schlechtes Opernzwischenspiel handelt.

Ich verlasse mich in allem auf Sie und auf Monsieur Ballot und rechne darauf, bald die Ehre zu haben, Ihnen meinen Dank auszusprechen und Sie, Monsieur, dessen versichern zu können, wie sehr ich mich beehre,

Ihr ergebenster und gehorsamster Diener zu sein.

Voltaire

Rousseau an François-Marie Arouet de Voltaire

[30. Januar 1750]

Monsieur,
ein Rousseau[1] erklärte sich einstmals zu Ihrem Feind, aus Furcht, sich eingestehen zu müssen, daß er Ihnen unterlegen war. Ein anderer Rousseau[2], dessen geistige Fähigkeiten an die des ersteren nicht heranreichen, beliebt seine schlechten Manieren nachzuahmen. Ich trage denselben Namen wie jene, doch ich besitze weder die Fähigkeiten des einen noch die Selbstgefälligkeit des anderen und bin darum noch weniger imstande, mich gegen Sie zu vergehen. Ich will gern als Unbekannter leben, nicht aber als Ehrloser, und für einen solchen hielte ich mich, hätte ich es an der Hochachtung mangeln lassen, die Ihnen alle Literaten schuldig sind und die all jene für Sie empfinden, welche sie selbst verdienen.

Ich will mich über dieses Thema nicht weiter verbreiten und nicht einmal bei ihnen von dem Grundsatz abgehen, an dem ich festhalte, nämlich niemals jemandem ins Gesicht zu loben. Doch, Monsieur, ich nehme mir die Freiheit, Ihnen zu sagen, daß Sie einen Ehrenmann falsch beurteilten, wenn Sie ihn für fähig halten, daß er mit Undankbarkeit und Arroganz Ihre Güte und Redlichkeit vergelten könnte, die Sie ihm anläßlich der Feste des Ramiro[3] zuteil werden ließen: ich habe den Brief nicht vergessen, mit dem Sie mich bei dieser Gelegenheit beehrten, er hat mich vollends überzeugt, daß Sie allen Verleumdungen zum Trotz der wahrhaftige Beschützer sich bildender Talente sind, die einen solchen benötigen. Mit dem Blick auf jene, die ich zu nutzen versuchte, geruhten Sie mir Ihre Freundschaft zuzusagen. Doch ihr Schicksal war unglücklich, und ich mußte darauf gefaßt sein. Ein Einsiedler, der nicht einmal zu sprechen versteht, ein schüchterner, entmutigter Mensch wagte nicht, vor Ihnen zu erscheinen. Welches Recht hätte ich gehabt? Nicht an Eifer mangelte es mir, sondern an Stolz; und da ich nicht wage, Ihnen unter die Augen zu treten, erwarte ich von der Zeit eine günstige Gelegenheit, um Ihnen meine Hochachtung und meine Dankbarkeit zu bezeugen. Seit jenem Tage habe ich mich von der Literatur losgesagt und die Hoffnung begraben, durch sie Ruhm zu erlangen, und in der Verzweiflung, ihn niemals wie Sie durch geistige Fähigkeiten zu erreichen, hielt ich es nicht der Mühe wert, wie die gewöhnlichen Menschen durch viel Übung zu ihm zu gelangen; doch nie werde ich meine Bewunderung für Ihre Werke aufgeben. Sie haben die Freundschaft und alle Tugenden als ein Mensch beschrieben, der sie kennt und liebt. Ich hörte den Neid murren; ich verachtete sein Zetergeschrei, und ich sagte, ohne Furcht, mich zu täuschen: Diese Schriften, die mir die Seele erheben und den Mut entfachen, sind nicht die Erzeugnisse eines Mannes, dem die Tugend gleichgültig ist. Auch den Republikaner, als den Sie mich kannten, haben Sie falsch beurteilt. Ich liebe die Freiheit: ich verabscheue Herrschaft und Knechtschaft gleichermaßen und will sie niemandem auferlegen. Solche Gefühle vereinbaren sich nicht mit Unverfrorenheit. Diese paßt besser zu Sklaven oder zu noch niedrigeren Menschen, zu kleinen Autoren, die eifersüchtig sind auf die großen.

Monsieur, ich versichere Ihnen also, daß Rousseau aus Genf nicht nur jene Äußerungen nicht tat, die Sie ihm zuschreiben, sondern daß er solcher gar nicht fähig ist. Ich schmeichle mich nicht mit der Hoffnung, die Ehre zu verdienen, Ihnen bekannt zu sein, doch sollte mir jemals dieses Glück widerfahren, so hoffe ich, daß es nur auf Grund von Äußerungen geschieht, die Ihrer Wertschätzung würdig sind.

Mit hochachtungsvollen Empfehlungen bin ich, Monsieur,

Ihr demütigster und gehorsamster Diener

J.-J. Rousseau, Bürger von Genf

1 Jean-Baptiste Rousseau.

2 Damit ist wahrscheinlich Pierre Rousseau gemeint.

3 Siehe Brief 139, Anm. 2.

François-Marie Arouet de Voltaire an Rousseau

[etwa 2. Februar 1750]

Sie rechtfertigen, Monsieur, die Redlichkeit des Namens Rousseau. Der fragliche Bürger stammt nicht aus Genf, sondern, wie es heißt, aus dem Sumpfloch des Parnasse. Er hat Unrecht begangen, wie Sie es gar nicht tun können, und scheint nicht ihre Vorzüge zu besitzen.

V.

Rousseau an die Mitglieder der Akademie von Dijon

[20. Juli 1750]

Messieurs,

Sie beehren mich mit einem Preis,[1] um den ich mich bewarb, ohne daß ich ihn zu erreichen suchte, und der mir um so kostbarer ist, dieweil ich ihn nicht im geringsten erwartet hatte. Indem ich Ihrer Wertschätzung den Vorzug vor Ihrer Belohnung gab, wagte ich, gegen Ihre eigenen Interessen die Partei zu ergreifen, die ich für die der Wahrheit hielt, und indem Ihre Großmut meine Kühnheit krönte, hat sie sich selbst den Kranz aufgesetzt. Ja, Messieurs, was Sie zu meinem Ruhme taten, ist Lorbeer für den Ihrigen. Genügend andere Urteile werden Ihrem Verstand Ehre machen, diesem hier kommt es zu, Ihrer Redlichkeit Ehre zu machen.

Ich bin voller Hochachtung, Messieurs,

Ihr demütigster und gehorsamster Diener

J.-J. Rousseau

Paris, den 20. Juli 1750

1 Die Akademie von Dijon hatte Rousseau für seine Abhandlung „Hat der Fortschritt der Wissenschaften und Künste dazu beigetragen, die Sitten zu verderben oder zu läutern?“ mit einer Goldmedaille und dreihundert Franken ausgezeichnet. Mit dieser Abhandlung hatte Rousseau, im Zentrum der Aufklärung stehend, das Zeitalter der Vernunft herausgefordert. Ein Dutzend kritischer Stimmen erhoben sich zur Verteidigung des Kulturfortschritts. Voltaire und Grimm protestierten gegen jegliche Rückkehr zur „Natur“.

Rousseau an Suzanne Dupin de Francueil, geborene Bollioud de Saint-Julien

Paris, 20. April 1751

Ja, Madame, ich habe meine Kinder ins Findelhaus gegeben.[1] Ich habe ihren Unterhalt der dafür geschaffenen Einrichtung übertragen. Wenn meine Notlage und meine Leiden mich außerstande setzen, eine so heilige Pflicht zu erfüllen, so ist dies ein Unglück, dessentwegen man mich bedauern sollte, aber kein Verbrechen, das man mir vorzuwerfen hätte. Ich habe die Pflicht, für ihren Lebensunterhalt zu sorgen, ich habe ihnen einen besseren oder zumindest sichereren verschafft, als ich selbst ihnen hätte geben können. Dies ist der Hauptgrund. Dann kommt die Rücksicht auf ihre Mutter, deren Ehre bewahrt werden muß.

Sie kennen meine Lage, ich lebe von der Hand in den Mund und verdiene mein Brot mit ziemlicher Mühe, wie sollte ich da noch eine Familie ernähren? Und wenn ich gezwungen wäre, zum Beruf eines Schriftstellers meine Zuflucht zu nehmen, wie könnten dann die häuslichen Sorgen und das Getümmel der Kinder meinem Geist die nötige Ruhe in meinem Dachstübchen lassen, so daß einträgliche Arbeit zustande käme? Schriften, die der Hunger diktiert, bringen nichts ein, und die Quelle ist bald versiegt. Also müßte ich zu Protektionen meine Zuflucht nehmen, zur Intrige, zu Listen, ich müßte um irgendeinen niedrigen Posten buhlen, ihn durch bescheidene Mittel zur Geltung bringen, denn sonst ernährt er mich nicht und würde mir bald genommen, kurz, ich müßte mich selbst all den Schändlichkeiten ausliefern, die mir zu Recht ein Greuel sind. Mich, meine Kinder und deren Mutter von dem Blute der Elenden ernähren! Nein, Madame, es ist besser, sie sind Waisen, als daß sie einen Schurken zum Vater haben!

Von einer schmerzhaften tödlichen Krankheit[2] gepeinigt, kann ich nicht mehr auf ein langes Leben hoffen. Könnte ich nun, solange ich lebe, diese Unglücklichen aufziehen, die zum Leiden bestimmt sind, so müßten sie eines Tages den Vorteil, ein wenig feinfühliger behandelt worden zu sein, als man es dort kann, wo sie sind, teuer bezahlen. Ihre

Mutter, das Opfer meiner zudringlichen Begierde, belastet mit ihrer eigenen Schande und ihren eigenen Bedürfnissen, fast ebenso krank wie ich und noch weniger imstande, sie zu ernähren, wäre gezwungen, sie sich selbst zu überlassen, so daß ich für sie nur die Alternative sehe, Schuhputzer oder Landstreicher zu werden, was beinahe auf eins herauskommt. Wäre wenigstens ihre Abkunft legitim, so könnten sie leichter ihren Weg machen, aber was soll aus ihnen werden, da sie doch die Schande ihrer Geburt zu tragen haben und zugleich noch die ihres Elends?
Warum ich mich nicht verheiratet habe,[3] fragen Sie mich? Fragen Sie dies Ihre ungerechten Gesetze, Madame! Es paßte nicht zu mir, eine lebenslange Bindung einzugehen, und nie wird man mir beweisen können, daß eine Pflicht mich dazu zwänge. Gewiß ist, daß ich es nicht tat und auch nicht tun will. Man darf keine Kinder zeugen, wenn man sie nicht ernähren kann? Verzeihen Sie, Madame, die Natur will, daß man welche in die Welt setzt, denn die Erde bringt genügend Nahrung für jedermann hervor, doch der Stand der Reichen, Ihr Stand also, stiehlt dem meinigen das Brot meiner Kinder; die Natur will auch, daß man für ihren Unterhalt sorge, dies habe ich getan, und gäbe es keine Herberge für sie, dann würde ich meine Pflicht tun, ich würde mich entschließen, lieber selbst Hungers zu sterben, als sie nicht zu ernähren.
Dieses Wort Findelhaus drängt Ihnen wohl die Vorstellung auf, die Kinder würden auf der Straße gefunden, der Gefahr ausgesetzt, umzukommen, wenn der Zufall sie nicht rettete? Seien Sie sicher, Ihr Abscheu gegen einen nichtswürdigen Vater, der sich zu dieser Untat entschließt, ist nicht größer als der meine, sie paßt viel zuwenig zu meinem Herzen, als daß ich mich rechtfertigen müßte. Es gibt feste Vorschriften, informieren Sie sich darüber, Sie werden erfahren, daß die Kinder aus den Händen der Hebamme in die einer Amme übergehen. Ich weiß, daß die Kinder nicht gerade sanft angefaßt werden; um so besser für sie, so werden sie robuster; man gibt ihnen nichts Überflüssiges, doch sie haben, was sie brauchen; man macht keine Herren aus ihnen, sondern Bauern und Arbeiter – ich kann an dieser Art, Kinder zu erziehen, nichts finden, was ich nicht auch

für die meinigen wählte, wenn ich zu bestimmen hätte. Ich würde sie nicht durch Verweichlichung für die Krankheiten anfällig machen, die bei größeren Belastungen und schlechtem Wetter einen jeden befallen, der nicht daran gewöhnt wurde; sie werden weder tanzen noch reiten können, doch sie werden gute Beine haben, die nicht so leicht ermüden. Ich würde weder Schriftsteller noch Aktenkrämer aus ihnen machen, sie nicht darin üben, mit der Feder umgehen zu können, wohl aber mit dem Pflug, der Feile oder dem Hobel, mit Werkzeugen also, die ein gesundes, arbeitsames, unschuldiges Leben führen lassen, die auch nicht mißbraucht werden können, um Böses zu tun, und die einem keine Feinde zuziehen, da man Gutes damit tut. Dazu also sind meine Kinder durch ihre ländlich-einfache Erziehung bestimmt, die man ihnen gibt. Sie werden glücklicher sein als ihr Vater.

Ich bin des Vergnügens beraubt, sie sehen zu können, und nie habe ich – ach! – die süße Wonne der Vaterküsse genossen, doch ich sagte Ihnen schon: ich sehe darin nur einen Grund, mich zu bedauern, ich befreie sie von ihrem Elend, auf meine Kosten. Platon wollte, daß so alle Kinder seiner Republik erzogen würden, ein jedes sollte seinem Vater unbekannt bleiben und alle somit Kinder des Staates sein. Doch diese Erziehung ist angeblich verächtlich und niedrig, oh, welch großes Verbrechen! Sie lassen sich wie die anderen täuschen und sehen nicht, daß Sie, wenn Sie auf ewig den Vorurteilen der Welt folgen, für die Schande des Lasters halten, was in Wirklichkeit nur die der Armut ist.

1 Rousseau hatte im Jahre 1747 aus Armut sein erstes Kind und in den folgenden Jahren vier weitere Kinder ins Findelhaus gegeben. In Paris war dies zur damaligen Zeit kein besonders sensationelles Ereignis (siehe „Bekenntnisse“ Buch VIII, S. 352 f.). Auch in dem Brief an die Herzogin von Luxembourg vom 12. Juni 1761 (Brief 1430) berichtet er davon. Nachdem Theódore Tronchin seinen Sohn am 1. Juli 1763 (Dokumente Nr. 2789) über diesen Vorgang informiert hatte, blieb es Voltaire vorbehalten, in der anonymen Schmähschrift „Die Meinung der Bürger“ vom Dezember 1764 (Dokumente Nr. A 343) diesen Tatbestand zu nutzen, um Rousseau in Genf moralisch zu diffamieren.

2 Rousseau hatte ein Harnblasenleiden (siehe „Bekenntnisse" Buch VIII, S. 355).

3 Rousseau hat seine Lebensgefährtin Thérèse Levasseur bereits im Jahre 1745 in einer Pariser Herberge kennengelernt, in der sie als Wäscherin und Näherin arbeitete. Offiziell geheiratet haben sie aber erst im Jahre 1768.

Rousseau an Abbé Guillaume-Thomas-François Raynal

[Ende Mai 1751]

Ich schulde, Monsieur, denen Dank, die Ihnen die kritischen Bemerkungen[1] zugehen ließen, welche Sie freundlicherweise an mich weiterleiteten, und ich werde mich bemühen, daraus meinen Nutzen zu ziehen. Dennoch muß ich Ihnen gestehen, daß ich meine Kritiker bezüglich meiner Logik ein bißchen streng finde, und ich hege den Argwohn, daß sie sich weniger bedenklich gezeigt hätten, sobald ich ihre Meinung geteilt hätte. Zumindest will mir dies scheinen: wenn sie selber ein klein wenig von dieser strengen Genauigkeit besäßen, die sie von mir fordern, so benötigte ich die Aufschlüsse nicht, um die ich sie bitten muß.

Der Autor erweckt den Anschein, sagen sie, *daß er die Situation vorzieht, in der sich Europa vor der Erneuerung der Wissenschaften befand. Ein Zustand, der schlimmer ist als die Unwissenheit, des falschen Wissens oder des Kauderwelschs wegen, das damals herrschte.* Der Verfasser dieser Bemerkung scheint mir sagen lassen zu wollen, das falsche Wissen oder das scholastische Kauderwelsch seien der Wissenschaft vorzuziehen, und ich sagte ja gerade, daß dies schlimmer sei als Unwissenheit. Aber was versteht er unter dem Wort „Situation"? Gebraucht er es für die Bildung oder für die Sitten, oder verwechselt er diese Dinge, die ich mit soviel Mühe auseinanderhielt? Im übrigen, da dies der Kern der Frage ist, so bekenne ich, daß es sehr ungeschickt von mir ist, wenn ich lediglich den Anschein erweckte, diese Meinung zu vertreten.

Sie fügen hinzu: *Der Autor zieht bäurische Art der Höflich-*

keit vor. Das stimmt, der Autor zieht bäurische Art der stolzen und falschen Höflichkeit unseres Jahrhunderts vor, und er nannte dafür den Grund. *Und er läßt alle Gelehrten und Künstler über die Klinge springen.* Meinethalben, wenn man es so will, stimme ich zu, daß alle Unterscheidungen, die ich traf, aufgehoben werden.

Er hätte, sagen sie weiter, *seinen Ausgangspunkt markieren müssen, um die Epoche des Niedergangs kenntlich zu machen.* Ich tat noch mehr. Ich habe meine allgemeine Behauptung präzisiert. Ich setzte als erste Stufe des Niedergangs der Sitten jenen ersten Augenblick an, als man in allen Ländern der Welt mit der Pflege der schönen Wissenschaften begann, und ich fand heraus, daß das Fortschreiten dieser beiden Dinge stets miteinander einherging. *Und er hätte auf diese erste Epoche zurückgehen und die Sitten jener Zeit mit den unseren vergleichen müssen.* Dies hätte ich in einem Quartband noch ausführlicher getan.

Sonst kann man nicht ausmachen, bis wohin man zurückgehen muß, es sei denn, es wäre die Zeit der Apostel. Ich meinerseits wüßte nicht, was daran hinderte, wenn dieser Fakt stimmt. Doch ich bitte den Kritiker, Gerechtigkeit walten zu lassen: Sollte er wollen, daß ich gesagt hätte, die Zeit der tiefsten Unwissenheit sei die der Apostel gewesen?

Sie sagen weiter, in bezug auf den Luxus, *daß er sich aus Staatsklugheit für kleine Staaten verbiete, doch daß bei einem Königreich wie Frankreich zum Beispiel der Fall völlig anders läge. Die Gründe seien bekannt.* Habe ich nicht auch hier Ursache, mich zu beklagen? Diese Gründe sind jene, die ich zu entkräften versuchte. Gut oder schlecht, ich habe sie entkräftet. Nun, man kann einen Autor kaum deutlicher mit Verachtung strafen, als ihm eben jene Argumente entgegenzuhalten, die er widerlegte. Doch muß man sie auf die Schwierigkeit hinweisen, die sie zu überwinden haben? Hier ist sie: *Was wird aus der Tugend, wenn man reich werden muß, zu welchem Preis auch immer?* Genau das fragte ich sie, und ich frage es sie noch immer.

Was die beiden folgenden Bemerkungen anbelangt, von denen die erste mit „*Hier schließlich die Einwände*“ beginnt und die zweite mit „*Was aber noch mehr am Herzen liegt*“, so bitte ich den Leser, mir die Mühe zu ersparen, sie abzuschreiben. Die Akademie hatte mich gefragt, ob die Wiederherstellung der Wissenschaften und Künste zur Läuterung der Sitten beigetragen habe. Dies war die Frage, die ich zu klären hatte: doch man rechnet es mir als Verbrechen an, daß ich keine andere klärte. Allerdings ist diese Kritik zumindest sehr eigentümlich. Doch ich muß den Leser fast um Verzeihung bitten, daß ich sie vorausgesehen habe, denn zu diesem Glauben könnte er kommen, wenn er die fünf oder sechs letzten Seiten meiner Abhandlung liest.

Im übrigen, sollten sich meine Kritiker in den Kopf gesetzt haben, noch praktische Schlußfolgerungen zu wünschen, so verspreche ich ihnen klipp und klar formulierte in meiner ersten Antwort.

In bezug auf die Nutzlosigkeit von Gesetzen gegen den Aufwand, um dem bestehenden Luxus die Wurzeln auszureißen, sagt man, *der Autor wisse ganz genau, was dazu zu sagen sei*. Ja tatsächlich. Ich weiß ganz genau, daß man, wenn ein Mensch tot ist, keine Ärzte herbeizurufen braucht.

Man sollte keine Wahrheiten an die große Glocke hängen, die dem allgemeinen Geschmack derartig verletzen, und es ist wichtig, sich gegen Sticheleien abzuschirmen. Ich kann mich dieser Meinung nicht vollkommen anschließen, denn ich glaube, man sollte den Kindern ihre Knöchelchenspiele lassen.

Zudem gebe es Leser, denen sie in einfachem Stile besser gefielen als in diesem Zeremoniegewand, das die akademischen Abhandlungen fordern. Ich habe genau denselben Geschmack wie jene Leser. Dies also ist ein Punkt, bei dem ich mich der Meinung meiner Kritiker anschließen kann, wie ich es von heute an tun werde.

Ich weiß nicht, was für ein Gegner das ist, mit dem man mich im *Postskriptum* bedroht. Wer auch immer es sein mag, ich kann mich nicht entschließen, auf eine Schrift zu antworten, bevor ich sie gelesen habe, noch mich für geschlagen zu halten, bevor ich angegriffen wurde.

Im übrigen, ob ich nun auf Kritiken antworte, die mir angekündigt wurden, oder ob ich mich begnüge, das Werk erweitert zu veröffentlichen, wie man von mir verlangt, ich warne meine Kritiker, daß sie möglicherweise nicht die erhofften Abänderungen darin finden werden. Ich baue vor: wenn es sich um meine Verteidigung handelt, so werde ich bedenkenlos alle Konsequenzen meiner Grundsätze tragen. Ich weiß im voraus, mit welch großen Worten man mich angreifen wird: Aufklärung, Kenntnisse, Gesetze, Moral, Vernunft, Schicklichkeit, Achtung, Sanftmut, Milde, Höflichkeit, Erziehung etc. Auf all das werde ich nur zwei Worte erwidern, die in meinem Ohr noch stärker klingen. Tugend, Wahrheit! werde ich ohne Unterlaß rufen; Wahrheit, Tugend! Sollte da jemand nur Worte vernehmen, so habe ich ihm nichts mehr zu sagen.

1 Im Juni 1751 hatte Guillaume-Thomas Raynal im „Mercure de France" die kontroverse öffentliche Debatte über Rousseaus „Abhandlung über die Wissenschaften und Künste" (1750) eröffnet (siehe Brief 152).

Rousseau an Jean Le Rond d'Alembert

26. Juni [1751]

Monsieur, ich sende Ihnen den Buchstaben C zurück,[1] den ich nicht früher durchlesen konnte, bin ich doch immer krank gewesen. Ich weiß nicht, wie man der Art und Weise widerstehen sollte, in der zu schreiben Sie mich beehrten, und es würde mich sehr verdrießen, wenn ich es wüßte. Deshalb stimme ich auch mit all Ihren Absichten überein und billige die Änderungen, die zu machen Sie für richtig hielten. Gleichwohl habe ich ein oder zwei Abschnitte, die Sie gestrichen haben, wieder aufgenommen; mich nach dem Grundsatz richtend, den Sie selbst aufstellten, wollte mir scheinen, daß diese Abschnitte zur Sache gehörten, daß sie nicht irgendeine Laune waren und in keinem Falle Beleidigungen darstellten. Indessen, ich will, daß Sie uneingeschränkt der Meister sind, und so gebe ich das Ganze Ihrer Rechtlichkeit und Einsicht anheim.
Ich kann Ihnen gar nicht genug danken für Ihre Vorrede[2]. Ich glaube kaum, daß Sie mehr Vergnügen hatten, sie zu

verfassen, als ich, sie zu lesen. Vor allem der enzyklopädische Zusammenhang gab mir Aufschluß und Klarheit, und ich nehme mir vor, sie noch mehr als einmal zu lesen. Was mein Fach anbelangt, so finde ich Ihre Idee von der Nachahmung durch die Musik sehr treffend und ganz neu. In der Tat, bis auf sehr wenige Ausnahmen besteht die Kunst des Musikers keineswegs darin, unmittelbar darzustellen, sondern die Seele in eine Verfassung zu bringen, die der ähnlich ist, in die sie ihre Gegenwart versetzen würde. Jedermann wird dies nachempfinden, wenn er Sie liest, und ohne Sie wäre vielleicht niemand darauf gekommen, so etwas zu denken. Wie La Mothe sagt:

> Die Wahrheit, von der alle Geister
> den Samen in sich tragen:
> die kaum man ahnt,
> und suchend doch verblüfft erkennt.

Es gibt nur sehr wenige Lobesworte, für die ich empfänglich bin, doch ich bin es in höchstem Grade bei jenen, die Sie mir auszusprechen beliebten. Ich kann nicht umhin, mir mit Vergnügen vorzustellen, kommende Geschlechter könnten aus einem solchen Denkmal schließen, daß Sie gut über mich dachten.
Ich verehre Sie aus tiefster Seele und bin gleicherweise, Monsieur,

Ihr demütigster etc.

1 Bezieht sich auf den ersten Band der von d'Alembert und Diderot herausgegebenen „Enzyklopädie". Sie erschien zwischen 1751 und 1772 in 28 Bänden. Rousseau schrieb für dieses Werk insgesamt dreihundertsechsundfünfzig Artikel zum Thema Musik und für den Band V die „Abhandlung über politische Ökonomie".

2 D'Alemberts „Einleitung zur Enzyklopädie" von 1751. Gegen die hier von d'Alembert entwickelte geschichtsphilosophische Fortschrittstheorie hatte Rousseau bereits mit seiner „Abhandlung über die Wissenschaften und Künste" (1750/51) Stellung bezogen.

Rousseau an François Mussard

Sonntag morgen
[17. Dezember 1752]

Ich löse, Monsieur, mein Versprechen ein und weise Sie darauf hin, daß man morgen, Montag, die erste und wahrscheinlich einzige Vorstellung des „Narziß"[1] gibt. Wenn Sie sie unbedingt sehen wollen, so rate ich Ihnen, morgen zu kommen, und ich rate Ihnen, nicht hinzugehen, wenn Ihnen ihr Schicksal ebenso gleichgültig ist wie mir selbst. Indessen bitte ich Sie, das Geheimnis weiter zu hüten, was auch immer man zu Ihnen sagen mag, die Herren Gauffrecourt, d'Holbach, Grimm, Sie sowie Lonoue sind die einzigen, die eingeweiht sind; die anderen haben nur Vermutungen, die nicht bestätigt werden müssen.
Ich umarme Sie, Monsieur, von ganzem Herzen.

[J.-J. Rousseau]

1 Rousseaus Komödie „Narziß" wurde am 18. Dezember 1752 von der Comédie-Française uraufgeführt. Die Vorrede zu dieser Komödie erschien 1753. Sie ist die wichtigste der Schriften, mit denen Rousseau die Angriffe gegen seine „Abhandlung über die Wissenschaften und Künste" zu entkräften suchte.

Rousseau an François-Louise-Eléonore de La Tour, Baronin de Warens

Paris, 13. Februar 1753

Beiliegend finden Sie, meine liebe Mama, einen Wechsel auf 240 Francs. Mein Herz ist über die geringe Summe gleichermaßen betrübt wie darüber, daß Sie viel mehr bedürfen. Sehen Sie zu, daß Sie das Nötigste dafür bekommen, dies ist dort, wo Sie sind, leichter als hier, wo alles, besonders aber Holz und Brot, schrecklich teuer ist. Ich will nicht, meine gute Mama, auf die Einzelheiten eingehen, von denen Sie mir berichten, weil es kein günstiger Augenblick ist, Sie daran zu erinnern, welche Meinung ich stets zu Ihren Unternehmungen hatte. Nur eines sage ich Ihnen:

Mitten in all Ihrem Unglück sind Ihr Verstand und Ihre Tugend Güter, die man Ihnen nicht nehmen kann und die Ihnen in Ihrem Kummer von größtem Nutzen sind.
Ihr Sohn nähert sich mit Riesenschritten seiner letzten Wohnstatt. Meine Krankheit hat in diesem Winter einen so großen Fortschritt gemacht, daß ich nicht mehr damit rechnen kann, noch einen zu erleben. Ich gehe also meiner Bestimmung entgegen, einzig und allein bedauernd, daß ich Sie unglücklich zurücklasse.
Am ersten März wird man in der Oper von Paris zum ersten Mal den „Dorfwahrsager“[1] geben; ich schone mich bis dahin äußerst sorgfältig, um das Vergnügen zu haben, ihn ansehen zu können. Er wird Rosenmontag nochmals in Château Bellevue gespielt, in Gegenwart des Königs, und Madame la Marquise de Pompadour wird eine Rolle übernehmen. Weil alles von Damen und Herren des Hofes gespielt wird, mache ich mich darauf gefaßt, daß man mein Stück falsch und verhunzt singt, und werde darum nicht hingehen. Im übrigen, da ich nicht dem König vorgestellt[2] werden wollte, will ich nichts tun, was den Anschein erwecken könnte, als suchte ich eine neue Gelegenheit dazu. Bei all diesem Ruhm lebe ich weiter von meinem Beruf als Notenschreiber, der mir Unabhängigkeit gibt und mich glücklich machte, wäre mein Glück ohne das Ihre möglich und ohne Gesundheit.
Ich kann Ihnen ein paar neue Werke schicken, und ich nutze dafür den Weg über Monsieur Leonard oder über Abbé Giloz, weil ich keinen direkteren habe.
Adieu, meine allerliebste Mama, lieben Sie stets einen Sohn, der mehr Ihretwegen als seinetwegen leben möchte.

1 Rousseaus Operette „Der Dorfwahrsager“ wurde am 18. Oktober 1752 mit Erfolg vor dem König Ludwig XV. an dem Hof in Fontainebleau aufgeführt. Die Marquise de Pompadour übernahm in der Aufführung eine Rolle. Auch eine öffentliche Veranstaltung in Paris am 1. März 1753 fand großen Beifall (siehe „Bekenntnisse“ Buch VIII, S. 371 ff.).

2 Nach der Aufführung des „Dorfwahrsagers“ war Rousseau vom König zu einer Audienz gebeten worden. Der Bote fügte hinzu, es sei zu erwarten, daß der König dem Komponisten eine Pension gewähren würde. Angeblich wegen seines Blasenleidens lei-

stete Rousseau der Einladung nicht Folge. Diderot machte ihm heftige Vorwürfe, daß er eine so gute Chance versäumt habe, seine Lebensverhältnisse zu verbessern (siehe „Bekenntnisse“ Buch VIII, S. 374 ff.).

Rousseau an Jeanne-Antoinette Le Normand d'Etoiles, geborene Poisson, Marquise de Pompadour

7. März 1753

Madame,
indem ich das Geschenk[1] annahm, das mir von Ihnen zukam, glaube ich meine Hochachtung für die Hand bezeugt zu haben, von der ich es erhielt; und in Anbetracht der Ehre, die Sie meinem Werk erweisen, wage ich hinzuzufügen, daß von den beiden Proben, auf die Sie meine Mäßigung stellen, die Gewinnsucht nicht die gefährlichere ist. Hochachtungsvoll bin ich etc.

1 Die Marquise de Pompadour hatte Rousseau für den „Dorfwahrsager“ fünfzig Louisdor geschickt; vom König erhielt er hundert Louisdor.

Rousseau an Louise-Marie-Madeleine Dupin, geborene de Fontaine

Genf, 20. Juli 1754

Wider Erwarten, Madame, bin ich glücklich in meinem Vaterland[1] eingetroffen. Ich wollte nicht ohne Ihre Weisungen abreisen, und ich stand in der Tat am Vorabend meiner Abreise vor Ihrer Tür, doch man sagte mir, Sie seien auf dem Lande bei Monsieur de Vernage und kehrten erst am übernächsten Tage zurück. Da ich mich aber kurzfristig zu dieser Reise entschlossen hatte, blieb mir keine Zeit mehr, meiner Pflicht nachzukommen.
Ich kann Ihnen gar nicht sagen, wieviel schöner mir Genf erschien, obgleich sich nichts verändert hat; die Verände-

rung muß sich in meinem Blickwinkel vollzogen haben. Sicher ist, daß diese Stadt mir als eine der entzückendsten dieser Welt vorkommt und seine Einwohner als die klügsten und glücklichsten Menschen, die ich kenne. Die Freiheit steht auf festem Grunde, die Regierung ist ruhig und unbesorgt, die Bürger sind aufgeklärt, unbeugsam und bescheiden, sie kennen ihre Rechte und verteidigen sie mutig, wobei sie die der anderen wahren, und durch einen Vertrag, den wir soeben mit dem König von Sardinien abschlossen, wurde unsere Souveränität endlich durch den einzigen Fürsten, der sie uns streitig machen konnte, öffentlich anerkannt. Ich habe außerhalb der Stadt am Ufer des Sees ein kleines Quartier in einer lieblichen Gegend, die mich an die von Chenonceaux erinnert.
Die Freundlichkeiten, mit denen man mich hier empfing, kann man nicht ausschmücken; die Schmeicheleien meiner Mitbürger lassen mir kaum ein paar Augenblicke für meine Pflichten und für meine Freunde, und so wird bei meiner hiesigen Lebensweise zwangsläufig meine Gesundheit wiederhergestellt oder vollkommen zerrüttet werden. Man geht noch weiter; man bittet mich, ich solle mich in Genf niederlassen, und ich gestehe Ihnen, das Vergnügen, in meinem Vaterland gern gesehen und willkommen zu sein, würde mich vielleicht bewegen, hier zu bleiben, wenn mich nicht ebenso starke Gefühle und das Versprechen, das ich der guten Madame Levasseur[2] gab, nach Paris zurückriefen, ganz zu schweigen davon, daß das Kopieren in einer so kleinen Stadt wie dieser hier meine Suppe sehr mager machte. Ich hoffe also, Madame, die Ehre zu haben, Sie wiederzusehen, wenn auch nicht im August, wie ich gedacht hatte, doch zumindest vor Ende September: Ganz gewiß aber ist dies: an jedwedem Ort, wo ich lebe, werde ich auf dem Grunde meines Herzens immerdar die rührende Erinnerung an Ihre Freundlichkeiten und Wohltaten als ein kostbares Gut aufbewahren. Ich bin, Madame, hochachtungsvoll, Ihr demütigster und gehorsamster Diener

J.-J. Rousseau

Ich bitte Sie, Monsieur Dupin sowie Monsieur und Madame de Chenonceaux gütigst meines Gehorsams zu versichern.

Mademoiselle Levasseur ist so frei, Ihnen demütigst ihre Aufwartung zu machen. Sie befleißigt sich, auch weiterhin Ihre Freundlichkeiten zu verdienen, und zwar mit Hilfe einer umfangreichen Sammlung von Geschichten, die Ihre schlaflosen Nächte angenehmer machen soll.

1 Rousseau reiste im Juni 1754 von Paris nach Genf, um dort seine Staatsbürgerschaft zurückzuerlangen, die er im Jahre 1728, nach seinem Übertritt zum Katholizismus, verloren hatte. Sein Bekenntnis zu Genf hat er in der Widmung „Der Republik Genf" vom 12. Juni 1754 formuliert, die er programmatisch der „Abhandlung über den Ursprung und die Grundlagen der Ungleichheit" (1755) voranstellte. Die Wiederaufnahme in die kalvinistische Kirche durch das Genfer Konsistorium fand am 1. August 1754 statt, und am 25. August wurden Rousseau die Rechte eines Bürgers der Stadt Genf wieder zuerkannt.

2 Marie Levasseur.

Rousseau an Pfarrer Jean Perdriau

Paris, 28. November 1754

Wenn ich freimütig Ihren letzten Brief beantworte und mein Herz und mein Schicksal in Ihre Hände lege, so glaube ich, Monsieur, Ihnen ein Zeichen meiner Achtung und meines Vertrauens zu geben, das weniger zweifelhaft ist, als Lobesworte und Komplimente es sind, mit denen man häufiger aus Schmeichelei um sich wirft als aus Freundschaft.

Jawohl, Monsieur, von den Übereinstimmungen überrascht, die ich zwischen der Staatsverfassung, welche sich von meinen Grundprinzipien ableitet, und derjenigen feststellte, die in unserer Republik tatsächlich existiert, nahm ich mir vor, ihr meine Abhandlung über den Ursprung und die Grundlagen der Ungleichheit zu widmen, und ich ergriff diese Gelegenheit als gutes Mittel, mein Vaterland und seine Oberhäupter mit verdientem Lob zu ehren[1] und, wenn möglich, auf den Grund der Herzen den Ölzweig zu legen, den ich nur noch auf den Medaillen sehe, und zur gleichen Zeit die Menschen zu ermuntern, glücklich zu werden durch das Beispiel eines Volkes, das es ist oder es sein könnte, ohne etwas an seiner Institution ändern zu müssen. Meiner Gewohnheit gemäß trachte ich dabei weniger danach, gefällig zu sein, als mich nützlich zu machen: Ich rechne im einzelnen nicht mit dem Beifall eines jeden jedweder Meinung; denn da ich mir nur die Gerechtigkeit und Vernunft auf die Fahnen schrieb, kann ich kaum erwarten, daß jemand, der andere Regeln befolgt, die meinigen billigt, und wenn mich diese Erwägung nicht zurückhielt, so, weil mich bei jeder Sache der Tadel der ganzen Welt viel weniger berührt als das Urteil meines Gewissens. Jedoch, sagen Sie, ein Buch einer Republik zu widmen, das war nie üblich. Um so besser, Monsieur; bei löblichen Dingen ist es glücklicher, wenn man ein Beispiel gibt, als wenn man eines erhält, und ich glaube, meine Gründe sind viel zu stichhaltig, als daß ich irgend jemandem etwas nachplapperte. Daher ist Ihr Einwand im Grunde nur ein weiteres Vorurteil zu meinen Gunsten, denn seit langem läßt man keine Bosheit aus, und was auch immer man dazu sagen könnte, es würde weniger darum gehen, daß man weiß, ob etwas gemacht wurde oder nicht, sondern ob es von sich aus gut ist oder schlecht – worüber ich Sie urteilen lasse. Was Sie dann hinzufügen, nämlich daß nach allem, was geschehen, solche Neuerungen gefährlich sein können, so ist dies eine große Wahrheit in anderer Hinsicht, doch in dieser hier halte ich im Gegenteil nach allem, was sich zutrug, meinen Schritt für angemessener als Lobeshymnen für die Behörden und Ermahnungen für die Bürger. Es ziemt sich, daß das Ganze sich an die Republik richte, damit sich die Gelegenheit bietet, zu ihren unterschiedlichen Gliedern zu sprechen und meiner Widmung allen Anschein der Parteilichkeit zu nehmen. Ich weiß, es gibt Dinge, an die man nicht rühren sollte, und ich hoffe, Sie trauen mir genügend Urteilskraft zu, um sie nur mit Zurückhaltung zu gebrauchen und dabei mehr die Interessen der anderen als die meinigen zu berücksichtigen. Denn ich glaube nicht, daß es eine geschickte Taktik ist, an diesem Grundsatz bis zum Geht-nicht-mehr festzuhalten. Die Erinnerung an Herostrates lehrt uns, daß es ein schlechtes Mittel ist, wenn man etwas vergessen machen will, indem man die Freiheit entzieht, darüber zu sprechen: Sorgen Sie aber dafür, daß man nur mit Schmerzen darüber redet, so wird man bald nicht mehr davon sprechen. Es gibt ich weiß nicht was für eine kleinmütige Vorsicht, die überaus beliebt ist in diesem Jahrhundert: sie wittert überall Unannehmlichkeiten und beschränkt sich darum aus Klugheit darauf, weder Gutes noch Böses zu tun. Mir ist eine großherzige Kühnheit lieber, die, um Gutes zu tun, hin und wieder das kindische Joch der Schicklichkeit von sich wirft.

Daß mich vielleicht unbesonnener Eifer täuscht, daß ich meine Irrtümer für nützliche Wahrheiten nehme und mit den besten Absichten der Welt mehr Böses als Gutes tue – darauf weiß ich nichts zu antworten, außer daß ein solcher Grund ja jeden aufrichtigen Menschen zurückhalten und die Welt der Willkür des Bösewichtes und des Leichtfußes überlassen müßte, weil die Einwendungen, die sich allein auf der Schwachheit der Natur begründen, für jedermann gelten, wer auch immer es sei, und weil es niemanden gibt, der sich nicht selber verdächtig sein müßte, wenn er sich nicht hinsichtlich der Richtigkeit seines Verstandes auf die Redlichkeit seines Herzens verließe. Dies muß ich tun, ohne tollkühn zu sein, denn in Anbetracht dessen, daß ich, von den Menschen allein gelassen, an nichts in der Gesellschaft mein Herz hänge, daß ich keinerlei Ansprüche erhebe und mein Glück allein in dem anderer suche, glaube ich zumindest von jenem Standesdünkel frei zu sein, der das Urteil der Weisesten jenen Grundsätzen unterwirft, welche ihnen Nutzen bringen. Freilich könnte ich Leute zu Rate ziehen, die schlauer sind als ich, und ich täte es nur zu gern, wüßte ich nicht, daß mir stets ihr Eigennutz vor ihrer Vernunft raten wird. Mit einem Wort, um hier nicht um den heißen Brei zu reden, ich verlasse mich auf meine Uneigennützigkeit mehr als auf den Verstand eines anderen, wer auch immer es sein mag.

Obschon ich im allgemeinen auf gesellschaftliche Umgangsformen wenig Wert lege und seit langem dieses Joch abschüttelte, das schwerer wiegt, als es nützt, bin ich mit Ihnen einer Meinung, daß es angemessen gewesen wäre, wenn ich die Genehmigung der Republik oder des Rates erhalten hätte, wie es in einem solchen Fall durchaus üblich

ist, und ich war so sehr dieses Glaubens, daß ich meine Reise[2] zum Teil in der Absicht unternahm, diese Genehmigung zu erwirken, doch es brauchte wenig Zeit und Beobachtung, um zu erkennen, daß es unmöglich war, sie zu erhalten. Ich fühlte, daß ich mir mit der Bitte um eine solche Erlaubnis eine Abweisung einhandeln würde und daß damit mein Vorhaben, das höchstens gegen eine gewisse Schicklichkeit verstößt, über die sich viele hinwegsetzen, als sträflicher Ungehorsam angesehen würde, sofern ich weiter darauf beharrte, oder als Unbesonnenheit eines Dummkopfes, sofern ich meinen Plan aufgäbe: da ich aber erfuhr, daß seit dem letzten Mai ohne mein Wissen vom Werk und von der Widmung Kopien gemacht wurden, deren Mißbrauch zu verhindern nicht mehr bei mir stand, sah ich ein, daß ich ebensowenig meinen Plan aufgeben konnte, ohne zu riskieren, daß ihn andere zu Ende führten.
Gerade Ihr Brief zeigt mir, daß Sie nicht minder als ich alle Schwierigkeiten spüren, die ich voraussah; nun, Sie wissen, wenn man sich beim Erlauben von Belanglosigkeiten gar zu schwer tut, verleitet man die Leute dazu, daß sie sich über alles hinwegsetzen: So hatte die übertriebene Vorsicht, mit der der selige Kanzler[3] beim Druck bester Bücher zu Werke ging, letzten Endes zur Folge, daß man ihm die Manuskripte nicht mehr vorlegte, die Bücher aber dennoch druckte, obgleich dieser Druck gegen die Gesetze verstieß und daher wirklich strafbar ist, während eine inoffizielle Widmung allenfalls eine Unhöflichkeit ist, und weit davon entfernt, daß ein solches Vorgehen seinem Wesen nach tadelnswert ist, entspricht es im Grunde dem Anstand besser als der gegenwärtige Brauch, denn in gewisser Weise ist es schändlich, wenn man die Leute um Erlaubnis bittet, sie loben zu dürfen, und unschicklich ist es, sie zu gewähren. Glauben Sie auch nicht, ein solches Vorgehen sei ohne Beispiel: ich könnte Ihnen Bücher zeigen, die der französischen Nation gewidmet wurden, andere dem englischen Volk, ohne daß man den Autoren daraus ein Verbrechen gemacht hätte, wenn sie weder die Einwilligung der Nation noch die des Landesfürsten hatten, der sie ihnen sicherlich verweigert hätte, denn in jeder Monarchie will der König

ganz allein der Staat sein und wünscht nicht, daß das Volk etwas ist.
Im übrigen, hätte ich mich jemandem mit dieser Angelegenheit anvertrauen sollen, so wäre niemand auf der Welt weniger in Frage gekommen als der Oberbürgermeister[4]. Ich verehre und liebe diesen würdigen und achtbaren Ratsherrn viel zu sehr, als daß ich ihn mit der geringsten Sache in Verlegenheit bringen und ihn dem Verdruß aussetzen wollte, womöglich bei vielen Menschen Mißfallen zu erregen, weil er mein Vorhaben begünstigt oder weil er vielleicht gezwungen ist, es wider besseres Wissen zu tadeln. Sie können glauben, daß ich, da ich lange über Staatsdinge nachdachte, die Macht dieser kleinen Maximen genau kenne, die ein kluger Ratsherr befolgen muß, selbst wenn er fühlt, wie fragwürdig sie sind.
Sie geben zu, daß ich die Einwilligung des Rates nicht hätte erhalten können, ohne daß mein Werk geprüft worden wäre. Nun, meinen Sie, ich wüßte nicht, was für Prüfungen das sind und wie die Selbstliebe der wohlwollendsten Zensoren und die Vorurteile der Aufgeklärtesten dazu verleiten, die Vernunft durch Halsstarrigkeit und Hochmut zu ersetzen, so daß sie Ausgezeichnetes streichen, einzig deshalb, weil sie diese Dinge mit ihrer Denkweise nicht vereinbaren können und weil sie sie nicht so tiefgründig durchdachten wie der Autor. Habe ich hier nicht tausend Auseinandersetzungen mit den meinigen gehabt? Obschon Leute von Geist und Ehre, haben sie mich immer wieder mit erbärmlichen Schikanen gequält, die nicht gerade von gesundem Menschenverstand zeugten und keinen anderen Grund hatten als schäbige Feigheit oder die Eitelkeit, alles besser als andere wissen zu wollen. Ich gab nie nach, weil ich allein der Vernunft nachgebe. Die Obrigkeit war unser Richter, und stets verhielt es sich so, daß die Zensoren im Unrecht waren. Als ich dem König von Polen[5] Antwort gab, hätte ich ihm nach ihrer Meinung mein Manuskript schicken müssen und es nur mit seiner Zustimmung veröffentlichen dürfen: Es war, behaupteten sie, Respektlosigkeit gegenüber dem Vater der Königin, wenn man ihn öffentlich angreife, insbesondere mit der Hoffart, die sie in meiner Antwort entdeckten, und sie fügten sogar hinzu,

meiner Sicherheit wegen müsse ich Vorsichtsmaßnahmen[6] treffen. Ich ergriff keine einzige; ich schickte mein Manuskript nicht an den Fürsten, ich vertraute auf die allgemeine Ehrenhaftigkeit, wie ich es noch immer tue, und der Ausgang gab mir recht. In Genf würde es jedoch nicht so laufen wie hier, die Entscheidung meiner Zensoren wäre unumstößlich, ich sähe mich genötigt zu schweigen oder unter meinem Namen die Denkweise eines anderen wiederzugeben, und ich will weder das eine noch das andere tun. Aus dieser Erfahrung heraus faßte ich den festen Entschluß, künftighin mein eigener Zensor zu sein; ich würde nie einen strengeren haben, und meine Grundsätze brauchen auch keinen anderen als meine Sittlichkeit: Während diese Leute stets auf tausenderlei seltsame Dinge achten, um die ich mich überhaupt nicht kümmere, verlasse ich mich lieber auf diesen unbestechlichen Richter in mir, der nichts Böses durchgehen läßt und nichts Gutes verurteilt, der nie in die Irre führt, sofern man ihn ehrlich zu Rate zieht. Ich hoffe, Sie finden, daß er seine Pflicht in dem bewußten Werk nicht schlecht erfüllte, einem Werk, mit dem alle Welt zufrieden sein wird und das dennoch bei niemandem Beifall findet.
Sie werden wohl auch merken, daß die Verstöße, die man in meinem Verhalten zu erkennen meint, ganz und gar zu meinem Schaden sind und zum Nutzen der Regierung. Findet man etwas Gutes in meinem Werk, kann man sich damit brüsten; findet man etwas Schlechtes, kann man es zurückweisen. Man kann mich loben oder tadeln, je nachdem, was das Interesse des einzelnen oder das Urteil der Öffentlichkeit gebietet. Man könnte sogar mein Buch verbieten, wenn Autor und Staat das Pech hätten, daß der Rat nicht einverstanden wäre, lauter Dinge, die man nicht mehr tun könnte, sobald man der Widmung bereits zugestimmt hätte. Kurz, habe ich Gutes gesagt zu Ehren meines Vaterlandes, so ist der Ruhm der seine, habe ich Schlechtes gesagt, so trifft der Tadel mich allein. Kann ein guter Bürger Bedenken haben, wenn er solchen Gefahren ins Auge sehen muß?
Ich lasse alle persönlichen Erwägungen beiseite, die mich betreffen können, weil sie nie die Beweggründe eines

Ehrenmannes beeinflussen dürfen, der für das öffentliche Wohl arbeitet. Wenn die Entsagung eines Herzens, das weder am Ruhm hängt noch am Reichtum, ja nicht einmal am Leben, würdig zu machen vermag, die Wahrheit zu verkünden, so wage ich, mich für diese erhabene Berufung geeignet zu halten: Um den Menschen nach besten Kräften Gutes zu tun, verzichte ich darauf, von ihnen Gleiches zu empfangen, und halte an meiner Armut und meiner Unabhängigkeit fest. Ich will doch nicht annehmen, daß derartige Gefühle mir jemals bei meinen Mitbürgern von Schaden sein könnten, und ohne dies vorherzusehen noch zu befürchten, bereite ich meine Seele auf diese letzte Prüfung vor, die einzige, die für mich schmerzlich sein kann. Glauben Sie mir, ich will bis ins Grab ehrbar, wahrhaftig und ein eifriger Bürger sein, und sollte ich dieserhalb auf den süßen Aufenthalt in meinem Vaterland verzichten müssen, würde ich so die Opfer, die ich aus Liebe zu den Menschen und zur Wahrheit brachte, durch jenes krönen, das mir besonders am Herzen liegt und mir folglich die meiste Ehre einbringt. – Sie werden leicht verstehen, daß dieser Brief Ihnen allein gilt, ich hätte Ihnen einen schreiben können, den jedermann hätte lesen dürfen, mit völlig andersartigem Inhalt; doch abgesehen davon, daß diese kleinen Kunstgriffe meinem Charakter widerstreben, würden sie nicht weniger dem Ihrigen widerstreben, so wie ich ihn kenne; und ich werde mein Leben lang froh sein, die Gelegenheit genutzt zu haben, mich Ihnen vorbehaltlos eröffnet zu haben und mich der Diskretion eines Ehrenmannes anvertaut zu haben, der Freundschaft für mich empfindet. Bonjour, Monsieur, ich umarme Sie von ganzem Herzen, tiefbewegt und voller Respekt.

J.-J. Rousseau

1 Bezieht sich auf Rousseaus Widmung „Der Republik Genf", die er der „Abhandlung über den Ursprung und die Grundlagen der Ungleichheit" voranstellte.

2 Rousseaus Reise nach Genf im Juni 1754.

3 Henri-François d'Aguesseau.

4 Jean-Louis Du Pan, Erster Syndikus von Genf.

5 Stanisław I. Leszcynski.

6 In den „Bekenntnissen" (Buch VIII, S. 361) schreibt Rousseau: „Meine Freunde fürchteten für mich und glaubten mich schon in der Bastille zu sehen. Ich hegte diese Angst nicht einen einzigen Augenblick und hatte recht."

François-Marie Arouet de Voltaire an Rousseau

Délices bei Genf [30. August 1755]

Ich habe, Monsieur, Ihr neues Buch gegen das Menschengeschlecht[1] erhalten und danke Ihnen dafür. Sie werden den Menschen gefallen, denen Sie ihre Wahrheiten sagen, doch bessern werden Sie sie nicht. Mit den echtesten Farben malen Sie die Schrecken des Menschengeschlechts, dessen Unwissenheit und Schwäche solche Annehmlichkeit versprechen. Nie hat man soviel Geist aufgeboten, um uns zu dummen Eseln zu machen.

Man bekommt Lust, auf allen vieren zu gehen, wenn man Ihr Werk liest. Da ich jedoch seit mehr als sechzig Jahren diese Gewohnheit abgestreift habe, fühle ich unglücklicherweise, daß es mir unmöglich ist, sie wiederaufzunehmen. Und so überlasse ich diesen natürlichen Gang denen, die seiner würdiger sind als Sie und ich. Ich kann mich auch nicht einschiffen und zu den Wilden nach Kanada reisen, erstens weil ich wegen der Krankheiten, zu denen ich verurteilt bin, einen europäischen Arzt benötige, zweitens weil der Krieg in dieses Land getragen worden ist und das Beispiel unserer Nationen die Wilden fast ebenso böse gemacht hat, wie wir es sind. Ich begnüge mich damit, ein friedlicher Wilder in der Einsamkeit zu sein, die ich mir in der Nähe Ihrer Heimat, wo Sie sein sollten, gesucht habe.

Ich stimme Ihnen zu, daß die Künste und Wissenschaften zuweilen viel Böses angerichtet haben.

Tassos Feinde machten dessen Leben zu einem Gespinst aus lauter Unglück, die des Galilei ließen ihn, weil er die Bewegung der Erde erkannt hatte, mit siebzig Jahren in Kerkern schmachten und, was noch schlimmer ist, zwangen ihn zum Widerruf.

Als unsere Freunde an der Enzyklopädie zu arbeiten begannen, wurden sie von jenen, die als ihre Rivalen aufzutreten sich erkühnten, Deisten, Atheisten und sogar Jansenisten gescholten. Wagte ich, mich zu denen zu rechnen, deren Arbeiten nur mit Verfolgung vergolten wurden, so könnte ich Ihnen eine Herde von Schurken zeigen, die seit dem Tag, an dem ich die Tragödie „Ödipus"[2] veröffentlichte, nur darauf aus waren, mich zugrunde zu richten; sodann eine ganze Bibliothek lächerlicher Verleumdungen, die gegen mich veröffentlicht wurden; einen ehemaligen Jesuitenpater, den ich vor der Todesstrafe rettete und der mir mit Schmähschriften die Gefälligkeit vergalt, die ich ihm erwies; einen anderen Mann,[3] der sich noch mehr an mir verging, indem er mein eigenes Werk „Das Jahrhundert des Louis XIV." mit Anmerkungen drucken ließ, in denen die schlimmste Unwissenheit die unverschämtesten Lügen in Umlauf bringt; wieder einen anderen, der einem Buchhändler eine sogenannte Weltgeschichte unter meinem Namen verkauft, und der Buchhändler ist geldgierig und dumm genug, um dieses aus groben Schnitzern, falschen Daten sowie verstümmelten Fakten und Namen bestehende Gebilde zu drucken; und schließlich noch Leute, die faul und boshaft genug sind, um mir dieses Flickwerk anzulasten. Ich würde Ihnen zeigen, wie die Gesellschaft von jener neuen Gattung Menschen vergiftet wird, welche früheren Zeiten völlig unbekannt war, Menschen, die keinen ehrbaren Beruf auszuüben vermögen, sei es als Lakai, sei es als Tagelöhner, die aber unglücklicherweise lesen und schreiben können und sich zu Unterhändlern der Literatur machen, indem sie Manuskripte stehlen, sie verunstalten und dann verkaufen. Ich könnte mich beklagen, daß ein vor mehr als dreißig Jahren verfaßter Spaß über dasselbe Thema, das ernst zu behandeln Chapelain die Dummheit besaß, heutzutage in der Welt herumgeistert, und zwar infolge der Treulosigkeit und des abscheulichen Geizes jener Unglückseligen, die dieses Werk mit ebensoviel Dummheit wie Bosheit verunstalteten und es nach dreißig Jahren überall verkauften, nachdem es ganz gewiß nicht mehr das meine, sondern das ihre geworden ist. Ich könnte hinzufügen, daß man es schließlich wagte, die ehrwürdigsten Archive zu durchstöbern und einen Teil der Abhandlungen zu stehlen, die ich dort hinterlegt hatte, als ich Historiograph[4] von Frankreich war, und daß man einem Verleger in Paris die Frucht meiner Arbeiten verkaufte. Ich könnte Ihnen ein Bild von Undankbarkeit, Betrug und Plünderung entwerfen, die mich bis an den Fuß der Alpen verfolgen und bis an den Rand meines Grabes.

Jedoch, Monsieur, Sie müssen mir dabei auch zugeben, daß diese Dornen, die an der Literatur und am Ruhm haften, nur Blüten sind im Vergleich zu anderen Übel, die zu allen Zeiten die Erde überschwemmten. Sie müssen zugeben, daß weder Cicero, noch Lukretius, noch Vergil, noch Horaz bei Marius oder Sulla geächtete Autoren waren, auch nicht bei dem Wüstling Antonius oder dem einfältigen Lepidus oder dem kleinmütigen Tyrannen Octavianus Cepias, der schändlicherweise den Beinamen Augustus hatte.

Sie müssen zugeben, daß Marots Satire nicht die Pariser Bluthochzeit[5] verursachte und die Tragödie des Cid[6] nicht die Kriege der Fronde[7] herbeiführte. Die großen Verbrechen wurden nur von berühmten Dummköpfen begangen. Daß diese Welt stets ein Tal der Tränen war und sein wird, liegt an der unersättlichen Begierde und dem unbezwingbaren Stolz der Menschen von Thamas Couli Can, der nicht lesen konnte, bis zu einem Zollbeamten, der nur numerieren kann. Die Literatur nährt die Seele, sie läutert und tröstet sie, und sie bringt Ihnen sogar dann Ruhm ein, wenn Sie gegen sie schreiben. Sie gleichen Achilles, der sich gegen den Ruhm ereiferte, und Vater Malebranche[8], dessen sprühende Phantasie gegen die Phantasie schrieb.

Monsieur Chappuis teilt mir mit, Ihre Gesundheit sei sehr schlecht. Sie sollten herkommen, um sie in der heimatlichen Luft wiederherzustellen, Sie sollten die Freiheit genießen, mit mir die Milch unserer Kühe trinken und unser Gras fressen. Ich bin ganz philosophisch und mit der herzlichsten Hochachtung, Monsieur,

Ihr ergebenster und gehorsamster Diener

Voltaire

1 Rousseaus „Abhandlung über den Ursprung und die Grundlagen der Ungleichheit“ (1755). Voltaire schrieb im Artikel „Mensch“ seines „Philosophischen Wörterbuchs“ (1764/74)

über Rousseaus Philosophie: „Es ist die Philosophie eines armseligen Lumpen, dessen Wunsch es ist, daß alle Reichen von den Armen ausgeraubt werden, damit die brüderliche Vereinigung der Menschen leichter zustande kommen kann."

2 Tragödie Voltaires, die am 18. November 1718 erstmals aufgeführt wurde.

3 La Beaumelle.

4 Voltaire wurde 1745 zum königlichen Historiograph ernannt.

5 Ermordung von zirka 2000 Hugenotten allein in Paris in der Bartholomäusnacht vom 23. zum 24. August 1572. Diesem Pogrom der katholischen Partei fiel auch der Admiral Coligny, das Oberhaupt der Hugenotten, zum Opfer.

6 Tragödie Pierre Corneilles.

7 Letzter bedeutender Aufstand des partikularistischen Adels gegen die Konstituierung der absoluten Monarchie von 1648 bis 1653.

8 Nicolas Malebranche.

Rousseau an François-Marie Arouet de Voltaire

Paris, 7. September 1755

An mir ist es, Monsieur, Ihnen in jeder Hinsicht zu danken. Als ich Ihnen den Entwurf meiner armseligen Träumereien[1] zukommen ließ, glaubte ich nicht, Ihnen ein Ihrer würdiges Geschenk zu machen, vielmehr wollte ich eine Pflicht erfüllen und Ihnen die Hochachtung bezeigen, die wir Ihnen als unserem Oberhaupt schuldig sind. Überdies tief gerührt von der Ehre, die Sie meinem Vaterland erweisen,[2] teile ich die Dankbarkeit meiner Mitbürger und hoffe, daß sie sich noch vergrößern wird, sobald sie aus Ihren Lehren, die Sie ihnen vermitteln können, Nutzen gezogen haben. Klären Sie ein Volk auf, das Ihrer Lektionen würdig ist, und, da Sie die Tugenden und die Feiheit so gut zu beschreiben vermögen, lehren Sie uns, sie in unseren Mauern[3] ebenso in Ehren zu halten, wie Sie es in Ihren Schriften tun; alles, was mit Ihnen in Fühlung kommt, muß durch Sie den Weg des Ruhmes und der Unsterblichkeit kennenlernen.

Sie sehen, ich beabsichtige nicht, uns wieder in unsere Einfalt zurückzuversetzen,[4] obgleich ich für meinen Teil das wenige, das ich davon verlor, zutiefst bedaure. Auf Sie bezogen, Monsieur, stellte ein Rückkehr ein so großes Wunder dar, daß nur Gott es zu tun vermöchte, und zugleich ein so verderbliches, daß nur der Teufel es wünschen könnte. Versuchen Sie also nicht, wieder auf allen vieren zu gehen, niemandem auf der Welt gelänge dies schlechter als Ihnen: Sie stellen uns viel zu gut auf unsere beiden Füße, als daß Sie aufhören können, sich auf den eigenen zu halten. Ich gebe zu, daß die durch die Literatur berühmten Menschen vom Mißgeschick verfolgt sind. Ich gebe auch zu, daß die Menschheit mit Übeln behaftet ist, die von unseren eitlen Kenntnissen unabhängig zu sein scheinen. Die Menschen haben auf sich selbst so viele Quellen des Elends gelenkt, daß, wenn der Zufall eine ableiten sollte, sie dennoch kaum glücklicher sind. Im übrigen, es gibt im Fortschritt der Dinge geheime Verbindungen, die der gewöhnliche Sterbliche nicht bemerkt, die jedoch dem Auge des Philosophen nicht entgehen, sobald er darüber nachdenkt. Weder Cicero noch Vergil, Seneca oder Tacitus haben die Verbrechen der Römer und das Unglück Roms herbeigeführt. Doch ohne das schleichende, heimliche Gift, das unmerklich die stärkste Regierung zugrunde richtete, welche die Geschichte kennt, hätten Cicero, Lucretius, Sallust und all die anderen gar nicht existiert oder zumindest nicht geschrieben. Das schöne Jahrhundert des Lelius und des Terenz zog das brillante Jahrhundert des Augustus und des Horaz nach sich und schließlich dann die schrecklichen Jahrhunderte Senecas und Neros sowie Tacitus' und Domitians. Der Geschmack an Wissenschaft und Kunst entsteht bei einem Volk aus einer inneren Unvollkommenheit, die er seinerseits dann noch vergrößert, und wenn es wahr ist, daß aller Fortschritt des Menschen der Gattung Verderben bringt, so vermehrt der unseres Geistes und unseres Wissens nur unseren Stolz und vervielfältigt unsere Verirrungen, beschleunigt also letzten Endes unser Unglück. Doch es kommt eine Zeit, da das Übel solche Formen annimmt, daß die Ursachen selbst, die es haben entstehen lassen, notwendig sind, um zu verhindern, daß es sich weiter vermehrt: Wie man das Schwert in der Wunde steckenlassen muß, aus Furcht, der Verwundete könnte

sterben, wenn man es herauszieht. Was mich betrifft, so könnte ich zweifellos glücklicher sein, wenn ich meiner ersten Berufung gefolgt wäre und nie etwas gelesen oder geschrieben hätte. Indessen, würde die Literatur jetzt abgeschafft, so wäre ich der einzigen Freude beraubt, die mir bleibt: In ihrem Schoß tröste ich mich über all meine Leiden hinweg: Und unter ihren berühmten Kindern koste ich die Süßigkeit der Freundschaft aus und lerne das Leben genießen und den Tod verachten. Ich verdanke ihr das wenige, das ich bin, ich verdanke ihr sogar die Ehre, von Ihnen gekannt zu werden. Doch befragen wir den Eigennutz in unseren Angelegenheiten und die Wahrheit in unseren Schriften: Obschon es Historiker, Philosophen und wahre Wissenschaftler geben muß, welche die Welt erleuchten und ihre blinden Bewohner führen – wenn der weise Memnon die Wahrheit spricht, so kenne ich nichts Verrückteres als ein Volk von Weisen.
Wir sind uns doch einig, Monsieur, so es gut ist, daß große Genies die Menschen unterweisen, muß der gewöhnliche Sterbliche ihre Unterweisungen annehmen; wenn ein jeder sich einmischte und welche erteilte, wo wären dann diejenigen, die sie annähmen? Die Lahmen, sagt Montaigne, sind für Leibesübungen ungeeignet und für Geistesübungen die lahmen Geister. Doch in unserem aufgeklärten Jahrhundert sieht man nur noch Lahme, die andere das Laufen lehren wollen. Das Volk nimmt die Schriften der Weisen in Empfang, um darüber zu urteilen, und nicht, um sich unterweisen zu lassen. Nie sah man so viele Dandins[5]. Das Theater wimmelt von ihnen, die Cafés hallen von ihren Urteilssprüchen wider, die Kais sind überfüllt von ihren Schriften, und ich höre, wie ein Schreiberling die Waise[6] kritisiert, bloß weil man dieser Beifall spendet, und er ist doch so wenig imstande, Fehler darin zu erkennen, da er kaum deren Schönheiten wahrnimmt.
Suchen wir nach dem Urquell aller Unordnung in der Gesellschaft: Wir werden herausfinden, daß alle Leiden der Menschen weit mehr aus ihren Fehlern entstehen als aus ihrer Unwissenheit, und daß alles, was wir nicht wissen, uns viel weniger schadet als alles, was wir zu wissen glauben. Gibt es ein sicheres Mittel, von Irrtum zu Irrtum zu

stolpern, als die Sucht, alles wissen zu wollen? Hätte man sich nicht zu wissen angemaßt, daß die Erde sich nicht drehe, so wäre Galilei nicht bestraft worden, als er sagte, sie drehe sich doch; hätten allein die Philosophen diesen Titel für sich in Anspruch genommen, so wäre die Enzyklopädie nicht verfolgt worden. Und strebten nicht hundert Myrmidons[6] nach Ruhm, so könnten Sie den Ihrigen in Ruhe genießen oder Sie hätten zumindest nur Gegner, die Ihrer würdig wären.

Seien Sie also nicht überrascht, einige Dornen zu spüren, die unzertrennlich von den Blüten sind, welche große Talente krönen. Die Schmähungen Ihrer Feinde sind das Gefolge Ihres Ruhms, so wie die satirischen Zurufe den Zug der Triumphatoren begleiteten. Die Begierde des Publikums auf all Ihre Werke führt die Diebstähle herbei, über die Sie sich beklagen: Aber Fälschungen sind nicht leicht, denn weder Eisen noch Blei verbindet sich mit Gold. Erlauben Sie mir, Monsieur, Ihnen aus dem Interesse, das ich an Ihrer Ruhe und an unserer Unterweisung habe, dieses zu sagen: Beachten Sie das eitle Zetergeschrei einfach nicht, mit dem man weniger Ihnen Böses antun als vielmehr Sie davon abhalten will, Gutes zu tun. Je mehr man Sie kritisiert, desto mehr dürfen Sie sich bewundern lassen; ein gutes Buch ist eine schreckliche Antwort auf gedruckte Beleidigungen, und wer wollte wagen, Ihnen Schriften zuzuschreiben, die gar nicht aus Ihrer Feder stammen, wenn Sie immer wieder unnachahmliche verfassen?

Für Ihre Einladung bin ich Ihnen sehr verbunden, und wenn dieser Winter mich in der Lage sein läßt, im Frühjahr in mein Vaterland überzusiedeln, werde ich von Ihrer Güte Gebrauch machen, doch werde ich lieber das Wasser Ihres Brunnens trinken als die Milch Ihrer Kühe, und was das Gras Ihres Gartens anbelangt, so fürchte ich, dort kaum etwas anderes zu finden als den Lotus, der nichts für dumme Esel ist, sowie den Moly, der verhindert, daß die Menschen zu solchen werden.

Ich bin von ganzem Herzen und hochachtungsvoll, Monsieur, Ihr ergebenster und gehorsamster Diener

J.-J. Rousseau

1 Gemeint ist Rousseaus „Abhandlung über den Ursprung und die Grundlagen der Ungleichheit“ (1755).

2 Voltaire hatte sich nach seiner Flucht aus Preußen im März 1755 in Les Délices bei Genf niedergelassen.

3 Gemeint ist Genf.

4 Rousseau distanziert sich hier entschieden von dem polemischen Vorwurf Voltaires, das Ziel seiner „Abhandlung über den Ursprung und die Grundlagen der Ungleichheit“ sei ein „Zurück zur Natur“.

5 Der Titelheld der Komödie Molières „George Dandin“ (1668) überrascht seine Frau wiederholt beim Ehebruch und bittet sie und ihre Liebhaber für seine Vorwürfe um Verzeihung.

6 Gemeint ist Voltaires 1755 erschienene Tragödie „Die Waise in China“.

7 In der Sage thessalischer Volksstamm, mit dem Achilles in den Trojanischen Krieg zog. Hier Anspielung auf Voltaire.

In der Idylle von Montmorency bei Paris
1756 – 1762

Rousseau an Denis Diderot[1]

Mittwoch abend
[16. März 1757]

Wenn Sie Verpflichtungen eingehen, wissen Sie doch ganz genau, daß Sie Frau, Kind, Dienstboten etc. haben; trotzdem gehen Sie sie ein, als könnte Sie nichts dazu bringen, Ihr Wort zu brechen: ich habe also allen Grund, Ihren Mut zu bewundern. Allerdings murre ich, wenn Sie mir zu kommen versprachen, ich aber stets vergeblich auf Sie warten muß, und ich murre auch, wenn Sie ein Treffen mit mir vereinbaren, ich aber sehe, daß Sie zu keinem einzigen erscheinen. Dies sind, denke ich, die schlimmsten Übel, die ich Ihnen je in meinem Leben antat.
Sie haben sich nicht verändert? Geben Sie sich nicht dieser Hoffnung hin. Wären Sie immer gewesen, wie Sie sind, so widerstrebt es mir zu glauben, daß ich dann Ihr Freund geworden wäre; zumindest bin ich mir völlig sicher, daß Sie nicht der meine wären.
Sie wollen Samstag zur Eremitage[2] kommen? Ich bitte Sie, tun Sie es nicht; ich bitte Sie inständig darum. In der Verfassung, in der wir beide uns befinden, ist es nicht angebracht, sich so bald zu sehen, denn es hat ganz den Anschein, als würde es unsere letzte Zusammenkunft werden, und ich will eine Freundschaft nicht in Gefahr bringen, die mir in dieser Krise wertvoll ist. Nicht um mein Werk geht es, ich bin nicht mehr in der Lage, darüber zu sprechen oder nachzudenken. Doch vielleicht würde es Sie freuen, eine Krankheit aufzulesen, um des Vergnügens willen, sie mir vorwerfen zu können und mich doppelt zu betrüben. Bei unseren Streitereien sind Sie stets der Angreifer gewesen. Ich bin mir völlig sicher, daß ich Ihnen nie ein Leid zufügte, es sei denn dieses: nicht geduldig genug jenes erduldet zu haben, welches Sie mir zuzufügen beliebten, und in diesem Falle gebe ich zu, daß es unrecht war. Ich war glücklich in meiner Einsamkeit; Sie machten es sich zur Aufgabe, mein Glück zu stören, und Sie erledigten sie vortrefflich. Im übrigen haben Sie gesagt, nur der Böse sei allein,[3] und um Ihren Ausspruch als berechtigt anerkennen zu können, muß man nur um jeden Preis so

weitermachen, damit ich es werde. Philosophen, Philosophen!

Nein, ich werde dem Himmel nicht vorwerfen, daß er mir Freunde gab, doch ohne Madame d'Epinay hätte ich große Angst, ihm vorwerfen zu müssen, daß er mir keine gab. Im übrigen bin ich nicht der Meinung, daß sie nutzlos sind: einstmals halfen sie mir, mein Leben angenehm zu machen, jetzt, mich von ihm zu lösen.

Was den unmenschlichen Sophismus[4] anbelangt, den Sie mir vorwerfen, so tun Sie gut daran, ganz leise davon zu sprechen; Sie können um Ihrer Ehre willen gar nicht leise genug davon sprechen. Möge Gott Sie davor beschützen, ein Herz zu haben, das die Ihrer Freunde so verkennt! Ich fange an, Ihre Meinung zu teilen, die Sie in bezug auf Madame Levasseur vertreten; in Paris ginge es ihr besser, leider kann ich ihr dort keinen Wohlstand bieten; doch ich werde ihr alles geben, was ich habe; ich werde alles verkaufen; kann ich etwas einnehmen, wird der Ertrag ihr zukommen. Sie hat Kinder in Paris, die sie pflegen können: reichen sie nicht aus, so soll ihre Tochter ihr folgen. Trotz alledem tue ich weder zuviel für mein Herz noch genug für meine Freunde. Doch was auch immer geschehen mag, ich will meine Freiheit nicht veräußern noch ihr Sklave werden, die Philosophie müßte mir beweisen, daß ich es tun muß. Ich werde allein hier bleiben; ich werde Brot essen, ich werde Wasser trinken, ich werde glücklich sein und ruhig, Sie werden Madame Levasseur haben, und ich werde bald vergessen sein.

Ich glaube, ich habe dem Gelehrten[5], das heißt dem Sohn eines Generalpächters, geantwortet, ich bedauerte die Armen nicht, die er am Wall[6] auf mein Scherflein warten sah; er habe sie wahrscheinlich reichlich entschädigt; ich betrachtete ihn als meinen Vertreter; die Armen von Paris brauchten sich nicht über den Austausch zu beklagen, doch ich fände nicht so leicht einen ebenso guten Vertreter für jene in Montmorency, die einen solchen viel dringender benötigten. Es gibt hier einen guten, ehrwürdigen Greis, dessen Leben nur Arbeit war und der, da er nicht mehr kann, in seinen alten Tagen fast des Hungers stirbt. Über die zwei Sous, die ich ihm jeden Montag gebe, freut sich mein Gewissen viel mehr als über hundert Liards, die ich an all diese Strolche am Wall verteilen würde. Ihr seid seltsame Vögel, Ihr anderen Philosophen, wenn die Bewohner der Städte für Euch die einzigen Menschen sind, an die Euch Eure Pflichten binden. Auf dem Lande lernt man, die Menschlichkeit zu lieben und ihr zu dienen; in den Städten lernt man nur, sie zu verachten. Ich habe Pflichten, deren Sklave ich bin, und darum will ich mir keine anderen auferlegen, die mich daran hindern, jene zu erfüllen. Ich merke, daß ich Ihnen etwas Wichtiges sagen muß. Ich habe Ihnen nie ohne Rührung geschrieben, und meinen vorigen Brief benetzte ich mit meinen Tränen. Doch die Frostigkeit der Ihrigen ergreift schließlich auch mich. Meine Augen sind trocken, und das Herz schnürt sich mir zusammen, während ich Ihnen schreibe. Ich bin nicht in der Lage, mich mit Ihnen zu treffen: kommen Sie nicht, ich beschwöre Sie. Nie habe ich mich um die Zeit geschert noch meine Schritte gezählt, sobald mich meine Freunde benötigten, ich konnte bei Ihnen mit demselben Eifer rechnen, doch in diesem Fall ist er nicht angebracht. Wenn Sie nur ein wenig Achtung vor einer alten Freundschaft haben, dann setzen Sie sie nicht der Gefahr eines unvermeidlichen Bruches aus, eines Bruches für alle Zeit.

Ich lasse Ihnen diesen Brief durch einen Boten überbringen, dem Sie meine versiegelten Papiere zurückgeben können.

1 Ausführlich berichtet Rousseau über seine Bekanntschaft mit Diderot im Buch VII der „Bekenntnisse". Auf den vorliegenden Brief bezieht sich Rousseau in Buch IX, S. 453.

2 Das nördlich von Paris gelegene Landhaus der Frau von Epinay. Sie hatte es eigens für Rousseau herrichten lassen. Er wohnte dort von April 1756 bis Dezember 1757 (siehe „Bekenntnisse" Buch IX).

3 Berühmt gewordener Sinnspruch aus Diderots Stück „Der natürliche Sohn" (1757): „Der gute Mensch lebt in Gesellschaft; nur der böse Mensch lebt allein." Rousseau interpretierte ihn als ungerechtfertigte Polemik gegen seine Flucht aus Paris und seine einsiedlerische Lebensweise in Montmorency (siehe auch Brief 624).

4 Siehe Anm. 3.

5 Scherzname, den Melchior Grimm dem Sohn der Frau von Epinay gegeben hatte (siehe „Bekenntnisse" Buch IX, S. 453).
6 Pariser Promenade am rechten Seineufer, heute befinden sich dort der Boulevard de la Madeleine und der Boulevard des Capucines.

Rousseau an Louise-Florence-Pétronille Lalive d'Epinay, geborene Tardieu d'Esclavelles

[16. März 1757]

Anbei erhalten Sie, Madame, Diderots Briefe sowie meine letzte Antwort. Lesen Sie und befinden Sie über uns: denn ich meinerseits bin zu verbittert, zu heftig entrüstet, um Verstand zu haben.

Ich habe gerade Madame Levasseur erklärt: wieviel Freude wir auch alle beide daran hätten, zusammen zu leben, meine Freunde wären der Meinung, daß sie sich für eine Frau ihres Alters hier zu schlecht befände, daß sie in Paris bei ihren Kindern leben müsse, und ich wolle ihnen, ihr selber und ihrer Tochter[1] alles geben, was ich auf der Welt besäße. Darüber fing die Tochter zu weinen an, und trotz des Schmerzes, sich von ihrer Mutter trennen zu müssen, beteuerte sie, daß sie mich in keinem Fall verlasse, und wahrlich, was auch immer die Philosophen sagen mögen, ich werde sie nicht dazu zwingen. Ich muß mir also etwas zurückbehalten, um sie ebenso wie mich ernähren zu können. Ich sagte darum zu Madame Levasseur, ich ließe ihr eine Pension aussetzen, die ihr gezahlt werde, solange ich lebe, und so soll es geschehen. Ich sagte ihr weiter, ich bäte Sie, die Summe festzulegen, und ich bitte Sie darum. Fürchten Sie nicht, sie zu hoch anzusetzen, ich gewinne dennoch viel dabei, und sei es auch nur meine persönliche Freiheit.

Viel schrecklicher ist für mich, daß die gute Frau sich in den Kopf gesetzt hat, all dies sei ein abgekartetes Spiel zwischen Diderot, mir und ihrer Tochter und nichts anderes als eine Finte, die ich mir ausgedacht hätte, um mich ihrer zu entledigen. Sie hat diesbezüglich einen sehr berechtigten Einwand vorgebracht, nämlich daß es ihr, nachdem sie einen Teil des Winters hier verbracht habe, sehr schwerfalle, nun im Frühling wegzugehen. Ich sagte ihr, damit habe sie recht, doch wenn ihr im Sommer auch nur das geringste Unheil zustoße, so würde man ganz bestimmt mich dafür verantwortlich machen. Nicht die Leute schlechthin würden dies sagen, fügte ich hinzu, sondern meine Freunde, und ich hätte den Mut nicht, mich der Gefahr auszusetzen, in ihren Augen ein Mörder zu sein.

Vor vierzehn Tagen noch haben wir hier friedlich zusammen gelebt, in vollkommener Eintracht. Jetzt sind wir alle beunruhigt, aufgeregt, und wir weinen, weil wir uns trennen müssen. Ich versichere Ihnen, dies Beispiel lehrt mich, daß ich mich in die häuslichen Angelegenheiten meiner Freunde stets ganz behutsam einmischen werde und auch nur dann, wenn ich die Hintergründe kenne, und ich bin sogar sehr unsicher, ob ich Monsieur d'Epinay wegen des armen Cahouet schreiben soll.

Da Diderot mir ankündigt, daß er Samstag kommen will, ist es wichtig, daß man ihm unverzüglich meinen Brief an ihn zustellen läßt. Wenn er kommt, so wird er höflich empfangen werden, doch mein Herz wird sich vor ihm verschließen, und ich spüre, wir werden uns niemals wiedersehen. Ihm ist das einerlei, für ihn ist es ein Freund weniger. Ich aber verliere alles, ich werde für den Rest meines Lebens Qualen leiden. Ein anderes Beispiel hat mich zur Genüge gelehrt, daß mein Herz nicht vergessen kann, was ihm einmal teuer gewesen. Vermeiden wir, wenn möglich, einen Bruch, der unüberbrückbar wäre.

Ich gräme mich schrecklich, daß ich es für richtig hielt, Ihnen diesen Eilboten zu schicken, um rechtzeitig Antwort zu erhalten. Nutzen Sie ihn, um Diderot den Brief bringen zu lassen, und antworten Sie mir sogleich, wenn Sie ein bißchen Mitleid haben mit mir.

Mittwoch abend

Ich muß hinzusetzen, daß Madame Levasseur mir jetzt heftigste Vorwürfe macht, sie tut dies schroff und hochmütig und im Tone dessen, der sich im Recht fühlt. Ich antworte nichts, ihre Tochter ebensowenig, wir begnügen uns, schweigend zu seufzen. Ich merke, daß die Alten hart sind, mitleid- und herzlos, und daß sie nur noch sich selbst lieben. Sehen Sie, ich kann nicht mehr verhindern, ein Ungeheuer zu sein. Ich bin eines in Monsieur Diderots Augen, wenn Madame Levasseur hier bleibt, ich bin eines in den ihrigen, wenn sie nicht hier bleibt. Welche Entscheidung auch immer ich treffe, ich bin böse, ob ich will oder nicht.

1 Thérèse Levasseur.

Rousseau an Louise-Florence-Pétronille Lalive d'Epinay, geborene Tardieu d'Esclavelles

[16. März 1757]

Ich erhalte Ihren Brief, meine liebe Freundin, eine Stunde nachdem ich einen Eilboten mit den Briefen zu Ihnen sandte, um die Sie mich bitten. Ich bin kein Mann der Vorsicht und erst recht nicht bei meinen Freunden, so habe ich keine einzige Kopie meiner Briefe aufbewahrt. Sie haben richtig vorausgesehen, daß der Ihre mich rühren würde. Ich schwöre Ihnen, meine gute Freundin, daß Ihre Freundschaft mir teurer ist als mein Leben und daß sie mich über alles tröstet.

Ich habe zu dem, was Sie mir zu den Absichten Diderots sagen, nur eines hinzuzufügen, doch wägen Sie es gut ab. Er kennt meinen aufbrausenden Charakter und mein empfindsames Herz. Setzen wir den Fall, ich hätte unrecht; immerhin war er der Angreifer, also wäre es an ihm gewesen, mich auf die Wege zurückzuführen, von denen er wußte, daß es die richtigen waren. Ein Wort, ein einziges sanftes Wort hätte meine Feder aus der Hand fallen lassen, die Tränen wären mir aus den Augen gestürzt, und ich hätte mich meinem Freund zu Füßen geworfen. Statt dessen, hören Sie sich einmal den Ton seines zweiten Briefes an; hören Sie sich an, wie er die Härte seines ersten wieder wettmacht. Hätte er sich vorgenommen, mit mir zu brechen, würde er sich etwa anders verhalten? Glauben Sie mir, meine gute Freundin, Diderot ist jetzt ein Mann von Welt. Es gab eine Zeit, da wir alle beide arm waren und

unbekannt, damals waren wir Freunde. Gleiches kann ich von Grimm sagen. Doch beide wurden bedeutende Leute, ich blieb, wer ich war, und schon passen wir nicht mehr zueinander.
Im übrigen glaube ich fast, daß ich letzteren ungerecht behandelte, ja, daß es nicht nur ein einziges Mal war. Doch wenn Sie wissen wollen, welche innere Einstellung ich stets zu ihm hatte, verweise ich Sie auf eine Formulierung in dem Brief, den Sie heute abend erhalten haben müssen, sie dürfte Ihnen nicht entgangen sein. Aber all diese Leute sind so stolz, so manieriert, so gefühllos, wie sollte man sie noch zu lieben wagen? Nein, meine gute Freundin, meine Zeit ist vorbei, ich muß ihretwegen, meiner Freunde wegen, wünschen, daß wir nie wieder Freunde werden; allein die Gegnerschaft kann ihnen die zärtliche Liebe wieder eingeben, die sie für mich empfanden. Urteilen Sie, ob Ihre Freundschaft mir teuer ist, Sie, die Sie nicht dieses grausamen Mittels bedurften, ihren Preis kennenzulernen.
Wenn Diderot bloß nicht kommt. Aber ich sollte mich beruhigen. Er hat versichert, daß er kommt.

Denis Diderot an Rousseau

[21. oder 22. März 1757]

Madame d'Epinay ließ mir am Freitag durch ihren Herrn Sohn sagen, Sie kämen am Samstag, und so sei es unnötig, daß ich mich zur Eremitage bemühte. Es wäre so schön von Ihnen gewesen, wenn Sie mich aufgesucht hätten, und ich war so sehr von Ihrem Kommen überzeugt, daß ich den ganzen Tag auf Sie wartete. Es ist nicht schwer zu erraten, aus welchem Grund eine ehrbare, aufrichtige Frau sich zu dieser kleinen Lüge entschließt. Ich verstehe. Sie hätten mich mit Beleidigungen überhäuft; Sie hätten Ihre Tür vor mir versperrt, und man wollte Ihnen ein Auftreten ersparen, das mich betrübt hätte und dessen Sie sich hätten schämen müssen. Mein Freund, glauben sie mir, sperren Sie sich nicht mit der Ungerechtigkeit in Ihrem Asyl ein. Das ist eine unangenehme Gesellschaft. Ein für allemal, fragen

Sie sich selbst: Wer nahm an meiner Gesundheit Anteil, als ich krank war? Wer hat mich unterstützt, als man mich angriff? Wer interessierte sich lebhaft für meinen Ruhm? Wer freute sich über meinen Erfolge? Geben Sie sich aufrichtig Antwort und erkennen Sie jene, die Ihnen zugetan sind. Sollten Sie an Madame d'Epinay irgend etwas geschrieben haben, das meiner unwürdig wäre, um so schlimmer für Sie. Man sieht mich, man hört mich, man wird mein Tun und Treiben mit Ihren Reden vergleichen. Ich sende Ihnen Ihr Manuskript zurück, weil man mir deutlich zu verstehen gab, ich würde Sie der Gefahr aussetzen, daß Sie Ihren Freund schlecht behandelten, wenn ich es Ihnen zurückbrächte. Oh, Rousseau, Sie werden böse, ungerecht, grausam, unmenschlich, und ich weine darüber vor Schmerz. Ein übler Streit mit einem Manne, den ich niemals so achtete und liebte wie Sie, hat mir Kummer und schlaflose Nächte bereitet. Urteilen Sie, welches Leid Sie mir zufügen. Doch ich fürchte, die zartesten Bande sind Ihnen völlig gleichgültig geworden.
Sollte Sie mein Besuch nicht verärgern, so schreiben Sie es mir, und ich komme, um Sie wiederzusehen, zu umarmen und mit Ihnen über Ihr Werk zu sprechen. Es ist unmöglich, Ihnen etwas dazu zu schreiben. Es wäre zu lang. Sie wissen, daß ich nur mittwochs und samstags frei bin und daß die übrigen Tage der Chemie gehören. Geben Sie mir ein Zeichen, wann es Ihnen recht ist, und ich werde kommen.
Monsieur d'Holbach bittet Sie, sich mit irgendeinem Buchdrucker oder Verleger zu arrangieren, damit das Buch – Sie wissen, welches ich meine – erscheinen kann.

Rousseau an Denis Diderot

[23. oder 24. März 1757]

Es drängt mich, in wenigen Worten die Geschichte unserer Zwistigkeiten nachzuzeichnen. Sie schickten mir Ihr Buch. Ich antwortete Ihnen mit dem zärtlichsten und ehrenhaftesten Billett, das ich je in meinem Leben schrieb und in dem ich mich mit der ganzen Sanftmut der Freundschaft über einen äußerst fragwürdigen Sinnspruch[1] beklagte, den man in recht ehrenrühriger Weise auf mich anwenden könnte. Ich erhielt einen sehr frostigen Brief zur Antwort, in dem Sie vorgaben, Sie würden mich ausnehmen, da Sie mich nicht als einen unanständigen Mann ansähen, und all dies einzig und allein, weil ich eine Frau von achtzig Jahren bei mir habe, als sei das Landleben tödlich in diesem Alter und als gäbe es achtzigjährige Frauen nur in Paris. Meine Erwiderung enthielt die ganze Lebhaftigkeit eines ehrbaren Mannes, der von seinem Freund beschimpft wurde. Sie antworteten mit einem scheußlichen Brief. Ich verteidigte mich nochmals, und zwar mit viel Nachdruck; doch da ich dem Zorn, in den Sie mich versetzt hatten, skeptisch gegenüberstand und in diesem Zustand sogar fürchtete, einem Freund unrecht zu tun, schickte ich meinen Brief an Madame d'Epinay, um sie über unseren Streit richten zu lassen. Sie sandte mir eben diesen Brief zurück und beschwor mich, ihn nicht abzuschicken, und so schickte ich ihn nicht ab. Jetzt schrieben Sie mir einen weiteren und nannten mich darin böse, ungerecht, grausam, unmenschlich. Dies ist die kurze Darstellung dessen, was sich in diesem Zusammenhang zutrug.

Ich möchte Ihnen zwei oder drei ganz einfache Fragen stellen. Wer ist der Angreifer in dieser Geschichte? Sollten Sie sich dieserhalben an einen Dritten wenden wollen, so zeigen Sie ihm mein erstes Billett; ich werde das Ihrige zeigen.

Angenommen, ich hätte Ihre Vorwürfe übel aufgenommen und wäre im Grunde im Unrecht, wer von uns beiden wäre mehr verpflichtet, den Ton der Vernunft anzuschlagen, um den anderen wieder zu ihr zurückzuführen? Einem freundlichen Wort habe ich nie Widerstand geleistet; Sie brauchen es nicht zu glauben, aber Sie sollten wissen, daß ich mich nicht gern in Beleidigungen schicke. Wenn Sie in dieser Angelegenheit die Absicht verfolgt hätten, mich zu verärgern, was hätten Sie mehr getan?

Sie beklagen sich sehr über das Leid, das ich Ihnen zufügte. Was ist denn das eigentlich für ein Leid? Etwa, daß ich nicht geduldig genug all das ertrage, was Sie mir anzutun belieben, daß ich mich nicht von Ihnen nach Herzenslust

tyrannisieren lasse, daß ich murre, wenn Sie eine Vorliebe dafür haben, Ihr Wort zu brechen und nicht zu mir zu kommen, sooft Sie es auch versprechen? Sollte ich Ihnen jemals anderes Leid zugefügt haben, dann tragen Sie es vor, Punkt für Punkt. Ich meinem Freund Leid zufügen! So grausam, so böse, so unmenschlich ich auch sein mag, ich würde vor Kummer sterben, wenn ich jemals erkennen müßte, daß ich meinem schlimmsten Feind so viel antat, wie Sie mir seit sechs Wochen antun.
Sie sprechen von Ihren Gefälligkeiten; ich habe sie nicht vergessen, doch täuschen Sie sich nicht dabei: Viele Leute haben mir welche erwiesen, die keineswegs meine Freunde waren. Ein ehrenwerter Mann, der nichts empfindet, erweist Gefälligkeiten und hält sich für einen Freund; er täuscht sich, er ist lediglich ein ehrenwerter Mann. All Ihre Eilfertigkeiten, all Ihr Eifer, mir Dinge zu verschaffen, aus denen ich mir nichts mache, rühren mich wenig. Ich will nur Freundschaft, und dies ist das einzige, das man mir verweigert. Undankbarer, ich erwies Dir keine Gefälligkeiten, aber ich liebte Dich, und Du wirst mir nie im Leben zurückbezahlen, was ich drei Monate[2] lang für Dich empfand. Zeig diesen Abschnitt Deiner Frau, die gerechter denkt als Du, und frage sie, ob ich meine Schritte zählte, als meine Gegenwart eine Wohltat war für Dein betrübtes Herz, und ob ich auf die Zeit achtete, die ich brauchte, um nach Vincennes zu gehen und meinen Freund zu trösten. Empfindungsloser, harter Mann, zwei Tränen, an meiner Brust vergossen, würden mir mehr bedeuten als der Thron der Welt; doch Du verweigerst sie mir und gibst Dich damit zufrieden, mir welche zu entreißen. Nun gut; behalt alles übrige; ich will nichts mehr von Dir.
Es stimmt, daß ich Madame d'Epinay darum anging, Sie letzten Samstag am Kommen zu hindern. Wir waren alle beide zornig: ich vermag meine Worte nicht zu mäßigen, und Sie, Sie sind mißtrauisch, argwöhnisch, wägen die Worte, die man unbedacht fallen läßt, in aller Strenge ab und neigen dazu, tausend simplen Dingen einen spitzfindigen Sinn zu geben, an den man gar nicht dachte. In diesem Stadium war es gefährlich, einander zu begegnen. Zudem wollten Sie zu Fuß kommen; Sie riskierten, krank zu wer-

den, und wären darüber vielleicht nicht einmal allzu böse gewesen. Ich hatte den Mut nicht, mich all den Gefahren dieses Zusammentreffens auszusetzen. Diese Furcht verdiente gewiß nicht Ihre Vorwürfe; denn was auch immer Sie tun mögen, das Band unserer alten Freundschaft wird stets ein heiliges sein für mein Herz, und sosehr Sie mich auch schmähen mögen, ich werde Sie stets mit Vergnügen sehen, wenn der Zorn mich nicht blind macht. – Was Madame d'Epinay anbelangt, so habe ich Ihre und meine Briefe an sie gesandt; ohne diesen Brückenschlag wäre ich vor Schmerz erstickt, und da ich keinen Verstand mehr hatte, brauchte ich Rat. Sie scheinen noch immer stolz darauf zu sein, wie Sie dabei vorgingen, so daß Sie sehr zufrieden sein dürften, einen Zeugen zu haben, der dies bewundern kann. Es ist wahr, sie dient Ihnen gut, und wäre mir nicht ihr Motiv bekannt, so hielte ich sie für ebenso ungerecht wie Sie.

Ich meinerseits kann Sie, je mehr ich darüber nachdenke, desto weniger verstehen. Wie denn? Bloß weil Sie – ich weiß nicht mehr recht weswegen – sagten, der Böse sei allein, muß ich unbedingt zum Bösen gemacht, muß Ihr Freund dieser Sentenz geopfert werden? Für jeden anderen wäre die Alternative gefährlich, aber Sie! Im übrigen ist diese Alternative gar nicht notwendig; Ihr Ausspruch, so finster und zweifelhaft er auch sein mag, ist sehr wahr in einem Sinne, und in diesem Sinne macht er mir nur Ehre; denn was immer Sie dazu sagen mögen, ich bin hier viel weniger allein als Sie mitten in Paris. Diderot! Diderot! Ich sehe es mit bitterem Schmerz; ständig unter Bösen,[3] lernen Sie, denen ähnlich zu werden; Ihr gutes Herz entartet unter jenen, und Sie zwingen das meinige, sich unmerklich von Ihnen zu lösen.

1 Siehe Brief 484, Anm. 3.

2 Gemeint sind die drei Monate, die Diderot im Gefängnisturm von Vincennes bei Paris verbrachte.

3 Umkehrung des Diderotschen Sinnspruchs (siehe Brief 484, Anm. 3). Aus der Sicht von Rousseau sind die Menschen der Pariser Salongesellschaft die Bösen (siehe „Bekenntnisse" Buch VIII, S. 384).

Rousseau an Louise-Florence-Pétronille Lalive d'Epinay, geborene Tardieu d'Esclavelles

Samstag, den 26. [März 1757]

Diderot hat mir einen dritten Brief geschrieben, mit dem er mir meine Papiere zurücksandte. Wiewohl Sie mir in dem Ihrigen ankündigten, daß Sie mir dieses Paket schicken, ist es später und auf anderem Weg zu mir gelangt, und so war, als ich es erhielt, meine Antwort an Diderot bereits fertig. Ihnen muß diese ewige Schreiberei ebenso auf die Nerven fallen, wie sie mir lästig ist. Sprechen wir also nicht mehr davon, ich bitte Sie inständig darum.

Aber woraus entnehmen Sie bloß, daß ich mich auch über Sie beklagte? Hätte ich Grund zur Klage, so diesen, daß Sie allzu behutsam mit mir umgehen und mich zu sanft behandeln. Ich habe es oft nötig, statt dessen ausgezankt zu werden, das Schelten ist mir sehr angenehm, sofern ich es verdiene; ich glaube, ich wäre der Mensch, der dies in der Freundschaft zuweilen als eine Art Liebkosung nimmt. Doch man zankt seinen Freund aus, ohne ihn zu verachten; man sagt ohne weiteres zu ihm, er sei ein Dummkopf, nicht aber, er sei ein Schurke. Sie werden mir nie zu verstehen geben, Sie täten mir einen Gefallen, wenn Sie gut von mir sprächen, Sie werden nie durchblicken lassen, Ihre Wertschätzung sei im Grunde viel geringer; Sie werden mir nie erwidern: *Darüber ließe sich noch so manches sagen.* Dies wäre nicht nur eine Beleidigung für mich, sondern auch für Sie selbst, denn es ziemt sich nicht für ehrbare Leute, Freunde zu haben, von denen sie schlecht denken; und sollte es einmal eintreten, daß ich ein Gespräch, welches Sie führen, derartig falsch deute, so würden Sie sich gewiß beeilen, mir zu erklären, was Sie meinten, Sie würden auch vermeiden, auf diesem Ausdruck mit seinem von mir verstandenen üblen Sinne zu beharren. Wie denn, Madame, nennen Sie dies auch eine Formsache, eine Äußerlichkeit?

Da wir gerade bei diesem Thema sind, drängt es mich, Ihnen zu erklären, was ich von der Freundschaft verlange und was ich meinerseits in sie einzubringen bereit bin. Sagen Sie mir offen und ehrlich, was Sie an meinen Grundsätzen zu tadeln haben: Doch machen Sie sich darauf gefaßt, daß Sie mich nicht so leicht davon abbringen werden; denn sie leiten sich von meinem Charakter her, den ich nicht ändern kann.

Als erstes will ich, daß meine Freunde meine Freunde sind und nicht meine Gebieter; daß sie mich beraten, ohne den Anspruch zu erheben, mich zu beherrschen; daß sie jegliches Recht haben auf mein Herz, doch keines auf meine Freiheit. Ganz sonderbar finde ich jene Leute, die sich unter diesem Deckmantel das Recht anmaßen, sich in meine Angelegenheiten einzumischen, ohne daß sie mir etwas von den ihrigen sagen.

Sie sollen immer frei und offen zu mir sprechen; Sie können mir alles sagen: Außer der Verachtung erlaube ich ihnen alles. Die Verachtung eines mir Gleichgültigen ist mir gleichgültig; ließe ich sie mir aber von einem Freund bieten, verdiente ich sie auch. Hat er das Unglück, mich zu verachten, soll er lieber schweigen; er soll mich verlassen, das ist seine Pflicht gegen sich selbst. Im übrigen ist es sein gutes Recht, wenn er mir Vorhaltungen macht, in welcher Art und Weise auch immer; nachdem ich ihn angehört habe, tue ich, was mir gefällt, mache von meinem Recht Gebrauch, und ich halte es für schlecht, wenn man mir endlos etwas wiederkäut, was für mich entschieden ist.

Ihre große Bereitwilligkeit, mir tausenderlei Dienste zu erweisen, aus denen ich mir nichts mache, ist mir lästig; ich sehe darin eine gewisse Überlegenheit, die mir mißfällt: Im übrigen, alle Welt kann so etwas für mich tun; mir ist lieber, wenn sie mich lieben und sich lieben lassen – das können nur Freunde. Vor allem bringt mich in Zorn, wenn der erstbeste, der einherkommt, sie für mich entschädigt, während ich nur sie allein auf der Welt leiden kann. Lediglich ihre Liebkosungen können mir ihre Wohltaten erträglich machen. Dulde ich nun aber, daß ich welche von ihnen empfange, so will ich, daß es nach meinem Geschmack geht und nicht nach dem ihrigen: denn wir denken über viele Dinge ganz verschieden, und so erscheint mir oft das, was sie für gut halten, als schlecht.

Kommt es zu einem Streit, steht für mich fest, daß derjenige, welcher im Unrecht ist, als erster wieder einlenken muß: aber damit ist nichts gesagt, denn jeder meint, recht zu haben: Unrecht oder Recht, wer den Streit begann, sollte ihn beenden. Nahm ich seinen Tadel schlecht auf, ärgere ich mich ohne rechten Grund, gerate ich zur Unzeit in Zorn, darf er meinem Beispiel nicht folgen, oder aber er liebt mich nicht. Im Gegenteil, ich will, daß er mich liebkost, daß er mich küßt, Sie verstehen doch, Madame. In einem Wort, zuerst soll er mich zu beschwichtigen suchen, wozu er gewiß nicht lange brauchen wird: denn kein Feuer lodert auf dem Grunde meines Herzens, das nicht von einer Träne gelöscht werden könnte. Erst dann, wenn ich sanftmütig, beruhigt, beschämt, verwirrt bin, soll er mit seiner Schelte beginnen, er soll mir tüchtig die Meinung sagen, und sicherlich wird er zufrieden sein mit mir. Handelt es sich um eine Lappalie, welche die Mühe nicht lohnt, geklärt zu werden, so lasse er das Ganze auf sich beruhen, der Angreifer schweige als erster und mache keine lächerliche Ehrensache daraus, immer recht zu bekommen. So soll sich mein Freund gegen mich verhalten, und ich bin stets bereit, im gleichen Fall mich gegen ihn ebenso zu verhalten.

Ich kann Ihnen dazu eine Art kleines Beispiel anführen, von dem Sie nichts ahnen, obgleich es Sie betrifft. Es geht um einen Brief, den ich vor einiger Zeit als Antwort auf den meinigen von Ihnen erhielt und dem ich entnahm, daß Sie mit meinen Zeilen nicht einverstanden waren, weil Sie, wie mir schien, meinen Gedanken falsch verstanden hatten. Ich verfaßte eine recht hübsche Erwiderung, oder zumindest hielt ich sie dafür; sie war mit Sicherheit im Tone wahrer Freundschaft geschrieben, hatte aber zugleich eine gewisse Heftigkeit an sich, deren ich mich nicht zu erwehren vermochte, und so fürchtete ich beim Durchlesen, Sie würden sie ebensowenig billigen wie mein erstes Billett; augenblicklich warf ich meinen Brief ins Feuer; ich kann Ihnen nicht sagen, mit welcher Genugtuung im Herzen ich meine Beredsamkeit verbrennen sah. Ich bin nicht mehr darauf zurückgekommen, und ich glaube, ich habe die Ehre des Unterlegenen erlangt. Zuweilen bedarf es nur eines Funkens, um einen Brand zu entfachen. Meine teure, gute Freundin, Pythagoras sagte, man solle das Feuer niemals mit dem Schwerte schüren, dieser Spruch scheint mir

das wichtigste und heiligste Gesetz der Freundschaft zu sein.
Doch ich fordere von einem Freund viel mehr noch als all das, was ich Ihnen eben nannte, sogar mehr, als er von mir fordern darf und ich von ihm forderte, wäre er an meiner Stelle und ich an der seinigen. Als Einsiedler bin ich empfindlicher als ein anderer; tat ich einem Freund Unrecht, der in der Welt draußen lebt, so denkt dieser einen Augenblick daran, und tausenderlei Zerstreuung lassen es ihn den Rest des Tages über vergessen. Doch nichts lenkt mich von dem ab, das er mir zufügte. Des Schlafes beraubt, beschäftige ich mich die ganze Nacht damit; allein auf dem Spaziergang, beschäftige ich mich damit von Sonnenaufgang bis zu ihrem Untergang; mein Herz kennt keinen Augenblick der Erholung, und die harten Worte eines Freundes machen aus einem Tag Jahre des Schmerzes. Als Kranker habe ich ein Recht auf Schonung, die man aus Menschlichkeit der Schwäche und Launenhaftigkeit eines leidenden Menschen schuldig ist. Welcher Freund, welcher ehrenwerte Mensch muß nicht fürchten, daß er einen Unglücklichen betrübt, den eine unheilbare, schmerzhafte Krankheit plagt? Ich bin arm, und mir scheint, diese Lage verdient gleichfalls Berücksichtigung. Alle Schonung, die ich fordere – Sie lassen sie walten, ohne daß ich mit Ihnen darüber sprach; bei einem wahren Freund wird es sicherlich nie nötig sein, daß ich darum bitte. Doch, meine teure Freundin, seien wir aufrichtig, kennen Sie jemanden, der mein Freund wäre? Meiner Treu, ich kann von Glück reden, daß ich lernte, mich ohne sie zu behelfen. Ich kenne eine Menge Leute, die nicht böse wären, wenn ich mich ihnen zu Dank verpflichtet fühlte, und es gibt viele, denen ich es in der Tat auch bin; doch Herzen, die mit dem meinigen in Einklang stehen, oh, es genügt schon, eines zu kennen.
Wundern Sie sich nicht, wenn mir Paris immer verhaßter wird. Nur Verdrießliches kommt mir von dort, Ihre Briefe ausgenommen. Nie wird man mich dort wiedersehen. Sie können mir dieserhalb Ihre Vorhaltungen machen, so heftig, wie es Ihnen beliebt, Sie haben das Recht. Ich werde sie gut aufnehmen, aber sie sind vergeblich; danach sollten Sie mir nie mehr welche machen.

Tun Sie in Hinsicht auf das Buch von Monsieur d'Holbach, was Sie für richtig halten, nur, übernehmen Sie die Herausgabe nicht. Was für eine Art, den Kauf eines Buches zu erzwingen und seine Freunde auszunutzen! Ich kann so etwas nicht leiden.
Ich danke Ihnen für die „Reise" von Anson; ich werde sie Ihnen in der kommenden Woche zurücksenden.
Entschuldigen Sie die radierten Stellen. Ich schreibe an meinem Platz am Kamin, wo wir alle versammelt sind. Die Haushälterinnen wärmen gemeinsam mit dem Gärtner die Geschichten aller Gehenkten dieses Landes auf, und der Klatschroman von heute ist so lang, daß ich überhaupt nicht mehr weiß, was ich schreibe. Adieu, meine gute Freundin.

Rousseau an Elisabeth-Sophie-Françoise Lalive de Bellegarde, Gräfin d'Houdetot

[Anfang Juli 1757]

Ich spüre allmählich die Auswirkung der gewaltigen Gemütsbewegungen, in die Sie mich seit so langer Zeit versetzen. Sie haben mein Herz erschöpft, meine Sinne, mein ganzes Sein, und in der Seelenqual des so grausamen Entbehrenmüssens fühle ich die Ermattung, die auf ein Übermaß an süßesten Freuden folgt. Gleichzeitig spüre ich, daß mir alle Güter fehlen, daß alle Leiden schmerzen; ich bin unglücklich, krank und traurig. Ihr Anblick beseelt mich nicht mehr, Krankheit und Kummer verzehren mich. Nun denn, in diesem Zustand der Niedergeschlagenheit denkt mein Herz noch immer an Sie und kann nur an Sie denken; ich muß Ihnen schreiben; doch meinem Brief wird man meine Schwermut anmerken.
Erinnern Sie sich, daß Sie mich einmal der *schlimmsten Grausamkeit* bezichtigt haben? Oh, wenn ich nach dem verhängnisvollen Eindruck urteile, den diese Worte noch immer auf mich ausüben, so sind Sie es, der man Grausamkeit vorzuwerfen hätte. Um meiner Ruhe willen werde ich mich hüten, unbedingt den Sinn herausfinden zu wollen, den Ihre Worte damals gehabt haben mögen, als Sie sie aus-

sprachen. Doch welche Bedeutung auch immer sie hatten, sie können mich zum Schuldigen machen, niemals aber zum Verführer.

Es sei Ihnen einmal gesagt, was Sie in diesem schwierigen Punkt von Ihrem allzu zärtlichen und schwachen Freund zu erwarten haben. Nie habe ich jemanden mit meinen Versprechungen getäuscht, und ich werde bei Ihnen nicht den Anfang machen. Sie haben oft genug gesehen, mit welcher Kraft ich sie halte, Sie haben oft genug gesehen, wie ich mich in ihren Ketten wand, so daß Sie nicht fürchten müssen, ich könnte sie zerreißen. Meine unheilvolle Leidenschaft, die kennen Sie, nichts kam jemals an sie heran, nicht einmal in der Blüte meiner Jahre empfand ich etwas Ähnliches. Sie kann mich alles vergessen machen, selbst meine Pflicht, außer jene, die ich gegen Sie habe. Hundertmal schon hätte sie mich ehrlos gemacht, könnte ich es durch sie werden, ohne daß auch Sie es würden. Nein, ich fühle es, selbst Ihre Tugend ist mir nicht heilig genug, daß ich in meinen Verirrungen das Eigentum eines Freundes[1] achtete. Doch Sie gehören ihm; sobald Sie mir gehören, verliere ich, indem ich Sie besitze, jene, die ich in Ehren halte, oder ich nehme Sie dem weg, den Sie lieben. Nein, Sophie, ich mag sterben an meiner Leidenschaft, aber ich werde Sie nicht in den Schmutz ziehen. Sind Sie schwach und ich bemerke es, so weiche ich im nämlichen Augenblick zurück. Solange Sie in meinen Augen bleiben, was Sie sind, werde ich in meinem Herzen zwar Verrat üben an meinem Freund, doch ich werde ihm sein Gut ebenso rein zurückgeben, wie ich es erhielt. Hundertmal schon wurde das Verbrechen in meinen Wunschträumen begangen. Ist es auch der Ihrige, so vollbringe ich es und bin der treuloseste und zugleich glücklichste aller Menschen; doch ich kann jene nicht verderben, die ich abgöttisch liebe. Sie mag treu bleiben, auch wenn ich daran sterbe, scheut sie aber die Sünde nicht, so mögen es ihre Augen sagen, und ich habe auf nichts mehr Rücksicht zu nehmen.

1 Der Marquis von Saint-Lambert.

Rousseau an Elisabeth-Sophie-Françoise Lalive de Bellegarde, Gräfin d'Houdetot

[um den 10. Oktober 1757]

Komm, Sophie, laß mich Dein ungerechtes Herz quälen, laß mich nun meinerseits ohne Mitleid sein, so wie Du es bist. Warum sollte ich Dich schonen, während Du mir den Verstand, die Ehre und das Leben raubst? Warum sollte ich Deine Tage friedlich dahinfließen lassen, wo Du doch die meinigen unerträglich machst? Ach, wieviel weniger grausam wärest Du gewesen, hättest du mir einen Dolch ins Herz gestoßen, anstelle des verhängnisvollen Pfeiles, der mir den Tod bringt. Sieh, was ich war und was ich geworden: sieh, zu welcher Höhe Du mich geführt und wie sehr Du mich dann erniedrigt hast. Als Du mich anzuhören geruhtest, war ich mehr als ein Mensch; seit Du mich von Dir gestoßen, bin ich der letzte der Sterblichen; ich habe die Vernunft, den Verstand, den Mut verloren; mit einem Wort, Du hast mir alles genommen. Wie kannst Du Dich entschließen, so Dein eigenes Werk zu zerstören? Wie kannst Du wagen, denjenigen Deiner Achtung nicht würdig zu halten, den Du mit Deinem Wohlwollen beehrtest? Ach, Sophie, ich beschwöre Dich, schäme Dich eines Freundes nicht, den Du einmal gesucht. Um Deiner Seligkeit willen fordere ich Rechenschaft von Dir über mich. Bin ich nicht Dein Eigentum? Hast Du nicht Besitz ergriffen von mir? Du kannst Dich nicht mehr lossagen, und weil ich Dir gehöre, gegen meinen Willen und gegen den Deinigen, so laß es mich wenigstens verdienen, Dir zu gehören. Erinnere Dich der Zeiten unserer Glückseligkeit, die zu meinem Leidwesen nie mehr aus meinem Gedächtnis schwinden. Jene belebende Flamme, die mir ein zweites Leben schenkte, das kostbarer ist als das erste, gab meiner Seele wie auch meinen Sinnen die ganze Kraft der Jugend zurück; die Glut meiner Gefühle erhob mich bis zu Dir: wie oft ließ sich Dein Herz, das erfüllt war von einer anderen Liebe, von der Verzückung des meinigen rühren! Wie oft sagtest Du mir im Kaskadenhain: „*Sie sind der zärtlichste Liebende, den ich mir denken kann; nein, nie liebte ein Mensch wie Sie!*“ Welcher Triumph für mich, dieses

Geständnis aus Deinem Munde! Ganz gewiß war es die reine Wahrheit. Es war der Liebesglut würdig, für die ich Dich zu entfachen suchte, der Deinigen zum Trotze, und die Mitgefühl in Dir erwecken sollte, über das Du Dir heftige Vorwürfe machtest. Warum diese Vorwürfe? Worin denn bist Du schuldig geworden? Inwiefern hast Du gegen die Treue verstoßen, als Du Wohltaten erwiesest, die weder Dein Herz berührten noch Deine Sinne? Wäre ich liebenswerter und jünger, so wäre die Prüfung gefährlicher gewesen; doch da Du sie bestandest, warum gereut es Dich dann? Warum Dein Verhalten ändern, wo es doch so viele Gründe gibt, mit Dir zufrieden zu sein? Oh, selbst Dein Geliebter könnte stolz sein auf Deine Standhaftigkeit, wenn er wüßte, was sie überwand! Da Dein Herz und ich allein die Zeugen Deiner Stärke gewesen, so muß nur ich mich in Demut fassen, sollte ich würdig gewesen sein, Wünsche in Dir zu wecken; doch zuweilen erwachen sie, ohne daß man sie vorher gehabt hätte, und Du vermochtest stets die Deinigen zu besiegen. Worin liegt das Verbrechen, wenn man eine andere Liebe anhört, doch keine Gefahr besteht, sie zu teilen? Weit entfernt, Deine erste Leidenschaft zu löschen, schien die meinige sie noch anzufachen. Wenn Du jemals zärtlich und treu warst, bist Du es dann nicht in jenen köstlichen Augenblicken gewesen, als mein Weinen Dir hin und wieder Tränen entlockte, als wir einander unsere Herzen ausschütteten, die ohne Worte einander verstanden, als Deine Liebe sich von der meinigen mitreißen ließ und als der Geliebte, der Dir teuer, auf dem Grunde Deiner Seele all die Worte der Verzückung sammelte, die der ausstieß, der Dich anbetet? Durch jene seltsame Veränderung, die Du vergeblich hinter Ausflüchten verbirgst, verlor die Liebe alles. Sie verlor den himmlischen Pathos, der Dich in meinen Augen über Dich selbst erhob, der Dich zugleich bezaubernd durch Deine Vorzüge, erhaben durch Deine Beständigkeit erscheinen ließ und der dank Deiner Wohltaten meine Bewunderung und meine Hochachtung vermehrte. Sie hat bei Dir jene liebenswürdige Vertrauensseligkeit eingebüßt, die Dich in das Herz, das Dich liebt, alle Empfindungen des Deinigen ergießen ließ. Unsere Gespräche waren ergreifend; eine stetige Rührung erfüllte sie mit ihrem Zauber. Meine Leidenschaft, die Du nicht zu teilen vermochtest, war Dir immer angenehm, und ich fand Gefallen daran, Dich die Deine für einen anderen als mich aussprechen zu hören. Unsere erregten Herzen suchten einander alles mitzuteilen, was sie für dem Menschen empfanden, der ihnen teuer. Wieviel Reiz haben Herzensergüsse und Empfindsamkeit, selbst wenn ihnen jener der Gegenliebe fehlt! Nein, wenn ich geliebt worden wäre, so hätte ich kaum in einem süßeren Zustand leben können, und ich wette, Du sagst nicht einmal Deinem Geliebten etwas, das liebevoller wäre als das, was Du von ihm tausendmal am Tage zu mir sagtest.

Wo ist jene Zeit geblieben, jene glückliche Zeit? Frostigkeit und Verlegenheit, Traurigkeit oder Schweigen erfüllen seither ein jedes unserer Gespräche. Zwei Feinde, zwei einander Gleichgültige würden weniger reserviert miteinander umgehen als diese beiden Herzen, die geschaffen sind, einander zu lieben. Von Furcht zusammengeschnürt, wagt das meinige nicht mehr, dem Feuer freien Lauf zu lassen, das es verzehrt. Meine eingeschüchterte Seele verschließt sich und fällt in sich zusammen. All meine Gefühle sind vom Schmerz unterdrückt, und dieser Brief, den ich mit kalten Tränen benetze, hat nichts mehr von jenem heiligen Feuer, das in süßen Augenblicken meiner Feder entquoll. Sind wir für eine kurze Weile ohne Zeugen, so will mein Mund es wohl wagen, ein Gefühl auszusprechen, das mich bedrängt, doch eine traurige, verdrossene Miene stößt es zurück auf den Grund meines Herzens. Das Ihrige hat mir nichts mehr zu sagen. Ach, sagt es mir nicht zur Genüge, daß Sie ungern mit mir zusammen sind, wenn Sie mir nicht von dem erzählen, den Sie lieben? Oh, erzählen Sie mir immerfort von ihm, damit meine Gegenwart nicht freudlos sei für Sie.

O Sophie, es fällt Ihnen leichter, sich zu verändern, als diese Veränderung vor meinen Augen zu verbergen. Schützen Sie keine faden Entschuldigungen vor, Sie können mich nicht täuschen. Mag sein, daß die Ereignisse Sie zur Vorsicht zwingen, über die ich mich nicht beklagen würde. Doch solange das Herz sich nicht ändert, mögen sich die Umstände ändern, wie sie nur wollen, seine Sprache bleibt stets die gleiche, und wenn die Vorsicht Sie zwingt, mich seltener zu sehen, wer zwingt Sie dann, die Sprache des Gefühls aufzugeben, um die der Gleichgültigkeit anzunehmen? Ach, Sophie, Sophie, wage mir zu sagen, daß Dein Geliebter Dir teurer ist als damals, als du geruhtest, mich anzuhören und zu bedauern, und Du in mir Rührung erwecktest durch Deine überschäumende Leidenschaft für ihn! Du hast ihn vergöttert und ließest Dich vergöttern; Du hast nach einem anderen geseufzt, doch mein Mund und mein Herz fingen Deine Seufzer auf. Du trugst keine sinnlosen Bedenken, Gespräche vor ihm zu verbergen, die Deiner Liebe von Nutzen waren. Der Zauber dieser Liebe wuchs mit dem der Freundschaft. Deine Treue brüstete sich mit dem Opfer ungeteilter Freuden. Deine Weigerungen, Deine Bedenken galten weniger ihm als mir: wenn der Ausbruch der heftigsten Leidenschaft, die es je gab, Dich zum Mitleid bewegte, prüften Deine unruhigen Augen in den meinen, ob dieses Mitleid Dir auch nicht meine Achtung nahm, und die einzige Bedingung, die Du als Beweis Deiner Freundschaft stelltest, war die, daß ich stets Dein Freund bleiben sollte.

Nicht mehr Dein Freund sein! Teure, reizende Sophie, leben und nicht mehr Dich lieben – ist meine Seele dazu fähig? Ei, wie könnte mein Herz sich lösen von Dir, da Du doch die Fesseln der Liebe mit den zarten Banden der Dankbarkeit verknüpftest? Ich wende mich an Deine Aufrichtigkeit. Du, die Du alles gesehen, hervorgerufen, diesen Sinnestaumel, diese Tränen, diese Verzückungen, diese Ekstase, diese Leidenschaft, deren kein Sterblicher sonst fähig – sag mir, habe ich Deine Gunst so genossen, daß ich sie zu verlieren verdiente? O nein! Grausam machtest Du Dir, um sie mir zu entziehen, das zarte Bangen zunutze, das sie mir einflößte. Freilich wurde ich dadurch noch tausendmal mehr verliebt, doch auch ehrerbietiger, unterwürfiger, mehr denn je darauf bedacht, Dich nie zu verletzen. Wie konnte Dein gutes Herz sich dazu entschließen, da es mich doch vor Dir zittern sah, Dich gegen mich mit meiner Leidenschaft zu bewaffnen und mich tief unglücklich zu machen, um verdient zu haben, daß ich glücklich war?

Der erste Triumph Deines Wohlwollens war, mich zu lehren, daß ich meine Liebe durch sie selbst besiegte, daß ich meine heißesten Wünsche derjenigen opferte, die sie in mir weckte, und mein Glück Deiner Ruhe. Ich will nicht daran erinnern, was sich in Deinem Park oder in Deinem Zimmer zutrug; doch um nachzuempfinden, in welchem Maße der Eindruck Deiner Reize meinen Sinnen die Begier einflößt, Dich zu besitzen, erinnere Dich des Berges Olymp. Erinnere Dich der Worte, die ich mit Bleistift unter einem Eichbaum niederschrieb: Mit meinem reinsten Herzblut hätte ich sie schreiben können, und ich kann weder Dich sehen, noch an Dich denken, ohne daß es in steter Folge stockt und wieder aufwallt. Seit diesen köstlichen Augenblicken, in denen Du mich alles auskosten ließest, was eine bedauernswerte unerwiderte Liebe an Freuden auf dieser Welt zu geben vermag, bist Du mir so teuer geworden, daß ich nicht mehr zu wünschen wagte, auf Deine Kosten glücklich zu werden, und eine einzige Weigerung von Dir ließ einen törichten Sinnenrausch verebben. Ich hätte mich unschuldsvoller dem süßen Zustand hingegeben, in den Du mich versetztest: Der Beweis Deiner Stärke hätte mich weniger zur Vorsicht gemahnt, Dich nicht in Schwierigkeiten zu bringen, die Dir unangenehm hätten sein können. Ich hatte soviel Anspruch darauf, Deiner Gunst und Deines Mitleids würdig zu bleiben. Ach, was kann ich mir sagen, um mich zu trösten, daß ich sie verlor? Nur dies allein: ich liebte sie zu sehr, um sie bewahren zu können. Ich tat alles, um die harten Bedingungen zu erfüllen, die Du mir auferlegt hattest; ich ordnete ihnen all meine Handlungen unter, und war ich nicht im selben Maße imstande, meine Rede, meine Blicke, meine heißen Wünsche im Zaume zu halten, wessen kannst Du mich anklagen, wenn nicht, mir, um Dir zu gefallen, mehr abgefordert zu haben, als menschliche Kraft zu erbringen vermag. Sophie, dreißig Jahre lang liebte ich die Tugend. Oh, meinst du, mein Herz sei schon abgestumpft gegen den Frevel? Nein, die Gewissensbisse kommen den Ausbrüchen meiner Leidenschaft gleich, das sagt alles. Doch warum gab sich dieses Herz den kleinen Gunstbeweisen hin, die Du zu gewähren geruhtest, während sein schreckliches Aufmurren meine Verwegen-

heit energisch bremste? Du weißt, Du, die Du meine Verirrungen sahst, ob, auch jetzt noch, Deine Person mir stets heilig ist! Wagten meine heißen Wünsche, meine inständigen Bitten auch nur einen Augenblick lang, das höchste Glück zu erflehen, schon fühlte ich mich zurückgehalten von dem Aufschrei meiner erschrockenen Seele. Diese grauenerregende Stimme, die sich nie täuscht, ließ mich bereits bei dem Gedanken erzittern, diejenige mit Eidbruch und Untreue zu besudeln, die ich liebe, die ich ebenso vollkommen sehen wollte wie das Bild, das ich von ihr auf dem Grunde meines Herzens trage, die den Anspruch hat, für mich unantastbar zu sein. Alles hätte ich gegeben für einen Augenblick der Glückseligkeit: doch, Sophie, Dich zu erniedrigen, o nein, das ist unmöglich, und selbst wenn es in meiner Macht stünde, so liebe ich Dich doch zu sehr, um Dich jemals besitzen zu können.
Beschenke doch den, der auf Deinen Ruhm nicht weniger bedacht ist als Du selbst, aufs neue mit Deiner Güte, sie wird diesen nicht beeinträchtigen. Ich will mich nicht herausreden, weder vor Dir noch vor mir selbst; ich mache mir alles zum Vorwurf, was Du an Wünschen in mir geweckt. Ginge es allein darum, mich selbst zu überwinden, könnte mir vielleicht die Ehre, zu siegen, die Kraft verleihen; doch wenn die Abneigung des Herzens, das man liebt, die Entbehrungen verschuldet, die man sich auferlegen muß, oh, dies kann ein empfindsames Herz nicht ohne Verzweiflung ertragen. Der ganze Preis des Sieges ist dahin, sobald er nicht freiwillig ist. Wenn Dein Herz mir nichts nähme, wie ehrenwert wäre es dann für das meine, allem zu entsagen! Kann ich jemals wieder gesunden, so nur, wenn ich allein meine Leidenschaft zu besiegen habe.[1] Ich bin schuldig, ich fühle es nur zu sehr; doch ich tröste mich mit dem Gedanken, daß Du es nicht bist. Ist denn eine Gefälligkeit, die Dein Herz nicht berührt, für Dich nur ein Akt des Mitleids, der schon die erstbeste Probe nicht besteht und dem Herzen dann gleichgültig sein soll, das ihn sich einmal gefallen ließ? Oh, Sophie, nach solch süßen Augenblicken ist der Gedanke eines unwiderruflichen Verlustes gar zu schrecklich für den, der tief betrübt ist, weil er nicht mehr eins sein darf mit Dir. Wie denn, Deine zärtlichen Augen

sollen sich nie mehr mit jener süßen Zärtlichkeit auf mich herabsenken, die mich trunken machte vor Begierde?! Wie denn, meine brennenden Lippen sollen nie mehr mit ihren Küssen meine Seele an Dein Herz legen?! Wie denn, ich soll nie mehr jenen himmlischen Schauder verspüren, jenes ungestüme, verzehrende Feuer, das schneller als der Blitz ... Augenblick! Unaussprechlicher Augenblick! Welches Herz, welcher Mensch, welcher Gott kann dich empfinden und dann auf dich verzichten?

Bittere, köstliche Erinnerungen, werdet ihr nie mehr mein Herz und meine Sinne in Frieden lassen? Und dennoch sind die Freuden, die ihr mir ins Gedächtnis ruft, nicht die, welche ich am meisten bedaure. O nein, Sophie, es gab für mich noch süßere, durch die jene ihren größten Wert erhielten, denn sie waren deren Unterpfand. Es gab, es gab eine Zeit, da meine Freundschaft Dir teuer war und Du es mir zu beweisen wußtest. Hättest Du mir nichts gesagt, hättest Du mir keine Zärtlichkeit gewährt, so hätte mir ein tieferes, sichereres Gefühl offenbart, daß ich Dir verbunden war. Mein Herz suchte Dich, und Deines stieß mich nicht zurück. Die Äußerungen zärtlichster Liebe, die es je gab, hatten nichts Abstoßendes für Dich. Dein Eifer, mich wiederzusehen, ließ darauf schließen, daß ich Dir fehlte, wenn ich nicht bei Dir war. Deine Augen flohen die meinen nicht, und ihre Blicke waren nicht die der Kälte; auf Spaziergängen suchtest Du meinen Arm; Du warst nicht so sehr besorgt, mir den Anblick Deiner Reize zu entziehen, und wenn mein Mund es wagte, sich auf den Deinen zu pressen, so spürte ich, manchmal zumindest, seinen Gegendruck. Sophie, Du liebtest nicht, aber Du ließest Dich lieben, und ich war glücklich. Alles ist vorbei, ich bin nichts mehr; und da ich mich fremd bei Dir fühle, lästig und aufdringlich, bin ich ebenso unglücklich über mein vergangenes Glück wie über mein gegenwärtiges Leid. Oh, hätte ich Dich niemals tief bewegt gesehen, so tröstete ich mich über Deine Gleichgültigkeit und begnügte mich damit, Dich im geheimen anzubeten. Aber ansehen müssen, wie mein Herz von der Hand derer zerrissen wird, die mich glücklich machte, und wie ich von der vergessen werde, die mich ihren Freund nannte! O Du, die Du alles über mich vermagst, lehre mich diesen schrecklichen Zustand ertragen oder ändere ihn oder laß mich sterben. Ich sehe die Leiden, die mir das Schicksal bereithält, und ich tröste mich, sobald ich darin Deinen Willen erkenne. Ich habe gelernt, der Unbill meines Geschicks zu trotzen, doch wer hilft mir, die Deinige zu ertragen? Du fliehst das Tal, um mich zu fliehen; die nahe Rückkehr Deines Geliebten, die Intrigen Deiner nichtswürdigen Schwester, der uns trennende Winter, meine sich verschlimmernden Leiden, meine entschwindende Jugend, während die Deine in ihrer Blüte steht – all dies verbündet sich, um mir alle Hoffnung zu nehmen, doch nichts vermag meine Hoffnung zu vernichten, nur allein Deine Verachtung. Wäre mein Herz getröstet, so verschmähte ich die Sinnenfreuden, zumindest könnte ich auf sie verzichten; würdest Du mich bedauern, so wäre ich nicht mehr zu bedauern. Hilf mir um Gottes willen, mich selbst zu betrügen, mein betrübtes Herz verlangt nicht nach mehr; unablässig versuche ich bei Dir ein zärtliches Interesse für mich zu entdekken, das Du indes nicht mehr besitzt. Alles, was du sagst, drehe und wende ich, bis es zu meinen Gunsten auszulegen ist; ich begrüße sogar meinen eigenen Schmerz, wenn er Dich zu rühren scheint. Da es völlig unmöglich ist, Dir ein wahres Zeichen der Zuneigung zu entlocken, genügt mir ein Nichts, um mir sonst etwas einzubilden. Bei unserem letzten Zusammentreffen, bei dem Du neue Reize spielen ließest, so daß ich wiederum entflammte, blicktest Du mich beim Tanzen zweimal an. All Deine Bewegungen gruben sich auf dem Grunde meiner Seele ein; meine gierigen Blicke zeichneten Deine Schritte nach; nicht eine Deiner Gesten entging meinem Herzen, und im Glanz Deines Triumphes war das schwache Herz so einfältig zu glauben, Du geruhtest Dich mit mir zu beschäftigen. Sophie, Sophie, Grausame, gib mir die Freundin zurück, die mir teuer; Du hast sie mir dargeboten, ich nahm sie an; Du hast nicht das Recht, sie mir wieder zu nehmen. Oh, wenn ich nur einmal ein wahres Zeichen Deines Mitleids sähe, wenn mein Schmerz Dir nicht lästig wäre, wenn ein liebevoller Blick auf mich fiele, wenn Dein Arm sich um meinen Hals legte, wenn er mich an Dein Herz drückte, wenn Deine süße Stimme seufzend spräche: „Unglücklicher, wie bedaure ich Dich!“ Ja, dann hättest Du mich über alles getröstet, meine Seele gewänne ihre Kraft zurück, und ich wäre wieder würdig, von Dir wohlgelitten worden zu sein.

1 Ein zentrales Thema in Rousseaus Briefroman „Julie oder Die neue Heloïse“.

Rousseau an Friedrich Melchior Grimm

[26. Oktober 1757]

Sagen Sie mir, Grimm, warum alle meine Freunde behaupten, ich müsse Madame d'Epinay begleiten?[1] Bin ich im Unrecht? Oder sind sie alle im Irrtum? Werden alle von jener niedrigen Parteilichkeit beherrscht, die stets schnell dabei ist, zugunsten des Reichen zu entscheiden und der Armut hundert unnütze Pflichten aufzuladen, die sie noch unabwendbarer und härter machen? Ich will mich in dieser Beziehung allein nach Ihnen richten. Obgleich Sie zweifelsohne ebenso parteiisch sein werden wie die anderen, halte ich Sie doch für so gerecht, um sich in mich hineinversetzen und meine wahren Pflichten beurteilen zu können. So hören Sie sich also meine Gründe an, mein Freund, und entscheiden Sie, welchen Entschluß ich fassen soll; denn wie immer auch Ihre Meinung sei, ich erkläre Ihnen, daß ich sie unverzüglich befolgen werde.

Was kann mich verpflichten, Madame d'Epinay zu begleiten? Die Freundschaft, die Dankbarkeit, der Nutzen, den sie aus mir ziehen könnte. Prüfen wir all diese Punkte.

Wenn Madame d'Epinay mir Freundschaft erwies, so habe ich ihr noch mehr erwiesen. Die Bemühungen waren auf beiden Seiten und bei mir mindestens ebenso groß wie bei ihr. Da wir alle beide krank sind, bin ich ihr nicht zu mehr verpflichtet als sie mir, es sei denn, der Kränkere habe den anderen zu pflegen. Daß meine Leiden unheilbar sind, sollte ein Grund sein, sie völlig unter den Tisch fallen zu lassen? Ich sage nur dies: sie hat Freunde, die weniger krank, weniger arm, weniger freiheitsliebend, weniger von Zeit-

not bedrängt sind und die ihr mindestens ebenso lieb sind wie ich. Ich sehe keinen einzigen unter ihnen, der es sich zur Pflicht machte, sie zu begleiten. Welche merkwürdige Fügung bewirkt, daß sie nur für mich allein besteht, der ich am wenigsten in der Lage bin, sie zu übernehmen? Wenn Madame d'Epinay mir so viel bedeutete, daß ich mich selbst verleugnete, um ihr die Zeit zu vertreiben, wie kann ich ihr dann so wenig bedeuten, daß sie sich auf Kosten meiner Gesundheit, meines Lebens, meiner Arbeit, meiner Ruhe und all meiner Kraftquellen die Pflege durch einen so ungeschickten Lakaien erkaufen mag? Ich weiß nicht, ob ich ihr hätte anbieten müssen, sie zu begleiten, aber ich weiß recht genau, daß sie es niemals hätte annehmen dürfen, es sei denn, sie wäre von jener Herzlosigkeit, die dem Reichtum eigen, von der sie mir aber stets weit entfernt zu sein schien.
Was die Wohltaten anbelangt, so habe ich sie erstens gar nicht gern, ich will überhaupt keine, und ich weiß keinen Dank für solche, die man mir aufzwingt. Dies habe ich Madame d'Epinay ganz offen gesagt, noch ehe ich eine von ihr empfangen hatte; nicht, daß ich mich nicht gern wie ein anderer für so kostbare Bande begeistern ließe, welche die Freundschaft knüpft; doch sobald man zu sehr an der Kette zieht, reißt sie, und ich bin frei. Was hat Madame d'Epinay für mich getan? Sie wissen alles besser als sonst jemand, und ich kann offen mit Ihnen reden: sie hat in der Eremitage für mich ein Häuschen bauen lassen und lud mich ein, dort zu wohnen, und ich füge mit Freude hinzu, sie trug Sorge dafür, daß die Behausung angenehm sei und sicher.
Was habe ich meinerseits für Madame d'Epinay getan? Zu der Zeit, als ich mich in mein Vaterland zurückzuziehen gedachte, [2] was ich mir sehnlichst wünschte und auch hätte tun sollen, setzte sie Himmel und Erde in Bewegung, um mich zurückzuhalten. Durch inständige Bitten, ja sogar Listen überwand sie meinen mehr als berechtigten langen Widerstand: meine Wünsche, mein Geschmack, meine Neigung, die Mißbilligung meiner Freunde, alles unterwarf sich in meinem Herzen der Stimme der Freundschaft; ich ließ mich in die Eremitage locken. Von diesem Augenblick an habe ich stets gespürt, daß ich bei jemand Fremden war,

und meine Nachgiebigkeit hat mich schon bittere Reue gekostet. Meine feinfühligen Freunde sind nur darauf bedacht, mich unablässig hier zu peinigen, sie haben mir keinen Augenblick Ruhe gegönnt und ließen mich oft weinen vor Kummer, daß ich nicht fünfhundert Meilen von ihnen entfernt bin. Statt mich also den Reizen der Einsamkeit überlassen zu können, dem einzigen Trost eines von Leiden heimgesuchten Unglücksmenschen, den alle Welt zu quälen sucht, stellte ich fest, daß ich nicht einmal mir selbst gehörte. Da Madame d'Epinay oft allein auf dem Lande weilte, wünschte sie, daß ich ihr Gesellschaft leistete: deshalb hatte sie mich zurückgehalten. Nachdem ich der Freundschaft ein Opfer gebracht hatte, mußte ich ein weiteres der Dankbarkeit bringen. Man muß arm und ohne Diener sein, den Zwang hassen und meine Seele haben, um zu wissen, was es für mich bedeutet, in eines andern Haus zu leben. Dennoch wohnte ich zwei Jahre lang in dem ihrigen, trotz der schönsten Reden über die Freiheit ständig ein Untertan, von zwanzig Dienstboten bedient, putze ich doch jeden Morgen meine Schuhe selbst und lechze, von lästigen Magenverstimmungen geplagt, beständig nach meinem Kochgeschirr. Sie wissen auch, daß es mir unmöglich ist, zu bestimmten Zeiten zu arbeiten, sodann, daß ich die Einsamkeit brauche, den Wald und die Besinnlichkeit; von der verlorenen Zeit will ich nicht sprechen, ich werde von all dem frei sein, indem ich einige Monate früher Hungers sterbe. Indessen, prüfen Sie, wieviel Geld eine Stunde des Lebens und der Zeit eines Menschen wert ist; vergleichen Sie ihre Wohltaten damit, daß ich mein Vaterland zum Opfer brachte und zwei Jahre lang in Knechtschaft lebte, und sagen Sie mir, wer von uns beiden, sie oder ich, dem anderen zu mehr Dank verpflichtet ist.

Kommen wir zu dem Punkt des Nutzens. Madame d'Epinay reist in einer schönen Postkutsche und wird von ihrem Gatten, dem Erzieher ihres Sohnes und fünf oder sechs Dienern begleitet. Sie fährt in eine Stadt, wo Bevölkerung und viel Gesellschaft ist, so daß sie nur die Qual der Wahl haben wird; sie fährt zu Monsieur Tronchin, ihrem Arzt, einem geistreichen, angesehenen, begehrten Mann; sie fährt zu einer verdienstvollen Familie, wo sie alle Mittel

und Wege für Gesundheit, Freundschaft und Zerstreuung findet.
Bedenken Sie nun meinen Zustand, meine Leiden, meine Launen, meine Geldmittel, meinen Geschmack, meine Lebensweise, die sich immer mehr gegen die Menschen behauptet und selbst gegen die Vernunft; überlegen Sie bitte, worin ich Madame d'Epinay nützlich sein könnte auf dieser Reise und welche Leiden ich erdulden müßte, ohne ihr jemals für irgend etwas von Nutzen zu sein. Werde ich die Postkutsche vertragen? Kann ich erwarten, daß ich eine so lange Fahrt schnell und ohne Schaden überstehe? Soll ich jeden Augenblick anhalten lassen, um auszusteigen, oder soll ich meine Qualen vergrößern und mein letztes Stündlein beschleunigen, weil ich mir Zwang antun muß? Mag Diderot mein Leben und meine Gesundheit so geringschätzen, wie es ihm beliebt, mein Zustand ist bekannt, die berühmten Ärzte von Paris können ihn bestätigen, und seien Sie sicher, daß es mir bei allem, was ich zu leiden habe, schwerlich weniger Verdruß bereitet als den anderen, mich so lange leben zu sehen. Madame d'Epinay muß unterwegs also auf fortwährende Unannehmlichkeiten gefaßt sein, auf einen recht traurigen Anblick und vielleicht auf dieses und jenes Malheur. Sie weiß ganz genau, daß ich unter solchen Umständen lieber in aller Heimlichkeit hinter einem Busch mein Leben aushauche, als daß ich die geringsten Kosten verursache und einen einzigen Diener bei mir behalte; und ich kenne ihr gutes Herz viel zu genau, um nicht zu wissen, wie schmerzlich es ihr wäre, mich in diesem Zustand zu lassen. Ich könnte dem Wagen zu Fuß folgen, wie Diderot es will; doch in dieser Jahreszeit werden mich Schlamm, Regen und Schnee beträchtlich aufhalten. Sosehr ich auch rennen mag, wie soll ich fünfundzwanzig Meilen am Tag bewältigen; und fährt die Kutsche ohne mich, von welchem Nutzen wäre ich dann für die Person, die darin sitzt? In Genf angekommen, würde ich die Tage damit zubringen, mit Madame d'Epinay eingesperrt zu sein, doch mit welchem Eifer ich auch ans Werk ginge, ihr die Zeit zu vertreiben, ein solches Stubenhockerleben, das meinem Temperament gänzlich widerspricht, wird meine Gesundheit vollends zerrütten oder mich

zumindest in eine Melancholie tauchen, derer ich mich nicht erwehren kann.
Wie auch immer, ein Kranker ist kaum geeignet, einen anderen zu pflegen, und wer keine Pflege annimmt, wenn er selbst leidet, ist davon befreit, diese auf Kosten seiner Gesundheit zu leisten. Sind wir allein und zufrieden, redet Madame d'Epinay kein Wort und ich auch nicht; was soll werden, wenn ich traurig bin und verdrossen? Ich sehe da noch nicht viel Zerstreuung für sie. Wenn sie sich in Genf wie vom Himmel heruntergeschneit fühlen wird, so tue ich es noch viel mehr; denn mit Geld hat man es überall gut, doch der Arme ist nirgends zu Hause. Die Bekannten, die ich dort habe, können ihr nicht zusagen; jene, die sie dort finden wird, werden mir noch weniger zusagen. Ich muß Pflichten nachkommen, die mich von ihr entfernen, oder aber man wird mich fragen, welche Dienste denn so dringlich seinen, daß ich meine Pflichten vernachlässige und ständig ans Haus gebunden sei; besser gesagt, man könnte mich für ihren Kammerdiener halten. Wie denn, ein von Leiden heimgesuchter Unglücksmensch, der kaum Schuhe für seine Füße hat, der keine Kleidung, kein Geld, kein Vermögen besitzt, der nur einen Wunsch an seine Freunde hat, nämlich ihn unglücklich zu lassen und frei – einen solchen Menschen sollte Madame d'Epinay brauchen, sie, die alle Bequemlichkeit des Lebens um sich hat und ein Gefolge von zehn Personen mitschleppt? Glück, nichtswürdiges, verächtliches Glück, wenn man in deinem Schoß den Armen nicht missen kann, so bin ich glücklicher dran als die, denen du lachst, denn ich kann sie missen.
Aber sie liebt mich doch, wird man sagen; sie braucht ihren Freund. Oh, ich kenne alle Bedeutungsnuancen dieses Wortes Freundschaft! Es ist ein hübscher Name, der oft der Hilfsbereitschaft zum Lohne dient, doch sobald die Sklaverei beginnt, ist das Ende der Freundschaft gekommen. Ich will stets gern meinem Freunde dienen, vorausgesetzt, er ist ebenso arm wie ich, ist er reicher, müssen wir beide frei sein, oder er muß mir dienen, denn sein Einkommen ist sicher, und er kann mehr Zeit verwenden auf seine Vergnügungen.
Ich muß Ihnen noch ein paar Wort über mich sagen. Wenn

es zu meinen Pflichten gehört, Madame d'Epinay zu begleiten, gibt es dann nicht auch dringlichere, die mich zurückhalten? Ist denn Madame d'Epinay die einzige auf der Welt, der ich verpflichtet bin? Seien Sie versichert, daß, sobald ich unterwegs wäre, Diderot, der es für so schlimm hält, wenn ich bleibe, es noch schlimmer findet, daß ich wegfuhr, und dazu hätte er viel mehr Grund. Er gibt, würde er sagen, einer reichen Frau das Geleit, die in guter Begleitung ist, die ihn nicht im geringsten braucht und der er im Grunde wenig schuldet, und läßt hier Menschen arm und verlassen zurück, die ihr Leben in seinem Dienste verbrachten und die seine Abreise in Verzweiflung stürzt. Lasse ich mich freihalten von Madame d'Epinay, wird Diderot mir alsbald eine neue Verpflichtung daraus ableiten, die mich für den Rest meiner Tage an die Kette legt. Wage ich nur einen Augenblick lang über mich frei zu verfügen, so wird es heißen: Seht euch den Undankbaren an; sie war so gütig und nahm ihn in sein Heimatland mit, und er läßt sie allein. Alles, was ich tun würde, um mich ihr dankbar zu zeigen, wird meine Verpflichtung ihr gegenüber noch vergrößern, denn nichts ist schöner, als reich zu sein, man kann herrschen und die Ketten in Wohltaten verwandeln, die man anderen anlegt. Wenn ich, wie es sich geziemt, einen Teil der Kosten zahle, wo soll ich so schnell soviel Geld hernehmen? Wem soll ich die paar Habseligkeiten und die wenigen Bücher verkaufen, die mir geblieben? Es geht nicht mehr an, daß ich mich den ganzen Winter über in einen alten Hausrock hülle. Alle meine Kleider sind zerschlissen; es braucht Zeit, sie auszubessern oder neue zu kaufen; wer freilich zehn Röcke zum Wechseln hat, denkt kaum an so etwas. Während dieser Reise, deren Dauer ich nicht kenne, lasse ich hier einen Haushalt zurück, der unterhalten werden muß. Bleiben diese Frauen in der Eremitage, muß ich, außer den Lohn für den Gärtner, auch noch jemanden bezahlen, der sie beschützt, denn es wäre unmenschlich, sie allein mitten im Wald zu lassen. Bringe ich sie nach Paris, brauchen sie eine Wohnung; und was soll aus den Möbeln und Papieren werden, die hier zurückbleiben? Ich selbst brauche ein Taschengeld; denn was bedeutet es, wenn man in fremden Hause freigehalten

wird, wo alles gut läuft, solange nur die Herrschaften versorgt sind? Man gibt viel mehr aus als bei sich zu Hause und wird dann noch den ganzen Tag über gestört, es fehlt einem an allem, was man gern hätte, man kann nicht tun, was man will, und ist obendrein denen zu Dank verpflichtet, bei denen man sein Geld vertat. Dazu kommt noch die Trägheit eines faulen Kranken, der gewohnt ist, alles herumliegen zu lassen und auf nichts zu verzichten, rings um sich alles Notwendige, alle Bequemlichkeiten zu finden, ohne danach fragen zu müssen, und dessen Aufzug, Schicksal und Schweigsamkeit gleichermaßen Anlaß geben, einen Bogen um ihn zu machen. Ist die Reise lang, geht mir das Geld aus, meine Schuhe werden durchgelaufen sein, meine Strümpfe zerlöchert, die Wäsche muß gewaschen, der Bart geschnitten, die Perücke gerichtet werden etc. etc., ein Unglück ist es dann, keinen Sou zu haben, und wenn ich Madame d'Epinay um Geld angehen soll, weil ich es unbedingt benötige, so steht für mich fest, daß sie ihre Silbermünzen behalten kann; denn ich muß Ihnen sagen, was mich betrifft, so bin ich lieber ein Dieb als ein Bettler. Ich glaube zu erkennen, woher mir all diese eigentümlichen Pflichten kommen, die man mir auferlegt: alle Leute aus meiner Umgebung beurteilen mich stets nach ihrem eigenen Schicksal, niemals nach dem meinen, ferner wollen sie, daß ein Mensch, der nichts hat, lebt, als hätte er tausend Livres Rente und Zeit in Hülle und Fülle.
Niemand kann sich in meine Lage versetzen, noch will man einsehen, daß ich anders als andere bin, daß ich weder deren Charakter noch Grundsätze, noch Geldmittel habe und daß man mich darum auch nicht nach ihren Regeln beurteilen kann. Wer von meiner Armut Kenntnis nimmt, tut es nicht, um deren Entschädigung, nämlich die Freiheit, zu respektieren, sondern um mir ihre Last noch unerträglicher zu machen. Daher will der Philosoph Diderot in seinem Studierzimmer, am behaglichen Kamin und im dick gefütterten Hausrock, daß ich fünfundzwanzig Meilen täglich zu Fuß zurücklege, um einer Postkutsche hinterherzulaufen, und dies im Winter, durch all den Schlamm, weil ja das Laufen und Schmutzigmachen des Armen Beruf ist. In Wahrheit aber verdient Madame d'Epinay, auch wenn sie

reich ist, daß J.-J. Rousseau ihr nicht einen solchen Schimpf antut. Glauben Sie bloß nicht, daß der Philosoph Diderot, obschon er es sagt, je im Leben irgend jemandes Kutsche hinterherliefe, wenn er die Fahrt nicht vertragen könnte; immerhin wäre aber zumindest der Unterschied, daß er gute, dicke Socken, gutes Schuhwerk und ein gutes Wams hätte, daß er am Vorabend ordentlich soupiert und sich vor dem Aufbruch schön gewärmt hätte, da hat man freilich mehr Lust zum Laufen als einer, der kein Geld hat, um das Souper, das Pelzwerk und die Reisigbündel zu bezahlen. Meiner Treu, wenn die Philosophie nicht dazu taugt, um diese Unterschiede zu erkennen, weiß ich nicht, wozu sie gut ist.

Wägen Sie meine Gründe ab, mein teurer Freund, und sagen Sie mir, was ich tun soll. Ich will meine Pflicht erfüllen, doch in dem Zustand, in dem ich mich befinde – was wagt man da noch zu fordern? Wenn Sie meinen, daß ich fahren muß, geben Sie Madame d'Epinay Nachricht und schicken Sie mir dann einen Eilboten; seien Sie sicher, daß ich, sobald ich Ihre Antwort habe, ohne zu zögern nach Paris fahre.

Was den Aufenthalt in der Eremitage anbelangt, so fühle ich sehr wohl, daß ich nicht mehr dort wohnen kann, selbst wenn ich weiter den Gärtner bezahlte, denn dies reicht nicht als Miete; doch ich glaube es Madame d'Epinay schuldig zu sein, die Eremitage nicht mit verdrossener Miene zu verlassen, die auf Zwist zwischen uns schließen ließe. Ich gestehe, es wäre auch in dieser Jahreszeit, deren Nahen sich mir schon grausam ankündigt, hart für mich, umziehen zu müssen; besser ist's, auf den Frühling zu warten, denn mein Aufbruch wird dann natürlicher sein, und so bin ich entschlossen, mir alsbald eine Bleibe zu suchen, die all jenen barbarischen Tyrannen unbekannt sein soll, welche man Freunde nennt.

1 Im Oktober 1757 hatte sich Frau von Epinay entschlossen, nach Genf zu reisen, um sich dort behandeln zu lassen. Rousseaus damalige Pariser Freunde, insbesondere Diderot, versuchten ihn zu bewegen, sie auf dieser Reise zu begleiten. Rousseau weigerte sich entschieden, dieser Aufforderung zu entsprechen (siehe „Bekenntnisse" Buch X, S. 484).

2 Im Jahre 1754 beabsichtigte Rousseau, von Paris nach Genf zurückzukehren. Nachdem er diesen Plan aufgegeben hatte, bezog er im April 1756 das Landhaus der Frau von Epinay „Eremitage“ bei Montmorency.

Rousseau an Jean-François, Marquis de Saint-Lambert

Eremitage, 28. Oktober 1757

Wieviel Freude und Traurigkeit kommen mir von Ihnen, mein teurer Freund; kaum beginnt die Freundschaft zwischen uns, schon lassen sie mich all ihre Qualen und all ihre Freuden zu gleicher Zeit verspüren. Ich werde Ihnen nicht schreiben, welchen Eindruck die Kunde von Ihrem Unfall auf mich machte, Madame d'Epinay ist Zeuge gewesen. Ich beschreibe Ihnen auch nicht die Erschütterung unserer Freundin;[1] Ihr Herz ist dafür geschaffen, es sich ausmalen zu können, und ich, der ich sie außer Fassung sah, hatte Ihren Zustand und zugleich den ihrigen vor Augen, stellen Sie sich nun den Ihres Freundes vor. Ihren Briefen merkt man an, daß Sie derjenige von uns allen sind, den Ihre Leiden am wenigsten zu Herzen gehen. Doch um Ihren Eifer und Ihre Bemühungen anzuspornen, die Sie Ihrer Heilung schuldig sind, seien sie, ich beschwöre Sie, dessen eingedenk, daß die Hoffnung all derer, die Ihnen teuer sind, Ihr geheimer Unterpfand ist. Im übrigen, wie auch immer die Wirkung des Heilwassers sein mag, von dem ich alles erhoffe, das Glück ist nicht vom Gefühl in einem Bein und einem Arm abhängig; solange Ihr Herz zu empfinden vermag, können sie vollkommen dessen sicher sein, mein teurer, ehrenwerter Freund, daß es glücklich machen und glücklich sein muß.

Unsere liebenswürdige Freundin kam am Donnerstag, um sich vom Tal zu verabschieden. Ich verbrachte dort einen traurig-wonniglichen halben Tag. Unsere Herzen räumten Ihnen Ihren Platz zwischen den unseren ein, und unsere Augen waren nicht immer trocken, wenn wir von Ihnen sprachen. Ich sagte zu ihr, daß ihre zärtliche Liebe zu Ihnen nunmehr eine Tugend sei; sie war davon dermaßen

gerührt, daß sie mich bat, Ihnen dies zu schreiben, und ich gehorche ihr gern. Ja, meine Kinder, seid Freunde auf immer; es gibt keine Seelen sonst, die den Euren ebenbürtig wären, und Ihr verdient alle beide, einander bis in den Tod zu lieben. Es ist mir angenehm, in einem so zärtlichen Freundschaftsbund der Dritte zu sein. Ich danke Ihnen für das Herz, daß Sie mir schenkten und dessen das meinige nicht unwert ist. Die Achtung, die Sie ihr schulden, und jene, mit der sie mich beehrt, werden Sie tagtäglich erkennen lassen, wie ungerecht Ihre Verdächtigungen sind.
Sie wissen von meiner Aussöhnung mit Grimm. Ich hatte auch Madame d'Epinay gegenüber diese Verpflichtung und rechne es mir zur Ehre an, die ersten Schritte eingeleitet zu haben. Ebenso verhielt ich mich in bezug auf Diderot, und ich hatte diese Verpflichtung auch unserer Freundin gegenüber. Gleichviel ob man recht hat oder unrecht, ich finde, es ist stets angenehm, zu seinem Freunde zurückzukehren, und das Vergnügen, zu lieben, dünkt mich für ein empfindsames Herz wertvoller zu sein als die kleinlichen Eitelkeiten der Eigenliebe.
Sie wissen auch davon, daß Madame d'Epinay demnächst nach Genf reisen wird; sie schlug mir vor, sie zu begleiten, schien mich jedoch nicht dazu drängen zu wollen. Da sie im Geleit ihres Gatten und des Erziehers ihres Sohnes sowie mit einem Gefolge von fünf oder sechs Domestiken ihren Arzt und Freund aufsuchen will, und dies in einer Stadt, die voller Gesellschaft ist, hielt ich meine Begleitung für gänzlich unnötig, da ich des weiteren wußte, daß es mir unmöglich wäre, mit meinen Leiden und noch dazu in dieser Jahreszeit eine Postkutsche bis nach Genf zu ertragen, und da ich neben den nicht minder wichtigen Hinderungsgründen, die sich aus meiner gegenwärtigen Lage ergeben, auch auf das unerträgliche Unbehagen Bedacht haben mußte, das sich stets bei mir einstellt, wenn ich bei jemand anderem wohne, habe ich diese Reise abgeschlagen, und sie gab sich mit meinen Gründen zufrieden. Daraufhin schreibt mir Diderot einen ungereimten Brief, in dem er mir vor Augen führt, diese Reise sei angesichts der *Fülle* von Verbindlichkeiten, die ich gegen Madame d'Epinay hätte, eine unerläßliche Pflicht für mich, in welchem gesundheitlichen

Zustand auch immer ich mich befände, ja er verlangt sogar, daß ich eben zu Fuß der Postkutsche folge, wenn ich sie nicht vertragen könne. Doch was mir insonderheit einen Stich ins Herz gab, das ist: Ihre Freundin teilt seine Meinung und wagt es, mir Servilität zu raten. Man könnte meinen, all meine Freunde hätten sich miteinander verschworen, um meine Armut zu mißbrauchen und mich auf Gnade oder Ungnade Madame d'Epinay zu unterwerfen. Ich würde hier Menschen zurücklassen, für deren Unterhalt gesorgt werden muß, würde ohne Geld, ohne Kleidung, ohne Wäsche auf die Reise gehen und wäre also gezwungen, wenn auch nicht von ihr alles zu erbitten, so doch zumindest von ihr alles anzunehmen. Die Freundschaft kann die Güter miteinander verschmelzen, so wie die Herzen; doch sobald es um Pflicht und Verpflichtung geht, bin ich nicht mehr als Freund bei ihr, sondern als Diener, und was immer geschehen mag, ich will keiner sein. Ach, Saint-Lambert, mir scheint, meine Seele ist stolzer, seit Sie mich lieben. Sagen Sie, soll Ihr Freund im Gefolge einer Generalpächterin seine Knechtschaft und sein Elend in seinem Vaterland zur Schau stellen?
Ich schrieb Grimm einen langen Brief, in dem ich ihm meine Gründe darlege und ihm die Entscheidung freistelle, ob ich mitreisen oder bleiben soll, und ich bin entschlossen, unverzüglich seinem Urteilsspruch zu folgen; doch ich hoffe, er demütigt mich nicht; bis jetzt habe ich keine Antwort, und Madame d'Epinay reist morgen ab.
Beim Schreiben dieses Abschnittes gerate ich in eine solche Erregung, daß ich ihn wie ein Schwätzer in die Länge ziehe; ich muß zum Schluß kommen. Mein Freund, warum sind Sie nicht hier?! Ich würde meinen Kummer in Ihre Seele ergießen; sie würde die meine verstehen und gäbe meinem berechtigten Stolz nicht den niederträchtigen Namen der Undankbarkeit. Wie dem auch sei, man wird mich nie in Ketten schlagen, nicht einmal mit Wohltaten, das erkläre ich, darauf weise ich stets einen jeden hin, der mir welche anbietet; ich verachte das Geld wie Schmutz und werde meine Freiheit nicht als Preis aussetzen. Wenn es mein Unglück will, daß ich zwischen zwei Lastern, die ich verabscheue, wählen muß, so steht meine Entscheidung

fest, denn lieber will ich ein Undankbarer sein als ein Feigling.
Ich darf diesen Brief nicht abschließen, ohne Ihnen etwas zu vermelden, das uns alle angeht. Die Gesundheit unserer Freundin verschlechtert sich mehr und mehr. Sie magert ab, ihr Magen arbeitet schlecht, ihre Verdauung funktioniert nicht, sie hat keinen Appetit mehr und ißt nur ungesunde Speisen. Sie war bereits vor Ihrem Unfall verändert. Urteilen Sie, was mit ihr ist und was aus ihr werden soll. Sie vertraut ihre Gesundheit der Obhut irgendwelcher Leute an; man riet ihr die Bäder von Passy; was aber noch wichtiger ihr anzuraten wäre, das ist, einen Arzt ausfindig zu machen, der sie untersuchen und betreuen kann, und eine Diät einzuhalten, die das Chaos in ihrem Magen nicht noch vergrößert. Ich habe diesbezüglich alles gesagt, was ich sagen konnte, doch stets vergebens; nun liegt es bei Ihnen, Ihren Einfluß geltend zu machen, wo der meine nichts zu erreichen vermochte; insbesondere da Sie auf Ihr eigenes Wohl bedacht sind, können Sie sie bewegen, für das ihre Sorge zu tragen. Adieu, mein Freund.

1 Die Gräfin d'Houdetot.

Rousseau an Elisabeth-Sophie-Françoise Lalive de Bellegarde, Gräfin d'Houdetot

[Ende Oktober 1757]

Komm, meine Sophie, teurer, kostbarer Rest meines Lebens, o Du, die hinfort alle Empfindungen auf sich vereinigt, welche mein Herz dem schenkte, was ihm lieb und teuer, komm, laß uns ein neues Leben beginnen, jetzt, da unsere friedlichen Tage in unerschütterlicher Ruhe dahinfließen und bis zur Todesstunde nichts mehr ihren Frieden stören kann.

Elisabeth-Sophie-Françoise Lalive de Bellegarde, Gräfin d'Houdetot, an Rousseau

1. November 1757

Ich warte, mein lieber Bürger, voller Ungeduld auf Nachricht von Ihnen, weil ich wußte, daß Sie momentan sehr beunruhigt sind, war sie mir um so wichtiger, doch ich wartete nicht darauf, um berichten zu können, in welche Rührung mich unser letztes Zusammensein versetzte und wie es meine Achtung und Freundschaft für Sie verdoppelte; zählen Sie für immer auf mich, mein Freund, und da diese Freundschaft Ihnen so teuer ist, glauben Sie mir, daß ich ebensowenig imstande bin, mich gegen sie zu vergehen, wie gegen die Liebe, ich sagte es Ihnen bereits, und mein ganzes Leben wird Ihnen Beweis dafür sein, glauben Sie auch, daß meine Gefühle völlig unabhängig sind von denen Ihrer anderen Freunde, wenn diese sich jemals gegen Sie versündigen sollten, und ich kann Ihnen auf immer für zwei Seelen bürgen, die Sie gewonnen haben dank all dessen, was sowohl an Zärtlichem als auch an Tugendhaftem in Ihnen ist, ein Freund wie Sie wird stets unsere Selbstachtung und unser Glück vermehren. Madame d'Epinay ist abgereist, mein lieber Bürger, es geht jetzt nur noch darum, Ihr Gemüt hinsichtlich Ihrer Entscheidung zu beruhigen, ich war vollkommen davon überzeugt, daß Sie schwerwiegende Gründe hatten, sie nicht zu begleiten, aber ich wünschte, ihre Freunde wären ebenso einsichtig wie ich, denn ich finde, es ist hart, wenn unsere Freunde uns verdächtigen, ein Unrecht begangen zu haben, doch was auch immer sie denken mögen, man muß sich damit trösten, gar nicht gefehlt zu haben, wohingegen man den Kummer gar nicht abschütteln könnte, wenn etwas daran wäre, doch ich muß für einen Augenblick die Partei Ihres Freundes ergreifen, mein lieber Bürger, und zu Ihnen mit der Aufrichtigkeit sprechen, die unser beider und unserer Freundschaft würdig sei; Sie haben, glaube ich, den Beweggrund falsch beurteilt, der ihn veranlaßte, Sie zu drängen, daß Sie Madame d'Epinay begleiten möchten, es ist schlechterdings so: Ihr Freund fürchtete, Sie könnten sich ins

Unrecht setzen, wenn Sie bei einer so wichtigen Gelegenheit einer Freundin die schuldige Achtung versagen, und er redete zu Ihnen mit der Herzenswärme der Freundschaft; hat er sich in dem getäuscht, was er als eine Verpflichtung für Sie ansah, so war sein Eifer in dieser Angelegenheit nichtsdestoweniger ein Beweis für seine Anhänglichkeit, und es wäre angebracht gewesen, ihm in aller Ruhe Ihre Gründe darzulegen, mit ebensoviel Gelassenheit, wie er Leidenschaftlichkeit an den Tag legte; sie hätten ausgereicht, um ihn zu widerlegen, weil sie triftig waren, und in wenigen Augenblicken hätten Sie Ihre Freunde dazu gebracht, sie zu verstehen und Ihnen die Gerechtigkeit widerfahren zu lassen, die sie Ihnen schuldeten; dieses Ziel sollten Sie mit dem erreichen, was an Monsieur Grimm zu schreiben ich Ihnen riet, vielleicht schwang allzuviel Erregung in Ihrer Antwort mit, Sie müssen in den ersten Augenblicken gegen sich selbst Mißtrauen haben, sagte ich Ihnen, mein Freund, Sie müssen stets versuchen, zwischen der Glut der Leidenschaft und den Antworten, die Sie geben, eine Zeitspanne einzulegen, sonst bringen Sie sich in die Gefahr, viele Dinge zu sagen, die Sie später bereuen. Glauben Sie auch nicht, mein Freund, man hätte eine tyrannische Herrschaft über Sie ausüben wollen, seien Sie frei, es steht Ihnen an, frei zu sein, doch es steht Ihnen auch an, sich zu entschuldigen, dankbar zu sein, selbst für die unbefangenen Ratschläge der Freundschaft, deren schmerzlichster Kummer darin bestünde, Sie einen Fehler machen zu sehen, es reichte aus, wenn Sie ihr zeigten, daß Sie gar nicht fähig sind, einen solchen zu begehen; Sie täten damit Ihrem stolzen Charakter Genüge, ohne daß Sie sich gegen die Freundschaft versündigten. Ja, mein lieber Bürger, als Ihr Freund und ich unsere Meinung zu dieser Angelegenheit sagten, vereinte uns ein und dasselbe Interesse für Sie, ohne daß wir uns abgesprochen hätten; kennt denn die süße, die zärtliche Freundschaft jene Herrschaft, die Sie ihr unterstellen? Nein, mein Freund, sie sorgt sich um die, welche sie liebt, sie spricht zu ihnen voller Glut, um Unrecht zuvorzukommen und nur sowenig wie möglich geschehen zu lassen; man ist es ihr schuldig, glaube ich, ihr den Übereifer nachzusehen, der ein so süßes und zartes Motiv hat, und, so man kann, ihr das Vergnügen zu bereiten, daß man ihn als gerechtfertigt ansieht, dies veranlaßte mich, Ihnen zunächst darzulegen, was Sie der Bereitwilligkeit Ihres Freundes schuldig waren, und Sie sodann aufzufordern, ihm Ihre Gründe vorzutragen, und diese Verfahrensweise, Ihre Meinung den Ratschlägen der Freundschaft unterzuordnen, wäre geeignet gewesen, ihn zur Achtsamkeit zu zwingen, wenn er sich anschickte, Ihnen zu raten, wie Sie sich zu entscheiden hätten, und schließlich Ihre Gründe zu verstehen, denn, glauben Sie mir, als Ihr und nicht als Madame d'Epinays Freund riet er Ihnen, sie zu begleiten, weder er noch ich meinten in erster Linie, daß Sie einer Generalpächterin oder gar einer Wohltäterin das Geleit zu geben hätten, sondern vielmehr einer Freundin, die Ihrer vielleicht bedurfte, dagegen hatten Sie Ihre Gründe einzuwenden, Sie hätten sie nennen sollen, wie Sie es vor mir taten, und alles wäre erledigt gewesen. Aus alledem, mein Freund, ist dies zu schlußfolgern: als erstes, statt Diderot seine Handlungsweise zu verargen, sollten Sie einen Freundschaftsbeweis mehr darin sehen; zweitens, man darf Freunde nicht der Tyrannei bezichtigen, denn sie wollen Ihnen keineswegs Zwang antun, sondern lieben Sie viel zu sehr, um nicht beunruhigt zu sein, wenn sie fürchten müssen, Sie könnten ein Unrecht begehen; selbst wenn Sie es anders sehen, sollten Sie ihre Gründe achten: schließlich können Sie es beweisen, daß Sie keines begingen; hernach haben Sie nichts anderes zu tun, als sich still zu verhalten und sowohl mit ihnen als auch mit sich selbst zufrieden zu sein; müssen Sie ihre Leidenschaftlichkeit entschuldigen, die sie bei ihren Einwendungen an den Tag legten, so haben sie ihrerseits jene zu entschuldigen, die Sie vielleicht in Ihren Antworten zum Ausdruck brachten. Nach diesen Erwägungen erkennen Sie, mein lieber Bürger, daß auf dem Grunde Ihrer Herzen nichts weiter zurückbleibt als zärtliche Freundschaft, die nur im Übereifer zu weit ging, und daß Sie mehr denn je Grund haben, mit Ihren Freunden vereint zu bleiben und sie zu lieben. Was Grimms Brief anbelangt, so sehe ich in ihm nichts von alledem, was Sie dem Anschein nach darin befürchten, mich dünkt nur, daß er Ihre Reise für ebenso wichtig hält wie Diderot und ich, und daß er der Meinung ist, Sie hätten sich einer Sache wegen, bei der er kein Unrecht Ihrerseits zu erkennen vermag, nicht mit soviel Leidenschaftlichkeit zu rechtfertigen brauchen; ohne Zweifel wird er Ihnen noch einmal schreiben, dann wird Ihnen klarer werden, was er denkt, warten Sie auf seinen Brief, und vor allem, lieber Bürger, denken Sie daran, daß man zögern sollte, jene der Untreue oder der Falschheit zu verdächtigen, die man seiner Achtung und seiner Freundschaft für würdig hielt; sehen Sie nur, mein lieber Bürger, wie die meinige sich mit Illusionen trägt, indem sie mich überredet, Ihnen Auffassungen über Dinge mitzuteilen, die Sie auf dem Grunde Ihres Herzens viel besser vorfinden, als ich sie Ihnen darzulegen vermag, Sie brauchten nur einen Augenblick lang Ihre erste Aufwallung zu beruhigen, um sie selber zu verspüren. Verzeihen Sie auch mir, machen Sie zum ersten Mal Gebrauch von dieser Richtschnur, die ich Ihnen gebe, und entschuldigen Sie den Eifer meiner Freundschaft, der Ihnen freilich entbehrlich ist, zumindest aber dazu dienen kann, Ihnen zu beweisen, wie lebhaft und aufrichtig diese Freundschaft tief in meinem Herzen ist, Gleiches mit Gleichem vergeltend, mein Freund, Sie werden mehr als einmal Gelegenheit dazu haben; soviel steht fest, ich werde Sie nicht mehr um Entschuldigung bitten, kann man zurückzahlen, was aus Freundschaft getan wird? Geben Sie mir Nachricht, wie alles weiterläuft, sowohl mit Diderot als auch mit Grimm, und um nun meine ganze Moralpredigt abzuschließen, versprechen Sie mir, stets Ihre Leidenschaftlichkeit zu mäßigen, bevor Sie sich äußern, denn sie läßt Sie oft Dinge sagen, die Sie sich vorwerfen müssen, alldieweil Sie nicht immer Herr Ihrer selbst sind, bedenken Sie auch, daß die anderen es ebenfalls nicht sein könnten; man muß also bei einer stürmischen Gemütsbewegung danach trachten, sich selbst zurückzuhalten, man hat dabei doppelten Gewinn, indem man nämlich nicht Gefahr läuft, sie bei den anderen heraufzubeschwören, denn es bleibt kaum aus, daß einem Unrecht widerfährt, wenn man erst einmal damit anfing, welches zu begehen, und es wird dann immer mehr; die freundschaftlichen Bande lockern sich, zerreißen; gelingt es aber, sich selbst in seiner ersten Aufwallung zu mäßigen oder beide Seiten zur Nachsicht zu bewegen, gesteht man freimütig, daß das Temperament mit einem durchging, so werden die Freundschaften ewig währen und nie erkalten. Nochmals Verzeihung, mein Freund, jetzt bin ich fertig. Ich danke Ihnen für den Brief an unseren Freund; ich werde ihn absenden, mein Herz verbürgt sich dafür, daß er ihm Freude macht; Sie beunruhigen ihn zu sehr wegen meiner Gesundheit. Ich habe ja gar nicht irgendwelche Leute, sondern meinen Hausarzt gefragt, ob ich das Wasser trinken soll; ich verspüre noch keine große Wirkung, und mein Magen ist noch immer verstimmt. Was ihn anbelangt, von dessen Gesundheit die meinige mehr abhängt als von mir selbst, so bekommt er allmählich wieder ein wenig Gefühl in den kranken Körperabschnitten; ich habe immer seinen Zustand vor Augen, ich bin traurig und krank, ich habe nicht die gleiche Philosophie wie er, um seine Leiden ertragen zu können, mein Bruder ist auf dem Wege der Besserung und macht Besuche. Adieu, mein Freund, denken Sie an Ihre Freundin in Ihrer Einsamkeit. Ich erinnere Sie noch an die Arbeiten, die Sie geplant haben, berichten Sie mir, wie weit Sie sind, und denken Sie an meine Kopien, schicken Sie mir Ihr kleines pathetisches Lied. Und suchen Sie hin und wieder Ablenkung von Ihren ernsthaften und nützlichen Beschäftigungen, indem Sie an zwei Herzen denken, die beide Sie lieben und die des Ihrigen nicht unwert sind.

Rousseau an Elisabeth-Sophie-Françoise Lalive de Bellegarde, Gräfin d'Houdetot

[3. November 1757]

Ihre Barbarei ist unbegreiflich; sie paßt nicht zu Ihnen. Dieses Schweigen ist schlimmste Grausamkeit, die nicht ihresgleichen hat. Man wird Ihnen berichten, in welchem

Zustand ich mich seit acht Tagen befinde. Und auch Sie! Und auch Sie, Sophie, Sie halten mich für einen Bösen? O Gott, wenn Sie mich dafür halten, an wen bloß soll ich mich wenden? ... Gleichwohl, wie kann es dann sein, daß die Tugend mir so teuer ist ... daß ich in mir das Herz eines Ehrenmannes fühle? Nein, sobald ich meine Augen auf die Vergangenheit richte und vierzig Jahre Ehrbarkeit sehe und demgegenüber einen üblen Brief, dann verzweifle ich nicht an mir. Ich werde keine Unerschütterlichkeit heucheln, von der ich weit entfernt bin; ich spüre die Last meiner Leiden. Meine Seele ist erschöpft vor Schmerz und Kummer. Ich berge in einem unschuldsvollen Herzen alle Schrecken des Verbrechens, ich fliehe die Demütigungen nicht, die mit meinem Unglück einhergehen, und hätte ich die Hoffnung, Sie erweichen zu können, würde ich, da ich nicht zu Ihnen vordringen kann, auf Sie bei Ihrer Ausfahrt warten, mich Ihnen zu Füßen werfen, überglücklich, von den Hufen Ihrer Pferde niedergetrampelt, von Ihrer Kutsche zermalmt zu werden, doch sterbend Ihnen wenigstens ein Bedauern zu entlocken. Sprechen wir nicht mehr davon; Mitleid löscht Verachtung nicht, und sollten Sie mich der Ihrigen für würdig halten, so dürfen Sie nie mehr einen Blick auf mich werfen.
Ach, verachten Sie mich, so Sie können; bitterer wäre für mich, wenn ich wüßte, daß Sie ungerecht sind, als wenn ich entehrt bin, und ich erbitte von der Tugend die Kraft, um den schmerzlichsten aller Schandflecken zu ertragen. Doch, bloß weil Sie mir Ihre Achtung entzogen, muß ich der Menschlichkeit entsagen? Böse oder gut, was versprechen Sie sich davon, daß Sie einen Menschen zur Verzweiflung bringen? Hören Sie sich meine Bitte an, und sofern Sie nicht schlimmer sind als ich, dann wagen Sie nur, sie mir auszuschlagen. Ich werde Sie nicht mehr wiedersehen; die Blicke meiner Sophie sollen nur noch auf einen Mann fallen, den sie achtet, das Auge der Verachtung hat meine Person geschändet. Doch Sie waren nach Saint-Lambert die letzte Herzensfreundschaft, und ich vermag mich von Ihnen nur zu lösen, indem ich auf das Leben verzichte. Ich erbitte von Ihnen kein Zeichen der Erinnerung; sprechen Sie nicht mehr von mir, schreiben

Sie nicht mehr an mich, vergessen Sie, daß Sie mich mit dem Namen Ihres Freundes beehrten und daß ich dessen würdig war. Doch da ich zu Ihnen von Ihnen reden muß, da ich vor Ihnen die heilige Sprache der Wahrheit führen muß, die Sie vielleicht nur von mir allein hören, so lassen Sie mich wenigstens sicher sein, daß Sie meine Briefe[1] anzunehmen geruhen, daß Sie sie nicht ungelesen ins Feuer werfen und ich also nicht die kostbaren, teuren Arbeiten einbüße, denen ich den unglückseligen Rest meines Lebens widme. Sollten Sie fürchten, darin das Gift einer schwarzen Seele zu finden, so willige ich ein, daß Sie, bevor Sie selbst sie lesen, sie prüfen lassen, vorausgesetzt, es ist nicht dieser ehrenwerte Mensch, der sich so sehr darin gefällt, einen Schurken aus seinem Freunde zu machen. Mit dem ersten Brief, in dem man das geringste zu tadeln findet, soll auf immer die Erlaubnis, die ich von Ihnen erbitte, null und nichtig sein. Seien Sie nicht überrascht von dieser seltsamen Bitte; längst habe ich gelernt, ohne Erwiderung zu lieben, so daß mein Herz vollauf daran gewöhnt ist.

1 Kopien der Briefe von „Julie oder Die neue Heloïse".

Denis Diderot an Rousseau

[um den 14. November 1757]

Soviel steht fest: als Freund bleibe nur ich Ihnen; aber es steht auch fest, daß ich Ihnen bleibe. Dies habe ich unverblümt allen gesagt, die es hören wollten; und hier mein Vergleich, es ist wie mit einer Geliebten, deren Fehler ich allesamt wohl kenne, doch von der sich mein Herz nicht trennen kann. Ein für allemal, mein Freund, ich spreche zu Ihnen offenherzig. Sie vermuteten, Ihre Freunde hätten ein Komplott geschmiedet, um Sie nach Genf zu schicken; und diese Vermutung ist falsch. Jeder sagte zu dieser Reise, was seiner Meinung und Ansicht entsprach. Sie dachten, ich hätte es übernommen, Sie von ihrem Standpunkt zu unterrichten; und dem ist nicht so. Ich dachte, ich wäre Ihnen einen Rat schuldig und setzte mich lieber der Gefahr aus, Ihnen einen zu geben, den Sie nicht befolgen würden, als daß ich versäumen wollte, Ihnen einen zu geben, den Sie befolgen müßten. Vorsichtig, wie ich bin, schrieb ich Ihnen einen Brief, der nur für Sie bestimmt war, von dem Sie aber Grimm und Madame d'Epinay unterrichteten; und Verwirrungen, kleinen Lügen gleichkommende Verschweigungen, Zweideutigkeiten, listige Fragen, hinterhältige Antworten waren die Folgen dieser Indiskretion; doch ich mußte Schweigen wahren, da Sie es mir auferlegten, und all das Unrecht, das Sie mir getan, konnte mich nicht von dem Wort entbinden, das ich Ihnen gegeben Ein weiterer Lapsus: Sie schreiben mir einen Antwortbrief und lesen ihn Madame d'Epinay vor, bemerken dabei aber gar nicht, daß er Abschnitte enthält, die sie beleidigen müssen, daß sie in tiefstem Herzen verstimmt ist, daß ihre Dienste geschmälert und herabgemindert werden und wer weiß was sonst noch. Und was ist der Antwortbrief für mich? Eine bittere Spottrede; eine scharfe, verächtliche Lektion, die Lektion, die ein Schüler von einem harten Erzieher erhält, und Sie scheuen sich nicht, uns – dem einen wie dem anderen – mit dessen Blick eine Frau vor Augen zu führen, über die Sie richteten. Ohne Zweifel wußte ich viele Dinge nicht, die ich hätte wissen müssen, um Ihnen raten zu können; doch es gibt sehr gewichtige, von denen Sie selber mich unterrichteten, und ich habe nichts von anderen gehört, was ich nicht ebensogut wüßte wie sie. Um Gottes willen, mein Freund, gestatten Sie Ihrem Herzen, Ihren Kopf zu lenken, dann tun Sie immer das Beste, was zu tun möglich ist; doch dulden Sie nicht, daß Ihr Kopf Ihrem Herzen Spitzfindigkeiten aufnötigt. Immer wenn Ihnen dies passiert, wird Ihr Betragen eher befremdend denn gerecht wirken, und Sie werden weder Ihre Umgebung noch sich selbst zufriedenstellen: wohin käme ich mit Ihnen, wenn mich die Schärfe, mit der Sie mir schrieben, veranlaßt hätte, mit Ihnen nie wieder über Ihre Angelegenheiten zu sprechen, außer im Falle, Sie gingen mich um Rat an. Doch, schauen Sie, mein Freund, ich habe all diese Reibereien längst satt. Ich sehe darin soviel

Kleinlichkeit und Erbärmlichkeit, daß ich nicht begreife, wie sie unter Menschen mit ein klein wenig Verstand, Entschlossenheit und Geistesgröße entstehen, und erst recht nicht, wie sie fortdauern können. Warum ziehen Sie aus der Eremitage aus? Wenn es Ihnen unmöglich ist, dort zu leben, so habe ich nichts dagegen einzuwenden. Doch jeder andere Grund wegzuziehen ist unvernünftig, ausgenommen noch der, daß die Jahreszeit, in die wir jetzt eintreten, für Sie dort gefährlich ist. Denken Sie daran, was ich Ihnen sagte. Ihr Aufenthalt in Montmorency wird Ihnen schlecht anstehen. Nun, wenn ich mich auch hierbei in Ihre Angelegenheiten einmische, ohne sie genügend zu kennen, was würde das bedeuten? Nichts. Bin ich nicht Ihr Freund? Habe ich nicht das Recht, Ihnen alles zu sagen, was mir in den Sinn kommt? Habe ich nicht das Recht, mich zu irren? Ihnen mitzuteilen, was zu tun ich für ehrenwert halte, ist das nicht meine Pflicht? Adieu, mein Freund. Ich habe Sie schon vor langer Zeit geliebt. Ich liebe Sie noch immer. Sollte Ihr Kummer damit zusammenhängen, daß Sie sich meiner Gefühle nicht sicher sind, so machen Sie sich keinen mehr. Denn sie haben sich nicht verändert.

Rousseau an Louise-Florence-Pétronille Lalive d'Epinay, geborene Tardieu d'Esclavelles

In der Eremitage, am 23. November 1757

Wenn man vor Kummer sterben könnte, wäre ich nicht mehr am Leben. Doch endlich bin ich zu einer Entscheidung gekommen. Die Freundschaft zwischen uns ist erloschen, Madame; aber selbst wenn sie tot ist, hat sie noch Rechte, die ich zu achten weiß. Ihre Wohltaten habe ich nicht vergessen, und Sie können mit aller Dankbarkeit rechnen, die man auch nur für jemanden empfinden kann, den man nicht mehr lieben darf. Jede andere Erklärung wäre unnütz. Ich habe mein Gewissen zum Richter und überlasse Sie dem Ihrigen.

Ich habe die Eremitage verlassen wollen und sollte es

auch tun. Doch man versichert mir, ich müsse bis zum Frühjahr dableiben, und dieweil meine Freunde es so wollen, werde ich also dableiben, sofern Sie damit einverstanden sind.

Rousseau an Denis Diderot

2. März 1758

Ich muß Ihnen, mein lieber Diderot, noch einmal in meinem Leben schreiben, Sie haben mich davon zwar genugsam entbunden; doch das größte Vergehen jenes Menschen, den Sie auf eine so befremdliche Weise mit schwarzen Farben malten, ist, sich nicht von Ihnen lösen zu können.

Es ist nicht meine Absicht, zu meiner Rechtfertigung jetzt etwas zu den Scheußlichkeiten zu sagen, derer Sie mich bezichtigen. Ich weiß, daß diese Rechtfertigung im Augenblick sinnlos wäre. Denn obschon Sie von Natur gut und offenherzig sind, haben Sie doch die unglückliche Neigung, Reden und Handlungen Ihrer Freunde falsch auszulegen. Voreingenommen, wie Sie gegen mich sind, würden Sie alles, was ich zu meiner Rechtfertigung sagen könnte, ins Gegenteil verkehren, und meine unschuldigsten Erklärungen lieferten Ihrem Scharfsinn nur neue Deutungen zu meinen Ungunsten. Nein, Diderot, ich fühle, daß ich nicht damit anfangen darf. Zunächst will ich Ihrem gesunden Menschenverstand Ansichten vorlegen, die einfacher, wahrhaftiger, besser begründet sind als die Ihrigen und in denen Sie, wie ich meine, keine neuen Vergehen entdecken können.

Ich bin ein böser Mensch,[1] nicht wahr? Sie haben die sichersten Beweise dafür, es wurde Ihnen bestätigt. Als Sie es zu bemerken begannen, war ich bereits sechzehn Jahre für Sie ein Ehrenmann, und vierzig Jahre war ich es bis dahin für alle Welt gewesen. Können Sie das auch von jenen sagen, die Ihnen diese hübsche Entdeckung mitteilten? Wenn man so lange fälschlicherweise die Maske des Ehrenmannes tragen kann, welchen Beweis haben Sie dann, daß diese Maske ihre Gesichter nicht ebenso verdeckt wie das meinige? Ist dieses Mittel denn wirklich geeignet, ihrer Glaubwürdigkeit Gewicht zu verleihen, wenn sie einen Mann belasten, der abwesend ist und damit außerstande, sich zu verteidigen? Doch darum geht es jetzt gar nicht.

Ich bin ein Böser: doch warum bin ich einer? Passen Sie gut auf, mein lieber Diderot, dies verdient Ihre Aufmerksamkeit. Man ist nicht um nichts und wieder nichts bösartig. Wenn es ein solches Monster gibt, wartet es nicht vierzig Jahre, um seine verderbten Regungen zu befriedigen. Prüfen Sie also mein Leben, meine Leidenschaften, meine Vorlieben, meine Neigungen. Versuchen Sie herauszufinden, aus welchem Grund ich es sein könnte. Was würde ich denn, der ich zu meinem Unglück stets ein allzu empfindsames Herz hatte, gewinnen, wenn ich mit denen bräche, die mir lieb und teuer gewesen? Nach welchem Platz hätte ich getrachtet, welche Gelder, welche Ehren beansprucht, welche Mitbewerber aus dem Wege geräumt, daß man mir vorwerfen könnte, Böses zu tun? Aus welchem Grunde und zu welchem Zweck sollte ich mich, der nur die Einsamkeit und den Frieden sucht, ich, dessen höchstes Gut die Faulheit und der Müßiggang ist, ich, dem Trägheit und Krankheit kaum Zeit lassen, für den Lebensunterhalt zu sorgen, weshalb also sollte ich mich in den Strudel des Verbrechens stürzen und mich auf ewig in der Arena der Schurken ansiedeln? Was auch immer Sie sagen – man flieht die Menschen nicht, wenn man ihnen zu schaden sucht; der Böse kann zwar seine Anschläge in der Einsamkeit ersinnen, doch nur in der Gesellschaft kann er sie ausführen. Ein Schurke ist verschlagen und kaltblütig, ein Verräter beherrscht sich und braust niemals auf – finden Sie etwas von alledem in mir wieder? Ich lasse mich von meinem Zorn hinreißen und bin über Kaltblütigkeit bestürzt. Diese Fehler sollen einen Bösen ausmachen? Ohne Zweifel: nein, doch der Böse nutzt sie aus, um den zugrunde zu richten, der diese Fehler hat.

Ich wollte, Sie würden auch ein wenig über sich selbst nachdenken. Sie vertrauen auf Ihre natürliche Güte: doch wissen Sie eigentlich, in welchem Grad das schlechte Beispiel und der Irrtum sie verderben können? Hat Sie nie die

Furcht beschlichen, Sie könnten von geschickten Schmeichlern umgeben sein, die es nur deshalb unterlassen, plump ins Gesicht zu loben, um sich Ihrer geschickter mit dem Köder vorgetäuschter Aufrichtigkeit bemächtigen zu können? Wie verhängnisvoll für den besten aller Menschen, gerade durch seine Arglosigkeit in die Irre geführt zu werden und in den Händen von Bösewichtern unschuldigerweise zum Werkzeug der Falschheit zu werden! Ich weiß, die Eigenliebe wehrt sich gegen diesen Gedanken, doch er ist es wert, unter die Lupe genommen zu werden.
Diese Überlegungen bitte ich Sie gut abzuwägen. Denken Sie lange darüber nach, ehe Sie mir antworten. Sollten sie für Sie ohne Interesse sein, so haben wir einander nichts mehr zu sagen; sollten sie jedoch einigen Eindruck auf Sie gemacht haben, werden wir Licht in das Dunkel bringen, und Sie werden einen Freund wiederfinden, der Ihrer würdig ist und Ihnen vielleicht nicht nutzlos sein wird. Ich habe einen gewichtigen Grund, Sie zu dieser Überprüfung zu ermahnen, und dieser Grund ist der folgende:
Sie können verleitet und getäuscht worden sein. Unterdessen seufzt Ihr Freund in der Einsamkeit, von allen vergessen, die ihm lieb und teuer gewesen. Er kann darüber in Verzweiflung geraten, kann schließlich sterben, den Undankbaren verfluchend, dessen Unglück ihn so viele Tränen vergießen ließ und der ihn nun schändlich in dem seinen schmachten läßt. Es ist wohl möglich, daß die Beweise seiner Unschuld endlich doch noch zu Ihnen gelangen, daß Sie sich gezwungen sehen, sein Andenken zu ehren, und daß das Bild Ihres sterbenden Freundes Ihnen keine ruhige Nacht mehr läßt. Diderot, denken Sie daran. Ich werde nie wieder darüber reden.

1 Siehe Brief 484, Anm. 3.

Elisabeth-Sophie-Françoise Lalive de Bellegarde, Gräfin d'Houdetot, an Rousseau

Eaubonne, 6. Mai [1758]

Lange haben Sie nichts von mir gehört, und es ist nur recht und billig, daß ich Ihnen die Ursachen dafür sowie die Beweggründe für mein künftiges Verhalten gegen Sie erkläre. Ich muß mich über Ihre Indiskretion und die Ihrer Freunde beklagen. Ich hätte das Geheimnis Ihrer unglücklichen Leidenschaft für mich mein ganzes Leben lang gehütet, und ich verbarg sie vor dem, den ich liebe, um Sie einander nicht zu entfremden, Sie sprachen mit anderen darüber, diese haben es weiterverbreitet und ließen Mutmaßungen gegen mich aufkommen, die meinem Ruf schaden konnten, die Gerüchte sind vor geraumer Zeit meinem Geliebten zu Ohren gekommen, den es sehr bekümmerte, daß ich aus einer Leidenschaft ein Geheimnis gemacht hatte, während ich sie nie begünstigte und ihm in der Hoffnung verschwieg, Sie kämen wieder zur Vernunft und könnten unser beider Freund sein. Ich fand ihn so verändert, daß ich meinte, es würde mich das Leben kosten; die Gerechtigkeit, die er schließlich der Sittsamkeit meiner Seele widerfahren ließ, und seine Rückkehr zu mir gaben mir meine Ruhe wieder, doch ich will nicht riskieren, sie aufs neue zu stören, und ich bin es mir selber schuldig, mich solcherlei Gefahren nie wieder auszusetzen: auch meinem Rufe bin ich es schuldig, jeglichen Verkehr mit Ihnen abzubrechen, ich kann keinen mehr pflegen, der nicht nachteilig wäre für ihn. Sie wissen, daß Ihnen fast jedermann mißfällt, der zu meiner Gesellschaft gehört, weshalb Sie mich nie bei meinen Freunden besuchen wollten; seit nun allgemein bekannt ist, daß Sie in mich verliebt sind, wäre es nicht schicklich für mich, Sie allein zu treffen. Ich tat es zu einer Zeit, als ich glaubte, Ihre Leidenschaft bliebe verborgen, und als Sie meine Freundschaft darum baten, Ihnen zu helfen, gesund zu werden. Hinsichtlich dessen, wie wir über Sie denken, mein Geliebter und ich, können Sie beruhigt sein. Als er von Ihrer Leidenschaft erfuhr und davon, was Sie in ihrem Banne taten, sah er im ersten Augenblick nicht mehr die Tugend in Ihnen, die er gesucht und in Ihnen zu finden geglaubt hatte. Von da an aber beklagte er Sie eher Ihrer Schwachheit wegen, als daß er Ihnen einen Vorwurf daraus machte, und alle beide sind wir weit davon entfernt, uns den Leuten anzuschließen, die Sie in den schwärzesten Farben malen wollen. Wir wagen es – und wir werden es stets wagen –, von Ihnen mit Hochachtung zu sprechen, im übrigen werden Sie einsehen, daß Sie es mir schuldig sind, sich weder zu Vertraulichkeiten noch zu Erklärungen hinreißen zu lassen, und daß sowohl Ihre Leidenschaft als auch der Kummer, den sie mir bereitete, voll und ganz der Vergangenheit anheimfallen müssen; das einzige, was Sie zu tun haben, ist, sich ruhig zu verhalten, in der Gewißheit, daß meine Unschuld, die Sie vielleicht verteidigen wollten, anerkannt wird, und daß wir nicht schlecht von Ihnen denken, derartiges auch nicht über Sie sagen lassen. Mit Interesse werde ich Nachrichten von Ihnen empfangen, und seien Sie überzeugt: ungeachtet meiner Entscheidung und meines Rufes gebieten mir mein Glück und meine Seelenruhe, an Ihrem Geschick stets Anteil zu nehmen. Wenn Sie weiterhin die Kopien der Julie[1] für mich anfertigen wollen, so wäre ich Ihnen dafür sehr verbunden, wenn nicht, so werde ich Ihnen jene, welche ich bereits erhalten habe, zurücksenden, nichtsdestoweniger aber bezahlen, wie es recht und billig ist. Adieu.

1 „Julie oder Die neue Heloïse".

Rousseau an Jean Le Rond d'Alembert

Montmorency, 25. Juni 1758

Ich habe, Monsieur, auf Ihren Artikel „Genf"[1] antworten müssen; ich tat es und adressierte diese Schrift an Sie. Ich weiß Ihre Zeilen zu würdigen wie auch die Ehre, die Sie mir bei mehr als einer Gelegenheit erwiesen: doch Sie geben uns einen schlimmen Rat, und wäre mein Vater ebenso verfahren, so hätte ich nicht schweigen können noch dürfen. Ich trachtete danach, das, was ich Ihnen schulde, mit dem zu vereinbaren, was ich meinem Vaterland schulde; ein Verbrechen wäre gewesen, hätte ich gezaudert, wo eine Wahl zu treffen war. Wenn meine Verwegenheit Sie verletzt, so werden Sie durch die Schwäche des Werkes mehr denn gerächt. Sie werden darin vergeblich die Reste eines Talentes suchen, das nicht mehr existiert und das sich vielleicht nur von der Verachtung für meine Gegner nährte. Hätte ich allein meinen Ruf zu Rate gezogen, so hätte ich diese Schrift sicherlich unterdrückt: doch es geht hier nicht darum, was uns gefällt oder was mir Ehre einbringt: wenn ich meine Pflicht tue, werde ich stets mit mir recht zufrieden und vor Ihnen hinlänglich gerechtfertigt sein.

1 D'Alemberts Artikel „Genf" war 1757 in Band VII der „Enzyklopädie" erschienen. In ihm wird unter anderem von der Genfer Regierung gefordert, in ihrer Stadt den Bau eines Theaters zu legalisieren. Einer derartigen Entscheidung standen in Genf die Prinzipien der kalvinistischen Moral entgegen, nach denen das Theater als eine Institution des Vergnügens und der Unterhaltung der Unmoral diene und daher verwerflich sei. Mit seinem Plädoyer entsprach d'Alembert auch den Interessen Voltaires, der auf seinen Besitzungen bereits Theaterstücke aufführen ließ. Rousseau trat derartigen Bestrebungen nicht aus religiösen Gründen, sondern entsprechend seiner geschichtsphilosophischen Fortschritts- und Zivilisationskritik mit seinem „Brief an d'Alembert über die Schauspiele" entgegen, der im Oktober 1758 erschien. Obwohl gemäßigt im Ton, war dies eine offene Kriegserklärung an Voltaire und die Pariser Philosophen.

Jean Le Rond d'Alembert an Rousseau

Paris, 27. Juni [1758]

Weit entfernt, davon beleidigt zu sein, was Sie gegen meinen Artikel „Genf" schrieben, bin ich im Gegenteil von der Ehre geschmeichelt, die Sie mir antun; es drängt mich sehr, Sie zu lesen und Ihre Beobachtungen zu nutzen. Sie können das Werk in einem Umschlag an Monsieur de Malesherbes, Rue neuve des Petits Champs, an mich schicken lassen; ich werde ihn davon in Kenntnis setzen, und das Werk wird mir eingehändigt werden. Ich umarme Sie von ganzem Herzen, und ich bitte Sie, davon überzeugt zu sein, daß ich Sie mein Leben lang lieben und ehren werde.

D'Alembert

P. S. Wir haben am 23. des Monats eine Schlacht am Rhein verloren.[1] Monsieur de Gisors ist sehr gefährlich verletzt. Es wäre ein unersetzlicher Verlust für unseren Freund Monsieur de Leyre.

1 Niederlage der französischen Truppen bei Krefeld im Siebenjährigen Krieg.

Rousseau an Doktor Théodore Tronchin[1]

Montmorency, 26. November 1758

Ihr Brief, Monsieur, hätte mir jederzeit große Freude bereitet, tut es aber heute noch viel mehr; denn ich entnehme ihm, daß Sie, als Sie über den Abwesenden urteilten, ohne ihn zu verstehen, ihn durchaus nicht so streng richteten, wie man mir gesagt hatte. Je gleichgültiger ich gegen das Urteil der Öffentlichkeit bin, desto weniger bin ich es gegen das von Menschen wie Sie; obschon ich aber danach trachte, die Achtung ehrenwerter Leute zu verdienen, so vermag ich doch nicht, sie mir von jemandem zu erbetteln, und ich gestehe, daß es mir völlig unwichtig ist, ob man gerecht zu mir ist oder ungerecht.

Ich zweifelte nicht daran, daß Sie meine Meinung teilten oder vielmehr ich die Ihre, was d'Alemberts Vorschlag[2] anbelangt, und ich bin entzückt, daß Sie selbst mir diese Meinung bestätigten. Es wäre ein Unglück, wenn Ihr Einfluß und Ihre Weisheit nicht verhindern könnten, daß die Komödie in der Stadt Eingang findet und sich vor unseren Toren behauptet.

Was die Gesellschaften anbelangt, so gebe ich zu, daß sie mißbraucht werden; darüber war ich mir nie im Zweifel; das ist nun einmal der Lauf der Dinge; doch ich glaube, wenn man sie auflöst, treten noch größere Mißbräuche an ihre Stelle. Hinsichtlich der öffentlichen Erziehung unterscheiden Sie sehr klug zwischen den griechischen Republiken und der unseren: das hindert aber nicht, daß diese Erziehung nicht auch bei uns stattfinden könnte und daß sie nicht schon zwangsläufig vorhanden wäre, ob man nun will oder nicht. Beweis dafür ist, daß ein großer Unterschied zwischen den Handwerkern anderer Länder und den unseren besteht. Ein Genfer Uhrmacher ist ein Mann, der sich überall sehen lassen kann; ein Pariser Uhrmacher taugt nur dazu, über Uhren zu reden. Die Ausbildung eines Arbeiters zielt darauf ab, seine Finger zu schulen, weiter nichts. Doch der Bürger bleibt zurück; Kopf und Herz werden gut oder schlecht ausgebildet; dafür findet sich immer Zeit, und diesbezüglich müssen die Instiutionen Vorsorge treffen. Hier, Monsieur, habe ich vor Ihnen den Vorteil im Besonderen voraus, den Sie vor mir im Allgemeinen haben. Der Stand des Handwerks ist der meinige, der, in den ich hineingeboren wurde, in dem ich hätte leben sollen und den ich nur zu meinem Unglück verließ. Mir wurde diese öffentliche Erziehung zuteil, nicht durch eine spezielle Institution, sondern durch Traditionen und Grundsätze, die von Generation zu Generation weitergegeben werden und die der Jugend frühzeitig das Verständnis beibringen, das ihr ziemt, und die Gefühle, die sie braucht. Mit zwölf Jahren war ich ein Römer, mit zwanzig, nachdem ich in der Welt umhergezogen war, bin ich nur noch ein Strolch gewesen. Die Zeiten haben sich geändert, ich weiß es wohl; doch es ist eine Ungerechtigkeit, den Handwerkern die Sittenverderbnis anzulasten, man weiß nur zu gut, daß sie ihren Anfang nicht bei ihnen nahm. Überall ist der Reiche der zuerst Verderbte, der Arme folgt ihm, der Mittelstand wird zuletzt davon erfaßt. Nun, bei uns ist das Uhrmacherhandwerk der Mittelstand.

Um so schlimmer, wenn die Kinder sich selbst überlassen bleiben; aber warum sind sie es? Daran sind nicht die Gesellschaften schuld. Im Gegenteil, dort sollten sie erzogen werden, die Mädchen von ihren Müttern, die Knaben von ihren Vätern. Dies ist genau die richtige Erziehung für uns, ein Mittelding zwischen der öffentlichen Erziehung der griechischen Republiken und der Familienerziehung in den

Monarchien, wo alle Untertanen isoliert bleiben müssen und nichts gemeinsam haben dürfen, außer den Gehorsam. Desgleichen darf man nicht die Leibesübungen, zu denen ich rate, mit der Körpererziehung der Alten verwechseln; diese stellt eine regelrechte Betätigung dar, fast eine Arbeit: die Leibesübungen jedoch dürfen nur Erholung sein, Feste, und in eben diesem Sinne habe ich sie vorgeschlagen. Weil Vergnügungen gebraucht werden, soll man uns welche anbieten. Eine Beobachtung, die man zu meiner Zeit machte, war, daß die geschicktesten Arbeiter Genfs genau diejenigen waren, die sich in den damals beliebten Übungsarten am meisten hervortaten. Beweis dafür, daß diese unterschiedlichen Beschäftigungen einander nicht abträglich sind, sondern im Gegenteil sich wechselseitig unterstützen.

Adieu, Monsieur, ich umarme und verehre Sie von ganzem Herzen. Mögen sie noch lange Ihrem Vaterland Ehre einbringen und dem Menschengeschlecht Gutes tun!

J.-J. Rousseau

1 Rousseau schreibt in den „Bekenntnissen" über die Familie Tronchin. Obwohl sie „bei der Verschwörung, die sie damals zur Unterjochung des Vaterlandes bildeten, mich alle tödlich hassen mußten, fuhr der Doktor noch lange fort, mir seine Wohltat zu bezeigen" (Buch VIII, S. 392).

2 Siehe Brief 659, Anm. 1.

Rousseau an Toussaint-Pierre Lenieps

Montmorency, 5. April 1759

(1) Ich brauche, teurer Lenieps, diesen neuerlichen Beweis Ihrer Freundschaft nicht, um diese kennenzulernen; ich hoffe, daß Sie nicht meine Beteuerungen benötigen, um die meine beurteilen zu können, doch im Falle, daß Sie auf alles antworten wollen, was man über mich sagen wird, könnten Sie des öfteren Aufschlüsse gebrauchen. So wie jetzt die, um die Sie mich bitten. Ich möchte nicht, daß Sie oft eine solche Bürde auf sich nehmen; auch wenn sie für

Ihren Eifer leicht sein mag, sie wäre schwer für meine Faulheit.

(2) So weiß ich nun endlich, was aus meiner Oper „Die galanten Musen"[1] geworden. Nach vielen vergeblichen Nachforschungen gab ich die Hoffnung auf, etwas über sie zu erfahren, und ich glaube, ohne Sie wäre es mir auch nie gelungen. Sagen Sie bitte Monsieur Philidor, daß ich nicht die geringste Ahnung habe, wie dieses Werk in seine Hände geriet, unter welchen Bedingungen er es erhielt und was er damit anfangen will. Ich hatte es Madame d'Epinay überlassen; vor sechzehn Monaten brach ich mit ihr die Verbindung ab, sie hielt nicht dafür, mir Rechenschaft über das ihr Anvertraute abzulegen, und als ich es zurückfordern ließ, gab man mir den folgenden Satz zur Antwort, den ich abschreiben will: *Wenn Madame d'Epinay mir nun sagen würde, Ihre Oper „Die galanten Musen" sei in Paris, was sollte ich ihr dann antworten?* Ich bitte also Monsieur Philidor, mir gütigst dieses Werk, von dem er weiß, daß es mir gehört, zurückzugeben oder, sofern es in dieser Angelegenheit mir etwas zu sagen gibt, sich direkt an Sie oder an mich zu wenden.

(3) Er hat überhaupt nicht an diesem Exemplar gearbeitet. 1744 wollte er sich freundlicherweise einiger Mittelstimmen annehmen, er tat es aber nicht, und so war ich nicht in der Lage, die Bedingungen zu erfüllen, die ich ihm vorgeschlagen hatte. Die einzige Zeit, die er auf das Werk verwendete, waren zwei Stunden, in denen er die Begleitung zu einem kleinen Lied und die Mittelstimme eines Chores komponierte; alles übrige habe ich ganz allein gemacht.

(4) Diese Oper ist abscheulich; sie entstand, als ich überhaupt noch keine richtige Vorstellung von Musik besaß; in einem Wort, es ist französische Musik, und ich bewundere Monsieur Philidor, daß er geruht, sich mit ihr zu beschäftigen: Doch wie dem auch sei, sie gehört mir, es ist meine Arbeit von drei Jahren. Es kommt mir dabei ein seltsamer Gedanke. Angenommen, Monsieur Philidor wäre ein weniger ehrbarer Mann, als ich glaube, und überließe das Werk, nachdem er es ein wenig ausgebessert hat, der Oper, zwar nicht direkt unter seinem Namen, denn das Werk ist dort bekannt und sogar wiederholt worden, doch als Bevoll-

mächtigter, und streicht seelenruhig die Honorare ein – könnte ich dann lauthals Anspruch auf mein Eigentum erheben, ohne in höchstem Maße unverschämt zu wirken?

(5) Ei, so wahr Gott lebt, mein guter Freund, wie erfreulich ist Ihr Brief! 50 Louisdor, 100 Louisdor, 200 Louisdor, 4800 Livres! Woher soll ich die Geldkästen nehmen, um alles zu verstauen?! Wirklich, ich bin aufs höchste verwundert über die Großzügigkeit der Herren von der Oper! Wie haben sie sich verändert! Oh, die ehrbaren Leute! Es ist mir, als sähe ich schon die Goldhaufen auf meinem Tisch aufgetürmt! Unglücklicherweise wackelt das eine Bein, doch ich werde es wieder festnageln lassen, aus Angst, das viele Gold könnte durch die Löcher des Fußbodens in den Keller rollen, statt durch die Tür in gut gebundenen großen Fässern dorthin zu gelangen, in diesen würdigen und echten festen Geldschränken – nicht gerade eines Genfers, aber doch eines Schweizers. Bis jetzt hat Monsieur Duclos das Geheimnis dieser glänzenden Angebote vor mir nicht gelüftet, doch wenn er den Auftrag hat, sie mir zu übermitteln, so wird er es tun; ich kenne ihn gut, er wird das Geld gewiß nicht für sich behalten. Oh, sobald ich erst einmal reich bin, rücken Sie mit Ihren kleinen Biestern an, ich werde Ihnen einen Hecht vorsetzen, so lang wie mein Zimmer!

(6) Nun, mein Freund; Scherz beseite, wenn nur das Geld kommt. Kehren wir auf den Boden der Tatsachen zurück. Sie entnehmen dem beigefügten Gesuch und den beiden Begleitschreiben den Stand der Angelegenheit. Diese Briefe sind alle beide ohne Antwort geblieben. Sie berichten mir, daß man mich wegen dieser Sache tadelt; ich möchte gar zu gern wissen, wieso und weswegen. Bin ich etwa zu unverschämt, wenn ich Gerechtigkeit fordere, und zu töricht, wenn ich hoffe, daß man sie mir widerfahren läßt?

(7) Dieser letzten Angelegenheit halber habe ich eine Kopie meines Gesuches an Monsieur Duclos gesandt, der seinerzeit ein großes Interesse an dem Werk zeigte und Vermittler sowie Zeuge des Vertrages gewesen ist. Noch aufgeregt von einem Gespräch, das jenen ähnelte, von denen Sie sprechen, brachte ich in meinem Brief einiges an Zorn und Unwillen gegenüber der Verfahrensweise der

Operndirektoren zum Ausdruck. Wieder etwas beruhigt, schrieb ich nochmals an ihn und bat ihn, meinen ersten Brief ungelesen zu lassen. Er antwortete mir auf diesen ersten, er könnte nur begrüßen, wenn ich auf all meine Rechte pochte; es stünde mir ganz gewiß zu, eifersüchtig über das wenige zu wachen, das ich mir bewahrt hätte, und ich dürfte nicht zweifeln, daß er alles tun werde, was von ihm abhinge, um mir die Gerechtigkeit widerfahren zu lassen, die man mir schulde. Er antwortete mir auf den zweiten, er habe in dem anderen nichts entdeckt, das mich bedauern lassen müsse, ihn geschrieben zu haben, überdies würden die Herren Rebel und Francoeur keinerlei Schwierigkeiten hinsichtlich meines freien Eintritts bereiten; da sie nicht die Chefs der Oper gewesen seien, als man ihn mir verweigerte, könne man sie nicht für die Verweigerung verantwortlich machen.

(8) Während dieser kleinen Unterhandlungen mußte ich erfahren, daß es bei ihnen immer noch im alten Schlendrian weitergeht und sie sich nicht den Teufel um mich scheren, so als gäbe es mich gar nicht; daß sie den „Dorfwahrsager“[2] wieder in den Spielplan aufgenommen haben ... Sie wissen, wie – ohne mir zu schreiben oder mir etwas sagen zu lassen, ja ohne mir die Eintrittskarten zu schicken, die sie mir für einen solchen Fall versprochen haben, als man mir den freien Eintritt nahm: so daß die neuen Direktoren die alten an Ehrlosigkeit noch überboten. Über solche Beleidigung empört, wies ich in meinem dritten Brief an Monsieur Duclos das verspätete und erzwungene Angebot zurück, mir den freien Eintritt wieder zu verschaffen, und bestand auf Rückgabe meines Stückes. Monsieur Duclos hat mir nicht wieder geantwortet; dies genau ist der Stand der Angelegenheit.

(9) Nun, mein Freund, prüfen wir an den Buchstaben des Gesetzes, wofür ich zu tadeln sei. Ich sage, an den Buchstaben des Gesetzes, wofern sich die Operndirektoren nicht aus den Anwürfen und Beleidigungen, mit denen sie mich bedachten, ein Anrecht ableiten, während sie von mir Artigkeiten und Gewogenheit erwarten.

(10) Da nun einmal der Vertrag gebrochen ist, gehört mir mein Werk wieder; die Fakten werden in dem Gesuch

nachgewiesen. Bin ich im Unrecht, wenn ich mein Eigentum zurückfordere?

(11) Aber, so sagen die neuen Direktoren, an dem Vertragsbruch sind nicht wir schuld. Ich will Ihnen einmal recht geben; aber was besagt das schon? Ist der Vertrag darum weniger gebrochen? Ich habe nicht mit den Direktoren, sondern mit der Direktion einen Vertrag abgeschlossen. Braucht man denn nur den Austausch von Direktoren vorzutäuschen, um alle acht Tage ungestraft Bankrott machen zu können? Ich kenne die Herren Rebel und Francoeur nicht und will sie auch nicht kennenlernen. Ob Gautier oder Garguille der Oper vorsteht, was geht das mich an? Ich habe mein Werk der Oper zu Bedingungen übergeben, die nicht eingehalten wurden, ich habe es zu einem Preis verkauft, der nicht bezahlt wurde; mein Werk gehört also nicht der Oper, sondern mir, ich fordere es zurück; behält man es, so stiehlt man es. All das scheint mir klar auf der Hand zu liegen.

(12) Mehr noch. Indem die neuen Direktoren das Unrecht nicht wiedergutmachten, das mir die alten antaten, haben sie es noch einmal begangen, was um so weniger entschuldbar ist, als ihnen die Artikel eines Vertrages, der mit ihnen selbst abgeschlossen wurde, nicht unbekannt sein konnten. War ich denn verpflichtet zu wissen, daß die Oper, in die ich nicht mehr ging, ihre Direktoren ausgewechselt hat? Konnte ich hellsehen, ob letztere weniger rechtlich dachten? Sollte ich, um dies herauszubekommen, mich neuen Anwürfen aussetzen, sollte ich hingehen, ihnen an ihrer Tür den Hof machen und sie demütig um die Gnade bitten, mich gütigst nicht mehr zu bestehlen? Wollten sie mein Werk behalten, so lag es bei ihnen, das Nötige zu veranlassen, damit es ihnen gehörte; doch indem sie die schwere Ungerechtigkeit ihrer Vorgänger nicht verurteilten, begingen sie sie noch einmal; indem sie mir den freien Eintritt verwehrten, den sie mir, wie sie wußten, schuldig waren, nahmen sie ihn mir ein zweites Mal. Wenn sie sagen, sie wüßten nicht, wo sie mich erreichen könnten, so lügen sie; denn sie waren von Leuten aus meiner Bekanntschaft umgeben, von denen sie genau wußten, daß herauszufinden war, wo ich mich aufhielt. Wenn sie sagen, sie hätten nicht

daran gedacht, so lügen sie wiederum. Denn zumindest als sie eine Wiederholung des Dorfwahrsagers vorbereiteten, mußten sie zwangsläufig daran denken, was sie dem Autor schuldig waren. Doch sie haben erst dann gesagt, daß sie mir den freien Eintritt nicht mehr verwehren würden, als sie die öffentliche Meinung dazu nötigte. Es ist also unrichtig, daß der Vertragsbruch nicht ihnen anzulasten sei.

(13) Sie haben noch mehr getan, sie haben die Unredlichkeit ihrer Vorgänger überboten. Denn als Sire de Neuville mir den freien Eintritt verweigerte, erklärte er mir in ihrem Auftrag, man werde bei der Aufführung des Dorfwahrsagers dafür Sorge tragen, daß mir Freibilletts geschickt würden. Nun, die neuen haben nicht nur weder mit mir gesprochen noch mir geschrieben oder mir schreiben lassen, sondern sie haben, als sie den Dorfwahrsager wieder aufführten, mir nicht einmal die Billetts geschickt, die mir die anderen versprochen hatten. Man sieht, daß jene Leute, in dem stolzen Bewußtsein, ungestraft gegen die Gerechtigkeit verstoßen zu können, sich für entehrt halten würden, wenn sie einen Akt der Gerechtigkeit vollführen müßten.

(14) Sie verweigerten mir den freien Eintritt nicht mehr und meinten nun, sie hätten ihn mir damit gewährt. Das ist hübsch! Sie müßten mir ja die fünf verflossenen Jahre zurückgeben, seitdem sie mir ihn entzogen. Schuldete man mir die Nutznießung dieser fünf Jahre nicht, gehörte sie nicht in den Vertrag? Denken diese Herren etwa, sie wären mit mir quitt, wenn sie mir am letzten Tag meines Lebens freien Eintritt gewähren? Mein Werk kann ihnen nicht gehören, wenn sie mir nicht den vollen Preis bezahlen. Sie können mir nicht, wird man mir sagen, die vergangene Zeit zurückgeben; warum nahmen sie sie mir denn weg? Es ist ihre Schuld; sind sie mir darum zu weniger verpflichtet!? Es lag bei ihnen, mir darzustellen, daß dies unmöglich sei, und durch Liebenswürdigkeiten zu erreichen, daß ich so freundlich bin, nicht mehr auf mein Recht zu pochen oder aber einem Vergleich zuzustimmen. Schön und gut! Ich bin der Mühe wert, daß man geruht, gerecht gegen mich zu sein. Jawohl! Nun denn, inwieweit bin ich meinerseits dazu verpflichtet, sie zu verschonen? Meiner Treu, da sie so

schroff sind, so dünkelhaft, so respektlos gegenüber jeder Gerechtigkeit, fordere ich, ja ich, Gerechtigkeit in aller Strenge; ich will den vollen, vertragsmäßig vereinbarten Preis, oder aber das Geschäft ist null und nichtig. Wenn man mir die Gerechtigkeit verweigert, die man mir schuldet, wieso ist dann diese Verweigerung meine Schuld, und wer sollte mir das Recht absprechen, mich zu beklagen? Was könnte man Gerechtes, Vernünftiges darauf antworten? Ob ich nicht vielleicht auch noch diesen Herren ein Dankeschön schulde, wenn sie mir ungern und mürrisch nur einen Teil dessen stehlen belieben, was man mir schuldet.

Die Maximen der Verkläger aus Le Mans
geben mir zu denken:
Was sie nicht nehmen,
behaupten sie zu verschenken.

(15) Kommen wir nun zu den Gründen der Schicklichkeit. Nachdem man mir den freien Eintritt verwehrte, als ich mich in Paris aufhielt, will man ihn mir gewähren, wenn ich nicht mehr dort bin – fügt man da nicht der Schmach den Spott hinzu, und wissen sie nicht genau, daß ich weder die Möglichkeit noch die Absicht habe, ihr Angebot zu nutzen? Und warum zum Teufel sollte ich so weit fahren, um in ihre Oper zu gehen, wo ich doch in nächster Nähe die Schleiereulen des Waldes von Montmorency habe?

(16) Sie gewähren mir wieder, sagt Monsieur Duclos, den freien Eintritt. Ich verstehe sehr gut: Sie werden ihn mir heute gern zugestehen, um das Vergnügen zu haben, ihn mir morgen wieder wegzunehmen und mir so zum zweiten Mal Schmach zuzufügen. Da diese Leute ohne Treu und Glauben sind, wer bürgt mir für sie und ihre Absichten? Bin ich nicht gut beraten, wenn ich mich nur in der Erwartung an ihrer Tür einfinde, daß sie mir ein zweites Mal verschlossen sein könnte?

(17) Sie werden sich, sagen Sie nun, seiner nicht mehr bedienen, dieses Vorwandes. Oh, verzeihen Sie mir, Monsieur, sie werden immer einen finden. Denn wenn man ihre Oper für schön ansehen soll, dann mag man mich

in den Steinbruch bringen! Haben sie nicht diese bewundernswerte Bedingung in ihrer Abmachung vorgeschlagen? Niemals hätten sie meinen armen Wahrsager verhunzen dürfen. Wenn sie mich schikanieren wollen, wird es ihnen da an Vorwänden fehlen? Mit Lügen klappt es immer. Haben sie nicht gesagt, ich hätte in der Vorstellung Lärm gemacht und mein Ausschluß sei Sache der Polizei gewesen?

(18) Erstens lügen sie. Ich nehme das ganze Parkett und den gesamten Zuschauerraum von damals zum Zeugen. Nie in meinem Leben habe ich den Possenreißern Beifall geklatscht, ich konnte in der französischen Oper weder lachen noch gähnen, weil ich nie sitzen blieb, denn sobald das grausige Geleier begann, rettete ich mich in die Flure. Hätten sie mich in der Vorstellung bei einer Ungehörigkeit ertappen können, so hätten sie sich sehr wohl gehütet, mich zu entfernen. Alle Welt wußte, mit wieviel Sorgfalt die Posten auf mich aufmerksam gemacht worden waren, wie man mich ihnen eingeschärft hatte; überall wartete man nur auf ein Wort, eine Geste, um mich festnehmen zu können, und sowie ich ins Parkett kam, war ich von Spitzeln umgeben, die mich aufzuputschen versuchten. Malen Sie sich aus, wieviel Vorsicht ich walten lassen mußte, um mir keine einzige Blöße zu geben. All ihre Anstrengungen waren vergebens; denn vorzeiten habe ich mir gesagt: Jean-Jacques, da du das gefährliche Amt übernimmst, die Wahrheit zu verteidigen, sei unablässig vor dir selbst auf der Hut und halte dich in allem an die Gesetze und Regeln, damit man, wann immer man dich zu peinigen sucht, im Unrecht sei.[3] Möge es Gott gefallen, daß ich diese Vorschrift bis an mein Lebensende beachte, wie ich sie bisher beachtet zu haben glaube. Daher spreche ich auch mit fester Stimme und habe vor nichts Angst; ich fühle, es gibt keinen Menschen auf der Erde, der mir mit gutem Grunde etwas zuleide tun könnte, und was die Ungerechtigkeit anbelangt, so ist niemand auf der Welt davor gefeit. Ich bin das schwächste aller Wesen, jedermann kann mir ungestraft etwas zuleide tun, ich spüre, daß man dies genau weiß, und die Anwürfe der Operndirektoren sind für mich der Fußtritt des Esels. Nichts von alledem hängt von mir ab; was soll ich da

machen? Doch das geht nur mich an, jeder, der mir Böses will, soll es tun, ich stehe dafür.

(19) Erstens also lügen sie; zum zweiten, selbst wenn sie nicht lügen, so haben sie unrecht: Denn welche Bösartigkeiten auch immer ich gesagt, geschrieben oder begangen haben könnte, man hätte mir nicht meinen freien Eintritt nehmen dürfen, alldieweil die Oper, die doch der Besitzer meines Werkes war, mir den vereinbarten Preis bezahlen mußte. Was hätte man also tun müssen? Mich festnehmen, vor Gericht bringen, mir den Prozeß machen, mich aufhängen, vierteilen, verbrennen lassen, meine Asche in alle Winde streuen, sofern ich es verdient hatte. Aber man durfte mir nicht meinen freien Eintritt nehmen. Schließlich, wie hätte ich als Gefangener oder Gehenkter in die Oper gehen können, um Lärm zu machen?

(20) Sie sagen weiter: Da er ungern in unserem Theater ist, welches Unrecht wurde ihm also angetan, als man ihm den freien Eintritt nahm? Ich antworte, man hat sich gegen mich vergangen, mir Gewalt, Ungerechtigkeit, Schimpf angetan, und das ist unrecht. Wenn mein Nachbar sein Geld nicht ausgeben will, habe ich dann etwa das Recht, ihm die Börse zu stehlen?

(21) Wie auch immer ich die Sache drehe und wende, welche Gesetzesregel ich auch heranziehe, stets stellt es sich mir so dar: alle Gerichtshöfe der Welt würden nach Anhörung der Parteien die Operndirektoren sofort zur Rückgabe meines Stückes und zu Schadenersatz mit Zinsen verurteilen. Trotzdem liegt fest, daß ich im Unrecht bin, weil ich keinen Anspruch auf Gerechtigkeit habe, und daß sie im Recht sind, weil sie die Stärkeren sind. Ich wette gegen wen auch immer auf der Welt, daß er nicht in der Lage ist, zu ihren Gunsten etwas anderes anzuführen.

(22) Ich muß Ihnen jetzt noch von meinen Verlegern berichten, und ich werde mit Monsieur Pissot beginne. Ob er durch mich Gewinne oder Verluste hat, weiß ich nicht; jedesmal wenn ich ihn frage, ob der Verkauf gut liefe, antwortete er mir „es geht", ohne daß ich jemals etwas anderes aus ihm herausbekommen konnte. Er hat mir keinen Sou für meine erste Abhandlung gegeben, noch in irgendeiner Form ein Geschenk gemacht, außer einigen Exemplaren

für meine Freunde. Ich handelte mit ihm für den Druck des „Dorfwahrsagers“ fünfhundert Francs aus, die ich zur Hälfte in Büchern und zur Hälfte in Geld erhalten sollte, und er sagte verbindlich zu, mir das Geld ratenweise zu bestimmten Terminen zu zahlen. Er hielt nicht ein einziges Mal Wort, und ich war genötigt, lange meinen 250 Büchern hinterherzulaufen.

(23) Derselbe Monsieur Pissot hat inzwischen in zwei Bänden die Sammlung jener meiner Schriften gedruckt, die bis dahin bei ihm und anderswo erschienen sind. Ich habe diese Sammlung nie gesehen; und weit entfernt, mir dafür das kleinste Geschenk zu machen, hat er mir nicht einmal ein einziges Exemplar angeboten.

(24) Was meinen Verleger in Holland[4] anbelangt, so fand ich ihn in allen Dingen gewissenhaft, aufmerksam, ehrenhaft. Ich bat mir für meine Abhandlung über die Ungleichheit 25 Louisdor aus, er gab sie mir auf der Stelle und schickte außerdem meiner Haushälterin ein Kleid. Ich bat mir für meinen Brief an Monsieur d'Alembert[5] 30 Louisdor aus, und er gab sie mir sofort; er machte bei dieser Gelegenheit weder mir noch meiner Haushälterin ein Geschenk, und er war dazu auch nicht verpflichtet; doch er bereitete mir ein Vergnügen, das Monsieur Pissot mir nie gemacht hat, indem er mir unumwunden erklärte, daß seine Geschäfte mit mir gut liefen. Dies, mein Freund, sind die genauen Fakten: Falls Ihnen irgend jemand etwas Gegenteiliges sagt, so ist es nicht die Wahrheit.

(25) Wenn jene, die mich des Eigennutzes bezichtigen, darunter verstehen, daß ich nicht mit Vergnügen zusehe, wie man mir das bißchen nimmt, das ich für meinen Lebensunterhalt verdiene, so haben sie recht, und es steht fest, daß es für mich nur eine Möglichkeit gibt, ihnen uneigennützig zu erscheinen, indem ich nämlich Hungers sterbe. Wenn sie darunter verstehen, daß mir alle Quellen gleich gut sind und daß ich mich, sofern nur das Geld kommt, wenig um seine Herkunft schere, so haben sie allerdings unrecht. Fiele es mir leichter, einen Erwerb zu finden, schmerzte es mich nicht so sehr, etwas zu verlieren, und man weiß nur zu gut, daß niemand so verschwenderisch ist wie ein Dieb. Doch wenn man mich ungerech-

terweise dessen beraubt, was mir gehört, wenn man mir den geringen Ertrag meiner Arbeit nimmt, fügt man mir einen Schaden zu, den zu beheben mir nicht leichtfällt; und es kommt mich sehr hart an, daß ich noch nicht einmal die Freiheit habe, mich darüber beklagen zu dürfen. Seit langem macht sich die Öffentlichkeit von Paris einen Jean-Jacques Rousseau nach ihrem Geschmack zurecht und stattet ihn großzügig mit Dotationen aus, von denen der Jean-Jacques Rousseau aus Montmorency nie etwas zu sehen bekommt. Dreiviertel des Jahres gebrechlich und krank, muß ich in dem einen Viertel aus der Arbeit genügend herausschlagen, um für alles vorsorgen zu können. Wer sein Brot nur auf redliche Weise verdient, kennt den Preis dieses Brotes und wird nicht überrascht sein, daß ich mit dem meinen nicht gar zu freigebig sein kann.

(26) Nehmen Sie es nicht auf sich, dies rate ich Ihnen, mich davor schützen zu wollen, daß man in der Öffentlichkeit über mich redet; Sie hätten gar zuviel zu tun; es genügt, wenn Sie sich nicht täuschen lassen und wenn mir Ihre Achtung und Ihre Freundschaft erhalten bleiben. Ich habe in Paris und überall verborgene Feinde, die das Böse, das sie mir antaten, nie vergessen werden, denn der Beleidigte verzeiht wohl schon einmal, der Beleidiger verzeiht jedoch nie. Sie werden sich denken können, wie wenig ich ihnen gewachsen bin. In der Welt verstreut, setzen sie alles, was ihnen beliebt, in Umlauf, ohne daß ich es wissen noch mich diesbezüglich verteidigen kann. Ist es nicht so, daß der Abwesende stets unrecht hat? Im übrigen, unbesonnen freimütig wie ich bin, breche ich als erster offen mit den Leuten, die mich betrogen. Indem ich laut und deutlich erkläre, daß derjenige, der sich als mein Freund ausgibt, es gar nicht ist, so wie ich nicht mehr der seinige bin, warne ich die Öffentlichkeit, vor dem Bösen auf der Hut zu sein, das ich von ihm berichten könnte. Sie für ihr Teil sind nicht im entferntesten so ungeschickt. Was für schöne Dinge, der Schliff der Umgangsformen und die Diskretion der Schicklichkeit! Der Haß zieht daraus so bequem Vorteil! Man frönt seiner Rache nach Herzenslust und läßt dabei seine Großzügigkeit bewundern. Man verbirgt heimlich den Dolch unter dem Mantel der Freundschaft und

kann, Bedauern heuchelnd, zugrunde richten. Dieser arme Bürger! Im Grunde ist er nicht böse; aber er hat einen üblen Kopf, der ihn so schlecht lenkt und leitet, wie es ein böses Herz tun würde. Man läßt geheimnisvoll irgendein undeutliches Wort fallen, das von den Philosophenlehrlingen sogleich aufgegriffen, kommentiert, verbreitet wird, man bereitet auf geheimen Winkelkonzilen Gift vor und sorgt dafür, daß es in der Öffentlichkeit ausgeschüttet wird. Vergeblich ist's, wenn der Seelenadel tausenderlei Gutes von mir berichtet; da entsprechende Maßnahmen ergriffen wurden, glaubt keiner ein Wort; ebensowenig schützt er mich vor dem Bösen, dessen man mich anklagt, nachdem man es so drehte, daß niemand daran zweifeln kann. Das nenne ich Geschicklichkeit! Was soll ich da tun? Höre ich etwa in meiner Abgeschiedenheit die Reden, die man in den Salons[6] führt? Könnte ich sie hören, müßte ich, um sie zu dementieren, die Geheimnisse der Freundschaft enthüllen, auch wenn sie längst erloschen. Nein, teurer Lenieps, man kann die Schläge abwehren, die feindliche Hände vollführen; sieht man aber unter den Mördern den Freund mit dem Dolch in der Hand, so bleibt einem nur, sich das Haupt zu verhüllen.

(27) Dies sind die Aufschlüsse, um die Sie mich baten. Ich bin über deren Umfang erschrocken, doch ich konnte sie nicht in weniger Worte fassen, und ich bin so ausführlich geworden, um nie wieder darauf zurückzukommen. Adieu, mein guter, würdiger Freund, wieviel gäbe es Ihnen zu sagen! Doch Ihr Herz wird für das meine zu Ihnen sprechen. Ich fühle, wie bewegt meine Seele ist; ich muß die Feder aus der Hand legen.

J.-J. Rousseau

1 Siehe Brief 139, Anm. 1.
2 Siehe Brief 193, Anm. 1.
3 Eine Grundmaxime Rousseaus, an die er sich stets gehalten hat.
4 Marc-Michel Rey.
5 „Brief an d'Alembert über die Schauspiele" (1758).
6 Gemeint sind die Pariser Salons, in denen Rousseau vor seiner Flucht nach Montmorency im April 1756 verkehrte. Siehe: Artikel „Salon" in: Lexikon der Französischen Literatur, hrsg. von Manfred Naumann, Leipzig 1987.

Rousseau an Marc-Michel Rey[1]

[um den 13. April 1759]

JULIE
oder
Die neue Héloïse.
Briefe zweier Liebender,
Bewohner eines Städtchens am Fuße der Alpen.
Gesammelt und veröffentlicht
von J.-J. Rousseau
1. Teil
Non la conobbe il mondo, mentre l'ebbe:
Conobill'io ch'a pianger qui rimasi.[2]

N. B. Die folgenden Briefe müssen nicht in der gleichen Weise gedruckt werden, wie sie im Manuskript angeordnet sind, doch jeder Brief ist auf einer neuen Seite zu beginnen, und damit nicht zuviel Leerraum entsteht, sollte man sich bemühen, den vorhergehenden Brief möglichst weit unten auf der Seite enden zu lassen.
Da das Vorwort hier fehlerhaft und unleserlich ist, habe ich es auf das leere Papier am Ende des ersten Teils nochmals ins reine abgeschrieben.

1 Rey hat alle Hauptwerke Rousseaus publiziert. Sie konnten in Amsterdam, im Unterschied zu Paris, ohne die Genehmigung einer Zensurbehörde erscheinen.
2 Petrarca: „Die Welt besaß sie, ohne sie zu kennen: / Ich kannte sie, der ich weinend hier verblieb."

Rousseau an Marc-Michel Rey

Montmorency, 10. April 1760

Anbei, Monsieur, Ihr erster Korrekturbogen; ich bitte Sie, den Korrekturen größte Aufmerksamkeit zu schenken. Ich würde Ihnen gern das Postgeld für die Rücksendung des Blattes ersparen, und ich werde es auch ansonsten so handhaben, wenn die Korrekturbögen soweit in Ordnung sind, daß ich die Fehler kennzeichnen kann, ohne daß sich eine Rücksendung notwendig macht; doch da dieser so viele enthält, fürchtete ich, sie nicht deutlich genug markieren zu können.

Jeweils wenn ein Bogen gedruckt ist, schicken Sie ihn mir bitte mit den Korrekturbögen der folgenden, damit ich sehe, daß keine Fehler zurückgeblieben sind, die so erheblich sind, daß ich um ein Ersatzblatt bitten muß, was, wie ich hoffe, nicht eintreten wird, wenn Sie gut aufpassen.

Es ist nicht nötig, daß Sie die Bögen in einen Umschlag mit meiner Adresse stecken; es genügt, wenn Sie sie an Monsieur de Malesherbes adressieren, der sie einsehen muß und auf meine Bitte hin bereit ist, sie an mich weiterzuleiten.

Ich kann hier nicht auf Ihren Brief antworten, den Sie mir mit dem zweiten Korrekturbogen ankündigten, weil ich ihn noch nicht erhalten habe. So schließe ich, Monsieur, Sie herzlich umarmend.

J.-J. Rousseau

Marc-Michel Rey an Rousseau

[19. Mai 1760)

Ich tue mein Bestes, um Ihre Korrekturen exakt zu beachten, sollte ich trotz meiner Sorgfalt eine übersehen, so schreiben Sie dies bitte nicht mangelnder Aufmerksamkeit zu, sondern der Unmöglichkeit, wenn ich mich des Ausdrucks bedienen darf, „vollkommen" zu sein; auch Ihnen selbst gehen einige Korrekturen durch, die ich, sofern ich das Glück habe, sie zu entdecken, in Ordnung bringe, wenn ich den Bogen noch einmal lese, auf dem Ihre Korrekturen berücksichtigt wurden; in den fünf Bögen, die ich Ihnen zusandte, waren noch drei enthalten. Wenn Sie überzeugt sind, daß ich mein Möglichstes für die Richtigkeit des Werkes tue, werden Sie mir ohne weiteres die Fehler verzeihen, die ich übersehe.

Künftighin werden die Abzüge auf Papier gedruckt, das nicht durchschlägt, ich werde Blatt G, das Sie zurücksand-

ten, damit es mit den Korrekturen übereinstimme, meine ganze Aufmerksamkeit widmen; obgleich Ihre Zeichen nicht exakt denen, die hier üblich sind, entsprechen, glaube ich Sie zu verstehen und hoffe, daß alles in Ordnung kommt.
Ich danke Ihnen für Ihre Gefälligkeit, daß Sie mit den Bögen nicht in Verzug geraten sind, alles ist hier so eingerichtet, daß man den Bogen an dem festgesetzten Tag zurückerwartet, und wenn er nicht eintrifft, haben die Arbeiter nichts zu tun, zumindest die Drucker, außerdem wäre es nicht möglich, die Zeit wieder herauszuholen, die uns dieser Aufschub kostete.
Wenn Sie mir die Druckbögen zurücksenden, fügen Sie bitte eine kurze Nachricht bei, ob Sie einen Aushängebogen erhalten haben, damit ich weiß, daß er in Ihre Hände gelangt ist, ich habe Ihnen am 15. diesen Monats den Bogen E mit dem Korrekturbogen J geschickt. Anbei erhalten Sie den Aushängebogen K, wenn ich kann, auch mehr.
Sollten Sie mir Korrekturen zu den Bänden 2 und den folgenden zu geben haben, so schicken Sie sie mir bitte, bevor der Setzer daran arbeitet; wenn sie nicht rechtzeitig da sind, müssen sie nachträglich eingearbeitet werden, und das geht nie so gut, außerdem riskiere ich mehr Fehler. Das Papier schlägt nicht durch, wenn Sie es am Feuer trocknen lassen, bevor Sie korrigieren; falten Sie bitte Ihr Blatt und nehmen Sie als Umschlag leichteres Papier, dann kostet mich die Rücksendung weniger.

Von ganzem Herzen bin ich

Am 19. Mai 1760 Ihr Rey

Rousseau an François-Marie Arouet de Voltaire

Montmorency, 17. Juni 1760

Ich habe nicht gedacht, Monsieur, daß ich jemals wieder mit Ihnen in Briefwechsel treten könnte. Da ich jedoch erfuhr, daß der Brief, den ich Ihnen 1756 schrieb, in Berlin gedruckt wurde,[1] muß ich Ihnen Rechenschaft ablegen,

was ich in dieser Hinsicht unternahm, und ich will mich meiner Pflicht aufrichtig und unbefangen entledigen.
Dieser Brief, der in der Tat an Sie gerichtet war, ist indes nicht für eine Veröffentlichung bestimmt gewesen. Ich habe ihn unter dieser Bedingung drei Personen zur Kenntnis gebracht, da die Freundschaft ihnen das Recht einräumte, niemals dergleichen von mir vorzuenthalten zu bekommen, und dieselben Rechte geboten ihnen erst recht, dieses Vertrauen nie zu mißbrauchen und ihr Versprechen stets zu halten. Die drei Personen sind Madame de Chenonceaux, die Schwiegertochter von Madame Dupin, Madame la Comtesse d'Houdetot und ein Deutscher namens Grimm. Madame Chenonceaux äußerte den Wunsch, diesen Brief drucken zu lassen, und bat mich um meine Einwilligung; ich sagte ihr, sie hinge von der Ihrigen ab; man bat Sie darum, Sie verweigerten sie, und es war nie wieder die Rede davon.
Nun aber hat Monsieur l'Abbé Trublet, mit dem ich in keinerlei Verbindung stehe, die höfliche Aufmerksamkeit besessen, mir zu schreiben, er habe eine Zeitschrift des Monsieur de Formey in die Hände bekommen und darin eben diesen Brief gelesen, und zwar mit einer Anmerkung versehen, in welcher der Herausgeber unter dem Datum 23. Oktober 1759 erklärte, *er habe den Brief vor einigen Wochen bei Berliner Buchhändlern gefunden, und da solche fliegenden Blätter leicht auf Nimmerwiedersehen verschwänden, sei er der Meinung gewesen, ihm einen Platz in seiner Zeitschrift geben zu müssen.*
Dies, Monsieur, ist alles, was ich darüber weiß. Es ist völlig sicher, daß man in Paris bislang noch nicht einmal von diesem Brief sprechen hörte. Ebenso sicher ist, daß das Schriftstück – gleich ob handschriftlich oder gedruckt – mittel- oder unmittelbar nur durch Sie in die Hände von Monsieur de Formey gelangen konnte, was nicht gerade wahrscheinlich ist, oder durch eine der drei Personen, die ich Ihnen nannte. Schließlich und letztlich ist völlig sicher, daß die beiden Damen eines derartigen Vertrauensbruches nicht fähig wären. In meiner Abgeschiedenheit kann ich nicht mehr darüber erfahren. Sie jedoch haben Umgang, so daß es Ihnen ein leichtes ist, sofern die Angelegenheit die

Mühe lohnt, die Quelle zu finden und den Sachverhalt zu klären.
In demselben Brief teilt mir Monsieur l'Abbé Trublet mit, daß er die Zeitschriftenseite zurückhalte und sie ohne meine Einwilligung, die ich mit Sicherheit nicht geben werde, niemandem leihweise überlassen wolle; doch es kann ja sein, daß dieses Exemplar nicht das einzige in Paris ist. Mein Wunsch ist es, Monsieur, daß dieser Brief in Paris nicht gedruckt wird, und ich werde diesbezüglich mein Bestes tun. Sollte ich jedoch den Druck nicht verhindern können, aber so rechtzeitig Kenntnis davon erhalten, daß ich mich noch einschalten kann, so würde ich nicht zögern, ihn selbst drucken zu lassen. Das erscheint mir gerecht und natürlich.
Was Ihre Antwort auf eben diesen Brief anbelangt, so hat niemand Kenntnis von seinem Inhalt, und Sie können auch darauf zählen, daß sie ohne Ihre Einwilligung nie gedruckt werden wird, und ich bin nicht so taktlos, Sie darum zu bitten, da ich sehr wohl weiß, daß alles, was ein Mensch einem anderen schreibt, nicht für die Öffentlichkeit geschrieben ist. Sollten Sie aber eine für den Druck bestimmte Antwort verfassen wollen, so verspreche ich Ihnen, sie meinem Brief getreulich anzufügen und kein einziges Wort darauf zu erwidern.
Ich liebe Sie nicht, Monsieur; Sie haben mir, Ihrem Schüler und begeisterten Anhänger, das Leid zugefügt, das mich am empfindlichsten treffen mußte. Sie haben Genf verdorben,[2] zum Dank für die Zuflucht, die Sie dort fanden; Sie haben mich meinen Mitbürgern entfremdet, zum Dank für das Lob, das ich Ihnen reichlich zollte, als ich in ihrer Mitte weilte: Sie sind es, der mir den Aufenthalt in meinem Vaterland unerträglich macht; Sie sind es, dessentwegen ich, der Tröstung aller Sterbenden beraubt, auf fremder Erde sterben muß und ehrlos auf einen Schindanger geworfen werde, während Sie – ob lebendig oder tot – in meinem Lande aller Ehrungen teilhaftig werden, die je ein Mensch erwarten kann. Mit einem Wort, ich hasse Sie: Doch ich hasse Sie als ein Mensch, dem noch mehr entspräche, Sie zu lieben, wenn Sie es nur gewollt hätten. Von allen Gefühlen für Sie, die mein Herz erfüllten, bleiben allein die Bewunderung, die

man Ihrem schönen Genius nicht versagen kann, und die Liebe zu Ihren Schriften. Wenn ich lediglich die Talente in Ihnen verehren kann, so ist dies nicht meine Schuld. Ich werde es niemals an der Achtung mangeln lassen, die Ihnen gebührt, noch an dem höflichen Betragen, das diese Achtung uns abverlangt. Adieu, Monsieur.

1 Bezieht sich auf Rousseaus Brief an Voltaire über die Vorsehung, in dem er zu Voltaires „Gedicht über das Erbeben von Lissabon" (1756) kritisch Stellung genommen hatte.

2 Rousseau warf Voltaire vor, mit Unterstützung der Genfer Regierung zum Verfall der Sitten in der Stadt beigetragen zu haben. Voltaire hat Rousseau auf diesen Brief nicht mehr geantwortet, aber privat nannte er ihn seitdem „Scharlatan", „Wahnsinniger", „kleiner Affe", „Schurke", „elender Narr".

Rousseau an Marc-Michel Rey

[14. September 1760]

Ihre Aushängebögen enthalten eine Reihe schwerer Schnitzer, mehrere ergeben sogar einen entgegengesetzten Sinn, worüber ich untröstlich bin und was noch mehr verwundert, ist dies, ich bin sicher, daß manche gar nicht auf den Korrekturbögen waren. Ich nehme an, daß sie beim Umbruch entstanden sind. So lächerlich es nun auch sein mag, eine Druckfehlerberichtigung einem Roman beizufügen, ich sehe voller Kummer, daß wir nicht einfach darüber hinweggehen können. Da diese Druckfehlerberichtigung sehr umfangreich wird, denke ich, daß wir sie dem dritten Band vorausstellen könnten, um ihn gleich etwas dicker zu machen. Was halten Sie davon?

Ich habe alle Korrekturbögen erhalten, von denen Sie in Ihrem Brief vom 8. sprachen, und da ich sie alle pünktlich zurücksandte, hoffe ich, daß Sie sie ebenfalls erhalten haben.

Adieu, ich umarme Sie.

Am 14. September 1760 J.-J. Rousseau

Rousseau an François Coindet

[19. September 1760]

Ich erwarte für kommenden Sonntag eine ganze Fuhre Leute und am Sonntag darauf, dem 27., gleichfalls, so daß ich gezwungen bin, Sie zu bitten, Ihren Besuch um vierzehn Tage zu verschieben; denn mein kleiner Haushalt ist so vielen Leuten zu gleicher Zeit nicht gewachsen. Dann aber ist Ferienzeit, alle sind auf dem Lande, und Sie können diese kleine Pause gut nutzen. Adieu also, lieber Coindet, auf in vierzehn Tagen. In Erwartung des Vergnügens, Sie umarmen zu können, grüße ich Sie von ganzem Herzen.

Diesen Freitag, den 19.

Madeleine-Angélique de Neufville-Villeroy, Herzogin de Luxembourg, an Rousseau

Paris, Mittwoch [18. Februar 1761]

Sie haben mir erlaubt, Ihnen Butter zu schicken, und so schicke ich Ihnen welche, Sie wollen sie nicht essen, was soll das bedeuten, nun, um Sie zu bestrafen, bitte ich Sie, diese zwölf Töpfchen in Empfang zu nehmen, sicherlich ist jenes, das in Ihrem Besitz ist, jetzt völlig ranzig.

Ihre Julie[1] ist das schönste Buch, das es auf der Welt gibt; nur eine Seele wie die Ihre kann es verfaßt haben, alles, was man sich Schönes, Großes denken kann, findet sich jedenfalls darin, und die Leute, die dieses Buch lieben, und deren Zahl ist groß, lesen es sogleich noch einmal, es sind so hübsche Einzelheiten enthalten, ich teile Ihre Meinung nicht, mir gefällt das große Vorwort[2] besser als das kleine, wohl sagt das große dasselbe, doch da es mehr ins einzelne geht, liest es sich leichter, die Stiche dazu hat man so gemacht, wie sie sein müssen, sie sind gut, nur beim letzten hätte ich mir gewünscht, Julies Gesicht wäre vom Schleier verhüllt. Madame de Boufflers hat Sie gestern aufgesucht, wie mir Chevalier de Lorenzy sagte, seien Sie überzeugt, daß ich kein Wort zuviel sagte, und daß

Madame de Boufflers Freundschaft zu Ihnen nicht erkaltet ist, adieu, alles Gute und Liebe, ich liebe Sie aus zärtlichstem Herzen.

1 „Julie oder Die neue Heloïse".
2 Eine Vorrede in Dialogform, die Rousseau 1759, nach Fertigstellung der „Neuen Heloïse", geschrieben hatte. Eine gekürzte, nicht mehr dialogisierte Fassung war der Amsterdamer Erstausgabe von 1761 vorangestellt.

Rousseau an Chrétien-Guillaume de Lamoignon de Malesherbes

[19. Februar 1761]

Ich konnte die Wirkung der Streichungen nicht so leicht abschätzen, von denen mich Monsieur de Malesherbes unter Angabe der Gründe freundlicherweise in Kenntnis setzte, weil ich die Pariser Ausgabe[1] nicht vorliegen habe; doch ich denke, daß diese Verstümmelung die Lektüre erheblich beeinträchtigt und viele Unstimmigkeiten herbeiführen wird. Einige der Streichungen schienen mir durchaus richtig und angebracht zu sein und sogar meiner Denkweise zu entsprechen; doch zu den meisten und wesentlichsten konnte ich meine Einwilligung nicht geben, weil sie geradezu gegen die Absicht des Buches verstoßen und weil die ungewöhnlich freien, für die Wirkung des übrigen aber notwendigen Bilder durch nichts Angemessenes ersetzt wurden; ein gutes Buch glaubte ich zu übergeben, und nun wird es nichts anderes als ein schamloser, skandalöser Roman, den ich selbst zurückhalten würde, hätte ich die Macht dazu. Es liegt mir wenig daran, daß man mich in Frankreich liest, wenn man sechs Bände Schalheit dafür braucht, einzig und allein, um der Jugend als Liebesbriefschreiber zu dienen und den Lesern Bettwissen zu vermitteln.

Eine einfache Betschwester, die sich demütig ihrem Beichtvater fügt, eine Frau, die mit Ausschweifung anfängt und in Frömmelei endet, ist kein Thema, das außergewöhnlich und lehrreich genug wäre, um ein dickes Buch zu füllen, eine zugleich liebenswürdige wie aufgeklärte und vernünftige Frau aber ist ein neueres und meiner Meinung nützlicheres Thema. Doch eben diese Neuheit und Nützlichkeit bleiben durch die geforderten Streichungen auf der Strecke. Freilich, gerade wegen dieser hypothetischen aufgeklärten Frömmigkeit will Malesherbes nicht, daß sie Gefühle hat, die sich von der Lehre der Kirche unterscheiden. Dieses Wort Kirche bedarf aber der Erklärung. Die römische Kirche fordert keine aufgeklärte Frömmigkeit, sie fordert eine blinde Frömmigkeit, und was die protestantische anbelangt, so überläßt sie, gerade weil sie eine aufgeklärte Frömmigkeit fordert, einem jeden den Gebrauch seiner Vernunft. Erschreckt etwa das Buch, das die katholischen Theologen so heftig erschreckt, gleichermaßen die unseren? Es ist eine neue Art der Intoleranz, die sich die Priester bisher noch nicht herausgenommen haben, wenn sie wollen, daß ein Protestant nach ihrem Geschmack sei und nicht nach seinem eigenen.

Monsieur de Malesherbes ist der Ansicht, die der sterbenden Julie in den Mund gelegte Meinung sei die des Autors oder des Verlegers des Buches. Dennoch will er, daß man dieses Glaubensbekenntnis verstümmelt. Nun ist aber klar, daß in einer von mir besorgten Ausgabe alle Weglassungen meinem heimlichen Widerruf gleichzusetzen wären. Wie denn! Monsieur de Malesherbes will, daß ich meinem Glauben abschwöre?[2] Entweder täuscht mich der Mut, den ich in mir zu spüren glaube, oder ich würde selbst angesichts von Folterwerkzeugen kein einziges Wort dieser Rede streichen.

Ich werde nicht im einzelnen die Gründe untersuchen, die Monsieur de Malesherbes bewogen, diese Streichungen zu veranlassen. Seine Gründe, die auf Prinzipien beruhen, welche ich mir nicht zu eigen mache, gelten nicht für mich. Ich bildete mir nicht ein, daß ein Genfer Roman an der Sorbonne Beifall finden müßte, und da es nicht mein Wunsch war, daß er in Frankreich gedruckt werde, zwingt mich nichts, Bedingungen anzuerkennen, unter denen es dort gedruckt werden kann. Auffällig ist eines: diese Streichungen wurden mit so viel Sorgfalt vorgenommen, daß meinen Calvinisten nichts von ihrer Lehre bleibt, was der gewissenhafteste Katholik nicht gleichfalls bekennen könnte. Ebensogut wäre, zu fordern, daß jeder Protestant, der nach Paris kommt, an der Grenze seinem Glauben abschwört. Man denkt mit keiner Silbe daran, mit den Romanen von Abbé Prévost, insbesondere dem Cleveland, ebenso streng zu verfahren. Nun erscheint es mir aber recht seltsam, daß ein katholischer Prieser in seinen Romanen Protestanten freier ihre Gedanken äußern lassen darf als ein Protestant in den seinen.

Monsieur de Malesherbes äußert Zweifel an Julies und St. Preux'[3] Gefühlen, hegte aber keine an meinen eigenen, weder an denen, die in meiner Abhandlung über die Ungleichheit[4] zum Ausdruck kommen, noch selbst an denen in meinem Brief an d'Alembert[5], dessen erste zehn oder zwölf Seiten unverblümt und unter meinem Namen Meinungen enthalten, die zumindest ebenso kühn und ebenso schroff formuliert werden: während doch die angefochtenen Meinungen der Gesprächspartner im Roman weder mir noch sonst jemandem mit Sicherheit zugeschrieben werden können.

Ich habe über die vorgeschlagenen Änderungen nachgedacht, und ich mußte erkennen, daß ich nichts für die gestrichenen Stellen einsetzen konnte, ohne damit die Endabsicht des Buches zu verändern und zu verderben, was ich nicht tun will. Denn sowie ich diese Stellen nur abzumildern versuchte, hätte ich nie und nimmer Erfolg, da ich weder das Talent dazu habe noch die Neigung, die diesem dienlich wäre: in Wahrheit sind viele schlechte Formulierungen enthalten, von denen ich gern wollte, daß sie nicht wären, aber es sind nicht die, welche Monsieur de Malesherbes zu streichen verlangt. Jene alle völlig zu liquidieren, könnte ich mich einverstanden erklären, vorausgesetzt, der gesamte übrige Text bliebe erhalten wie in der ersten Ausgabe; aber auch dieses Opfer kostete mich viel.

Ich danke Monsieur de Malesherbes sehr demütig für seinen guten Willen, aber ich weiß nicht und will auch nicht erfahren, wie ein Buch präpariert sein muß, um es in den Stand zu versetzen, in Paris gedruckt zu werden.

1 Die Ausgabe der „Neuen Heloïse", die nach der ungekürzten Amsterdamer Ausgabe erschien und die von der französischen Zensurbehörde „verstümmelt" wurde.

2 Rousseau bekennt sich hier zu seinem aufgeklärten protestantischen Glauben. Malesherbes (siehe Brief 660) war offenkundig nach dem Verbot von Helvétius' Werk „Vom Geist" im Jahre 1758 bestrebt zu verhindern, daß die „Neue Heloïse" erneut beim französischen katholischen Klerus Proteste auslöste.

3 Hauptheld des Romans „Die neue Heloïse".

4 „Abhandlung über den Ursprung und die Grundlagen der Ungleicheit" (1755).

5 „Brief an d'Alembert über die Schauspiele" (1758). Siehe Brief 659.

Charlotte de La Taille, geborene Laumonier, an Rousseau

[19. Februar 1761]

Mein größter Wunsch, Monsieur, ist, Ihre „Neue Heloïse" zu kaufen, um sie mit der gebührenden Aufmerksamkeit zu lesen. Man hindert mich daran, indem man mir versichert, Sie seien im Begriff, eine neue Ausgabe herauszubringen, die gegenüber den bisher erschienenen erweitert und verbessert sei. Haben Sie bitte die Freundlichkeit, mir mitzuteilen, ob dies stimmt und wo ich mir das von Ihnen bearbeitete Buch beschaffen kann. Man bot mir an, mich bei Ihnen einzuführen, damit ich Sie darum bitten könne; ich lehnte ab, aus Furcht, ich könnte Sie langweilen und stören. Meine Höflichkeit verdient eine kleine Anerkennung, Sie könnten sie mir bekunden, indem Sie mir die Adresse Ihres Verlegers mitteilen, und zwar bald mitteilen, ich werde dann sogleich in meine geliebte Einsamkeit zurückkehren, Ihre „Neue Heloïse" wird sie mir noch angenehmer machen, ich habe mehrere Male Ihre ersten Werke gelesen, und trotz des Unwillens, der darin gegen mein Geschlecht regiert,[1] haben sie mir größtes Vergnügen bereitet.

Ich habe die Ehre, Monsieur, und bin hochachtungsvoll Ihre ergebenste und gehorsamste Dienerin

aus Guigneville

Meine Adresse ist: Bei Monsieur de Vichy, Parlamentsrat, Rue de St. Roch, bei St. Roch, Paris.

1 Seine Position zur anthropologischen und sozialen Bestimmung des Menschen weiblichen Geschlechts hat Rousseau eingehend im „Emile", Buch V, dargelegt.

Ein Unbekannter an Rousseau

Paris, 23. Februar 1761

Monsieur,
ich kenne Sie genügend, um Sie zu schätzen, und nicht genügend, um zu wissen, ob ich Sie lieben könnte. Wie dem auch sei, ich bin nicht Ihr Freund; ich bin nicht einmal ein Bekannter, so daß Sie also keinen Grund haben, mir ein Exemplar Ihrer „Neuen Heloïse" zu senden: doch hören Sie meine Gründe, weshalb ich Sie um eines bitte. Sie haben einige an verschiedene Personen gesandt. Ich wäre für diese Gefälligkeit nicht minder dankbar.
Ich bin an Ihren Werken interessiert, doch der Preis für die „Neue Heloïse" übersteigt meine Möglichkeiten. Ich habe alles darangesetzt, um mir Ihre anderen Werke, die ja weniger teuer waren, zu verschaffen, ausgenommen Ihren Brief über die Musik, alldieweil ich kein Musiker bin und weder für die französische noch für die italienische Musik plädiert habe. Ich gähne, sobald mich die Musik langweilt, ich klatsche Beifall, sobald sie mir gefällt. Ich weiß nicht, ob die Musik des „Dorfwahrsagers" französisch oder italienisch ist; aber diese Oper gefällt mir, sooft ich sie höre.
Kehren wir zu Ihrer „Heloïse" zurück. Ich kann nicht glauben, daß ein Mensch wie Sie ein Buch nur zu dem einen Zweck schrieb, die Leser einen Augenblick lang zu amüsieren. Ich glaube daher nicht, daß dies einfach ein Roman ist, gewiß birgt er Morallektionen in sich sowie Hinweise, die der Menschheit nützlich sind. Sonst hätten Sie ihn nicht geschrieben. Dennoch wage ich nicht, mein Geld für ein Werk auszugeben, das dem äußeren Anschein nach ein

Roman ist, weil ich fürchte, dann auf etwas Nützliches verzichten zu müssen.
Ich schlage Ihnen eine gute Tat vor. Sie bereiten mir zunächst diese Freude, sodann werden Sie die Ursache all des Guten sein, das mir diese Lektüre eingeben wird, und Sie werden all das Übel verhindern, vor dem sie mich bewahrt.
Diese Beweggründe wiegen schwerer als all jene, die Sie veranlassen könnten, das Buch an einen Großen zu senden oder an einen Reichen.
Wenn alle Menschen Brüder sind, wenn alle Menschen gleich sind, so bin ich mehr Ihr Bruder, mehr Ihnen gleich als ein anderer, auch wenn ich kein Bürger von Genf bin, wohl aber von menschlichen Niederlassungen, und aus diesem Grunde bin ich herzlichst und mit größtem Vergnügen Ihr Diener.
Sollten Sie mir eine positive Antwort geben wollen, so richten Sie sie an Madame Valmalette, Rue Ste Anne, gegenüber der Rue Villedot, sie wird mir übergeben werden.

Pierre de La Roche an Rousseau

[3. März 1761]

Monsieur,
heute morgen las ich das Vorwort zu Ihrer „Neuen Heloïse", ich ließ es dabei bewenden und faßte den Entschluß, keine einzige Zeile weiter zu lesen: Ich sparte mir die Mühe, jemand anderem dies mitzuteilen, doch Sie werden mir Glauben schenken, wenn sie der Mensch sind, als den Ihre Werke Sie erscheinen lassen. Würde ich mich im Herzen des Menschen weniger auskennen, so beteuerte ich, daß ich nie meinen Entschluß ändern werde; immerhin kann ich aber sagen, daß er aufrichtig gemeint ist, und ich will, da es nun einmal so ist, mich des Rechtes bedienen, das Sie denen zu gewähren scheinen, die dieses Werk nicht gutheißen werden, nämlich es zu tadeln, ohne es bis zum Ende gelesen zu haben.
Mein lieber Mitbürger, Sie verstehen es so gut, die Sprache der Vernunft zu sprechen. Haben Sie es nötig, um bewun-

dert zu werden, die der Leidenschaften zu sprechen? Ich weiß, daß die Neue Heloïse viel mehr Menschen, selbst unter unseren Landsleuten, gefallen wird als Ihr Brief an d'Alembert. Aber sollten Sie den Beifall der Menge suchen? Wenn Sie meinen, daß man den Ruhm auf dieselbe Weise erlangt wie den Bürgermeisterposten, nämlich durch Stimmenmehrheit, so werden Sie die meine nie erhalten. Nochmals, warum haben Sie zur Feder gegriffen, um Gefühle auszudrücken, die, wenn überhaupt, nur dann entschuldbar sind, sofern sie das Herz eines jungen Menschen erfüllen? Ohne Zweifel wurde der Mensch für die Liebe geschaffen. Es ist das Gefühl, das eines Tages seine höchste Glückseligkeit darstellen und vollenden wird. Doch es ist eine Liebe der Stärke, für die er geschaffen wurde, und nicht eine Liebe der Schwäche, es ist eine allgemeine, universelle Liebe und nicht eine begrenzte Liebe zu einem Objekt, das schöne Augen hat; einzig und allein kraft der Erhebung seines Geistes kann der Mensch in seinem Herzen dieses köstliche Gefühl entstehen lassen, das sein Glück bewirkt, wenn es auf GOTT UND DIE GESAMTHEIT SEINER GESCHÖPFE gerichtet ist.
Vielleicht bezweckten Sie, das Unglück und die unangenehmen Folgen dieser Schwäche zu beschreiben, die man Liebe nennt (denn ich weiß nicht, was Sie geschrieben haben). Jedoch selbst in diesem Falle – mit welcher Absicht könnten Sie dies getan haben? Etwa, damit der Leser, vor der Gefahr gewarnt, den Weg verläßt, der ihn in den Abgrund führen würde? Ich bin überzeugt, daß Sie sich nie mit der Hoffnung schmeicheln, dabei Erfolg zu haben; denn wie sollte Ihr Roman mehr ausrichten als die Theaterstücke, die (wie man behauptet) in dieser Absicht geschrieben wurden und denen Sie – vor aller Augen – ihre Fruchtlosigkeit vorwarfen?
Vielleicht wollten Sie die Menschen durch Allegorien von gewissen Fehlern, gewissen Lastern und gewissen Lächerlichkeiten heilen. Aber wissen Sie denn nicht, daß man bis zum heutigen Tage vergeblich sich ihrer bediente? Die Allegorie kann auf das Herz der Asiaten Eindruck machen, doch sie erreicht lediglich den Geist eines Europäers, und nicht der Geist ist am kränkesten, sondern das Herz. Das

Herz ist verdorben, brandig, und wenn etwas fruchten kann, so nur das Argument: Allein die Wahrheit in voller Rüstung vermag über die allgemeine Verhärtung zu obsiegen, die das Herz der jetzigen Generation befallen hat. Die Fabel ist zu schwach, sie macht zwar Eindruck, geht aber nicht tiefer. Doch nicht um Ihnen all dies zu sagen, habe ich zur Feder gegriffen.

Sie sagen, ein sittsames Mädchen habe nie Romane gelesen. Das wäre so, wenn alle Romanschreiber derartiges in ihrem Vorwort gesagt hätten. Doch aus bestimmten Gründen haben sie sich sehr wohl gehütet, dies zu tun. Mit mehr Berechtigung hätten Sie sagen können, kein sittsames Mädchen habe zwei Romane gelesen, verstehen Sie das richtig? Sie hätten auch sagen können: wenn der erste Roman, der je geschrieben wurde, durch die Hand des Henkers verbrannt und wenn der Autor gehängt worden wäre, so hätten wir mehr sittsame Mädchen, als wir haben. Und wenn der erste Romanschreiber den Strick verdiente, dann sagen Sie mir einmal, was der letzte verdient, verstehen Sie?

Ohne Zweifel wollten Sie Gefühle zum Ausdruck bringen, die Ihr Herz im Alter von zwanzig Jahren erfüllten; Gefühle, die zu dieser Zeit tugendhaft gewesen, zumindest muß ich dies annehmen und glauben. Doch sie waren schwach, allein die Jugend kann ihnen als Entschuldigung dienen, in dem Alter aber, in dem Sie stehen, muß der Mensch sich darauf verlegen, seine Gefühle zu veredeln und emporzuheben, und nicht, sie zu verweichlichen. Und wie wollten Sie diese Aufgabe erfüllen, wenn Sie Freuden beschwören, die von der Glut jugendlicher Phantasie und eines leidenschaftlich brennenden Herzens gezeitigt wurden? Sollte es so sein, daß Sie wie ein alter Lebemann diesen GLÜCKLICHEN TAGEN nachtrauern und die Erinnerung und das Bild zurückrufen, um den Kummer zu zerstreuen, den der Reifnebel des Alters verursacht?

Für den Fall, daß Sie ein solcher Mensch sind, verweise ich Sie auf den berühmten Addison, der dies im Spectator[1] behandelt. Lesen Sie ihn von Anfang bis Ende, dann werden Sie es finden, denn ich habe nie auf Band oder Nummer achtgegeben.

Überhaupt bin ich der Meinung, daß es viel besser wäre,

wenn ein junger Mensch – gleich welchen Geschlechts –, dessen Herz noch rein ist, ausgesprochen obszöne Bücher läse als all diese schönen, vielgerühmten Romane und namentlich Pamela[2], Grandison[3] und Ihre Heloïse. Die ersteren würden ihn über die Wirkung des Lasters ins Bild setzen, die letzteren aber machen sein Herz weich, schwächen es und bereiten es vor, den Wünschen nachzugeben, welche die Leidenschaften aufkeimen lassen und nähren, und selbst wenn diese Bücher das Herz nicht verderben, so werden sie zumindest den Geist verpesten. Glauben Sie etwa, ein junger Mann, der die Pamela las, könnte für eine tugendhafte Frau – sofern es natürlich ist, daß eine Frau dies sein muß – Zuneigung empfinden, jene Tochter der Achtung, ohne die eine Verbindung nicht einigermaßen glücklich sein kann? Glauben Sie etwa, ein junges Mädchen, das Grandison las, könnte die gleiche Zuneigung für irgendeinen Sterblichen empfinden? Ich selbst, ich glaube es auf gar keinen Fall. Den einen hat man in Pamela eine Frau ohne Fehler lieben lassen und die andere in der Person des Grandison einen vortrefflichen Mann, über den man nicht das geringste sagen kann (obgleich, offen gestanden, dieser Grandison, nur um vortrefflich zu sein, eine überaus fade Person ist, der Autor hat aus ihm nichts anderes als einen Zieraffen gemacht, der sich in seiner Bescheidenheit Gefühle vorwirft, als wären es Laster, während sie vielleicht das Beste an seinem Charakter sind; doch ein junges Mädchen erkennt all dies nicht). Dasselbe wird jenen, gleich welchen Geschlechts, widerfahren, die Ihre Heloïse lesen. Die Mädchen, die sich das Buch vornehmen, nachdem sie das Vorwort lasen, sind bereits verdorben. Wäre es da nicht besser gewesen, man hätte ihnen ein Buch in die Hand gegeben, das ihnen helfen könnte, den rechten Weg zu finden, als ein Werk, das vielleicht nur dazu dient, sie noch mehr in die Irre zu führen? Im übrigen, glauben Sie wirklich, daß es viele junge Mädchen gibt, die sich durch die Lektüre Ihres Vorwortes warnen lassen? Lesen junge Leute überhaupt Vorworte? Das ist geradeso, als wollte man die Leute vor einem bestimmten gefährlichen Weg warnen und steckt diese Warnung in ein Briefchen, das man in einem wenig frequentierten Winkel an diesem Weg hinterlegt, worauf

man sich rühmt, man habe die Öffentlichkeit gewarnt, und jeder sei selbst schuld, wenn er weiterginge.
Man müßte, mein teurer Monsieur, vor den Titel Ihres Buches in Riesenlettern schreiben, daß es im allgemeinen nur dazu gut sei, ins Feuer geworfen zu werden, vor allem aber, daß jedes junge Mädchen, welches auch nur eine Seite läse, ein verlorenes Mädchen sei. Ich bin vollkommen davon überzeugt, daß Sie dies beabsichtigt hatten, daß Ihr Drucker aber nicht bei dieser klugen Vorsichtsmaßnahme mitmachen wollte. Er wäre ein Narr gewesen, wenn er es getan hätte, aber ich hätte Sie dafür gelobt und bewundert, daß Sie das Manuskript ins Feuer warfen.
Ich habe eine große Vorliebe für Romane gehabt, ich habe sie noch immer, und folglich ist all das überflüssig. Ich zweifle nicht, daß ich viel Vergnügen an der Lektüre des Ihrigen gehabt hätte, aber ich bin überzeugt, daß ich ihn nicht bewundern würde. Ich habe nur einen einzigen bewundert, und jenen bewundere ich und werde ich bewundern, glaube ich, solange mein Verstand klar ist. Es ist der GIL BLAS[4]. Wenn Sie Romane schreiben wollen, schreiben Sie einen neuen Gil Blas, oder vielmehr, *denn es hat keinen Sinn, so viele Bücher zu machen*, kopieren Sie ihn Wort für Wort, lassen Sie ihn neu drucken und übergeben Sie ihn der Öffentlichkeit unter dem Titel: *Gil Blas etc., von Monsieur Lesage etc., ohne die geringste Veränderung, Korrektur, Hinzufügung oder Auslassung Wort für Wort abgeschrieben von Jean-Jacques Rousseau, Bürger von Genf.* Das wird ihn wieder in Mode bringen, denn ich fürchte, daß man ihn wegen der Vorliebe, die man für die neuen Sachen zeigt, bald vernachlässigen wird.
Ich bemerke, daß Ihr Roman aus fünf oder sechs Teilen besteht. Großer Gott, wie viele kostbare Augenblicke haben Sie verloren, und dabei glaubten Sie auch noch, dieses Werk sei gar nicht so unrecht. Hätten Sie nicht etwas Besseres schreiben können? Zum Beispiel haben Sie über das Übel geschrieben, das die Wissenschaften und Künste verursachten (das heißt deren Mißbrauch und schlechte Anwendung), wollen Sie nicht darlegen, wie Gutes aus ihnen hätte hervorgehen können, sobald man mit ihnen anders verfahren wäre? Oder was noch nützlicher ist, wollen Sie

nicht öffentlich zur Diskussion stellen, welche Mittel und Wege vielleicht das Fortschreiten dieses Übels verhindern oder zumindest aufzuhalten vermögen? Aber, so werden Sie sagen, man wird meine Meinung nicht befolgen, man wird sie sicherlich nicht einmal anhören.

Es war einmal ein Mann, der war krank, man rief einen Arzt herbei, und dieser verordnete ihm einen Saft, doch da dieser Saft sehr bitter war, konnte der Kranke sich nicht entschließen, ihn einzunehmen, und so verschied er am selben Tag. Als der Arzt am nächsten Tag kam, um sich nach seinem Befinden zu erkundigen, und erfuhr, daß er gestorben sei, fragte er, welche Wirkung die Arznei gehabt habe. Man zeigte ihm, daß die Arznei nicht angebrochen war. Er kehrte den Rücken und ging weg, ohne durch Vorwürfe wegen der Torheit des Verstorbenen den Schmerz der Witwe noch zu vergrößern.

Es war einmal ein Mann, der war krank, man rief einen Arzt herbei, doch da dieser wußte, daß der Patient sehr zimperlich war und nichts Bitteres mochte, ging er wieder weg, ohne irgend etwas zu verordnen. Als er am folgenden Morgen wiederkam, war der Mann tot, seine Witwe aber sprang dem Arzt ins Gesicht und kratzte ihm die Augen aus, um es ihm zu zeigen, was es hieß, einen Kranken aufzusuchen, ohne den Pflichten seiner Berufung nachzukommen.

Gott spricht zu allen Philosophen (ich meine, zu allen Moralisten) und namentlich zu Ihnen, Monsieur Rousseau: *Siehe, ich habe ihn zum Prüfer gesetzt für das Haus Israel etc.* Lesen Sie das übrige bei Jeremia[5] nach.

Hat sich nicht bei der Durchsetzung der Gesetze in Ihrem Vaterland der Mißbrauch eingeschlichen?

Haben sich nicht in der Gesellschaft, zu deren Gliedern Sie gehören, Laster eingeschlichen?

Vernachlässigen nicht Ihre Mitbürger, indem sie mit anderen Dingen beschäftigt sind, das Wesentliche?

Bleiben ihre Sitten rein oder verderben sie?

Erkaltet nicht ihre Vaterlandsliebe?

Schwindet nicht ihre Achtung vor der Religion?

Sie, der Sie nichts anderes zu tun haben, lenken Sie auf all das ein bißchen Ihren Blick, seien Sie für etwas Gutes gut.

Ein schreckliches Beispiel für die Aufwallung der Leidenschaften: Gerade erfuhr ich, daß einer unserer Mitbürger (ich wünschte, seiner Familie bliebe es unbekannt, daß er es war) in einem Wutanfall eine Frau, in die er verliebt zu sein meinte, niederstach, und dies in einem Augenblick, den er dafür bestimmt hatte, sie völlig anders zu behandeln. Kopflos und verstört hat er acht Tage lang – ich meine, acht Nächte – die Zeit damit zugebracht, diesen Körper, den er bewundert hatte, in Stücke zu schneiden und in Asche zu verwandeln, bis schließlich die göttliche Rache ihn hinter Schloß und Riegel brachte: Man sagte mir, er sei Atheist, dies ist lediglich ein Gerücht, doch ich bedauere ihn darum nur um so mehr. Gott allein weiß, ob Sie, ich und Adams gesamte Nachkommenschaft unter den gleichen Umständen nicht dasselbe getan hätten.

Obschon ich mir die Freiheit herausnahm, Sie zu tadeln, gehöre ich nicht zu jenen, die sich über diese Gelegenheit freuen. Ich habe Sie geachtet, und wegen eines Fehlers höre ich nicht auf, Sie zu achten. Vielleicht habe ich unrecht, wenn ich Einspruch erhebe gegen Ihren Roman, denn es ist sehr gut möglich, daß er das ganze Gegenteil von dem ist, was ich mir vorstelle. Doch wenn dem so sein sollte, dann wird er dadurch nicht nützlicher. Sie erinnern sich an den türkischen Herrscher, der da sagte: *Enthalten die Bücher eine Lehre, die der des Korans widerspricht, so muß man sie zweifellos verbrennen, enthalten sie dieselbe Lehre wie der Koran, so muß man sie gleichfalls verbrennen, denn dann sind sie unnütz.* Hätten Sie diese Erkenntnis nicht an irgendeiner Stelle Ihrer Werke zitiert, wüßte ich kein Wort davon. Verbrennen Sie also die Neue Heloïse, oder, weil es dafür zu spät ist, gestehen Sie zumindest ein, daß man sie hätte verbrennen müssen, bevor sie verbreitet wurde. Sie ist bereits ins Englische übersetzt worden.

Es wird Zeit, daß ich schließe; ich fürchte, Sie können meine schlechte Schrift nicht entziffern; ich mache Sie aber zumindest auf eines aufmerksam: wenn Sie meinen Brief nicht dreimal lesen, so glaube ich nicht, daß Sie ihn verstehen können, denn ich beherrsche die Interpunktion nicht, und wenn ich die Zeichen richtig setze, so ist es Zufall. Außerdem bin ich ein schlechter Rhetoriker und ein noch schlechterer Logiker. Doch ist das ein Beweis dafür, daß ich kein guter Philosoph bin, und kann ich nicht gut denken, auch wenn ich schlecht schreibe?

Ich bin mit aufrichtiger Hochachtung (wägen Sie dieses Wort ab), Monsieur,

Ihr ergebenster und untertänigster Diener
Ein Bürger von Genf

London, am 3. März 1761

P. S. Zufällig habe ich soeben ein zweites Mal einen Blick auf Ihr Vorwort[6] geworfen, der Anfang, der mir beim ersten Lesen entgangen war, zwingt mich, einige Zeilen hinzuzufügen. *Die großen Städte machen das Schauspiel nötig.* Ich weiß nicht, ob dies so recht bewiesen ist. Ich wäre Ihnen sehr zu Dank verpflichtet, wenn Sie es zu widerlegen versuchten. Ich bin überzeugt, daß Sie damit Erfolg hätten. Das wäre ehrenvoll für Sie. *Und verderbte Völker den Roman.* Um sie zweifelsohne noch mehr zu verderben. Mir wäre lieber, wenn es hieße: *Hat ein Mensch Gift genommen, sollte man ihm kein Gegengift geben, sonst würde er allzusehr leiden. Besser ist's, ihm noch eine Giftdosis zu geben, um ihn schneller in die andere Welt zu befördern.*

Ich sah die Sitten meiner Zeit: Sie sind also ein Philosoph, der darüber nachdenkt, was sich vor seinen Augen abspielt. *Ich gab diesen Briefwechsel heraus.* Das heißt, *ich habe mich für die Laune der Leute hergegeben. Ich habe mit den Wölfen geheult. Eine Herde verstörter Menschen fordert von mir Gift anstelle von Arznei, und um sie nicht vor den Kopf zu stoßen, gebe ich ihnen welches, obschon ich behaupte, mir den Gebrauch meines Verstandes bewahrt zu haben.*

Warum habe ich nicht in einem Jahrhundert gelebt, welches mich gezwungen hätte, ihn ins Feuer zu werfen! Nun sagen Sie mir bitte, ob in dem betreffenden Jahrhundert, das ohne Zweifel in Ihren Augen ein tugendhaftes hätte sein müssen, eine Notwendigkeit bestanden hätte, daß ein Jean-Jacques Rousseau auf der Welt gewesen wäre. Benötigte man Ärzte, bevor durch Adams Fall dem Menschen das Joch der Krankheiten auferlegt wurde? Benötigt man welche, wenn nach der Auferstehung unerer Leiber von jeglichem Keim einer Unpäßlichkeit gereinigt sein werden? *Menschen, denen es gut geht, brauchen keinen Arzt, wohl aber jene, denen es schlecht geht.* Gott wußte genau den richtigen Augenblick, in dem er Sie geboren werden ließ. Wenn er Ihnen Talente gab, so, damit Sie guten Gebrauch davon machen und nicht, damit Sie zum Zeitvertreib die Neue Heloïse schreiben, einzig und allein zu dem Zwecke, um dem Geschmack des Jahrhunderts zu frönen. Ach, mein lieber Mitbürger, ich habe große Angst, daß Ihnen die Leute, die von Ihnen sittenstreng genannt werden, statt des Beinamens „Der Zyniker", den Ihnen die Leute von Welt gaben, den des „Zauderers" anhängen, und passen Sie gut auf, letzterer ist ehrenrührig. Übrigens gehöre ich nicht zu diesen sittenstrengen Leuten, denn ich bin noch keine dreißig Jahre alt.

1 Englische moralische Wochenzeitschrift, die von Addison und Steele zu Anfang des 18. Jahrhunderts in London herausgegeben wurde. Sie erschien seit 1744 in französischer Übersetzung in Amsterdam und war in Frankreich sehr beliebt.
2 „Pamela oder Die belohnte Tugend" (1740) von Samuel Richardson.
3 „Die Geschichte des Herrn Carl Grandison" (1753) von Samuel Richardson.
4 Schelmenroman von Alain-René Lesage, der in drei Teilen 1715, 1724 und 1735 erschien.
5 „Ich habe dich zum Prüfer gesetzt für mein Volk, daß du seinen Wandel erkennen und prüfen sollst" (6. Kapitel, 27).
6 Vorrede zu „Julie oder Die neue Heloïse".

Paul-Claude Moultou an Rousseau

[7. März 1761]

Nein, Monsieur, es ist mir nicht mehr möglich, Schweigen zu bewahren; Sie haben mein Herz in Bedrängnis gebracht, es ist übervoll, ich muß es Ihnen ausschütten.
Was alles müßte ich Ihnen sagen, wollte ich Ihnen auch nur den kleinsten Teil der Gedanken aufschreiben, die Sie mir eingaben. Und selbst wenn ich Ihre Feder hätte, Monsieur,

könnte ich jemals wiedergeben, was Sie mich haben empfinden lassen?
O Julie, o Saint-Preux, o Claire, o Edouard![1] Welchen Himmelskörper bewohnen eure Seelen, und wie kann ich mich mit euch vereinen? Monsieur, sie sind die Kinder Ihres Herzens, Ihr Geist hätte sie nicht so erschaffen, öffnen Sie es mir also, dieses Herz, daß ich in ihm die Tugenden leben sehe, deren Abbild allein mich so süße Tränen vergießen ließ.
Unglück über den, der sich nicht anrühren läßt von dem ergreifenden Schauspiel der Menschlichkeit in ihrer höchsten Vollkommenheit! Unglück über den, der mit demselben Auge die Schwächen des guten Menschen ansieht wie die Verbrechen des bösen. Nein, Julie in ihrem Schweizerhaus läßt mich nur die elenden Konventionen der Menschen hassen, ihre grausamen Vorurteile und die unerträgliche Macht der heuchlerischen Ehre. Doch Madame de Wolmar in Meilleries oder in Clarens läßt mich die Menschenwürde empfinden, sie demonstriert diese innere Kraft, die oft verkannt wird, doch stets vorhanden ist; sie läßt das Werk der Natur über eine künstlerische Ordnung obsiegen, die es verdirbt, und kann es in seiner Ganzheit bewahren, trotz der Tyrannei verbrecherischer Beispiele, trotz der Verführung durch falsche Grundsätze und trotz des heftigen Schocks der Leidenschaften. Daher sind Sie, Monsieur, in allen Ihren Schriften der Rächer der Natur, Sie entbürden sie von unseren Verbrechen und unseren Tollheiten, und die Bösen müssen Sie hassen, weil niemand ihnen besser als Sie beweist, daß sie böse sind.
Warum also, Monsieur, fand Ihr Buch in Genf eine so große Anzahl von Kritikern? Weil Sie es nicht für Genf schrieben? Und stehen Sie denn nur zu Ihrem Vaterland in Beziehung, ist ein Weiser nicht aller Welt verpflichtet? Nach einer solchen Überlegung hätte man sich viele Kritiken sparen können, man hätte Ihre Prinzipien mit Ihren Handlungen in Einklang gesehen und wäre zu der Einsicht gelangt, daß derjenige, dessen glühende Feder die Liebe in „Zaïre“[2] ganz heftig schalt, später die so rührenden Züge der liebreichen und zärtlichen Heloïse skizzieren konnte, ohne sich selbst untreu zu werden. Wie denn, gab es nicht

eine Zeit, da die feurigsten Gemälde ehrbarer Liebe nicht ohne Nutzen für die Griechen waren? Wenn die Menschen die Natur vergessen haben, so vermag allein deren Kraft sie zu ihr zurückzuführen, und wenn es ein Volk gäbe, bei dem die unschuldsvolle Liebe ein Verbrechen wäre, das Liebesabenteuer aber fast eine Tugend und der Ehebruch ein Spiel, welches interessantere Gemälde könnte man diesem Volk anbieten als das zweier ehrbarer Herzen, in denen die Begeisterung der Tugend sich mit dem Taumel der Sinne vereint? Doch wenn dies in Paris erforderlich sein sollte, so ist es in Genf etwas anderes; und dennoch fürchte ich nur zu sehr (mein teurer Mitbürger, warum drängen Sie mir diese bittere Überlegung auf?), ich fürchte nur zu sehr, Ihr Werk könnte unseren Sitten um keine zwanzig Jahre vorausgeeilt sein. Warum aber einen Philosophen aus einem Verführer machen und ein Modell der Tugend aus einem dreisten Mädchen, das sich ihm an den Hals wirft? Wenn nicht bereits der Wortlaut dieses Einwandes ihn genugsam widerlegte, so hätte ich versucht, darauf zu antworten; erlauben Sie nur, Monsieur, daß ich die Gelegenheit nutze, um an dieser Stelle meine Bewunderung für die Passage in Ihrem Buch Ausdruck zu geben, an der mich die Kunstfertigkeit am meisten beeindruckte. Hätte Saint-Preux Julie nicht ebenso geachtet, wie Julie sich selbst achtete, so wäre er ein Monster gewesen, Sie hätten nichts mehr beschönigen können; doch Saint-Preux' edles Betragen rechtfertigt geradezu Julies Verirrungen; mußte diese liebende Seele nicht schwach werden, je hochherziger ihr Geliebter war? In einem Wort, Saint-Preux ist für mich ein leidenschaftlicher, doch ehrenhafter junger Mann ohne Erfahrung; Abélard erschien mir dagegen stets nur als ein Verräter, dessen Leidenschaft bis zu einem Grad gesteigert ist, daß sie zu Verbrechen ermutigt, und der dabei die notwendige Kaltblütigkeit besitzt, um kunstvoll die abscheulichste Verführung zu inszenieren.

Doch was Ihre Kritiker zu Recht bemäkelten, das war Julies Heirat. Hier, Monsieur, nehmen die Vorwürfe kein Ende. Wie soll man auch verstehen, daß Julie es fertigbringt, ein so heiliges, ein vom Himmel anerkanntes Band zu zerreißen, daß sie sich geradezu ehebrecherisch verheiratet und zwei Männer zu gleicher Zeit verrät? Ich gestehe, mein Verstand hat keine Antwort auf diesen Einwand, doch mein Herz spürt trotzdem: Julie wäre nicht mehr Julie, wenn sie nicht schwach wäre vor ihrem Vater wie vor dem Geliebten. Und wie denn, sollte die zärtliche Liebe des Blutes nicht dieselbe Herrschaft über diese empfindsame Seele führen wie das Feuer der Liebe? Oh, Monsieur, wie weit ist es vom Gefühl bis zum Verstand, und jene, die sich nur von letzterem führen lassen, sind wenig geeignet, über bestimmte Tugenden zu urteilen.

In Wolmar[3] hat man nur einen tugendhaften Atheisten gesehen. Ich selbst fand in ihm die gesamte Moral der Atheisten und bewundernswerte Lektionen für ihre Verfolger. Mögen die einen wie die anderen Nutzen daraus ziehen! Möge der redliche Atheist begreifen, daß die Nichtexistenz Gottes niemals bewiesen werden kann und allein schon die Möglichkeit seiner Existenz eine ziemlich große Verpflichtung zur Tugend auferlegt. Möge der Verfolger, im Bewußtsein, daß er selbst gegen Gott ist – die schrecklichste Art der Verweigerung –, nicht mehr den Dämonen ihre traurigen Vergnügungen neiden und sich endlich den Christen annähern, von denen er weiter entfernt ist als der Skeptiker oder der Atheist.

Doch wir haben in Genf weder Atheisten noch Verfolger, zwei Menschengattungen, die stets zusammengehören, außerdem haben Sie nicht für Genf geschrieben.

Dies sind, mein verehrungswürdiger Mitbürger, die Prinzipien, nach denen ich Sie zu verteidigen wagte; die einzige Möglichkeit, Sie zu würdigen, besteht darin, Ihnen zu zeigen, daß man Sie verstanden hat; wenn mein Eifer nicht Ihr Mißfallen erregte, so schätze ich mich um so glücklicher; und was scheren mich die Feinde, die ich mir eventuell zuzog, wenn ich auf diese Weise die kleinsten Anrechte auf Ihre Freundschaft gewann. Ich möchte sogar behaupten, Monsieur, Ihre Freundschaft ist mir sicher; könnte ich nach dem rührenden Brief daran zweifeln, den Sie mir vor fast einem Jahr schrieben und den ich trauriger Umstände wegen nicht beantworten konnte? Ich hatte gerade meine Schwiegermutter verloren und mußte zusehen, wie meine älteste Tochter, die an derselben Krankheit litt, sechs ganze Wochen am Randes des Grabes stand; einzig in der Erschütterung des Schmerzes und in der Unruhe der Furcht spürte ich noch, daß ich lebte; ich verpaßte also den Augenblick, Ihnen zu schreiben, und war gezwungen, auf eine günstigere Gelegenheit zu warten, um Ihnen meine Dankbarkeit auszudrücken.

Was, Monsieur, Sie?! Sie geruhten diesen mangelhaften Auszug aus der Predigt zu lesen, Sie geruhten ihn abzuschreiben, das heißt, Sie sahen den Patrioten in mir und hielten es nicht der Mühe wert, das übrige zu prüfen. Oh, ich könnte also auf meine Kritiker verzichten! Gibt es etwas zu wählen zwischen deren Beifall und dem Ihrigen?

Ja, Monsieur, ich liebe das Vaterland, und weil ich es liebe, rührt mich sein Anblick! Ehrwürdiger Genfer, soll ich es Ihnen sagen? Soll ich Ihr Herz bluten lassen? Es ist alles vorbei, unsere Sitten sind verloren, und vielleicht zu keiner Zeit sonst hatten wir eine größere Anzahl wahrhaftiger Bürger. Doch der verhängnisvolle Strich ist nun gezogen. Die Bösen sind von den Guten getrennt, und diese entfernen sich noch mehr von den Bösen; statt sie auf sanften Wegen zurückzuführen, haben sie sie durch eine Heftigkeit in Zorn versetzt, die unangemessen war. Die Sitten sind für die einen Feldgeschrei, für die anderen Gegenstand des Spottes, und sobald man eine Gruppe der Gesellschaft mit Spott überhäuft, ist sie nicht länger mehr diejenige, welcher die jungen Leute folgen. Wir werden also noch einige Zeit wahrhaftige Bürger haben, doch ihre Quelle wird versiegen, und was werden wir dann haben? Meine eigenen Kinder, was wird aus ihnen?

Wie verderben die Prinzipien einer Republik? Mit welchen Mitteln kann man ihre Verderbnis aufhalten? Dies, Monsieur, ist ein Thema für Sie, eines, das Ihrer würdig ist, es wird Zeit, daß man es behandelt. Montesquieu hat es teilweise getan, doch Sie können nach Montesquieu das Wort ergreifen. O Rousseau, unser Schutzengel, retten Sie uns, oder errichten Sie ein Denkmal, das unserer Verderbnis Einhalt gebietet und Bürger nach Ihrem Bilde formt, wenn Sie uns nicht mehr das Modell zu zeigen vermögen. Sie haben, Monsieur, recht daran getan, Briefe über die Musik zu schreiben, für Leute, die gar keine Ohren haben, wir

haben noch republikanische Herzen, lassen Sie das Vaterland sprechen, letztere werden Sie verstehen.
Hätte ich ein wenig Genie, so verfaßte ich ein solches Werk, doch ich habe nur in meinen Gefühlen Kraft.
Ich halte mich an weniger schwierigen Themen schadlos, die dennoch sehr wohl ihren Preis haben, erlauben Sie mir, daß ich Ihnen von einem kleinen Werk erzähle, das bisher nur im Entwurf fertig ist und in das Sie Licht bringen können, da es Ihr Spezialgebiet ist.
Es geht, Monsieur, um eine Abhandlung über die göttlichen und menschlichen Ursachen der Gründung des Christentums, ein durchaus neues, wenn auch abgedroschen wirkendes Thema, das geeignet ist, Kenntnisse über den menschlichen Geist zu erlangen. Ich bin Theologe und kein Abergläubischer; wie Sie glaube ich, daß die Verirrungen nicht die Verdammnis nach sich ziehen, solange sie nicht einem lasterhaften Herzen entstammen. Ich glaube auch, daß es nicht notwendig ist, alle Verirrungen zu bekämpfen. Mit solchen Prinzipien werde ich wohl dem Philosophen gefallen, ohne den Theologen zu beleidigen; vielleicht ist dies auch ein sicherer Weg, sowohl dem einen als auch dem anderen zu mißfallen; doch ich kenne Ihre Devise und halte mich daran.
Ich habe vor, Monsieur, wenn Sie erlauben, Ihnen in absehbarer Zeit den Plan dieses Werkes zuzusenden. Oh, mein Mitbürger, hätte ich doch Ihre Feder, was sage ich, hätte ich Ihr Genie, wäre sie dann nicht mein eigen?
Sie wollen also eine Abhandlung über die Erziehung herausgeben, Freund der Menschen, wie wenig Sie unseren Philosophen gleichen; und wieviel werden meine Kinder Ihnen zu verdanken haben!
Doch ich mißbrauche, Monsieur, Ihre Langmut. Ich überlasse Monsieur Abauzit die Feder. Könnte ich sie nach ihm ergreifen?
Erhalten Sie mir Ihre Freundschaft; wenn ich Ihnen schreibe, scheint es mir, als sei ich ihrer würdig. Ich habe die Ehre und bin mit größter Hochachtung, Monsieur,

Ihr ergebenster und demütigster Diener

Moultou

Am 7. März 1761

1 Hauptfiguren aus „Julie oder Die neue Heloïse".
2 Eine Liebestragödie Voltaires.
3 Eine der Hauptfiguren aus „Julie oder Die neue Heloïse".

Louis François an Rousseau

[24. März 1761]

Monsieur,
ich habe nicht die Ehre, von Ihnen gekannt zu werden, aber ich hielte mich für den undankbarsten aller Menschen, wenn ich mich nicht beeilte, Ihnen für das Vergnügen zu danken, das die Neue Heloïse mir bereitete. Zunächst habe ich sie begierig verschlungen, dann habe ich sie wieder und wieder mit noch größerer Aufmerksamkeit gelesen, und stets fand ich, daß Sie ohnegleichen sind. Verzeihen Sie mir, Monsieur, diesen Ausdruck, der wohl berechtigt ist, aber nur wenig zu Ihrer Bescheidenheit paßt, doch die Wahrheit entreißt ihn mir, und ich ziele damit minder auf die Schönheit Ihres Genies ab als auf die Vortrefflichkeit Ihres Charakters. Nein, Monsieur, es ist unmöglich, derartig erhabene Gedanken zu haben, wenn das Herz sie nicht zu empfinden vermag, man kann kein so vollkommenes Bild von der Tugend entwerfen, wenn man nicht selber das Modell ist, mit einem Wort, Julies wahrer Vater ist in meinen Augen der erste unter den Menschen: ich bin noch nie beredsam gewesen, ich habe sogar bisher ganz zufrieden mit den unbedeutenden Fähigkeiten gelebt, die mir die Natur freundlicherweise gewährte, und war gewiß nicht mißgünstig auf jene, die sie mir versagt hatte, doch heute, Monsieur, möchte ich alle vereinigen können, um Ihnen mit flammenden Worten nicht nur die wahre Bewunderung zu beschreiben, die Ihre unsterblichen Schriften in mir hervorriefen, sondern auch das Vergnügen, das ich empfände, wenn ich Anspruch erheben dürfte auf die Wertschätzung und die Freundschaft des einzigen Weisen, den ich kenne, doch ach, trotz so weniger Fähigkeiten, die geeignet wären, ein so kostbares Gut zu erringen, wenn meine Ansprüche nicht zu hoch sind, glaube ich zumin-

dest, daß es mir erlaubt sein müßte, Ihnen die Ehrerbietung zu erweisen, die wenig schmeichelhaft in den Augen eines jeden anderen wäre, doch des großen Rousseau würdig ist, weil sie den Vorzug hat, aufrichtig zu sein.
Ich weiß nicht, welche Wirkung dieser Brief auf Sie haben wird, doch ich verspreche mir wegen des Vergnügens, das ich beim Schreiben habe, viel davon. Mir scheint, daß man sich mit Ihnen nicht unterhalten kann, wenn man nicht von Ihrem Geist erfüllt ist: sowie Sie meine Zeilen lesen, werden Sie sich leicht vom Gegenteil überzeugen, und wenn Sie ein Mensch sind, der schnell ungeduldig wird, so verfluchen Sie bereits den Störenfried, der, weit entfernt, Ihre Einsamkeit zu respektieren, auf diese Weise Ihre göttlichen Beschäftigungen zu stören wagt. Doch schließlich, Monsieur, kann ich nichts dafür, schuld sind Julies Reize, Sie haben mich durch sie um den Verstand gebracht; malen Sie sich nun die Tränen aus, die ihr Tod mich kostete. Glauben Sie mir, ich habe drei Tage lang nicht gewagt, den letzten Brief zu lesen, den von Monsieur de Wolmar an St. Preux. Ich ahnte, wie interessant die Einzelheiten sein mußten, die er enthielt, doch Julie, tot oder sterbend, war ein Gedanke, den ich nicht auszuhalten vermochte. Dennoch mußte ich meinen Widerwillen überwinden, nie habe ich so köstliche Tränen geweint! Diese Lektüre beeindruckte mich so stark, daß ich, wie ich glaube, in jenem Augenblick den Tod mit Freuden hätte kommen sehen, und Sie werden sich denken können, daß ich bei weitem nicht solch ein tugendhaftes Leben führte wie Julie, doch St. Preux' Seele war ganz und gar in die meine übergegangen: und Julie im Grab – ich sah nur noch eine schreckliche Leere in der Natur; habe ich nach alledem unrecht, wenn ich sage, daß Sie einzigartig sind – oh, wer sonst als der berühmte Rousseau kann solche Schläge versetzen! Und hat dann auch einen so kraftvollen Federstrich, daß sich seine Seele den Lesern mitteilt! Glücklich jene, die solch große Schönheiten zu empfinden vermögen, noch glücklicher jene, die daraus Nutzen ziehen. Ihr Buch ist ein wahrer Schatz an Weisheit. Nie habe ich die Tugend so rein gesehen, so strahlend. Wer Sie liest und nicht anbetet, ist nichts anderes als ein Monster; Sie hatten völlig

recht mit dem, was Sie sagten, Ihr Werk werde nicht nur mäßig gefallen, und jeder, der das Unglück habe, ihm nichts abzugewinnen, sei am meisten von allen Menschen zu beklagen.

Dieser Brief erreicht Sie zweifellos ein bißchen spät, doch es ist das Schicksal der Provinzler, daß sie erst nach den anderen von allem unterrichtet werden. Drei Monate lang habe ich nach Ihrem Buch gefiebert, es war in der Hauptstadt kaum aufzutreiben, die Auflagen sind dort im Handumdrehen verschwunden, man riß es sich aus den Händen, in der Provinz mußte man lange warten, endlich besitze ich es, nie wird es wieder meine Bibliothek verlassen. O Julie! O Claire! O Saint Preux! Wohlachtbare, ehrwürdige Kinder eines Vaters, als dessen Heimat Genf sich rühmen kann und den ganz Europa bewundert, so ist's nun einmal, ihr gehört mir, und ich werde keinen Tag mehr verbringen, ohne die Wonne zu genießen, mich an euch zu schulen. Oh, erhabener und tugendhafter Rousseau, wieviel Dank schulde ich Ihnen für diese Wohltat.

Ich bin mit der vorzüglichsten Hochachtung und der ehrerbietigsten Zuneigung

Ihr ergebenster und gehorsamster Diener

François, ehemaliger Kavalleriefähnrich

Uzés, am 24. März 1761

Rousseau an Madeleine-Angélique de Neufville-Villeroy, Herzogin de Luxembourg

[12. Juni 1761]

Was hätte ich Ihnen alles zu sagen, ehe ich Sie verlasse![1] Doch die Zeit drängt; ich muß meine Beichte abkürzen und mein letztes Geheimnis in Ihr wohltätiges Herz ergießen. Sie wissen doch, daß ich seit sechzehn Jahren mit diesem armen Mädchen, das bei mir wohnt, in größter Intimität lebe, mit der Einschränkung, daß mich, seit ich mich auf Montmorency zurückzog, mein Zustand dazu zwang, mit ihr wie mit einer Schwester zusammen zu leben; doch meine zärtliche Liebe für sie hat sich nicht vermindert, und ohne Sie würde mir der Gedanke, sie mittelos zurückzulassen, meine letzten Augenblicke vergiften.

Aus dieser Verbindung gingen fünf Kinder hervor, die alle ins Findelhaus gegeben wurden, und ich traf dabei so wenig Vorsorge, sie eines Tages wiedererkennen zu können, daß ich noch nicht einmal ihr Geburtsdatum festhielt. Seit mehreren Jahren stören die Gewissensbisse ob dieser Nachlässigkeit meine Ruhe, und ich sterbe, ohne sie wiedergutmachen zu können, zum großen Bedauern der Mutter und zu dem meinigen. Ich versah lediglich die Windeln des ältesten mit einem Zeichen, dessen Dublette ich aufbewahrte; es muß, wie mir scheint, im Winter 1746/47 geboren worden sein oder so in etwa. Das ist alles, woran ich mich erinnere. Gäbe es eine Möglichkeit, dieses Kind wiederzufinden,[2] so wäre es ein wahres Glück für seine zärtliche Mutter; doch ich habe keine Hoffnung mehr und nehme diesen Trost nicht mit. Die Gedanken, mit denen mein Vergehen meinen Geist erfüllte, trugen zum großen Teil dazu bei, die Abhandlung über die Erziehung[3] auszuarbeiten, und Sie werden darin im ersten Buch eine Passage finden, die Ihnen diese Stimmung widerspiegeln wird. Ich heiratete die Mutter nicht, und ich war auch nicht verpflichtet dazu, da ich ihr, ehe ich mich mit ihr verband, ihr erklärte, daß ich sie nie heiraten würde; und eine offizielle Ehe wäre sogar unmöglich für uns auf Grund der unterschiedlichen Religion: indessen habe ich sie stets als meine Frau geliebt und geachtet, wegen ihres guten Herzens, ihrer aufrichtigen Zuneigung, ihrer beispiellosen Uneigennützigkeit und ihrer makellosen Treue, an der zu zweifeln ich nie auch nur den geringsten Anlaß hatte.

Dies, Madame la Maréchale, ist der wahre Grund für mein Ersuchen, Sie möchten sich des Schicksals dieses armen Mädchens annehmen, sobald sie mich verloren haben wird, so daß ich, hätte ich weniger Vertrauen zu Ihrer und Ihres Gatten Freundschaft für mich, voller Schmerz über die Verlassenheit, in der ich sie zurückließe, von hinnen ginge: doch ich vertraue sie Ihnen an, und so sterbe ich im Hinblick darauf voller Frieden. Es bleibt mir noch, Ihnen zu sagen, was mir am besten zu ihrer Situation und ihrem

Charakter zu passen scheint und ihre Fehler am wenigsten zum Vorschein kommen läßt.
Mein erster Gedanke war, Sie darum zu bitten, ihr eine Zufluchtsstätte in Ihrem Hause zu bieten, unmittelbar bei Ihnen oder bei dem Kind, das aller Hoffnung ist, bis es die Hände der Frauen verläßt, doch die hätte sicherlich keine Aussicht auf Erfolg, es wären zu viele Mittelspersonen zwischen Ihnen und ihr, und es gibt in Ihrem Haus Leute, die ihr übelwollen, gewiß nicht wegen ihres Vergehens; sie würden unvermeidlich Mittel und Wege finden, um sie früher oder später bei Ihnen oder Ihrem Gatten in Ungnade zu stürzen. Sie ist weder gewandt noch klug genug, um sich gegen so viele unterschiedliche Geister zu behaupten und sich auf die kleinen Kniffe zu verstehen, mit deren Hilfe man das Vertrauen der Herren gewinnt, wie freisinnig letztere auch sein mögen. Noch einmal, dies hätte keine Aussicht auf Erfolg: deshalb bitte ich Sie, sich nicht mit einem solchen Gedanken zu tragen. Ich möchte auch nicht, daß sie in Paris wohnen bleibt, auf welche Weise auch immer; ängstlich und unterwürfig, wie sie ist, würde sie ohne jeden Zweifel Beute und Opfer ihrer umfangreichen Familie, Leute von grenzenloser Gier und Bosheit, denen sie zu entreißen ich selber viel Mühe hatte und die zum großen Teil der Grund dafür sind, daß ich mich aufs Land zurückzog. Sollte sie jemals in Paris wohnen, so wäre sie verloren; denn selbst wenn man sie vor ihnen verborgen hielte, so könnte sie sich in ihrer Gutmütigkeit dessen nicht enthalten, jene aufzusuchen, und in kurzer Zeit würde man ihr das Blut aussaugen, bis zum letzten Tropfen, und sie dann durch schlechte Behandlung sterben lassen.
Ich habe nicht weniger wichtige Gründe, zu wünschen, daß sie nicht bei ihrer Mutter wohnt und meinen grausamsten Feinden ausgeliefert ist, die in böser Absicht ihren Unterhalt bestreiten und nur Gelegenheit suchen, um dieses arme Mädchen dafür zu bestrafen, daß sie sich nicht für die Komplotte gegen mich hat hergeben wollen. Sie ist die einzige, die nichts von ihrer Mutter bekam, und die einzige, die jene in ihrer Not ernährte und pflegte; und wenn ich dieser Frau zwölf Jahre lang sicheres Unterkommen gewährte, so verstehen Sie gewiß, daß ich es für die Tochter tat. Ich habe

tausend Gründe, die im einzelnen aufzuführen allzu langwierig wäre, um zu wünschen, daß sie nicht zu ihr zurückkehrt; deshalb bitte ich Sie, wenn nötig, sogar Ihre Autorität einzusetzen, um sie daran zu hindern.
Ich sehe nur zwei Möglichkeiten, die für sie in Frage kommen: die eine ist die, daß sie weiterhin mein Quartier* bewohnt und friedevoll in Montmorency lebt, was sie bei geringen Kosten mit Ihrer Unterstützung und unter Ihrem Schutz tun kann, indem sie den Ertrag meiner Schriften nutzt wie auch den ihrer Arbeit; denn sie näht sehr gut, und es fehlt ihr nur an Beschäftigung, die Sie ihr bitte geben und verschaffen möchten, wobei es allerdings wünschenswert wäre, daß sie nicht der Willkür der Kammerfrauen ausgeliefert ist, denn deren Tyrannei und Alleinrecht kenne ich zur Genüge.
Eine andere Möglichkeit ist die, daß sie in irgendeinem Provinzkloster untergebracht wird, wo man billig lebt und wo sie sehr gut ihren Lebensunterhalt durch ihre Arbeit verdienen könnte. Diese Möglichkeit ist mir nicht so lieb wie die erste, weil sie dann von Ihnen allzu weit entfernt wäre und aus anderen Gründen noch. Sie werden das Beste wählen, Madame la Maréchale; doch welche Wahl auch immer Sie treffen werden, ich bitte Sie, dafür zu sorgen, daß sie stets ihre Freiheit hat und es ihr überlassen ist, ihren Wohnsitz zu verändern, sobald sie sich nicht wohl fühlt.
Schließlich bitte ich Sie inständig, es der Mühe wert zu halten, sich um ihre kleinen Angelegenheiten zu kümmern, damit sie, was auch immer kommen mag, bis ans Ende ihrer Tage Brot hat.
Ich bat Monsieur le Maréchal, Sie bei der Wahl der Person um Rat zu fragen, die er nach meinem Tod damit beauftragt, über die Interessen des armen Mädchens zu wachen. Die ungerechte Parteilichkeit, die der Mann gegen sie hegt, der zwangsläufig dafür ausgewählt würde, ist Ihnen nicht unbekannt. Welche Achtung auch immer ich seiner

* Ich schlage Ihnen nicht vor, daß Sie selbst ihr eine auf Montmorency geben, und zwar wegen Chassot und seiner Familie, der sich das teuer bezahlen lassen würde. Mein Mietzins, der nur fünfzig Livres beträgt, ist nicht kostspieliger für sie als ein Zimmer in Paris.

Rechtschaffenheit entgegenbringe, ich möchte nicht, daß sie der Willkür eines Menschen preisgegeben sei, den ich für ehrenhaft halten muß, der sich aber in unbegreiflicher Blindheit den Interessen und Leidenschaften eines Schurken ausgeliefert hat.

Sie sehen, Madame la Maréchale, mit welcher Schlichtheit, welchem Vertrauen ich Ihnen mein Herz ausschütte. Die ganze übrige Welt ist schon nichts mehr in meinen Augen; dieses Herz, das Sie aufrichtig liebte, lebt schon nur noch für Sie, für den Monsieur le Maréchal und für das arme Mädchen. Adieu, zärtlich geliebte Freunde; bewahren Sie mir ein liebevolles Andenken; was mich anbelangt, so hoffe ich, Sie noch in dem anderen Leben zu lieben: doch wie auch immer es um dieses dunkle Mysterium bestellt sein mag, in welcher Stunde auch immer der Tod mich überraschen mag, ich bin sicher, daß ich gerade an Sie denken werde, wenn er mich heimsucht.

J.-J. Rousseau

Montmorency, am 12. Juni 1761

1 Im Jahre 1761 erkrankte Rousseau ernsthaft und befürchtete sterben zu müssen (siehe „Bekenntnisse“ Buch XI. S. 555 und 559).

2 Wie Rousseau in den „Bekenntnissen“ berichtet, beauftragte die Herzogin ihren Kammerdiener, Nachforschung nach dem Verbleib der Kinder Rousseaus anzustellen (Buch XI, S. 549).

3 Rousseaus Werk „Emile oder Von der Erziehung“. Seit 1759, unmittelbar nach dem Abschluß der „Neuen Heloïse“, arbeitete Rousseau daran. Es erschien im Mai 1762 in Amsterdam und in Paris.

Marschall de Maisonneuve an Rousseau

[14. November 1761]

Monsieur,

ein Literat hat mir versichert, Sie hätten Geld, das Sie anlegen wollten. Ich habe in Paris ein Haus zu verkaufen, dessen Erwerb eine sichere Sache ist. Haben Sie wirklich die Absicht, eins zu kaufen? Das meinige trägt 1200 Francs ein;

es gehört noch ein Grundstück dazu, das zum Bebauen geeignet ist, und ich würde alles unter dem Wert und zum Teil sogar auf Kredit abgeben, weil ich eine große Reise vorhabe. Was für ein Glück wäre es für mich, käme es zu einem Vertrag mit dem ehrwürdigsten Gelehrten, zugunsten dessen die Menschheit von Jahrhundert zu Jahrhundert vor dem Tribunal großer Männer aussagen wird; mit diesem geistreichen Enzyklopädisten, der stets nur zu Ehren der Literatur und der Sitten schrieb; mit diesem erhabenen, seltenen Genie, dessen ehrwürdige Werke sämtlich mein größter Reichtum wären, wenn ich Vermögen besäße. Wie auch immer Sie zu meinem Angebot stehen, ich werde bei dieser Gelegenheit doch zumindest der Gunst teilhaftig, den Huldigungen der gesamten Schöpfung die meinigen hinzuzufügen. Haben Sie die Güte, mir eine kurze Antwort zu geben, und seien Sie vollkommen sicher, daß nichts Ihnen die Aufrichtigkeit meiner Bewunderung für Sie auszudrücken vermag.

Ich habe die Ehre, Monsieur, und bin mit tiefster Hochachtung

Ihr demütigster und gehorsamster Diener
Maréchal

Die Adresse ist: An Maréchal de Maisonneuve
Rue de l'Echaudé St. Germain

Paris, am 14. November 1761

Marc-Michel Rey an Rousseau

[15. April 1762]

Mein lieber Rousseau, am 13. des laufenden Monats habe ich zwei große Pakete, die den Gesellschaftsvertrag[1] enthalten, nach Dünkirchen per Adresse Monsieur Durend, Buchhändler, Rue du Foin, Paris, abgesandt, er ist der einzige, an den ich welche schicke, und er wird mir in Büchern zahlen, ich kann nichts weiter tun, um es meinen Fachgenossen leichter zu machen und um einen Nachdruck zu vermeiden.

In dem einen Paket sind für Sie

15 Gesellschafts-vertrag	auf gewöhnlichem Papier alles gebunden.	Ich bat Durend, sie Ihnen kostenlos zuzusenden.
15 dito	auf Postpapier	
14 dito	auf Papier Royal	
1 dito	auf Super Royal	
45		

1 heute abgesandt an Monsieur de Luxembourg, auf Super Royal
1 für Monsieur de Malesherbes, das abgesandt wird, sobald ich Nachricht habe, daß die Pakete in Dünkirchen eingetroffen sind
12 nach Genf
1 nach London
60 Exemplare

Ich schicke noch zehn an Monsieur du Voisin, ebenfalls als Geschenk, Sie sagen es ihm, wenn er die Verteilung vornehmen soll, wobei Sie das Vorrecht haben, ich habe ihn davon in Kenntnis gesetzt.
Das unterschiedliche Papier ist leicht auseinanderzuhalten. Royal ist viel dicker und schwerer als das gewöhnliche Papier, und das Postpapier ist schwächer als die beiden anderen. Ich versah das rückseitige marmorierte Papier des Einbandes bei allen Exemplaren mit einer

1 Papier Royal	Bleistiftmarkierung, um Ihnen die Verteilung zu erleichtern, wenn man sie Ihnen überträgt.
2 Postpapier	
3 gewöhnliches Papier	

Ich habe allen Grund anzunehmen, daß die Pakete bald in Dünkirchen eintreffen, da das Schiff schon unterwegs ist und der Transport ab Dünkirchen zu Lande erfolgt, so daß es keine Schwierigkeiten geben wird. Ich umarme Sie von ganzem Herzen, meine Frau schließt sich an.

Rey

Am 15. April 1762

1 Rousseaus Werk „Vom Gesellschaftsvertrag oder Grundsätze des Staatsrechts“ entstand 1760 und lag im August im Manuskript vor. Es erschien im April 1762 in Amsterdam.

Rousseau an Marc-Michel Rey

Montmorency, am 28. Mai 1762

Die Würfel sind gefallen, mein lieber Rey: meine Abhandlung über den Gesellschaftsvertrag wird in Frankreich weder erlaubt noch geduldet werden, und die strengsten Anordnungen wurden erlassen, um ihre Einfuhr zu verhindern. Wir haben uns, Sie und ich, dieser Entscheidung zu beugen, die wir nicht vorausehen mußten, da uns, uns Republikaner, nichts dazu verpflichtet, genau über die Grundsätze der königlichen Regierung informiert zu sein, aber auch nichts davon entbindet, uns im Bereich des Staates nach ihnen zu richten, sobald wir Kenntnis von ihnen erhalten.

Doch daraus folgt nicht, daß Sie meinen Namen aus einem Buch entfernen dürfen,[1] dessen Verfasser zu sein ich die Ehre habe und das neue Dinge enthält, die den Gefühlen eines ehrbaren Menschen und guten Bürgers zuträglich sind, nichts aber, das ich zurücknehmen müßte, auch nichts, das ich nicht vor einem wie auch immer fachkundigen Tribunal zu verteidigen bereit wäre. Was meine Person, mein Verhalten, meine Äußerungen anbelangt, so weiß ich, welchen Gehorsam und welche Achtung ich der Regierung und den Gesetzen des Landes schuldig bin, in dem ich lebe, und ich würde mich sehr ärgern, wenn irgendein Franzose dieser seiner Pflicht besser nachkäme als ich. Doch was meine in einer Republik veröffentlichten republikanischen Grundsätze anbelangt, so gibt es in Frankreich weder eine Behörde noch ein Tribunal, Parlament, einen Minister oder den König selbst, der auch nur das Recht hätte, mich darüber zu befragen und von mir Rechenschaft zu fordern. Meint man, mein Buch sei für das Land schädlich, so kann man seine Einfuhr verbieten, meint man, ich hätte unrecht, so kann man mich widerlegen; das ist alles.

Ihre freundschaftlichen Gefühle für mich sollen um meinetwillen nicht in Unruhe geraten. Man kennt und achtet viel zu sehr das Recht des Menschen, um das eines armen Kranken, dessen friedlicher Aufenthalt in Frankreich vielleicht nicht weniger ehrenvoll für die Regierung ist als für ihn, in gehässiger Weise zu verletzen. Überdies, an welchem Ort der Welt ist man denn vor der Ungerechtigkeit der Menschen sicher? Meine einzige Sorge war und wird stets sein, alles so einzurichten, daß niemand auf der Welt mir mit Fug und Recht etwas zuleide tun kann. Das übrige übersteigt meine Kräfte, und so kümmere ich mich nicht darum. Dabei bleibe ich. Was die Herren Dessaint und Saillant Ihnen in ihrem ersten Brief mitteilen, nämlich daß man als größte Gunst die Rücksendung erwirken könne, und in ihrem zweiten, daß man ohne Frage kein einziges Exemplar wieder herausgeben wird, so gestehe ich Ihnen, daß ich nichts von alledem begreife. Auf welches Vernunftsprinzip könnte man sich stützen, um Ihnen so gewaltsam Ihr Gut vorzuenthalten? Ich für mein Teil kann mir nur zwei Fälle vorstellen, die eine solche Gewalttätigkeit wie die Beschlagnahme rechtfertigen. Der erste, wenn Sie Ihre Sendung heimlich, ohne Wissen der Behörde, ins Königreich eingeführt hätten. Der zweite, wenn das Werk eine Satire oder eine Schmähschrift gegen die Regierung wäre. Ihr Brief an die Behörden und die Zusendung eines Exemplars macht Sie im ersten Fall frei von jeder Schuld und der Charakter des Werkes im zweiten, denn ein Buch, in dem man die Regierung nur hinsichtlich ihrer Prinzipien und der notwendigen Folgen dieser Prinzipien untersucht, kann keinen Bezug auf irgendeine spezielle Regierung haben, der nicht auch für alle anderen gleichartigen Regierungen gilt, so daß nichts, was ich über die Regierungen in Monarchien sagte, auf Frankreich zutrifft, was nicht gleichzeitig auf jede andere Monarchie zuträfe. Ich habe also die Schranken einer rein philosophischen und politischen Diskussion weder überschritten, noch konnte ich sie überschreiten und man muß schon recht seltsame Ideen haben, wenn man sich anmaßt, uns Republikanern das Recht zu nehmen, Grundlagen und Mängel der monarchischen Herrschaftsform im allgemeinen zu untersuchen und zu diskutieren, während die königstreuen Schriftsteller tagtäglich ihre Bücher mit soviel Unanständigkeiten und Dummheiten gegen die republikanische Herrschaftsform vollstopfen. Die republikanischen Staaten haben dieselbe Souveränität wie die Könige, so daß man ihnen nicht weniger Respekt

schuldet als den anderen. Fordern Sie also Ihre Pakete zurück, man wird sie Ihnen sicherlich wiedergeben.
Sie wissen, unter welchen Einschränkungen und Bedingungen ich stets mit Rücksicht auf Frankreich mit Ihnen verhandelt habe, dennoch werde ich mich nie sträuben, für Ihre diesbezüglichen Verluste aufzukommen, und ich will über den Anteil, den ich zu übernehmen habe, keinen anderen Schiedsrichter als Sie selbst. Emile – und nicht Emilie – erscheint hier seit einigen Tagen und bereitet mir viele Ungelegenheiten. Adieu, tausend Grüße an Madame Rey, an Mademoiselle Du Moulin, an die ganze Familie; ich umarme Sie, ich muß schließen.

J.-J. Rousseau

1 Es war im 18. Jahrhundert üblich, daß die Philosophen der Aufklärung ihre Bücher anonym veröffentlichten, um juristischen Verfolgungen zu entgehen.

Rousseau an Paul-Claude Moultou

Montmorency, am 7. Juni 1762

Ich würde mich wohl hüten, lieber Moultou, Sie in Unruhe zu versetzen, wenn ich annehmen könnte, daß Sie im Hinblick auf mich unbesorgt sind; doch es gärt viel zu stark, als daß das Gerücht davon nicht bis zu Ihnen vorgedrungen wäre, und nach den Briefen zu urteilen, die ich aus der Provinz erhalte, sorgen sich die Menschen, die mich lieben, hier noch viel mehr um mich als in Paris. Mein Buch[1] erschien unter unglücklichen Umständen. Der Pariser Gerichtshof will, wie es heißt, um seinen Eifer gegen die Jesuiten zu rechtfertigen, auch die verfolgen, die gar nicht wie jene denken, und der einzige Mensch in Frankreich, der an Gott glaubt, wird darum zum Opfer der Verteidiger des Christentums. Seit mehreren Tagen sind alle meine Freunde um die Wette bemüht, mich in Schrecken zu versetzen; überall wird mir ein Unterschlupf angeboten, doch da man mir keine vernünftigen Gründe angibt, die ich akzeptieren könnte, bleibe ich hier; denn Ihr Freund Jean-Jacques hat nicht sich zu verstecken gelernt. Auch denke ich, daß man das Unheil aufbauscht, um mich zum Wanken zu bringen; denn ich kann nicht begreifen, inwiefern ich, ein Bürger von Genf, eines Buches wegen, das ich mit Erlaubnis der Generalstände drucken ließ, dem Pariser Gerichtshof Rechenschaft schuldig sein sollte. Die einzige Möglichkeit der Verteidigung, die ich anwenden kann, wenn man mich verhört, ist die Ablehnung meiner Richter, doch mit dieser Möglichkeit werden sie sich nicht zufriedengeben; denn ich sehe, daß der Gerichtshof im Bewußtsein seiner außerordentlichen Macht keine rechte Vorstellung vom Recht des Menschen hat und es daher bei einem kleinen Einzelwesen wie mir kaum respektieren wird. In allen Körperschaften gibt es Interessen, denen die Justiz stets untergeordnet ist, und es ist nicht verwerflicher, wenn man am Pariser Gerichtshof einen Unschuldigen verbrennen läßt, als wenn man am Toulouser Gerichtshof einen aufs Rad flicht.[2] Freilich, im allgemeinen schätzen die Behörden der ersten dieser Körperschaften die Gerechtigkeit und sind stets unparteiisch und maßvoll, solange sich keine übermäßig starke Macht entgegenstellt; doch sobald sich eine solche Macht in die Angelegenheiten einmischt, leisten sie keinen Widerstand. So sind die Menschen, lieber Moultou, so ist die vielgerühmte Gesellschaft; die Gerechtigkeit spricht, und die Leidenschaften handeln. Im übrigen, obschon ich nur öffentlich die wahren Fakten aufzudecken oder im Gegensatz dazu nur irgendeine Lüge aufzutischen brauchte, um mich ihnen zum Trotz aus der Affäre zu ziehen, bin ich fest entschlossen, nichts als die Wahrheit zu sagen und niemanden bloßzustellen, und formuliere meine Antworten stets ganz vorsichtig, so daß ich ihnen das schönste Spiel der Welt liefere und mich zu ihrem Vergnügen zugrunde richte.

Jedoch, lieber Moultou, wenn der Grundsatz[3], den ich mir wählte, nicht nur bloßes Geschwätz ist, so ist jetzt Gelegenheit, mich seiner würdig zu zeigen, und wofür könnte ich das bißchen Leben, das mir noch bleibt, besser nutzen? Wie auch immer die Menschen mit mir umgehen, was könnten sie mir antun, das die Natur und meine Leiden mir nicht schon bald auch ohne ihre Beihilfe antun? Sie

können mir ein Leben nehmen, das mir mein Zustand zur Last macht, doch meine Freiheit können sie mir nicht nehmen, ich werde sie behalten, was auch immer sie anstellen, in ihren Ketten und in ihren Mauern. Mein Lebensweg ist beendet, es bleibt mir nur noch, ihn zu krönen. Ich gab Gott die Ehre, ich verteidigte das Gute im Menschen, o Freund, für eine solch große Sache werden weder Du noch ich uns jemals weigern zu leiden. Heute tritt der Gerichtshof wieder zusammen; ich warte in aller Ruhe, was er über mich zu verfügen belieben wird.
Vor einigen Tagen haben es die Herren Voullaire übernommen, Ihnen ein Exemplar meines Buches zukommen zu lassen; doch ich bin im Augenblick außerstande, weitere nach Genf zu schicken, wie ich es mir vorgenommen hatte. Es heißt, man verkaufe es, seit es verboten ist, zu einem unmäßigen Preis. Jemand erzählte mir gestern, er habe gesehen, wie man 42 Pfund dafür zahlte. Adieu, lieber Moultou, ich umarme Sie zärtlich. Sobald sich mein Schicksal entscheidet, unterrichte ich sie, wenn ich in Freiheit bleibe. Wenn nicht, erfahren Sie es durch die Öffentlichkeit.

1 Gemeint „Emile oder Von der Erziehung" (1762).
2 Am 9. März 1762 wurde Jean Calas, ein hugenottischer Kaufmann aus Toulouse, das Opfer des Religionsfanatismus der katholischen Kirche.
3 1759 wählte Rousseau zu seinem Wahlspruch: „Sein Leben der Wahrheit weihen" (Juvenal).

Exil in Preußisch Neuenburg (Neuchâtel)
1762 – 1765

Jean Le Rond d'Alembert an Rousseau

Montmorency, am 15. Juni [1762]

Monsieur, wie ich die Ehre hatte, Ihnen sagen zu lassen, habe ich gewartet, bis ich die Lektüre Ihres Werkes[1] beendet hatte, um Ihnen dafür meinen Dank zu sagen und mit Ihnen ausführlicher darüber zu sprechen. Ich rechnete sogar damit, Besseres tun zu können, als an Sie zu schreiben, ich schmeichelte mich mit der Hoffnung, das Vergnügen zu haben, Sie auf Montmorency zu besuchen und mich mit Ihnen darüber zu unterhalten, doch eine Truppe von Fanatikern, die sich in den Gazetten *Väter des Vaterlandes* nennen, fand Gefallen daran, Sie zu verfolgen, weil Sie recht haben und weil Sie den Menschen den Plan für eine vernünftige Religion[2] gaben. Dieses Unglück, an dem ich, Monsieur, allen Anteil nehme, den eine alte Freundschaft und die größte Wertschätzung mir einflößen können, läßt mir nur Kraft, mit Ihnen über Sie selbst zu sprechen und Ihnen in der Lage, in der Sie sich befinden, alles anzubieten, was von mir abhängen könnte, um Ihr Los zu erleichtern. Da es doch sicher in Ihrer Absicht liegt, ein Land zu suchen, in dem man frei über den Aberglauben der Menschen nachdenken kann, so dürften Ihnen die Staaten des preußischen Königs zusagen; die Wohltaten, mit denen dieser Fürst mich beehrt, hätten noch mehr Wert für mich, wenn sie mich in die Lage versetzten, Ihnen nützlich zu sein. Ich zweifle nicht daran, daß er, wie es seine Pflicht ist, einen Mann Ihrer Reputation und Ihres Verdienstes aufnimmt, er besitzt selbst viel zuviel davon, um nicht zu spüren, daß Männer wie Sie rar sind, daß es ruhmvoll ist, wenn man sich ihrer Gegenwart erfreuen kann, und schändlich, wenn man den Preis nicht kennt. Sollten Sie sein Unglück, König zu sein, als Makel empfinden, der auch dadurch nicht in Ihren Augen gelöscht wird, daß er Philosoph ist und einen guten Ruf hat, sollten Sie fürchten, an einem Hof zu leben, der freilich nur diesen Namen hat, denn es gibt keine Höflinge an ihm, so würden Sie, denke ich, in Neuchâtel in den Staaten eben dieses Fürsten eine Zuflucht finden, wie Sie sie sich nur wünschen können, und einen Statthalter (Lord-Marschall), der Sie aufnehmen und behandeln würde, wie die Erzväter des Alten Testaments die verfolgte Tugend aufnahmen und behandelten.

Ich mache Ihnen, Monsieur, keine weiteren Angebote, ich zweifle nicht daran, daß Ihre Freunde Rat schafften, wenn Sie welchen benötigten, ich habe gehört, und ich sehe es selbst, wie liebevoll sie an Ihrem Unglück Anteil nehmen, und diese Anteilnahme bewegt mich dazu, sie zu lieben, als seien sie meine Freunde; ich halte sie heute ebenso in Ehren, wie ich sie vordem respektierte, und welches berechtigte Vorurteil Sie auch gegen den Hof haben mögen, ich zweifle nicht daran, daß Sie in diesem Falle dasselbe sagen, was Molière bei ganz anderer Gelegenheit von einem Bettler sagte, der ihm einen Louis d'or zurückbrachte: *oder zieht die Tugend ein?*

Wenn etwas Ihren Kummer zu lindern vermag, so vielleicht dieser Gedanke: von Sokrates bis zu Ihnen gab es stets Anitusse und ..., und während Dummköpfe Sie weit weg verbannen, stellen die Literaten, die schreiben und denken können, Sie an ihre Spitze, und allerorten finden Sie tausend offene Münder, die Ihnen dies bestätigen, und tausend offene Arme, die Sie aufnehmen. Ihr letztes Werk, das so angefüllt ist mit neuen, großen Wahrheiten, mit Tugend, Gefühl und Redekunst, setzt Ihrer Reputation die Krone auf, zur gleichen Zeit aber auch Ihrem Unglück, Sie können es das Kind Ihres Schmerzes und Ihres Ruhmes nennen. Die anständigen Menschen (denn es gibt sie noch, und Ihnen wurde die Tröstung zuteil, dies zu erfahren) haben eine kräftigere Stimme als die Heuchler und Fanatiker; und das Lob dieser ehrwürdigen Freunde wird Sie das der Nachwelt im voraus auskosten lassen, die Ihren Namen voller Respekt aussprechen und den Ihrer erbärmlichen Feinde nicht einmal kennen wird. Adieu, Monsieur, hassen Sie (nichts ist gerechter) die große Masse der Menschen, wie sie es verdient, aber lieben Sie auch einige von ihnen und haben Sie die Güte, mich dazu zu zählen.

1 „Emile oder Von der Erziehung".

2 Das in „Emilie" enthaltene „Glaubensbekenntnis des savoyischen Vikars".

Rousseau an Thérèse Levasseur

17. Juni [1762]

Mein teures Kind, Sie werden mit großer Freude erfahren, daß ich in Sicherheit bin.[1] Könnte ich doch bald erfahren, daß es Ihnen gut geht und Sie mich immer lieben. Ich habe mich bei meiner Abreise und während der ganzen Fahrt mit Ihnen beschäftigt; augenblicklich beschäftigt mich die Sorge, wieder mit Ihnen zusammen sein zu können. Überlegen Sie, was Sie zu tun gedenken, und folgen Sie dabei allein Ihrer Neigung: denn wieviel Widerwillen ich auch habe, mich von Ihnen zu trennen, nachdem wir so lange zusammen lebten, ich kann es dennoch, ohne Schaden, freilich aber mit Bedauern. Ihr Aufenthalt in diesem Land bereitet sogar Schwierigkeiten, die mich jedoch nicht abschrecken würden, wenn Sie gern herkommen möchten. Gehen Sie mit sich zu Rate, mein teures Kind, prüfen Sie, ob Sie meine Zurückgezogenheit zu ertragen vermögen; sollten Sie kommen, werde ich versuchen, sie Ihnen angenehm zu gestalten, und ich werde sogar alle nur mögliche Vorsorge treffen, daß Sie, sooft Sie wollen, die Pflichten Ihrer Religion erfüllen können. Wenn Sie aber lieber bleiben wollen, tun Sie es ohne Bedenken, ich werde mit meiner ganzen Kraft dazu beitragen, Ihnen das Leben behaglich und angenehm zu machen.

Ich bin nicht im Bilde, was vor sich geht, doch die schweren Ungerechtigkeiten des Gerichtshofes können mich nicht mehr überraschen, es gibt keinerlei Schrecken mehr, auf die ich nicht vorbereitet wäre. Mein Kind, verachten Sie mich nicht wegen meines Mißgeschicks. Die Menschen können mich unglücklich machen, doch sie werden mich weder böse noch ungerecht machen, und Sie wissen besser als sonst jemand, daß ich nichts wider die Gesetze tat.

Ich weiß nicht, wie man über die Sachen entscheiden wird, die in meinem Haus verblieben sind; ich vertraue voll und ganz der Gefälligkeit Monsieur Dumoulins, der freundlicherweise über sie wachen wollte. Ich denke, daß dadurch viele Schwierigkeiten vermieden werden, die andere in den Weg gelegt hätten. Ich glaube nicht, daß der Gerichtshof, so ungerecht er auch sein mag, die Niedertracht besitzt, meinen Plunder zu konfiszieren. Indessen, sollte dies eintreten, so kommen Sie mit nichts, mein Kind, und ich werde über alles getröstet sein, sobald ich Sie bei mir haben werde. Drückt man ein Auge zu, was ich glaube, und läßt Sie über alles verfügen, ziehen Sie die Herren Mathas, Dumoulin und de La Roche zu Rate, wie Sie sich alles oder doch den größten Teil, insbesondere die Bücher und die großen Möbel, vom Halse schaffen können, da der Transport mehr kostete, als sie wert sind, und das übrige sollten Sie sorgfältig einpacken lassen, damit es mir auf einem Weg zugeschickt werde, der Monsieur le Maréchal bekannt ist: Vor allem aber sollten Sie versuchen, mir einen Koffer mit Wäsche und Kleidungsstücken zuleiten zu lassen, den ich dringend benötige, wobei Sie dem Koffer eine genaue Inhaltsangabe beifügen müßten. Wenn Sie kommen, wählen Sie das Beste aus, was am wenigsten Platz beansprucht, und nehmen es mit, so wie auch das Geld, das alles übrige einträgt und das Sie für Ihre Reise verwenden können. Sollte dies zusammen mit der Summe von Monsieur de La Roche mehr sein, als was Sie brauchen, so lassen Sie es durch den Bankier, der Ihre Reise vorbereiten wird, in einen Wechsel konvertieren. Denn wider Erwarten habe ich herausgefunden, daß das Leben hier teuer ist, daß alles viel kostet und es also keine Kleinigkeit sein wird, wenn wir uns schlechthin mit den nötigsten Möbeln und Kleidungsstücken ausrüsten wollen. Sie wissen, daß das Spinett und einige Bücher zurückgegeben werden müssen und daß Monsieur Mathas, der Metzger und mein Barbier zu bezahlen sind; ich werde Ihnen einen Merkzettel über alles schicken. Sie haben gewiß im Deckel der Bonbondose drei oder vier Taler gefunden, die für die Bezahlung des Metzgers reichen müßten.

Ich habe mich noch nicht entschieden, welche Zufluchtsstätte ich in diesem Lande wählen werde. Ich erwarte Ihre Antwort, um mich festzulegen; denn wenn Sie nicht kommen, würde ich anders planen. Bitte bezeugen Sie den Herren Mathas und Dumoulin, Madame de Verdelin, den Herren Alamanni und Mandard, Monsieur und Madame La Roche und besonders allen Menschen, die Ihnen an meinem Schicksal interessiert zu sein scheinen, wieviel es mich kostete, daß ich so plötzlich alle Freunde und ein Land verlassen mußte, in dem ich wohlgelitten war. Sie kennen den wahren Grund für meine Abreise; hätte niemand in dieser unglückseligen Angelegenheit gefährdet werden können, so wäre ich sicherlich nicht abgereist,[2] da ich mir nichts vorzuwerfen habe. Versäumen Sie auch nicht, in meinem Auftrag den Pfarrer zu besuchen und ihm zu versichern, daß ich stets mit innerer Bereicherung seinen Eifer und seine ganze Haltung bewunderte und sehr bedauert habe, mich von einem so ehrwürdigen Hirten entfernen zu müssen, dessen Beispiel mich besser machen würde. Monsieur Alamanni hatte versprochen, mir eine Bandage anfertigen zu lassen, jenem Modell gleich, das er mir zeigte, nur müßte das, was rechts war, links sein; ich denke, daß diese Bandage sehr wohl ohne genaue Maße gearbeitet werden könnte, indem die Knopflöcher noch nicht ausgeschnitten werden, so daß ich sie hier nach meinen Maßen ausführen lassen könnte; wenn er es freundlicherweise übernehmen würde, mir zwei gleiche anfertigen zu lassen, so wäre ich ihm unendlich dankbar; Sie müßten sich darum kümmern, daß er den Preis erstattet bekommt, und mir alle beide im ersten Koffer beilegen, den Sie mir schicken. Vergessen Sie auch nicht die Kerzenetuis, und seien Sie achtsam, packen Sie das Ganze äußerst sorgfältig ein.

Adieu, mein teures Kind, meinen Kummer über die Schwierigkeiten, in denen ich Sie lasse, lindern ein wenig die Wohltaten und dic Gönnerschaft Monsieur le Maréchals und seiner Gattin, die Sie in der Not nicht allein lassen werden. Monsieur und Madame Dubettier scheinen Ihnen sehr zugetan zu sein, ich wünschte, Sie würden eine Aussöhnung in die Wege leiten, auf die sie sicherlich eingingen; könnte ich sie doch auch mit Monsieur und Madame La Roche versöhnen! Wenn ich geblieben wäre, hätte ich dieses gute Werk versucht, und ich denke, daß es mir gelungen wäre. Adieu abermals, ich lege Ihnen all dies ans Herz, besonders aber, daß Sie Ihre Gesundheit pflegen und auf sich aufpassen.

1 Am 9. Juni 1762 hatte Rousseau fluchtartig Montmorency und Frankreich verlassen und am 11. Juni das Territorium von Bern

erreicht. Danach hielt er sich einen Monat bei seinem alten Freund Roguin in Yverdon, am Südende des Neuenburger Sees, auf (siehe „Bekenntnisse“ Buch XII, S. 579 ff.).

2 Der Marschall und die Marschallin von Luxembourg fürchteten, in den Fall Rousseau verwickelt zu werden, wenn man ihn verhaftete. Sie und auch der Prinz von Conti drängten ihn zu fliehen.

Rousseau an Friedrich II., König von Preußen[1]

[10. oder 11. Juli 1762]

Ich habe viel Schlechtes über Sie gesagt, ich werde es vielleicht auch wieder tun; dennoch habe ich, aus Frankreich, Genf, dem Kanton Bern verjagt, Zuflucht in Ihren Staaten gesucht, vielleicht ist es mein Fehler, daß ich nicht hier den Anfang machte; dieses Lob gehört zu jenen, deren Sie würdig sind. Sire, ich habe keine Gnade von Ihnen verdient, und ich begehre auch keine. Doch ich glaubte Eurer Majestät erklären zu müssen, daß ich mich in ihrer Gewalt befinde und daß ich dies wollte, sie kann über mich verfügen, wie es ihr beliebt.

1 Zu seinem Herrschaftsbereich gehörte das Fürstentum Neuenburg (Neuchâtel) (siehe „Bekenntnisse“ Buch XII, S. 582 ff.).

George Keith, Lord-Marschall von Schottland, an Rousseau

Colombier, am 12. Juli 1762

Monsieur,
ich schreibe an den König, damit er die notwendigen Weisungen hinsichtlich Ihres Asyls hierzulande erteilt, seien Sie unterdessen unbesorgt, ich würde mich freuen, wenn ich Ihnen eine Freude machen und einen Dienst erweisen könnte, da ich Ihren Verstand bewundere und Ihre Lebensweise respektiere.

Marschall von Schottland

Wenn Sie herkämen, würden Sie mir eine große Freude bereiten, ich würde ein Pferd oder eine Kutsche schicken, um Sie herbringen zu lassen, Sie könnten ungeniert bleiben, so lange oder so kurz, wie es Ihnen beliebt. Sie hätten in meiner Person einen Greis vor sich, der einem Wilden ähnelt, der aber durch den Umgang mit zivilisierten Barbaren vielleicht ein wenig verdorben wurde.

Eine Genferin an Rousseau

[Ende Juli 1762]

Monsieur,
ich habe zu Ihren Bewunderinnen gehört und mir so oft gewünscht, Sie über die schwierigsten Materien räsonieren zu hören. Dennoch, Monsieur, hatte ich Ursache, Ihre überspannte Philosophie mißbilligen zu müssen, sie kam mir stets unvernünftig vor, ich mußte mir oft von Ihren Bewunderern sagen lassen, ich sei eine Ignorantin, doch trotz meiner Ignoranz, Monsieur, möchte ich Ihnen sagen, daß Sie eine Geißel der Menschheit sind. Wäre Ihnen ein wenig Menschenverstand geblieben, so würden Sie die Bände Ihres Buches einsammeln, um sie mit eigener Hand zu verbrennen, und Ihre Feder sowie Ihren Geist nur noch darauf verwenden, Dinge zu schreiben, mit denen Sie Gott und die Menschen nicht beleidigen. Ich für mein Teil halte Sie für unwürdig, den Namen eines Bürgers unserer Republik zu tragen. Ich brauche Ihnen nicht zu sagen, daß ich ein ungebildetes Mädchen bin, doch das Herz tut mir weh, da ich weiß, wieviel Leid Ihre Bücher der Menschheit antun, als deren Freund Sie sich erklärten. Pardon, Monsieur, das Herz, die Religion spricht. Ach, wie sehr hätte ich gewünscht, daß Sie ebenso wie ich diese göttliche Religion liebten, sie hätte Ihnen wie auch Ihren Freunden viel Kummer erspart. Ich wäre entzückt, wenn ich wüßte, daß Sie Ihr Unrecht einsehen, und ich gäbe Ihnen mit herzlichem Vergnügen den Namen meines lieben Mitbürgers wieder zurück.

Rousseau an George Keith, Lord-Marschall von Schottland

[um den 18. August 1762]

Mylord,

es stimmt voll und ganz, daß ich Ihnen die Erlaubnis des Königs verdanke, in seinen Staaten leben zu dürfen, und Ihretwegen ist sie mir von großem Wert; wäre sie mir verweigert worden, hätten Sie sich vorwerfen können, daß Sie meinen Weggang in ein Exil verwandelt haben. Was meine mir selbst auferlegte Verpflichtung anbelangt, nicht mehr zu schreiben, so ist dies, wie ich hoffe, keine Bedingung, die Seine Majestät mir für das gütigst gewährte Asyl stellen will. Ich verpflichte mich ihm und Eurer Exzellenz gegenüber lediglich dazu, und zwar von Herzen gern, die Gesetze, den König, die rechtschaffenen Leute und alle Pflichten des Gastrechtes zu respektieren, so wie ich es stets in meinen Schriften und in meiner Handlungsweise hielt. Gewöhnlich schätze ich die Könige nur wenig, und ich liebe die monarchische Herrschaftsform nicht, doch ich befolgte die Gesetze der Zigeuner, die bei ihren Streifzügen stets den Hofstaat verschonen, in dem sie wohnen. Als ich in Frankreich lebte, hatte Louis XV. keinen besseren Untertanen als mich, und sicherlich werde ich gegen einen völlig andersgearteten Fürsten nicht weniger treu sein. Was aber meine Denkart ganz allgemein, über welche Materie auch immer, anbelangt, so ist sie meine Sache, da ich von Natur aus republikanisch gesinnt und frei bin. Und solange ich sie nicht in dem Staat verbreite, in dem ich lebe, bin ich dem Souverän keinerlei Rechenschaft schuldig, da er kein befugter Richter darüber ist, was ein Mensch, der nicht sein Untertan ist, außerhalb des Landes macht. Dies sind meine Ansichten, Mylord, und meine Regeln. Ich habe mich nie von ihnen entfernt und werde mich nie von ihnen entfernen. Damit habe ich alles gesagt, was ich sagen wollte, und ich wiederhole mich nicht gern immer wieder. In diesem Sinne gelobte ich mir und gelobe mir aufs neue, nicht mehr zu schreiben; doch noch einmal: ich habe es allein mir gelobt.

Nein, Mylord, ich habe es nicht nötig, daß die netten Leute von Môtiers[1] mich von hier verjagen, damit ich mir wünsche, den viereckigen Turm bewohnen zu können, und wenn ich ihn bewohnen würde, so geschähe es nicht, um mich unsichtbar zu machen, denn es ist mehr wert, Mensch und Ihnen gleich zu sein, als der Gott des Pöbels und der Dalai-Lama zu werden. Doch ich habe begonnen, es mir in meiner Behausung bequem zu machen, und ich kann vor dem Winter nichts daran verändern, ohne mir Unbehagen zu bereiten, das meine Tätigkeit störte und meiner Gesundheit schadete. Um Feiertage hervorheben zu können, muß es auch andere Tage geben. Wenn meine Wallfahrten Ihnen nicht lästig sind, so kann ich meine Zeit sehr angenehm dafür nutzen, in etwa so, wie es Ihnen mit dem König geht. Hier plausche ich mit Frauen; auf Colombier werde ich mit Ihnen denken.

Alles, was man Ihnen aus Bern darüber schrieb, wie Monsieur de Voltaire in Genf und sonstwo mit Hilfe des Jongleurs[2] gegen mich vorging, weiß jedes kleine Kind in diesem Land. Er duldet nur die Atheisten und will jeden verbannen lassen, der an Gott zu glauben wagt. Der Klerus von Genf, der Verstand hat und aufgeschlossen ist, ließ sich von ihm nicht zum Narren halten. Aber finden Sie es nicht drollig, daß dieser neue Missionar das gesamte Pfaffentum von Bern und vom Waadtland aufwiegelt, um den geschmähten Atheismus zu rächen? Damit nicht genug, schreibt er mir anonyme Briefe, die lustig wirken sollen, aber nichts anderes als verrückt sind. Ständig hat er die Güte, sich meinetwegen zu sorgen. Wollte sich der arme Mann die Mühe machen, mich auf seine Schultern zu nehmen, so würde ich dadurch kaum größer.[3]

1 Bergdorf im preußischen Fürstentum Neuenburg. Rousseau bewohnte hier das Haus von Jean-Pierre Boy de la Tour, des Sohnes der Frau Boy de la Tour, von Juli 1761 bis September 1765.

2 Rousseau hatte dem Genfer Arzt Théodore Tronchin den Beinamen „Jongleur“ gegeben (siehe „Bekenntnisse“ Buch IX, S. 466, Anm.).

3 Fontenelle hatte in den „Plaudereien über die Alten und die Modernen“ (1688) die Theorie des Fortschritts unter anderem mit dem Argument exemplifiziert, daß ein Zwerg weiter sieht als ein Riese, wenn der ihn hochhebt.

Rousseau an Isaac-Ami Marcet de Mézières

Môtiers, am 20. April [1762]

Ich erhalte gerade, lieber Freund, Ihren Brief vom 17., in dem Sie mir einen weiteren über den Postweg jener Vertrauensperson ankündigen, mit der Sie sich besprochen haben. Dieser Brief ist nicht bei mir eingetroffen, was mir einen Verdacht bestätigt, der mir bei gewissen Verzögerungen kam, daß nämlich die an mich adressierten Briefe geöffnet werden. Setzen Sie bitte besagten Mann davon in Kenntnis, damit er Abhilfe schaffe, indem er entweder vermeidet, seine Briefe der Genfer Post anzuvertrauen, oder aber die Adresse einer Mittelsperson benutzt, um die Neugierigen irrezuführen. Ich treibe irgend jemanden auf, wenn ich mich darum kümmern soll.

Ihr Plan[1] erscheint mir gut und wohldurchdacht, und Sie können mit meiner Vollmacht rechnen, wann immer es Ihnen beliebt, denn ich schenke Ihnen vorbehaltlos mein Vertrauen. Doch ich denke, es ist notwendig, daß man die Geister sich ein wenig beruhigen läßt und einen Schritt nicht überstürzt, bei dem man nichts verliert, wenn man wartet. Es kann einfach nicht sein, daß mein Buch nicht bei näherer Bekanntschaft gewinnt und man allmählich das Vorurteil in diesem närrischen Antrag des Staatsanwaltes über Bord wirft, dessen sich Monsieur Joly de Fleury selbst schämt und für den er nicht die Verantwortung übernimmt, indem er vielmehr aussagt, er stamme nicht von ihm. Aus der Quelle des Bösen muß das Heilmittel kommen, und wenn die Franzosen selbst ihr Verhalten tadeln, werden ihre Affen weniger Mühe haben, sie nachzuahmen. Nun, meiner Meinung nach wird dieser Wandel in Frankreich nicht lange auf sich warten lassen, und dann werden wir leichteres Spiel haben. Glauben Sie mir, nichts ist in Gefahr; warten wir's ab. Der König von Preußen hat gerade seine Einwilligung zu meinem Aufenthalt in seinen Staaten gegeben, daher bin ich unbesorgt, und nichts drängt zur Eile.

Ihre Ratschläge, lieber Freund, sind sehr gut, doch ich glaube, Sie haben sich irreführen lassen bezüglich des Zieles, denn Sie müßten mich eher ausschelten, daß ich in dieser Angelegenheit zuviel Gleichgültigkeit an den Tag lege denn zuviel Leidenschaft. Fest steht, daß ich im ersten Moment von den Beleidigungen, die man mir in meinem Vaterland antat, tief aufgewühlt war; doch schon im nächsten Augenblick hat sich diese ganze Aufregung gelegt, und ich sah ein, daß ich mich wegen nichts und wieder nichts erregt hatte. Denn, mein lieber Philosoph, sagen Sie mir um Gottes willen, welches Interesse könnte ich an alledem haben? Welchen Vorteil bringt mir mein Titel eines Bürgers von Genf? Welchen Nutzen, welche Ehre habe ich davon? Welche Sicherheit, welche Freiheit könnte ich in einem Lande erwarten, in dem die Machthaber aus persönlichem Haß gegen mich aufgehetzt wurden, so daß sie nur noch mich zu schikanieren versuchen? Finde ich nicht allerorten zu diesem Preis ein solches Asyl? Erlauben Sie mir, Ihnen zu sagen, daß mein leider viel zu bekannter Name mir überall, wo ich auch wohnen werde, als Bürgerrecht dient. Ich werde überall ebensoviel Freunde und Achtung finden wie in Genf, und ich werde nirgends ebenso viele und ebenso gefährliche Feinde finden. Habe ich in dieser Sache in irgendeiner Hinsicht unrecht? Worüber soll ich mich also grämen? Ihre Ratschläge strafen Sie Lügen, denn ich beuge mich freiwillig dem Zwang der Notwendigkeit, Sie aber wollen, daß ich Trotz biete. J.-J. Rousseau war frei in Paris, in Montmorency, er ist es in Môtiers, er wird es überall sein außer in Genf, er hat keine Lust, die Untertanenschar des Poeten Voltaire zu mehren und, was noch schlimmer ist, die des Jongleurs Tronchin. Das Papier geht mir aus. Adieu, ich umarme Sie.

J.-J. Rousseau

1 Marcet de Mézières hatte Rousseau am 17. August 1762 mitgeteilt, daß er eine Eingabe an den Kleinen Rat von Genf geschickt habe, mit dem Ziel, die gegen Rousseau verfügten Maßnahmen rückgängig zu machen.

Rousseau an Marie-Charlotte-Hippolyte Campet de Saujon, Gräfin de Boufflers-Rouverel

Am 31. Oktober 1762

(1) Als Sie mir in Ihrem Brief vom 22. September (ich glaube, es war vielmehr der 22. Oktober) eine glückliche Schicksalswende ankündigten, glaubte ich zuerst, die Menschen, die mich verfolgen, wären es leid, weiter boshaft zu sein, der Pariser Gerichtshof hätte seine höchst unbillige Verfügung aufgehoben, der Magistrat von Genf sein Unrecht eingesehen, und die Öffentlichkeit wollte mir endlich Gerechtigkeit widerfahren lassen. Aber weit gefehlt, ich erkenne aus eben Ihrem Brief, daß doch wieder neue Beschuldigungen gegen mich erhoben werden; die Schicksalswende, die Sie mir ankündigten, beschränkt sich auf Angebote für meinen Lebensunterhalt, die ich gegenwärtig nicht benötige. Und da ich nie, selbst bei guter Gesundheit, etwas auf eine so unsichere Zukunft wie das menschliche Leben gab, so ist es für mich, schwöre ich Ihnen, das Unwichtigste auf der Welt, ob ich in drei Jahren etwas zu essen habe oder nicht.

(2) Ich bin jedoch durchaus nicht unempfänglich für die Wohltaten des Königs von Preußen, im Gegenteil, sie verstärken ein sehr zartes Gefühl, nämlich die Zuneigung, die ich für diesen großen Fürsten empfinde; sie schmeicheln meiner Selbstliebe und würden ihr noch mehr schmeicheln, wenn er diese Wohltaten nicht zuweilen mit mehr Großzügigkeit als Verstand verschwendet hätte. Ob ich davon Gebrauch machen muß – dies zu entscheiden, drängt mich nichts, ich habe Zeit, darüber nachzudenken.

(3) Was Monsieur Stanleys Angebote anbelangt – da alle Sie, Madame, betreffen, so ist es an Ihnen, ihm dafür zu Dank verpflichtet zu sein. Ich habe nicht einmal von dem Brief sprechen hören, den er, wie er Ihnen sagte, mir geschrieben haben will.

(4) Ich komme jetzt zum letzten Abschnitt Ihres Briefes, bei dem ich Mühe habe, etwas zu verstehen, und der mich in einem solchen Maße in Erstaunen setzt, vor allem nach den Gesprächen, die wir über diese Materien führten, daß

ich mehr als einmal die Handschrift prüfte, um zu sehen, ob wirklich Sie die Schreiberin waren. Ich weiß nicht, was Sie in dem Brief, den ich an meinen Pfarrer aus notwendigem Anlaß schrieb, zu mißbilligen haben. Wenn man Sie von Ihrem Engel reden hört, könnte man meinen, es ginge darum, eine neue Religion anzunehmen, während es doch nur darum geht, wie ehedem in der Glaubensgemeinschaft meiner Väter und meiner Heimat zu bleiben, aus der man mich auszuschließen versuchte; dazu braucht man keinen anderen Engel als den savoyischen Vikar. Wenn er reinen Gewissens in einem so extravaganten Kult die Hostie weihen würde, weiß ich nicht, warum J.-J. Rousseau nicht in einem so vernünftigen Kult ebenso kommunizieren dürfte, und ich weiß erst recht nicht, warum man, nachdem ich bislang unter Katholiken meine Religion bekannte, ohne daß man mir daraus ein Verbrechen gemacht hätte, plötzlich darauf verfällt, es sehr seltsam zu finden, wenn ich sie in einem protestantischen Land nicht aufgeben will.

(5) Doch warum dieser große Aufwand, einen Brief zu schreiben? Ja warum wohl, hier ist der Grund. Als Monsieur de Voltaire erkannte, daß ich vom Pariser Gerichtshof unterdrückt wurde, nutzte er mit der ihm und seinem Gefolge eigenen Großherzigkeit die Gelegenheit, um mich auch in Genf unterdrücken zu lassen und meiner Rückkehr in mein Vaterland eine unüberwindliche Barriere in den Weg zu stellen. Eines der sichersten Mittel, das er dabei anwandte, war jenes, mich als Glaubensverleugner abzustempeln: denn in dieser Hinsicht sind unsere Gesetze unzweideutig, und jeder Bürger oder Bourgeois, der sich nicht zu der Religion bekennt, die sie gutheißen, verliert damit sein Staatsbürgerrecht. Sie boten alle Kraft auf, er und der Jongleur, die Priester aufzuhetzen, sie hatten bei denen von Genf, die sie kannten, keinen Erfolg, doch sie wiegelten die des Waadtlandes derartig auf, daß ich trotz der Protektion und der Freundschaft Monsieur Bailli d'Yverduns und mehrerer Behörden den Kanton Bern verlassen mußte. Man versuchte, dasselbe in diesem Land zu bewerkstelligen; doch die Obrigkeit von Neuchâtel verteidigte mein Buch, die Kaste der Priester beugte sich, der Staatsrat strebte an, es im ganzen Land zu verbieten

und eventuell gegen meine Person vorzugehen: doch die Anordnungen von Lord-Marschall und die vom König deklarierte Protektion hinderten ihn ganz einfach daran, man mußte mich in Ruhe lassen. Indes kam die Zeit der Kommunion heran, und bei dieser Gelegenheit würde sich zeigen, ob ich mich von der protestantischen Kirche getrennt hatte oder nicht. Da ich mich unter diesen Umständen keiner öffentlichen Beschimpfung aussetzen wollte und erst recht nicht, indem ich mich nicht zeigte, stillschweigend den Vorwurf der Abtrünnigkeit bestätigen durfte, entschied ich mich, an Monsieur de Montmollin, den Genfer Gemeindepfarrer, einen Brief zu schreiben, den er in Umlauf brachte, doch die Voltairianer sorgten dafür, daß zahlreiche gefälschte Kopien angefertigt wurden. Ich war weit davon entfernt, eine Wirkung zu erwarten, wie sie der Brief hervorrief; ich betrachtete ihn als eine notwendige feierliche Versicherung, die zur rechten Zeit verwendet würde. Wie groß waren meine Überraschung und meine Freude, schon tags darauf Monsieur Montmollin bei mir zu sehen, der mir erklärte, daß er es nicht nur gutheiße, wenn ich an den heiligen Tisch käme, sondern daß er mich darum bäte, daß er mich mit der einstimmigen Einwilligung des gesamten Konsistoriums darum bäte, zur Erbauung seiner Gemeinde, deren Anerkennung und Wertschätzung mir sicher seien! Wir führten sodann einige theologische Disputationen, in denen ich ihm offen und ehrlich meine Auffassungen ungefähr in der gleichen Art und Weise darlegte, wie sie in dem Glaubensbekenntnis des Vikars skizziert sind, und hob mit Nachdruck und Aufrichtigkeit hervor, daß ich stets dem Evangelium und dem Christentum anhangen werde, ich verbarg aber auch nicht meine Schwierigkeiten und Zweifel vor ihm. Da er seinerseits meine Auffassung aus meinen Büchern hinlänglich kannte, vermied er klug die Lehrsätze, die mir zum Stolperstein werden oder ihn in Verlegenheit bringen konnten, er nahm nicht einmal das Wort Widerruf in den Mund, bestand auch auf keinerlei Ausdeutungen, und als wir auseinandergingen, war einer mit dem anderen zufrieden. Seitdem habe ich den Trost, als Glied seiner Kirche anerkannt zu sein, man muß unterdrückt und krank sein und an Gott glauben, um zu spüren, wie angenehm es ist, unter Brüdern zu leben.

(6) Da Monsieur de Montmollin sein Verhalten vor seinen Ordensbrüdern rechtfertigen mußte, brachte er meinen Brief in Umlauf. Der hatte in Genf eine solche Wirkung, daß er die Voltairianer zur Verzweiflung brachte und ihre Wut verdoppelte. Haufenweise kamen Genfer nach Môtiers gelaufen, sie umarmten mich unter Freudentränen und nannten Monsieur de Montmollin laut ihren Wohltäter und ihren Vater. Sicher ist auch, daß diese Angelegenheit Folgen gehabt hätte, wenn ich nur im geringsten geneigt gewesen wäre, mich dafür hinzugeben. Gleichwohl ist auch sicher, daß viele Priester unzufrieden sind; schließlich wurde das Glaubensbekenntnis des Vikars sozusagen in all seinen Punkten von einem ihrer Amtsbrüder gutgeheißen, das können sie nicht verdauen. Die einen murren, die anderen drohen zu schreiben, wieder andere schreiben wirklich; alle wollen unbedingt Widerrufe und Erklärungen, die sie nie bekommen werden. Was soll ich nun nach Ihrer Meinung tun, Madame? Soll ich meinen würdigen Pfarrer in der Klemme sitzen lassen, in die er aus Liebe zu mir geriet, soll ich ihn weiter dem Tadel seiner Amtsbrüder aussetzen, soll ich diesen Tadel durch mein Verhalten und durch meine Schriften bestätigen, indem ich meinen Schritt für falsch erkläre und ihm alle Schmach und Reue zuschiebe, sich dafür hergegeben zu haben? Nein, nein, Madame; man mag mich als einen Heuchler behandeln, soviel man will, aber ich werde weder ein Verräter noch ein Feigling sein. Ich werde mich nicht von der Religion meiner Väter lossagen, von dieser so vernünftigen, so reinen, mit der Einfachheit des Evangeliums in Einklang stehenden Religion, zu der ich vor Jahren ehrlichen Herzens zurückkehrte und zu der ich mich seitdem stets laut bekannte. Ich werde mich nicht in dem Augenblick lossagen, da sie einziger Trost meines Lebens ist und da jenem anständigen Manne, der mich an ihr festhalten ließ, daran gelegen ist, daß ich aufrichtig dabei bleibe. Ich werde auch nicht die äußeren Bande, so teuer sie mir sein mögen, auf Kosten der Wahrheit oder dessen, was ich dafür halte, zusammenhalten, denn eher könnte man mich exkommunizieren und immer

aufs neue Haftbefehle gegen mich erlassen, als mich dazu bewegen, etwas zu sagen, was ich nicht denke. Im übrigen werde ich mich über die unglaubwürdige Beschuldigung, scheinheilig zu sein, hinwegtrösten. Ein Autor, den man verbannt, verhaftet oder verbrennt, weil er beherzt seine Ansichten aussprach, weil er offen seinen Namen nannte, weil er nicht widerrufen wollte, ein Bürger, der sein Vaterland liebt, aber eher auf seine Heimat verzichtet als auf seine Freiheit, der sich lieber des Landes verweisen läßt, als daß er sich selbst untreu wird, ist ein Scheinheiliger gänzlich neuer Art. Ich sehe in dieser Lage nur eine Möglichkeit, wie man beweisen könnte, daß man kein Scheinheiliger ist; doch dieser Ausweg, zu dem meine Feinde mich zwingen wollen, wird nie meinem Geschmack entsprechen, was auch immer kommen mag, nämlich in aller Öffentlichkeit ein Gottloser zu sein. Madame, erklären Sie mir doch um Gottes willen, was Sie mit Ihrem Engel sagen wollen und was Sie an alledem auszusetzen haben.

(7) Sie fügen hinzu, Madame, ich müßte andere Umstände abwarten, um meine Religion zu bekennen (Sie wollten sagen, um weiterhin meine Religion zu bekennen). Ich habe vielleicht allzu lange gewartet, aus einem trotzigen Stolz heraus, den ich nicht abzulegen vermochte. Ich habe rein gar nichts unternommen, sosehr mich auch die Priester verfolgten. Sowie ich aber unter dem Schutz des Königs stand und sie mir nichts anhaben konnten, tat ich meine Pflicht oder das, was ich dafür hielt. Ich hoffe, daß Sie mir zu wissen tun, worin mein Vergehen liegt.

(8) Ich schicke Ihnen den Auszug eines Dialoges zwischen Monsieur de Voltaire und einem Arbeiter dieses Landes, der in seinem Dienste steht. Ich habe diesen Dialog auswendig aufgeschrieben, wie ihn mir Monsieur de Montmollin erzählte, der mir den Bericht des Arbeiters vor mehr als zwei Monaten weitergab. Das Ganze kann also nicht völlig exakt sein; doch die wesentlichen Stellen sind wahrheitsgetreu, denn Sie haben Monsieur de Montmollin so sehr überrascht, daß er sie sich merkte, und Sie können wohl glauben, daß ich sie ebensowenig vergaß. Sie werden dabei sehen, daß Monsieur de Voltaire den Schritt, den Sie bekla-

gen, nicht erwartet hatte, da ich der Scheinheiligkeit beschuldigt werden sollte.

(9) Unterhaltung Monsieur de Voltaires mit einem seiner Arbeiter aus der Grafschaft Neuchâtel

M. DE V.: Stimmt es, daß Sie aus der Grafschaft Neuchâtel sind?

ARBEITER: Ja, Monsieur.

M. DE V.: Sind Sie direkt aus Neuchâtel?

A.: Nein, Monsieur, ich bin aus dem Dorf Butte im Travers-Tal.

M. DE V.: Butte! Ist das weit von Môtiers?

A.: Kaum eine Meile.

M. DE V.: Sie haben in Ihrem Land eine gewisse Person, die riesige Dummheiten gemacht hat.

A.: Wer denn, Monsieur?

M. DE V.: Ein gewisser J.-J. Rousseau. Kennen Sie ihn?

A.: Ja, Monsieur, ich habe ihn einmal in Butte gesehen, und zwar in der Kutsche von Monsieur de Montmollin, der mit ihm spazierenfuhr.

M. DE V.: Wieso fährt dieser Vagabund mit der Kutsche? Er ist also ganz schön hochmütig.

A.: Oh, Monsieur geht auch zu Fuß spazieren. Er läuft wie ein Wiesel und klettert auf jeden Berg.

M. DE V.: Es könnte sein, daß er eines Tages eine Leiter emporklettern muß. Er wäre in Paris gehängt worden, wenn er sich nicht in Sicherheit gebracht hätte. Und er wird es werden, wenn er hierher kommt.

A.: Gehängt, Monsieur, er sieht so gütig aus, ei, mein Gott, was hat er denn getan?

M. DE V.: Er hat abscheuliche Bücher verfaßt. Er ist ein Gottloser, ein Atheist.

A.: Sie überraschen mich. Er geht jeden Sonntag in die Kirche.

M. DE V.: Oh, der Scheinheilige, und was sagt man über ihn im Lande? Gibt es irgend jemand, der ihn sehen möchte?

A.: Alle Welt, Monsieur, alle Welt liebt ihn. Er ist überall begehrt, und es heißt, Mylord überschütte ihn ebenfalls mit Liebenswürdigkeiten.

M. DE V.: Weil Mylord ihn nicht kennt und Sie ihn auch

nicht. Warten Sie nur zwei oder drei Monate, und Sie werden den Mann kennenlernen. Die Leute von Montmorency, wo er wohnte, haben ein Freudenfest veranstaltet, als er sich in Sicherheit brachte, um nicht gehängt zu werden. Er ist ein Mensch ohne Glauben, ohne Ehre, ohne Religion.

A.: Ohne Religion? Monsieur, aber es heißt, Sie selbst hielten nicht viel davon.

M. DE V.: Oh, welche schreckliche Verleumdung! Ich, der ich bei den Jesuiten studierte, der ich über Gott besser redete als alle Theologen!

A.: Aber, Monsieur, man sagt, Sie hätten viele böse Bücher geschrieben.

M. DE V.: Alles Lüge. Man soll mir ein einziges böses zeigen, das meinen Namen trägt, so wie die jenes Lumpenkerls den seinen tragen, etc.

Rousseau an Friedrich II., König von Preußen

[1. November 1762]

Sire,

Sie sind mein Beschützer und mein Wohltäter, und ich habe ein Herz, das von Natur aus dankbar ist: ich will meine Schuld abtragen, so ich kann.

Sie wollen mir Brot geben: ist denn keiner unter Ihren Untertanen, dem es daran fehlt?

Nehmen Sie diesen Degen weg,[1] der meine Augen blendet und beleidigt. Er hat zur Genüge seine Schuldigkeit getan, und das Zepter ist verlassen. Für Könige Ihrer Art ist die Laufbahn groß, Sie sind vom Ziel noch weit entfernt. Doch die Zeit drängt, Sie haben keinen Augenblick zu verlieren, um es zu erreichen. Prüfen Sie Ihr Herz gut, o Friedrich! Können Sie zu sterben sich entschließen, ohne der größte aller Menschen gewesen zu sein?

Dürfte ich sehen, wie Friedrich der Gerechte und Gefürchtete das Volk beider Staaten zu einem glücklichen macht, dessen Vater er wäre, so wollte ich, Jean-Jacques Rousseau,

der Feind der Könige, mit Freuden zu Füßen seines Thrones sterben.
Haben Sie die Güte, Sire, meine Dienstwilligkeit und tiefe Hochachtung entgegenzunehmen.

J.-J. Rousseau

Môtiers-Travers, am 1. November 1762

1 Aufforderung, den Siebenjährigen Krieg (1756–1763) zu beenden.

Rousseau an Charles-François-Frédéric de Montmorency-Luxembourg, Marschall de Luxembourg

Môtiers, den 20. Januar 1763

(1) Sie möchten gern, Monsieur le Maréchal, daß ich Ihnen das Land beschreibe, in dem ich wohne? Doch wie soll ich das anstellen? Ich kann nur sehen, was mich anrührt; die gleichgültigen Dinge sind in meinen Augen null und nichtig; meine Aufmerksamkeit ist von dem Interesse abhängig, das sie weckt, und welches Interesse könnte ich an dem haben, was ich so fern von Ihnen vorfinde? Bäume, Felsen, Häuser, selbst Menschen sind einzelne Dinge, die, für sich genommen, dem Betrachtenden wenig Empfindung eingeben: doch der Gesamteindruck von alledem, der sie in ein einziges Bild verschmilzt, hängt von dem Zustand ab, in dem man sich befindet, wenn man hinschaut. Dieses Bild, das freilich immer das gleiche ist, spiegelt sich ebenso vielfältig wider, wie es eine unterschiedliche Empfänglichkeit in den Herzen des Beschauers gibt; und diese Unterschiede, die unser Urteil beeinflussen, gibt es nicht nur von einem Betrachter zum anderen, sondern in ein und demselben zu unterschiedlichen Zeiten. Dies eben empfinde ich sehr deutlich, wenn ich mir dieses Land wieder anschaue, das ich so liebte. Ich glaubte dort wiederzufinden, was mich in meiner Jugend entzückte; alles ist verändert; eine andere Landschaft ist es, eine andere Luft, ein anderer Himmel, es sind andere Menschen, und da ich meine gewaltigen Berge nicht mehr mit den Augen des Zwanzigjährigen sehe, kommen sie mir

sehr gealtert vor. Man trauert der guten alten Zeit nach, das nimmt mich nicht wunder: wir schreiben den Dingen die gesamte Veränderung zu, die in uns vorging, und wenn das Vergnügen vorbei ist, meinen wir, es sei nirgendwo mehr. Andere sehen die Dinge, wie wir sie sahen, und werden sie sehen, wie wir sie heute sehen. Doch Beschreibungen wollen Sie von mir, keine Überlegungen, und die meinigen reißen mich mit sich fort wie ein Kind, das, groß geworden, seinen alten Spielen nachtrauert. Die unterschiedlichen Eindrücke, die dieses Land in unterschiedlichem Alter auf mich ausübte, lassen mich schlußfolgern, daß unsere Berichte stets mehr Bezug auf uns haben als auf die Dinge, und da wir also weit mehr das beschreiben, was wir empfinden, als das, was ist, müßten wir eigentlich wissen, wie sehr der Autor einer Reisebeschreibung berührt war, als er sie schrieb, um beurteilen zu können, inwieweit seine Beschreibungen diesseits oder jenseits des Wahren liegen. Dessen eingedenk wundern Sie sich darum nicht, wenn Sie erleben, wie unter meiner Feder ein Land dürr und kalt wird, das mir ehedem so grün, so lebendig, so lachend erschien: Sie werden meinem Brief ganz leicht entnehmen können, in welcher Epoche meines Lebens und in welcher Jahreszeit er geschrieben wurde.
(2) Ich weiß wohl, Monsieur le Maréchal, daß man Ihnen nicht zur Einleitung die gesamte Schweiz beschreiben muß, wenn man von einem Dorf erzählen will, als müßte die kleine Ecke, die ich bewohne, von solch großem Raum eingerahmt werden. Dennoch gibt es allgemeine Dinge, die man nicht erraten kann, die man aber wissen muß, um die besonderen Dinge beurteilen zu können. Will man Môtiers kennenlernen, muß man irgendeine Vorstellung von der Grafschaft Neuchâtel haben, und will man die Grafschaft Neuchâtel kennenlernen, muß man einen Begriff von der gesamten Schweiz haben.
(3) Sie bietet fast überall denselben Anblick, Seen, Wiesen, Wälder, Gebirge; und die Schweizer haben auch alle in etwa dieselben Sitten und Gebräuche, eine Mischung aus dem, was sie anderen Völkern nachahmen, und aus ihrer uralten Einfachheit. Sie haben eine Lebensweise, die sich nicht verändert, weil sie sich gleichsam vom Boden, vom

Klima, von den verschiedenen Bedürfnissen herleitet und somit die Bewohner stets zwingt, sich nach dem zu richten, was die heimische Natur ihnen vorschreibt. So ist zum Beispiel die Bevölkerung weit weniger in Städten und Marktflecken konzentriert als in Frankreich, vielmehr ist sie verstreut und gleichmäßiger über das Territorium verteilt. Darum hat die Schweiz, obgleich sie im Verhältnis zu Frankreich im allgemeinen stärker bevölkert ist, weniger große Städte und Dörfer: statt dessen findet man hier überall Häuser, das Dorf bedeckt das ganze Kirchspiel, und die Stadt erstreckt sich über das ganze Land. Die Schweiz gleicht alles in allem einer großen, in dreizehn Stadtviertel aufgeteilten Stadt, von denen die einen in den Tälern, andere an den Hügeln, wieder andere auf den Bergen liegen. Genf, Sankt Gallen, Neuchâtel sind so etwas wie Vororte: es gibt Stadtteile, die mehr oder weniger stark bevölkert sind, aber alle sind es so ausreichend, um das Gefühl zu geben, daß man stets in der Stadt ist, allerdings sind die Häuser nicht aneinandergereiht, sondern unsymmetrisch und ungeordnet verstreut, wie die des alten Rom gewesen sein sollen. Man hat nicht mehr den Eindruck, daß man durch Einöden läuft, wenn man zwischen den Tannen Glockentürme findet, Viehherden auf Felsen, Manufakturen in Schluchten, Werkstätten an Wildbächen. Diese bizarre Mischung hat etwas Belebendes, etwas Lebendiges an sich, das Freiheit atmet und Wohlbehagen und das aus dem Land, in dem man dies antrifft, ein einzigartiges Schaustück macht, freilich nur für Augen, die zu sehen vermögen.

(4) Diese gleichmäßige Verteilung rührt von der großen Anzahl kleiner Staaten her, deren Hauptstädte voneinander abgesondert sind, von der Rauheit des Landes, die den Verkehr erschwert, und von der Warenerzeugung, die in der Hauptsache aus Weidenutzung besteht, so daß der Vertrieb zwangsläufig an Ort und Stelle erfolgt und die Menschen ebenso verstreut sind wie die Tiere. Dies ist der große Vorteil der Schweiz, ein Vorteil, den ihre Bewohner vielleicht als Unglück ansehen, den sie sich aber selbst zugute halten muß, den nichts ihr nehmen kann, der ohne jemandes Zutun das Fortschreiten des Luxus und der

schlechten Sitten in Grenzen hält oder verzögert und der auf die Dauer den Verlust an Menschen wettmachen wird, die in andere Länder gehen.

(5) Dies ist die gute Seite; nun zu der schlechten, die eben diese gute nach sich zieht. Als die Schweizer, die einst, ringsum von ihren Bergen eingeschlossen, sich selbst genügten, mit anderen Völkern zu verkehren begannen, fanden sie Geschmack an deren Lebensweise und wollten sie nachahmen; sie entdeckten, daß das Geld eine gute Sache sei, und wollten welches haben. Ohne Produktion und ohne Industrie, die allein es hätten heranziehen können, haben sie sich in den Handel eingelassen, sie haben sich stückweise den Staaten verkauft und dadurch genau so viel Geld bekommen, um zu spüren, daß sie arm waren. Da es so gut wie unmöglich ist, in einem Lande, das nichts produziert und nicht an der Küste liegt, das Geld zirkulieren zu lassen, hat es nur neue Bedürfnisse hervorgerufen, ohne daß größere Hilfsquellen zur Verfügung gestanden hätten. Daher wurden sie durch ihre ersten Truppenverkäufe zu noch größeren gezwungen und dann zu immer weiteren. Dieweil das Leben aufwendiger geworden war, konnte dasselbe Land nicht mehr dieselbe Menge von Bewohnern ernähren. Dies ist der Grund für die Entvölkerung, die man in der ganzen Schweiz zu spüren beginnt. Sie ernährte ihre zahlreichen Bewohner, als sie noch nicht von daheim weggingen; gegenwärtig, da die Hälfte weggegangen ist, kann sie kaum noch die andere Hälfte ernähren.

(6) Das schlimmste ist, daß von dieser Hälfte, die weggeht, allzu viele zurückkommen, die den Rest verderben, indem sie die Sitten der anderen Völker nachahmen, namentlich die Frankreichs, das mehr Schweizer Garden hat als irgendeine andere Nation. Ich sage *verderben*, ohne der Frage nachzugehen, ob die französischen Sitten in Frankreich gut oder schlecht sind, weil diese Frage in bezug auf die Schweiz eindeutig ist; denn da es nun einmal unmöglich ist, daß gleiche Sitten zu verschiedenen Völkern passen, die weder denselben Ursprung haben noch unter demselben Klima und auf demselben Boden wohnen, werden sie stets gezwungen sein, unterschiedlich zu leben.

(7) Der Wettstreit dieser beiden Seiten, der guten und der

schlechten, ist in allen Dingen zu verspüren, er gibt Aufschluß über alles, was man in den Sitten der Schweizer an Besonderem beobachten kann, und vornehmlich über diesen bizarren Kontrast von Geziertheit und Einfachheit, den man in ihrem ganzen Betragen wahrnimmt. Sie verkehren alle Gebräuche, die sie annehmen, ins Gegenteil, nicht etwa, weil sie keinen Verstand hätten, sondern weil dies in der Natur der Dinge liegt. Wenn sie die Sitten und Gebräuche der großen Städte in ihre Wälder übernehmen, gehen sie mit ihnen auf die lächerlichste Weise um; sie kennen sich nur in ländlichen Kleidern aus, putzen sich aber in ihren Gebirgen auf, als wären sie in Paris; sie tragen unter ihren Tannen den ganzen Flitter des Palais-Royal, und ich sah manche in einer Falbeljacke aus Musselin vom Heumachen zurückkommen. Ihr Zartgefühl hat stets etwas Plumpes an sich, ihr Prunk stets etwas Holpriges. Sie haben Zwischengerichte, essen aber dunkles Brot, sie servieren ausländische Weine, trinken aber Tresterweine; feine Ragouts liegen neben ihrem ranzigen Speck und ihrem Kohl. Sie bieten zum Déjeuner Kaffee und Käse an und zum Vesper Tee und Schinken; die Frauen tragen Spitzen und sehr derbe Wäsche, geschmackvolle Kleider und farbige Strümpfe: ihre Dienstboten, im Wechsel Lakaien oder Ochsentreiber, servieren bei Tisch in Livree und vermischen den Mistgeruch mit dem der Speisen.

(8) Da man den Luxus nur genießen kann, wenn man ihn zeigt, hat er ihre Gesellschaft familiärer gemacht, ohne ihnen jedoch die Vorliebe für ihre vereinzelten Wohnstätten zu nehmen. Niemand hier ist überrascht, sieht man mich im Winter auf weiter Flur spazierengehen; zahllose Leute von Welt tun es ebenfalls. Man wohnt also immer noch voneinander getrennt, doch man kommt einander durch lange und häufige Besuche näher. Um seinen Prunk und seine Möbel zur Schau zu stellen, muß man seine Nachbarn anlocken und sie besuchen, und da diese Nachbarn oft in weiter Entfernung wohnen, ist man ständig auf Reisen. Deshalb habe ich auch nirgendwo solche reiselustigen Leute gesehen, wie es die Schweizer sind; die Franzosen kommen nicht an sie heran. Allerorten stößt man auf Kutschen; es gibt kein Haus, das nicht seine eigene

hätte, und die Pferde, die es in der Schweiz in Hülle und Fülle gibt, sind alles andere als unnütz in diesem Land. Doch da die Ausritte oft für Frauenbesuche genutzt werden, besteigt man das Pferd, was selten zu werden beginnt, in glattgezogenen hübschen weißen Strümpfen, und um mit der Postkutsche zu fahren, macht man fast dieselbe Toilette, als ginge man auf den Ball. Im übrigen, nichts ist so prächtig wie die Wege in der Schweiz; man trifft dort alle Augenblicke Gecken und schöne Damen an, man sieht nur Blau, Grün, Rosenrot, man könnte meinen, im Jardin du Luxembourg zu sein.

(9) Eine Auswirkung dieses gesellschaftlichen Verkehrs ist, daß er den Menschen die Vorliebe für den Wein fast völlig genommen hat, und eine entgegengesetzte Auswirkung dieses unsteten Lebens ist, daß dennoch die Wirtshäuser in der ganzen Schweiz stark besucht werden und gut sind. Ich weiß nicht, warum man die Herbergen in Frankreich so sehr rühmt; mit Sicherheit können sie an die hiesigen nicht heran. Freilich stimmt es, daß man dort sehr teuer ißt und trinkt; doch das trifft auch auf den heimischen Herd zu, und dies kann in einem Land, in dem wenig Lebensmittel produziert werden und das Geld ständig im Umlauf ist, gar nicht anders sein.

(10) Die drei einzigen Waren, die ihnen bis jetzt dafür zur Verfügung standen, sind Käse, Pferde und Menschen; doch seit der Einführung des Luxus genügt ihnen dieser Handel nicht, und sie haben nun den der Manufakturen hinzugefügt, den sie den französischen Flüchtlingen verdanken, eine Hilfsquelle, die indessen mehr Schein als Wirklichkeit ist, denn da die Teuerung der Lebensmittel mit der Sortenvielfalt steigt und da die Bestellung der Erde vernachlässigt wird, wenn man mit anderen Arbeiten mehr verdient, sind sie mit mehr Geld dennoch nicht reicher; was man bei einem Vergleich mit den katholischen Schweizern sieht, die, weil sie nicht über dieselbe Hilfsquelle verfügen, ärmer an Geld sind, aber nicht schlechter leben.

(11) Es ist schon sonderbar: dieses so rauhe Land flößt den Bewohnern, trotz ihrer Neigung zum Weggehen, eine solch zärtliche Liebe ein, daß die Reue, es verlassen zu haben, sie letzten Endes fast alle wieder zurückführt, und

diese Reue läßt bei jenen, die nicht zurückkehren können, eine Krankheit ausbrechen, die zuweilen tödlich ist und die sie, wie ich glaube, *Heimweh* nennen. Es gibt in der Schweiz eine berühmte Weise, die Kuhreigen heißt und von den Hirten auf ihren Hörnern geblasen wird, so daß alle Berghänge des Landes davon widerhallen. Diese Weise, die an sich nichts von Bedeutung ist, weckt in den Schweizern tausend Bilder von ihrem Geburtsland und läßt sie Tränenströme vergießen, sobald sie sie auf fremder Erde hören. Durch den Kuhreigen ist sogar eine so große Anzahl Menschen vor Schmerz gestorben, daß auf Befehl des Königs verboten wurde, ihn in den Schweizer Garden zu spielen. Jedoch, Monsier le Maréchal, Sie wissen dies vielleicht besser als ich, und die Überlegungen, die man über diese Angelegenheit anstellt, werden Ihnen nicht entgangen sein. Indessen kann ich nicht umhin, wenigstens noch anzumerken, daß Frankreich sicherlich das schönste Land der Welt ist, in dem alle Bequemlichkeiten und alle Annehmlichkeiten des Lebens zum Wohlbefinden der Einwohner beitragen. Dennoch hat es dort, soviel ich weiß, weder Heimweh noch einen Kuhreigen gegeben, dessentwegen ein Franzose in fremdem Lande geweint hätte oder vor Schmerz gestorben wäre, und diese Krankheit nimmt bei den Schweizern beträchtlich ab, seit man in ihrem Land angenehmer zu leben beginnt.

(12) Die Schweizer sind im allgemeinen gerecht, gefällig, barmherzig, echte Freunde, tapfere Soldaten und gute Staatsbürger, aber sie sind auch intrigant, mißtrauisch, eifersüchtig, geizig, und ihr Geiz hemmt ihren Luxus mehr, als es ihre Einfachheit tut. Sie sind im allgemeinen ernst und phlegmatisch, doch im Zorn sind sie voller Ingrimm, und ihre Freude ist ein Rausch. Ich habe nie so etwas Fröhliches gesehen wie ihre Spiele. Es ist verwunderlich, daß das französische Volk traurig und ohne Schwung und Anmut tanzt, während die schweizerischen Tänze beschwingt und lebhaft sind. Die Männer zeigen dabei ihre Naturkraft und die Mädchen eine reizende Leichtigkeit: man könnte meinen, die Erde verbrenne ihnen die Füße.

(13) In geschäftlichen Dingen sind die Schweizer geschickt und listig; die Franzosen, die sie für täppisch hal-

ten, sind viel weniger gewandt als die Schweizer; sie beurteilen ihren Verstand nach ihrem Akzent. Der Hof von Frankreich wollte ihnen immer gewitzte Leute schicken und hat sich darin stets getäuscht. In diesem Genre der Fechtkunst schlagen die Schweizer gewöhnlich die Franzosen: schickt man aber rechtschaffene, tüchtige Leute zu ihnen, so kann man mit ihnen machen, was man will, denn natürlich lieben die Schweizer sie. Der Marquis de Bonnac, der soviel Geist besaß, aber als gerissen galt, hat in der Schweiz nichts ausgerichtet, während der Maréchal de Bassompierre machen konnte, was er wollte, weil er aufrichtig war oder von ihnen dafür gehalten wurde. Die Schweizer werden stets zu ihrem Vorteil verhandeln, es sei denn, sie werden von ihren Behörden verraten und verkauft; sie können leichter auf Geld verzichten als die Mächtigen auf Menschen, denn was den schnöden Mammon anbelangt, wenn sie wollen, brauchen sie ihn nicht. Es muß auch gesagt werden, daß sie ihre Verträge gut abschließen und sie noch besser erfüllen, eine Zuverlässigkeit, die man ihnen nicht vergilt.

(14) Ich werde Ihnen, Monsieur le Maréchal, nichts über ihre Regierung und über ihre Politik sagen, denn dies würde zu weit führen, und ich will Ihnen nur berichten, was ich selber sah. Die Grafschaft Neuchâtel, in der ich lebe, gehört, das wissen Sie, dem König von Preußen. Dieses kleine Fürstentum, das vom Königreich Bourgogne abgetrennt wurde und nacheinander an die Häuser Châlons d'Hochberg und Longueville überging, fiel schließlich 1707 an das der Brandenburger, und zwar auf Beschluß der Generalstände des Landes, der natürlichen Schiedsrichter über die Rechte der Thronbewerber. Ich werde nicht zu prüfen versuchen, aus welchen Gründen der König von Preußen dem Prinzen de Conti vorgezogen wurde, noch welchen Einfluß andere Mächtige in dieser Angelegenheit ausgeübt haben könnten; ich begnüge mich mit der Bemerkung, daß es im Wettstreit zwischen diesen beiden Fürsten eine Ehre war, die sich die Neuchâteler nicht entgehen lassen konnten, nämlich eines Tages einem großen Feldherrn anzugehören. Im übrigen haben sie unter ihren Herrschern in etwa dieselbe Freiheit bewahrt, wie sie die übrigen

Schweizer haben; aber vielleicht verdanken sie diese mehr ihrer Stellung als ihrem Geschick; denn ich finde, daß sie zu quecksilbrig sind für kluge Leute.

(15) Alles, was ich soeben über die Schweizer im allgemeinen sagte, trifft noch viel stärker auf dieses Volk hier zu, und der Kontrast zwischen dem Natürlichen und der Nachahmung wird noch deutlicher, mit dem Unterschied freilich, daß das Natürliche weniger stark ist und daß bis auf wenige kleine Winkel die Verbrämung den gesamten Kern verdeckt. Nimmt man die Stadt und die Ufer der Seen aus, so ist das Land ebenso rauh wie der Rest der Schweiz, das Leben ist hier ebenso ländlich, doch die Bewohner, die daran gewöhnt sind, unter Fürsten zu leben, haben eine noch größere Vorliebe für die vornehmen Umgangsformen, so daß man hier die Hochsprache in allen Ständen antrifft, Schönredner, die die Felder pflügen und Höflinge im Leinwandkittel. Daher nennt man die Neuchâteler die Gaskogner der Schweiz. Sie besitzen Geist, und sie tun sich etwas auf ihre Lebhaftigkeit zugute; sie lesen, und das Lesen nützt ihnen, sogar die Bauern sind gebildet; fast alle haben sie eine Büchersammlung, die sie ihre Bibliothek nennen; sie sind in bezug auf Neuheiten stets auf dem laufenden; sie bringen all dies in der Unterhaltung zur Geltung, und zwar auf eine Art und Weise, die nicht linkisch ist, und sie treffen beinahe den Modegeschmack, als lebten sie in Paris. Vor einiger Zeit blieb ich auf meinem Spaziergang vor einem Hause stehen, wo Mädchen Spitzen klöppelten; die Mutter wiegte ein kleines Kind, und ich schaute ihr zu, als ich aus der Hütte einen beleibten Bauern treten sah, der ungezwungen auf mich zukam und zu mir sagte: „Sie sehen, daß man Ihre Vorschriften nicht so recht befolgt, doch unsere Frauen halten ebensosehr an den alten Sitten fest, wie sie die neuen Moden lieben." Ich fiel aus allen Wolken. Bei diesen Leuten habe ich Hunderte solcher Aussprüche gehört.

(16) Viel Geist und noch viel mehr Überheblichkeit, dabei aber keinerlei Geschmack, dies hat mich zunächst an den Neuchâtelern überrascht. Sie sprechen sehr gut, sehr geläufig, doch sie schreiben geistlos und schlecht, zumal wenn sie flüssig schreiben wollen, und das wollen sie immer.

Da sie nicht einmal wissen, was Anmut und Würze eines flüssigen Stils ausmacht, halten sie sich fast für Voltaires und Crébillons, wenn sie schwerfällig tollkühne Sätze aneinanderreihen. Sie haben eine Art Journal, in dem sie sich bemühen, nett und spaßig zu sein. Sie stopfen es sogar mit kleinen Versen nach ihrer Art voll. Madame la Maréchale fände in diesem Merkur wenn auch kein Amüsement, so doch zumindest Beschäftigung, denn er ist von einem Ende bis zum anderen ein Buchstabenrätsel, für das es eines besseren Ödipus bedarf, als ich es bin.

(17) Die Kleidung ist in etwa die gleiche wie im Kanton Bern, nur ein wenig verschnörkelter. Die Männer kleiden sich nach französischer Mode, und dies möchten die Frauen ebenfalls tun; doch sie reisen kaum, nehmen nicht wie die Männer die Mode aus erster Hand, sie übertreiben sie, sie entstellen sie, und zudem noch mit Zierat und Putz überladen, sehen sie aus, als seien sie mit Plunder geschmückt.

(18) Was ihren Charakter anbelangt, so ist er schwierig zu beurteilen, denn er ist von den Manieren überdeckt; sie halten sich für höflich, weil sie Komplimente machen, und für fröhlich, weil sie ausgelassen sind. Ich glaube, es gibt in der Welt nur die Chinesen, die ihnen beim Komplimentemachen den Rang ablaufen. Kommt man ermattet an, in Eile, so ist dies einerlei: Man muß sich erst der langen Begrüßungssalve aussetzen; sobald die Maschine aufgezogen ist, läuft sie ab, und sie wird bei jedem Neuankömmling wieder aufgezogen. Mit der französischen Höflichkeit macht man es den Leuten und sich selbst auch angenehm. Mit der Neuchâteler Höflichkeit tut man sich selbst wie auch den anderen Zwang an. Sie denken nie darüber nach, was einem Wohlbehagen bereiten könnte, sondern womit sie ihre angebliche Lebensart zur Geltung bringen. Ihre übertriebenen Angebote locken nicht; sie haben stets irgend etwas Förmliches, irgend etwas Frostiges und Gekünsteltes an sich, das einen veranlaßt, alles abzulehnen. Dennoch sind sie zuvorkommend, erbötig, gastfreundlich, sehr zuverlässig, besonders gegenüber Standespersonen: man ist stets sicher, von ihnen empfangen zu werden, sobald man sich als Marquis oder Graf ausgibt, und da kein Abenteurer eine derartige Chance vorübergehen läßt, so

haben sie solche Leute oft in ihrer Stadt, und sie werden im allgemeinen dort sehr gefeiert: ein einfacher Ehrenmann mit Mißerfolgen und Tugenden ginge leer aus: man kann ohne Verdienst einen großen Namen haben, aber kein großes Verdienst ohne Namen. Im übrigen: wem sie einmal dienen, dem dienen sie gut. Sie halten getreulich ihre Versprechen und lassen nicht so schnell ihre Schützlinge im Stich. Es kann sogar sein, daß sie liebevoll und gefühlvoll sind; doch nichts ist von der Stimme des Gefühls weiter entfernt als der Ton, den sie anschlagen; alles, was sie aus Menschlichkeit tun, scheint Schaustellung zu sein, und ihre Eitelkeit verdeckt ihr gutes Herz.

(19) Diese Eitelkeit ist ihr Hauptlaster; es tritt überall zutage, und zwar um so leichter, als sie es ungeschickt handhaben. Sie halten sich alle für Edelleute, obgleich allein ihre Fürsten Edelleute sind. Sie lieben die Jagd, weniger weil sie Lust dazu haben, als weil sie ein vornehmes Vergnügen darstellt. Schließlich, nirgendwo gibt es Bürger, die sich soviel auf ihre Herkunft zugute tun: indessen streichen sie sie nicht heraus, doch man sieht, daß sie sich damit beschäftigen; sie sind nicht stolz darauf, sie steigt ihnen nur zu Kopf.

(20) In Ermangelung an Würden und Adelstiteln haben sie militärische oder munizipale Titel in einem solchen Überfluß, daß es mehr Leute mit Titeln gibt als ohne Titel. Da ist der Monsieur le Colonel, Monsieur le Major, Monsieur le Capitaine, Monsieur le Lieutenant, Monsieur le Conseiller, Monsieur le Châtelain, Monsieur le Maire, Monsieur le Justicier, Monsieur le Professeur, Monsieur le Docteur, Monsieur l'Ancien; hätte ich hier meinen alten Beruf wieder ausüben können, so zweifle ich nicht daran, daß ich Monsieur le Copiste geworden wäre. Die Frauen tragen gleichfalls die Titel ihrer Männer, Madame la Conseillière, Madame la Ministre; ich habe eine Madame la Major zur Nachbarin; und da man die Leute nur mit ihren Titeln anspricht, ist man in Verlegenheit, wie man die Leute anreden soll, die nur ihren Namen haben; es ist geradeso, als hätten sie überhaupt keinen.

(21) Die Beziehungen zwischen den Geschlechtern sind hier nicht schön; es heißt, sie seien entartet. Die jungen

Mädchen haben viel Freiheit und machen Gebrauch davon. Oft versammeln sie sich in Gesellschaften, wo man spielt, wo man genießt, wo man schwatzt und wo man die jungen Männer anlockt, so sehr man nur kann; doch zu allem Unglück sind sie rar, und so muß man sich um sie reißen. Die Frauen leben ziemlich sittsam; es gibt im Land ganz passable Ehen, und es gäbe noch mehr, wenn es zum guten Ton gehörte, daß man mit dem Ehemann harmonisch zusammen lebt. Im übrigen, da sie viel auf dem Lande leben, wenig und mit geringerem Nutzen als die Männer lesen, ist ihr Geist nicht gerade rege, und um dem Müßiggang ihres Lebens abzuhelfen, haben sie keine andere Möglichkeit, als Spitzen zu klöppeln, neugierig anderer Angelegenheiten zu belauern, Übles nachzureden und zu spielen. Dennoch gibt es welche, die sehr liebenswürdig sind, doch im allgemeinen findet man in ihrer Unterhaltung nicht jenen Ton, den Anstand und Ehrbarkeit gerade verführerisch machen, jenen Ton, den die Französinnen so gut anzuschlagen verstehen, wenn sie nur wollen, der seelisches Empfindungsvermögen verrät und Romanheldinnen verspricht. Die Unterhaltung der Frauen von Neuchâtel ist geistlos oder albern, sie stockt, sobald man nicht scherzt. Den beiden Geschlechtern mangelt es nicht an gutem Naturell, und ich glaube, daß es nicht ein Volk ohne Sitten ist, wohl aber ein Volk ohne Prinzipien, und das Wort Tugend ist hier ebenso fremd oder ebenso lächerlich wie in Italien. Die Religion, in die sie ihren Stolz setzen, dient eher dazu, sie griesgrämig zu machen als gut. Unter Führung ihrer Geistlichkeit beleuchten sie zwar das Dogma von allen Seiten, was aber die Moral anbelangt, so wissen sie nicht, was das ist; und obschon sie viel über Mildtätigkeit reden, ist diejenige, die sie ausüben, ganz gewiß keine Nächstenliebe, sondern nur die Sucht, Almosen zu geben. Ein Christ ist für sie ein Mensch, der Sonntag für Sonntag in die Kirche geht; was auch immer er in der Zwischenzeit tut, ist gleichgültig. Ihre Priester, die großes Ansehen im Volk gewannen, als ihre Fürsten katholisch waren, möchten diesen Einfluß behalten; sie mischen sich in alles ein, erheben gegen alles Bedenken, dehnen die Rechtsprechung der Kirche auf alles aus; sie sehen nicht, daß ihre Zeit vorbei ist. Gleichwohl haben sie eine aufrührerische Stimmung im Staate, die sie letzten Endes zugrunde richten wird, just noch angeheizt. Bei dieser wichtigen Angelegenheit ging es um eine Antwort darauf, ob die Strafen der Verdammten ewig seien. Sie können sich schwerlich vorstellen, mit welcher Hitze dieser Disput geführt wurde; der über den Jansenismus in Frankreich kommt nicht an ihn heran. Alle Körperschaften versammelten sich, die Volksmassen waren drauf und dran, zu den Waffen zu greifen, abgesetzte Priester, suspendierte Behörden, all dies ließ die Gefahr eines Bürgerkrieges heraufziehen, und die ganze Angelegenheit ist noch immer nicht genügend bereinigt, als daß nicht lange Nachwehen zurückgeblieben wären. Wenn sie sich allesamt darauf verständigt hätten, zur Hölle zu gehen, brauchten sie sich nicht darum zu sorgen, was dort wohl vor sich geht.

(22) Dies sind die wesentlichsten Beobachtungen, die ich bisher über die Leute des Landes machte, in dem ich lebe. Sie könnten Ihnen vielleicht ein wenig hart erscheinen für einen Menschen, der von seinen Gastgebern spricht, wenn ich Sie nicht daran erinnerte, daß ich ihnen für keinerlei Gastfreundschaft zu Dank verpflichtet bin. Nicht bei den Herren von Neuchâtel bat ich um Asyl, das sie mir zweifellos gar nicht gewährt hätten, sondern beim Lord-Marschall, und ich bin hier nur beim König von Preußen. Im Gegenteil, als ich auf dem Territorium der Grafschaft ankam, hat sich der Magistrat der Stadt Neuchâtel statt jeden Empfangs beeilt, mein Buch[1], ohne es zu kennen, zu verbieten, die Kaste der Priester hat es auch vor den Staatsrat gebracht; nie sah man jemanden, der es eiliger gehabt hätte, die Dummheiten seiner Nachbarn nachzuahmen. Ohne die öffentliche Protektion des Lord-Marschall hätte man mich sicherlich in diesem Dorf nicht in Ruhe gelassen. So viele Banditen flüchten sich ins Land, daß jene, die es regieren, die unterdrückten Unschuldigen nicht von den verfolgten Übeltätern zu unterscheiden vermögen, oder sie geben sich wenig Mühe, zwischen ihnen zu unterscheiden. Das Haus, das ich bewohne, gehört der Nichte meines alten Freundes Monsieur Roguin. So bin ich also den Herren von Neuchâtel nicht im geringsten verpflichtet, sondern habe

nur Grund, mich über sie zu beklagen. Im übrigen habe ich meinen Fuß noch nie in ihre Stadt gesetzt, sie sind mir in jeder Hinsicht fremd; ich schulde ihnen nur Gerechtigkeit, wenn ich von ihnen spreche, und die lasse ich ihnen widerfahren.

(23) Ich lasse sie auch jenen von ganzem Herzen widerfahren, die mich mit freundlichen Worten, Geschenken und Höflichkeiten aller Art überhäuften. Von ihrer Wertschätzung geschmeichelt und ihrer Wohltätigkeit gerührt, wird es mir stets Pflicht und Vergnügen sein, ihnen meine Zuneigung und Dankbarkeit zu beweisen; doch der Empfang, den sie mir bereiteten, hat nichts mit der Regierung von Neuchâtel zu tun, denn sie hätte mir einen ganz anderen bereitet, so es in ihrer Macht gestanden hätte. Ich muß auch noch dies betonen: wenn auch kein Zweifel an der Böswilligkeit der Priesterschaft besteht, so muß ich insonderheit dem Manne[2] alles Lob nachsagen, in dessen Kirchspiel ich wohne. Er besuchte mich bei meiner Ankunft, er bot mir tausendmal seine Dienste an, die durchaus nützlich waren, wie er mir bei einer wichtigen Gelegenheit bewies, bei der er sich die Verstimmung von mehr als einem Mitbruder eingehandelt hat, indem er mir ein wahrer Seelsorger war. Ich bin um so weniger darauf gefaßt gewesen, daß er mir diese Gerechtigkeit widerfahren lassen würde, als er in den vorangegangenen Zwistigkeiten eine Rolle gespielt hatte, die nicht einen toleranten Priester vermuten ließ. Überdies ist er in Gesellschaft ein recht fröhlicher Mensch, dem es nicht an Geist mangelt, der zuweilen gute Predigten hält und oft sehr gute Geschichten erzählt.

(24) Ich merke, daß dieser Brief ein Buch geworden ist, und ich bin mit meiner Erzählung erst halb fertig. Ich werde Sie, Monsieur, Atem schöpfen lassen und den zweiten Band auf ein anderes Mal verschieben.

1 „Emile oder Von der Erziehung".
2 Gemeint ist Monsieur Montmollin.

Rousseau an Paul-Claude Moultou

Môtiers, den 17. Februar 1763

(1) Ich habe mich beeilt, Ihren Brief vom 4. zu verbrennen, wie Sie es wünschten, ich werde noch mehr tun, ich werde versuchen, ihn zu vergessen. Ich weiß nicht, was mit Ihnen los ist, denn Sie haben Ihre Sprache sehr verändert; vor sechs Monaten waren Sie über Monsieur de Voltaire entrüstet, daß er mich für ein Viertel der Niederträchtigkeiten fähig hielt, zu denen Sie mir jetzt raten. Ihre Ratschläge mögen gut sein, doch sie schicken sich nicht. Ich weiß wohl: wenn man die Kinder verprügelt, oft genug zu Unrecht, läßt man sie auch noch sich entschuldigen; doch nicht nur, daß mir dieser Brauch stets sehr ungereimt vorkam, er paßt einfach nicht zu meinem grauen Bart. Es steht dem Beleidigten nicht an, Verzeihung für den Schimpf zu erbitten, den er empfing: daran halte ich mich. Was ich tun muß, ist, verzeihen, und dies tue ich von ganzem Herzen, sogar ohne daß man mich darum bittet. Aber es erscheint mir sonderbar, daß Sie für möglich halten, ich könnte in meinem Alter wie ein Schüler beim Konsistorium um Bescheinigungen betteln. Was Ihre Priester und mich betrifft, so gehen unsere Ansichten weit auseinander; sie meinten in meinem Brief an Monsieur Montmollin eine günstige Gelegenheit gefunden zu haben, mich vor ihnen im Staub kriechen zu lassen. Sie werden die Zeit haben, sich eines Besseren besinnen zu können. Da sie sich selbst meiner Achtung beraubten, werden sie sich gefälligst an meine Mißachtung gewöhnen müssen. Ich gab ihnen öffentliche Beweise meiner Achtung; ich hatte damit unrecht; und dies ist das einzige Unrecht, das ich wettzumachen habe.

(2) Mein Lieber, ich bin in meiner Religion prinzipiell tolerant, denn ich bin Christ. Ich toleriere alles, nur die Intoleranz nicht; doch jedes Glaubensgericht ist mir verhaßt. Ich sehe die Glaubensrichter als eine Art Schergen des Teufels an. Aus diesem Grunde möchte ich in Genf nicht lieber leben als in Goa. Nur die Atheisten können in diesen Ländern in Frieden leben, weil alle Glaubensbekenntnisse denjenigen nichts kosten, der in seinem Herzen keine hat, und sowenig ich auch am Leben hänge, so bin ich doch nicht

darauf erpicht, mir Servets Schicksal einzuhandeln. Adieu also, ihr Brandstifter. Rousseau ist nicht euer Mann; da ihr ihn nicht mögt, weil er tolerant ist, mag er euch aus umgekehrtem Grunde nicht.

(3) Ich glaube, mein lieber Moultou, wenn wir uns gesehen und einander erklärt hätten, so wären uns viele Mißverständnisse in unseren Briefen erspart geblieben. Sie können sich weder in meine Lage versetzen noch die Dinge von meinem Standpunkt aus sehen. Sie haben Genf stets vor Augen, den meinigen entschwindet es Tag für Tag mehr; meine Entscheidung ist gefällt.

(4) Ich habe Angst, daß mein sich ständig verschlimmernder Zustand mich daran hindert, unseren Plan durchzuführen; in diesem Fall wird es sich notwendig machen, daß Sie mich besuchen, ohnehin wäre dies stets der I-Punkt, der mir große Freude bereitete. Adieu.

(5) Ich heiße es gut, daß Sie nicht beabsichtigen, Ihr Skriptum zu veröffentlichen. All das führt zu nichts, und Sie würden sich nur bloßstellen.

Rousseau an David Hume

Môtiers-Travers, den 19. Februar 1763

Erst hier und vor kurzem erhielt ich, Monsieur, Ihren Brief, mit dem Sie mich am 2. Juli vergangenen Jahres in London beehrten, da Sie annahmen, ich sei in dieser Hauptstadt eingetroffen. Ohne Zweifel hätte ich bei Ihrem Volke und so nahe wie möglich bei Ihnen meine Zuflucht gesucht, wenn ich den Empfang vorausgesehen hätte, der mich in meinem Vaterland erwartete; allein meine Heimat glaubte ich England vorziehen zu müssen, und diese Voreingenommenheit, für die ich allzu hart bestraft wurde, war damals gewiß verzeihlich. Doch ich fand dort nur Schimpf und Schande, wo ich Trost und sogar Dankbarkeit zu finden gehofft hatte. Wie vieles ließ mich der Zuflucht und der philosophischen Gastfreundschaft nachtrauern, die mich bei Ihnen erwartet hätten! Dennoch brachte gerade mein Unglück mich Ihnen in gewisser Weise näher. Der

Beistand und die Güte des Lord-Marschalls, Ihres würdigen und berühmten Landsmannes, ließen mich sozusagen Schottland inmitten der Schweiz finden; er nahm Sie bei unseren Gesprächen in unsere Mitte; ich lernte durch ihn Ihre Tugenden kennen, während ich bislang nur Ihre Fähigkeiten kannte, er flößte mir die zärtlichste Freundschaft für Sie ein und den heißesten Wunsch, sie mit Ihnen zu schließen, ehe ich noch wußte, daß Sie bereit sein könnten, mich mit der Ihrigen zu beehren. Nein, Monsieur, ich gab Ihnen, als ich nichts weiter als Bewunderung für Sie hatte, nur die Hälfte von dem, was Ihnen gebührte. Ihr außergewöhnlicher Scharfblick, Ihre erstaunliche Unvoreingenommenheit, Ihr Genie würden Sie allzu hoch über die Menschen erheben, wenn Ihr gutes Herz Sie ihnen nicht näher brächte. Der Lord-Marschall macht mir täglich den Umgang mit Ihnen wünschenswerter, alldieweil er mich lehrt, Sie eher liebenswürdig denn erhaben zu sehen, und nährt den Drang in mir, den er weckte, meine Tage in Ihrer Nähe zu beschließen. Monsieur, warum versetzt mich nicht eine bessere Gesundheit, ein erträglicherer Zustand in die Lage, die Reise zu unternehmen, wie ich es wünschte! Warum kann ich nicht darauf hoffen, uns beim Lord in Ihrem gemeinsamen Vaterlande vereint zu sehen, das dann auch das meinige würde?! In so angenehmer Gemeinschaft würde ich das Ungemach preisen, das mich dorthin führte, und ich wäre davon überzeugt, erst von dem Tage an zu leben begonnen zu haben, als sie ihren Anfang nahm. O käme doch der glückliche Tag, den ich mehr ersehne denn erhoffe! Mit welcher Freude würde ich rufen, sobald ich den glücklichen Boden Schottlands berührte, wo David Hume und der Marschall geboren sind:

> Salve fatis mihi debita tellus!
> Hic domus, haec patria est.[1]

1 lat.: Gegrüßt seist du, mir vom Schicksal bestimmte Erde! Hier ist Heimstatt, hier mein Vaterland.

Claude-Carloman de Rulhière an Rousseau

Moskau, den 20. Februar 1763

(1) Verzeihung, Monsieur, als ich erfuhr, daß Sie sich der Verfolgung durch Ihre Richter entzogen, hätte ich Sie schlicht und einfach nach den Gründen fragen sollen, die Sie dazu bewogen hatten. Ich wollte der Sache nachgehen, ich unterstellte Ihnen überaus schwache Gründe, die nur Vorwände für eine Flucht gewesen wären. Ich hatte Sie verkannt. Sie hätten mir meinen Irrtum vorhalten können, doch Sie begnügten sich damit, ihn richtigzustellen. Ja, Monsieur, die beste Tat Ihres Lebens war, daß Sie geflohen sind. Man darf nicht ins Gesicht loben, doch da Sie nun einmal den Entschluß in die Tat umsetzten, wie die große Masse der Angeklagten zu handeln, ist es recht und billig, wenn Sie den Trost haben, zu hören, daß man gerade darin die Erhabenheit Ihrer Seele bewundert.

(2) Es gibt im gesamten russischen Reich gerade drei Exemplare Ihrer letzten Werke[1], die bei besonderen Gelegenheiten herübergebracht wurden. Der Universitätsbuchhändler, der einzige Buchhändler in Moskau, erhält erst bei Rückkehr der Schiffe seine Exemplare. In der Zwischenzeit reißt man sich alle Bände aus den Händen. Die Großen des Reiches müssen Sie vor mir lesen, so daß ich alles nur schnell und fast in aller Heimlichkeit überflogen habe. Dabei merkte ich, daß ein mitdenkendes Studieren notwendig ist.

(3) Was Sie über die Russen sagen,[2] hat uns wegen seiner Richtigkeit überrascht. Es ist eine Beleuchtung der Sitten dieses Volkes, die uns das ganze Problem aufzeigt. Sie haben das Wort Rätsel gewählt. Ich trachte nicht danach, Ihnen zu schmeicheln, Monsieur, indessen, bevor ich Sie las, waren meine Gedanken über die Sitten dieses Volkes konfus: seit ich Sie las, ist Ordnung eingetreten, und ich sehe, daß all meine Beobachtungen von dem Grundsatz ausgehen, den Sie aufstellten.

(4) Sie beurteilten ihren Gesetzgeber, indem Sie ihn im Verhältnis zu ihnen betrachten. Dieser Zusammenhang, in den Peter der Große von seinen Schmeichlern gestellt wurde, ist der einzige Blickwinkel, in dem man ihn richtig sehen

kann, der einzige, in dem man seine Größe richtig würdigen kann.

(5) Wenn dieser Fürst ein imitatives Genie besaß, wie Sie bemerken, Monsieur, so, weil er Russe war. Die kennzeichnende Wesensart dieses Volkes ist genau dieses Genie oder schlichter das Talent der Imitation. Ein jeder Russe besitzt in seiner Mittelmäßigkeit, was der Zar im großen besitzt; wahre Affen, denen diese nationale Gabe zweifellos zu schnellen Fortschritten in den Künsten verholfen hätte, wenn die Eitelkeit, ein nicht weniger nationaler Fehler, nicht deren Wirkung aufheben würde. Jeder russische Schüler ist unter den Augen seines Lehrers ein Wunder an Auffassungsvermögen oder Geschicklichkeit; auf Grund seiner schnellen Erfolge verschmäht er bald den Lehrer, doch das Talent fehlt ihm dann ebenso wie das Vorbild.

(6) Zwar stimmt es, daß die Tataren schreckliche Leute sind, aber sind sie so sehr zu fürchten, wie Sie glauben? Die Frage ist entschieden, wenn strenge Disziplin, Artillerie, Festungswerke und Kriegskunst die Überlegenheit über einen undisziplinierten, beinahe nackten und schlecht bewaffneten Heroismus sichert. Dieses Thema beschäftigt mich sehr, Monsieur, und meine Gedanken schwingen sich auf, wenn ich daran denke, daß ich es mit Ihnen erörtere. Die antike Geschichte bietet uns einen vergleichbaren Gegenstand. Die Position der Russen zwischen den Tataren und Europa finden wir in der der Mazedonier zwischen den Thrakern und Griechen wieder. Haben die Mazedonier nicht stets ihre Überlegenheit über die Barbaren, ihre Nachbarn oder ihre Untertanen bewahrt? Sie konnten nur durch eine bessere Disziplin und eine Taktik, die klüger kombiniert war als die ihre, besiegt werden. Die Barbaren des Nordens haben einst die Welt erobert und alle zivilisierten Völker unterjocht, doch zu welcher Zeit? Als die Disziplin noch locker, die Kriegskunst primitiv und die Sitten weniger verderbt waren. Wir sind verweichlicht, das gebe ich zu, aber läßt die Vervollkommnung aller heute für den Krieg verwendeten Künste der Tapferkeit ein anderes Verdienst als das der Entschlossenheit? Die Waffenkunde ist viel stärker als alle menschliche Kraft.

(7) Daher halte ich, Monsieur, die Revolution[3], die Ihnen

unvermeidlich scheint, nicht für so notwendig, doch wir können uns in einem Punkte einander annähern, nämlich das Ereignis als unvermeidlich anzusehen, das irgendeiner dieser Nationen das zuspielt, was ihr fehlt, um heutzutage eroberungslustig zu sein. Dieses Ereignis wäre in unseren Tagen beinahe eingetreten. Ein paar schwedische Offiziere, die mit dem bedauernswerten Gefangenenzug aus Poltawa nach Sibirien geschickt worden waren, sind von dort aus zu einem Stamm der Kalmyken übergegangen. Diese tapfere und zahlreiche Nation mit mehr als 100 000 Kämpfern wurde, durch die zwei Offiziere formiert und ausgebildet, für die beiden Reiche China und Rußland von Tag zu Tag gefährlicher. Die Bürgerdivisionen haben sie zerschlagen und die Chinesen in die Lage versetzt, sie gänzlich zu vernichten. Dieser Sieg hat jene zu den Herren über die kleine Bucharei, das Land der Kalmyken, gemacht und ihnen viel Territorium an den russischen Grenzen eingebracht.

(8) Ein solches Ereignis wäre beinahe auch unter Karl XII. eingetreten. Der Durchführung seines Planes stellten sich so viele Hindernisse in den Weg, daß der Urheber daran zugrunde ging. Womöglich tat man ihm unrecht, als man ihn nach dem Ereignis beurteilte, womöglich täuschte er sich auch in der Wahl der Mittel. Doch der Plan an sich war des Helden würdig, der ihn ersonnen hatte, nämlich die Völker gegen den Zaren aufzuwiegeln, die seine Zufluchtsstätte waren, mit diesem einzigen Schlag das ganze russische Reich aufzulösen und, jene in seine Armee eingliedernd, das Oberhaupt derer zu werden, von denen Sie meinen, daß sie vorherbestimmt sind, die Eroberer der Welt zu werden.

(9) Monsieur d'Alembert hat den Vorschlag[4] abgelehnt, den ihm unsere Zarin unterbreitete. Sein diesbezüglicher Brief ist der schlichteste der Welt.

(10) Haben Sie nicht, als Sie sich unter den Schutz des Königs von Preußen zurückzogen, einen Brief an diesen Monarchen geschrieben? Ist es indiskret, Sie um diesen Brief zu bitten? Ich würde alle Bedingungen einhalten, die Sie mir auferlegten.

(11) Wissen Sie, wie es um unsere unglückliche Freundin, Madame Chenonceaux, steht? Daß ihr Gatte in Pierre-Encize ist, bringt sie fast um den Verstand. Als man mir

am 3. Januar schrieb, hatte sie so schreckliche Wahn- und Krampfzustände, daß sechs Männer sie nicht halten konnten.

(12) Ich denke, daß Mademoiselle Levasseur bei Ihnen ist. Ich umarme sie von ganzem Herzen. Adieu, Monsieur. Ich werde nie den Beweis Ihrer Wertschätzung vergessen, den Sie mir eben damit gaben, daß Sie mir im einzelnen die Beweggründe für Ihr Verhalten darlegten, und ich fühle, wie sehr Ihre Wertschätzung eine Ermutigung zur Tugend ist. Ich schmeichle mich der Hoffnung, Monsieur, daß Sie wissen, welche Zuneigung und liebevolle Hochachtung ich Ihnen entgegenbringe.

(13) Vergessen Sie bitte nicht, daß Sie mir die Fortsetzung dessen versprachen, was sich Ihretwegen in Genf abspielte.

1 Der „Emile" und der „Gesellschaftsvertrag" waren 1762 erschienen.

2 Rousseau hat sich im VIII. Kapitel des Zweiten Buches des „Gesellschaftsvertrages" kritisch mit dem Reformwerk Peters I. auseinandergesetzt.

3 Im „Gesellschaftsvertrag" heißt es: „Das russische Reich wird Europa unterwerfen und wird selbst unterworfen werden. Die Tataren, seine Untertanen oder seine Nachbarn, werden zu seinem und unseren Herrn werden. Diese Revolution scheint mir unausweichlich zu sein" (Zweites Buch, VIII. Kapitel).

4 Katharina II. hatte d'Alembert an ihrem Hof in Petersburg die Stelle eines Erziehers angeboten.

George Keith, Lord-Marschall von Schottland, an Rousseau

[22. Februar 1763]

Ich denke darüber nach, was Sie mir über Ihre Bürgerschaft in Genf sagten. Ich glaube, Sie haben dort die große Masse auf Ihrer Seite; über die Regierenden können Sie sich beklagen, doch sie werden noch immer durch Frankreich in Schach gehalten. Ich möchte nicht, daß Sie einen für Ihre Mitbürger verächtlichen Schritt[1] tun, denn sie lieben Sie und würden sich, nicht ohne Grund, beklagen; warten Sie ab, denken Sie nach, nehmen Sie sich Zeit. Meine Freundschaft diktiert mir, was ich sage, an Ihnen ist es, darüber zu urteilen, ob ich recht habe, Bonsoir.

1 Rousseaus Verzicht auf seine Genfer Bürgerrechte.

Marc Chappuis an Rousseau

[18. Mai 1763]

(1) Als ich die Ehre hatte, Ihren Brief vom 2. diesen Monats zu erhalten, zerbrach ich mir den Kopf, womit ich Sie habe beleidigen können und welche Gründe Sie dazu zwingen mochten, mich mit Monsieur anzureden, einem Ausdruck, dessen Sie sich mir gegenüber nie bedienten, und da ich mir nichts vorzuwerfen hatte, trug ich mich mit der Absicht, Sie zu bitten, mir Aufschluß zu geben. Doch Ihr Brief an den Ersten Bürgermeister gab ihn mir in vollem Umfang, denn ich erfuhr aus ihm, daß Sie den Namen meines Mitbürgers freiwillig ablegten und auf alle Bürgerrechte[1] verzichteten. Der Kleine Rat, der am Montag morgen zusammentrat, hat ihrer Bitte entsprochen, und folglich ist Ihre Abdikation in den Staatsregistern eingetragen. Erlauben Sie mir, Monsieur, Ihnen zu sagen, daß mich dieser Schritt wie ein Blitzschlag traf und daß ich aus ihm nicht klug werde. Ich weiß, daß Sie Grund haben, sich über die Mächtigen zu beklagen und über die, welche an der Spitze der Regierung stehen ... Doch das Vaterland ganz allgemein, was hat das Ihnen getan? Die Mehrheit derer, aus denen es sich zusammensetzt, ließ Ihnen Gerechtigkeit widerfahren. Freilich war Ihnen ihre Gutwilligkeit bis jetzt in keiner Weise nützlich. Doch glücklichere, nahe Zeiten könnten Sie die Früchte genießen lassen. Aber ach (und ich kann nicht anders urteilen), eine fremde, feindselige Kraft lockte Sie in die Falle. Ich verhehle Ihnen nicht, ich tat alles Menschenmögliche, um zu verhindern, daß man Ihrer Bitte nachkam, denn ich wollte trotz alledem noch Ihr Mitbürger sein.

(2) Letzten Sonntag begab ich mich zum Ersten Bürger-

meister, und in einer vertraulichen Unterredung von mindestens einer Stunde hatte ich die Ehre, viele Dinge zu beleuchten. Insbesondere war ich bestrebt, ihm zu beweisen, daß Sie kein Recht haben, ihn um Ihre Abdikation zu bitten, da Sie mit Ihrer Geburt den Eid leisteten, Ihrem Vaterland treu anzuhängen, und daß eine Unzufriedenheit kein ausreichender Grund sei, Ihrer Bitte zu willfahren. Daß andererseits die Stadtväter sie Ihnen gar nicht gewähren könnten, da für Sie nicht der Rechtsfall bestünde, dessentwegen man einem Bürger das Bürgerrecht entziehe. In der Tat, wenn fünf oder sechs Bürger wegen irgendwelcher Beschwerden mit dem Vorsatz zu den Stadtvätern kämen, etwas Ähnliches zu verlangen, so wäre ich nicht überrascht, wenn man sie, statt ihrer Bitte nachzukommen, am Kragen packte und hinter Schloß und Riegel setzte, die Sache ist nicht ohne Beispiel, es ist nie und nimmer erlaubt, vom Vaterland abzufallen. Er schien meine Gedanken nachzuvollziehen und fragte mich darauf, welchen Entschluß er fassen solle und was ich diesbezüglich dächte. Das erste, was ich ihm vorschlug, war, Sie zu bestellen und Sie anzuhören sowie Ihnen zu bedeuten, daß es nur um ein paar Punkte der Lehre gehe, die Sie in Ihrem Brief an den Erzbischof[2] inzwischen genugsam erläutert hätten. Man dürfe sich nicht schwerer tun als die Kirche von Neuchâtel, die Ihnen bestätigte, daß dieser Weg mit Artikel 88 unserer Kirchenordnung konform gehe. Er antwortete mir, die Geschichte bereite im Augenblick einige Schwierigkeiten, doch wenn er es bewerkstelligen könne, daß Ihr Brief lediglich registriert werde und man im Register unten vermerke, die Stadtväter hätten es nicht für angemessen gehalten, darauf zu antworten, so glaube er das Ziel erreicht zu haben, das er anstrebe, denn im Hinblick auf Sie blieben dann die Dinge so, wie sie seien. Er fügte noch hinzu: dies ist meine Meinung und die einiger anderer Kollegen, doch man wägt nicht unsere Stimmen ab, man zählt sie. Bei diesen Worten ging mir ein Licht auf, was sich abgespielt hatte, verschiedene Ihrer Freunde haben denselben Schritt bei den anderen Bürgermeistern unternommen, ebenso erfolglos wie ich, dies tut mir ganz besonders leid. Erlauben Sie mir jetzt, auf Ihren Brief zu antworten, ich habe versucht, Ihrer Behauptung nachzugehen, daß Sie sagen, Sie wären durch ein Dekret vom Vaterland geächtet worden; mit Ihrer Erlaubnis, Monsieur, dem ist nicht so, nachfolgend der Wortlaut des Befehls, der gegen Sie erlassen wurde, so wie er in den Registern eingetragen wurde, und darauf können Sie sich verlassen: *Besagter Jean-Jacques Rousseau ist festzunehmen, sobald er in die Stadt oder auf das Territorium der Republik kommt, und zu den Bürgermeistern zu bringen.* Diese Formulierung stellt keine Ächtung dar. Man wollte Sie zu Ihrer Rechtfertigung anhören, und Sie haben sie in Ihrem Brief an Monsieur de Beaumont gegeben, Sie hätten sich keiner Gefahr ausgesetzt, wenn Sie ins Vaterland gekommen wären, was es Sie gekostet hätte, das wäre ein Höflichkeitsbesuch bei den Herren Bürgermeistern gewesen, wir leben nicht mehr in Servets Zeiten.

(3) Mit Ihrer Erlaubnis, ich brachte meine beiden Einwände nicht in einem vorwurfsvollen Ton vor, ohne Zweifel haben Sie erkannt, daß ich, was den zweiten anbelangt, bestürzt war, weil Sie sagten, keine Menschenseele habe Ihnen für Ihr Buch Dank gewußt. Ich habe diesen Satz als allgemeingültig angesehen.

(4) Ihre Freundschaft, Monsieur, wird mir stets kostbar sein, und solange ich lebe, werde ich mein Bestes tun, um sie mir zu erhalten, geben Sie mir Gelegenheit, Ihnen dies zu beweisen, und zwar nicht durch Worte, sondern durch Taten. Ich habe für Sie nie etwas getan, das auch nur die geringste Aufmerksamkeit verdiente. Sollten Sie mich für fähig halten, Ihnen einen Dienst zu erweisen, was auch immer es sei, stellen Sie mich auf die Probe, und mein Herz kommt Ihren Wünschen zuvor. Ich hatte mich immer mit dem süßen Trost geschmeichelt, Sie noch einmal in meinem teuren Vaterland wiederzusehen. Ich gebe diese Hoffnung nicht auf, doch sollte sie enttäuscht werden, muß ich mich entschließen, so alt und gichtkrank ich auch bin, mir dieses Glück zu verschaffen. Seien Sie bitte überzeugt, daß dies einer meiner heißesten Wünsche ist. Empfehlen Sie mich herzlichst Mademoiselle Levasseur, und nehmen Sie Grüße von meiner ganzen Familie entgegen, meine Frau, mein Sohn, meine Tochter und mein Schwiegersohn übermitteln Ihnen tausend Wünsche und erinnern sich alle

mit Freude der angenehmen Augenblicke, die sie in Ihrer Gesellschaft verbrachten ... Glauben Sie mir, daß ich stets mit aufrichtigem Herzen der Ihre bin.

Marc Chappuis

1 Am 12. Mai 1763 hatte Rousseau offiziell auf seine Genfer Bürgerrechte verzichtet.

2 Rousseaus „Brief an Christophe de Beaumont" (1763) (siehe: Jean-Jacques Rousseau, Schriften in zwei Bänden, hrsg. von Henning Ritter, München/Wien 1978, Bd. 1, S. 497–589).

Rousseau an Marc Chappuis

26. Mai 1763

(1) Ihrem Brief, Monsieur, mit dem Sie mich am 18. diesen Monats beehrten, entnehme ich, daß Sie mich in meinem Unglück sehr oberflächlich beurteilen. Es ist so leicht, die Unglücklichen zu Fall zu bringen, daß man beinahe immer dazu neigt, ihnen aus ihrem Elend ein Verbrechen zu machen.

(2) Sie sagen, Sie würden aus meinem Verhalten nicht klug: indessen ist es ebenso leicht verständlich wie die traurige Notwendigkeit, die mich dazu zwang. In meinem Vaterland öffentlich entehrt, ohne daß jemand gegen diese Entehrung Einspruch erhoben hätte, mußte ich, nachdem ich zehn Monate gewartet hatte, den einzig möglichen Entschluß fassen, der meine so grausam beleidigte Ehre zu retten vermochte. Unter heftigsten Schmerzen rang ich nach einer Entscheidung: aber was konnte ich tun? Freiwillig Glied dieses Staates zu bleiben, hieß das nicht, nach alledem, was sich zugetragen hatte, meiner Entehrung[1] zuzustimmen?

(3) Ich begreife nicht, wieso Sie mich zu fragen wagen, was das Vaterland mir getan hat. Weiß denn ein so aufgeklärter Mann wie Sie nicht, daß jeder öffentliche Schritt, den der Magistrat tut, gleichsam vom ganzen Staat getan wird, wenn keiner von denen, die das Recht haben, ihn zu verurteilen, ihn verurteilt?

(4) Ich schulde nicht allein den Genfern Rechenschaft über mich, ich schulde sie auch mir, der Öffentlichkeit, von der gekannt zu werden ich das Unglück habe, sowie der Nachwelt, die mich vielleicht kennen wird. Wäre ich so töricht, das übrige Europa davon überzeugen zu wollen, daß die Genfer das Verhalten ihrer Behörden mißbilligten, würde ich nicht ausgelacht? Wissen wir etwa nicht, würde man mir sagen, daß die Bürgerschaft bei allen Gelegenheiten, bei denen sie meint, daß die Gesetze verletzt wurden und das Verhalten der Behörden tadelnswert ist, das Recht hat, ihre Einwände geltend zu machen? Was hat sie diesmal unternommen, in nahezu einem Jahr, seit Sie warten? Hätten nur fünf oder sechs Bürger protestiert, könnte man der Anteilnahme Glauben schenken, die Sie ihnen zuschreiben. Dieser Schritt wäre leicht, gesetzlich gewesen, er hätte die öffentliche Ordnung nicht gestört: warum also unternahm man nichts? Straft ihrer aller Schweigen nicht Ihre Beteuerungen Lügen? Man soll uns erst einmal die Zeichen ihrer Mißbilligung vor Augen führen, die Sie ihnen zuschreiben. Dies, Monsieur, würde man zu mir sagen, und man würde es zu Recht sagen: denn nicht nach ihren Gedanken, sondern nach ihren Taten beurteilt man die Menschen.

(5) Vielleicht gäbe es verschiedene Möglichkeiten, mich für den Schimpf zu rächen, doch es gibt nur eine, ihn ohne Rache abzuwehren, und die habe ich gewählt.[2] Wie kann es nur sein, daß diese Möglichkeit, die allein mir Leid bringt, mir Vorwürfe einträgt, statt daß ich Tröstungen erhoffen darf?

(6) Sie behaupten, ich hätte kein Recht, die Abdikation meiner Bürgerschaft zu verlangen: doch mit dieser Behauptung ist noch nichts bewiesen. Unsere Meinungen gehen weit auseinander: denn ich wollte diese Abdikation nicht verlangen, sondern vielmehr gewähren. Ich habe meine Rechte genügend studiert, um sie zu kennen, obgleich ich sie mir lediglich ein einziges Mal nahm, nämlich um sie abzulegen. Da ich Brauch und Sitte aller Völker, die Autorität der Vernunft, des Naturrechts, Grotius, alle Rechtskundigen und sogar das Urteil des Rates auf meiner Seite habe, bin ich nicht verpflichtet, mich nach Ihrer falschen

Ansicht zu richten. Jeder weiß: hält man die Bedingungen eines Vertrages auf der einen Seite nicht mehr ein, so sind sie für die andere gleichfalls aufgehoben. Wenn ich dem Vaterland alles schuldete, wieso schuldete es denn mir dann gar nichts? Ich habe meine Schuld bezahlt, hat es die seine getilgt? Man hat niemals das Recht, es im Stich zu lassen, das gebe ich zu, doch wenn es einen zurückstößt, hat man stets das Recht, es zu verlassen; man darf dies in dem Falle, den ich darlegte, und man muß es sogar in dem meinigen. Den Eid, den ich ihm leistete, hat es auch mir geleistet. Verletzt es seine Verpflichtungen, entbindet es mich von den meinigen, und sind sie schmachvoll für mich, so ist es meine Pflicht, mich ihrer zu entheben.

(7) Sie sagen, würden sich Bürger vor den Hohen Rat hinstellen und etwas Ähnliches fordern, so wären Sie nicht überrascht, wenn man sie hinter Schloß und Riegel setzte. Ich wäre ebensowenig überrascht, denn keine noch so große Ungerechtigkeit kann überraschen, wenn sie von jemandem kommt, der die Macht in den Händen hat. Freilich gibt es ein Gesetz, nach dem man sich nie richten wird, das dem Bürger, der ein solcher bleiben will, versagt, ohne Erlaubnis das Land zu verlassen; da man aber nicht um ein Recht zu bitten braucht, das man besitzt, so denkt niemand daran, wenn ein Genfer sein Vaterland verlassen will, um sich in einem fremden Land anzusiedeln, ihm daraus ein Verbrechen zu machen, und man sperrt ihn dieserhalb nicht ins Gefängnis. Wohl verzichtet man gewöhnlich nicht feierlich auf sein Recht, doch gewöhnlich ist jemand, der darauf verzichtet, nicht öffentlicher Schande ausgesetzt und muß daher auch nicht öffentlich von der Gesellschaft Abstand nehmen, die sie ihm antat.

(8) Monsieur, ich habe abgewartet, ich habe nachgedacht, ich habe lange gesucht, ob es irgendein Mittel gibt, einen schmerzvollen Schritt zu vermeiden. Ich hatte Euch, o Genfer, meine Ehre anvertraut, und ich war unbesorgt und ruhig; doch Ihr habt dieses anvertraute Gut so schlecht bewahrt, daß Ihr mich zwangt, es Euch wegzunehmen. Meine guten alten Landsleute, ich werde Euch stets lieben, trotz Eurer Undankbarkeit, seid aber so gut und zwingt mich bitte nicht mit Euren harten und unehrenhaften Worten zu

einer öffentlichen Rechtfertigung. Erspart mir in meinem Elend den Schmerz, mich auf Eure Kosten verteidigen zu müssen.

(9) Denken Sie daran, Monsieur, daß ich gegen meinen Willen gezwungen bin, Ihnen in diesem Ton zu antworten. Es gibt nur eine Wahrheit. Hätten Sie mich weniger grob angegriffen, so versuchte ich nur, meinen Kummer in Ihr Herz zu ergießen. Ihre Freundschaft wird mir stets teuer sein; ich werde es mir immer zur Pflicht machen, sie zu pflegen; doch ich beschwöre Sie, sich nicht so grausam von ihr loszusagen, wenn Sie mir schreiben, sondern Ihr gutes Herz besser zu Rate zu ziehen, ich umarme Sie herzlichst.

1 Am 19. Juni 1762 hatte der Kleine Rat, die Genfer Regierung, sowohl den „Emile" als auch den „Gesellschaftsvertrag" verboten und gegen Rousseau einen Haftbefehl erlassen.
2 Rousseaus Verzicht auf die Genfer Bürgerrechte.

Ein Genfer an Rousseau

[31. Mai 1763]

(1) Ich schreibe Ihnen, großer und bewunderungswürdiger Rousseau*, und das Herz blutet mir, Sie haben sich von Ihrem Vaterland losgesagt, und dies zu einer Zeit, da wir uns mit der Hoffnung schmeichelten, die süße Genugtuung haben zu können, Sie zu sehen, und viele von uns schmeichelten sich mit der Hoffnung, Sie umarmen zu können oder, um mich Ihrer eigenen Worte zu bedienen, *ihr Gesicht an das Ihre zu drücken*. Denn was mich anbelangt, so bin ich viel zu gering und stelle unter meinen Mitbürgern viel zu wenig dar, um erhoffen zu können, dieses Glück zu

* Nehmen Sie mir bitte nicht übel, wenn ich in diesem ganzen Brief nicht das Wort Monsieur benutze, ich war der Meinung, man dürfe an den großen Rousseau nicht so schreiben, wie man es an gewöhnliche Menschen tut, und ich würde mich schämen, wenn ich ihn mit einem Titel herabwürdigte, den man so oft dem letzten Schurken gibt; ich denke, daß sein Name ihn mehr adelt als alle, die man ihm geben könnte.

genießen, doch zumindest hätte ich das Vergnügen gehabt, Sie hin und wieder auf unseren Straßen zu sehen und bei mir selbst zu sagen: Da ist er, dieser große und gute Bürger, dieser gute Freund seiner Landsleute, derjenige, der soviel für unser Glück tat. Doch während ich noch mein Herz mit dieser zarten Hoffnung nährte, traf mich ein Blitzschlag und warf mich nieder, kraft- und beinahe regungslos blieb ich zurück, einige Tag lang konnte ich mich kaum um meine Geschäfte kümmern, die Tränen rannen mir aus den Augen; ich werde diesen berühmten Mann nicht zu sehen bekommen, sagte ich mir, er legt den Titel des Bürgers ab, der uns eine Ehre war. Was mich noch mehr bekümmert, ist, ansehen zu müssen, daß Sie auf das unwürdige Spiel, das man mit Ihnen in Ihrem Vaterland trieb, nicht gefaßt waren, und mir ist angst und bange, dies könnte Ihrer Gesundheit, an der ich großen Anteil nehme, Schaden zufügen.

(2) Aber, mein teurer Rousseau, wie ist es bloß möglich, daß Sie, der die Menschen so genau beobachtete, daß Sie, der die Geschichte aller Völker der Welt so gut kennt, daß also gerade Sie erwarteten, Sie könnten die Wahrheit lautstark verkünden, ohne sich den Haß der Großen und einer stattlichen Zahl niedriger Seelen zuzuziehen, die deren Sklaven sind. Sie wissen besser als ich, welches Schicksal in Athen Aristides und Sokrates hatten, der eine, weil er den Sophisten Widerstand leistete, und der andere, weil er den schönen Beinamen „der Gerechte" verdiente, und Sie, großer Mann, der Sie die Tugenden und das Wissen dieser beiden berühmten Persönlichkeiten in sich vereinen und sie vielleicht um ein vieles übertreffen, wie ist es nur möglich, daß Sie nicht darauf vorbereitet waren? Hätten Sie sich in Erinnerung gerufen, was sich 1707[1] in Genf abspielte und was unausbleiblich zwischen 1734 und 1738[2] eingetreten wäre, wenn die Bourgeoisie nicht den Sieg davongetragen hätte, dann wären Sie nicht überrascht gewesen, als jene, die Tyrannen eines freien Volkes werden wollten, alle Anstrengungen unternahmen, um einen aufgeklärten und tugendhaften Bürger zugrunde zu richten, ich bin vollkommen davon überzeugt, daß Sie sich, wenn Sie nie von Freiheit geredet hätten, auch nie soviel Grausamkeit eingehan-

delt hätten, nicht Emile hat diesen grausamen Aufruhr gegen Sie so sehr geschürt, vielmehr waren es Ihre Untersuchungen über die Ungleichheit, Ihr Brief an Monsieur d'Alembert und vor allem der Gesellschaftsvertrag, derentwegen man Sie mit soviel Ungerechtigkeit verdammte, Emile war der geeignete Vorwand dafür, doch der Gesellschaftsvertrag war mit Sicherheit das wahre Motiv.

(3) Indessen, teurer Rousseau, was auch immer die bösen Menschen tun, um Sie in Schande zu bringen, es wird ihnen nicht gelingen, und trotz all ihrer Bemühungen werden Sie dank Ihrer großen Talente, Ihres großen Wissens, Ihrer aufrichtigen Wahrheitsliebe und Ihrer erhabenen Tugenden von den redlichen Menschen stets geliebt und geehrt werden.

(4) Haben Sie die Gewogenheit, mein teurer Rousseau, mit Güte die zärtliche Ehrerbietung entgegenzunehmen, die ich Ihnen mit der größten Aufrichtigkeit meines Herzens erweise; indem Sie sie entgegennehmen, trösten Sie denjenigen, der mit tiefster Verehrung, großer Rousseau,

Ihr demütigster und aufrichtigster Freund ist.

P.S.

Wenn ich diesen Brief nicht unterzeichne, so, weil ich mich schäme, nur ein erbärmliches Gestammel zustande zu bringen, wo ich doch an den ersten Schriftsteller der Welt schreibe. Zweifellos wäre es auch ehrenhafter gewesen, meinen Brief zu frankieren, als das Porto hineinzulegen, doch ich konnte es nicht anders anstellen, wenn ich unerkannt bleiben wollte, nichtsdestoweniger ist es aber nicht richtig, daß ich Sie bezahlen lasse, wo ich Sie doch nur langweile, ich bitte Sie darum inständig, mir zu verzeihen.

Genf, am 31. Mai 1763

1 Im Januar 1707 erhob ein Sprecher der Genfer Bürgerschaft die Forderung nach einer demokratischen Verfassungsreform. Er fand viele Zustimmung und Anhänger. An der Spitze dieser oppositionellen Bürgerbewegung stand Pierre Fatio. Mit der Beschuldigung, einen Staatsstreich vorbereitet zu haben, wurden im August 1707 die Anführer der Bewegung von der Genfer

Regierung angeklagt. An Pierre Fatio und anderen politischen Führern wurde das Todesurteil vollstreckt.

2 In den dreißiger Jahren kam es in Genf erneut zu einem Verfassungskonflikt, der zum Bürgerkrieg führte. Der Kleine Rat hatte eigenmächtig die Bürger mit neuen Steuern belegt, die zum Ausbau einer Befestigungsanlage dienen sollten. Der Bürgerkrieg endete mit einem durch die Kantone Bern und Zürich und durch Frankreich vermittelten und garantierten Friedensschluß. Seine Grundlage war das sogenannte Mediationsreglement, das am 8. Mai 1738 von den im Allgemeinen Rat versammelten Bürgern Genfs fast einstimmig angenommen wurde. Damals standen Micheli du Chrest und Rousseaus Freund Lenieps an der Spitze der Bürgerschaft. Beide wurden aus Genf verbannt. Im August 1737 wurde Rousseau Augenzeuge dieser Ereignisse. Er berichtet darüber im V. Buch der „Bekenntnisse". Da das Mediationsreglement eine Art Grundgesetz der Republik Genf darstellt, steht seine Auslegung auch im Mittelpunkt des zweiten Teils der „Briefe vom Berge", die Rousseau im Dezember 1764 veröffentlichte.

Rousseau an Charles Pinot Duclos

Môtiers, den 28. Juli 1763

Es ging mir acht Tage lang sehr schlecht, so ist dieser Brief liegengeblieben.

(1) Gut angekommen, mein lieber Philosoph. Ich habe Ihre Beurteilung Englands vorausgesehen. Für Augen wie die Ihrigen sind die Menschen in allen Ländern dieselben: die Nuancen, die sie unterscheiden, sind mehr denn oberflächlich; der Kern dominiert stets. Da Sie nun alles verglichen haben, entscheiden Sie sich für Ihr Land; diese Wahl ist natürlich. Nachdem ich hier die schönsten Jahre meines Lebens verbrachte, täte ich es Ihnen herzlich gern gleich. Dennoch glaube ich, daß es mir im allgemeinen lieber sein wird, wenn mein Freund Engländer ist und nicht Franzose. Ich hatte viele Freunde in Frankreich; vom Mißgeschick verfolgt, behielt ich zwei: In England hätte ich vielleicht weniger gehabt; aber ich hätte keinen einzigen verloren.

(2) Ich tat für mein Land, was ich für meine Freunde tat.

Ich liebte mein Vaterland zärtlich, solange ich glaubte, eines zu haben. Da ich die Probe aufs Exempel machte, fand ich heraus, daß ich mich geirrt hatte. Als ich mich von einer Chimäre losriß, hörte ich auf, ein Mensch voller Visionen zu sein. Das ist alles. Sie möchten gern, daß ich eine öffentliche Erklärung abgebe; dies setzt voraus, daß ich dessen bedarf. Es mutet mich seltsam an, daß ich mich immer der großen Ungerechtigkeit anderer wegen rechtfertigen muß und daß immer ich schuldig bin, einzig und allein, weil ich verfolgt werde. Ich lebe nicht in der Welt; ich habe keinerlei Verbindung zu ihr; ich weiß nichts von dem, was dort geredet wird: meine Feinde sind in ihrem Element; sie wissen ganz genau, daß ihre Reden nicht bis zu mir dringen. So stehe ich also sozusagen vor der Inquisition, ich bin gezwungen, mich zu verteidigen, ohne daß ich weiß, wessen ich angeklagt bin.

(3) Als Sie sich zum Verzicht auf meine Bürgerschaft äußerten, sagten Sie, viele Bürger hätten zu meinen Gunsten protestiert, ich müßte also Ausnahmen machen. Verstehen wir uns recht, mein lieber Philosoph: die Proteste, von denen Sie sprechen, wurden erst nach meiner Entscheidung[1] erhoben, so daß sie für mich kein Motiv sein konnten, mich davon zurückzuhalten. Diese Entscheidung war nicht überstürzt; ich traf sie erst nach zehnmonatigem Warten, und in dieser Zeit hat niemand ein Wort öffentlich gesagt, es sei denn ein gegen mich gerichtetes. Da man aus diesem Schweigen auf die übereinstimmende Meinung aller schließen mußte, wäre es dann nicht einer Bestätigung meiner Ehrlosigkeit gleichgekommen, wenn ich freiwillig Glied eines Staates geblieben wäre, in dem ich gebrandmarkt war, und blieb mir denn ein anständigerer, richtigerer, maßvollerer Weg, gegen diese Beleidigung zu protestieren, als mich friedlich aus der Gesellschaft zurückzuziehen, in der man sie mir angetan? Alldieweil unsere Gesetze, die überaus eindeutig sind, in jeder Weise mit Füßen getreten wurden, wenn es um mich ging, wozu konnte ich meinerseits noch verpflichtet sein, da doch keine anderen Verbindungen vom Vaterland zu mir bestanden als die der Schmach, der Gewalt und der maßlosen Ungerechtigkeit?

(4) Dieser Rückzug öffnete der Bürgerschaft die Augen: sie spürte, daß sie im Unrecht war, sie schämte sich dessen, und da sich wie gewöhnlich die Selbstliebe meldete, hatte sie nur eines im Sinn, nämlich mich zu beschuldigen, um sich selber zu rechtfertigen. Man schrieb mir vorwurfsvolle Briefe. Zur Antwort legte ich meine Gründe dar; sie blieben ohne Erwiderung. Als es zu spät war, wollte man den Fehler wiedergutmachen und geschehene Dinge zurücknehmen. Man hatte nichts gesagt, als man hätte reden müssen: man redete, als nur noch zu schweigen übrigblieb, und alles, was man sagen konnte, zu nichts mehr führte. Die Bürgerschaft fing mit Vorhaltungen an. Der Rat wich mit Antworten aus, deren Lächerlichkeit auch nicht durch Raffinesse vertuscht werden konnte; doch lange schon setzt man sich über Buhrufe hinweg. Die Bürgerschaft wollte sich nicht abweisen lassen; die Gemüter erhitzten sich, die Mißhelligkeit drohte in ein Zerwürfnis und vielleicht noch Schlimmeres auszuarten. Da erkannte ich, daß ich etwas tun mußte. Meine Freunde wußten, daß ich mit dem Herzen stets an meinem Vaterland hing und ich also mit Freuden den Titel wieder angenommen hätte, auf den zu verzichten ich gezwungen war, sobald er mir einstimmig in anständiger Weise zurückgegeben würde. Der Wunsch nach meiner Ehrenrettung schien das Motiv ihres Vorgehens zu sein: dieser Zankapfel mußte ihnen aus dem Weg geräumt werden. Um sie zu veranlassen, nicht länger eine Angelegenheit zu verfolgen, die sie sonstwohin führen konnte, erklärte ich ihnen also, ich würde nie wieder, was auch immer geschehen sollte, in ihre Mauern zurückkehren und den Titel ihres Mitbürgers annehmen, ich hätte diesen Entschluß durch einen Eid bekräftigt und wäre daher nicht mehr in der Lage, ihn zu ändern. Da ich keinerlei Verbindung mit Genf aufrechterhalten wollte, weiß ich nicht im geringsten, was sich seitdem dort abgespielt hat. Dies aber habe ich getan: nachdem ich meine kostbaren Rechte meiner gekränkten Ehre geopfert hatte, opferte ich meinem Frieden meine letzten Hoffnungen. Darin besteht mein Unrecht in dieser Angelegenheit, ich weiß von keinem anderen.

(5) Sie hätten es gern, sagen Sie, wenn ich aller Welt zeigte,

daß ich, obschon ich mit vielen Leuten böse wäre, den Willen hätte, mit allen gut zu sein: doch ich käme in arge Verlegenheit, wenn ich sagen müßte, warum ich mit irgend jemandem böse wäre, denn ich will es niemandem auf der Welt raten, daß er zu sagen wagt, ich hätte ihm jemals das geringste Leid angetan oder gewünscht. Jene, die mich verfolgen, verfolgen mich allein aus dem Vergnügen, Unheil stiften zu können. Jene, die mich hassen, hassen mich nur wegen des Leids, das sie mir zufügten; sie finden Gefallen an ihrem Werk; sie werden mir nie ihre eigene Bosheit verzeihen. Nun, sollen sie doch tun, was immer ihnen beliebt: Bald werden sie es nicht ärger treiben können. Vergeblich ist's, daß sie mich mit Übeln überhäufen; zu meiner Rache gibt es noch eines, das sie nicht in mir entfesseln sollten: es ist die Qual des Hasses, die sie, wie ich meine, unglücklicher machen wird als mich. Das ist alles, was ich zu diesem Thema zu sagen habe. Im übrigen habe ich fünfzig Jahre verbracht, ohne daß ich mich zu verteidigen gelernt hätte; jetzt ist es zu spät, damit anzufangen.

(6) Monsieur Cramer gehört nicht zum Rat. Er ist der Verleger, ja sogar der Freund Voltaires, und es ist nicht verborgen geblieben, in welcher Beziehung Voltaires Freunde zu mir stehen; im übrigen kenne ich ihn überhaupt nicht. Ich weiß nur, daß mich ganz allgemein alle Genfer hassen, daß sie sich aber dem Werturteil der Leute zu beugen wissen, mit denen sie gerade sprechen. Sie sorgen dafür, daß kein Schlag ins Leere geht; sie holen nur aus, wenn sie treffen können.

(7) Nun bin ich am Ende mit meinem Papier und meinem Geschwätz, ohne von Ihnen gesprochen zu haben. Eine ganz aufrichtige Bemerkung, mein lieber Philosoph, und ich schließe. Ich habe Sie in den glanzvollen Tagen meines Lebens geliebt, und Sie wissen, daß selbst ein widriges Schicksal das Herz nicht verhärtet. Ich umarme Sie.

J.-J. Rousseau

1 Der Verzicht Rousseaus am 12. Mai 1763 auf seine Genfer Bürgerrechte.

Rousseau an Jacques-François Deluc

Môtiers, den 22. August 1763

Mein teurer, guter Freund, ich bin sehr gerührt von den fortwährenden Beweisen Ihrer Freundschaft wie auch von der Aufmerksamkeit, die Sie und Monsieur d'Ivernois mir erwiesen, indem Sie mir Kopien sandten, die jene unangenehme Geschichte betreffen, in welche Sie und Ihre guten Mitbürger hineingeraten sind. Ich bin weiter davon überzeugt, daß es für das allgemeine Wohl ersprießlicher gewesen wäre, wenn diese Maßnahmen[1] früher oder aber überhaupt nicht ergriffen worden wären, weil es mir unmöglich erscheint, daß der geringe Erfolg, den ich durchaus voraussah, die Rechte der Bourgeoisie oder die Ruhe des Staates nicht in Gefahr bringt, und mir wäre es lieber, wenn Sie nicht dieser schrecklichen Alternative ausgesetzt wären. Dennoch gestehe ich, daß Sie in diesem Punkt wie in vielen anderen mehr Erfahrung und Kenntnisse besitzen als ich und daher besser beurteilen können, inwieweit Ihre Maßnahmen angemessen und für das öffentliche Wohl nützlich sind. Was mich anbelangt, der ich in dem grausamen Zustand, in dem ich lebe, keine Ruhe auf dieser Erde finden kann und mich nach meinem wahren Vaterland sehne, so wünsche ich von Herzen, daß Sie schon in diesem Leben jene kostbare Ruhe finden, die ich für mich erst im anderen erhoffen kann, und daß Sie den Rest Ihres ehrenhaften Lebensweges in den Armen Ihrer Kinder, Ihrer Freunde und Ihrer Landsleute verbringen, von den Guten geliebt und von allen geachtet, wie Sie es verdienen. Adieu, teuerster Freund, umarmen Sie Ihre Kinder an meiner Statt, denn sie sind mir ebenso teuer und werden es mir als dem wahren Freund ihres Vaters immer sein.

J.-J. Rousseau

1 Am 18. Juni und am 20. August 1763 hatten Genfer Bürger beim Kleinen Rat Beschwerde gegen die Rousseau betreffenden Maßnahmen eingelegt, sie als illegal verworfen und die Konfiszierung von Exemplaren des „Emile“ in Genfer Buchhandlungen als Verstoß gegen das Eigentumsrecht verurteilt.

Rousseau an François-Henri d'Ivernois

Môtiers, den 22. August 1763

Empfangen Sie, Monsieur, meinen Dank für die Aufmerksamkeit, mit der Sie mich fortgesetzt beehren, und für die Mühen, die Sie freundlicherweise für mich auf sich nehmen wollen. Ohne Monsieur Deluc und ohne Sie hätte ich nicht die geringste Ahnung, wie der Stand der Dinge ist, da ich keinerlei Verbindung mehr zu Genf unterhalte, durch die ich informiert werden könnte. Ich entnehme dem, was Sie mir gütigst mitteilen, daß trotz all dieser Maßnahmen die Dinge so bleiben werden, wie sie es zuvor waren, und dies hatte ich vorausgesehen. Dennoch kann es sein, daß dadurch, zumindest für einige Zeit, die heftige Handlungsweise des Rates ein wenig gebremst wird; aber ich müßte mich sehr irren, wenn er jemals auf seine Verfahrensweise verzichtete und sie nicht letzten Endes durchsetzte. Dies sind, Monsieur, weil Sie es wollen, meine Gedanken über den Ausgang dieser Angelegenheit, an der ich meinerseits nur so viel Anteil nehme, wie mir meine zärtliche Anhänglichkeit an die Bürgerschaft von Genf einflößt, welche nie in meinem Herzen erlöschen wird. Erlauben Sie, Monsieur, daß ich den beiliegenden Brief für Monsieur Deluc an Sie adressiere. Mademoiselle Levasseur dankt Ihnen für die Ehre, die Sie ihr erweisen, und versichert Sie ihrer Hochachtung. Sie und Ihre ganze Familie handeln gut an dem ehrenwerten Doktor, dessen Leben sich Tag für Tag mehr seinem Ende nähert. Er braucht seine ganze Seelenstärke, um mit Mut die Last des Lebens ertragen zu können. Welch eine Lektion für mich, der weniger leidet und weniger geduldig ist! Ich umarme Sie, Monsieur, und ich grüße Sie von ganzem Herzen.

J.-J. Rousseau

Jacques-François Deluc an Rousseau

Genf, den 30. September 1763

(1) Trotz der hier beiliegenden Broschüre, mein lieber Mitbürger, und der Geschicklichkeit derer, die sie seit dem Nachmittag des 28. heimlich verbreiteten, übergaben wir gestern, am 29., um ein Uhr in fast gleicher Zahlenstärke wie bei unserer Erklärung vom 20. August dem Ersten Bürgermeister unser Gesuch. Obschon die Zeit nicht zuließ, daß ich diese drei Briefe[1] vollständig las, glaube ich urteilen zu können, daß sie ein Gespinst aus Falschheiten und Sophismen sind, ähnlich wie jene, von denen Sie sagen, daß sie beweisen sollen, Mitternacht sei Tag. Etliche Leute meinen, sie, die Briefe, stammten vom Generalprokurator, seien aber durch Voltaires Hände gegangen.

(2) Ihre tugendhaften Mitbürger und besonders die Verfasser unserer Gesuche sind überzeugt, daß allein Sie in der Lage sind, angemessen zu antworten,[2] sowohl was Ihre persönliche Verteidigung anbelangt als auch die unserer Gesuche; sie bitten und beschwören Sie deshalb, um der Liebe willen, die Sie sich selbst schulden, und um derer willen, die Sie stets unserem Vaterland, der Gerechtigkeit und der Freiheit bezeigten, diese kostbaren Tugenden zu rächen, die man so durchtrieben und betrügerisch attackiert.

(3) Seien Sie bezüglich unseres künftigen Schicksals unbesorgt, mein lieber Mitbürger, wir brauchen nur Ihr vortreffliches Wissen, um die Sophismen dieser Briefe zu enthüllen und ihre Falschheit nachzuweisen; denn wir sind nicht nur genügend einig und standhaft, sondern verfügen auch über sehr wirkungsvolle Mittel.

(4) Sollten Sie einige Aufschlüsse oder Fakten benötigen, tun Sie mir die Freundschaft an, mich in Ihrem Antwortbrief daraufhin anzusprechen, stets unter derselben Deckadresse, denn unser Freund, Monsieur d'Ivernois, ist letzten Sonntag zu einer langen Reise aufgebrochen, von der er erst in zwei Monaten zurückkehren wird.

(5) Monsieur Jacques Vieussieux, einer unserer aufgeklärtesten und tugendhaftesten Mitbürger, überreichte dem Ersten Bürgermeister unser Gesuch und hielt dabei eine Rede, die eines Christen und eines Vaterlandsfreundes wür-

dig war. Der Erste Bürgermeister nahm es entgegen, gab aber eine unbefriedigende Antwort: er sagte zu ihm und zu allen Menschengruppen, in deren letzter ich mich befand, der Hohe Rat sei einer Meinung, sowohl was den Inhalt als auch was die Form seiner Antwort auf unsere Gesuche anbelange, und er sei dies aus der Überzeugung heraus, daß alles, was er unternommen habe, auf den Gesetzen beruhe. Ich erwiderte ihm prompt: „Monsieur, die Einmütigkeit des Hohen Rates macht noch kein Staatsgesetz, wohingegen unsere Gesuche auf unseren Gesetzen und auf unserer Verfassung fußen, daher schmeicheln wir uns mit der Hoffnung, daß der Hohe Rat seine Meinung ändern wird."

(6) Ich bin sehr gerührt, mein teurer Freund, von Ihrer ergreifenden, tröstenden Anteilnahme an meiner Situation als Patriot und Vater; doch mein völliges Vertrauen in das unendlich vollkommene Wesen hält mich aufrecht und wird mich bis ans Ende meiner Tage aufrecht halten. Mein lieber Sohn ist mir bereits zurückgegeben worden, da es ihm gegenwärtig viel besser geht, und wir sind genügend einig, um alle Pläne unserer ehrgeizigen Machiavellisten zum Scheitern bringen zu können.

(7) Monsieur d'Ivernois de Môtiers wird Ihnen sicherlich den Gedanken meines lieben, nun bald Gesunden mitgeteilt haben; was denken Sie darüber?

(8) Da die Zeit nicht ausreicht, daß ich Ihnen heute die Korrekturen übermittle, die wir, seit ich Ihnen eine Kopie davon schickte, an unseren letzten Gesuchen vornahmen, werde ich es nächsten Dienstag tun, wenn es dem Herrn gefällt.

(9) Ich grüße besonders Mademoiselle Levasseur und schließe Sie zärtlich in meine Arme.

Deluc

1 Die „Briefe vom Lande", die der Generalprokurator von Genf, Jean Robert Tronchin, zur Verteidigung der Genfer Regierung verfaßt hatte.

2 In den folgenden Monaten schrieb Rousseau, nach gründlichen Studien, diese Antwort, die den ironischen Titel trug „Briefe vom Berge". Sie wurden im Dezember 1764 in Paris veröffentlicht, alsbald jedoch verboten und verbrannt (siehe: Jean-Jacques Rousseau: Schriften in zwei Bänden, hrsg. von Henning Ritter, München/Wien 1978, Bd. 2, S. 7–252).

Hauptmann Matthieu Buttafoco an Rousseau

[31. August 1764]

(1) Erlauben Sie, Monsieur, einem Korsen, der Sie sehr schätzt, daß er Sie in Ihrer Zurückgezogenheit abzulenken wagt. Ihre Beschäftigungen haben das Glück der Menschen zum alleinigen Ziel; schon dies genügte, um mir Vertrauen einzuflößen, wenn Sie nicht auch noch die Tyrannei verabscheuten und sich für die Unglücklichen interessierten, die sie unterdrückt.

(2) In Ihrem Gesellschaftsvertrag[1] erwähnen Sie die Korsen in einer Weise, die uns zur Ehre gereicht, ein solches Lob ist sehr schmeichelhaft, wenn es aus einer so aufrichtigen Feder fließt; nichts ist geeigneter, zum Nacheifern aufzumuntern und den Wunsch zu wecken, es noch besser zu machen. Er rief in unserem Volk das Verlangen wach, daß Sie dieser weise Mensch sein möchten, der die Mittel und Wege sucht, um diese Freiheit zu bewahren, die zu erlangen soviel Blut gekostet hat. Die Korsen hoffen, daß Sie die Güte haben, Ihre Fähigkeiten, Ihr Wohlwollen, Ihre Tugend, Ihren Eifer für sie einzusetzen, zu Nutz und Frommen der Menschen, vor allem jener, die Spielball der schrecklichsten Tyrannei waren.

(3) Menschen mit Genie, tugendhafte, Ihnen ebenbürtige, halten es der Mühe für wert, Monsieur, diese und jene schlaflose Nacht dem Glück der Nation zu opfern: je unglücklicher sie ist, desto mehr Recht hat sie, ein solches Opfer zu erhoffen. Korsika[2] ist allseits bekannt wegen der grausamen Lage, in die es von der strafwürdigen Regierung der Republik von Genua gebracht wurde. Deshalb waren diese Völker gezwungen, das unerträgliche Joch abzuschütteln, das immer schwerer auf ihnen lastete: der Mißbrauch der Macht, einer durch althergebrachte Übereinkünfte eingeschränkten Macht, hat diese heilsame Umwälzung und unsere Befreiung bewirkt. Unser Fortschritt ging sehr langsam vonstatten, weil unsere Möglichkeiten noch mittelmäßig waren und sind, und es ist also mehr als erstaunlich, daß uns gelang, ihn nicht mehr zu fürchten: doch die Freiheitsliebe befähigt die Menschen zu den äußergewöhnlichsten Dingen. Wäre es nicht grausam, wenn man nicht den

größten Nutzen aus den glücklichen Umständen zöge, in denen sich Korsika befindet, nämlich eine Regierung zu wählen, die der Menschlichkeit, der Vernunft am besten entspricht, eine Regierung, die am geeignetsten ist, auf dieser Insel der Freiheit eine Wohnstatt zu geben?

(4) Eine Nation kann sich allein dann mit der Hoffnung schmeicheln, glücklich zu werden und aufzublühen, wenn sie eine gute politische Verfassung hat. Unsere Insel ist, wie Sie, Monsieur, sehr richtig sagen, in der Lage, eine gute Gesetzgebung zuwege zu bringen, doch sie braucht einen Gesetzgeber: sie braucht einen Mann mit Ihren Grundsätzen, einen Mann, dessen Wohl und Weh von uns unabhängig ist; einen Mann, der die menschliche Natur von Grund auf kennt und der sich im Laufe der Zeit einen fernen Ruf erwirbt, den er in der einen Epoche erarbeitet und in einer anderen genießen wird. Hätten Sie die Güte, an der Glückseligkeit einer ganzen Nation mitzuwirken, indem Sie den Plan zum politischen System entwerfen?

(5) In der Situation, in der sich die Regierung von Korsika befindet, könnte man alle notwendigen Veränderungen ungehindert durchführen; doch diese Materie ist sehr schwierig; sie muß von Menschen aufbereitet werden, die wie Sie die wirklichen Grundlagen des politischen und des bürgerlichen Rechts der Gesellschaft kennen, und dann von anderen umgesetzt werden. Korsika ist in etwa in der Situation, die Sie für die Einführung einer gesetzgebenden Gewalt als günstig ansehen.[3] Es kennt noch nicht die echte Herrschaft der Gesetze; es braucht nicht zu befürchten, daß es von einer plötzlichen Invasion niedergemäht wird; es ist nicht auf die Hilfe der anderen Völker angewiesen; es ist weder reich noch arm und vermag seinen Lebensunterhalt selbst zu verdienen; seine Vorurteile sind nicht schwer abzubauen, und ich wage zu sagen, daß man hier die Bedürfnisse der Natur mit denen der Gesellschaft vereint vorfinden würde.

(6) Jene Leute, die nur den äußeren Schein der Dinge untersuchen und die Wirkungen nicht von ihren Ursachen herleiten, werfen den Korsen gern Laster vor, die nicht für sie allein typisch sind, sondern für alle Menschen, die sich selbst überlassen bleiben. Die fortgesetzten Mordtaten, die Korsika unter der Genueser Regierung erschütterten,

gaben Anlaß zu diesen Beschuldigungen. Doch Sie, Monsieur, wissen besser als sonst jemand, daß die Menschen das traurige Recht haben, selbst Rache zu nehmen, wenn sie ihnen von denen verweigert wird, die rechtmäßig die Macht haben, sie zu üben. Die Korsen lieben die Gerechtigkeit; sie forderten sie von ihrem Landesherrn: er schuldet sie allen, er ist zu diesem Zweck eingesetzt, und das Schwert ist ihm nur unter dieser Bedingung übergeben. Doch wenn dieser Landesherr, statt die Schuldigen zu bestrafen, sie sogar schützt, wenn er der Urheber von Zwietracht ist, von Bürgerkriegen, von Morden und von allen Schrecken, die er vermeiden müßte, an wen sollen sie sich dann wenden, die unglücklichen Opfer des Hasses, der Ungesetzlichkeit und der Straflosigkeit? Kann man nicht die Gewalt mit Hilfe der Macht zurückdrängen? Freilich tritt die Nation unter solch kritischen Umständen wieder in die Rechte ein, die Sie so gut im Gesellschaftsvertrag festlegen; sie muß das Blutvergießen verhindern und für die Erhaltung des Individuums sorgen: doch in solch schrecklichen Wirren ist es zunächst nicht leicht, diese zügellose, an Dreistigkeit und Ungehorsam gewöhnte Menge zur Vernunft zu bringen. Man braucht also Zeit, um ihr die Augen zu öffnen und sie mit Hilfe der Vernunft dahin zu bringen, daß sie die Raffinesse der Monster erkennt, die sie nur um des Vergnügens willen regierten, sie dazu bewegen zu können, daß sie einander zerstörten. Dieses Werk konnte nicht das Werk eines Augenblicks sein, denn, auch wenn es in der Barbarei vollführt wurde, so war es doch sehr schwierig, solche höheren Menschen zu finden, die über die Menge diese Herrschaft zu gewinnen vermochten, letztere ist wichtig, wenn man überzeugen will. Die Zeit und die Geduld haben schließlich die Korsen vereint. Sie befreiten sich aus ihrer Verdummung; sie sahen ihre Ketten, spürten deren Last und zerrissen sie. Der Freiheit wiedergegeben, wünschen sie sich Bande, die für Menschen gemacht sind, sie wollen, daß ihre Nachkommen die Früchte ihrer Arbeit genießen können.

(7) Sie werden, ich wage es zu sagen, bei den Korsen einige Tugenden und Sitten finden. Sie sind menschlich, religiös, gastfreundlich, wohltätig; sie halten Wort; sie sind auf

Ehre und Treue bedacht; und wenn man die Fälle persönlicher Rache ausnimmt, die zur Zeit sehr selten vorkommen, so sind die Beispiele für Morde hier weniger häufig als bei anderen Völkern. Die Frauen sind tugendhaft und ausschließlich mit der Führung ihres Haushaltes sowie der Erziehung ihrer Kinder beschäftigt. Man sieht sie weder Versammlungen aufsuchen noch Bälle oder Festmahle. Sie sind weniger liebenswürdig als die übrigen Frauen Europas, doch sie sind sehr achtbar.

(8) Bei den Korsen gibt es weder Künste noch Wissenschaften, weder Manufakturen noch Reichtümer oder Luxus: aber was tut das, da doch all dies nicht notwendig ist, um glücklich zu sein.

(9) Ich fühle wohl, Monsieur, daß die Arbeit, die zu übernehmen ich Sie bitte, diverser Einzelheiten bedarf, damit Sie von Grund auf alles kennenlernen, was mit dem politischen System in Zusammenhang steht. Sollten Sie die Güte haben, sie zu übernehmen, werde ich beginnen, Ihnen mitzuteilen, was mein spärliches Wissen und meine Zuneigung zu meinem Vaterland im Verein mit Ihren und Monsieur de Montesquieus Grundsätzen mir eingeben: dann werde ich mich bemühen, Ihnen die Aufschlüsse über Korsika zu verschaffen, die Sie benötigen könnten und die Monsieur Paoli, General der Nation, Ihnen zukommen lassen wird. Dieser ehrenwerte Befehlshaber und jene meiner Landsleute, die sich rühmen können, Ihre Bücher zu kennen, teilen mit ganz Europa die Gefühle der Achtung, die Ihnen mit vollem Recht diese Bücher einbrachten. Sie bewundern den ehrenwerten Menschen und den Bürger, der vom Autor nicht zu trennen ist. Doch ich schweige, denn nur Ihren Werken und Ihrer Wesensart ist vorbehalten, Sie würdig zu loben.

(10) Ich schmeichle mir, Monsieur, daß Sie nicht verübeln, wenn ich mir die Freiheit herausnehme, mich an Sie zu wenden. Würde ich einen Menschen kennen, der fähiger wäre, unsere Hoffnungen zu erfüllen, so zauderte ich zweifellos nicht, ihn um Hilfe zu bitten, da ich überzeugt bin, daß ich den Menschen, die die Tugend lieben und sich öffentlich zu ihr bekennen, keinen schlechten Dienst erweise, wenn ich ihnen die Gelegenheit biete, von

ihr Gebrauch zu machen, zugunsten einer unglücklichen Nation, die im Bewußtsein all der Schrecken ihrer Vergangenheit und der Unsicherheit ihrer Gegenwart für die Zukunft ein vernünftiges Gebäude auf festem und dauerhaftem Fundament erbauen möchte.

(11) Ich habe die Ehre und bin mit größtmöglicher Hochachtung und Wertschätzung, Monsieur, Ihr demütigster und gehorsamster Diener

Buttafoco,
Hauptmann im königlich-italienischen Regiment

1 Rousseau hatte im „Gesellschaftsvertrag" geschrieben: Korsika, diese kleine Insel, werde „eines Tages Europa in Erstaunen versetzen" (Zweites Buch, X. Kapitel).

2 Im Jahre 1755 hatten sich die Korsen unter der Führung des adligen korsischen Offiziers Pasquale di Paoli von der Herrschaft der Genueser befreit. Unter Paoli erhielt Korsika bereits im Jahre 1757 eine demokratische Verfassung.

3 Siehe: „Gesellschaftsvertrag" Zweites Buch, X. Kapitel.

Rousseau an Hauptmann Matthieu Buttafoco

Môtiers-Travers über Pontarlier,
den 22. September 1764

(1) Es ist überflüssig, Monsieur, daß Sie für das Unternehmen, welches Sie mir vorschlagen, meinen Eifer anzufachen versuchen. Der Gedanke allein erhebt meine Seele und begeistert mich. Ich wäre überzeugt, den Rest meiner Tage überaus edel, tugendhaft und glücklich verwendet zu haben; ich wäre sogar überzeugt, die Nutzlosigkeit der früheren wieder wettgemacht zu haben, wenn ich diesen traurigen Rest in irgendeiner Weise für Ihre tüchtigen Mitbürger nutzen könnte, wenn ich mit irgendeinem guten Rat die Überlegungen ihres würdigen Oberhauptes und die Ihrigen festigen könnte; diesbezüglich dürfen Sie auf mich zählen: mein Leben und mein Herz, beides gehört Ihnen.

(2) Doch, Monsieur, der Eifer allein garantiert nicht den Erfolg, und wünschen ist nicht gleich können. Ich will hier

nicht dümmlich den Bescheidenen spielen; ich weiß sehr wohl, was ich kann, mehr aber noch, was mir fehlt.

(3) Erstens fehlt mir, was die Sache selbst anbelangt, eine Unmenge von Kenntnissen, unentbehrlichen Kenntnissen über das Volk und das Land, die, wenn ich sie erwerben soll, viele Fakten, Erläuterungen und sachkundige Abhandlungen von Ihrer Seite notwendig machen sowie viel Studium und Nachdenken von meiner.

(4) Was mich anbelangt, so fehlt es mir an Jugendlichkeit, einem ruhigeren Geist, einem weniger bekümmerten Herzen, einer gewissen Geisteskraft, die, selbst wenn man sie besitzt, nicht gegen Jahre und Kummer gefeit ist; es fehlt mir an Gesundheit, an Zeit; es fehlt mir, von einem unheilbaren Leiden heimgesucht, die Hoffnung, das Ende einer so langwierigen Arbeit absehen zu können, derweil einzig die Erwartung auf Erfolg den Mut zum Durchhalten verleiht; schließlich mangelt es mir an Erfahrung in solchen Unternehmungen, die allein die Kunst der Menschenführung zu lehren vermag, besser als alles Nachdenken auf der Welt.

(5) Wenn ich mich einigermaßen wohl fühlte, sagte ich mir: Ich reise nach Korsika. Sechs Monate an Ort und Stelle würden mich besser ins Bild setzen als hundert Bücher. Aber wie soll ich eine so beschwerliche und so lange Reise in meinem Zustand unternehmen? Würde ich sie überstehen? Ließe man mich fahren? Tausend Hindernisse könnten mich auf der Reise aufhalten, das Seeklima gäbe mir, noch ehe ich zurückreisen könnte, den Rest; und ich muß gestehen, ich möchte bei den Meinigen sterben.

(6) Vielleicht drängt es Sie zur Eile: eine Arbeit von dieser Wichtigkeit kann nur eine sehr langwierige Angelegenheit sein, selbst für einen Menschen, dem es gesundheitlich gut geht. Bevor ich mein Werk dem Volk und seinen Oberhäuptern zur Prüfung vorlege, muß ich selbst damit zufrieden sein; ich will nichts Unvollendetes aus der Hand geben: das Werk soll ein Ganzes sein, es darf nicht stückweise beurteilt werden. Es gehört schon einiges dazu, es überhaupt in Angriff zu nehmen: bis zu seinem Abschluß ist ein weiter Weg.

(7) Mir drängen sich auch noch einige Bedenken auf, und zwar über den unsicheren Zustand, in dem sich Ihre Insel

befindet. Ich weiß, daß die Korsen unter einem Oberhaupt, wie sie es heutigen Tages haben, nichts aus Genua zu befürchten haben: ich glaube, daß sie auch nichts von den Truppen zu befürchten haben, die, wie es heißt, Frankreich[1] hinschickt; was mich aber in meinen Empfindungen bestärkt, ist die Tatsache, daß ein so guter Patriot, wie Sie einer zu sein scheinen, trotz dieses Truppenversandes im Dienste der Macht bleibt, die sie zur Verfügung stellt. Doch, Monsieur, die Unabhängigkeit Ihres Landes ist so lange nicht sicher, wie sie von keinem Machthaber anerkannt wird; und Sie werden zugeben, daß es nicht gerade ermutigt, solch große Arbeit in Angriff zu nehmen, wenn man nicht weiß, ob davon Gebrauch gemacht werden kann, selbst wenn man voraussetzt, daß sie gut ist.

(8) Es ist nicht etwa so, daß ich mich gegen Ihr Ansuchen, Monsieur, sträube und deshalb diese Einwände vorschiebe, sondern weil ich sie von Ihnen und Monsieur Paoli prüfen lassen möchte. Ich halte Sie alle beide viel zu sehr für redliche Leute, um zu wollen, daß ich aus Liebe zu Ihrem Vaterland das bißchen Zeit, das mir bleibt, für Mühen vergeude, die zu nichts nutze sind.

(9) Prüfen Sie also, Messieurs; urteilen Sie selbst, und seien Sie sicher, daß es nicht meine Absicht ist, das Vorhaben zu vereiteln, dessen Sie mich für würdig befanden.[2]

(10) Empfangen Sie bitte meine demütigsten Grüße.

J.-J. Rousseau

(11) P.S. Ich muß Sie darauf hinweisen, daß Sie, wenn Sie mir geradewegs schreiben, bis Pontarlier frankieren müssen, sonst werden die Briefe nicht weiter befördert.

(12) Nachdem ich Ihren Brief nochmals durchgelesen habe, sehe ich, Monsieur, daß ich beim ersten Lesen Ihre Absicht mißverstand. Ich glaubte, Sie bäten um ein komplettes Gesetzeswerk, und nun erkenne ich, daß Sie nur eine politische Verfassung wollen, woraus ich schließe, daß Sie bereits ein bürgerliches Gesetzbuch haben, welches sich vom geschriebenen Gesetz unterscheidet und für das eine entsprechende Regierungsform entworfen werden soll. Diese Aufgabe ist nicht so groß, ohne indessen klein zu sein, doch es ist nicht sicher, daß daraus ein ebenso voll-

kommenes Ganzes hervorgeht; man kann sich davon nur anhand der kompletten Gesetzessammlung einen Begriff machen.

1 Auf Grund eines Vertrags zwischen Genua und Frankreich vom 15. Januar 1768 wurde die Insel Korsika im Mai 1768 von Frankreich annektiert. Die Politik des Ancien régime hatte über die korsische Nationalregierung den Sieg davongetragen.

2 Von Januar bis zum November 1756 hatte Rousseau an dem „Entwurf einer Verfassung für Korsika“ (siehe: Jean-Jacques Rousseau: Kulturkritische und politische Schriften, hrsg. von Martin Fontius, Berlin 1989, Bd. 2, S. 371–429) gearbeitet. Seine Vertreibung aus Neuenburg hinderte ihn daran, die Arbeit zu beenden. Nach der Annexion Korsikas durch Frankreich übergab Rousseau das Dossier zusammen mit anderen Manuskripten der Äbtissin von Gomer-Fontaine zur Aufbewahrung. Er hat es nie zurückgefordert. Nach seinem Tod erhielt es Du Peyrou, als sein Testamentsvollstrecker. Der Verfassungsentwurf wurde erstmals im Jahre 1861 veröffentlicht.

Hauptmann Matthieu Buttafoco an Rousseau

Paris, den 3. Oktober 1764

(1) Ich glaube, Monsieur, es ist unnötig, daß ich Ihnen die Freude beschreibe, die ich empfand, als ich Ihren Brief erhielt. Es ist Ihrer würdig, Ihrer Tugend und des Edelmutes Ihrer Seele, daß Sie sich mit Eifer, Glut, ja sogar mit Leidenschaft der Sache der Menschheit widmen. Die Korsen wären trotz ihrer Erfolge zutiefst betrübt, wenn sie nicht eine wohltätige Hand mit Hilfe einer weisen Verfassung zum Glück führte. Ich freue mich im voraus über den Segen, der daraus erwachsen wird, und ich werde bei der Reise, die ich nach Korsika machen will, Monsieur Paoli eine überaus angenehme Nachricht mitbringen.

(2) Seit ich um Ihre Bereitwilligkeit weiß, bin ich beruhigt, Monsieur, was den Rest anbelangt; es wird Ihnen gewiß nichts mißlingen. Ich will mich mit der Hoffnung schmeicheln, daß Sie an Ort und Stelle kommen, um sich selbst die Kenntnisse über Land und Leute anzueignen.

Sollte sich diese Hoffnung nicht erfüllen, werden wir unser Bestes tun, um Ihnen die Aufschlüsse und Abhandlungen zu liefern, die Sie haben möchten. Sie werden so gütig sein, uns bei dieser Arbeit zu führen, indem Sie uns mitteilen, was unsere Briefe enthalten sollten. Doch zu Beginn möchte ich Sie bitten, mit mir und mit denen, die beauftragt werden müssen, Geduld zu haben: ich lasse mir Gerechtigkeit widerfahren, indem ich freimütig meine Unfähigkeit gestehe: ich kann nur mit meinem guten Willen dienen, das ist alles, was ich habe.

(3) Ihre Gesundheit, Monsieur, ist für mich eine große Sorge. Sie ist mit unserer Glückseligkeit verbunden, und wenn wir Wünsche für das Wohl unseres Vaterlandes hegen, so müssen wir überaus aufrichtige für Ihr Befinden hinzufügen. Wir setzen unsere Hoffnung auf die Vorhersehung. Sie wollte, daß die Korsen ein tyrannisches Joch abschüttelten: sie wollte, daß sie trotz ihres schlimmen Elends, ihrer Zwietracht, ihrer geringen Mittel den Stolz einer ebenso reichen wie hochmütigen und grausamen Republik brachen. Dieselbe Vorsehung wird über die Gesundheit eines Mannes wachen, der sich dem Wohl der Menschen widmet; eines Mannes, der von der Gottheit wie auch von allen, die Wahrheit und Gerechtigkeit lieben, geschätzt wird. Sie wird wollen, daß Sie durch eine so edle, so heilige Tätigkeit Erleichterung für Ihren Kummer, Ihre Leiden finden und Lohn für ein Leben, das allein der Tugend geweiht war.

(4) Ich weiß, Monsieur, um die Schwierigkeiten, doch Sie könnten sie durch eine Reise nach Korsika überwinden. Ein kleiner Aufenthalt würde Ihnen alle Kenntnisse liefern, die wir Ihnen schwerlich durch Berichte vermitteln könnten. Ihr Aufenthalt im Lande wird weder lang noch problematisch, noch für Ihre Gesundheit gefährlich sein: es gibt kein Hindernis, das zu fürchten wäre. Ist man einmal in Livorno, so braucht man nur vierundzwanzig Stunden, um nach Korsika zu gelangen, manchmal noch weniger. Man würde den günstigsten Zeitpunkt wählen und die schnellsten Schiffe. Die Schiffsflagge des Kaisers ist am häufigsten an unseren Küsten vertreten; sie wird von den Genuesen hoch geachtet. Die Luft des Landes ist sehr gut: von der Freude, von der Wonne, die wir empfänden, wenn wir Sie

empfangen könnten, will ich gar nicht erst reden. Sie würden in unseren Hütten die Einfachheit, die Genügsamkeit finden und vor allem Philemons gutes Herz. Sie könnten mit eigenen Augen die Verheerungen fortwährender Tyrannei begutachten. Sie würden den schrecklichen Zustand sehen, in den sie uns führte.

(5) Sie wissen nur zu gut, Monsieur, wie wichtig es wäre, wenn die Verfassung unverzüglich fixiert würde. Dennoch ist es sehr vernünftig, Ihre Arbeit abzuwarten und sich auf Ihren Eifer zu verlassen. Es ist richtig, daß Sie selbst zufrieden sein müssen: nach dieser Vorbedingung bin ich davon überzeugt, daß nicht allein die korsische Nation und ihre Oberhäupter, sondern ganz Europa Ihnen Beifall zollen wird. Jedoch, Monsieur, ohne Sie allzusehr drängen zu wollen und ohne aber andererseits das Wohl der Gesellschaft dahinsiechen zu lassen – könnte man denn nicht bereits vorläufige Grundfesten schaffen, und zwar mit Hilfe einer provisorischen Regierungsform, die auf den Prinzipien des neuen Systems beruhte?

(6) Freilich bitten wir Sie, Monsieur, lediglich für den Fall, daß man unsere Freiheit nicht attackiert, um das kostbare Opfer Ihrer Zeit: wenn wir nur die Genuesen zu bekämpfen haben, dann wird sie wohl sicher sein; wir sind es uns schuldig, daß wir die Hoffnung nicht aufgeben, sie zu besiegen. Freilich werden wir sie wegen unserer übergroßen Armut nicht so bald aus den Seestellungen verjagen können, selbst wenn die Franzosen ihnen keinen Schutz gewähren, doch mit der Zeit werden wir ans Ziel kommen. Monsieur de Montesquieu sagt sehr treffend, daß Gold sich letzten Endes erschöpfe, Armut, Beständigkeit und Heldentum hingegen nie.

(7) Was die französischen Truppen anbelangt, die auf unsere Insel kommen, so sind sie allem Anschein nach, Monsieur, nicht hier, um Krieg zu führen[1]: ich verstehe, und dies bin ich Ihnen schuldig, daß Sie mir in dieser Hinsicht Gerechtigkeit widerfahren lassen wollen, und ich werde Ihnen hierin auch gar nicht widersprechen. Ich nehme an, daß die Truppen allenfalls die Vermittlung des Königs bei der Friedensstiftung anbieten, doch soviel ist gewiß: sie wird nicht in Anspruch genommen werden. Wenn sich diese

Truppen vollkommen neutral verhalten, kann es zwischen der Republik[2] und den Korsen nur wegen der Stadt Bonifacio Krieg geben, die ihnen geblieben ist. Man sollte also alle Entwürfe so gut wie irgend möglich erarbeiten; die Regierungsform muß wichtigstes Ziel sein. Könnte man Sie unter dieser Voraussetzung dazu bewegen, nach Korsika zu reisen?

(8) Die Unabhängigkeit unseres Landes wird noch nicht von allen Machthabern anerkannt: immerhin muß man aber sagen, Monsieur, daß ein großer Teil sie zu akzeptieren beginnt. Der Papst gab mit der Mission des apostolischen Gesandten ein Beispiel. Der Prälat war auf Ersuchen der Korsen hingeschickt worden, und trotz des Widerstandes der Genueser wurde er an die einheimische Regierung verwiesen, und er übte seine Funktion erst aus, nachdem er von ihr seinen Auftrag hatte bestätigen lassen. Die Toskana ist voll und ganz auf unserer Seite. Ihre Schiffe kommen an unsere Küsten und treiben einen kleinen Handel. Sie bringen uns alles, was wir brauchen, sogar Kriegsmunition, ohne daß die Genuesen sie zu durchsuchen wagen. Die Flagge der Korsen wird in Livorno anerkannt, geachtet und geschützt: die Stadtverwaltung unterhandelt mit uns wie mit ihresgleichen und hält sich an die Anweisungen des Kaisers. Die Könige von Neapel und Sardinien gestatten ihren Untertanen, mit uns Handel zu treiben. Letzterer tut noch mehr, er will, daß man unsere Schiffe an den Küsten seiner Staaten respektiert. Er hat eins zurückgegeben, das von den Genuesen an Sardiniens Küsten festgehalten worden war: er ließ es auf Kosten der Republik, die auch die Schäden bezahlte, in unsere Häfen bringen. Mit einem Wort, Italiens Machthaber sehen uns als freie Nation an und nehmen Anteil an unserem Schicksal.

(9) Ein vollständiges Gesetzeswerk wäre für uns, Monsieur, das größte Geschenk. Es liegt bei Ihnen, die Aufgabe so auszuwählen, wie Sie es für angebracht halten: wir möchten nicht unbescheiden sein, indem wir Ihrem guten Willen zuviel abverlangen. Es stimmt, daß wir ein bürgerliches Gesetzbuch haben, nämlich das Grundgesetz von Korsika. Doch ich glaube, es wäre viel besser, wenn man es gänzlich umarbeitete und es dem politischen System an-

paßte, als daß man dieses auf das Grundgesetz abstimmt. Im übrigen, welche Arbeit auch immer Sie in Angriff nehmen, sie wird in uns stets das Gefühl der Dankbarkeit wekken, die ebenso aufrichtig sein wird, wie ihr Gegenstand löblich und heilig ist.

(10) Ich bin seit einigen Tagen in Paris. Ich werde in die Provence fahren und von da aus nach Korsika. Sollten Sie mir, Monsieur, eine Nachricht übermitteln wollen, so könnte ich sie bei meinem Aufenthalt in Aix, der vom 20. bis zum 25. des Monats andauert, im Empfang nehmen. Wenn Sie es wünschen, werde ich Ihnen das Grundgesetz und andere Werke über Korsika zukommen lassen. Es gibt zwei Bücher, in denen es um die Rechtfertigung des gegenwärtigen Krieges geht: sie sind nicht von Meisterhand geschrieben, doch die Ursachen wie auch das Leiden der Nation werden darin ausführlich erörtert. Es fehlt ihnen eigentlich nur eine klarere Form; doch alles in allem ist viel Nachsicht mit den Korsen vonnöten, denn es ist nicht allein ihr Fehler, wenn sie so unwissend sind. Wir verfügen auch über eine Geschichte unseres Landes, die bis ins dreizehnte Jahrhundert zurückgeht, und über große Mengen anderer Schriften, die, auf ihren wahren Wert reduziert, einen winzigen Band ausmachen. Haben Sie bitte die Güte, mir mitzuteilen, auf welchem Wege ich Ihnen diese verschiedenen Schriften zukommen lassen könnte, sei es aus Korsika, aus der Provence oder aus Mészières, wo sich das Regiment befindet und wo auch einige von uns sind.

(11) Ich habe die Ehre und bin mit aller Wertschätzung und mit der größtmöglichen Dankbarkeit, Monsieur, Ihr ergebenster und gehorsamster Diener

Buttafoco

1 Auch Buttafoco sah nicht voraus, das Frankreich Korsika im Jahre 1768 annektieren würde.

2 Republik Genua.

Rousseau an Philibert Cramer

Môtiers, den 13. Oktober 1764

(1) Soeben habe ich, Monsieur, gemäß der mir von Ihnen erteilten Erlaubnis, einen Wechsel über 1300 französische Pfund auf zehn Tage nach Sicht gezogen, zahlbar im Auftrag der Herren Borel Bosset und Guyenet. Nehmen Sie bitte meine Entschuldigung und meinen Dank für die Mühen an, die Ihnen diese schnöde Angelegenheit bereitete.

(2) Meine Schriften können nur Menschen gefallen, die sie mit einem Herzen lesen, das dem gleicht, welches sie diktierte. Wessen ich mich bei mir selbst mit einem gewissen Stolz rühme, ist dies: sie halten mich dazu an, daß ich die Guten liebe und die Bösen hasse. Man muß meine Fehler tadeln und meine Irrtümer berichtigen; ich beging viele: doch meine Gefühle muß man lieben, weil sie gut sind und ehrenhaft. Ich bin sehr froh, Monsieur, und zwar in beiderlei Hinsicht, daß Sie mir diese Gerechtigkeit widerfahren lassen und sich dadurch in die Zahl derer einreihen, die ich meinerseits lieben muß; dies ist, hoffe ich, eine Pflicht, der ich ohne Mühe nachkommen werde.

(3) Sie sagen sehr richtig, es sei unmöglich, einen Emile heranzuziehen. Doch ich kann nicht glauben, daß Sie das Buch gleichen Namens für eine reine Abhandlung über die Erziehung halten. Es ist ein recht philosophisches Buch über jenes Prinzip, das der Autor in anderen Schriften vorbringt, nämlich daß *der Mensch von Natur aus gut* sei. Um dieses Prinzip mit einer anderen, nicht minder sicheren Wahrheit, nämlich daß die Menschen böse sind, in Einklang zu bringen, mußte in der Geschichte des menschlichen Herzens der Ursprung aller Laster aufgezeigt werden. Das tat ich in diesem Buch oft mit dem entsprechenden Augenmaß und zuweilen mit Scharfsinn. Statt in diesem Meer von Leidenschaften, die uns mit sich fortreißen, den Weg zu versperren, müßte man beginnen, ihn freizulegen. Ich grüße Sie, Monsieur, von ganzem Herzen.

J.-J. Rousseau

(4) Ich merke gerade, Monsieur, daß Sie Ihre Briefe frankieren. Da man mir so viele schreibt, muß ich auf der Post ein Konto führen lassen, so daß mir diese Beobachtung zunächst entging. Dieweil ich mich nicht gern mit Kleinigkeiten aufhalte, werde ich meine nicht frankieren. Ich will Sie nur darauf aufmerksam machen, daß diese Verfahrensweise nicht die übliche ist und daß ein Mensch, der jährlich fünfzig Ecus Briefporto für anderer Leute Angelegenheiten ausgibt, sehr wohl ein paar Sous für die seinigen ausgeben kann.
(5) Jeder macht mir wegen eines angeblichen Prosagedichtes Komplimente, von dem man behauptet, daß ich es abdrucken lassen wolle, eine Narrheit, an die ich ganz gewiß nicht denke. Ich werde wohl für immer von der Lust auf Veröffentlichungen geheilt sein; doch sollte sie jemals wieder mich ankommen, dann seien Sie sicher, Monsieur, daß ich Sie nicht vergessen werde.

Rousseau an Hauptmann Matthieu Buttafoco

Môtiers, den 15. Oktober 1764

(1) Ich weiß nicht, Monsieur, warum Ihr Brief vom 3. erst gestern bei mir eintraf. Dieser Zeitverzug zwingt mich, wenn ich die nächste Postkutsche nutzen will, Ihnen in Eile zu antworten, weil sonst mein Brief nicht rechtzeitig genug in Aix wäre, um Sie noch zu erreichen.
(2) Ich kann kaum hoffen, nach Korsika reisen zu können. Nur in der schönen Jahreszeit wäre eine solche Reise möglich. Die Zeit bis dahin aber ist kostbar, man muß mit ihr möglichst sparsam umgehen, und sie ist verloren, solange ich auf Ihre Anweisungen warte. Ich füge in Eile hier eine Zusammenstellung bei, welche Auskünfte ich als erstes benötige: Ihre Erläuterungen werden mir bei diesem Unternehmen stets unentbehrlich sein. So etwas sollten Sie nicht zu mir sagen, Monsieur, nämlich daß Sie unfähig wären. Wenn ich Sie nach Ihren Briefen beurteile, tue ich gut daran, mich eher auf Ihre Augen denn auf meine zu verlassen, und um von Ihnen auf Ihr Volk zu schließen, es hat unrecht, wenn es außerhalb nach Führern sucht.

(3) Es handelt sich um ein solch großes Projekt, daß mich meine Verwegenheit zittern macht: fügen wir also wenigstens nicht noch die Unbesonnenheit hinzu. Mein Geist ist schwerfällig; das Alter und die Leiden machen ihn noch schwerfälliger. Eine vorläufige Regierungsform hat ihre Nachteile: so gewissenhaft man sich auch bemühen mag, nur die notwendigsten Veränderungen in die Wege zu leiten, eine Verfassung, wie wir sie anstreben, kann nicht ohne eine gewisse Erschütterung durchgesetzt werden, und man muß wenigstens versuchen, daß sie nur einmal vorkommt. Man könnte zuerst die Grundfesten schaffen und dann mit mehr Muße das Gebäude errichten; doch das setzt voraus, daß man bereits einen Plan hat, und um eben diesen Plan entwerfen zu können, muß man am meisten nachdenken. Im übrigen steht zu fürchten, daß bei einem unvollkommenen Entwurf die Nachteile mehr zutage treten als die Vorzüge und daß dies dem Volk die Lust nimmt, das Ganze zu vollenden. Sehen wir uns dennoch an, was sich tun läßt: habe ich erst einmal die Erläuterungen, die ich benötige, so brauche ich gut sechs Monate, um mich ins Bild zu setzen, und mindestens ebenso lange, um meine Erkenntnisse zu verarbeiten, so daß ich, vom nächsten Frühjahr an gerechnet, in einem Jahr meine ersten Vorstellungen von einem vorläufigen Modell formulieren könnte, und am Ende weiterer drei Jahre würde ich dann meinen kompletten Plan der Staatsverfassung vorlegen. Da man nur versprechen darf, was von einem selbst abhängt, bin ich mir nicht sicher, ob ich meine Arbeit in so kurzer Zeit fertigstellen kann, doch ich bin mir sicher, sie nicht abkürzen zu können, so daß es besser ist, falls einer der beiden Termine auf früher verlegt werden müßte, wenn ich das Ganze bleibenlasse.

(4) Es freut mich sehr, daß Sie unter diesen Umständen nach Korsika reisen. Es kann nur sehr nützlich für uns sein, wenn Sie sich, woran ich nicht zweifle, dort mit unserem Vorhaben beschäftigen. Sie werden besser erfassen, was mir mitgeteilt werden muß, als ich erkennen könnte, was ich Sie fragen muß. Doch gestatten Sie mir ein paar neugierige Fragen, die mir die Wertschätzung und die Bewunderung eingeben. Ich möchte gern alles wissen, was

Monsieur Paoli betrifft: Wie alt ist er? Ist er verheiratet? Hat er Kinder? Wo hat er die Kriegskunst erlernt? Wie kommt es, daß er zum Wohl seiner Nation an der Spitze der Truppen steht? Welche Funktionen bekleidet er in der politisch-bürgerlichen Administration? Könnte sich dieser große Mann dazu entschließen, nur ein einfacher Bürger in seinem Vaterland zu sein, nachdem er dessen Retter gewesen? Vor allen Dingen, sagen Sie mir ungeschminkt die Wahrheit zu sämtlichen Aspekten: der Ruhm, die Ruhe, das Glück Ihres Volkes hängen in diesem Fall mehr von Ihnen ab als von mir. Ich grüße Sie, Monsieur, von ganzem Herzen.

J.-J. Rousseau

(5) Ich kann keine Möglichkeit angeben, wie Ihre Sendungen am besten zu mir gelangen: entsprechende Vereinbarungen sind weder in meiner Zurückgezogenheit noch in meinem Zustand leicht zu treffen, dennoch anbei einige Adressen, wohin Sie Pakete schicken können, je nachdem, welche Stadt in Ihrer Reichweite ist; Sie verstehen, je weiter sie von mir entfernt ist, desto mehr Zeit braucht es, bis die Pakete bei mir eintreffen.
In Paris Monsieur Duchesne, Buchhändler, Rue St. Jacques
In LyonMonsieur Boy de la Tour & Co.
In Genf Monsieur d'Ivernois, Kaufmann
In Pontarlier Monsieur Junet, Postdirektor

Sachverzeichnis

(6) Eine gute Karte von Korsika, auf der die einzelnen Bezirke eingezeichnet und namentlich unterschieden sind, wenn möglich, sogar farblich.
(7) Eine genaue Beschreibung der Insel, ihre Naturgeschichte, ihre Produktion, ihre Kultur, ihre Aufteilung, ihre Distrikte; Anzahl, Größe, Situation der Städte, Marktflecken und Kirchspiele; die möglichst genaue Bevölkerungszahl; Zustand der Festungsanlagen, der Häfen; Industrie, Handwerk, Marine; Handel, der betrieben wird oder werden könnte etc.
(8) Wie ist die Zahlenstärke, wie das Ansehen des Klerus; welche Prinzipien hat er, wie ist seine Haltung zum Vater-

land? Gibt es alte Geschlechter, privilegierte Stände, Adel? Haben die Städte Rechte?

(9) Welche Sitten hat das Volk, welche Neigungen, Beschäftigungen, Vergnügen; wie ist die Ordnung und Unterteilung beim Militär, welche Disziplin, Kriegsführung etc.

(10) Die Geschichte der Nation bis zum jetzigen Zeitpunkt, die Gesetze, die Verordnungen; alles, was die augenblickliche Administration anbelangt, ihre Nachteile, die Rechtsprechung, die öffentlichen Einkünfte, die wirtschaftliche Ordnung, Festlegung und Erhebung der Steuern, was das Volk jährlich in etwa bezahlen kann.

(11) Dies sind ganz allgemein die benötigten Auskünfte, wobei die einen ausführlich behandelt werden müssen, während bei den anderen eine Zusammenfassung genügt. Generell gilt: Was am besten den nationalen Genius darstellt, kann gar nicht exakt genug erläutert werden. Oft sagt ein Geistesblitz, ein Wort, eine Gebärde mehr als ein ganzes Buch, dennoch ist zu viel besser als zu wenig.

Hauptmann Matthieu Buttafoco an Rousseau

[10. November 1764]

(1) Ständig unterwegs, wurde ich daran gehindert, Monsieur, Ihren Brief vom 15. Oktober früher zu beantworten. Ich nutze diesen Moment augenblicklicher Ruhe, um Ihnen den Empfang zu bestätigen.

(2) Ich will die Hoffnung nicht aufgeben, Sie im Frühling auf unserer Insel begrüßen zu können: Ihre Freundschaft für die Korsen wird Ihnen Kraft verleihen. Unterdessen müßte das, was ich in der Provence habe zusammenstellen können, bei Ihnen eingetroffen sein: das Paket wird am 2. von Aix an die Herren Boy de la Tour abgegangen sein. Ein weiteres Paket werden Sie aus dem Regiment erhalten, und von Korsika aus werde ich baldmöglichst ebenfalls eine Sendung abschicken.

(3) Wenn das vorläufige Modell erst einmal besteht, Monsieur, kann ohne weiteres auf das vollständige Gesetzeswerk gewartet werden. Die Frist wird die sein, die Ihnen

angenehm ist; wir sind überzeugt, daß sie die Zeit so kurz halten, wie Sie nur können.

(4) Ich werde nach Korsika reisen. Ich werde mich dort ganz gewiß mit unserem Projekt beschäftigen: es ist das, welches mich am meisten interessiert. Doch, Monsieur, ich sehe ungern, daß Sie zuviel Vertrauen in mein schwaches Wissen setzen. Es wäre sehr schmeichelhaft für mich, könnte ich die gute Meinung rechtfertigen, die Sie von mir faßten: je mehr ich spüre, wie wenig ich sie verdiene, desto mehr möchte ich sie bestätigen können; doch ich wiederhole mich nochmals: ich habe nichts als Eifer: er muß das ersetzen, woran es mir mangelt. Ich hoffe, Sie sind so freundlich und erklären mir ausführlicher, wie der Stoff behandelt werden muß, denn er ist für mich ebenso anspruchsvoll wie schwierig und neu.

(5) Ich werde Ihnen aufrichtig von Monsieur Paoli berichten. Er ist neununddreißig Jahre alt. Er ist nicht verheiratet, er war es nie und hat keine Lust, es jemals zu sein. Anläßlich der Friedensstiftung in Korsika unter Maréchal de Maillebois ging sein Vater, der einer der Feldherren der Nation war, als Oberst nach Neapel. Er nahm seinen blutjungen Sohn mit, für den er einen Platz an der Militärakademie erhielt. Als sich die französischen Truppen im Jahre 1754 von Korsika zurückzogen, wurde Monsieur Gafforio, General der Korsen, von Geheimboten der Republik ermordet. Monsieur Paoli, der im Dienste des Königs von Neapel stand, kam nach Korsika, nahm als Freiwilliger an einem Feldzug teil und wurde dann zum General ernannt. Sein Eifer, seine hingebungsvollen Bemühungen um das öffentliche Wohl und seine vortrefflichen Fähigkeiten ließen ihn dafür würdig erscheinen. Er hat die Erwartungen, die man in ihn setzte, nicht enttäuscht. Allein nach der Ehre, sein Land vom grausamsten Joch zu befreien, strebt er, nach nichts anderem, als dort die Freiheit regieren zu sehen.

(6) Ich schätze ihn viel zu sehr, um nicht zu glauben, daß er gern Bürger in seinem Vaterland sein möchte, nachdem er dessen Retter gewesen, sofern es zum Wohl der Nation wäre. Ich halte sogar dafür, daß die Ehre und die Berühmtheit seines Namens in späteren Jahrhunderten Veranlas-

sung für ihn sein könnten, sofern die Hingabe an das öffentliche Wohl nicht allein ihn schon dazu bewegte. Wenn Sulla mit seiner Abdankung, nachdem er der Zerstörer seines Vaterlandes gewesen, die Wertschätzung und Bewunderung seiner Landsleute und der ganzen Welt erwarb, mit wieviel mehr Recht würde man eine solche Handlung bei einem General der Korsen bewundern, der die Ketten seiner Nation zerriß?

(7) Zur Zeit seiner Berufung war seine Autorität ungemein groß. Er schlug die Beratungsthemen vor: seine Meinung hatte viel Gewicht und setzte sich in fast allen Fragen durch. Er urteilte in letzter Instanz; er kommandierte die Truppen, das heißt die ganze Nation, weil ein jeder Soldat ist. Mit einem Worte, er war unumschränkt, nicht nach der Rechtslage, wohl aber nach der Tatsachenlage: indessen trieb er keinen Mißbrauch. Er hat dieses Chaos entwirrt: für den Zivilstand wurden untergeordnete Behörden gebildet; man setzte den Obersten Rat ein, dessen Präsident der General ist; diese Körperschaft repräsentiert den Souverän, wenn die Generalversammlung der Gemeinden nicht tagt.

(8) Monsieur Paoli ist in seiner Lebensweise einfach und genügsam und in seiner Kleidung wie auch in seinem Benehmen schlicht, er ist rechtschaffen, redlich und gerecht. Mit den Einkünften der Nation, über die er verfügt und mit denen er viel erreichte, obgleich sie mehr denn mittelmäßig sind, geht er uneigennützig und sparsam um. Er hat eine gute Figur, ist blond, hat blaue Augen, die lebhaft sind und voller Feuer; er sieht vornehm aus und geistvoll. Kurz, würden Sie ihn kennen, so bin ich mir sicher, daß Sie ihn liebten und schätzten: dies ist, glaube ich, das schönste Lob, das ich ihm machen kann.

(9) Ich reise morgen nach Paris und begebe mich dann sogleich nach Korsika. Sollten Sie mir Nachrichten senden wollen, so adressieren Sie Ihre Briefe an Monsieur le Comte de Marboeuf, Brigadegeneral in der königlichen Armee und Kommandant der französischen Truppen auf Korsika, in Bastia. Da ich im Landesinneren wohne, wird er sie an mich weiterleiten, ich werde ihn entsprechend benachrichtigen.

(10) Ich bin in aufrichtiger Zuneigung, Monsieur, Ihr ergebenster und gehorsamster Diener

Buttafoco

Fontainebleau, den 10. November 1764

Abbé Gabriel Bonnot de Mably an Rousseau

Paris, den 11. Februar 1765

Es entspricht voll und ganz den Tatsachen, daß ich, als mir eine Dame aus meinem Freundeskreis von der Unruhe berichtete, die Ihr letztes Werk[1] in Genf verursachte, ihr die Antwort schrieb, von der man Ihnen einen Auszug sandte. Ich kann Ihnen nicht sagen, ob man meine Worte gefälscht hat, sollten sie aber vollkommen wortgetreu wiedergegeben worden sein, dann möchte ich unbedingt einiges richtigstellen. Ich habe Sie in Ihrem Unglück beklagt, wie ich Sokrates beklagte; doch erlauben Sie mir, Ihnen dies zu sagen: Sokrates versuchte nicht, um sich an seinen Richtern zu rächen, in Athen einen Aufstand anzuzetteln. Ich glaube nicht, daß es klug ist, eine demokratische Regierung verbessern zu wollen, indem man die Bürger gegen die Behörden aufwiegelt. Ich nehme Ihnen durchaus ab, daß Ihre Absichten rein sind und Ihr Herz aufrichtig ist, doch lesen Sie einmal in aller Ruhe Ihre letzten Briefe durch, dann werden Sie ohne Zweifel den Leuten zustimmen, von denen Sie heute getadelt werden, denn nach der Lektüre Ihrer früheren Werke haben sie gelernt, die Regierung Ihres Vaterlandes zu achten. Ich spreche zu Ihnen mit der Freimütigkeit, die Sie lieben; bewerten Sie danach, wie sehr mir an Ihrer Ehre gelegen ist. Sie sind gekränkt, doch sobald Sie ihren Groll begraben, wird man nicht allein Ihre Talente bewundern, man wird Ihre Philosophie lieben.

Niemand wünscht sich mehr als ich, Monsieur, Ihrer Freundschaft würdig zu sein, und ich bin Ihnen stets sehr verbunden.

Mably

1 Die „Briefe vom Berge“ (1764).

Exil in England
1766–1767

Rousseau an Marie-Charlotte-Hippolyte de Campet de Saujon, Gräfin de Boufflers-Rouverel

London, den 18. Januar 1766

(1) Wir sind, Madame, letzten Montag nach einer Reise ohne Zwischenfälle hier angekommen. Ich konnte mich nicht, wie ich gehofft habe, gleich anfangs aufs Land begeben. Monsieur Hume war so freundlich und kam gestern her, um mit mir eine Rundreise zu machen und eine Unterkunft zu suchen. Wir fuhren nach Fulham zu dem Gärtner, den man ausgewählt hatte; wir fanden ein sehr unsauberes Haus vor, in dem nur ein Zimmer vermietet wird, dieses mit zwei Betten, dessen eines zur Zeit durch einen Kranken belegt ist, so daß es uns nicht einmal gezeigt wurde. Wir sahen uns noch ein paar andere Örtlichkeiten an, sind aber noch zu keinem Entschluß gekommen, mein heißer Wunsch war, mich weiter von London zu entfernen, Monsieur Hume aber meint, daß dies ein Unding sei, wenn man nicht englisch spreche. Ich kann nichts Besseres tun, als mich vollkommen auf einen so eifrigen Führer zu verlassen: dennoch gestehe ich Ihnen, Madame, daß ich nicht leicht auf meine Einsamkeit verzichten werde, auf die ich gehofft hatte und wo ich mich nach Herzenslust den kostbaren Erinnerungen an die Wohltaten hinzugeben gedachte, die ich von Monsieur le Prince de Conti sowie von Ihnen empfing.

(2) Monsieur Hume sagte mir, in Paris sei ein Brief[1] in Umlauf, den der König von Preußen angeblich an mich geschrieben habe. Der König von Preußen beehrte mich bei jeder Gelegenheit mit der eifrigsten Gönnerschaft und den verbindlichsten Geschenken, doch geschrieben hat er mir nie. Da diese Fälschungen kein Ende nehmen und wahrscheinlich auch nicht so bald ein Ende nehmen werden, wünsche ich sehnlichst, man möge mich freundlicherweise in völliger Unkenntnis lassen, und meine Feinde sollen sich Sorgen um mich machen, soviel ihnen beliebt, ohne daß sie mich in meinem Zufluchtsort damit behelligen. Wäre es doch möglich, daß ich nichts mehr davon erfahre, was auf dem Festland vor sich geht, außer was die Menschen anbelangt, die mir teuer sind.

(3) Ich erfahre aus einem Brief aus Neuchâtel, daß Mademoiselle Levasseur derzeitig unterwegs nach Paris ist. Vielleicht ist sie in dem Augenblick, wenn Sie, Madame, diesen Brief erhalten, bereits bei Madame la Maréchale[2]. Ich nehme mir die Freiheit, sie aufs neue Ihrem Schutz und Miss Becketts guter Beratung anzuempfehlen. Ich wünsche mir, daß sie so bald wie möglich zu mir kommt. Sie soll sich in Calais an Monsieur Morel Disque, einen Kaufmann, wenden und in Dover an Monsieur Minet, Proviantmeister auf dem Postschiff, der sie an Monsieur Steward in London weitervermitteln wird.

(4) Ich kann Ihnen nichts über dieses Land sagen, Madame, was Sie nicht besser wüßten als ich. Es hat den Anschein, daß man mich mit Vergnügen sieht, und deshalb bleibe ich hier. Dennoch wäre mir die Schweiz lieber als England, aber ich liebe die Engländer mehr als die Schweizer. Ihr Aufenthalt bei diesem Volk hat, obgleich er kurz war, hier einen Eindruck hinterlassen, der für mich sehr günstig ist. Alle Welt erzählt mir von Ihnen, und zwar weniger meinetwegen als vielmehr aus eigenem Antrieb. Man erinnert sich an Ihre Reisen als eine Ehre für England, und ich bin sicher, daß ich hier überall auf Wohlwollen stoße, sobald ich mich des Ihrigen rühme. Indessen, da alles, was man sagt, nach meinem Ermessen nicht das aufwiegt, was ich empfinde, so hätte ich mich gern vom Hôtel de St. Simon in die tiefste Einsamkeit bringen lassen, denn ohne Zweifel wäre ich sonst nie allein. Dennoch hat mich meine Liebe zur Zurückgezogenheit noch keine der Unterkünfte akzeptieren lassen, die man mir auf dem Lande anbot. Ich bin bezüglich meiner Gastgeber eigensinnig geworden.

(5) Sollten Sie, Madame, mir freundlicherweise Nachricht von sich schicken wollen, gleich ob direkt oder über Monsieur Hume, so erlauben Sie, daß ich Sie bitte, mir auch Auskunft über die Gesundheit Madame la Maréchales zu geben.

(6) Nachdem ich diesen Brief abgeschlossen habe, erfahre ich, daß Monsieur Hume einen Seigneur in Wales gefunden hat, der ihm in einem alten Kloster, das einer seiner Pächter bewohnt, ein Logis anbietet, eines, wie ich es mir wünsche. Diese Neuigkeit, Madame, erfüllt mich mit Freude. Könnte

ich, von Menschen vergessen, in dieser weit entfernten, wilden Gegend meine letzten Tage in Frieden verleben, so ließe mich diese Ruhepause bald mein ganzes Elend verschmerzen, und ich wäre Monsieur Hume für all das Glück zu Dank verpflichtet, das ich noch erhoffen kann.

1 Horace Walpoles „Brief des Königs von Preußen an Rousseau" (siehe Dokumente A 431). Er war von Melchior Grimm am 1. Januar 1766 in der „Literarischen Korrespondenz" veröffentlicht worden. Am 3. April 1766 erschien er auch in der Londoner Zeitung St. James Chronicle und leitete in England eine Pressekampagne gegen Rousseau ein.
2 Die Herzogin von Luxembourg.

Rousseau an Daniel Roguin

Chiswick, den 15. Februar 1766

Endlich, lieber Papa, bin ich nun, wenn auch nicht ganz und gar am Ende meiner Wege, doch zumindest in einem Land von Menschen, aus dem mich wider meinen Willen nichts mehr wegbringen wird, zumal mitten im Winter. Ich habe das Vergnügen herbeigesehnt, Ihnen zu schreiben, doch seit meiner Ankunft ließ man mich nicht einen Augenblick allein, und obgleich ich keinen einzigen Besuch machte, erhielt ich fortgesetzt welche, so daß ich London verlassen mußte, um Luft holen zu können. Ich wohne in einem sehr freundlichen Dorf am Ufer der Themse, und ich werde mich hier einige Wochen von den aufreibenden Strapazen erholen, danach gedenke ich mich mit den ersten schönen Tagen auf den Weg in eine fernere Provinz zu machen, um dort in der Zurückgezogenheit, die ich liebe, den Frieden und die Ruhe zu genießen, die ich so brauche und worauf ich hinfort das Glück meines Lebens beschränken werde. Mademoiselle Levasseur, um die ich sehr besorgt war, die aber glücklicherweise vorgestern von einem englischen Edelmann hergebracht wurde, berichtet mir mit einer Rührung, die ich teile, wie gütig Sie zu ihr gewesen und daß Sie sie mit den verbindlichsten Worten einluden, den Winter bei Ihnen und Ihren Fräulein Nichten zu verbringen; mit Sicherheit hätte sie sich dazu entschlossen, wenn sie das Angenehme hätte wählen wollen; doch sie zog es vor, die Strapazen einer anstrengenden und langen Reise mitten im Winter auf sich zu nehmen, um zu mir in mein Exil zu kommen. Sie lieben viel zu sehr die Werke der Barmherzigkeit, um ihr dafür nicht Dank zu wissen. Sie beauftragt mich, an ihrer Statt zu tun, was ihre überstürzte Abreise und ihr geringes Schreibtalent verhindert hat, nämlich Ihnen für Ihre Wohltaten zu danken. Nehmen Sie ihre Dankbarkeit und die meinige entgegen. Dies ist ein Gefühl, das seit unserer ersten Bekanntschaft nie aus meinem Herzen schwand.

Erlauben Sie mir, teurer Papa, daß ich Monsieur le Colonel diesbezüglich dasselbe sage. Es will mir scheinen, daß er die kritischsten Augenblicke meines Lebens wählte, um die zuvorkommendsten Aufmerksamkeiten seiner Freundschaft für mich noch zu verdoppeln. Seine Reise mit mir nach Môtiers sowie jene, als er die Mühe auf sich nahm, mich dort zu besuchen, sind zwei denkwürdige Zeitpunkte in meinem traurigen Schicksal. Das Interesse, das er daran zu nehmen geruhte, vermochte es zu mildern, und bald wird die Erinnerung an all die Fürsorge, die seine, die Ihrige und die Ihrer liebenswürdigen Nichten, im Verein mit angenehmen Eindrücken die unheilvollen Ereignisse in meinem Gedächtnis auslöschen, die Ursache für Ihre Aufmerksamkeiten gewesen. Lieben Sie stets, teurer und guter Papa, einen Freund, der an Sie nicht ohne die lebhafteste Rührung denken kann und der wohl für das größte Unglück seines Lebens jenes hält, daß er gezwungen ist, es fern von Ihnen zu beenden.

Rousseau an Friedrich II., König von Preußen

Wootton, den 30. März 1766

Sire,
ich verdanke dem Unglück, das mich verfolgt, zwei gute Dinge, die mich darüber hinwegtrösten: das Wohlwollen des Lord-Marschalls und die Gönnerschaft Eurer Majestät. Alldieweil ich genötigt bin, fern vom Staate zu leben, wo ich als Ihrem Volk angehörig eingeschrieben bin, bewahre ich mir die Liebe zu den Pflichten, die ich dort übernahm. Möge es mir vergönnt sein, Sire, daß mich Ihre Güte, die ich dankbar entgegennehme, auch fürderhin begleite und ich stets die Ehre habe, Ihr Schützling zu sein, wie ich zu allen Zeiten Ihr treuster Untertan sein werde.

R.

Rousseau an François-Henri d'Ivernois

Wootton in Derbyshire,
den 31. März 1766

(1) Vorgestern schrieb ich an Sie, mein Freund, und erhielt am selben Abend Ihren Brief vom 15. Er war geöffnet und wieder versiegelt worden, ich bekam ihn von Monsieur Hume ausgehändigt, der mit dem Sohn des Jongleurs Tronchin[1] eng befreundet ist und mit ihm in einem Hause wohnt, der überdies mit meinen gefährlichsten Feinden in Paris[2] eng befreundet ist, so daß ich ihm, wenn er kein Schurke ist, im Inneren vielmals Abbitte tun muß. Ich schulde ihm Dankbarkeit für alle Gefälligkeiten, die er mir in einem Lande, dessen Sprache ich nicht beherrsche, erwiesen hat. Er kümmert sich viel um meine kleinen Belange, doch meinem Ruf ist dies nicht dienlich, und ich weiß nicht, wie es kommt, daß die öffentlichen Blätter, die vor unserer Ankunft viel von mir sprachen und stets ehrenhaft, nicht mehr oder nur unvorteilhaft über mich schreiben,[3] seit er in London ist. All meine Angelegenheiten, all meine Briefe gehen durch seine Hände; jene, die ich schreibe, kommen nicht an, jene, die ich erhalte, sind ge-

öffnet. Etliches andere macht mir alles, was mit ihm zusammenhängt, verdächtig, sogar seinen Eifer. Ich vermag jedoch noch nicht zu erkennen, welche Absichten er verfolgt, doch ich kann nicht umhin, sie für bedrohlich zu halten, und ich sollte mich sehr täuschen, wenn nicht all unsere Briefe durch die Jongleure beschnuppert werden und diese sich erfolgreich bemühen, daraus einen Vorteil gegen uns zu gewinnen. Bis ich besser weiß, woran ich bin, sehen Sie zu, daß Sie Ihre Briefe sorgfältiger versiegeln, und ich werde mich meinerseits bemühen, mir zu Ihren Geschäftspartnern einen direkten Weg ohne diese gefährlichen Zwischenstationen zu verschaffen.

(2) Dieweil Sie einen Teilhaber benötigen, glaube ich, daß Sie gut daran taten, Monsieur Deluc zu wählen. Er verbindet Rechtschaffenheit mit Wissen und Arbeitseifer; da er all dies in Ihre Gesellschaft einbringen kann, so wie Sie selbst auch, wäre es schon großes Pech, wenn Sie nicht beide Grund hätten, zufrieden zu sein. Ich würde selbst dabei viel gewinnen, sofern Sie auf diese Weise Muße fänden, mich zu besuchen. Ich könnte mir denken, daß Sie Monsieur Du Peyrou von diesem Plan unterrichten und es dann nicht unmöglich wäre, die Reise gemeinsam zu unternehmen, indem Sie sie, je nachdem, wie es Ihnen beiden am besten paßt, vorverlegen oder aufschieben. Ich habe ein großes Bedürfnis, mein Herz auszuschütten und wahre Freunde bezüglich meiner Situation um Rat zu fragen. Ich glaubte am Ende meiner Leiden zu sein, doch sie fangen erst an. Ausweglos falschen Freunden ausgeliefert, habe ich ein großes Bedürfnis mit wahren zusammen zu sein, die mich trösten und beraten. Wenn Sie reisen wollen, geben Sie mir vorher Nachricht und lassen Sie mich wissen, ob Sie durch Paris fahren, es wäre dort einiges zu erledigen, was nur Freunde tun können. Ich weiß im Augenblick nicht, wie ich Ihnen Vollmacht erteilen könnte, denn ich habe keinen Notar hier in der Umgebung, noch dazu einen, der französisch spricht, und ich kann doch bei weitem nicht genügend Englisch, um derart komplizierte Dinge verständlich zu machen. Da die Angelegenheit nicht eilt, werden wir sie bei Ihrer Reise in Ordnung bringen. Bis dahin geben Sie bitte auf Ihre privaten und öffentlichen Angele-

genheiten hübsch acht. Nehmen Sie lieber die Interessen des Staates wahr als die meinigen. Möge Ihre Gesundheit wiederhergestellt werden; wenn es machbar ist, vergessen Sie alles andere und denken Sie nur daran; und im übrigen decken Sie sich mit allem ein, was auf Ihrer Reise in jeder nur möglichen Hinsicht nützlich sein kann.

(3) Sie würden mir einen großen Gefallen tun, wenn Sie Monsieur Du Peyrou von diesem Brief in Kenntnis setzten, zumindest vom Anfang. Ich bin sehr besorgt, wie ich zwischen ihm und mir eine schnelle und sichere Briefverbindung herstellen sollte; ich kenne nur Sie, dem ich vertraue und der dafür gut geeignet wäre; denn ein unbesonnener Notbehelf empfiehlt sich kaum, und allein eine Zwangslage kann ihm als Entschuldigung dienen. Im übrigen können wir uns aufeinander verlassen; verzichten wir also auf häufigen Briefwechsel, der auf Grund der Entfernung teuer und gefahrvoll ist. Schreiben wir einander nur, wenn es nötig ist. Prüfen wir gut das Siegel, ehe wir es lösen, außerdem den Zustand der Briefe, deren Datum, durch welche Hände sie gingen. Sollte man sie wieder abfangen, ist bei diesen Vorsichtsmaßnahmen der Mißbrauch nicht möglich. Ich wäre nicht verwundert, wenn dieser hier ebenfalls geöffnet und sogar unterschlagen würde; weil die Post von hier weit entfernt ist, brauche ich unbedingt eine Mittelsperson zwischen ihr und mir: doch mit der Zeit wird es mir gelingen, die Neugierigen zu verwirren, und was den vorliegenden anbelangt, so erfahren sie aus ihm ja nur, was sie schon wissen. Ich umarme Sie von ganzem Herzen.

(4) Durch Vermittlung Monsieur Davenports, meines Gastgebers, habe ich jetzt eine Adresse, an die Sie mir künftighin, ohne Umschlag und ohne in irgendeiner Weise meinen Namen zu nennen, schreiben können. Vorausgesetzt, daß die Adresse genau dem Muster entspricht, wird der Brief mit Sicherheit bei mir ankommen, wenn man ihn in London auf der Post aufgeben läßt oder ihn bis dahin frankiert.

Monsier Davenport
Wootton Ashbornbag
Derbyshire
England

1 Louis-François Tronchin.
2 Insbesondere der Kreis um Madame d'Epinay, Melchior Grimm und d'Alembert.
3 Eine Signalfunktion in der Diffamierungskampagne der englischen Presse gegen Rousseau hatte offenkundig der am 3. April 1766 veröffentlichte Brief von Horace Walpole (siehe Dokumente A 431).

Rousseau an Marie-Charlotte-Hippolyte de Campet de Saujon, Gräfin de Boufflers-Rouverel

Wootton, den 5. April 1766

(1) Natürlich haben Sie das Recht, Madame, und werden es mein Leben lang haben, von mir über mich Rechenschaft zu verlangen. Ich wartete damit, einer mir so teuren Pflicht zu gehorchen, bis ich, an einem Ort der Ruhe angelangt, einen Augenblick für meine Vergnügen finden würde. Dank Monsieur de Humes Gefälligkeit ist dieser Moment gekommen, und ich beeile mich, ihn zu nutzen. Indessen habe ich wenig zu den einzelnen Dingen zu sagen, nach denen Sie mich fragen. Da ich in einem Land lebe, dessen Sprache ich nicht beherrsche, und stets von anderen dirigiert werde, bleibt mir nichts weiter übrig, als die Anweisungen zu befolgen, die man mir gibt. Im übrigen, fern der Leute und der Hauptstadt, bin ich nicht darüber unterrichtet, was dort geredet wird, und ich will es auch gar nicht wissen, ich erfahre nur, was man mir sagen will und sonst nichts: kaum jemand ist über das, was mich anbetrifft, weniger im Bilde als ich.

(2) Die kleinen Vorkommnisse auf meiner Reise verdienen nicht, Madame, daß Sie sich damit beschäftigen. Bei der Überfahrt von Calais nach Dover, die in der Nacht stattfand und zwölf Stunden dauerte, war ich weniger seekrank als Monsieur Hume, doch ich war durchnäßt und halb erfroren, und ich habe das Meer viel mehr gespürt als gesehen. Ich wurde in London herzlich empfangen, ich hatte viel Besuch, ich bekam Hilfsangebote, man stellte mir Unterkünfte zur Wahl. Ich entschied mich schließlich für eine hier in der Provinz; ich bin im Hause eines Ehren-

mannes, von dem mir Monsieur Hume viel Gutes sagte, was von niemandem in Abrede gestellt wurde. Er schien es mir in allem bequem machen zu wollen; ich weiß noch nicht, ob dem auch so ist; doch allein schon vor lauter Aufmerksamkeiten kann ich nicht vergessen, daß ich in einem fremden Haus bin.

(3) Sie wollen, Madame, daß ich Ihnen vom englischen Volk berichte; dazu müßte man es erst einmal kennenlernen, und das ist keine Sache von einem Tag. Die Erfahrung lehrte mich, daß ich nie leichtfertig über Völker und Menschen urteilen darf, nicht einmal über jene, die mir Grund zur Klage oder zum Lob gaben. Im übrigen fühle ich mich außerstande, die Engländer selbst kennenzulernen; ich kenne sie im Hinblick auf ihre Gastfreundschaft, die sie mir gewährten und die ihren diesbezüglichen Ruf Lügen straft: es steht mir nur zu, meine Gastgeber zu beurteilen. Dies habe ich viel zu oft in Frankreich erfahren, als daß ich es hier vergessen könnte.

(4) Ich möchte Ihnen gern in allem gehorchen, Madame; aber reden Sie mir um Gottes willen nicht mehr vom Bücherschreiben und auch möglichst wenig von Leuten, die welche schreiben. Wir haben hundertmal mehr Moralbücher, als wir brauchen, und wir taugen dadurch nicht mehr. Sie fürchten, daß sich bei mir der Müßiggang und die Langeweile der Zurückgezogenheit einstellen könnten; Sie täuschen sich, Madame; es gibt für mich nie weniger Langeweile und Müßiggang, als wenn ich allein bin. Mit der botanischen Liebhaberei habe ich eine überaus kostbare Beschäftigung, der ich mich Tag für Tag lieber widme. Auch gibt es hier einen Mann, mit dem ich bekannt bin und den besser kennenzulernen ich große Lust habe. Die Verbindung, in die ich mit ihm treten möchte, wird mir jede andere ersetzen. Ich achte ihn in einem solchen Maße, daß ich einen vertraulichen Umgang, zu dem er mich ermuntert, nicht zu fürchten brauche, und da er so wie ich von den Menschen mißhandelt wurde, werden wir uns gegenseitig über ihre Schmähungen hinwegtrösten, indem wir in dem Herzen des Freundes lesen, daß er sie nicht verdiente.

(5) Sie sagen, man werfe mir Paradoxa vor. Nun, Madame,

um so besser. Seien Sie sicher, daß man mir weniger Paradoxa vorwerfen würde, wenn man mir Fehler vorwerfen könnte. Als man mir nachwies, daß ich anders als das Volk denke, hat man mich da nicht hervorragend widerlegt? Nun aber hat gerade ein Mönch namens Cajot ein dickes Buch verfaßt, in dem er den Beweis antritt, daß nichts von mir in den meinigen ist und daß ich alles nur anderen nachgeplappert hätte; ich bin der Meinung, statt aller Antwort sollte man jene sich mit Seinen Ehrwürden auseinandersetzen lassen, die mir unter lautem Geschrei vorwerfen, daß ich anders denken will als alle Welt.

(6) Ich habe von Ihnen, Madame, einen einzigen Brief erhalten, keinerlei Nachricht von Madame la Maréchale[1] seit der Ankunft von Mademoiselle Levasseur, auch keine von Monsieur de la Roche. Gerade seinethalben bin ich sehr besorgt, wegen seines unsicheren Gesundheitszustandes. Die Verbindungen mit dem Kontinent werden von Tag zu Tag schwieriger für mich. Die Briefe, die ich schreibe, kommen nicht an; jene, die ich erhalte, sind geöffnet worden. In einem Land, dessen Sprache man nicht beherrscht, so daß man auf die Verschwiegenheit anderer angewiesen ist, muß man bei der Wahl derer, denen man sich anvertraut, großes Glück haben, und nach meiner Erfahrung zu urteilen, würde ich zu Unrecht damit rechnen, daß ich Glück hätte. Es gibt aber eines, das mir unendlich viel bedeutet und das zu verlieren ich niemals verdiente. Ich meine damit, daß mir auch fürderhin das Wohlwollen erhalten bleiben möge, für das mir Monsieur le Prince de Conti deutliche Zeichen zu geben geruhte, sowie die Gunst von Madame la Maréchale und die Ihrige, deren Wert mein Herz so gut kennt. Madame, welches Schicksal auch immer mich noch erwartet und an welchem Ort auch immer ich lebe und sterbe, ich finde Trost in dem süßen Gedanken, daß Sie mich nicht vergessen werden.

J.-J. Rousseau

1 Die Herzogin von Luxembourg.

Rousseau an Henri Baldwin

Wootton, den 7. April 1766

Sie haben es, Monsieur, an Achtung mangeln lassen, die ein jeder einem gekrönten Haupt schuldig ist, indem Sie in aller Öffentlichkeit dem König von Preußen einen Brief[1] voller Ungereimtheiten und Bosheiten zuschreiben, woran Sie bereits hätten merken müssen, daß er nicht der Schreiber sein konnte. Sie wagten sogar, seine Unterschrift zu transkribieren, als hätten Sie sie von seiner Hand geschrieben gesehen. Ich setze Sie davon in Kenntnis, daß dieser Brief in Paris fabriziert wurde, und was mein Herz zutiefst betrübt und schier zerreißt, ist die Tatsache, daß der Fälscher Komplizen in England hat.

Sie schulden dem König von Preußen, der Wahrheit und mir, daß Sie den Brief, den ich Ihnen schreibe und den ich unterzeichne, zum Druck geben und damit einen Fehler wiedergutmachen, den Sie sich sicher vorwerfen würden, wenn Sie wüßten, für welche schwarzen Verleumdungen Sie als Instrument benutzt wurden. Ich entbiete Ihnen, Monsieur, meine aufrichtigen Grüße.

J.-J. Rousseau

1 Horace Walpole: Brief des Königs von Preußen an Rousseau (siehe: Dokumente A 431).

François-Henri d'Ivernois an Rousseau

Genf, den 28. April 1766

(1) Mein teuerster Freund, über den Kanal meiner Freunde in London erhielt ich Ihren Brief vom 31. März,[1] und ich wartete bei jeder regelmäßigen Post auf jenen, den Sie mir zwei Tage vorher ankündigten, doch er ist nicht eingetroffen. Ich denke, daß er über Monsieur H[2] ging und daß man es für richtiger hielt, ihn zu unterschlagen. Sie sollten also den Weg über Monsieur Lucadou & Drake nutzen. Es wäre bitter, wenn Sie wiederum in die Hände von Gaunern gefallen wären, doch da Sie Verdachtsmomente haben, ist es

wichtig, daß Sie stets auf der Hut sind. Ich habe Monsieur Du Peyrou Ihren Brief weitervermittelt, beiliegend einer von ihm; auch meinen Plan, Sie zu besuchen, habe ich ihm mitgeteilt, er würde gern diese Fahrt mit mir gemeinsam unternehmen, in diesem Jahr kann er aber nicht, und wenn nichts dazwischenkommt, nehme ich mir vor, unmittelbar nach dem nächsten Markt in Bordeaux, der Ende Oktober stattfindet, aufzubrechen, ich werde durch Paris kommen, Sie haben genügend Zeit, um mir zu vermelden, was ich dort für Sie erledigen soll, Sie können an Monsieur Du Peyrou unter meiner Adresse schreiben. Was Ihre Schuldforderung an Madame Boy de la Tour anbelangt, so können Sie mir ihren Schuldschein schicken, samt einer kurzen Mitteilung an sie, damit sie ihn mir bezahlt, auf diese Weise hätten Sie Zeit gewonnen. Ich bitte Sie inständig, mein teuerer Freund, mir so oft wie möglich zu schreiben; mein Herz bedarf dieses Trostes von Ihnen.

(2) S. E. Monsieur Henry Grenville, Gesandter von England, hat sich auf der Durchreise acht Tage lang hier aufgehalten, er ist an mich verwiesen worden; ich bin kaum von seiner Seite gewichen und kam oft auch samt dem Oberstaatsanwalt und anderen mit ihm zusammen, zu unser aller Zufriedenheit. Dieser Herr ist mit der besten Absicht, sich uns dienstbar zu machen, von hier weggefahren; er versprach mir, S.B.M.[3] unsere Situation zu beschreiben, wenn er Rechenschaft über seine Gesandtschaft ablegt, und mir dann mitzuteilen, inwieweit sich S.M. für unsere Republik einsetzen will. Ich hatte die Ehre, ihm am letzten Mittwoch eine Kopie unseres ersten Gesuches zu senden. Ich habe auch die Ehre, des öfteren Monsieur de Beauteville besuchen zu können, für den ich drei dringliche Empfehlungsschreiben guter Familien hatte, er empfängt mich stets sehr freundlich und bietet mir persönliche Gefälligkeiten an. *Was aber,* sagte er zu mir, *die öffentlichen Angelegenheiten anbelangt, so wissen Sie, Monsieur, daß meine Stellung es mir zur Pflicht macht, strengste Neutralität zu wahren.* Ich gab ihm Ihren Brief, er nahm ihn freundlich an, ich werde nichts unversucht lassen, um sein Vertrauen zu gewinnen. Jacques Vieusseux, der sich auf Empfehlung der Herzogin de Fitzjames an ihn wandte, wurde ebenfalls gut aufgenom-

men. Wir dürfen nichts Gutes von den Vermittlern in Bern erwarten; sie sind Aristokraten wie der größte Teil ihres Großen Rates. Ich habe einen Freund, der dort Mitglied ist und mir gute Ratschläge gibt. Die aus Z[4] scheinen uns mehr zugetan zu sein, namentlich das Oberhaupt, der Herr Statthalter Escher. Bis jetzt konnten wir nicht viel erreichen; wir haben bis zum 18. des laufenden Monats darum gekämpft, daß wir im Bürgerstand Deputierte bekommen, der Rat hat dabei alle möglichen Einsprüche erhoben. Dennoch konnten wir in diesem Punkt gewinnen, dergestalt daß die C. & B.[5]-Repräsentanten vierundzwanzig Bevollmächtigte nominierten und sie am 14. des Monats den Vermittlern vorstellten. Wir waren insgesamt ungefähr 930, Monsieur Marc Conrad Chappuis an der Spitze verlas die beiliegende Rede und übergab jedem der Vermittler ein Exemplar, die vierundzwanzig Bevollmächtigten blieben im Saal, und die neunhundert Bürger liefen paarweise in größter Ordnung an den Vermittlern vorbei. Darauf hielt Monsieur Deluc Vater als der älteste der vierundzwanzig die ebenfalls beiliegende Rede, die Herren Vermittler baten uns, wir möchten uns mit unseren Gesuchen beeilen, und am 22. des laufenden Monats übergaben die vierundzwanzig geschlossen jenes, von dem Sie beigefügt eine Kopie erhalten. Im Augenblick bestehen wir hartnäckig darauf, daß es dringend erforderlich und unser gutes Recht sei, uns die Einsichtnahme der Originaledikte gerichtlich zu genehmigen. Wir stoßen dabei immer wieder auf die größten Schwierigkeiten von seiten des Rates, wollen aber nichts weiter unternehmen, solange wir sie nicht durchgesetzt haben: Sie wissen vielleicht davon, daß der Herzog de Praslin die Ministerialabteilung für Auswärtige Angelegenheiten verlassen und der Herzog de Choiseul diese Funktion übernommen hat, man schmeichelt sich mit der Hoffnung, daß von daher unsere Angelegenheiten nicht schlechter laufen werden. Der Hof hat S.E. Monsieur de Beauteville einen Beigeordneten gegeben, dies ist Monsieur Le Chevalier de Taulès, gebürtig aus Toulouse, ein hochbegabter, geistvoller Mann, die gesamte Arbeit läuft fast nur über ihn, er liebt Sie, er hat enge Verbindung zum berühmten Monsieur Thomas, letzterer schrieb ihm in der letzten Post:

Schafft freie Menschen. Ich hatte noch keine Zeit, V[6] zu besuchen, unsere Herren haben Umgang mit ihm, und es scheint, als interessiere er sich immer noch für uns, doch offen gesagt, ich glaube nicht daran. Wir hören, daß unsere Feinde dem Hof in Berlin ein Gesuch übergeben lassen, wir werden das unsere mit dieser Post hinschicken; es wird dem König durch Monsieur de Lenthulus ausgehändigt; Sie könnten bei Mylord Verständnis für uns wecken.

(3) Es hat unseren Stutzern nicht genügt, daß das Schauspiel in Châtelaine aufgeführt wurde, es muß auch in der Stadt sein, und vorgestern hat man unsere Bastion verschandelt, indem man die Bäume fällte, die, wenn man eintritt, linker Hand standen, um dort einen Schauspielsaal bauen zu lassen. Man beabsichtigt, eine Dauereinrichtung daraus zu machen; ich werde mein Bestes tun, um zu vermeiden, daß die Abgeordneten hingehen.

(4) Ist Mademoiselle Levasseur bei Ihnen? Geben Sie mir bitte Nachricht, und sagen Sie mir, welche Dinge Sie im Koffer vermissen. Der Jongleur[7] ist mit seiner Familie in Paris; Sie können sich denken, daß er sich die größte Mühe gibt, um uns zu schaden, und unglücklicherweise genießt er beträchtliches Ansehen, während für uns dort keine Möglichkeit besteht, seine Intrigen abzuwehren; aber wir setzen unsere Hoffnung mehr auf unsere Geschlossenheit und Einigkeit als auf irgend etwas anderes. Meine Frau und alle Freunde grüßen Sie. Adieu, mein teurer Freund. Alles Gute.

(5) Um die Neugierigen zu verwirren, werden wir uns dieses Geheimcodes bedienen, wenn Sie ihn für geeignet halten:

a. König von Frankreich
b. König von England
c. König von Preußen
d. Lord-Marschall
e. Monsieur Grenville
f. Monsieur de Choiseuil
g. Monsieur de Beauteville
h. Monsieur de Taulès
i. die Vermittler in Zürich
l. die in Bern

m. Kleiner Rat
n. der Oberstaatsanwalt Tronchin
o. der Jongleur
p. die Négatifs
q. die C. & B.-Abgeordneten
r. Sie selbst
s. die vierundzwanzig Beauftragten

(6) Dieser Brief wird mit rotem Wappentier auf schwarzem Lack versiegelt, ich werde mein Geheimzeichen verwenden.

1 Siehe Brief 5139.
2 Monsieur Hume.
3 Seine britische Majestät, der König Georg III.
4 Zürich.
5 Citoyens und Bourgeois von Genf.
6 Voltaire.
7 Théodore Tronchin.

Rousseau an David Hume

Wootton, den 23. Juni 1766

Ich dachte, Monsieur, mein Schweigen hätte Ihnen, durch Ihr Gewissen gedeutet, genug gesagt; da es aber Ihren Absichten entgegenkommt, es nicht zu verstehen, werde ich reden. Sie haben sich schlecht verstellt, ich kenne Sie, und Sie wissen das ganz genau. Ohne daß frühere Bindungen, Zwistigkeiten oder Zänkereien zwischen uns waren, ohne daß wir einander in sonstiger Hinsicht kannten als vom literarischen Ruf her, bemühten Sie sich, mir Ihre Freunde und Ihre Dienste anzubieten; von Ihrer Großzügigkeit gerührt, werfe ich mich in Ihre Arme, Sie bringen mich nach England, dem Scheine nach, um mir ein Asyl zu verschaffen, in Wirklichkeit aber, um mir die Ehre zu nehmen.[1] Sie widmen sich diesem hohen Ziel mit einem Eifer, der Ihres Herzens würdig ist, und mit einem Erfolg, der Ihrer Talente würdig ist. Es hätte gar nicht soviel gebraucht, um dies zuwege zu bringen; Sie leben in der Welt und ich in der Einsamkeit, die Öffentlichkeit läßt sich gern täuschen, und Sie sind dazu geschaffen, sie zu täuschen. Dennoch kenne ich einen Menschen, den Sie nicht täuschen werden; und das sind Sie selbst. Sie wissen, mit welchem Abscheu mein Herz den ersten Verdacht gegen Ihre Absichten von sich wies. Ich umarmte Sie und sagte, die Augen voller Tränen, Sie wären der beste aller Menschen, denn wenn nicht, so müßten Sie der ruchloseste sein. Sooft Sie an Ihren heimlichen Plan dachten, werden Sie sich sicher gesagt haben, daß Sie nicht der beste aller Menschen sind, und ich bezweifle, daß Sie bei diesem Gedanken jemals der glücklichste waren.

Ich lasse Ihren Freunden und Ihnen freies Spiel, und ich opfere Ihnen mit wenig Bedauern meinen Ruf während meines Lebens, denn ich bin mir dessen vollkommen sicher, daß man eines Tages uns allen beiden Gerechtigkeit widerfahren lassen wird. Was die guten Dienste anbelangt, die Sie mir unter der Maske der Anteilnahme leisteten, so danke ich Ihnen dafür und entbinde Sie davon. Ich bin es mir schuldig, daß ich keinen Umgang mehr mit Ihnen pflege und nichts, das von Ihnen kommt, annehme, selbst wenn es zu meinem Vorteil wäre. Adieu, Monsieur, ich wünsche Ihnen wahres Glück, doch da wir einander nichts mehr zu sagen haben, ist dies der letzte Brief, den Sie von mir erhalten.

J.-J. Rousseau

1 Rousseau beschuldigte nicht unbegründet Hume, an der Diffamierungskampagne gegen ihn beteiligt gewesen zu sein. So ist erwiesen, daß Hume von Horace Walpoles „Brief des Königs von Preußen an Rousseau“ wußte oder sogar an seiner Abfassung beteiligt war (siehe Brief 4988 und Brief von Walpole an Hume vom 26. Juni 1766). Im Oktober 1766 veröffentlichte Hume ein Exposé der Streitigkeiten mit Rousseau, in welchem er die Vorwürfe, die ihm Rousseau gemacht hatte, einseitig und polemisch zurückwies. Adam Smith, Turgot und der Marschall Keith hatten Hume von diesem Gegenangriff vergeblich abgeraten. Dagegen drängten ihn die Pariser Philosophen, von d'Alembert angeführt, zu diesem Unternehmen. Grimm sorgte für die Verbreitung von Humes Exposé, so daß der Streit zwischen Rousseau und Hume in allen europäischen Hauptstädten bekannt wurde.

Rousseau an George Keith, Lord-Marschall von Schottland

7. Oktober 1766

Ich vermag nicht auszudrücken, Mylord, in welchem Maße Ihr Schweigen mich unter den Umständen, in denen ich mich befinde, beunruhigt. Der letzte Brief, den ich von Ihnen erhielt, war vom (...) Kann es denn sein, daß Monsieur Humes schreckliche Schmähungen Eindruck auf Sie machten und mir in all dem Unglück die einzige Tröstung raubten, die mir auf der Erde geblieben. Nein, Mylord, das kann nicht sein. Ihr standhaftes Herz läßt sich nicht vom Beispiel der Menge mitreißen. Ihr gescheiter Geist läßt sich nicht so sehr täuschen. Sie kannten diesen Mann[1] nicht, niemand hat ihn gekannt oder vielmehr, er ist nicht mehr derselbe. Er hat nie gehaßt, nur mich allein, doch was für ein Haß, welches Herz könnte ihn zweimal ertragen? Bislang trieb er nur im dunkeln sein Wesen, er hat sich versteckt, doch jetzt zeigt er sich offen. Er hat England, Frankreich, die Zeitungen, ganz Europa mit Geschrei[2] erfüllt, auf die ich keine Antwort zu geben vermag, und mit Schmähungen, die ich verdiente, sobald ich mich herbeiließe, sie zurückzuweisen. Verrät all dies nicht deutlich das Ziel, das er bis jetzt mit soviel Sorgfalt verbarg? Doch lassen wir Monsieur Hume, ich will ihn vergessen, trotz allen Leids, das er mir antat. Nur meinen Vater darf er mir nicht nehmen. Dieser Verlust ist der einzige, den ich nicht verschmerzen könnte. Haben Sie meine beiden letzten Briefe erhalten, den einen vom 20. Juli und den anderen vom 9. August? Hatten sie das Glück, den Netzen zu entgehen, die um mich herum gespannt sind und durch deren Maschen nur wenig hinausgelangen kann? Es scheint so, als sei es die Absicht meines Verfolgers und seiner Freunde, mir jede Verbindung zum Kontinent zu nehmen, damit ich hier vor Schmerz und Elend zugrunde gehe. Ihre Maßnahmen sind viel zu gut ausgeklügelt, als daß ich mich ihnen leicht entziehen könnte. Ich bin auf alles gefaßt, und ich kann alles ertragen, nur Ihr Schweigen nicht. Ich wende mich an Monsieur Rougemont, ich weiß in London nur ihn, dem ich mich anvertrauen kann. Verweigert er mir seine

Dienste, so stehe ich ohne Hilfe da und ohne jede Möglichkeit, meinen Freunden zu schreiben. Ach, Mylord, käme doch nur ein Brief von Ihnen, dann wollte ich mich über alles andere hinwegtrösten! Ich bitte Monsieur Rougemont, Monsieur Davenports Adresse zu benutzen, mein Name braucht dabei in keinem Falle zu erscheinen. Benutzen Sie die untenstehende Adresse; vorausgesetzt, daß man Ihren Brief ordnungsgemäß der Post in London übergibt, gelangt er, so hoffe ich, zu mir.
Monsieur
M. Davenport
Wootton Ashburnbag
Derbyshire

1 David Hume.
2 Siehe Brief 5242.

François-Henri d'Ivernois an Rousseau

[um den 4. Januar 1767]

In Gex am 2. Januar 1767 veröffentlichte Bekanntmachung.[1]
(1) Charles Leopold Chevalier de Jaucourt, Brigadekommandeur, Oberst der Legion in Flandern, Kommandant S.M. in den Provinzen Bresse, Bugey, Valromey und Gex:
(2) Es ist Wunsch und Wille des Königs, daß jede Art von Verbindung und Beziehung seiner Untertanen mit den Staatsangehörigen der Genfer Republik untersagt wird, infolgedessen wird den kommandierenden Offizieren in den verschiedenen Truppenteilen S.M. und den Stadträten ausdrücklich der Befehl erteilt, die in dieser Instruktion aufgeführten Artikel streng zu befolgen.
(3) Art. 1. Jedem Untertanen S.M. ist es verboten, direkt oder indirekt irgendwelche Geschäfte mit den Staatsangehörigen der Genfer Republik zu betreiben.
(4) Art. 2. Desgleichen ist verboten, die Staatsangehörigen dieser Republik das Territorium Frankreichs betreten zu lassen, sofern sie nicht Pässe besitzen, die von Monsieur Hennin, dem Gesandten des Königs in Genf, ausgestellt

wurden, so wie auch kein Franzose, der nicht mit einem vom König unterzeichneten und vom Herzog de Choiseul gegengezeichneten Paß ausgestattet ist, das Territorium von Genf betreten darf.

(5) Art. 3. Jede Art von Lebensmitteln, Kleidungsstücken und generell alles, was den Staatsangehörigen der Republik Nutzen und Annehmlichkeit bringt, wird in Beschlag genommen und konfisziert, wobei darauf zu achten ist, daß die Auffindung der genannten Waren in einer mündlichen Verhandlung bestätigt werden muß, bei welcher der kommandierende Offizier der Truppenabteilung unterzeichnet sowie die Gemeindevorsteher und Rechtsvertreter oder Standespersonen des Ortes, in dem die Beschlagnahme vorgenommen wird. Die oben genannten Waren werden an einem sicheren Ort aufbewahrt, und der kommandierende Offizier der Truppenabteilung sowie die Stadträte sind so lange für sie verantwortlich, bis wir Anordnungen treffen, daß die oben genannten Waren an einen angemessenen Ort zu transportieren sind.

(6) Art. 4. Man beachte, daß dieses Verbot nur die Genfer betrifft, während den Staatsangehörigen anderer Länder wie gewohnt das freie Betreten und Verlassen des Königreiches zu gewähren ist.

(7) Art. 5. Die kommandierenden Offiziere der verschiedenen Truppenabteilungen, die zu dem Zwecke eingesetzt sind, jede Art von Verbindung zwischen den Untertanen des Königs und den Staatsangehörigen der Genfer Republik zu unterbinden, sind für alle Beschwerden über die unter ihrem Befehl stehenden Truppen verantwortlich und werden angemahnt, strengstens darüber zu wachen, daß ihre Soldaten oder Dragoner nicht selbst zu Schmugglern werden und nicht zwischen sich und den Staatsangehörigen der Republik den Alleinhandel sowohl von Lebensmitteln als auch von anderen Waren an sich reißen. Alles in allem dürfen die höheren Offiziere keine Verbindungen zwischen ihren Wachposten und den Staatsangehörigen der Republik zulassen, außer jener, die unumgänglich ist, um die Befehle des Königs aufrechtzuerhalten und durchzuführen.

(8) In Gex sollen sechshundert Mann Kriegsvolk stationiert worden sein oder werden.

1 Mit dieser spektakulären militärischen Maßnahme, der andere vorausgegangen waren (siehe Dokumente A 477, A 479), versuchte die französische Regierung auf den Bürgerkrieg in Genf Einfluß zu nehmen.

François-Henri d'Ivernois an Rousseau

Genf, den 5. Januar 1767

(1) Mein teuerster Freund! Mein Brief vom 19. November hat Sie bezüglich meiner Gesundheit und meiner Freundschaft beruhigt; zweifeln Sie denn an meiner Freundschaft? Stellen Sie sie auf die Probe, und wenn sie für Sie einigen Wert besitzt, so wird es nicht an mir liegen, Ihnen zu beweisen – auf welche Weise auch immer Sie wollen –, daß ich allezeit durch die stärksten Bande der Freundschaft, die nichts zu zerreißen vermag, an Sie geknüpft bin. Es bereitet mir Kummer, daß ich es Ihnen sagen muß, ich dachte, ich hätte mich Ihnen vorzeiten diesbezüglich recht deutlich erklärt. *Ja, ja, ja,* und er wird rechtzeitig unterrichtet, damit ich in Paris von ihm Nachricht erhalte, doch ich weiß noch nicht den Zeitpunkt.

(2) Wahrscheinlich haben Sie erfahren, daß Monsieur Lenieps wegen einiger unbesonnener Worte in Paris verhaftet wurde und in der Bastille einsitzt, des weiteren, daß man seine Papiere konfisziert hat, unter denen man, wie es heißt, verbrecherische Korrespondenzen zwischen ihm und einigen Beamten gefunden haben will, dies entbehrt jeder Grundlage. Doch ich habe einen Brief aus dem Büro des Priesters gelesen, in dem erklärt wurde, man habe in seinen Papieren einen Plan für die Gesetzgebung unserer Republik gefunden, mit dem unsere Verfassung außer Kraft gesetzt und eine reine Demokratie errichtet werden solle, erarbeitet und niedergeschrieben von der Hand J.-J. Rousseaus, der mit diesem Plan, so hieß es weiter, das Ziel verfolge, von seinen Mitbürgern wieder in all seine Rechte in Genf eingesetzt zu werden; es läge mir viel daran zu erfahren, ob dies wahr ist, und ich bitte Sie, es mich wissen zu lassen.

(3) Sie werden unter zwei oder drei frankierten Postsachen ein Paket mit ein paar Schriftstücken finden, die Ihnen ein Bild von unserer gegenwärtigen Lage vermitteln sollen. Ich habe stets eine sehr gute Meinung von meinen Mitbürgern gehabt, doch ich hätte nie gewagt, eine so edle Tugend von ihnen zu erwarten. Nein, mein würdiger Freund, ich mache Ihnen nichts vor, wir sind die Leute dazu, die Taten der alten Römer zu wiederholen, um unsere Freiheit zu bewahren, wir sind mehr denn je einig und von Mal zu Mal in größerer Zahl, es ist so, als wären wir allesamt Brüder. 1095 Wahlstimmen, die den uns vorgelegten Verordnungsentwurf verwarfen, gegenüber 515, die ihn annahmen; unter letzterer Zahl 47 Personen, die man eigens aus Paris, Lyon und aus der Schweiz hatte kommen lassen, jedes Mittel war recht, um die Allgemeinheit zu zwingen, das Schriftstück anzunehmen, Versprechungen, Drohungen, alles wurde aufgeboten, doch wir bleiben uns treu und sind vor allem einig, Sie wissen, wem wir diesen weisen Rat verdanken. Es ist erstaunlich, mehr noch, es grenzt an Wunder, daß wir seit Beginn der Auseinandersetzungen keinen einzigen falschen Schritt taten noch den geringsten Vorwand lieferten, trotz aller Fallen, die man uns ständig stellt. Wir haben im Großen Rat von Bern treue Freunde, die Gewährsleute stellen sich für die Erklärung zur Verfügung, doch es steht fest, daß man in diesem Kanton und in Z.[1] die Erklärung veröffentlicht, ohne daß unser Einverständnis eingeholt wird, das ist alles, was unsere Freunde auf unsere Bitte hin für uns erreichen konnten, indessen waren in Bern 81 Stimmen dafür, daß wir nachgeben, gegen 91, die für die Erklärung eintraten.

(4) Es erfolgen beträchtliche Auswanderungen; unsere Widersacher machen sich mit Sack und Pack aus dem Staube, bereits fünf Mitglieder der Regierung sind fort, was uns anbelangt, wir bleiben. Monsieur de Beauteville ist am vergangenen 30. von hier nach Solothurn übergesiedelt, er ließ eine Erklärung zurück, die man veröffentlichte, das Paket, das ich ihnen eingangs ankündigte, wird Ihnen dies und anderes erklären, es geht an dieselbe Adresse wie dieser Brief. Meine Frau und alle hier tragen mir auf, Ihnen tausend Grüße auszurichten. Unsere Freunde und vor allem

mein Kompagnon umarmen Sie, ich Sie ebenfalls, doch zärtlicher als alle anderen.
(5) Sie berichten mir nie etwas von Mademoiselle Levasseur, ich würde mich freuen, wenn ich hörte, daß es ihr gut geht, meine Empfehlung an sie.

1 Zürich.

Rousseau an François-Henri d'Ivernois

Wootton, den 7. Februar 1767

(1) Ich habe, mein Freund, eine schreckliche Dummheit begangen, die mich sicherlich teurer zu stehen kommen wird als Sie. In meiner Zerstreutheit, die dadurch bedingt ist, daß die unterschiedlichsten dringlichen Angelegenheiten zu erledigen sind, habe ich einen Brief geradewegs an Sie adressiert, in dem ich offen auf Ihre geplante Reise und auf andere Dinge eingehe, bei denen die Verschwiegenheit nicht minder erforderlich wäre. Da ich keinen Augenblick daran zweifle, daß dieser Brief abgefangen wurde, schreibe ich Ihnen ab, was ich von einem Entwurf ins unreine, den ich wieder zusammensetzen mußte, übernehmen konnte.
(2) Dererlei Ungereimtheiten, Monsieur, die man angeblich, von meiner Hand geschrieben, in Monsieur Lenieps Briefschaften gefunden hat, wie behauptet wird, habe ich weder jemals geschrieben noch gesagt, noch gedacht, so wie auch nichts von all dem, was Monsieur de Voltaire in seiner gewohnten Unverschämtheit als von mir an Priester Montmollin geschrieben und von mir unterzeichnet veröffentlicht. Ihre unbegreifliche Leichtgläubigkeit in diesem Punkt überrascht mich um so mehr, als Sie in unserem Verkehr miteinander erkennen konnten, daß ich kein Geisterseher bin, und dem Gesellschaftsvertrag entnehmen mußten, daß ich nie die demokratische Regierung guthieß.[1] Haben Sie denn eine solch hohe Meinung von der Redlichkeit meiner Feinde, daß Sie ihnen keine Lügen zutrauen? ... Meine Hochachtung vor Ihren ehrenwerten Landsleuten steigt von Tag zu Tag. Mut und Entschlossenheit zu haben,

erscheint mir nicht so schwierig, sondern vielmehr, bei großen Gefahren zugleich weise und maßvoll zu sein, und dies war das erste Mal, daß ein Volk dieses große, schöne Schauspiel vollführte. Ihre Behörden, Messieurs, benehmen sich bei dieser Sache wie ein rasendes Volk, während Sie in den schrecklichsten Gefahren, die Ihnen drohen, mit der wahren Würde der achtbarsten Behörden auftreten. Ich meine den Senat von Rom zu sehen, wie er majestätisch auf dem Marktplatz sitzt und den Tod durch die Hand der Gallier erwartet ... Im übrigen wird dies hier das erste und letzte Mal seit unserer Unterredung in Thonon sein, daß ich mir erlaube, zu Ihnen über Ihre Angelegenheiten zu sprechen.[2] Sie wissen, welche Meinung ich stets in dieser Beziehung vertrat und daß ich Ihnen herzlich gern die Gerechtigkeit zuteil werden lasse, die man Ihnen schuldet, ich hoffe, daß Sie mir die Ihrige bei entsprechender Gelegenheit auch nicht verweigern. Ich habe Ihnen, Messieurs, nichts weiter zu sagen; weise Männer wie Sie brauchen keine Ratschläge, und es steht mir nicht zu, Ihnen welche zu geben. Mein Dienst ist für den Rest meines Lebens beendet; es bleibt mir nur noch, in Frieden zu sterben, so ich kann ...
... Sie zweifeln doch nicht, mein Freund, an meinem zärtlichen Sehnen, Sie wiederzusehen. Dennoch ist es im Hinblick auf meine Ruhe und unser aller Nutzen ratsam, daß wir dieses Vergnügen erst dann genießen, wenn in unserer Stadt alles auf die eine oder die andere Art und Weise zu einem Ende gekommen ist. Die Öffentlichkeit, die mich so wenig kennt und so schlecht beurteilt, ist fest davon überzeugt, daß ich Zwietracht säen will, und alles, was Sie Gutes tun, ist schlecht, sobald man annehmen müßte, ich hätte dazu geraten. Kommen Sie also erst, wenn Sie mit einem Ölzweig gekrönt sind, auf daß wir uns an dem Vergnügen des Wiedersehens erfreuen. Käme doch dieser glückliche Augenblick schon bald, niemand auf der Welt wird ihn besser auskosten als das Herz Ihres Freundes.

(4) Dies ist das, was ich Ihnen vor acht Tagen schrieb und jetzt noch einmal bestätige: doch gerade erfuhr ich, in welch verzweifelter Lage Ihr armes Volk ist, dies zerreißt mir schier mein patriotisches Herz, und ich glaube Ihnen sagen zu müssen, daß es nach meiner Meinung Zeit ist auf-

zugeben. Sie können es ohne Scham tun, da der Widerstand sinnlos ist, und Sie müssen es tun, um sich Ihre Freiheit und all das zu bewahren, was Ihnen vom Gesetz her bleibt. Wenn ich sage was Ihnen bleibt, so meine ich nicht schlechtweg Ihr Hab und Gut, sondern Ihr Land, Ihre Familien und die unzähligen armen Landsleute, die das Brot noch dringender brauchen als die Freiheit. Ich höre, daß Sie für diese armen Leute großherzig zusammenlegen; ich würde gern Ihrem guten Beispiel folgen. Ich werde eine Kleinigkeit an die Sammler in London schicken, meinen Mitteln entsprechend; doch ich bitte Sie, sich an meiner Statt an Madame Boy de la Tour zu wenden, damit ich, der ich eine der unschuldigen Ursachen für das Elend dieses armen Volkes bin, auch in irgendeiner Weise zu dessen Erleichterung beitragen kann.

(5) Adieu, mein Freund, ich umarme Sie zärtlich. Ich habe das größte Bedürfnis, Sie wiederzusehen, doch nochmals, kommen Sie erst, wenn Ihre Angelegenheiten geregelt sind. Dieser Aufschub ist wichtig, denn es könnte sein, daß irgendein Hindernis aus dem Weg zu räumen ist. Trotz meines Leichtsinns – kommen Sie so heimlich wie irgend möglich. In bezug auf Ihren Aufenthalt in London habe ich jedoch meine Meinung geändert, und ich würde mich sehr freuen, wenn Sie für ein paar Tage unterbrechen wollten, damit Sie selber ein wenig die Atmosphäre des Kontors kennenlernen. Denn schließlich, da Sie durchaus von dort kommen möchten, so wird es in niemandes Macht stehen, Sie daran zu hindern. Ich umarme unsere Freunde; vergessen Sie nicht, ich bitte Sie inständig darum, mich Madame d'Ivernois zu empfehlen.

J.-J. Rousseau

(6) Vielen Dank und hochachtungsvolle Grüße von Mademoiselle Levasseur. Wenn ich Ihnen dies nicht in jedem Brief wiederholte, so, weil es mir schien, daß es nicht mehr gesagt zu werden brauchte; doch es verging kein einziges Mal, ohne daß sie es mir aufgetragen hätte.

1 Rousseaus politisches Ziel war nicht die demokratische Republik. Über die Demokratie heißt es im „Gesellschaftsvertrag"

Drittes Buch, IV. Kapitel, sie sei eine so vollkommene Regierung, daß sie den Menschen nicht angemessen sei. Die politische Struktur, die Rousseau als die beste erschien, war eine gemischte oder gemäßigte Regierungsform, in der sich die Institutionen des gesetzgebenden Souverän und die der Exekutive wechselseitig beschränken und ergänzen. Um eine Übermacht der Exekutive gegenüber der Legislative zu verhindern, plädiert er auch in Übereinstimmung mit Montesquieu für eine Teilung der Regierungsgewalt in Genf (siehe Brief 6241).

2 Ob diese Erklärung, nicht mehr über die Genfer Angelegenheiten zu sprechen, ernst gemeint war, ist zweifelhaft. Jedenfalls hat sich Rousseau später anders verhalten (siehe Brief 6241).

François Coindet an Rousseau

Paris, den 9. Februar 1767

(1) Ich habe Ihnen lange nicht geschrieben, lieber Bürger, weil ich wußte, daß man Ihnen alles berichtete, was sich hier als Reaktion auf die unglückseligen Schikanen ereignete, die man Ihnen bereitet hat; zum Ausgleich konnte ich erleben, daß die meisten ehrbaren Leute Ihnen die Gerechtigkeit widerfahren ließen, die man Ihnen schuldet, und daß sie Ihrer Entscheidung, Schweigen zu wahren, Lob zollten. Ich mache mir jetzt Hoffnung, daß Sie ruhiger sind und in Ihrer selbstgewählten Einsamkeit nicht mehr gestört werden. Vor ein paar Tagen las ich den Brief, den Sie an Monsieur Guy schrieben, ich übernahm es, Ihnen mitzuteilen, daß er angekommen ist; Monsieur Guy kann Ihnen nicht antworten, weil er wegen einer Buchhändlersache, die glücklicherweise nicht mit Ihnen im Zusammenhang steht, auf Befehl des Polizeitleutnants seit etwa vierzehn Tagen in der Bastille einsitzt. Seine Freunde betreiben lebhaft seine Freilassung, und da er große Unterstützung hat, hofft man auf Erfolg, dennoch kann es auch sein, daß es lange dauert. Im übrigen ist man aber der Meinung, daß er bald Schreiberlaubnis erhält, um die geschäftlichen Dinge für Madame Duchesne zu regeln, dann kann er Ihnen auch selbst antworten.

(2) Ich habe die Gelegenheit genutzt und ein Paket nach

London geschickt, um Ihnen unter Monsieur Davenports Adresse den Ergänzungsbogen zukommen zu lassen, den Sie von Adansons Pflanzenfamilie erbitten. Ich habe ein von Fiquet graviertes Porträt Descartes' beigefügt sowie ein paar andere kleine Stiche. Es tut mir sehr leid, daß Sie sich genötigt sehen, alles zu verkaufen, was Sie auf diesem Sachgebiet hatten, das ist ein Verlust, den Sie spüren werden und den ich gern ersetzen möchte.

(3) Bei nächster Gelegenheit werde ich Ihnen das gewünschte Buch von Guettard zusenden, das andere Werk ist nicht so leicht zu finden.

(4) Ich habe Monsieur und Madame La Roche besucht, sie sagten mir, daß es Madame la Maréchale zur Zeit gut geht. Monsieur La Roche berichtete mir, er habe Ihnen vor fast einem Monat geschrieben, um Ihnen Nachricht von Madame la Maréchale zu geben und den Tod Madame Levasseurs[1] mitzuteilen, schließlich auch, um von Ihnen Anweisungen bezüglich irgendwelchen Geldes zu erbitten, das noch in seinen Händen ist, ohne Zweifel ist dieser Brief durch den strengen Winter, der auch hier sehr rauh war, in London liegengeblieben, er wurde Monsieur Guy wieder ausgehändigt, der ihn erneut auf den Weg zu Ihnen brachte.

(5) Dem armen Monsieur Lenieps, nach dem Sie sich erkundigen, geht es so gut, wie es in dieser Situation möglich ist, man nimmt auf ihn viel Rücksicht und gewährt ihm die Freiheit, auf der Gefängnisterrasse spazierengehen zu können; man bezichtigt ihn zahlreicher ungebührlicher Äußerungen über die Maßnahmen, die zur Wiederherstellung der Ruhe in Genf eingeleitet werden sollten, wie auch irgendeiner Bemerkung über die Regierung in Frankreich, man hat seine Papiere beschlagnahmt, unter denen man, wie es heißt, sehr scharfe Dinge entdeckt habe. Der chaotische Zustand, in dem sich die Republik befindet, läßt befürchten, daß er noch lange gefangengehalten wird. Es wurden Befehle erteilt, denen zufolge viele Genfer Frankreich verlassen sollten, es gab aber zahlreiche Ausnahmen, denn, wie Sie sehen, bin auch ich noch in Paris und habe Hoffnung, hier bleiben zu können. Es scheint, als wolle man die Abgeordneten zwingen, die Vorschläge oder Artikel der Vermittler zu akzeptieren, die Hilflosigkeit ist sehr groß in

Genf, es sind Truppen aus Frankreich dort, die jegliche Verbindung von und nach Gex abschneiden sollen, viele Leute sind aus der Stadt weggegangen, und man weiß nicht, wann all das ein Ende haben wird, möge Gott walten.

(6) Ich habe den Auftrag, Sie vielmals von Ch. de Lorenzi zu grüßen, den ich neulich traf, desgleichen von Monsieur Wattelet, der sich oft mit mir über Sie unterhält und der Sie zärtlich liebt, von Monsieur und Mademoiselle Dezaincourt, die für Sie die gleichen Gefühle hegen, von Monsieur Loiseau de Moléon, Monsieur de Béranger, seinem Bruder, kurz, von wer weiß wie vielen Leuten, die Ihnen das Glück wünschen, das Ihnen zusteht, und die sich, so wie ich, sehr freuten, wenn sie hörten, daß Sie jetzt mehr Ruhe finden.

(7) Ich habe Madame de Verdelin seit längerer Zeit nicht gesehen, ich weiß, daß es ihr sehr gut geht, daß sie aber in der Verlegenheit ist, ausziehen müssen, ohne indes schon ein Haus gefunden zu haben, sie wird einstweilen bei Madame d'Aubeterre wohnen.

(8) Denken Sie daran, lieber Bürger, daß ich hier Ihr Verweser bin und sie sich also zuerst an mich wenden müssen, wenn ich Ihnen in irgendeiner Weise nützlich sein kann. Abbé de St. Non muß mir neue Stiche für Sie geben, doch bevor ich sie Ihnen schicke, würde ich gern wisen, ob diese unmäßigen, wucherischen Gebühren, die man in London verlangt, auch für die Sendungen von London zu Ihnen nach Wootton gelten, ich kann bei Monsieur Davenport alles abgeben lassen, was Sie wollen. Adieu, lieber, guter Rousseau, ich werde Ihnen ein andermal von mir berichten. Adieu, Sie wissen, daß ich Sie von ganzem Herzen liebe.

1 Die Mutter von Thérèse Levasseur.

Pierre-Alexandre Du Peyrou an Rousseau

Neuchâtel, den 16. März 1767
N° 42

Ich hoffe, mein lieber Bürger, daß meine vorherige Nummer vom 1. des Monats in gutem Zustand bei Ihnen eintraf. Ich erhielt gestern Ihre Sendung N° 9 vom 28. Februar. Es hat also unterwegs keine große Verzögerung gegeben, zum anderen kam mir das Siegel verdächtig vor, insofern als man darauf nicht das Abbild des Talismanornamentes erkennen kann. Das Siegelwachs ist teilweise von Papier verdeckt, das daran klebenblieb, und an den Stellen, an denen es unverdeckt ist, sieht es mit Lupe so aus, als sei es zusammengeschmolzen worden, ohne daß irgendein Abdruck zurückblieb. Ich finde es auch dünner, als Sie es gewöhnlich anbringen. Es hat also den Anschein, als sei das Paket geöffnet worden. Darüber bin ich mehr verärgert, als ich ausdrücken kann. Dieses wohlgeratene, für Sie aber mit soviel Mühen verbundene Werk verliert all seinen Wert, wenn eine Kopie angefertigt wurde. Solcherlei Erwägungen bewogen mich, Ihnen diesen Brief über Holland zu schikken und das Siegel einzulegen, so wie ich es erhielt, damit Sie selbst beurteilen können, ob meine Beobachtungen und mein Verdacht begründet sind. Sollten sie es sein, muß der fertige Plan abgeändert und, indem man das Material nutzt, ein neuer entworfen werden, den Sie mir über Holland zu schicken versuchen, und zwar per Adresse eines meiner Verwandten: Monsieur Jean Benjamin Du Peyrou, *Op de buyten kant, Amsterdam.* Noch einmal: *Op de buyten kant.* Ist erst einmal das Paket in unseren Händen, so können wir den üblichen Weg wieder nutzen, wenn wir einander schrieben; und um die Neugierigen geschickter auf eine falsche Spur zu lenken, werde ich Ihnen zunächst noch einmal über den alten Weg schreiben und Ihnen mitteilen, daß Ihre N° 9 in sehr guten Zustand angekommen sei und ich davon Gebrauch machen wolle. Diese Lüge ist erlaubt, denke ich, da Sie ja wissen, woran Sie sind, und es kann nicht so sehr schlimm sein, wenn man übelwollende Neugierige täuscht. Ich weiß, wieviel Mühe Ihnen diese neue Ausarbeitung macht, doch es ist besser, diese Mühe auf sich

zu nehmen, als sich im geringsten einer Gefahr auszusetzen. Die Arbeit ist übrigens klar und deutlich. Die Materialien können wieder genutzt werden. Es geht nur darum, sie umzustellen. Ich hatte den Eindruck, daß Sie zwei Eigennamen vergessen haben, die notwendig sein könnten, nämlich General Conway sowie Misopriest. Vielleicht müßte man auch noch die meiner Bankiers in Paris und in London einfügen. Mir scheint auch irgendein Zeichen notwendig zu sein, um das weibliche und das männliche Geschlecht unterscheiden zu können. Ein Akzent würde genügen.
Wir haben immer noch unsere Auseinandersetzungen, doch ich hebe es mir für ein andermal auf, Ihnen davon zu berichten. In Genf sind sie ebenfalls noch nicht beendet. Die französische Truppenkette hat sich immer noch in der Umgebung verschanzt, und sie wird noch lange dort bleiben, nach der Antwort zu urteilen, die Monsieur le Duc de Choiseul den Kantonen Bern und Zürich gab. Letztere, die bei dem Ganzen mithalfen, bekommen jetzt zu spüren, wie falsch ihre Schritte waren, die dieser Unternehmung vorausgingen, sie begleiteten und ihr folgten. Panckouke schreibt mir, daß Ihr Buchhändler, ich denke, es wird Guy sein, seit einigen Wochen in der Bastille ist, weil er Exemplare des Gesellschaftsvertrages und der Briefe vom Berge nach Paris einführte. Unter den gegenwärtigen Umständen ist dies in den Augen des Priesters das schlimmste Verbrechen.
Adieu, mein lieber Bürger, ich umarme Sie von ganzem Herzen und bestelle Ihnen Grüße von Mama. Vergessen Sie nicht, mich Mademoiselle Levasseur zu empfehlen.

Rousseau an Oberleutnant Henry Seymon Conway

[18. Mai 1767]

M[onsieur],
(1) Ich erlaube mir, Sie inständig zu bitten, sich die Zeit zu nehmen und diesen Brief allein und aufmerksam zu lesen. An Ihr aufgeklärtes Urteilsvermögen, Ihren gesunden Verstand will ich meine Worte richten. Ich bin sicher, bei

Ihnen alles zu finden, was man braucht, um mit Klugheit und Rechtlichkeit abwägen zu können, was ich Ihnen zu sagen habe. Ich wäre mir dessen weniger sicher, wenn Sie jemand anders als sich selbst zu Rate zögen.

(2) Mit welcher Absicht man mich nach England brachte, weiß ich nicht; daß man dabei etwas im Schilde führte, ist sicher. Dies erkenne ich an den Folgen, die so ernst, so allumfassend sind, wie sie nur sein könnten, wenn man mit dieser Absicht eine Staatsangelegenheit verfolgte. Wie aber können Schicksal und Ruf eines armen Unglücklichen jemals eine Staatsangelegenheit sein? Dies ist viel zuwenig zu begreifen, als daß ich mich bei einer derartigen Vermutung aufhalten könnte. Indessen, daß die bedeutendsten, die vornehmsten, die ehrenwertesten Männer, ja daß eine ganze Nation sich den Leidenschaften eines einzelnen unterwirft, der einen anderen zugrunde richten will, ist noch weniger zu begreifen. Ich sehe die Folgen, die Ursache ist mir unbekannt, und vergeblich martere ich mein Hirn, um sie herauszubekommen. Doch was auch die Ursache sei, die Auswirkungen bleiben stets die gleichen, und um diese Auswirkungen geht es hier. Ich lasse die Vergangenheit im dunkeln, nur die Zukunft will ich jetzt in Augenschein nehmen.

(3) Ich wurde so grausam wie überhaupt nur möglich meiner Ehre beraubt. Man hat mich in England derartig verleumdet, daß nichts meine Ehre wiederherzustellen vermag, solange ich lebe. Dennoch sehe ich voraus, was nach meinem Tod geschehen wird, und zwar durch die alleinige Macht der Wahrheit und ohne daß irgendeine von mir hinterlassene Schrift nachhelfen müßte, doch dies wird langsam vonstatten gehen und auch nur, wenn die Umwälzungen im Regierungssystem alles Vergangene ins rechte Licht gerückt haben. Dann erst wird mein Andenken wieder zu Ehren kommen, doch zu meinen Lebzeiten kann ich nichts mehr erreichen.

(4) Sie verstehen, Monsieur, daß eine solche Schmach unerträglich ist für das Herz eines Ehrenmannes und daß sie dem meinigen den Aufenthalt in England zur Qual macht. Doch man will nicht, daß ich das Land verlasse. Ich spüre es, ich habe tausend Beweise dafür, und diese Besorgnis ist nur natürlich. Man kann mich nicht fortlassen, weil ich

im Ausland öffentlich bekanntmachen könnte, welche Beleidigungen man mir auf der Insel antat und in welcher Gefangenschaft ich lebte. Noch weniger aber will man, daß meine Erinnerungen auf den Kontinent und sonstwohin gelangen und eine andere Völkerschaft erfährt, wieviel Leid mir diese hier zufügte. Wenn ich ‚man' sage, so meine ich die Hauptschuldigen meines Unglücks: Gott bewahre mich davor, daß ich trotz der guten Meinung, die ich von Ihrem ehrwürdigen Charakter habe, Monsieur, jemals zu denken wage, Sie könnten bei diesem Plan ebenfalls Ihre Hand mit im Spiel gehabt haben. Sie kannten mich nicht, man hat Ihnen vieles über mich eingeredet, und das Blendwerk der Freundschaft nahm Sie für meine Feinde ein; sie mißbrauchten Ihr Wohlwollen und flößten Ihnen eine Meinung ein, die mir in meinem fortgesetzten Unglück die edlen Gefühle Ihres Herzens entzog, während dieses doch für mich gesprochen hätte, wenn Sie mich nur besser kennen würden. Jetzt ist dem Übel nicht mehr abzuhelfen. Es ist fast unmöglich, daß Sie von Ihrem Irrtum zurückkommen, und ich habe auch nicht vor, es zu versuchen, und da Sie sich nun einmal in diesem Irrtum befinden, gebietet es die Vorsicht, daß Sie das Vorgehen meiner Feinde billigen.

(5) Dennoch wage ich, Ihnen etwas vorzuschlagen, was, wie ich glaube, sowohl Ihr Herz wie auch Ihre Klugheit ansprechen muß. Die schreckliche Lage, in der ich mich befinde, ist, ich gestehe es, meine einzige Rettung, doch sie ist es vielleicht auch für meine Feinde, im Vergleich zu den unangenehmen Folgen nämlich, die meine äußerste Verzweiflung für sie haben könnte.

(6) Ich will, Monsieur, aus England[1] oder aus dem Leben scheiden, doch ich fühle nur zu gut, daß ich keine Wahl habe. Die unheilvollen Machenschaften, die ich sehe, verkünden mir das Schicksal, das mich erwartet, sobald ich nur so tue, als wollte ich mich einschiffen. Dennoch bin ich dazu entschlossen, weil alle Schrecken des Todes nichts gegen die sind, die mich umgeben. Von allen verspottet und verabscheut, erkenne ich ringsum furchtbare Zeichen, die mir mein Schicksal verkünden. Das ist zuviel des Leidens, Monsieur, und das strikte Verbot eines Briefwechsels

zeigt deutlich an: sobald erst das Geld verbraucht ist, das mir geblieben, kann ich nur noch zugrunde gehen. In meiner Situation wird dies eine Erleichterung sein, und es ist hinfort die einzige, die ich noch habe. Indessen schmerzt mich der Gedanke, daß mein Unglück eine unangenehme Spur hinterlassen könnte. Wie geschickt das Ganze auch eingefädelt sei, wie raffiniert es auch durchgeführt werden mag, es bleiben Anzeichen zurück, die wenig vorteilhaft wären für die Gastfreundschaft des englischen Volkes. Unglücklicherweise bin ich zu bekannt, als daß mein tragisches Ende oder mein Verschwinden ohne Deutelei bliebe, und wenn noch so viele Komplizen das Geheimnis bewahrten, meine vorausgegangenen Leiden setzten alle möglichen Leute auf seine Spur, und die Feinde meiner Feinde – denn jeder hat welche – zögen dann eines Tages solchen Nutzen aus diesem Geheimnis, daß nur Verdruß entstünde. Man weiß nicht, wohin all diese Dinge führen, und man hat nicht mehr die Macht, sie aufzuhalten, sobald sie einmal in Gang gekommen sind. Sie werden zugeben, Monsieur, daß es von einigem Vorteil wäre, wenn man diese üble Lage vermeiden könnte.
(7) Nun, man kann es, und man muß es *wohlweislich.* Seien Sie so gut und hören Sie mir zu. Bis jetzt habe ich immer den Gedanken gehabt, Memoiren[2] zu hinterlassen, die der Nachwelt über die wahren Tatsachen meines Lebens Aufschluß geben, ich habe sie begonnen, in andere Hände in Verwahrung gegeben und lasse nunmehr davon ab. Der letzte Schlag hat mir die Lust genommen, weil er mir zeigte, daß es unmöglich ist, mein Vorhaben durchzuführen.
(8) Ich habe keine Hoffnung, keinen Plan, nicht einmal den Wunsch, meinen zerstörten Ruf wiederherzustellen, weil ich weiß, daß nach mir alles von selbst geschehen wird, daß es mich jedoch zu meinen Lebzeiten unendliche Mühe kostete, zum Ziel zu kommen. Mutlosigkeit hat mich gepackt, die Gefühle zärtlicher Freundschaft und das Verlangen nach Ruhe und Frieden sind die einzigen Leidenschaften, die mir bleiben, und ich wünsche mir nichts weiter, als meine Tage friedlich im Schoße eines Freundes beschließen zu können. Es gibt für mich kein anderes Glück auf Erden, und stünde ich vor der Wahl, so opferte

ich diesem einzigen Wunsche all das, was mir noch geblieben.

(9) Dies, Monsieur, ist der Mann, der Ihnen anträgt, ihn in Frieden ziehen zu lassen, und der Ihnen seinen Glauben und sein Wort verpfändet, so wie auch seine Ehre, deren er sich rühmt, und jene heiligen Hoffnungen, die hier unten der Trost der Unglücklichen sind: er will nicht nur auf immer den Plan aufgeben, sein Leben und seine Erinnerungen niederzuschreiben, er wird auch nie mehr seinem Munde oder seiner Feder ein einziges Wort der Klage über das Unglück entschlüpfen lassen, das ihm in England widerfuhr, er wird des weiteren nie mehr von Monsieur Hume sprechen, oder wenn er es tut, dann nur voller Achtung, und sollte man ihn drängen, sich über die ungehörigen Klagen zu erklären, die ihm hin und wieder in seinem größten Kummer entfuhren, so wird er sie ohne Bedenken mit übler Laune, Mißtrauen und Argwohn erklären, die sein fortwährendes Unglück mit sich brachte. Ich werde aufrichtig in dieser Weise sprechen können, da ich mir viel zuviel ungerechtes Mißtrauen vorwerfen muß, das dieser unseligen Neigung zuzuschreiben ist, welche Werk meines Mißgeschicks ist und jetzt das Unglück voll macht. Ich verpflichte mich feierlich, nie wieder etwas zu schreiben,[3] das gedruckt oder veröffentlicht werden soll, was auch immer und unter welchem Vorwand es sein könnte, weder unter meinem Namen noch anonym, weder zu meinen Lebzeiten noch nach meinem Tode.

(10) Sie werden, Monsieur, diese Versprechungen für vermessen halten; doch sie sind es keineswegs, in Anbetracht der bedrängten Lage, in der ich lebe. Sie werden Bürgen für ihre Einhaltung fordern, das ist nur recht und billig. Hier sind sie, ich bitte Sie, einen jeden zu prüfen.

(11) Erstens. Alle meine Papiere, die England betreffen, sind hier noch an sicherem Ort hinterlegt. Ich werde sie Ihnen alle aushändigen lassen und noch einige andere ziemlich wichtige beifügen, die ich behalten hatte. Ich werde mit leeren Händen von hinnen ziehen und keine anderen Papiere bei mir haben als eine kleine Brieftasche, die ich unbedingt für meine eigenen Angelegenheiten benötige und die zu untersuchen ich anbiete.

(12) Zweitens erhalten Sie diesen unterzeichneten Brief als Pfand für mein Wort und des weiteren noch eine Erklärung an Eides Statt, die ich bei meinem Aufbruch jemandem übergebe, den Sie benennen, und zwar folgenden Inhalts: Sollte sich jemals erweisen, daß ich meinen Eid brach, sei es zu meinen Lebzeiten, sei es nach meinem Tod, so würde dieses Schriftstück allein schon alles entkräften, was ich vorbringen könnte, indem es seinen Verfasser als Schandbuben entlarvt, der sich über seine heiligsten Versprechen hinwegsetzt und daher nicht verdient, überhaupt angehört zu werden. So würde mein Bestreben das Ziel verfehlen und die aufgewendete Mühe ebenso lächerlich wie sinnlos machen.
(13) Drittens bin ich bereit, noch immer mit demselben Respekt und derselben Dankbarkeit, die Pension[4] anzunehmen, mit der mich der König zu beehren beliebt. Nun frage ich Sie, Monsieur, wenn ich, mit einer Pension dieses Herrschers beehrt, so gemein, so niederträchtig wäre, daß ich schlecht über seine Regierung, sein Volk und seine Untertanen zu reden wagte, wie war es dann möglich, daß man mir ohne Entrüstung zuhörte, ohne Verachtung und ohne Entsetzen? Monsieur, die Bindungen, die ich eingehe, sind für mich so fest und unlösbar, wie nur irgend etwas sein kann. Sie dürfen nicht annehmen, daß ich meine Ehre durch Mittel wiederherstellen will, die mich zum niederträchtigsten aller Sterblichen machen.
(14) Es gibt, Monsieur, einen vierten Bürgen, der sicherer und heiliger ist als alle anderen und der ihnen für mich einsteht. Es ist mein Charakter, den man seit sechsundfünfzig Jahren kennt. Verläßlich, meinem Worte treu, würde ich mir einen höheren und stolzeren Ruhm erringen, wenn ich überhaupt noch welchen erwerben könnte, indem ich mehr hielte, als ich versprach: jedoch, verschlossener denn je, genügt es mir, mir dessen bewußt zu sein, daß ich in Eid und Pflicht genommen bin. Wie denn, Monsieur, denken Sie etwa, ich könnte bei meiner Gemütsart das Leben lieben, wenn ich Niedertracht und Schuldbewußtsein in meine Einsamkeit einkehren ließe? Sobald die Redlichkeit mir nicht mehr teuer ist, bin ich dem Glück wirklich abgestorben.
(15) Nein, Monsieur, ich verzichte für immer auf alle un-

angenehmen Erinnerungen. Mein Unglück ist nicht amüsant genug, als daß ich sie mir mit Vergnügen ins Gedächtnis zurückrufen wollte; ich bin schon glücklich, wenn ich frei bin und meinen letzten Seufzer im Schoße eines Freundes aushauchen darf. Ich verspreche Ihnen nur, was ich mir selbst verspreche, wenn ich vor meinem Tod noch ein paar Tage in Frieden genießen kann.

(16) Bis jetzt, Monsieur, habe ich nur zu Ihrer Vernunft gesprochen. Nun lediglich noch ein Wort zu Ihrem Herzen. Sie sehen einen verzweifelten Unglücklichen vor sich, der nur noch auf sein letztes Stündlein wartet. Sie können diesen Bedauernswerten ins Leben zurückrufen, Sie können sein Retter werden und aus dem elendsten Menschen den glücklichsten machen. Ich sage Ihnen nur noch ein abschließendes Wort, das die Mühe lohnt, wiederholt zu werden: Ich fühle meine letzte Stunde nahen. Und ich bin entschlossen, sie zu suchen und zu sterben, wenn es sein muß, oder aber frei zu sein. Einen Mittelweg gibt es nicht.

1 Am 22. Mai 1767 verließ Rousseau England und kehrte nach Frankreich zurück.

2 Die Arbeit an den „Bekenntnissen“ hat Rousseau im Exil in Neuenburg begonnen und sie 1766 im Exil in England fortgeführt. Ein drittes Manuskript entstand 1770 in Paris.

3 Diese feierliche Verpflichtung hat Rousseau insofern eingehalten, als seine später geschriebenen Arbeiten nicht mehr zu seinen Lebzeiten veröffentlicht wurden.

4 Der König Georg III. von England hatte Rousseau eine Pension von 100 Pfund pro Jahr bewilligt.

Rousseau an Richard Davenport

Dover, den 18. Mai 1767

Ich habe nicht gewartet, Monsieur, bis ich in Calais[1] war, um den Entschluß zu fassen, von dem ich in meinem letzten Brief schrieb. Sowie ich hier ankam, das Meer sah und die Freiheit hatte, es überqueren zu können, war ich nicht mehr versucht, es zu tun, und ich hielt inne, in der Absicht, zu Ihnen zurückzukehren, sobald ich Ihre Einwilligung dafür erhalten hätte, da ich Sie als einen Menschen kenne, der viel zu gefällig ist, um die Unannehmlichkeiten fortbestehen zu lassen, die mich weggetrieben hatten. Doch eine Zeitung, in der ich zufällig las, wie hart Sie mich beurteilen, ließ mir keine andere Wahl, als diesen Gedanken aufzugeben. Ich mußte Ihnen, Monsieur, die Gründe darlegen, die mich zwangen, Ihr Haus zu verlassen: ich tat es offenherzig, aber mit Anstand. Im übrigen, ich habe von Ihnen – und werde es stets tun – mit der Achtung gesprochen, die Sie verdienen, und mit der Dankbarkeit, die ich Ihnen schulde. Ich glaube, jede Art von Bindung erlegt Verpflichtungen auf, selbst wenn sie abgebrochen ist, und man ist es sich selber schuldig, daß man stets die Menschen achtet, für die man Freundschaft empfand. Sie denken völlig anders, Monsieur, und dieser Unterschied stellt für Sie einen Vorteil dar, den ich Ihnen nicht neide, denn während er Ihnen erlaubt, von mir alles zu sagen, was Ihnen beliebt, hindert er mich daran, Ihnen eine Antwort zu geben. Ich schweige also, Monsieur, und warte; und Sie ahnen richtig, daß ich weder auf die Gerechtigkeit der Menschen warte noch auf das Glück dieses Lebens. Adieu, Monsieur; ich wünsche Ihnen und Ihrer ganzen Familie Glück und Wohlergehen.

J.-J. Rousseau

1 Am 22. Mai 1767 setzte Rousseau von Dover nach Calais über.

Illegalität in Frankreich
1767 – 1778

Rousseau an Victor Riquetti, Marquis de Mirabeau

Calais, den 22. Mai 1767

Ich bin nun hier, Monsieur, nach vielen seltsamen Abenteuern, deren Einzelheiten eher geisttötend denn amüsant wären. Ich würde von Herzen gern meine Tage auf dem Schloß von Brie beschließen; doch um mich dort niederlassen zu können, benötigte ich mehr Sicherheit in Hinsicht auf die Dauer, als Sie mir geben können. Ich sehe für mich nur eine Möglichkeit, beständig Ruhe zu finden: nämlich im Staat Venedig; und trotz der unendlich langen Reise bin ich entschlossen, es zu versuchen. Mein Zustand samt und sonders wird mich zwingen, Zwischenaufenthalte einzulegen, die ich aber so knapp wie möglich halten werde. Ich habe den glühenden Wunsch, auch in Paris kurz Station zu machen, um Sie zu besuchen, wenn ich dabei das Inkognito einigermaßen wahren kann und ich sicher bin, daß dieser kurze Aufenthalt nicht ungelegen kommt. Erlauben Sie mir, daß ich dieserhalb bei Ihnen anfrage, denn ich bin entschlossen, geradewegs und so schnell wie möglich durchzufahren, wenn Sie meinen, daß dies die bessere Entscheidung wäre. Ich werde Ihnen jetzt nichts weiter berichten, Monsieur; doch ich warte voller Ungeduld auf Ihre Antwort und hoffe, in Amiens deswegen haltmachen zu können. Haben Sie die Güte, mir ein paar Zeilen zu schreiben, und zwar unter der Adresse von Monsieur Barthélemi Midy, Händler. Ihre Antwort wird meine Reiseroute festlegen. Könnte sich doch, Monsieur, mein heißer Wunsch erfüllen, den ehrwürdigen Menschenfreund[1] sehen und umarmen zu können.

J.-J. Rousseau

1 Mirabeau ist der Autor eines Werkes mit dem Titel „Der Menschenfreund“ (1756/58).

Victor Riquetti, Marquis de Mirabeau, an Rousseau

Paris, den 25. Mai 1767

Sie lohnen mir meine Gefühle, oder besser gesagt, die Vorsehung tut es, denn ich war stets ihr Schoßkind. Zählen Sie viel mehr auf mich denn auf sich selbst, ich stehe Ihnen mit meinem Leben für Ihre Sicherheit ein.

Hören Sie nun, was die Mehrzahl unserer kleinen Gesellschaft vorschlägt: ich habe ein Haus in *Fleury sous Meudon*, das ich im vergangenen Jahr für meine Mutter kaufte, da sie als über Achtzigjährige nicht mehr nach Bignon reisen konnte. Die Natur hat in diesem Herbst von meiner ehrwürdigen Mutter ein Recht zurückgefordert, das bis dahin einzigartig war; in ihrer Kindheit gestürzt, kann sie jetzt ihr Zimmer nicht mehr verlassen, ich pflege sie, und sie kann folglich nicht mehr in Fleury wohnen. Mein Haus liegt am Ende eines Winzerdörfchens und ist eingerahmt von einem großen Park, dessen linke Seite naturwüchsig ist, während die rechte sorgfältig gepflegt wird. Ich habe ringsum Gitterwerk, durch das man eintritt, eine Quelle ist da, ein Ausblick – eine Einöde letzten Endes. Von dort aus schrieb ich Ihnen meinen ersten Brief; es ist alles möbliert, und sämtliche Dinge, die unentbehrlich sind und für Bequemlichkeit sorgen, sind vorhanden, und dort werden wir all Ihre Pläne bereden. Hören Sie, wie Sie hingelangen können: teilen Sie mir Tag und Ort mit, wann und wo ich Sie treffen kann. Ich werde Sie mit dem Wagen abholen. Dies sollte frühzeitig sein, damit ich, ohne in die Stadt fahren zu müssen, mit Ihnen zu der Straße gelange, die den Bois de Boulogne durchquert und zum Pont de Sève führt und schließlich von da zu uns; ebendort werde ich Sie absetzen und in Frieden unterbringen, in Nachbarschaft meines Gärtners, der ein Wilder ist, samt seiner Frau und seinen neun Kindern, dessen ältestes neun Jahre alt ist; Sie werden sich ausruhen, und wir werden alles noch einmal durchgehen. Fürchten Sie nichts, teilen Sie den Namen mit, unter dem ich nach Ihnen fragen darf, ich weise Sie darauf hin, daß ich bei unserem Zusammentreffen freimütig sein werde, doch glauben Sie mir, vor allen Dingen will ich Sie nicht kränken, ich würde dies für ein Verbrechen halten;

ich ehre Sie, ich achte Ihre Fähigkeiten und Ihre Pläne, die Zukunft wird Ihnen zeigen, wenn ich kann, daß ich Sie liebe und dies, ohne daß ich etwas erwarte oder fordere. Ich habe Ihnen letztens schon einmal geschrieben, vermutlich haben Sie meinen Brief nicht erhalten. Adieu. Erlauben Sie, daß ich Sie umarme, und kommen Sie.

Louis-François de Bourbon, Prinz de Conti, an Rousseau

[ungefähr am 1. Juni 1767]

Seit ich Ihren Brief, Monsieur, erhalten habe, suche ich nach Mitteln und Wegen, Ihnen zu helfen und die Gefahren von Ihnen abzuwenden, denen Sie in unserem Lande ausgesetzt sind. Aus diesem Grunde mußte ich mit etlichen Personen sprechen, doch ich konnte sie nicht so schnell treffen, wie ich es gern getan hätte. Während der Zeit, die ich benötigte, machte Ihre Unvorsichtigkeit, erlauben Sie, daß ich Ihnen dies sage, alles zunichte, was ich in die Wege geleitet hatte. Wie denn, obwohl ein Haftbefehl[1] gegen Sie besteht, kommen Sie unter Ihrem Namen nach Amiens und lassen sich coram publico in einer Stadt nieder, in der man Ihnen einen Empfang bereitet, wie ihn Ihr Ansehen verdient, der jedoch in Ihrer Situation sehr gefährlich ist. Und so kann ich Ihnen auch nicht verhehlen, daß Sie in großer Gefahr sind. Der Oberstaatsanwalt vom Gerichtsbezirk Paris wird Sie beim Generalprokurator von Frankreich anzeigen und diesen zwingen (selbst wenn er nicht will), Sie zu verhaften, und dann werden die Folgen unabwendbar sein und unheilvoll. Ihr Aufenthalt in Amiens ist bekannt. Der erste Schritt, der zu tun wäre, ist, heimlich und bei Nacht die Stadt zu verlassen, ohne daß man erfährt, wohin Sie gegangen sind, der zweite wäre, unter geändertem Namen sich vorübergehend in ein Asyl zu begeben, das Ihre Freunde für Sie bereithalten, und zwar außerhalb des Gerichtsbezirkes von Paris. Eben diese Freunde haben mir den Mann besorgt, der Ihnen diesen Brief überbringt. Er händigt Ihnen auch eine Order aus, die Ihnen den Zutritt in ein bestimmtes Schloß ermöglicht. Sobald Sie dort eingetroffen sind, wird er zurückkehren, und Sie werden ausführlicher von mir erfahren, welche Maßnahmen für die Zukunft ergriffen werden können. Doch, Monsieur, es gilt keine Zeit zu verlieren, und ich bitte Sie inständig, auch weiterhin meinen Ratschlägen und meiner Freundschaft ebensosehr zu vertrauen, wie Sie es bisher taten. Seien Sie dessen sicher, daß ich nichts unversucht lassen werde, um Ihnen zu helfen, und daß ich um Ihre Sicherheit und Ruhe mehr bemüht bin, als Sie selbst es zu sein scheinen. Aber verlassen Sie Amiens, ändern Sie den Namen,[2] wie Sie es mir in Ihrem Brief vorschlugen. Ich werde versuchen, das Gewitter abzuwenden und Ihnen hernach zu Ihrer Sicherheit ein einsames, angenehmes Asyl zu bieten, wo es mir nichtsdestoweniger möglich sein wird, ohne Sie zu verraten, Sie hin und wieder der Freundschaft zu versichern, die ich für Sie empfinde. Im übrigen steht es in Ihrem Ermessen, zwischen dem einen und dem anderen, das Ihnen angeboten wurde, zu wählen und beider Vorteile gegeneinander abzuwägen, wenn Sie keines von beiden überzeugt. Außerdem bitte ich Sie, erinnern Sie sich, welche Verpflichtung Sie mir gegenüber haben; ich verdiene nicht, daß Sie sich über all das hinwegsetzen. Vielleicht brauchen Sie Geld. Wenn dem so ist, lassen Sie es mich wissen, und beleidigen Sie mich nicht, indem Sie sich einreden, ich wollte auf diese Weise den Edelmütigen herauskehren. Ich möchte lediglich ein Zeichen Ihrer Freundschaft erhalten und nicht voller Kummer fürchten müssen, Sie könnten in Not sein.

1 Der am 8. Juni 1762 vom Pariser Parlament im Zusammenhang mit dem Verbot des „Emile“ erlassene Haftbefehl war noch nicht aufgehoben worden, so daß Rousseau jetzt illegal in Frankreich leben mußte.

2 Rousseau nannte sich von nun an Jean-Joseph Renou.

Louis-François de Bourbon, Prinz de Conti, an Rousseau

[um den 8. Juni 1767]

Sie werden, Monsieur, meiner Mitteilung an Sie nach Amiens entnommen haben, daß ich zum einen sogleich alles getan habe, was ich tun konnte, und daß zum anderen Ihre Situation sehr kritisch ist. Einige der Leute, die ich brauche, um für Ihre Sicherheit zu sorgen, sind nicht in Paris. Ich habe sie drei, vier Tage lang nicht angetroffen und kann Ihnen deshalb nichts Endgültiges mitteilen. Der Brief, den ich Ihnen schrieb, unterrichtet sie von meinen Plänen, doch in Gottes Namen, halten Sie sich gut versteckt, bis ich mir sicherer bin, was getan werden kann, um Ihren Frieden zu garantieren, man hat Sie bereits im Park von Meudon gesehen, passen Sie bei der kleinsten Sache auf, bis ich mit den Leuten habe sprechen können, deren ich mich bereits versichert hatte, doch deren ich mich jetzt rückversichern muß, weil sie bei unserer Unterredung noch nicht voraussehen konnten, daß Sie sich so sehr den Örtlichkeiten nähern würden, an denen es schwierig ist, unbemerkt zu bleiben.

Halten Sie sich also gut versteckt, zweifeln Sie nicht daran, daß ich stets mein Bestes tue. Und lassen Sie mich Ihre Wünsche wissen. Mein Ziel war und ist, Ihnen ein ruhiges Asyl in Frankreich zu verschaffen, sofern es sicher ist, oder aber für Ihre Ausreise zu sorgen, sofern sie notwendig ist.

Rousseau an Victor Riquetti, Marquis de Mirabeau

Try-le-Château, den 24. Juni 1767

Ich hatte gehofft, Monsieur, Ihnen ein wenig ausführlicher über meine Ankunft und meine Behausung berichten zu können: doch sehr heftige Schmerzen, die mich seit gestern am Handgelenk plagen, machen das Halten der Feder so schwierig, daß ich mich kurz fassen muß. Das Schloß[1] ist alt, die Landschaft ist angenehm, und ich habe hier eine Zufluchtsstätte, die mich nichts vermissen ließe, käme ich nicht aus Fleury. Ich habe Ihr Pflanzenbuch mitgebracht, das ich sehr sorgfältig hüten werde; ich habe Ihre ländliche Philosophie[2] mitgebracht, die ich zu lesen und zu verstehen versuchte, ohne indes zu Rande zu kommen; dennoch werde ich wieder darauf zurückgreifen. Ich stehe für meinen guten Willen ein, nicht aber für den Erfolg. Den Parkschlüssel habe ich gleichfalls mitgebracht; ich war drauf und dran, das ganze Haus mitzunehmen. Ich werde Ihnen diese Schlüssel bei erster Gelegenheit zurückschicken. Ich bitte Sie, das Geheimnis meines Zufluchtsortes zu wahren. Monsieur le Prince de Conti wünscht es so, ich habe mich dazu verpflichtet. Da ihm der Name Jacques nicht gefiel, habe ich ihn durch den ersetzt, mit dem ich hier unterzeichne und unter dem ich, Monsieur, Ihre Nachricht an die folgende Adresse erwarte ... Nehmen Sie, Monsieur, meine demütigsten Grüße gütigst auf. Ich verehre und umarme Sie von ganzem Herzen.

Renou

1 Das Schloß Trye-le-Château bei Gisors, Département Eure in der Normandie, das der Prinz von Conti Rousseau als Asyl zur Verfügung gestellt hatte. Rousseau lebte hier vom 21. Juni 1767 bis zum Juni 1768.

2 Gemeint ist damit die physiokratische Philosophie.

François Coindet an Rousseau

Paris, den 26. Juni 1767

(1) Ich habe Ihnen am Montag geschrieben, mein Teuerster, um Ihnen meine Ankunft hier mitzuteilen. Ich sah Monsieur le Prince de Conti und gab ihm Ihren Brief zurück. Der Fürst hörte sich mit der gewohnten Güte die Einzelheiten an, die ich ihm über Ihre Ankunft und den Stand der Dinge berichtete, er hatte gedacht, Sie würden leicht und schnell in seinem Schloß die Dinge finden, die Sie benötigen, und diese Annahme hatte ihn davon abgehalten, für Dinge Vorsorge zu treffen, die bei Ihrer Ankunft notwendig waren. Ich erstattete Seiner Hohheit über den Eifer und die verbindliche Fürsorge Bericht, die Mon-

sieur und Madame Mannoury sowie Monsieur Cochois haben walten lassen, er war darüber sehr zufrieden und bemerkte, er habe genaue Anweisungen gegeben, damit Sie alles nutznießen können, was ihm gehört, so als wären Sie dort zu Hause, er wünscht sehnlichst, daß dieses Asyl Sie zufriedenstellt und Sie dort die kleinen Behaglichkeiten finden, die das Landleben gewährt. Seine Hoheit ist am Mittwoch nach Pourges-les-Eaux gefahren.

(2) Ich habe Ihren Brief Monsieur Du Peyrou ausgehändigt, der gestern hier soupierte und den ich nicht hatte besuchen können, ich bin mir sicher, daß es ihm gut geht. Madame de Verdelin trug mir auch viele Grüße an Sie auf.

(3) Gisors' Bote, der morgen um vier Uhr aufbricht, wurde damit betraut, Monsieur Mannoury Ihr Duftkissen sowie ein Paket zu übergeben, das folgendes enthält:

2 Eßlöffel und zwei Eßgabeln
2 Kaffeelöffel
1 Federmesser, 1 Messer und Nadeln
2 Streichleder
Bänder für Mademoiselle Renou

(4) Ich werde versuchen, Kaffee und Tee zu besorgen und beides dieser Sendung beizufügen. Ich konnte keine grauen Seidenstrümpfe auftreiben, wie ich sie für Sie und Mademoiselle haben möchte, man fertigt mir gute an, die ich Ihnen mit irgend etwas anderem schicken werde.

(5) Sie werden merken, daß das Tafelbesteck und die Kaffeelöffel, die ich Ihnen schicke, alt und aus Silber sind, es war ein Gelegenheitskauf, daß ich sie zufällig aus Silber bekam, das Ganze kostete mich 52 Francs – und zu diesem Preis nimmt man sie mir auch wieder zurück, wenn ich das will, so daß Sie, falls Sie solche nicht haben möchten, sie so lange behalten können, bis ich Ihnen zum Austausch andere aus Metall schicke.

(6) Wenn Sie mir schreiben, teilen Sie mir bitte mit, wie es Ihnen geht. Ich habe die Herren Rougemont und Lieutaud beauftragt, Ihre Koffer nach Rouen oder Le Havre zu schikken; wenn ich etwas Neues erfahre, werde ich Sie informieren.

(7) Hier gibt es keine Neuigkeiten, es ist auch nicht das

mindeste bekannt, wo die betreffende Person[1] wohnen könnte.

(8) Adieu, mein Teuerster, ich umarme Sie tausend- und abertausendmal.

1 Gemeint ist Rousseau.

Rousseau an Victor Riquetti, Marquis de Mirabeau

Trye, den 26. Juli 1767

(1) Ich hätte Ihnen, Monsieur, schreiben müssen, als ich Ihr letztes Billett erhielt; doch ich wollte lieber noch ein paar Tage warten und dann erst meine Nachlässigkeit wiedergutmachen, um Ihnen gleich von dem Buch[1] zu schreiben, das Sie mir schickten. Da es unmöglich ist, es vollständig zu lesen, habe ich die Kapitel ausgewählt, in denen *der Autor kein Blatt vor den Mund nimmt*, weil sie mir am wichtigsten zu sein schienen. Diese Lektüre hat mich weniger befriedigt, als ich erwartet hatte, und ich merke, daß die Spuren meiner alten Ideen zu Horn verhärtet sind und nicht mehr zulassen, daß derartig neue Ideen dort starke Eindrücke machen können. Ich habe nie richtig verstanden, was mit dieser Evidenz eigentlich gemeint ist, die dem legalen Despotismus[2] als Grundlage dient, und nichts erschien mir weniger evident als das Kapitel, das von all diesen Evidenzen handelt. Es erinnert ziemlich stark an das System des Abbé de St. Pierre, der behauptete, die menschliche Vernunft vervollkommne sich immer mehr, da jedes Jahrhundert seine Kenntnisse denen des vorangegangenen hinzufügt.[3] Er erkannte nicht, daß menschliches Begriffsvermögen stets dieselbe, und zwar sehr enge Dimension hat, daß es auf der einen Seite genausoviel verliert, wie es auf der anderen gewinnt, und daß ständig neu entstehende Anschauungen uns ebenso viele vorhandene Kenntnisse wegnehmen, wie die geschärfte Vernunft wieder ersetzen kann. Mir scheint, daß die Evidenz nur dann in den Natur- und politischen Gesetzen enthalten sein kann, wenn man diese als abstrakte Begriffe sieht. In einer ganz bestimmten

Herrschaftsform, die sich aus unendlich vielen unterschiedlichen Elementen zusammensetzt, verschwindet diese Evidenz notwendigerweise. Denn die Wissenschaft von der Herrschaftsform ist nur ein System von Kombinationen, Regelungen und Ausnahmen, je nach Zeit, Ort und Umständen. Nie und nimmer kann die Öffentlichkeit die Zusammenhänge und das Zusammenspiel all dessen mit Evidenz erkennen. Und, um Gottes willen, was würde passieren, was würde in großen Gefahren, in bitterster Not aus Ihren heiligen Eigentumsrechten, wenn Ihre verfügbaren Werte nicht mehr genügen und das *salus populi suprema lex esto*[4] durch den Despoten ausgesprochen werden soll?

(2) Nehmen wir aber einmal an, diese ganze Theorie von den Naturgesetzen sei doch vollkommen evident, selbst in der Anwendung, und so klar, daß sie sich jedermann erschließt – wie können Philosophen, die das menschliche Herz kennen, dieser Evidenz soviel Macht über die Handlungen der Menschen einräumen, als wüßten sie nicht, daß jeder sich äußerst selten nach seinem Verstand richtet und sehr häufig nach seinen Leidenschaften. Man weist nach, es läge im ureigenen Interesse des Despoten, gesetzlich zu regieren; das wird zu allen Zeiten anerkannt: doch wer richtet sich nach den ureigenen Interessen? Nur der Weise, wenn es ihn gibt. Messieurs, Sie machen also Weise aus Ihren Despoten. Fast alle Menschen kennen ihre wahren Interessen und befolgen sie deshalb auch nicht besser. Der Verschwender, der sein Kapital durchbringt, weiß ganz genau, daß er sich ruiniert, und läßt sich dennoch nicht stören; was nützt es, daß die Vernunft uns erleuchtet, wenn die Leidenschaft uns lenkt?

Video meliora proboque, deteriora sequor.[5]

(3) Genauso wird Ihr Despot sich verhalten, ehrgeizig, verschwenderisch, geizig, versessen, rachsüchtig, eifersüchtig, schwach: denn so machen es alle, so machen wir es alle. Messieurs, erlauben Sie mir, es Ihnen zu sagen: Sie verschwenden zuviel Kraft auf Ihre Überlegungen und nicht genügend auf die Neigungen des menschlichen Herzens und auf das Spiel der Leidenschaften. Ihr System ist wunderschön für die Leute aus Wolkenkuckucksheim, für Adams Kinder taugt es nicht.

(4) Das große Problem in der Politik, vergleichbar mit dem der Quadratur des Kreises in der Geometrie und mit dem der Longituden in der Astronomie, ist in meinem alten Gedankengebäude das folgende: *eine Herrschaftsform zu finden, die das Gesetz über den Menschen stellt.*

(5) Sollte es möglich sein, diese Form zu finden, so wollen wir nach ihr suchen und uns bemühen, sie zu errichten. Sie behaupten, Messieurs, dieses beherrschende Gesetz in der Evidenz der anderen zu finden. Sie beweisen zu viel: denn diese Evidenz hat in jeder Herrschaft sein müssen oder sie wird in keiner sein.

(6) Sollte es nicht möglich sein, diese Form zu finden, und ich gestehe offen, daß ich dies annehme, so ist meine Meinung, daß man den entgegengesetzten Weg einschlagen und den Menschen mit einem Mal so weit wie möglich über das Gesetz stellen muß, das heißt, daß man also den willkürlichen Despotismus errichtet, und zwar den willkürlichsten, der möglich ist: ich wünschte, Gott könnte der Despot sein. Mit einem Wort, ich sehe keine denkbare Mitte zwischen der strengsten Demokratie und dem vollkommensten System eines Hobbes: der Konflikt zwischen den Menschen und den Gesetzen, der zu einem fortwährenden inneren Krieg im Staat führt, ist das Schlimmste an allen Herrschaftsformen.

(7) Aber die Caligulas, Neros, Tiberiusse! Mein Gott! Ich wälze mich auf dem Boden, und ich seufze, weil ich ein Mensch bin.

(8) Ich habe nicht alles verstanden, was Sie über die Gesetze in Ihrem Buch sagen und was der neue Autor in dem seinigen sagt. Ich finde, er behandelt die verschiedenen Herrschaftsformen ein wenig leichtfertig und besonders leichtfertig die Wahlstimmen. Das, was er über die Mängel des Wahldespotismus sagt, entspricht voll und ganz den Tatsachen: diese Mängel sind schrecklich. Die des Erbdespotismus, von denen er nicht spricht, sind es noch mehr.

(9) Und nun ein zweites Problem, das mir seit langem durch den Kopf geht:
Im willkürlichen Despotismus eine Form der Ablösung zu finden, die weder auf Wahl noch auf Erbfolgen beruht oder

vielmehr auf beiden und die sicherstellt, daß es weder einen Tiberius noch einen Nero gibt.

(10) Sollte ich jemals das Unglück haben, mich abermals mit dieser närrischen Idee zu befassen, werde ich Ihnen mein ganzes Leben lang vorwerfen, daß Sie mich von meiner Futterraufe vertrieben. Ich hoffe, es kommt nicht dazu; jedoch, Monsieur, was auch immer geschehen mag, reden Sie mir nie wieder von Ihrem *legalen Despotismus.* Ich kann keinen Gefallen an ihm finden, ihn noch nicht einmal verstehen; ich sehe da nur zwei gegensätzliche Wörter, die, miteinander vereinigt, für mich keinen Sinn ergeben.

(11) Noch weniger verstehe ich Ihr Bevölkerungsprinzip, denn es hat mir den Anschein, daß es in sich unerklärbar ist, daß es im Widerspruch zu den Tatsachen steht und mit dem Ursprung der Völker nicht vereinbart werden kann. Wenn es nach Ihnen geht, Monsieur, hätte die Bevölkerungszunahme erst beginnen dürfen, als sie in Wirklichkeit stagnierte. Gemäß meinen alten Ideen: sowie es für einen Sou davon etwas gab, was Sie Reichtum nennen oder verfügbaren Wert, sowie der erste Warenaustausch stattfand, mußte die Bevölkerungszunahme stagnieren, und dies ist auch eingetreten.

(12) Ihr ökonomisches System ist bewundernswert. Nichts ist tiefgründiger, wahrhaftiger, scharfsichtiger, nützlicher. Es steckt voller großer, erhabener Wahrheiten, die mitreißen. Es erstreckt sich auf alles; das Feld ist weit; doch ich fürchte, es zielt auf ganz andere Länder als jene ab, die Sie meinen.

(13) Ich wollte mich Ihnen gehorsam zeigen, indem ich Ihnen bewies, daß ich es zumindest überflogen habe. Jetzt, berühmter Freund der Menschen wie auch meiner, werfe ich mich Ihnen zu Füßen, um Sie zu beschwören, Mitleid zu haben mit meinem Zustand und meinem Unglück, meinen sterbenden Kopf in Ruhe zu lassen, in ihm nie mehr fast erloschene Ideen wiederzuerwecken, die aufleben würden, um mich in neue Leidensabgründe zu stürzen. Lieben Sie mich stets; aber schicken Sie mir keine Bücher mehr; verlangen Sie nie wieder, daß ich welche lese; versuchen Sie nicht einmal, mir die Augen zu öffnen, wenn ich mich irre: die Zeit ist vorbei. Man wird in meinem Alter nicht mehr

wirklich bekehrt. Ich kann mich täuschen, und Sie können mich belehren, aber nicht überzeugen. Im übrigen streite ich mich nie; lieber gebe ich nach oder schweige: akzeptieren Sie, daß ich mich an diesen Entschluß halte. Ich umarme Sie in zärtlichster Freundschaft und mit aufrichtiger Hochachtung.

1 Mirabeaus Werk „Der Menschenfreund".
2 Die Physiokraten glaubten, das ökonomische Gesetz der objektiven Interessenharmonie aufgedeckt und damit die sichere Grundlage für deren Realisierung gefunden zu haben. Den Vorgang der Realisierung selbst erwarteten sie von der politischen Gewalt, das heißt vom absoluten Monarchen. Dies ist der Sinn des von Ihnen geforderten „legalen Despotismus".
3 Eine Kernthese der Fortschrittstheorie der Partei der Modernen, die seit Fontenelle vertreten wurde.
4 lat.: Volkswohl sei oberstes Gebot.
5 lat.: Ich erkenne das Bessere und pflichte ihm bei, folge aber dem Schlechteren.

Rousseau an François-Henri d'Ivernois

Trye, den 29. Januar 1768

Ich habe, mein werter Freund, Ihr Paket vom 22. erhalten, und es wäre auch unter der Adresse, die Sie verwendeten, bei mir angekommen, wenn Sie nicht die unnötige Vorsicht hätten walten lassen, es doppelt einzuschlagen; es ist nicht einmal ratsam, daß der Name Ihres Freundes in irgendeiner Form auf dem Umschlag erscheint. Mit dem größten Vergnügen habe ich endlich erfahren, wie es Ihnen geht: doch ich war sehr bewegt, daß Sie Ihre Familie nach Lausanne schicken mußten, das zeigt mir mehr als genug, daß sich Ihre arme Stadt[1] und ihre vielen guten Menschen in äußerster Not befinden. Sosehr ich auch davon überzeugt bin, daß nichts hienieden es wert ist, mit dem Preis menschlichen Blutes gekauft zu werden, und daß es auf dieser Erde die Freiheit nur noch im Herzen eines rechtlich denkenden Menschen gibt, so fühle ich doch, daß es für mutige Menschen, die in Freiheit lebten, nur natürlich ist, einen ehrenwerten Tod einer harten Sklaverei vorzuziehen. Dennoch, selbst wenn klar auf der Hand liegt, daß Ihre Verteidigung gerecht ist, selbst wenn Sie für einen Augenblick einen Vorteil hätten, so bin ich mir sicher, daß Ihre Leiden hernach nur noch größer und gewisser wären, und dies beweist mir, daß Sie sich unter keine Umständen durch Gewalttaten aus der kritischen Situation zu befreien vermögen, in der Sie sich befinden, sondern Ihre Leiden nur noch verschlimmern. Da Sie also in jedem Fall verloren sind, sobald die Sache bis zum Äußersten getrieben wird, sind Sie bereit, sich unter den Trümmern des Vaterlandes begraben zu lassen, doch tun Sie mehr! Haben Sie das Herz, in dem Augenblick, da es nicht mehr existieren wird, für seinen Ruhm zu leben. Ja, Messieurs, es bleibt Ihnen für diesen hypothetischen Fall noch eine Entscheidung, die Sie treffen müssen, und ich wage zu sagen, es ist die einzige, die Ihrer würdig ist: nämlich statt sich die Hände mit dem Blute der Landsleute zu besudeln, diese Mauern zu verlassen, die ein sicherer Port für die Freiheit sein müßten, indes nur noch eine Freistatt für Tyrannen sind. Das heißt, sie alle sollten sie verlassen, alle gemeinsam, am hellichten Tag, Frauen und Kinder mitten unter Ihnen, und, da nun einmal Ketten getragen werden müssen, wenigstens die irgendeines großen Herrschers tragen und nicht das unerträgliche und hassenswerte Joch von eigenen Leuten. Und denken Sie nicht etwa, Sie könnten in einem solchen Fall keine Zufluchtsstätte finden: Sie wissen nicht, wie sehr man in ganz Europa Ihren Mut, Ihre Beherrschung, Ihre Weisheit achtet und respektiert. Ich kann mir nicht vorstellen, daß es da irgendeinen Souverän gäbe, ich schließe keinen aus, der nicht voller Achtung, ich wage zu sagen, voller Respekt bereit wäre, diese Emigrantenkolonie von Menschen aufzunehmen, die zu tugendsam sind, um nicht ebenso treue Untertanen sein zu können, wie sie eifrige Bürger waren. Wohl sehe ich ein, daß in einem solchen Falle so mancher von Ihnen brotlos würde, doch ich denke, Menschen, die es zuwege bringen, ihr Leben der Pflicht zu opfern, sind auch in der Lage, ihre Güter der Ehre zu opfern und sich des Opfers zu freuen; im übrigen ist dies nur ein letzter Ausweg, um Tugend und Unschuld zu bewahren, wenn alles übrige verloren ist. Mein Herz ist von diesem Gedanken so sehr erfüllt, daß ich mir nicht verzeihen könnte, wenn ich nicht wagte, ihn an Sie weiterzugeben. Zudem sind Sie aufgeklärt und weise, ich bin ganz sicher, daß Sie stets in allem die beste Entscheidung treffen, und ich kann nicht glauben, daß man den Dingen einfach ihren Lauf lassen darf, sondern daß es gut ist, wenn man für alles Vorsorge trifft, um gegen jeden Zwischenfall gewappnet zu sein.

Sollten Ihre Angelegenheiten Ihnen ein wenig Zeit für andere Dinge lassen, die indes keineswegs eilig sind, so hätte ich etwas auf dem Herzen, dessentwegen ich Sie bitten möchte, ein paar Auskünfte einzuholen, sobald Sie wieder einmal, wie ich vermute, nach Lausanne reisen, solange Ihre Familie dort ist. Sie wissen, daß ich in Nyon eine Tante habe, die mich aufzog und die ich stets zärtlich liebte, obschon ich einmal, wie Sie sich werden erinnern können, das Vergnügen, sie wiederzusehen, dem Bedürfnis opferte, gemeinsam mit Ihnen unsere Freunde zu treffen. Sie ist sehr alt und pflegt ihren gleichfalls alten Gatten; ich fürchte, daß sie mehr Mühe hat, als ihrem Alter zuträglich ist, und würde ihr gern helfen, ein Dienstmädchen zu bezahlen, das ihr Erleichterung verschaffte. Doch ach, obgleich ich weder auf großem Fuße lebe noch viel für das Essen ausgebe, noch einen Dienstboten halte, obgleich ich hier nichts für Logis und Heizung zahle – meine schlimme Lage macht mein Leben hier so kostspielig, daß meine Pension kaum für die unumgänglichen Ausgaben reicht, die mir aufgebürdet sind. Sehen sie zu, teurer Freund, ob hundert französische Francs pro Jahr ein wenig Annehmlichkeit in das Leben meiner armen alten Tante bringen können und ob sie sich von Ihnen dazu bewegen läßt, sie anzunehmen. In diesem Falle würde das erste Jahr mit Beginn des jetzigen anlaufen, und Sie könnten im voraus einen Wechsel auf mich ziehen, sobald Sie diese kleine Angelegenheit geregelt haben. Doch ich beschwöre Sie aufzupassen, daß dieses Geld seiner Bestimmung gemäß verwendet wird und daß nicht Verwandte oder Nachbarn, die oftmals den alten Leuten nicht von der Seite gehen, Nutznießer sind. Verzeihung, teurer Freund, ich habe eine schlechte Zeit gewählt;

doch es kann sein, daß ich nicht mehr viel zu verlieren habe.
Ich werde stets mit Vergnügen von Ihnen etwas hören, und ich nehme an, daß Ihre Briefe sicher bei mir ankommen; dennoch ist es vorsichtshalber angebracht, daß wir einander nur schreiben, wenn es nötig ist, damit unsere völlig unschuldige Korrespondenz nicht irgend jemandes Aufmerksamkeit weckt. Wenn Sie in der Lage sind, Ihre Reise in die Normandie zu unternehmen, erinnern sie sich an all das, was ich Ihnen empfahl, als Sie nach England reisten; dasselbe gilt auch ausnahmslos hinsichtlich größerer Vorsicht. Ich umarme Sie von ganzem Herzen. Mademoiselle Renou ist von Ihrem Gedenken gerührt und grüßt Sie vielmals.

1 Genf.

Rousseau an François-Henri d'Ivernois[1]

9. Februar 1768

(1) Man hat mir, mein guter Freund, einige Artikel aus zwei Entwürfen für einen Vergleich[2] mitgeteilt, die man Ihnen vorschlug, und ich höre, daß der Allgemeine Rat[3], der darüber befinden muß, auf den 28. festgesetzt ist. Obgleich diese große Hast mir keine Zeit läßt, die Artikel gebührend zu prüfen, obleich ich nicht an Ort und Stelle bin und weder den Stand der Dinge kenne noch Zeitungen oder Bücher habe, obgleich mein völlig erloschenes Gedächtnis nicht einmal mehr eine blasse Erinnerung an Ihre Verfassung[4] hat, bin ich so aufgewühlt von Ihrer Lage, daß ich Ihnen, wenn auch in Eile, meine Meinung zu den Möglichkeiten sagen muß, die man Ihnen als Ausweg vorschlägt. Wie schlecht verarbeitet auch diese Meinung sein mag, ich kann nicht anders, als daß ich sie Ihnen darlege, und ich vertraue dabei nicht auf mich, sondern auf Sie, denn ich bin mir vollkommen sicher, daß Sie, sollte ich mich irren, leicht meinen Irrtum erkennen werden.
(2) In den Auszügen, die man mir schickte, ist von dem als zweiten bezeichneten Entwurf lediglich ein Artikel ent-

halten, nämlich die Wahl der Hälfte des Kleinen Rates durch den Allgemeinen Rat. Da dieser Artikel zu nichts gut ist, werde ich kein Wort zu dem Entwurf sagen, aus dem er stammt.

(3) Ich will von dem anderen reden und zunächst zwei Grundsätze aufstellen, die Sie nicht anfechten werden. Der erste: ein Vergleich bedeutet nicht, daß man auf der einen Seite alles aufgibt und auf der anderen nichts, sondern daß sich beide Seiten annähern; der zweite: es geht bei dieser Angelegenheit nicht darum, einen Sieg zu erringen, noch darum, die Streitfrage zugunsten der Négatifs[5] oder zugunsten der Bürgerpartei zu entscheiden, sondern darum, daß aus der öffentlichen Sache das Beste gemacht wird, ungeachtet dessen, ob man Rutuler oder Trojaner[6] ist.

(4) Nach dieser Vorrede erlaube ich mir, Ihnen zu sagen, daß dieser Entwurf mir nicht nur annehmbar erscheint, sondern daß er mit ein paar Änderungen und ein oder zwei ergänzenden Artikeln der beste sein wird, dem Sie zustimmen können.

(5) Der Kleine Rat ist in hohem Maße auf die starrköpfigste Aristokratie ausgerichtet. Die Grundsätze der Bürgervertreter führen ihrer Konsequenzen wegen nicht nur zu einer übertriebenen Demokratie, sondern sogar zu deren Mißbrauch[7]: soviel ist gewiß. Nun, man kann weder das eine noch das andere in Ihrer Republik gebrauchen, das wissen Sie alle. Wo soll man zwischen dem entschieden aristokratischen Kleinen Rat und dem zügellos demokratischen Allgemeinen Rat eine vermittelnde Kraft finden, die beide Räte[8] im Zaume hält und Schlüssel der Regierung ist? Es gibt sie, diese Kraft; es ist der Rat der 200[9]. Doch warum kommt diese Kraft nicht zum Zuge? Warum ist der Rat der 200 der Sklave des Rates der 25[10], statt daß er sie im Zaume hält? Gibt es keine Möglichkeit, um dem abzuhelfen? Genau darum geht es.

(6) Bevor wir uns daranmachen, die Möglichkeiten zu prüfen, erlauben Sie mir, Messieurs, daß ich einen Gedanken herausstelle, von dem mein Herz erfüllt ist. Die besten Institutionen der Menschen haben ihre Fehler. Die Ihrige, die in so vieler Hinsicht ausgezeichnet ist, hat den, ewige Quelle innerer Zwistigkeiten zu sein. Die wohlhabenden

Familien spielen sich auf, mißbrauchen ihre Macht, erregen Neid. Das Volk, das um sein Recht weiß, ist erzürnt, weil es von Seinesgleichen derartig in den Schmutz getreten wird. Gleichgestellte Gerichte streiten sich und arbeiten gegeneinander. Intrigen beherrschen die Wahlen. Da Macht und Freiheit ständig in Konflik geraten, führen die Streitigkeiten bis hin zum Bürgerkrieg: ich habe gesehen,[11] wie Ihre Bürger in Ihren Mauern bewaffnet gegeneinander wüteten. Gerade jetzt droht diese schreckliche Katastrophe wieder aufzuflammen; und während Sie in Ihren Reformplänen durch Mittel der Eintracht und des Friedens, durch sanfte und weise Einrichtungen versuchen müßten, das Übel an der Wurzel auszurotten, vergrößern Sie es geradezu mit Vergnügen durch die härteste aller Aufsichtsbehörden, die Grabeau-Inquisition[12], und schüren somit neue Feindseligkeiten, neuen Haß. Dies, Messieurs, erlauben Sie es mir zu sagen, ist mit Sicherheit nicht gut durchdacht. Erstens, der Rat[13] wird nie eine Einrichtung zulassen, die viel zu demütigend ist für stolze Behörden; und wenn sie sie zuließen, so bin ich der Meinung: im Hinblick auf das Wohl des Friedens und des Vaterlandes kann es niemals wünschenswert sein, daß es sie gibt. Statt also neue Grabeaux einzurichten, täten Sie gut daran, die bestehenden zu beseitigen, dieweil sie aber glücklicherweise von keinerlei Bedeutung sind, können sie auch ohne Gefahr bleiben.

(7) Nach dieser Vorbemerkung komme ich nun zu meinem Thema. Es handelt sich um eine gemischte, doch schwer zu koordinierende Regierung, in der das Volk frei ist, ohne zu herrschen, und in der die Behörde befiehlt, ohne zu tyrannisieren.[14] Bei Ihrer Verfassung liegt der Fehler nicht darin, daß sie die Freiheit des Volkes zu sehr beeinträchtigt; im Gegenteil, diese legitime Freiheit geht viel zu weit, und was auch immer man darüber sagen mag, es ist nicht gut, wenn der Allgemeine Rat allzusehr gebraucht wird.

(8) Der innewohnende Grundfehler besteht im mangelnden Gleichgewicht zwischen den drei anderen Räten[15], welche die Regierung bilden. Diese drei Räte, von denen zwei[16] geradezu funktionslos sind, wurden so schlecht aufeinander abgestimmt, daß ihre Amtsgewalt im umgekehrten

Verhältnis zu ihrer gesetzlichen Macht steht, dergestalt, daß der niedrigere[17] alles beherrscht. Es ist unmöglich, daß dieser Fehler bleibt und das Räderwerk dennoch gut läuft.

(9) Was trotzdem günstig ist an diesem Räderwerk und nicht genügend bewundert werden kann, das ist, daß dieses wichtige Gleichgewicht wiederhergestellt werden kann, ohne daß etwas an den Hauptteilen verändert werden muß. Alle einzelnen Elemente sind gut; es handelt sich nur darum, sie ein wenig differenzierter einzusetzen.

(10) Ärgerlich ist dabei nur, daß diese Reform Opfer erfordert, und zwar genau von den beiden Körperschaften, die bisher am wenigsten dafür in Frage zu kommen schienen: nämlich vom Allgemeinen Rat und dem Rat der 25.

(11) Nun, in mehreren Artikeln, die ich vor Augen habe, bieten die 25 von sich aus fast alles an, was man ihnen abfordern könnte; in gewissem Sinne sogar mehr. Nur ein einziger, jedoch unerläßlicher Punkt müßte hinzugefügt werden, und schon hätte der Kleine Rat seinerseits alle notwendigen Schritte in Richtung auf einen vernünftigen und gediegenen Vertrag getan. Dieser Punkt betrifft die Wahl der Bürgermeister[18]; er geht von der fast unmöglichen Hypothese aus, daß der Fall, der hier zum ersten Mal seit der Gründung der Republik vorkommt, ein zweites Mal eintreten könnte; anstatt den gesamten Rat neu aufzustellen, wie man es vorhat, müßte man sich meines Erachtens entschließen, neue Personen aus den 60[19] auszuwählen; ich werde im folgenden meine Gründe nennen.

(12) Der Allgemeine Rat seinerseits müßte ein Recht abtreten oder vielmehr es gegen die Wahl der 60, die er erhält, austauschen, ein einziges Recht also, das er beansprucht, obschon man es ihm streitig macht und er es nicht einmal besitzt; auf diese Weise käme alles in Ordnung. Ich spreche vom Recht, souverän und in letzter Instanz Einspruch[20] zu erheben. In einem Wort, das Ablehnungsrecht muß den 200 zugestanden werden, die bereits bei allen anderen Appellationen in letzter Instanz Recht sprechen. Vielleicht wird dies im Entwurf des Artikels angesprochen; mein Auszug sagt nichts darüber.

(13) Mit diesen Zusätzen und einigen leichten Modifizierungen beim übrigen scheint mir der Entwurf, dessen Arti-

kel ich vorliegen habe, durchaus ein Weg zur Befriedung zu sein, der für jedermann akzeptabel oder zumindest so vernünftig, gediegen und sicher ist, wie man es beim gegenwärtigen Stand der Dinge und der geistigen Verfassung der Menschen erwarten kann; und ich glaube, es ginge daraus eine Regierung hervor, die, ohne mehr als die vorherige geteilt zu sein, in den Einzelheiten besser miteinander verbunden und folglich in ihrer Gesamtheit geschlossener und fester wäre.

(14) Vor allem der zweite Artikel offenbart die Tauglichkeit des Planes. Durch diesen Artikel wird der Rat der 60 im ganzen vom Allgemeinen Rat gewählt, und alle Mitglieder des Kleinen Rates sind aus dem Rat der 60 auszuwählen (denn man muß davon die höheren Beamten abziehen). Der Gedanke, diesem Rat der 60, der vorher nichts war, eine Daseinsberechtigung zu geben, ist sehr gut; man verdankt sie den Vermittlern: daraus sollte man Nutzen ziehen und dafür ihnen dankbar sein. Das setzt voraus, daß man dieser Körperschaft neue Befugnisse erteilt, die ihr Gewicht im Staat verleihen; doch obschon sie das Volk repräsentiert, erreicht sie nicht mit seiner Hilfe die größte Wirkung, sondern im Rat der 200, dessen Mitglieder so in Abhängigkeit zum Allgemeinen Rat treten, der nach Herzenslust darüber verfügen kann, ob ihnen die Tür zu den hohen Behörden offensteht oder verschlossen bleibt. Genau dies ist die überaus einfache, sichere Lösung des Problems, die ich eingangs in meinem Brief vorschlug.

(15) Durch den ersten Artikel gesteht man dem Allgemeinen Rat die Wahl der Hälfte der 200 zu. Ich bin nicht allzusehr dafür, daß man dieses Zugeständnis macht. Die Halbwahlen sind weniger nützlich als schwierig. Man darf die vom Volk durchgeführten Wahlen nicht danach beurteilen, wie ihre Wirkung hinterher ist, sondern danach, wie sie vorher ist, und da ist sie alles. Die Bürgermeister werden vom Allgemeinen Rat gewählt. Sehen Sie sich aber einmal an, wie sie ihn behandeln. Das Volk darf von seinen Geschöpfen nicht mehr Dankbarkeit erwarten, als es für seine Wohltäter hat. Nicht danach, was man tut, wenn man gewählt wird, sondern danach, was man tut, um gewählt zu werden, muß in guter Politik geurteilt werden. Nimmt das

Volk seine Behörden aus dem eigenen Schoß, verstärkt es in keiner Weise seine Kraft; nimmt es sie aber aus einer anderen Körperschaft, so überträgt es sich neue Kraft: daher also wird Ihnen die Wahl der 60 Einfluß auf die 200 geben, und die Wahl des Kleinen Rates wird den 200 Einfluß auf die 60 geben. Derselbe Effekt träte bei den Bürgermeistern im Hinblick auf den Rat der 25 ein, wenn er aus mehr Mitgliedern bestünde oder wenn die Wahl nicht erzwungen würde. Die einfachsten Mittel, die in jedem Fall die besten sind, werden alles in seine gesetzmäßige und natürliche Ordnung bringen.

(16) Daraus folgt, daß das Vorrecht, die Hälfte der 200 zu wählen, Ihnen weniger Vorteile bringt, als es den Anschein hat, und dies ist überaus beunruhigend für Ihre Stadt und provozierend für Ihren Allgemeinen Rat. Das Spiel des Räderwerks muß ebenso leicht wie einfach sein und stets so geräuschlos wie irgend möglich. Wenn man die Wahl der 200 dem Kleinen Rat überläßt, so hat dies dennoch große Nachteile, daraus mache ich keinen Hehl. Doch gibt es, um dem abzuhelfen, irgendeinen kürzeren und sichereren Ausweg? Zum Beispiel, was wäre eigentlich schlimm daran, wenn diese Wahl zu den neuen Befugnissen gehörte, die man dem Rat der 60 zugestünde? Der Kleine Rat selbst müßte dafür um so aufgeschlossener sein, als er durch seine Präsidentenschaft und seine Mitgliederzahl, die fast die Hälfte der Gesamtzahl ausmacht, kaum weniger Gewicht bei diesen Wahlen hätte, als wenn er sie weiter allein durchführte. Ich kann mir nicht vorstellen, daß dies große Schwierigkeiten bereitet.

(17) Dagegen fürchte ich, daß der Artikel über die Wahl der Bürgermeister deren mehr bereitet und zudem den Rat sehr sauer ankommen wird; denn es gibt bei den aufgeklärtesten Menschen Eigensinn, von dem sie selbst nicht einmal etwas ahnen; oftmals handeln sie aus Halsstarrigkeit und meinen aber, aus Vernunftgründen so zu handeln. Sie werden sich vor einer Eventualität ängstigen, die gar nicht mehr eintreten kann: zumal wenn das Gesetz, das all dies regelt, angenommen wird. Der Rat der 25 ist sich seiner unumschränkten Macht voll bewußt, er weiß ganz genau, daß alles von ihm abhängt, daß nur er allein von nichts ab-

hängt: dies muß ihn hart, fordernd, hochmütig, zuweilen ungerecht machen. In seinem eigenen Interesse, um ertragen werden zu können, ist es notwendig, daß er irgendwie abhängig ist: denn der Ton, den er angenommen hat, wird von den Menschen nicht verkraftet. Nun, kann er sich denn eine leichtere Abhängigkeit auferlegen als diese, den vorübergehenden Verlust eines Bürgermeisterstuhles nicht einmal erleiden zu müssen, sondern ihn sich allenfalls geistig vor Augen zu führen, während er niemals wirklich seine Körperschaft verlassen wird? Dennoch kann und muß dieses nur in der Vorstellung vorhandene, rein chimärische Opfer eine riesengroße Wirkung zeitigen, wenn es ihnen diesen menschlichen und patriotischen Geist wiedergeben soll, der unter ihnen erloschen zu sein scheint. Nun, wenn es nur einen gibt, in dessen Adern noch ein Tropfen Genfer Blutes fließt, wieso erschaudert er nicht, sooft er an die Gefahr denkt, der sie jetzt den Staat aussetzten, um Sie zu unterjochen, und vor der sie selber nur durch Ihre Entschlossenheit und Ihre Weisheit bewahrt blieben so wie auch durch die Beherrschung der dennoch grausam angeklagten Vermittler? Wieso merkten die Oberhäupter der Republik nicht, als sie deren Freiheit aufs Spiel setzten, daß das Volk deren Verlust beklagen würde, doch daß sie selbst ihn zuerst zu spüren bekämen? Da sie dieses so sanfte, aber zugleich so sichere Mittel kannten, ihren Nachfolgern einen derartigen Fehltritt zu ersparen, hätten sie es, wenn sie ihr Land liebten, selbst vorschlagen müssen, wenn niemand anders es tat. Ich für meine Person erkläre Ihnen, dieser Artikel erscheint mir so bedeutsam, daß Sie, wie ich meine, nichts dazu veranlassen darf, auf ihn zu verzichten; nicht einmal, wenn man Ihnen alles übrige zugestünde, nicht einmal, wenn die Räte im Austausch dafür auf ihr Ablehnungsrecht verzichteten.

(18) Doch ich verhehle Ihnen auch nicht, daß dieses Ablehnungsrecht, das man nicht dem Kleinen Rat, nicht einmal dem Rat der 60, sondern dem der 200 überträgt, mir so notwendig erscheint für geregelte Zustände, für die Aufrechterhaltung jeder Ordnung, für die öffentliche Ruhe, für die Macht der Regierung, daß Sie, wollte man darauf verzichten, dies niemals zulassen dürften. Gäbe es keinen

Richter über Klagen, wie sollten sie abgestellt werden? Wenn der Allgemeine Rat, Vater der Gesetze, zugleich über Rechtsfälle befinden will, sind Sie nicht mehr Bürger, dann sind Sie Behörde; dies ist die Anarchie der Athener, und alles ist verloren. Kehrt aber jeder in seine Sphäre zurück und bleibt dort, so ist alles gerettet. Nochmals: seien Sie weder Négatifs noch Bürgerpartei[21], seien Sie Patrioten, und erkennen Sie als Ihre Rechte nur solche an, die dieser kleinen, aber berühmten Republik nützen, einer Republik, deren Ruhm durch würdige Bürger gemehrt wird.

(19) Männern wie Ihnen, Messieurs, muß man nicht alles vorkäuen. Ich werde mich daher nicht darum bemühen, Ihnen die Vorteile des vorgeschlagenen Planes im einzelnen darzulegen, den Sie vernünftigerweise annehmen können und bei dem die notwendigen Veränderungen sowohl zu Ihrem Nachteil wie zu Ihrem Gunsten sind. Ich habe zum Beispiel nichts über die Ablösung der größten Geißel Ihres Vaterlandes gesagt, über jene erblich und tyrannisch gewordene Macht, die einige Familien widerrechtlich ergriffen und auf sich konzentrierten und die sie so grausam mißbrauchten. Gerade bei dieser ersten Berufung muß man aufpassen und allem, was gleichen Blutes ist und denselben Namen trägt, den Zugang verwehren: sind sie erst einmal im Rat, so können Sie sicher sein, daß sie gegen Ihren Willen auf einen Bürgermeisterstuhl gelangen: doch in den Rat können sie nicht gegen Ihren Willen kommen; es liegt bei Ihnen, darüber zu wachen, und dies ist sehr leicht. Noch einmal, man braucht Ihnen weder diese noch andere, ähnliche Beobachtungen aufzunötigen. Es genügt, wenn Grundsätze aufgestellt sind; was daraus zu folgern ist, kommt Ihnen von selbst.

(20) Ich habe mich gesputet, mein guter Freund, um Ihnen *ad hoc* und *ab hac*[22] meine kleinen Beobachtungen mitzuteilen, denn ich fürchtete, sie könnten sonst zu spät kommen. Sollte ich mich bei meiner überstürzten Untersuchung geirrt haben, Ihr weisen und ehrenwerten Männer, so verzeiht meinem Eifer diesen Irrtum. Ich bin aufrichtig davon überzeugt, daß die Durchführung des Planes, um den es geht, der Freiheit, der Ruhe, dem Frieden zuträglich wäre. Ich bin auch weiter davon überzeugt, daß Sie diesen Frie-

den sehr nötig haben, daß die Umstände günstig sind, ihn segensreich zu machen, und vielleicht es nie wieder sein werden. Könnte es doch sein, daß ich bald schon davon gute Kunde erhalte und im nächsten Augenblick vor Freude sterbe! Ich würde glücklicher sterben, als ich gelebt habe. Ich umarme Sie von ganzem Herzen.

1 Der Briefwechsel zwischen Rousseau und seinen Freunden François-Henri d'Ivernois und François Coindet vom Februar 1768 dokumentiert exemplarisch, wie engagiert sich Rousseau – trotz aller Verfolgungen – für die Durchsetzung der Ziele der Genfer Demokraten eingesetzt hat. Zugleich ist er eine bisher kaum beachtete Quelle zum Verständnis des politischen Denkens Rousseaus.

2 Schon am 8. Mai 1738 war der Bürgerkrieg in Genf durch einen Vergleich zwischen der Legislative und der Exekutive, durch ein Vermittlungsreglement (das Mediationsedikt) beendet worden.

3 Der Allgemeine Rat war die gesetzgebende Genfer Bürgervertretung. Zugang zu ihm hatten alle Bourgeois und Citoyens Genfs ab dem 25. Lebensjahr. Die Zahl seiner stimmberechtigten Mitglieder betrug rund 1500 Personen. Diesem Allgemeinen Rat waren drei Regierungsorgane übergeordnet: Der Rat der Zweihundert, auch Großer Rat genannt, der Rat der Sechzig und der Rat der Fünfundzwanzig, auch Kleiner Rat genannt.

4 Rousseau hatte sich in den Jahren 1763 bis 1764 im Zusammenhang mit seiner Kampfschrift „Briefe vom Berge" eingehend mit der Genfer Verfassung befaßt.

5 Der Kleine Rat als das oberste Regierungsorgan beanspruchte gegen das durch die Verfassung garantierte Eingabe- und Beschwerderecht der Bürger, das „Repräsentation" genannt wurde, ein Vetorecht, ein *droit négatif.* Dementsprechend trug die demokratische Bürgerpartei den Namen „Représentants", und die Parteigänger des Kleinen Rats waren die „Négatifs".

6 Der Trojaner Aeneas bekommt vom altitalischen König Latinus die Hand der Tochter Lavinia und den Platz zur Gründung einer neuen Stadt angeboten, muß aber erst einen schweren Kampf mit den benachbarten Rutulern und ihrem König Turnus, der ebenfalls Lavinia begehrte, bestehen, bevor er Nachfolger Latinus, Gatte der Lavinia und Gründer der neuen Stadt Lavinium werden kann.

7 Sein grundsätzliches Bedenken gegen eine demokratische Republik hatte Rousseau schon im „Gesellschaftsvertrag" formu-

liert: „Es ist weder gut, daß der, der die Gesetze macht, sie anwendet, noch daß der Volkskörper seine Aufmerksamkeit von der Gesamtsicht abwendet, um sie auf besondere Gegenstände zu richten." Nach Rousseau ist es „gegen die natürliche Ordnung, daß die große Zahl regiert und die kleine regiert wird" (Drittes Buch, IV. Kapitel).

8 Rousseaus Grundanliegen ist es, eine Art von Balancezustand zwischen den allgemeinen und den partikularen Interessen, zwischen der gesetzgebenden und der ausführenden Gewalt herzustellen. Dieses Anliegen leitet sich aus der Struktur der Genfer Verfassung ab und schließt an Montesquieus Konzeption der Gewaltenteilung an.

9 Der Rat der 200 hatte sich 1667 aus Protest gegen den Amtsmißbrauch des Kleinen Rats konstituiert. Entsprechend seiner ursprünglichen Mitgliederzahl erhielt er den Namen Rat der 200. Später wurde er auch Großer Rat genannt. Seiner ursprünglichen Funktion nach ist er die richterliche Instanz in großen Zivilsachen, hat das Begnadigungsrecht, schlägt die Münze, berät alle Vorlagen, die in den Allgemeinen Rat gebracht werden sollen, und wählt die Mitglieder des Kleinen Rats.

10 Ursprünglich wurde der Rat der 25 oder der Kleine Rat von den vier Syndici der Stadt, die die Funktion von Oberhäuptern und Richtern (Bürgermeistern) wahrnahmen, zu ihrer Unterstützung in allen administrativen Aufgaben eingesetzt. Später wurde er zu einer autonomen Verfassungsinstitution. Zu Rousseaus Zeiten wurden die Mitglieder des Kleinen Rats nicht mehr von den Syndici eingesetzt, vielmehr schlugen sie jetzt, da sie auf Lebenszeit im Amt waren, aus ihren eigenen Reihen acht Kandidaten zur Wahl der vier Syndici vor. Die gewählten Syndici blieben Mitglieder des Kleinen Rats, ihre Machtbefugnisse waren von der des Rats nicht zu trennen. Ihre Amtsperiode dauerte ein Jahr, und erst vier Jahre später konnten sie dann erneut für das Amt eines Syndicus kandidieren. Das Recht des Allgemeinen Rats war darauf beschränkt, die Kandidatenvorschläge des Kleinen Rats abzulehnen. Im Jahre 1766 machte der Allgemeine Rat von dieser Möglichkeit Gebrauch und blockierte durch viermalige Zurückweisung aller Kandidaten die Regierung der Stadt. Der Kleine Rat rief darauf die Vermittlung der Schutzmächte Bern, Zürich und Frankreich an. Die französische Regierung reagierte auf dieses Ersuchen mit der Androhung einer Ausweisung von Genfer Bürgern, mit der Verhaftung von Freunden Rousseaus und schließlich mit einer militärischen Wirtschaftsblockade Genfs (siehe Briefe 5659, 5663, 5721; Dokumente A 477 und A 479).

11 Bei seinem Besuch in Genf im August 1737 wurde Rousseau Augenzeuge der damaligen bürgerkriegsähnlichen Auseinandersetzung zwischen den Demokraten und der Genfer Regierung (siehe „Bekenntnisse" Buch V).

12 Der Grabeau war eine besondere Genfer Institution des Staatsschutzes. Durch sie wurde das Verhalten der Ratsmitglieder jährlich einer speziellen Prüfung unterzogen, die ursprünglich zu ihrer Abberufung führen konnte. Rousseau hatte dazu schon im 7. Brief der „Briefe vom Berge" Stellung genommen.

13 Gemeint ist hier wohl der Kleine Rat.

14 Schon im „Gesellschaftsvertrag" hatte Rousseau seine Auffassungen über eine gemischte oder gemäßigte Regierungsform entwickelt (Drittes Buch, VII. Kapitel). Die Kernfrage, um die es ihm dabei geht, ist die Frage, wie die Volkssouveränität im Interessenkonflikt mit dem Anspruch der Regierung auf das alleinige Machtmonopol gewahrt werden kann. Um dieses gesellschaftspolitische Ziel zu erreichen, fordert Rousseau für Genf eine Teilung der Regierungsgewalt.

15 Gemeint sind der Rat der 200, der Rat der 60 und der Rat der 25.

16 Der Rat der 200 und der Rat der 60.

17 Der Rat der 25.

18 Nach dem damaligen Wahlmodus hatte der Kleine Rat das Recht, aus seinen Reihen die Bürgermeister zu benennen. Dem Allgemeinen Rat blieb nur das Recht, die Vorschläge zu bestätigen oder abzulehnen.

19 Rousseaus Vorschlag zielt darauf, dem Kleinen Rat das Machtmonopol zu nehmen, aus seinen Reihen die vier Bürgermeister auszuwählen. Seiner Ansicht nach sollten sie aus dem Rat der 60 gewählt werden. Schon im 7. Brief der „Briefe vom Berge" hatte er vorgeschlagen, dem Rat der 200 das Recht der Ernennung der Mitglieder des Kleinen Rats zu übertragen, um so das Machtmonopol des Kleinen Rats auch bei der Wahl der Bürgermeister einzuschränken.

20 Siehe Anm. 10. Rousseaus Vermittlungsvorschlag zielt darauf, dem Allgemeinen Rat das Vetorecht gegen die Wahl der Bürgermeister zu nehmen und es dem Rat der 200 zu übertragen, um so eine Regierungskrise in Zukunft zu vermeiden. Dafür sollte er das Recht erhalten, den Rat der 60 zu wählen, dessen Stellung gegenüber dem Rat der 25 dadurch gestärkt worden wäre.

21 Siehe Anm. 5.

22 lat.: hierzu und von hier.

François-Henri d'Ivernois an Rousseau

17. Februar 1768

(1) Ich habe Ihnen, mein Teuerster, mein ehrenwerter Freund, am 10. des laufenden Monats geschrieben, und vorgestern erhielt ich Ihren Brief vom 9., und zwar geradewegs, der gleiche unter der Adresse von Monsieur C. wird zweifellos auch bald bei mir eintreffen. Er enthält lauter ausgezeichnete Dinge, und es wäre sehr günstig für uns, wenn Sie unter den jetzigen Umständen mehr in unserer Nähe wären[1], als Sie es sind. Meine Mitbürger und ich machen uns Ihre beiden Grundsätze zu eigen, die beigefügte Schrift, die wir letzten Samstag den Herren Bürgermeistern und dem Generalprokurator überreichten, wird Sie davon überzeugen. Doch da wir uns mit viel weniger bescheiden müssen, als uns zusteht, sind wir fest entschlossen, standzuhalten und uns nicht auf noch weniger einzulassen. Für Ihre Antwort, mein guter Freund, bleibt Zeit bis zum 28., um von Ihnen zu erfahren, welche Fehler Sie in unserer Schrift entdecken, und diese dann rechtzeitig berichtigen zu können.

(2) Wir hatten einen ersten Plan entworfen, der einige Ähnlichkeit mit dem Ihrigen besaß, aber nicht den Beifall der Allgemeinheit fand. Die hauptsächliche Ähnlichkeit bestand in der Wahl des Rates der 60 durch den Allgemeinen Rat, worauf dieser eine zweite Wahl hätte durchführen müssen, nämlich die der 16, die den Kern des Kleinen Rates darstellen würden; durch diese Vorsichtsmaßnahme wäre die Pforte schmaler und der Allgemeine Rat bei seiner Auswahl sicherer, nämlich Halbwahl des Kleinen und des Großen Rates durch den Allgemeinen Rat und den Grabeau[2], der in diesem mit fünf Mitgliedern jährlich vertreten ist, gemäß seinem Anteil am Allgemeinen Rat. Es schien uns, daß auf diese Weise die Gewählten des Kleinen Rates aus Hoffnung zurückgehalten würden und die des Allgemeinen Rates aus Furcht. Lange Zeit war ich der Ansicht, eine solche Zusammensetzung sei gut für normale Zeiten. Doch die Erfahrung aus der Vergangenheit läßt die große Masse der Bürgervertreter für die Zukunft stürmische Zeiten fürchten, weshalb sie unbedingt ein wirksames Mittel in

der Hand haben wollen, um nicht der Exekutive falsch verstandene Machtbefugnisse zuzugestehen, und dies ist für sie der Grabeau, den sie fordern; weiter verbinden sie damit die Wahl der 28 Mitglieder des Großen Rates[3] durch Beförderung und die Halbwahl des Kleinen Rates; wir denken alle, daß wir somit ein sicheres Mittel besäßen, um das zu verhindern, was Sie zu Recht als *Geißel des Vaterlandes* bezeichnen, nämlich die Erblichkeit der Ämter in den Familien; es stellte, wie Sie sehr richtig bemerken, einen starken Schutzwall dar. Im übrigen könnte uns dieses Mittel auch im Hinblick auf die Gefahren des Ablehnungsrechtes beruhigen und desgleichen im Hinblick auf die Wirkungskraft, die naturgemäß alle gut begründeten Einwände haben müssen. Deshalb reden wir im Augenblick auch gar nicht mehr von diesen beiden Dingen, vielleicht fällt es uns zu dem Zeitpunkt, wenn wir das Gesetzbuch erarbeiten, viel leichter, darüber zu befinden, und wenn nicht, so wird unser Recht zumindest in diesen Punkten genauso sein, wie es vorher war.

(3) Ihr Plan ist ausgezeichnet, doch notgedrungen müssen wir von dem Grundsatz ausgehen, daß wir künftighin verpflichtet sind, die Bürgermeister aus dem Bereich des Kleinen Rates auszuwählen und nicht woanders, daher war es geboten, ein anderes Gleichgewicht zu suchen als jenes, das Sie vorschlagen und das wir sehr gern annehmen würden, doch noch einmal: es geht nicht, und wenn Sie an Ort und Stelle wären, urteilten Sie ebenso wie wir.

(4) Sie fänden, sagen Sie, *daß dieses Ablehnungsrecht, das man dem Großen Rat überträgt, notwendig sei für geregelte Zustände, für die Aufrechterhaltung jeder Ordnung, für die öffentliche Ruhe, für die Macht der Regierung, so daß wir, wollte man darauf verzichten, dies niemals zulassen dürften.* Ich denke über diesen Punkt so: wenn wir kein einziges Mittel hätten, um dieser Körperschaft im Notfall Einhalt zu gebieten, so wäre sie früher oder später der Gesetzgeber, der Souverän der Republik, und ich behaupte, daß die $^5/_6$ der Mitglieder, aus denen sie sich zusammensetzt, gar nicht nach Amtsgewalt streben; des weiteren, da diese große Menge zu keiner Zeit vom Allgemeinen Rat etwas zu befürchten oder etwas zu erhoffen hatte, werden der Kleine Rat und seine

Anhänger alle Ämter ablösen lassen, über die der Große Rat unter seinen Mitgliedern verfügt, und sie unweigerlich derartig an die Kette legen, daß sie auf die Vorschläge hin, die ihnen der Kleine Rat einflößte, stets nach ihrem Belieben wählen werden. Wären die Dinge erst einmal auf diesen Punkt gekommen, würden die Stimmen gezählt, und wir wären früher oder später die Betrogenen.

(5) Seit der Übergabe unserer Schrift hatten wir zwei Besprechungen mit den Herren Bürgermeistern und mit dem Generalprokurator, die drei Punkte, die sie energisch anfechten, sind: die Forderung, den Grabeau wiedereinzurichten, gegen den sich das erste Schriftstück unseres Planes wendet, der Paragraph 1 ‚*Wie die Bürgermeister*' und der Grabeau des Großen Rates. Sie wollten den Paragraphen 2 des ersten Schriftstückes ihres Planes, den Sie den *zweiten* nennen, ersetzen lassen, aber wir befürchteten, daß wir damit alles absegnen würden, was wir in jedem Fall vermeiden wollen. Was den Grabeau anbelangt, so scheinen die Bürgervertreter unwiderruflich daran festhalten zu wollen. Ich selbst habe den Eindruck, daß die Gesamtwahl des Kleinen und des Großen Rates durch den Allgemeinen dem gleichzusetzen wäre; was denkt mein Freund darüber? Ich weiß nicht, ob wir dies erreichen könnten, doch ich bin fast sicher, daß man uns mit der Halbwahl des Großen Rates die Gesamtwahl des Kleinen Rates zugestehen würde.

(6) Wenn sich irgend etwas ereignet, und sei es auch noch so geringfügig, was mein Freund wissen muß, so werden Sie so gleich davon unterrichtet werden. Ich umarme Sie von ganzem Herzen.

(7) Es geht das Gerücht um, der Kommandant der Feste Ecluse habe Befehl, niemanden ohne Monsieur le Duc de Choiseuls Erlaubnis passieren zu lassen.

(8) Sie wissen vielleicht, daß wir Monsieur Mouchon eingebüßt haben. Dieser würdige Bürger ist in Basel, er schreibt nie, ohne sich nach Ihnen zu erkundigen.

1 Rousseau lebte zu dieser Zeit illegal auf dem Schloß Trye bei Gisors in der Normandie.

2 Siehe Brief 6241, Anm. 12.

3 Rat der 200 (siehe Brief 6241, Anm. 9).

Rousseau an Pierre-Alexandre Du Peyrou

3. März 1768

(1) Ihre N° 6, mein teurer Freund, bekümmert mich, weil ich ihr entnehme, daß Sie erneut Gichtschmerzen haben, die immerhin so heftig sind, daß Sie am Ausgehen gehindert werden. Ich glaube wohl, daß diese kleinen, dafür häufigeren Anfälle Sie vor großen Attacken bewahren. Doch da der eine der beiden Zustände ebenso lästig wie der andere schmerzhaft ist, weiß ich nicht, ob Sie sich damit abfinden können, daß auf diese Weise Ihre großen Schmerzen in etwas Alltägliches umgewandelt sind: doch es ist zu vermuten, daß es sich nur um die Nachwehen dieser verscheuchten Gicht handelt und daß binnen kurzem Ihre Natur sich durchzusetzen vermag. Lernen Sie also ein für allemal, Sie können nicht gegen den Willen der Natur[1] gesund werden wollen; vielmehr verschlimmern Sie so mit ziemlicher Sicherheit Ihre Leiden.

(2) Die Ratschläge, die Sie mir geben, sind leichter erteilt als befolgt. Das Botanisieren und die Spaziergänge wären in der Tat angenehme Zerstreuungen für meinen Kummer, wenn man sie mir zugestünde; doch die Menschen, die über mich verfügen, denken ja gar nicht daran, mir diesen Kraftquell zu lassen. Der Plan, für dessen Ausführung die Herren Manoury und Deschamps sorgen, nimmt mir alles; da man nur darauf wartet, mich greifen[2] zu können, spart man keine Mühe, mich von hier zu vertreiben, und es scheint, als hätte man in Bälde auf diese oder jene Weise damit Glück. Eines der wirksamsten Mittel, die man dafür benutzt, ist, den Pöbel aus den Nachbardörfern auf mich zu hetzen.[3] Man wagt nicht mehr, jemanden ins Gefängnis zu stecken und zu behaupten, ich sei es, der dies wolle: doch man hat das Schloß[4] von allen Seiten verriegelt, vergittert und verbarrikadiert. Es gibt keinen Durchgang mehr noch eine Verbindung zwischen den Höfen oder über die Terrasse, und obgleich diese Umzäunung mir selbst sehr unbequem ist, trägt man Sorge dafür, durch die Wachen und anderen Kundschafter verbreiten zu lassen, der Herr des Schlosses[5] verlange all dies, um den Bauern einen Streich zu spielen. Ich habe die Wirkung dieses

Gerüchtes bei zwei Spaziergängen zu spüren bekommen, und dies ist kein Ansporn für mich, sie fortzusetzen. Ich bat den Pächter, mir einen Schlüssel für seinen Garten, der ziemlich groß ist, machen zu lassen, und mein Entschluß ist, meine Spaziergänge auf diesen Garten und auf das kleine Gärtchen des Prinzen zu beschränken, das, wie Sie wissen, nur handgroß ist und tief eingelassen wie ein Brunnen. So lasten, mein teurer Freund, mitten im Herzen des Königreiches Frankreich die ausländischen Hände noch immer schwer auf mir. Was den Hausherrn anbelangt, so weiß man es zu verhindern, daß er etwas davon erfährt, was sich hier abspielt, und sich etwa einmischt. Ich bin auf mich allein gestellt und rückhaltlos meiner Standhaftigkeit und meinen Verfolgern ausgeliefert. Ich hoffe, ihnen noch beweisen zu können, daß ihr Plan, den sie schmiedeten, nicht so leicht durchzuführen ist, wie sie glaubten. Das ist viel Geschwätz anstelle einiger weniger Worte, die Ihnen als Antwort auf dieses Thema genügt hätten. Doch mein Herz ist stets übervoll; ich werde mich in dieser Hinsicht nie ändern können, und Ihre Devise wird nie die meinige sein.

(3) Ich bin Ihnen dankbar, daß Sie sich meinetwegen an Madame de Faugues und Monsieur Delon wandten; ich werde versuchen, ihre Gefälligkeit nicht zu mißbrauchen. Was die Informationen anbelangt, die Sie von S^r^ La France erhielten, so scheint er Ihnen nicht alles gesagt zu haben, Madame de Faugues hätte selber Ihnen mehr darüber zu sagen vermocht. Im übrigen, jede weitere Untersuchung dieses Kapitels wäre überflüssig und wenig ratsam, um so mehr, als ich weiß, woran ich mich zu halten habe.

(4) Mit unendlicher Mühe fand ich die botanischen Namen mehrerer Pflanzen bei Garsault heraus. Ich habe auch mit nicht geringerer Mühe die Bezeichnungen von Sauvages auf die allgemeine Nomenklatur von Linné übertragen, die sehr bequem ist. Wenn Sie aus Freude, einen Garten zu haben, der Botanik ein wenig Geschmack abgewinnen, könnte ich Ihnen viel Arbeit hinsichtlich der Mehrfachbezeichnungen ersparen, indem ich Ihnen für Ihre Exemplare meine Notizen zuschicke; es ist unbedingt notwendig, daß dieser kritische Teil der Botanik entwirrt

wird, damit man herausfindet, wo es sich um ein und dieselbe Pflanze handelt, der oftmals jeder Autor einen anderen Namen gibt.

(5) Ich schreibe nichts zu Ihren politischen Angelegenheiten, nicht, daß mein Interesse daran jemals erlöschen könnte, aber dieses Interesse muß sich zwangsläufig auf den ebenso aufrichtigen wie unvermögenden Wunsch beschränken, bald den Frieden in all Ihren Landen wiederhergestellt zu sehen, es bewirkt nicht, daß er schneller einzieht. Ich kann mir nicht denken, daß mein Brief an Mylord M ihn davon zurückhält, den Ihrigen zu beantworten. Eine solch grausame Konsequenz würde mir das Herz zerreißen. Ich habe die Antwort auf den letzten Brief erhalten, den ich Ihnen nach England schrieb, doch keinen der anderen Briefe, die Sie vorher abgeschickt haben. Adieu, mein lieber Freund; meine Empfehlungen an die beste der Mütter; tausend Grüße an den guten Monsieur Jeannin und an alle, die mich lieben, wie auch an alle, die Sie lieben.

(6) Mademoiselle Renou dankt für Ihr freundliches Gedenken und grüßt Sie demütigst.

1 Rousseaus Lebensmaxime, die mit seiner geschichtsphilosophischen Konzeption korrespondiert. Siehe auch Brief 6964.

2 Da der gegen Rousseau am 8. Juni 1762 erlassene Haftbefehl noch nicht aufgehoben war, waren derartige Befürchtungen nicht unbegründet.

3 Mit dieser Methode hatte man Rousseau im Herbst 1765 aus Preußisch Neuenburg vertrieben.

4 Das Schloß Trye bei Gisors.

5 Der Prinz von Conti.

Rousseau an Paul-Claude Moultou

Trye über Gisors, den 7. März 1768

Da ich nicht weiß, Monsieur, was Monsieur Coindet Ihnen schreiben konnte, will ich selber darüber Rechenschaft ablegen, wie ich vorging. Gleich nachdem mir Ihr erster Brief zugesandt wurde, schrieb ich einen an Monsieur d'Ivernois, den einzigen Freund in Genf, mit dem ich noch korrespondiere, dem ich aber seit meiner unheilvollen Abreise nach England nicht mehr als fünf oder sechs Briefe geschrieben habe. Dieser Brief, den ich gründlich durchdachte, aber in aller Eile und so unparteiisch wie irgend möglich niederschrieb, barg mehrere Fehler in sich, da mir die Kenntnis Ihrer Angelegenheiten fehlte, von denen ich rein gar nichts wußte, außer, was darüber in Ihrem Schreiben stand: ich tadelte in ihm heftig den vorgeschlagenen Grabeau[1]. Ich stellte dar, daß der Plan des Rates, von dem ich einen Auszug in Ihrem Brief erhielt, in sich selbst ausgezeichnet sei, außer einigen Veränderungen und Ergänzungen, die für die Volksvertreter einesteils günstig, anderenteils ungünstig wären, je nachdem, wie es mir notwendig erschienen war, um daraus ein gediegeneres und ausgewogenes Ganzes zu machen. Ich hatte diesen Brief voller Hast geschrieben; er war sehr lang; ich schickte ihn offen an Monsieur Coindet und bat ihn, den Brief selbst zu prüfen und zur gleichen Zeit Ihnen eine Kopie zu senden. Einige Tage später ließ er mich wissen, daß er dies nicht getan hätte, weil er nicht der Meinung sei, daß der Brief seinen Zweck erfülle. Er kam mich besuchen, und ich ließ mir meinen Brief zurückgeben. Ich biete Ihnen an, ihn, wenn Sie wollen, zuzusenden, damit Sie selbst urteilen können. Da die Zeit drängte und ich ein wenig voraussah, wie sich Monsieur Coindet verhalten würde, hatte ich gleichzeitig den Entwurf ebendieses Briefes als Duplikat direkt an Monsieur d'Ivernois geschickt, dessen Freunde ihn ebensowenig guthießen, und so widerfuhr mir, was gewöhnlich jedem unparteiischen Menschen zwischen zwei erhitzten Parteien widerfährt, wenn er aufrichtig auf das Allgemeinwohl bedacht ist und nur das Beste für die Sache will: ich mißfiel beiden Seiten. Da die Gemüter so wenig geneigt waren, sich einander anzunähern, ich aber spürte, wie wichtig und notwendig für Sie alle die schnellstmögliche Befriedung wäre, kam mir sodann eine andere Idee, die ich noch Monsieur d'Ivernois mitteilte, doch ich weiß nicht, ob er meinen Brief erhielt. Nämlich, zumindest zu versuchen, ein provisorisches Abkommen für zwanzig Jahre zu treffen, nach deren Ablauf man es annullieren oder bestätigen könnte, je nachdem, ob es sich als gut oder als schlecht erweisen würde. Man muß alles tun, um diesen hitzigen Augenblick zu besänftigen, der die unheilvollsten Folgen haben kann. Sobald man es sich nicht mehr zur grausamen Pflicht macht, mich zu quälen, sobald ich nicht mehr bin und die Umstände sich geändert haben, werden die Gemüter natürlicherweise einander näherkommen, und jeder wird früher oder später erkennen, daß sein wahrstes Gut allein im Wohl des Vaterlandes liegt.

Sie müssen wissen, Monsieur, wenn man mir geglaubt hätte, so hätten nicht nur die Vorhaltungen ein Ende gehabt, sondern sie hätten gar nicht erst welche zu hören bekommen: denn natürlich erkannte ich, daß sie weder Erfolg noch Wirkung haben konnten, daß alles gegen die Bürgervertreter gerichtet war, die unfehlbar die Opfer ihres patriotischen Eifers werden mußten. Ich war weit davon entfernt, das große und schöne Schauspiel vorauszusehen, das sie gerade der Welt vor Augen führten, und was auch immer unsere Zeitgenossen darüber sagen mögen, es wird ihnen die Bewunderung der Nachwelt einbringen. Dies hätte Ihre Behörden, die ansonsten doch in jedem anderen Punkt so aufgeklärt sind und so vernünftig, von ihrem Irrtum heilen müssen, die Bevölkerung von Genf als gewöhnlichen Pöbel anzusehen. Solange sie sich von dieser falschen Meinung leiten ließen, begingen sie große Fehler, für die sie teuer zahlen mußten, und ich sage voraus, daß es ihnen weiter so ergehen wird, wenn sie auf dieser unangebrachten Geringschätzung beharren. Will man einem freien Volke dienen, muß man Wege zu gehen verstehen, die zu seinem Genius passen, und nichts ist einfacher als dies; doch sie sind weit entfernt von solchen Wegen. Kehren wir aber zu mir zurück; das Unglück, das ich hatte, in die Anfänge Ihrer Unruhen[2] verwickelt gewesen zu sein, hat mir die Pflicht auferlegt, die ich stets beobachtete, weder Ursache noch Vorwand für ihren Fortgang zu sein. Dies hinderte mich daran, mich vom Haftbefehl frei zu machen, dies bewog mich, auf mein Bürgerrecht[3] zu verzichten und den ewigen Eid abzulegen, nie wieder nach Genf zurückzukehren. Dies war der Grund, weshalb ich an alle meine Freunde schrieb und mit ihnen sprach, wie ich es immer getan hatte:

und ich habe letztens gerade wieder Monsieur d'Ivernois die gleichen Erklärungen abgegeben, die ich oft zu diesem Punkte abgab, wobei ich sogar hinzufügte, wenn es nur um einen möglichst ehrerbietigen Schritt ginge, durch den man die Feindseligkeit des Rates besänftigen könnte, so wäre ich bereit, ihn zu tun, freiheraus und von ganzem Herzen. Vorausgesetzt, Sie hätten dann Frieden, so würde mich dies, ich versichere es Ihnen fest, Monsieur, nichts kosten, ohne daß ich die geheime Hoffnung hegte, mir könnte von irgendeiner Seite wieder Gerechtigkeit und Anerkennung zukommen. Die Wiedergutmachungen, die man mir schuldet, werden mir erst nach meinem Tode zuteil, das weiß ich; aber sie werden umfassend und aufrichtig sein, damit rechne ich, und dies genügt mir. Leider kann ich nichts tun, ich genieße keinerlei Ansehen in Genf, nicht einmal bei den Bürgervertretern. Hätte ich welches, wiederhole ich Ihnen, wäre nichts von alldem passiert, was passiert ist. Im übrigen kann ich nur ermahnen, doch ich werde niemandem etwas vormachen. Ich will sagen, wovon ich überzeugt bin, nämlich daß der Frieden wertvoller ist als die Freiheit und daß es für die Freiheit auf Erden nur im Herzen des gerechten Menschen eine Freistatt gibt und daß es nicht die Mühe lohnt, sich wegen des übrigen herumzuzanken. Geht es aber darum, einen Plan zu prüfen und meine Meinung dazu zu sagen, so werde ich sie unverblümt sagen. Noch einmal, ich will ermahnen, doch niemandem etwas vormachen.

Es ist mir sehr lieb, Monsieur, wenn Sie zu wissen glauben, daß ich ruhig bin, und wenn Ihnen dies eine rechte Freude ist. Indessen, würden Sie meine wirkliche Lage kennen, wären Sie nicht der Meinung, daß ich Monsieur Humes Händen entkommen sei, so wie Sie sich auch nicht an Monsieur Coindet wenden würden, um das Schlechte auszusprechen, das Sie über jenen Mann denken mögen. Adieu, Monsieur, ich werde stets auf Ihre Freundschaft Wert legen und mich geschmeichelt fühlen, deren Beweise zu empfangen; doch da Ihnen weder mein Aufenthaltsort noch der Name unbekannt ist, den ich hier trage, erweisen Sie mir den großen Gefallen, mir vorzugsweise direkt zu schreiben oder Ihre Briefe durch andere Hände gehen zu lassen, und vor allem, fallen sie nicht auf die Leute herein, die viel Aufhebens machen von ihrer großen Freundschaft zu mir. Ich vergaß, Ihnen zu sagen, daß Monsieur de Coindet mir erst am 29., das heißt am Morgen nach der Tagung des Allgemeinen Rates, Ihren Brief vom 10. schickte und ich ihn am 3. März erhielt, so daß folglich keine Zeit mehr war, von ihm Gebrauch zu machen. Im übrigen, erteilen Sie Ihre Order. Ich bin bereit.

1 Siehe Brief 6241, Anm. 12.
2 Ausgelöst wurden die politischen Auseinandersetzungen zwischen der demokratischen Bürgerbewegung und der aristokratischen Regierungspartei in Genf durch das vom Kleinen Rat am 19. Juni 1762 erlassene Verbot des „Emile“ und des „Gesellschaftsvertrags“ und den gegen Rousseau ausgestellten Haftbefehl.
3 Am 12. Mai 1763 hatte Rousseau eine Verzichtserklärung auf seine Genfer Bürgerrechte an die Genfer Regierung geschickt.

Rousseau an François-Henri d'Ivernois

8. März 1768

Ihr Brief, mein Freund, vom 29. läßt mich erschaudern. Oh, Ihr grausamen Freunde, wieviel Angst Ihr mir einjagt! Habe ich nicht genug eigene? Ich ermahne Euch mit der ganzen Kraft meiner Seele, auf diesen unglückseligen Grabeau[1] zu verzichten, der Ursache für Euren Untergang sein und Euch den Tadel aller Welt zuziehen wird, während Ihr bislang in ihrer Gunst standet. Sucht einen anderen gleichwertigen Ersatz; befragt Euren Verstand, wägt ab, denkt nach, schlagt vor. Doch ich beschwöre Euch, beeilt Euch, zu einem Schluß zu kommen, das heißt, als gute, friedliche Menschen zu einem Schluß zu kommen und mit ebensoviel Beherrschung, Weisheit und Ruhm, wie Ihr begonnen. Wartet nicht, bis Eure bewundernswerte Einheit sich lockert, und rechnet nicht damit, daß ein solches Wunder noch lange anhält. Der Ausweg einer provisorischen Regelung kann Euch über sehr viele Dinge hinweghelfen, die in besseren Zeiten umgestaltet werden können. Dieser

kurze, flüchtige Augenblick ist Euch günstig, doch wenn Ihr ihn nicht nützt, werdet Ihr ihn verwirken, alles ist dann gegen Euch, und Ihr seid verloren. Ich denke ganz anders als Ihr über die allgemeinen Zukunftsaussichten. Denn ich bin fest davon überzeugt, daß es in zehn Jahren und vor allem in zwanzig um die Sache der Bürgervertreter viel günstiger stehen wird, und dies scheint mir ganz sicher zu sein; doch man kann nicht alles in Briefen erklären, es wird zu lang. Kurzum, ich beschwöre Euch abermals im Namen Eurer Familien, Eures Vaterlandes, all Eurer Pflichten, laßt ab, und zwar schnell, selbst wenn Ihr dabei viel aufgeben müßt. Verwandelt Standhaftigkeit nicht in Starrsinn; dies ist die einzige Möglichkeit, die öffentliche Achtung zu erhalten, die Ihr Euch erworben habt und deren Preis Ihr eines Tages spüren werdet. Mein Herz ist ganz erfüllt von diesem Gedanken, daß es zu einer schnellen Einigung kommen muß, es möchte sich gern zu Euch schwingen und sich in die Euren ergießen, um Euch dies empfinden zu lassen.
Ich werde die Rückerstattung der hundert Francs, die Sie für mich auslegten, in der Hoffnung auf eine bequemere Möglichkeit aufschieben. Sollten Sie sich mit der Absicht tragen, Ihren alten Plan zu verwirklichen – keinerlei Vertraute, keinerlei Aufhebens, keinerlei Namen, und vor allem mißtrauen Sie denen, die ihre große Freundschaft zu mir gern zur Schau stellen. Adieu, mein Freund, Gott möge Ihre Arbeiten segnen und sie krönen; ich umarme Sie.

1 Siehe Brief 6241, Anm. 12.

François-Henri d'Ivernois an Rousseau

11. März 1768

Sieg, Sieg, mein vortrefflicher Freund! Ich komme soeben vom Allgemeinen Rat, der gerade den beiliegenden Entwurf eines Vergleiches genehmigt hat, 1204 Ja-Stimmen gegenüber 27 Nein-Stimmen. Die Mitglieder des Kleinen Rates haben ebenso wie der Generalprokurator eingesehen,

daß es notwendig ist, Frieden zu schließen, sie schickten sich bereitwilligst in diesen Vergleich. Etwa fünfzig Mitglieder des Großen Rates schäumen vor Wut angesichts dieses Ausgangs, und die übrigen, die sich ablehnend verhalten, wagen kaum zu erscheinen.
Antworten Sie mir in freundschaftlichem Vertrauen: Wäre es Ihnen angenehm, wenn die Verfügung im Verzeichnis des Kleinen Rates gestrichen würde und Ihr Name wieder im Buch der Bürger erschiene? Sollte es Ihnen auch nur ein klein wenig Freude bereiten, so schmeichle ich mich mit der Hoffnung, es durchsetzen zu können.
Alle Glocken läuten, wir gehen in die Kirche, um Gott für die Wohltaten zu danken, mit denen er uns überhäuft. Adieu, mein würdiger Freund, ich umarme Sie von ganzem Herzen.

Rousseau an Toussaint-Pierre Lenieps

24. März 1768

Endlich, mein guter Freund, sind Sie frei, und unser Land hat Frieden. Ich brauchte diese beiden Neuigkeiten, um zu spüren, daß mein Herz nicht auf immer der Freude verschlossen ist. Sie haben viel zu deutlich erfahren, wie hoch der Preis der Freiheit ist, als daß Sie sich der Gefahr aussetzen, sie jemals wieder zu verlieren. Erfreuen Sie sich ihrer in aller Ruhe den Rest Ihrer Tage: ein süßer Trost wäre für mich, wenn ich hörte, daß Sie es tun. Was mich anbelangt, so ist dies mein Schicksal: während ich das Ihrige aufrichtig bedauerte, kam ich doch nicht umhin, Sie darum zu beneiden. Sie waren Gefangener: indes, sie hatten wenigstens Ruhe und waren vor den hinterlistigen Nachstellungen der Bösen sicher. Bitten Sie Gott, mein guter Freund, daß er dieselbe Gnade dem Manne zuteil werden lasse, der Sie liebt und von ganzem Herzen umarmt.

R.

Sie hatten mir versprochen, mir zu schreiben, wenn Sie wieder ein wenig zu sich gefunden haben. Ich habe nichts erhalten. Ist Ihre Adresse immer noch dieselbe?

Rousseau an Pierre Guy

24. März 1768

(1) Anbei, Monsieur, ein paar Zeilen für meinen Freund Lenieps, von dessen Entlassung ich mit großer Freude erfuhr. Noch größer wäre sie gewesen, wenn ich ihn hätte umarmen können. Ich hoffe, daß er den Rest seiner Tage in Ruhe verleben kann. Wie glücklich er sein mag!

(2) Über Monsieur Coindet erhielt ich einen Brief von Monsieur Laliaud; doch dies ist schon mehr als sechs Wochen her. Sollten Sie ihm noch einen weiteren übergeben haben, so ist er nicht bei mir eingetroffen.

(3) Was Ihre Mitteilung anbelangt – ich schicke für die kleine Rente, die ich meiner alten Tante schulde, einen Wechsel über einhundert Francs für das laufende Jahr an Madame Duchesne; die restlichen 137 Francs 10 Sous können mir gelegentlich ausgezahlt werden; das hat keine Eile.

(4) Ich schreibe Ihnen nicht ausführlicher, weil ich heute zum Diner nach Gisors[1] fahre, obgleich ich dazu kaum in der Lage bin: doch ich werde dort erwartet, und dies ist Grund genug, um all meine Kräfte für diese Reise zu sammeln.

(5) Viele Grüße an die Ihren: und Sie, Monsieur, grüße ich von ganzem Herzen.

(6) Ich vergaß, Sie zu bitten, Monsieur Laliaud von mir zu grüßen, wenn Sie ihm schreiben. Ich nehme seine Erlaubnis an, ihm nicht zu antworten; doch ich freue mich stets, wenn ich etwas von ihm höre.

1 Das Schloß Trye, in dem Rousseau zu dieser Zeit illegal lebte, lag in der Nähe der Stadt Gisors (Departement Eure, Normandie).

Rousseau an François-Henri d'Ivernois

24. März 1768

(1) Endlich kann ich aufatmen; Sie werden nun Ruhe haben, und Sie haben einen sicheren Bürgen dafür, daß sie dauerhaft sein wird, nämlich die Wertschätzung der Öffentlichkeit und die Ihrer Behörden, die sie bisher wie gewöhnliches Volk behandelten und aus dieser falschen Meinung nur falsche Maßnahmen ableiteten. Endlich werden sie nun also von diesem Irrtum geheilt sein, und ich zweifle nicht daran, daß die vom Generalprokurator im Rat der 200 gehaltene Rede aufrichtig ist. Unter dieser Voraussetzung dürfen Sie hoffen, daß man auf lange Sicht nicht versuchen wird, Sie zu überrumpeln oder ausländische Mächte auf Ihre Kosten zu täuschen, und wenn diese beiden Möglichkeiten ausgeschaltet sind, sehe ich weiter keine, mit der man Sie in die Knie zwingen könnte. Meine werten Freunde, Ihr habt die einzigen Mittel gewählt, gegen die selbst die Macht nichts auszurichten vermag, Einheit, Weisheit und Mut. Was auch immer die Menschen tun mögen, man ist stets frei, wenn man sich aufs Sterben versteht.

(2) Mein Wunsch wäre jetzt, daß Sie Ihrerseits nichts halb tun und daß die einmal hergestellte Eintracht zu Vertrauen und vollständiger Unterordnung führt, so als habe es nie Zwist gegeben. Die Achtung vor den Behörden macht in den Republiken den Ruhm der Bürger aus, und nichts ist so schön, wie sich unterwerfen zu können, nachdem man ausprobierte, daß man Widerstand zu leisten vermochte. Die Bevölkerung von Genf hat sich stets durch diese Achtung vor ihren Oberhäuptern hervorgetan, wodurch sie selber wieder Achtung erwarb. Jetzt muß sie alle sozialen Tugenden in ihrem Herzen vereinigen, da die Liebe zur Ordnung sie über die Liebe zur Freiheit stellt. Es kann gar nicht sein, daß ein Vaterland, das solche Kinder hat, nicht endlich seine Väter wiederfindet, und dann wird die große Familie zugleich berühmt, blühend und glücklich sein und der Welt wahrlich ein würdiges Beispiel zur Nachahmung geben. Verzeihung, teurer Freund; von meinen Wünschen hingerissen, spiele ich mich hier lächerlicherweise als Prediger

auf; doch nachdem ich erlebte, was Sie waren, beherrscht mich nur der Gedanke, was Sie zu sein vermögen. Derartig weise Menschen haben gewiß keine Ermahnungen nötig, um es auch weiterhin zu sein; doch ich habe es nötig, daß ich meine heißesten Herzenswünsche in Worte fasse.

(3) Im übrigen gratuliere ich Ihnen zu einem glücklichen Umstand, der nicht immer mit der gerechten Sache verbunden ist; nämlich daß Sie zur Unterstützung für die Ihrige Talente fanden, die ihr Gewicht verliehen. Ihre Gesuche sind Meisterwerke der Logik und der Diktion. Ich weiß, wie aufgeklärt man in Ihren Kreisen ist und wie sachkundig man dort urteilt; ich weiß auch, daß man Ihre Verordnungen genau kennt, doch gewöhnlich findet man keine Leute, die so gut die Feder zu führen wissen. Wer auch immer die Ihrige führte, er ist ein außergewöhnlicher Mensch; vergessen Sie nie, daß Sie ihm Dank schulden.

(4) Was die freundschaftliche Antwort anbelangt, die Sie von mir über die mich betreffende Angelegenheit[1] erbitten, so gebe ich sie Ihnen voller Vertrauen. Nichts auf der Welt hat meinem Herzen mehr Kummer und Schmerz bereitet als die Genfer Verfügung[2]. Nie hat es etwas Unbilligeres, Absurderes und Lächerlicheres gegeben. Indessen vermochte sie nicht meine Zuneigung zu meinem Vaterland zu zerstören, und nichts auf der Welt wird sie zerstören können. In Hinsicht auf mein Schicksal ist es mir gleichgültig, ob diese Verfügung annulliert und durch eine andere ersetzt wird oder nicht, weil es mir so oder so nicht möglich wäre, aus einer Ehrenrettung Nutzen zu ziehen. Dennoch muß ich gestehen, daß es mir nicht gleichgültig wäre, wenn jene, die den Fehler begingen, ihr Unrecht einsähen und den Mut hätten, ihn wiedergutzumachen. Ich meine, ich müßte in diesem Fall vor Freude sterben, weil ich darin das Ende eines versöhnlichen Hasses sähe, so daß ich mich dann, ohne eine Demütigung fürchten zu müssen, mit dem größten Vergnügen den ehrerbietigen Gefühlen widmen könnte, die mir mein Herz einflößt. Alles, was ich Ihnen dazu sagen kann, ist folgendes: wenn dies einträfe, was ich aber keinesfalls erwarte, so könnte der Rat zufrieden sein mit meinen Gefühlen und meinem Betragen, er würde bald erkennen, welche unsterbliche Ehre er sich selbst erwarb.

Doch ich gestehe Ihnen auch, daß diese Wiedereinsetzung in meine Rechte für mich nicht von Wert sein kann, wenn sie nicht selbst den Anstoß dazu gaben, so wie ich auch nie einwilligen würde, daß man darum nachsucht. Ich bin Ihrer Gefühle sicher, Beweise brauche ich nicht; doch jene, die von Ihnen kommen, rühren mich um so mehr, als ich sie nicht erwartet hatte. Kurz, wenn sie von sich aus den Schritt tun, werde ich meine Pflicht erfüllen, wenn sie ihn nicht tun, so wird dies nicht die einzige Ungerechtigkeit sein, über die ich mich hinwegzutrösten hätte; doch ich will unter keinen Umständen die Gefahr heraufbeschwören, der Stein des Anstoßes zu sein, dessentwegen die Eintracht nicht wiederhergestellt werden kann.

(5) Ich wollte nicht, mein guter Freund, von mir reden, solange Sie diese unruhige Zeit haben: Sie haben genug mit Ihren eigenen Schwierigkeiten zu tun und können nicht noch an die meinigen denken. Ich werde Ihnen auch jetzt nichts dazu sagen, weil ich selbst nicht weiß, wie ich darüber denken soll, und ich mich gern der Hoffnung hingebe, daß ich nicht mehr ganz bei Sinnen bin. Ich sehe, wie so abscheuliche Menschen ein solch ruchloses Ränkespiel treiben, daß ich zur Ehre der Menschheit lieber glauben will, ich würde alles dramatisieren;[3] darum schweige ich. Ich werde in Gisors dinieren, wo ich erwartet werde, und hoffe, dort diesen Brief selbst zur Post bringen zu können. Sollte es passieren, daß Sie nichts mehr von mir hören, so sage ich nicht wie Sie zu Ihnen: Denken Sie nicht mehr an mich! Vielmehr sage ich Ihnen das Gegenteil: Behalten Sie stets unsere Freundschaft in Erinnerung!

(6) Ich umarme Sie von ganzem Herzen.

(7) Beiliegend eine Vollmacht für die Witwe Duchesne, und zwar für die 100 Francs, die Sie meiner guten alten Tante vorgestreckt haben. Ich schulde Ihnen auch sonst noch irgend etwas, doch leider weiß ich nicht die Höhe des Betrages.

1 Die Wiedererlangung der Bürgerrechte der Republik Genf.

2 Am 19. Juni 1762 war in Genf das Verbot des „Emile" und des „Gesellschaftsvertrages" verfügt und ein Haftbefehl gegen Rousseau erlassen worden.

3 Wie es scheint, war es Rousseau bewußt, daß das Szenarium seiner Verfolgung so unglaublich war, daß es Zeitgenossen für eine Wahnidee hielten.

Rousseau an Etienne-François de Choiseul-Stainville, Herzog de Choiseul

Trye, den 27. März 1768

Monseigneur,

(1) Sie haben die Güte, mich anzuhören. Wie fühle ich mich doch erleichtert! Hätten Sie mich freundlicherweise empfangen, so wäre es, dünkt mich, müßig gewesen, darüber zu reden, denn Sie hätten augenblicklich alles in meinem Herzen gelesen.

(2) Eine Bemerkung, die Monsieur de Luxembourg mir bei meiner Abreise[1] in die Schweiz sagte, veranlaßt mich, auf die Einzelheiten einzugehen, was indes überflüssig wäre, hätte er Ihnen meine Antwort wiedergegeben: doch der beste und liebenswürdigste Mensch ist nicht immer zugleich der mutigste.

(3) Man hat Ihnen einige Textstellen[2] aus meinen Schriften ausgelegt, und zwar nicht nur so falsch und so unecht, wie niemand in der Öffentlichkeit es jemals vermuten würde, sondern auch völlig im Widerspruch zu meinen Ansichten, denn die einzige dieser Passagen, die man mir gegenüber zitierte, enthält in Wirklichkeit das aufrichtigste, größte, ich wage zu sagen, das würdigste Lob, das Sie vielleicht jemals erhalten werden; seine Bestimmung vermochten Sie nur infolge Ihrer allzu großen Bescheidenheit nicht zu erkennen. Monsieur, ich will keine feierlichen Versicherungen abgeben. Ich werde Ihnen die Fakten darlegen, und Sie werden urteilen.

(4) Alle Minister schon lange vor Ihnen machten auf mich den Eindruck, daß sie falsch an diesem Platz waren; alle Personen, gleich welchen Geschlechts, die sich um die Regierungsgeschäfte kümmerten, haben meines Erachtens keinen Weitblick gehabt, es waren nur Halbtalente mit niedrigen Leidenschaften und viel mehr Geiz als Eifer.

Deshalb hatte ich für sie alle nur Verachtung, die vielleicht ungerecht war, die aber bis zum Haß ging, woraus ich auch nie einen Hehl machte. Ihnen hingegen waren vom ersten Augenblick an all meine Gefühle zugetan. Ich war davon überzeugt, daß Sie dem Amt des Ministers den von jenen Leuten verdunkelten Glanz wiedergeben würden; und als das Gerücht umging, daß Sie und eine jener Personen, von denen ich soeben sprach, zur Wahl stünden, galten Ihnen meine Wünsche, die freilich nicht so heimlich waren, wie sie hätten sein müssen. Wenig später sprach Monsieur de Luxembourg zufällig mit Ihnen über mich; und wegen des Versuches, den ich in Venedig[3] unternommen hatte, boten Sie an, mich zu beschäftigen. Ich war für dieses Angebot um so dankbarer, als ich noch nie von Staatsbeamten mit Wohltaten verwöhnt worden war. Ungefähr in diese Zeit platzte dieser berühmte Familienpakt[4] hinein: welch gute Vorbedeutung mußte ein solcher Beginn für eine Regierung haben! Sogleich legte ich letzte Hand an den Gesellschaftsvertrag[5]: dieweil mein Herz von Ihnen erfüllt war, schrieb ich darin meine Ideen und Voraussagen mit einer Zuversicht nieder, welche die Zeit bestätigte und die Zukunft nicht Lügen strafen wird.

(5) Da Sie der Wahrheit die Ehre geben, werden Sie Ihre Sprache wiedererkennen. Die Textstelle, die ich Ihnen soeben erklärte, ist die einzige, an der ich von Ihnen sprechen wollte. Wenn irgendeiner anderen unheilvoller Bezug gegeben wurde, so rufe ich den gesunden Menschenverstand an, dies zu widerlegen, und ich bin bereit, überall darzustellen, was ich sagen wollte. Doch wäre es denn überhaupt möglich, daß ich mir so töricht widerspreche, indem ich zu gleicher Zeit dieselbe Person lobe und verspotte? Entspricht dies etwa meinem Charakter? Und hat man mich jemals aus einem Munde kalt und warm blasen sehen? Man denke sich einen Fremden an meiner Statt, mitten in Frankreich, wo es gerade beliebt, der gern kühne, doch allgemeine Wahrheiten verkündet, der indes nie seine Schriften damit besudelt, daß er jemanden verspottet oder bösartig verunglimpft, der stets nur mit Anstand und Würde die giftigen Pfeile seiner Gegner zurückweist und dessen stolze Seelenruhe auf unantastbaren Prinzipien und Maxi-

men begründet ist: Könnte man sich jemals vorstellen, daß ein solcher Mensch, den bislang große, edle Gefühle beseelten, plötzlich ohne Grund und Anlaß zu den verworfensten Ausdrücken der brutalsten und größten Grausamkeit übergeht, daß er mit Vergnügen die Empörung eines Ministers herausfordert, der die Hoffnung der Nation ist und ihn gerade erst mit Wohlwollen beehrte, daß ein solcher Mensch also noch so spät versucht, in seinem Unglück die Aufmerksamkeit und das Mitleid der Öffentlichkeit auf sich zu lenken, die, obschon sie den Spott liebt, mit Recht über bestrafte Spötter sagt: „Er hat nur das, was er verdient"? Ich kenne die Menschen und ihr inkonsequentes Verhalten: ich weiß nur zu gut, daß ich keine Ausnahme bin; doch ich bekenne laut, daß so etwas nicht in meiner Natur liegt. Im übrigen, wenn ich fähig wäre, dergleichen Torheiten zu denken und zu schreiben, hätte ich mich dann zurückgehalten, sie zu sagen, ich, der ich so vertrauensseelig, so freimütig, so leicht meine Gedanken zu jeder Sache offenbare? Auf der Erde wimmelt es nur so von meinen unversöhnlichen Feinden, die allesamt einmal meine Freunde[6] waren oder zu sein vorgaben, und diese Bemerkung verstärkt das Gewicht dessen, was ich Ihnen versichere: Monseigneur, ich wette, daß es keine Menschenseele gibt, die zu behaupten wagte, sie hätte mich jemals von Ihnen und Ihrer Regierung anders sprechen hören als mit der größten Ehrerweisung. Zuletzt, haben Sie die Güte, sich zu vergegenwärtigen, wie ich in dieses Land zurückkehrte. Als ich nach London reiste, durchquerte ich Frankreich mit einem Reisepaß, weil man mir sagte, ich benötigte einen. Auf eigenes Betreiben bin ich ganz allein zurückgekommen, ich lieferte mich Ihnen voll und ganz aus, ich warf mich Ihnen in die Arme – und dies, wenn ich so sagen darf, voller Eifer, ohne Vorsicht, ohne Furcht, ohne andere Sicherheit als Ihre Menschlichkeit und meine Unschuld und in dem Bewußtsein, daß es Ihnen an Vorwänden nicht fehlen würde, mich zurückzuweisen, wenn Sie es wollten. Wiewohl ich fühlte, daß ich bei Ihnen in Ungnade gefallen war, habe ich auf Ihre Großmut gezählt, und ich tat recht daran. Doch dieses Verhalten beweist, wie aufrichtig meine Wertschätzung war und wie ich allzeit über Sie dachte. Einem Menschen, der sich im Innersten schuldig gefühlt hätte, wäre dieselbe Sicherheit in demselben Asyl zuteil geworden, doch nie hätte er gewagt, sie dort zu suchen.

(6) Dies, Monsieur le Duc, war das, was ich Ihnen zu sagen hatte und was ich gar zu gern mündlich vorgetragen hätte, obgleich ich keineswegs zu reden verstehe: doch mein Herz hätte für mich gesprochen, und dessen Sprache hätten Sie verstanden. Ohne der Sorge ledig zu sein, welchen Weg mein Brief nimmt, fürchte ich nicht im geringsten, daß er mir jemals schaden könnte, sobald er erst in Ihren Händen ist: doch eine natürliche Zuneigung ließ mich hoffen, dies gestehe ich, daß diese Zuneigung nicht einseitig sei, wenn ich Ihnen unter die Augen treten würde. Da ich mir dessen sicher war, daß ich nur auf Grund eines Irrtums bei Ihnen in Ungnade gefallen bin, nährte ich stets die Hoffnung, dieser Irrtum werde aufgeklärt und ich könnte schließlich Ihres Wohlwollens teilhaftig werden. Darauf zähle ich jetzt; darauf habe ich ein Recht, wage ich zu sagen, und ich beanspruche es, ohne zu erröten; denn von allen Gunstbezeigungen, die Sie erweisen können, strebe ich nur nach dieser einen: unter Ihrem Schutz die Ruhe und die Freiheit genießen zu können, die zu verlieren ich nicht verdient habe und die ich nie mißbrauchen werde.

(7) Genehmigen Sie, Monseigneur, ich bitte Sie herzlich, die Versicherung meines aufrichtigen und tiefen Respektes.

J.-J. Rousseau

(8) Sollten Sie mich unter dem Namen Renou[7] mit einer Antwort beehren wollen, so genügen drei Worte: Ich glaube Ihnen; und schon wäre ich zufrieden.

1 Rousseaus Flucht aus Montmorency und aus Frankreich am 9. Juni 1762.

2 Hierbei handelt es sich um folgenden im „Gesellschaftsvertrag" eingefügten Abschnitt: „Ein wesentlicher und unvermeidlicher Mangel, durch den die monarchische Regierungsform der republikanischen immer unterlegen sein wird, besteht darin, daß in der Republik die öffentliche Entscheidung fast immer nur aufgeklärte und fähige Männer, die ihren Ämtern Ehre machen, zu

den höchsten Stellen erhebt. In den Monarchien gelangen zu ihnen dagegen häufig nur kleine Wirrköpfe, kleine Betrüger, kleine Intriganten, denen ihre kleinen Talente, die an den Höfen zu den großen Stellen führen, nur dazu dienen, der Öffentlichkeit ihre Unfähigkeit vorzuführen, sobald sie diese Stelle erklommen haben. Das Volk irrt sich weit weniger in der Wahl als der Fürst, und ein Mann von wahrem Verdienst ist in einem (königlichen) Ministerium fast so selten wie ein Dummkopf an der Spitze einer republikanischen Regierung. Ergreift daher infolge eines glücklichen Zufalls ein zum Regieren geborener Mann in einer durch diese Haufen sauberer Verwalter fast zugrunde gerichteten Monarchie das Ruder, dann staunt man über die Kräfte, die er findet" (Drittes Buch, VI. Kapitel). Wie aus einem Brief Rousseaus an Rey vom 6. Januar 1762 hervorgeht, hoffte Rousseau mit dieser Textstelle die Gunst des Herzogs Choiseul zu gewinnen und die Einfuhr des „Gesellschaftsvertrages" in Frankreich zu erleichtern. Sie bewirkte jedoch das Gegenteil. Choiseul trat für das Verbot ein und übte im gleichen Sinn Druck auf die Regierung in Genf aus. Voltaire kommentierte in den „Republikanischen Ideen" (1765/66) diese Textstelle als einen fatalen Mißgriff.

3 Bezieht sich auf die Tätigkeit Rousseaus vom 4. September 1743 bis zum 22. August 1744 als Sekretär an der französischen Botschaft in Venedig.

4 Die Alliance zwischen Frankreich und Spanien vom 15. August 1761.

5 Der „Gesellschaftsvertrag" erschien im April 1762 in Amsterdam bei Rousseaus Verleger Marc-Michel Rey.

6 Dies betrifft insbesondere Frau von Epinay, Diderot, Grimm und d'Alembert, aber auch Voltaire.

7 Hier offenbart Rousseau dem Herzog sein Pseudonym, unter dem er illegal in Frankreich lebte.

Rousseau an Graf Michał Wielhorski

[Ende September 1770]

Monsieur, nehmen Sie meine herzlichsten Glückwünsche zu der Nachricht[1] entgegen, die Sie mir vermelden; ich freue mich wirklich aus Herzensgrund. Ihr mutigen Polen, die Ihr, ohne jede Hilfe und ohne zu verzagen, für Freiheit und Vaterland kämpft und einen Sieg erringt! Ihr werdet ein Beispiel für Europa geben, und eines Tages, so hoffe ich, werdet Ihr Europas Ruhm sein. Ich war erschrocken, als ich in der Zeitung die falschen Darstellungen und frechen Warnungen Ihrer Tyrannen las.

1 Die Eroberung der Festung Tschenstochowo durch die Truppen der Konföderation von Bar.

Jacques-François Deluc an Rousseau

8. September 1772

(1) Es ist vier Jahre her, mein teurer Freund, daß ich das Vergnügen hatte, Ihnen schreiben zu können. Damals sah ich nicht voraus, daß unser Frieden durch das Ränkespiel gestört werden könnte, das unsere Feinde zu eben diesem Zweck trieben.

(2) Bestimmt werden Sie zum großen Teil die Gründe für die „Randbemerkung" verstehen, die ich Ihnen sende; doch Sie können nicht wissen, daß ich, der ich weder Griechisch noch Latein beherrsche, mit Hilfe meiner Erfahrung und meiner beständigen Liebe zur Wahrheit und Gerechtigkeit die eigentliche Wortbedeutung herausfand, die der Terminus *incola*[1] in unseren alten Schriftstücken und in den römischen Gesetzen hatte, ja ich konnte mich sogar gegenüber den Schlaubergern verteidigen, die mir die Übersetzungen lieferten. Gleichwohl ist dies ein Faktum, für das ich Ihnen den Beweis liefern kann, wenn Sie ihn wünschen, und Sie hätten ihn sogar bereits in Händen, wenn es nicht zu lange dauerte, ihn ausführlich abzuhandeln.

(3) Sollten Sie sich durch eine ähnliche Veranlagung Ihres überlegenen Genies in die Lage eines Menschen versetzen können, der von seinen Mitbürgern während unserer Revolution, das heißt also von 1730 bis 1868, fortgesetzt abgeordnet wurde, so wären Sie ebenso überzeugt wie er selbst, daß es uns in Anbetracht des Strudels uns umgebender Schwierigkeiten unmöglich war, für Sie mehr zu tun als das, was der Artikel 14 unseres Erlasses vom 11. März her-

gibt. In der Tat, mußte nicht notgedrungen dieser Erlaß von den unteren Räten gebilligt werden, damit sie ihn auf dem Rechtsweg zur Inkraftsetzung an den Obersten Rat der Republik weiterzuleiten bereit waren? Wie aber hätten wir ihre Zustimmung erhalten können ohne die Willfährigkeit, die dieser Artikel ihnen gegenüber enthält? Ist es nicht sogar so, daß eben diese Willfährigkeit, die Ihrem Recht keinerlei Abbruch tut, nach Ihrem Belieben einen Sitz im Obersten Rat Ihres Vaterlandes einzunehmen, alle unrichtigen Darstellungen unserer Gegner im Ausland widerlegt, dieser Erlaß sei unter Druck zustande gekommen? Mein Ziel war also, unseren Gegnern den Mund zu stopfen, indem ich mein Werk mit Ihrer Autorität beehrte.

(4) Um mir der Richtigkeit einiger wesentlicher Faktoren sicher zu sein, mußte ich persönlich das lateinische Original aller Freibriefe einsehen, das heißt das ihrer Bestätigung durch Papst Felix V., unseren Landesverweser im Jahre 1444, laut Urkunde von 1420 usw. Ich teilte daher mein Vorhaben unserem Ersten Bürgermeister mit und erhielt von ihm, was ich wünschte. Er ist derselbe, der sich beständig weigerte, Ihre „Briefe vom Berge" zur Beratung zu stellen.

(5) Als ich mein Werk diesem würdigen Magistrat übergab, damit er sich davon überzeugte, wie wichtig mir der Dienst gewesen, den er gütigerweise erwies, hatte ich die Ehre, ihm folgendes zu sagen: ich bäte ihn nicht um Erlaubnis, es drucken zu lassen, um mein Recht nicht aufs Spiel zu setzen, doch ich wüßte sehr wohl, daß ich mit meinem Namen einstehen müsse und daß ich es folglich unterzeichnen würde. Er gab es mir zwei Tage später zurück, ohne daß er etwas daran auszusetzen gefunden hätte. Unabhängig von diesem erwähnenswerten Umstand gab ich mir die Ehre, sooft ich Gelegenheit hatte, mit Ratsmitgliedern zusammenzutreffen, von Ihnen als unserem Mitbürger „Monsieur Rousseau" zu sprechen.

(6) Ich hoffe also, Sie billigen es, sowohl wegen der vielen Verpflichtungen, die wir gegen Sie haben, als auch wegen Ihrer Liebe zur Wahrheit, Gleichheit und Gerechtigkeit, daß ich es mir als Ehre anrechne, Sie weiterhin meinen lieben Mitbürger zu nennen, wie Sie auch mich nannten,

und mir zu erlauben, Sie als meinen Freund zu bezeichnen, denn ich war stets und bin immer von Herzen der Ihrige.

J. F. Deluc

1 Deluc beschäftigte sich mit semantischen Analysen der Termini *incola* (Einwohner) und *habitator* (Bewohner).

Rousseau an Don Fernando de Silva Alvarez de Toledo, Herzog von Alba

Paris, 1. Oktober 1772

(1) Zu meinem großen Bedauern kann ich, Monsieur le Duc, das Stoffgeschenk nicht annehmen, das Sie mir gütigst sandten. Ich würde mir gewiß die Geschenke Eurer Exzellenz zur Ehre anrechnen und sie sowohl mit Eifer als auch mit Dankbarkeit annehmen, wenn ich nicht dessen sicher wäre, daß sie für einen anderen Menschen bestimmt sind, der ich nicht bin: es hieße, mir etwas anzueignen, was einem anderen gehört. Wie auch immer Sie dazu stehen mögen und welche hohe Achtung ich auch in jedem anderen Falle vor Ihren Ansichten empfinde, in dieser Angelegenheit muß ich mich nach den meinigen richten, und von diesem Grundsatz ausgehend, kann ich, Monsieur le Duc, so kostbar mir auch die Aufmerksamkeit Eurer Exzellenz ist, Ihre Geschenke nicht mehr annehmen, nachdem ich erkannte, daß sie mir nicht zustehen.

(2) Was ich über Ihren schwankenden Gesundheitszustand und über Ihre Heilbehandlung höre, veranlaßt mich, möglicherweise eine Indiskretion zu begehen, indem ich Ihnen von meiner Gesundheit berichte. Doch eingedenk der aufrichtigen Anteilnahme, die Sie mir einflößten, und der Überzeugung, daß mein Beispiel in dieser Hinsicht nützlich sein könnte, läßt mich die bloße Möglichkeit, Ihnen behilflich zu sein, die Gefahr in Kauf nehmen, aufdringlich zu erscheinen.

(3) Ich bin mit einer gesundheitlichen Schwäche geboren, die mit der Ihrigen vergleichbar ist, zumindest was den Sitz

des Leidens anbelangt und den befallenen Körperteil. Das Arbeiten mit der Feder hat mein Blut erhitzt und die Leiden vergrößert, die bis dahin erträglich waren. Die Attacken wurden heftiger und häufiger, die Schmerzen hielten fast ständig an, ich wollte gesund werden, ich lieferte mich den Quacksalbern aus, die, indem sie ihr Wissen wie auch meine Kräfte erschöpften, mich an den Rand des Grabes brachten und meine Leiden nur verschlimmerten, indem sie meine Phantasie in Schrecken versetzten. Von der Überzeugung durchdrungen, einen Stein zu haben, meinte ich bei jedem Anfall, mit den Kolikschmerzen sei der Zeitpunkt des Sterbens gekommen, und das Entsetzen, das mir diese Vorstellung einjagte, ließ mich alles versuchen, um von einem Leiden zu genesen, das am wenigsten auf der Welt zu heilen ist, da es von einem kranken Organ herrührt. Bruder Come, der mich schließlich mit der Sonde untersuchte, was man bisher nur mit Kathetern hatte tun können, erklärte mir, ich hätte keinen Stein: das beruhigte mit einem Schlag meine Phantasie, und nachdem ich vergeblich alle Hilfsmittel der Heilkunst probiert hatte, kam ich auf das Mittel, mit dem ich hätte anfangen müssen: nämlich zu lernen, geduldig zu leiden und nicht wider den Willen der Natur gesund werden zu wollen. Dieweil ich von den Schrecken eines Steines befreit war, richtete ich mich darauf ein, jede andere Krankheit zu ertragen, mich dem Joch der Notwendigkeit zu unterwerfen, und da man nun einmal schließlich irgendworan sterben muß, an meinem Leiden zu sterben und nicht etwa noch an der Arznei. Ich verzichtete also für immer auf die traurigen Hilfsmittel der Medizin, ich erlegte mir keine andere Diät auf als jene, die sich jeder vernünftige Mensch verordnen sollte, nämlich Maß zu halten in allen Dingen. Sowie ich mich nicht mehr darauf versteifte, gesund werden zu wollen, litt ich viel weniger. Kamen die Anfälle, so ließ ich sie kommen und von selber gehen, ohne daß ich wußte, welches Ende sie nehmen würden, ich regte mich möglichst wenig auf und schenkte der Natur das Vertrauen, das ich dem Arzt entzogen hatte. Seitdem sind sie weniger häufig und weniger heftig geworden, sowohl weil ich auf jede Geistesübung verzichtete, als auch, weil ich mich nicht mehr durch mein

Leiden in Unruhe versetzen lasse und weil ich mir viel Bewegung mache, was mir sehr gut tut. Jetzt bin ich von allen Anfällen und anderen Krankheiten geheilt, ohne daß ich auch nur das Geringste tue oder jemanden zu Rate ziehe. Wohl kann, das gebe ich zu, ein Anfall kommen, der mich hinwegrafft, und man wird ganz bestimmt sagen, dies sei passiert, weil ich keinen Arzt wollte, aber man wird nicht sagen, wie viele Male ich davongekommen bin, weil ich keinen wollte. Die Ärzte heilen hin und wieder, daran zweifle ich nicht, doch oftmals töten sie, und stets quälen sie: es ist ein Glücksspiel für Narren, auf das ich mich nie im Leben wieder einlassen werde. Diese Herren lieben mich nicht, ich weiß es, und ihr Haß ist um so mehr zu fürchten, als sie ihn nicht verbergen: Doch mögen sie nur nach Herzenslust im dunkeln ihr Wesen treiben, so wie viele andere es tun – da ich das Schicksal und die Menschen von der schlimmsten Seite kenne, werde ich in bezug auf sie keine Ausnahme machen. Ich werde also mein Leben beenden, ohne Hilfsmitel und ohne Unruhe, ich werde ohne Arzt sterben, und was auch immer geschehen mag, ich habe jetzt zehn Jahre hinter mir, in denen mein Zustand erträglich wurde, weil ich die große Kunst erlernte, krank zu sein, und der trügerischen Kunst abschwor, gesund werden zu wollen. Dies, Monsieur le Duc, ist die Geschichte meiner Krankheit, ich bitte Sie inständig, mir in Anbetracht des Grundes, der sie mich Ihnen vortragen ließ, zu verzeihen, daß ich ins einzelne ging. Ich wünsche von ganzem Herzen die völlige Genesung Eurer Exzellenz; doch ich wette, daß es keinen Sterblichen auf der Erde gibt, der eine unheilbare Krankheit leichter erträgt als ich. Nehmen Sie, Monsieur le Duc, gütigst meine Hochachtung entgegen, und lassen Sie mich, sofern es mir erlaubt ist, den Ausdruck meiner aufrichtigen Verbundenheit hinzufügen.

J.-J. Rousseau

(4) Meine Frau ist von Eurer Exzellenz Wohltaten gerührt und bittet Sie, ihren respektvollen Dank entgegenzunehmen.

Dokumente zur Person Rousseaus*

Übersetzung von Winfried Schröder

* Auslassungen in den Texten wurden mit diesen übernommen.

Guillaume-François-Louis Joly de Fleury
an Guillaume de Lamoignon de Malesherbes

Paris, den 10. Juni 1762

Monseigneur, ich habe die Ehre, Sie davon zu unterrichten, daß gestern von der Großen Kammer aufgrund einer Anklagerede meines Bruders[1] sowie meines Schlußantrages ein Urteilsspruch ergangen ist, durch den ein ohne Angabe des Druckers gedrucktes Buch mit dem Titel *Emile oder Von der Erziehung, von J.-J. Rousseau, Bürger von Genf* zum Zerreißen und Verbrennen bestimmt wird. Mit demselben Spruch wird ein Haftbefehl gegen den genannten Jean-Jacques Rousseau als den im Frontispiz des Werkes genannten Autor erlassen.

Demgemäß habe ich gestern nachmittag einen Gerichtsdiener des Parlaments nach dem Dorf Montmorency entsandt, um besagtem Rousseau diesen Haftbefehl zu verkünden und ihn dem Gefängnis der Conciergerie zuzuführen, der Gerichtsdiener hat mir heute morgen Bericht erstattet, daß der besagte Rousseau nicht anwesend war.[2]

Darum hat sich der Gerichtsdiener damit begnügt, ein Durchsuchungsprotokoll aufzusetzen und eine Vorladung binnen vierzehn Tagen gemäß der ergangenen Weisung auszustellen.

Ich habe die Ehre, mit sehr tiefem Respekt zu zeichnen, Monseigneur,

als Ihr höchst ergebener und gehorsamer Diener

Joly de Fleury

1 Omer Joly de Fleury.

2 Am 9. Juni 1762 war Rousseau mit Geld und einer Kutsche des Marschalls von Luxembourg nach Genf aufgebrochen. Zu dieser Flucht hatten ihn die Luxembourgs und der Prinz von Conti dringend geraten. Am 11. Juni ereichte Rousseau das Territorium von Bern. Am 19. Juni wurden vom Kleinen Rat, der Genfer Regierung, sowohl der „Emile“ als auch der „Gesellschaftsvertrag“ verboten und Rousseau die Verhaftung angedroht, falls er Genf betreten würde.

Les Scholarques de Berne aux Censeurs

Donstag den 8ten Jul. 1762

CONTRAT SOCIAL, Oeuvres de Voltaire, ob und was davon zu verbieten? Zedel an Meine hochundwohlgeborenen Herren die Censores librorum.

Beÿ gehabtem Anlas ist von Meinen hochundwohlgeborenen Herren den SchulRähten geandet worden, dass das Buch unter dem Tittel CONTRAT SOCIAL DEM GOUVERNEMENT HÖCHST WIDRIGE LEHREN ENTHALTE, ferners, dass auch in verschiedenen von denen Werken des Herrn de Voltaire irrige und sonderheitlich unsrer Christln Religion nachteilige Gedanken sich befinden, und dass demnach nöhtig wäre hinnüber ein Einsehen zu thun, UM ZU VERHINDERN DASS DERGLEICHEN WERK NICHT JE MEHR UND MEHR BEKANT WÜRDEN.

Meine hochundwohlgeborenen Herren die SchulRäht ersuchen demnach Euch Meine hochundwohlgeborenen Herren DIESE WERK ZU EXAMINIREN, und besonders das erstere auf Unkösten des Schulseckels zu bescheiden, fahls Ihr es sonst nicht haben köntet, und demnach Euer Erfinden Meinen hochundwohlgeborenen Herren den SchulRähten so bald möglich zu Referiren.

Friedrich II., König von Preußen, an George Keith, Lord-Marschall von Schottland

Zu Peterswald, den 1. September 1762

Ihr Brief über Rousseau in Genf hat mir, mein lieber Mylord, großes Vergnügen bereitet. Ich sehe, daß wir das gleiche denken. Es gilt diesem armen Unglücklichen Erleichterung zu verschaffen, da seine Sünde allein darin besteht, eigenartige Ansichten zu hegen, die er aber für richtig hält. Ich werde Ihnen 100 Taler aushändigen lassen, Sie wollen ihm davon gütigst so viel geben, wie er für seine Bedürfnisse benötigt. Ich glaube, wenn man ihm Naturalien schenkt, wird er sie eher annehmen als Geld. Wenn wir keinen Krieg[1] hätten und nicht ruiniert wären, wollte ich ihm eine Hermitage mit einem Garten errichten lassen, wo er leben könnte, wie er glaubt, daß unsere Urväter gelebt haben. Ich gestehe, daß meine Ideen sich von den seinigen so unterscheiden wie das Endliche vom Unendlichen. Er würde mich niemals dazu kriegen, Gras zu käuen und auf allen vieren zu laufen.[2] Es ist wahr, all dieser asiatische Luxus, dieses Raffinement des guten Speisens, der Wollust, der Weichlichkeit ist zu unserer Erhaltung nicht wesensnotwendig. Wir vermöchten einfacher und frugaler zu leben, als wir es tun. Aber weshalb auf die Annehmlichkeiten des Lebens verzichten, wenn man sie genießen kann? Die wahre Philosophie scheint mir darin zu liegen, daß sie den Gebrauch nicht verbietet, sondern sich damit begnügt, den Mißbrauch zu verdammen. Man muß wohl fähig sein, alles zu entbehren, aber auf nichts zu verzichten. Ich gestehe Ihnen, daß viele moderne Philosophen mir mißfallen, weil sie Paradoxa verkünden. Sie wollen neue Wahrheiten aussprechen und verbreiten Irrtümer, die den gesunden Menschenverstand verletzen. Ich halte mich an Locke, an meinen Freund Lukrez und an meinen guten Kaiser Marc Aurel. Diese Männer haben uns alles gesagt, was wir wissen können (mit Ausnahme der Körperlehre des Epikur), und ebenso alles, was uns mäßig, gut und klug zu machen vermag. Hernach ist es amüsant, daß man uns weismachen will, wir seien alle gleich und müßten folglich wie Wilde, ohne Gesetze, ohne Gesellschaft und Ordnung leben, die schönen Künste hätten den Sitten geschadet, und was der weiteren ebensowenig aufrechtzuerhaltenden Paradoxien sind. Ich glaube, Ihr Rousseau hat seine Berufung verfehlt. Er war zweifellos dazu geboren, ein namhafter Zenobit[3] zu werden, ein Wüstenvater, berühmt für seine Entbehrungen und Kasteiungen, ein Säulenheiliger. Er hätte Wunder vollbracht, wäre ein Heiliger geworden und hätte das gewaltige Register der Märtyrer vermehrt. Derzeit aber wird er nur als ein wunderlicher Philosoph betrachtet, der nach zweitausend Jahren die Sekte des Diogenes wiederaufleben läßt. Deswegen lohnt es die Mühe nicht, Gras zu käuen und sich mit allen Philosophen, seinen Zeitgenossen, zu verzanken. Der verstorbene Maupertuis hat mir etwas über ihn berichtet, was ihn trefflich charakterisiert: Auf

seiner ersten Reise nach Frankreich lebte Rousseau in Paris von dem, was er mit Notenkopieren verdiente. Der Herzog von Orléans erfuhr, daß er arm und unglücklich war, und übergab ihm ein paar Noten zum Kopieren, damit er Gelegenheit bekäme, sich freigebig zu zeigen, und er schickte ihm 50 Louis. Rousseau nahm nur 5 davon an und gab den Rest zurück. Er wollte ihn keinesfalls annehmen, obwohl man ihn dazu drängte. Seine Arbeit, so sagte er, sei mehr nicht wert, und der Herzog von Orléans könne diese Summe besser verwenden, wenn er sie Leuten schenkte, die ärmer und fauler wären als er. Diese große Uneigennützigkeit ist unbestritten der Wesensgrund seiner Tugend. Darum erachte ich, daß die Sitten Ihres Wilden ebenso rein sind, wie sein Geist inkonsequent ist. Ich gehe von Ihrem philosophischen Wilden zu den Wilden in weißem Ornat über, denen weniger Sitte eignet als ihm und gegen die wir täglich ankämpfen, (...)
Adieu, mein lieber Mylord, wenn Rousseau keinen Philosophen findet, der seines Vertrauens würdig ist, so schmeichle ich mir zumindest, daß Sie auf meine stete zuverlässige Freundschaft zählen werden.

Friedrich

1 Der Siebenjährige Krieg (1756–1763). Friedrich schrieb diesen Brief aus dem Feldlager.
2 Friedrich II. reproduziert hier Voltaires simplifizierende Interpretation der Rousseauschen Geschichtsphilosophie. (Siehe Briefe 317 und 319).
3 Zenobius (gest. 417), ein Heiliger, war Bischof und Patron von Florenz, der sich durch Wundertaten auszeichnete.

Jean Le Rond d'Alembert an François-Marie Arouet de Voltaire

Paris, den 8. September [1762]

(...) Die Freunde von Rousseau (nicht von Rousseau dem Dichter, sondern von dem Genfer Rousseau) verbreiten hier, daß Sie ihm nachstellen, daß Sie ihn aus Bern verjagen ließen und darauf hinarbeiten, ihn auch aus Neuchâtel zu vertreiben; ich bin überzeugt, daß dem nicht so ist und daß Sie, allem Unrecht zum Trotz, in das sich Rousseau Ihnen gegenüber gesetzt haben mag, ihn nicht am Boden zerschmettern wollen. Ich erinnere mich an einen schönen Vers aus *Semiramis*:

> Ist die Rache geschehn, dann will Mitleid sprechen,
> Mit seinem Gesetz das der Rache brechen.

Bedenken Sie im übrigen, daß Rousseau darum verfolgt wird, weil er Steine, und recht ordentliche Steine gegen jene *Ruchlose* geschleudert hat, die Sie zerschmettert sehen möchten und die den Kehrreim[1] all Ihrer Literatur bildet, so wie die *Zerstörung Karthagos* den Kehrreim aller Reden von Cato im Senat ausmachte. Rousseau gleicht dem Manne aus Äsops Fabeln, der den Vorübergehenden Ohrfeigen versetzte. Man gab ihm zu seinem Leidwesen den Rat, auch einen bekannten Blödian zu ohrfeigen, der ihm über den Weg lief, woraufhin dieser ihm alle von ihm selbst und von den übrigen Passanten empfangenen Ohrfeigen zurückgab. Aber sosehr die Philosophie[2] auch von ihm geschmäht wurde, so darf es doch nicht geschehen, daß man ihr den Vorwurf machen kann, sie habe zu seinem Unglück beigetragen oder ihn gar selbst geschmäht. Der Erzbischof[3] hat gegen ihn soeben einen ungeschlachten Hirtenbrief erlassen, der denen, die sein *Glaubensbekenntnis*[4] nicht kennen, Lust machen wird, es zu lesen; der Hirtenbrief eines Erzbischofs ist nur ein Titel mehr zur Berühmtheit, derart geht man in Ehren aus dem Krieg hervor. (...)

1 Bezieht sich auf Voltaires antiklerikale Devise „Écrasez l'infame" (Vernichtet die ruchlose [katholische Kirche]).
2 Gemeint ist die am Fortschritt orientierte Aufklärungsphilosophie, wie sie von den Pariser Enzyklopädisten vertreten wurde.
3 Am 28. August 1762 hatte der Erzbischof von Paris, Christophe de Beaumont, in einem Verdammungsbrief den „Emile" als ein Buch verurteilt, das eine „schändliche Lehre" enthalte, die geeignet sei, die „Grundlagen der christlichen Religion zu zerstören".
4 Gemeint ist das „Glaubensbekenntnis des savoyischen Vikars" im vierten Buch des „Emile".

François-Marie Arouet de Voltaire
an Jean Le Rond d'Alembert

[15. September 1762]

(...) Wie kann man sich einbilden, ich hätte *Jean-Jacques* nachgestellt? Es ist eine wunderliche Idee, es ist absurd.[1] Ich habe mich über seinen *Emile* mokiert, der ganz bestimmt eine platte Gestalt ist: sein Buch hat mir Verdruß bereitet, aber es enthält fünfzig Seiten,[2] die ich in Maroquinleder binden lassen möchte. Hätte ich denn wahrhaftig Nachstellung betrieben? Glaubt man, ich hätte viel Kredit bei der Berner Priesterschaft? Ich versichere Ihnen, das Genfer Pfaffenpack hätte, wenn es dazu imstande gewesen wäre, die kleine Züchtigung, die es *Jean-Jacques* angedeihen ließ, nur zu gern auf mich angewendet, so daß ich hätte sagen können: *das Haus Ukalogons, unseres Nachbarn, brannte*; wenn ich nicht Grundstücke in Frankreich und ein wenig Protektion besessen hätte. Ein paar kalvinistische Schulfüchse waren höchst erstaunt und empört, weil die erlauchte Republik mir den Besitz eines Hauses auf ihrem Territorium gewährte, während sie zugleich gegen *Jean-Jacques*, ihren Bürger, Haftbefehl erließ und seine Bücher verbrannte; aber da ich äußerst respektlos bin, mache ich gewissen Eindruck, und das zügelt die Dummköpfe. Überdies gibt es im Umkreis unserer Berge mehr *Jean Mesliers* und *Predigten der Fünfzig*[3] als in Paris. Meine Mission ist auf dem guten Weg, und die Ernte fällt reichlich aus. Mühen Sie sich Ihrerseits, die Jugend so aufzuklären, wie Sie es können. (...)

Das Pamphlet des Pariser Erzbischofs gegen *Jean-Jacques* erscheint mir noch platter als *Emiles* Erziehung; aber es kommt keineswegs an Omers[4] Anklagerede heran. Wenn ein Würdenträger dumm ist, dann muß er es in dem Maße sein wie Omer oder sich gar nicht erst versuchen. (...)

Sie haben zweifellos den hübschen Brief gelesen, den *Jean-Jacques* seinem Pastor[5] schrieb, um zum heiligen Abendmahl zugelassen zu werden: ich habe ihn Bruder *Damilaville* geschickt. Sie sehen, der arme Mensch ist verrückt: wenn ihm noch ein Rest gesunder Verstand geblieben wäre, dann wäre er auf Schloß Tourney[6] gekommen, das ich ihm angeboten hatte, es ist ein gänzlich freies Stück Land. Dort hätte er sowohl den arianischen Priestern als auch dem Blödian Omer und allen Fanatikern getrotzt; doch sein Stolz erlaubte ihm nicht, Wohltaten von einem Manne anzunehmen, den er geschmäht hat. (...)

1 Voltaires gehässige, diffamierende und denunzierende Pamphlete widerlegen diese Behauptung eindeutig.
2 Gemeint ist das „Glaubensbekenntnis des savoyischen Vikars" aus dem „Emile".
3 Voltaire hatte 1749 anonym die „Predigt der Fünfzig" publiziert, die nach Condorcet ein erster Frontalangriff auf die christliche Religion war.
4 Omer Joly de Fleury.
5 Fréderic-Guillaume de Montmollin.
6 Kleine Grafschaft, die Voltaire 1758 vom Präsidenten de Brosses gekauft hatte.

Friedrich II., König von Preußen, an George Keith, Lord-Marschall von Schottland

Meißen, den 26. November 1762

Ich habe, mein lieber Mylord, Ihren Brief und den des wilden Philosophen erhalten. Man muß zugeben, daß sich die Uneigennützigkeit nicht weiter treiben läßt, als er es tut; es ist ein großer Schritt zur Tugend, wenn nicht die Tugend selbst.

Er will, daß ich Frieden schließe.[1] Der wackere Mann weiß nicht, wie schwierig es ist, dahin zu gelangen. Würde er die Politiker kennen, mit denen ich es zu tun habe, würde er sie noch weit zanksüchtiger finden als die Philosophen, mit denen er sich überworfen hat; (...)

Adieu, mein lieber Mylord, zählen Sie stets auf meine Freundschaft, denn mein Herz gehört ganz Ihnen.

Friedrich

1 Siehe Brief 2274.

Julie von Bondeli an Marie Sophie von La Roche

[um den 20. März 1763?]

(...) Sie versichern mir, Sie könnten nie genug bekommen von all den Anekdoten, die sich um Rousseau drehen. Dies veranlaßt mich, Ihnen jene mitzuteilen, die sich seit meinem letzten Brief zugetragen haben. Der König von Preußen hat an Mylord Marschall eine beträchtliche Summe für Rousseau geschickt mit der Bitte, er möge sie als ein Geschenk und nicht als Geld annehmen. Außerdem wies er Mylord an, auf Kosten des Königs in der Grafschaft Neuchâtel, an der Stelle, die Rousseau am besten gefiele, ein Hermitage mit einem hübschen Garten errichten zu lassen; aber der hat alles abgelehnt, und der König bemerkt dazu an Mylord, Jean-Jacques' Uneigennützigkeit sei ein großer Schritt zur Tugend, wo nicht die Tugend selbst. Nun tadelt man Rousseau heftig, weil er nichts annehmen mochte; ich bin gegenteiliger Ansicht. Man soll niemals seine Prinzipien verleugnen, und ein paar Schritte vorm Grabe[1] lohnt dies weniger denn je. Gott behüte, daß ich Rousseau wegen seiner Uneigennützigkeit übelwill. Doch wenn Seine Majestät die Muße gehabt hätte, den *Gesellschaftsvertrag* zu lesen, hätte sie darin einen Grund mehr für Rousseaus Ablehnung gefunden (...) Hier ein Billett von ihm, das mich die Mühe des Abschreibens wert dünkte, weil es in wenigen Sätzen eine Fülle von Gedanken enthält. Es ist an Monsieur Montmollin, seinen Pastor, gerichtet, zu einer Zeit, als dessen Frau sterbenskrank darniederlag. (...)

1 Im Jahre 1761 war Rousseau ernsthaft erkrankt und befürchtete sterben zu müssen. Siehe Brief 1430.

Wegelin und Schulthess nach einem Besuch bei Rousseau*

(1) Rousseau war von mittlerer Gröse, wohl und zierlich gebaut, leicht in seinem Gang, gefällig in seinem Anstand. Er behielt bis zum Anfang des Alters die Stärke und blühende Farbe der Jugend, ob er gleich sein ganzes Leben hindurch mit schmerzhaften Steinkoliken geplagt war; sein Gesicht verkündigte Empfindung und Redlichkeit, und sein durchdringender Blick war durch eine offene Sanftmuth gemildert, die Vertrauen zu seinen Sitten und zu seinem Herz einflößte. Er war höflich ohne Zwang, und in seiner Armuth gastfrey; an seinem häuslichen Mahl herrschten Unschuld und Freude, wie in der alten unverdorbenen Welt. Er drückte sich auch im gewöhnlichen Umgang bestimmt und warm über jeden Gegenstand aus; alles floß aus der vollen Quelle; alles war empfunden, selbst gedacht, nicht mit erborgten Blumen geschmückt, nicht mit Gemeinsäzen durchwässert, und seine Wissenschaft und Erfahrung war ganz mit seinem Geist durchwebt. Er verachtete Schmeicheley und Spott, und hielt den litterarischen Ruhm für ein so mittelmäßiges Verdienst, daß er den Bauer Kleinjogg, im Ernste, allen Schriftstellern vorzog. Wenn er auf seine Autorenkriege kam, so war er übel mit sich zufrieden. „Ich hätte“, sprach er, „schweigen sollen; denn ich merkte, daß mein Herz bitter wurde, und daß ich meine Ruhe verlor. Endlich ließ ich sie ruhig schimpfen und schreiben, und befand mich besser dabey. Zufriedenheit ist ein gröseres Gut, als irgend ein Triumpf. Zwey Zänker endigen immer damit, daß jeder auf seiner Meynung beharrt; es schmeichelt der Eitelkeit, eine Lanz zu brechen, aber es nicht zu thun, ist der Sieg der Vernunft. Die glücklichste Zeit meines Lebens war, als ich nur Bücher zum Zeitvertreib las, und meiner Handarbeit lebte.“ Er schäzte den Menschen, den Schriftsteller, den Weisen nur, wenn er einen entschiedenen Charakter besaß, in so fern er eigenthümlich handelte und dachte; „denn“, sprach er, „nichts gedeiht, als was auf unserm Grunde hervorsproß; alles

* Zwei Schweizer Gelehrte.

Fremde kömmt nur ärmlich fort". Er konnte darum die Völker nicht leiden, die sich ganz nach einem Muster bilden, und einer Heerde ähnlich sehen. Er zog ihnen die geringsten Freystaaten vor, wo sichs der Mensch herausnimmt, sich von seinem Nachbar zu unterscheiden. Auch in Kleinigkeiten war er nicht wie andere. Er wollte sich üben, es auch im Grosen nicht zu seyn; er kleidet sich wie ein Armenier, nicht sowol aus Hang zur Seltsamkeit, als weil er diese Tracht bequemer als unsere steifen Moden fand. Niemand wußte mehr die Herzen zu gewinnen; die größten Männer schäzten ihn hoch, aber er nannte sie nicht in seinen Schriften. Er rühmte sich ihrer Bekanntschaft nicht; er zog dafür seinen würdigen Landsmann Abauzit aus seiner Dunkelheit hervor, dessen sanfte, durch Wissenschaft aufgeklärte Seele seine ganze Zärtlichkeit besaß. Immer sprach er mit Wohlgefallen von dem würdigen De Luc, diesem herzhaften Vertheidiger der Freyheit seines Vaterlandes. „Er kan", sprach er, „fehlen und irren; aber sein Herz ist rein wie die Unschuld." Nichts war ihm heiliger als die Freundschaft; und er nannte den grosen Bacon selten, ohne mit tiefem Seufzer anzumerken, daß er gegen seinen Freund und Wohltäter, den Grafen Essex, geschrieben habe. Er hat fast immer unter Franzosen gelebt, aber er liebte dieses Volk nicht. „Sie ertragen", sprach er, „jedermann, so lange man nicht an ihre Vergnügungen rührt. Ein System über die Gottesleugnung wird eher in Frankreich geduldet als eine Kritik über ihren Gesang. Man hat mich nicht ermorden wollen, weil ich den Emile schrieb, sondern weil mir ihre Musik nicht gefiel."

(2) Ob ihn gleich sein Vaterland auswarf, so war es ihm doch immer theuer. Von allen Zügen der griechischen Tugend hat ihn keiner mehr als Plutarchs patriotische Handlung gerührt, der eine kleine Richterbedienung in seiner Vaterstadt Chäronea dem Amte eines kaiserlichen Statthalters, und zwar unter dem Trajan, vorzog.

(3) Unter den Neueren giebt es wenige Menschen, die er höher als den weisen Fénelon schäzte, wegen seiner heitern vernünftigen Tugend im Hofglück und im Leiden. „Ich möchte lieber", sagte er oft, „so eines Mannes Kammerdiener, als der erste Pair von Frankreich seyn."

(4) Rousseau war ein aufrichtiger Gottesverehrer. Ein Atheist könnte nach seiner Meynung zwar einem ehrlichen Mann ähnlich werden, aber auf seine Tugend sey nicht zu rechnen; „und darum ließ ich", setzte er hinzu, „Wolmarn[1] bey der ersten Versuchung fallen. Freylich ist die Tugend", fuhr er fort, „ein beständiger Kampf, ein angestrengter unbehaglicher Zustand, aber dennoch giebt es auf der Erde für den Menschen keine andere Glückseligkeit. Physische Uebel haben ihre Zwischenräume, die moralischen nicht; ein Lasterhafter wird unaufhörlich durch peinliche Vorwürfe gemartert. Wir sind im Grunde weder zum Guten noch zum Bösen geneigt. Die Zunge bebt in der Wage bey dem unverleiteten Menschen, aber das kleinste Gewicht reißt sie nieder, und ein unbedeutender Stoß entwickelt mächtige Leidenschaften." Wenn man seiner erlittenen Verfolgungen erwähnte, so sprach er: „man versicherte mich, daß wir in einer philosophischen Zeit, voll Nachsicht und Verträglichkeit, lebten; ich entdeckte bald zu meinem Unglück, daß Grausamkeit und Härte Hauptzüge unsers Jahrhunderts sind, und daß die gepriesene Menschenliebe nur ein leichter Firniß der Sitten ist.* Niemand hat mehr Freunde besessen als ich; in der Verfolgung schweigen sie alle, und ich wäre damals ohne Vertheidiger gestorben. Es kan seyn, daß ich mich in meinen Schriften irrte. Ich wollte nicht lehren, ich wollte nur meine Meynung sagen. Aber das ertragen die Menschen nicht; sie glauben, daß man ihre Einsicht beschimpft, wenn man anders denkt als sie, und rächen sich dann durch Haß und Unge-

* Wer, in seiner goldenen Mittelmässigkeit, unbemerkt durch das Leben schleicht, begreift Rousseaus Menschenfeindschaft nicht, oder findet sie übertrieben; aber lernt euer brüderliches Geschlecht an Höfen, lernt eure Nebenbuhler im Amt, im Verstand, im Glück kennen, erhebt euch durch irgend ein Verdienst, und glaubt in der Unschuld eures Herzens, daß man euch liebt und schäzt, weil man euch umlächelt und umarmt. Wenn endlich unter euch der Boden wegsinkt, durch freundliche Mörder untergraben – dann seht, wie sich eure Freunde retten, als vergiftet ihr die Luft; wie eure Klienten euch für große Wohltaten anspeyn; ertragt der Glücklichen stolzes, nierdertretendes, erwürgendes Mitleid, und liebt die Menschen, wenn ihr könnt.

rechtigkeit." Er übte sich in dem körperlichen Schmerz ohne Pralerey zur Geduld, und gestand, daß keine Weisheit das physische Gefühl vernichtete. Als er einst ganz niedergebückt unter Steinschmerzen am Feuer saß, und halberstickte Seufzer ausstieß, rief einer der Anwesenden: „ist das nicht die leidende Tugend?" – „Nein", gab er lächelnd zur Antwort: „es ist die leidende Natur. Schmerzen sind uns immer neu; man kann sich nicht daran gewöhnen. Jener ehrliche Mann wollte auf seinem Todbett unrecht erworbenes Gut wieder geben, und sein Sohn, der gerne erben mochte, gab sich eine vergebliche Mühe, ihn durch die Versicherung zu beruhigen, daß es nur auf vierzehn Tage ankäme, um das Fegefeuer gewohnt zu werden." Am grämlichsten ward Rousseau, wenn man ihn um seine Zeit brachte. „Ich werde", rief er oft, „mich endlich in die Alpen retten. Man schreibt mir lange Briefe zu, denn ich liebe bekanntlich die Weitläufigkeit; man verlangt Empfehlungen an Grose von mir, als ob ich zum Hofgesinde gehörte; andere bieten mir Geld an, als wenn ich von Almosen lebte, alle glauben, daß man ihnen ähnlich ist." Er schildert sich selbst am treffendsten in folgendem Brief an den Herrn von Lamoignon[2], den er im Jahre 1763 einer Gesellschaft von Freunden vorlas.

(5) „Im achten Jahr wußte ich den Plutarch auswendig, im zwölften hatte ich alle Romane durchlaufen. Daher kamen die Menge fremder Ideen, die sich nicht mit dem wirklichen Leben vertragen; daher die entzündete Einbildungskraft, der Zug nach grosen Gegenständen. Weder Menschenfeindschaft, noch Verdruß hat mich von den Menschen getrennt, sondern eine gewisse Liebe zur Ruhe, eine unbezwingliche Neigung zur Freyheit. Ich habe darum nur schwache Schritte gewagt, um irgend ein Glück in der Welt zu machen, und der Versuch mußte mißlingen, weil ich mich links dabey nahm; so ward ich nach und nach der Gesellschaft und der Menschen überdrüssig. Ich versammelte einen Kreis schimärer Wesen um mich her, ich schuf mir eine idealische Welt, die nichts mit der wirklichen gemein hatte. Ich erheiterte dadurch meine Einsamkeit; aber alles war noch verwirrt und unentwickelt in meiner Seele, bis ich im Jahre 1750 eine Reise nach Paris unternahm, um

Diderot im Gefängniß zu Vincennes zu besuchen.[3] Ich nahm ein Journal zum Zeitvertreib mit, und fiel auf die Preisfrage von Dijon, ob die Wissenschaften nützlich oder schädlich seyen? Da stellten sich mir auf einmal die manichfaltigen Uebel des gesellschaftlichen Lebens dar, daß ich unter meiner Empfindung erlag. Ich warf mich neben einem Baum nieder; alles Elend der Menschen zog in schrecklicher Gestalt vorüber; hundert Anschläge und Entwürfe folgten, und das war mein Beruf zur Autorschaft; meine Handthierung als Notenabschreiber hat solchen nicht veranlassen können. Ich war nicht geübt in der Gesellschaft zu reden. Ich verstand es nicht, durch Wiz und Einfälle zu glänzen; und so stellte sich am Anfang der Ausdruck langsam dar. Es wäre mir unmöglich gewesen, einen Plan zum litterarischen Ruhm vorsezlich zu entwerfen: es war Drang*, meine Ideen los zu werden, der mich zum Schreiben nöthigte; und wenn ich mit einiger Stärke schrieb, so war ich sie der Ueberzeugung von der Wahrheit meiner Säze schuldig. In der Zerstreuung von Paris, im Zwang der Geräusche der grosen Welt, wo mich manches zum Unwillen reizte, schlich sich Bitterkeit in meine Schriften; aber in Montmorency war ich frey, und ganz mir selbst überlassen. Meine Seele war heiter, wie die Luft, die mich umgab, und breitete sich auf meinen einsamen Spaziergängen über die ganze Schöpfung aus. Ich verlor mich in Betrachtungen über die Welt; ich erhob mich bis zum höchsten Wesen; ich wurde von seiner Erhabenheit, von seiner Allgegenwart durchdrungen; ich empfand die ganze Wollust der Menschheit im Gefühl der Liebe gegen meine Brüder, im Genuß der unermeßlichen Natur; ich redete zum Menschen, zum Bürger, zu den Fürsten, zu den Priestern, ich sprach zu den Vätern, zu den Kindern; ich sprach zu meinen Landsleuten, zum Rath von Genf in der Zueignungsschrift meines Buches über die Ungleichheit der Stände, zum Volk in der Schrift über die Schauspiele: alle nahmen meine Freyheit übel, und das Ungewitter zog sich auf, bis es endlich zu gleicher Zeit in Paris und Genf

* Nicht Drang und Sturm, das ist eine Kinderkrankheit. S. Rosenstein von Würmern.

auf mich stürmte. Ich kan dem Parlament vergeben, weil man es hintergangen hat, aber der Rath von Genf wollte mich zum Fußschemel brauchen, um sich auf den Thron der unumschränkten Gewalt zu erheben.“ Er unterbrach sich hier im Lesen, und rief mit Heftigkeit: „ich werde frey sterben, meine Freunde, und lieber in einem katholischen, als in einem protestantischen Lande, denn die katholischen Geistlichen lehren die Intoleranz und die protestantischen üben sie aus.“ Er fuhr zu lesen fort.

(6) „Was mich immer in meinem Leben am stärksten rührte, war Gewalt und Ungerechtigkeit. Wenn ich aus meinem Fenster sah, wie man die Unschuld kränkte, den Schwachen und Armen quälte, war ich oft aufgebracht, daß ich's kaum über mich gewinnen konnte, nicht hin zu laufen, zuzuschlagen, und dem Unterdrückten beyzustehen. Daher rührt mein unüberwindlicher Haß gegen alle Grose, und gegen den hohen Rang überhaupt, weil der Geist der Unterdrückung von diesem Stand nicht zu trennen ist.* Ein gewisser Stolz, der mich immer trieb, den Menschen in dem Menschen aufzusuchen, machte, daß ich es nie lernen konnte, den Gedanken auf Abhängigkeit zu ertragen. Der Herzog von Luxemburg und seine Gemahlin haben mich mit Freundschaft überhäuft, aber ich mußte mich zwingen, ihren Rang zu vergessen, sie nur als gute Menschen anzusehen, und endlich war es doch ihr Stand, der mich bewog, eine Wohnung in ihrem Hause auszuschlagen; denn ich merkte, daß mir jede Kette, auch die des Wohlstands und der Sitten, im Umgang mit Höhern unerträglich war. Ich habe darum den Genuß der Freyheit allem vorgezogen, und ich habe dieses Glück geschmeckt; denn ich riß mich von allen Verbindungen, von allen Fesseln der Gesellschaft los, und glücklicher war kein Sterblicher, als ich in Montmorency, wenn ich nach einem im Gefühl der Unschuld verflossenen Tag, und einig mit der ganzen Schöpfung, des Abends mit meiner Haushälterin[4], meinem Hund und meiner Kaze speisete.“

* Ausser, wenn ihn der Geist des Wohltuns überwältigt. Dies ist eine von Rousseaus einseitigen Meynungen, welche, zum Glück der Erde, nur halb wahr sind.

(7) Als er den Brief gelesen hatte, sprach er lächelnd: „ich rede selbstgefällig von mir, und das ziemt niemanden, als Montagnen.“* Man erwähnte des Unterschieds zwischen dem Weisen und dem Gelehrten. „Das erste“, sagte Rousseau, „ist nicht allein von dem wichtigsten Interesse der Menschheit unterrichtet, sondern auch entschlossen nach seiner Einsicht zu handeln; und darinn stehen die Neuern zurück. Die grosen Leute unter den Alten[5] führten aus, was sie lehrten; wir verstehen nur darüber zu schwazen.“ Es wurde im Verfolg der Unterredung der widersprechenden Lehrgebäude in jeder Wissenschaft gedacht; hiebey merkte Rousseau an: „daß ein aufrichtiger Wahrheitsforscher von Thatsachen, und nie von einer Spekulation ausgehen müsse“[6].

(8) „Bacon“, fuhr er fort, „fand darum nur so viel zu erfinden und zu denken, weil er Erscheinungen mit einander verglich,[7] und er würde noch in unserm Jahrhundert ein ausserordentlicher Mann gewesen seyn. Montesquieu hat sein vortreffliches Werk[8] auf eigene Beobachtungen gegründet, aber da er in der grosen Welt lebte, und äusserst zerstreut war, so schrieb er nur stoßweise, und vernachlässigte die Uebergänge.“

(9) Man bemerkte bey der Gelegenheit, daß im Contrat social eine herrliche Verbindung herrsche. „Das finden die Juristen nicht“, antwortete Rousseau. „Ihnen kömmt die Schrift verwirrt und dunkel vor, denn sie gehen lieber von ihrem Text, als von der menschlichen Natur aus, und es ist wirklich schwer, einen moralischen Grundsaz aufzufinden, der nicht durch die Begriffe aus der gebildeten Gesellschaft verunstaltet ist. Wir fangen kaum an zu empfinden und zu denken, so sind wir schon fern von der Natur; darum muß der innere Menschensinn, auch nur in der einfachsten Beziehung, immer ungewiß und zweydeutig seyn.“ Zu einer anderen Zeit erzählte er, wie er zu arbeiten pflege: „Ich überdenke“, sprach er, „lange meinen Gegenstand, bis ich vertraut mit ihm werde, bis er mich an sich fesselt, mich entzündet. In meinen Spaziergängen werf ich dann meine

* Und einem einzigen grosen Mann, der, vielleicht um den Neid zu versöhnen sich dadurch wieder zu den Sterblichen herabläßt.

Einfälle aufs Papier; nach einiger Zeit überseh ich alles, wähle, verwerfe, und seze zusammen. Ich fange mit der Materie[9] an, und endige mit dem Plan. Ich begreife nicht, wie man es wagt, ein Buch ohne Stoff und Idee zu schreiben, wie man seiner Sache gewiß ist, wenn man nur erst die Fächer ordnet, die Zellen gebaut hat, in die man dann ein wenig geraubten Honig trägt. Stoff und Begriff sammelt man nur in einer sehr manichfaltigen Welt. Ich habe mit Hofleuten, mit Leuten vom Stande, mit schönen Geistern, mit Bürgern und Bauern gelebt. Ich begehrte nichts, ich wünschte nichts; man ertrug mich und verstellte sich nicht. Ich konnte alles beobachten; aber ich hätte nicht vermuthet, daß man diese Neugierde so übel nehmen würde. In der Heloïse habe ich dem Weltmenschen und dem Heiligen geprediget, daß sie sich einander ertragen möchten, und beyde fielen über mich her." Man lenkte das Gespräch auf seinen Emile. „Er enthält", sprach er, „den Plan einer negativen Erziehung für einen abgesonderten Menschen. Für einen Mann zu bürgerlichen Geschäfften würden zwar die Grundsätze einerley, aber die Anwendung müßte verschieden seyn. In einer Nationalerziehung müßte man alle Hülfsmittel zum Guten benüzen, die man in den Sitten und in der Verfassung einer jeden Gesellschaft findet, und die Liebe zum Ruhm nicht ausschließen. Man glaubt", fuhrt er fort, „an eine natürliche Ungleichheit der Menschen; aber wir sind nach unserm Geistesvermögen einander ähnlich genug, alles hängt von den äussern Umständen[10] ab, welche dieses Vermögen entwickeln. Die Wilden sind darum an Körper und Geist gleich; da waltet die ungestörte Natur. In unsern Staaten theilt man die Menschen in Klassen, wie Geschöpfe von verschiedener Gattung, und richtet jeden mühsam ab, nach hergebrachten Vorurtheilen; endlich wird man die künstliche Trennung gewahr: man will alsdann wieder vereinigen, durch Nachahmung, Wohlstand, Höflichkeit und Formalität, aber das ist ein erzwungenes Band. In der Republik des Platos vereinigte die Tugend alles*, und nur das Laster zerriß. Es war ein herrlicher Einfall, daß er seine Menschen durch Musik

* Und blieb darum ein Traum.

und durch Gymnastik erzog; dadurch gab er ihnen Troz und Kraft, und stimmte sie wieder harmonisch zu sanften Gefühlen."

(10) Ueber die Musik sind Rousseaus Grundsätze bekannt. Unter den größten Komponisten verdient ihm Hasse einen erhabenen Rang; Händel ist der Lully der Teuschten; Rameau hat, den Generalbaß ausgenommen, sein ganzes System auf Sophismen gebaut, und die Franzosen werden nie in dieser Kunst etwas ausrichten. Indem er von Sophismen sprach, merkte er an, daß die metaphysischen Abstraktionen nur glänzende Schimären sind.* Er führte zum Beispiel den Begriff vom Schönen und Gerechten des Platons an. Er kam auf das Glaubensbekenntnis des Vikars von Savoyen. „Wenn ich auch", sprach er, „die Wahrheit verfehlte, so hat mich doch diese Lehre getröstet, und ich kan sie durchaus nicht entbehren. Man muß sich entweder für die Manichäer[11] erklären, oder über Räthsel der Freyheit die Augen zumachen." Ueber die Religion sind folgende Ideen aus seinem Munde gesammelt: „Paulus zuerst, und nachher Augustinus, haben sich von der erhabenen Lehre ihres Meisters entfernt. Die Gleichnisse Christi und die Sprüchwörter des Salomons sind vortreffliche Stücke der Schrift; aber der Verfasser des hohen Liedes würde sich wundern, wenn er wüßte, wie mystisch man ihn ausgelegt hat. Man könnte auf die nämliche Weise die Idyllen des Theokrits erklären. Der Grund warum Predigten wenig fruchten, ist, weil weder ihr Ton noch ihre Sprache dem Begriff und dem Bedürfnisse der verschiedenen Stände angemessen sind. Die Jesuiten kannten das menschliche Herz besser, und sie stifteten geistliche Kongregationen für alle verschiedenen Klassen im Staat. Man will auf der Kanzel entweder überzeugen, oder rühren. Massillon und Bourdaloue waren für die erste Methode; ihnen gelang es, den Verstand durch ihre Schlüsse zu überwältigen. Heutiges Tages ist zu Paris Flechier das Prediger-Ideal. Man will überreden, gefallen; es sind akademische Diskurse, voll

* Helvétius sagt richtig, sie schöpfen aus dem Brunnen der Wahrheit mit dem Gefäß der Danaiden.

edlen Ausdrucks und fein gesponnenen Wizes, der für den Haufen verloren geht."

(11) Wenn Rousseau von der Geschichte sprach, so hat er oft wiederholt, daß nur die Geschichte der Freystaaten erzählt zu werden verdiene, „denn in einer Monarchie hängt immer eine Reihe groser Begebenheiten an einer Leidenschaft, oder zufälligen Richtung des unbestimmten Charakters des Fürsten. Die Geschichte Frankreichs liefert uns nur Karl den fünften, Franz den ersten und Heinrich den vierten von eigenthümlichem Geist. Ludwig der vierzehnte verdient die Vergötterung seiner Schmeichler[12] nicht; aber er war ein Kenner groser Leute. Plutarch hat darum so herrliche Biographien geschrieben, weil er keine halb grose Menschen wählte, wie es in ruhigen Staaten Tausende gibt, sondern grose Tugendhafte, und erhabene Verbrecher. In der neuen Geschichte gab es einen Mann, der seinen Pinsel verdient, und das ist der Graf von Fiesque, der eigentlich dazu erzogen wurde, um sein Vaterland von der Herrschaft der Doria zu befreyen. Man zeigte ihm immer den Prinzen auf dem Throne von Genua; in seiner Seele war kein anderer Gedanke, als der, den Usurpator zu stürzen. Tyrannen, die im Blutvergiessen, im Menschenquälen Wollust finden, sind Traumgeschöpfe der Dichter. Selbst Könige ziehen die Natur nicht aus, so sehr sie auch ihre Macht berauscht, und ihre Schmeichler verderben. Als Octavius unumschränkt regierte, und keine Nebenbuhler mehr scheute, ward er gelind und guetig. Die Grausamkeit seiner Nachfolger war zum Theil eine Folge der Gährung der republikanischen Parthey. So wie ihre Furcht dafür nachließ, ließ auch ihre Härte nach." Rousseau urtheilte mit gleichem Scharfsinn über die Philosophen aller Zeiten: „Die Charakteristiks des Shaftesbury sind ein prächtiges Gebäude ohne Grund, und Bolingbrocke war ein wiziger Sophist, aber er überredete niemand." Er bewunderte die Betrachtung des Antonius, nicht sowol ihres innern Werthes wegen, weil sie wenig neugedachtes enthalten, sondern weil ein Kaiser die reine Moral von seinem Throne lehrte. „Die Stoiker verdienen Ehrfurcht; ihr Ziel war die höchste Vollkommenheit. Sie gaben sich nicht, wie man irrig glaubt, für unumschränkte Beherrscher ihrer Empfindungen aus; sondern diese Kraft

war ihrem Ideal, das sie zu erreichen strebten. Je gröser unsere Muster sind, je mehr erhebt sich unsere Tugend."

(12) „Richardson nimmt uns für seine Personen, als wären es unsere Blutsfreunde, ein; aber einige seiner Charaktere sind überladen und geziert. Grandinson ist ihm durchaus mißlungen, weil er in einer Person den Weltgefälligen, Liebenswürdigen, und den Biedermann vereinigen wollte. Es kan seyn, daß zuweilen so eine Mischung der Natur geräth; aber wegen ihrer äussersten Seltenheit kan sie, im Kunstwerk, weder Interesse noch Täuschung wirken. Wenige haben Geßner an edler Einfalt und Wahrheit des moralischen Gefühls übertroffen. Corneille hat in manchen Stücken die Seelengröße der Römer erreicht, die Neuern bleiben weit unter ihm. Sie empfinden nichts; sie sind nur grose Maler erkünstelter Empfindungen und Voltaire führt diese Gattung an, er, der immer von Toleranz sprach, und sie niemals ausgeübt hat." Rousseau hielt alle Akademien für eine unnüze Erfindung unserer Zeit. „So bald", sprach er, „irgend ein Gedanke einer allgemeinen Reform in einem französischen Kopf keimt, so entsteht der Plan einer Akademie. Geseze, Ackerbau und Handel, alles soll in diesen Schulen gelehrt werden, und nicht durch Männer vom Handwerk, sondern durch betitelte Dilettanti. Aber die Büchergelehrten haben noch nie eine richtige Theorie erfunden, noch sind ihnen die Schwierigkeiten und Vortheile der Ausübung bekannt; und so bald eine Akademie daraus wird, so verliert sich endlich der Gegenstand, im eitlen Gepränge der Formalität und im Geschwäze der Mitglieder. Jeder geschäftige Stand unter den Menschen sollte seine Lehrer und Gesetzgeber aus einer eigenen Klasse nehmen. Eine vernünftige Mutter wird treffender als Locke und Fénelon von der Erziehung reden. Freylich erhebt sie sich nicht im Allgemeinen; sie entwirft keinen vollständigen Plan: aber in einzelnen Fällen sind ihre Lehren vortrefflich." Man wird in diesem Urtheil die scharfe Richtigkeit seiner Begriffe und den angemessenen Ausdruck erkennen. Keine Betrachtung hielt ihn jemals vom aufrichtigen Geständniß seiner Meynung zurück; er hieng an keinem System, an keiner Parthey noch Sekte; er gieng gerade auf seinen Endzweck los, und ergriff die Wahrheit, wo er sie

fand, oder zu finden glaubte, mit einer Art von Leidenschaft. Er sezte alles in Handlung, und wollte, daß sich jeder frage, nicht, was hast du gelehrt? sondern, was hast du gethan? und ist dir eine gute That gelungen? was ist dir noch übrig zu thun? Er wiederholte oft den Spruch der Alten: „Wenn du so viele Jahre verschwendest, um Weisheit zu lernen, wieviel Zeit bleibt dir denn zur Ausübung noch? Ich möchte", sprach er, „ein Mitglied einer Akademie seyn, wo jeder getreulich aufschriebe, was er gutes und böses thäte." Man behauptete, daß es schwer sey, eigene Fehler zu erkennen. Aber Rousseau war nicht dieser Meynung; „denn sie drängen sich", sprach er, „täglich um uns, und werden uns wie unser Hausgesinde bekannt". Einer seiner Freunde war auf einem Spaziergang gefallen, und wandte sich um, den Ort zu besehen, wo der Fall geschehen war. „Ist das nicht der Mensch?" rief Rousseau. „Erst begehen wir den Fehler, und dann überlegen wir bedächtlich, wie es zugegangen sey? Wir fragen uns dann, wie es möglich ist, daß wir, daß so vernünftige Männer, an dieser Stelle straucheln konnten?" Als zu einer andern Zeit von der Bosheit und dem moralischen Uebel in der Welt gesprochen wurde, antwortete er: „Das Gleichgewicht erhält sich darum doch; denn was zehntausend Bösewichter verwüsten, können zehn gute Menschen wieder herstellen. Nichts verherrlicht den Weltregierer mehr, als daß der Mißbrauch unserer Freyheit den Wohlstand, und den Zusammenklang im Allgemeinen so wenig stört."

1 In dem Roman „Die neue Heloïse" der Ehemann von Julie.

2 Der folgende Text ist eine Zusammenfassung von Aussagen aus den vier Briefen Rousseaus an den Präsidenten von Malesherbes vom 4. Januar 1762 (Nr. 1622), 12. Januar 1762 (Nr. 1633), 26. Januar 1762 (Nr. 1650) und 28. Januar 1762 (Nr. 1654). Diese Briefe sind gewissermaßen der erste Entwurf zu den „Bekenntnissen".

3 Dieser Besuch fand in den Oktobertagen des Jahres 1749 statt. Diderot war wegen seiner freidenkerischen „Briefe über die Blinden" in den Verdacht des Atheismus geraten und in das Staatsgefängnis von Vincennes am Stadtrand von Paris eingeliefert worden.

4 Thérèse Levasseur.

5 Rousseau argumentiert hier im Sinne des „Streits der Alten und der Neueren“ (Querelle des anciens et des modernes). Dazu Winfried Schröder: Querelle des anciens et des modernes. In: Europäische Enzyklopädie zu Philosophie und Wissenschaften, hrsg. von Hans Jörg Sandkühler, Hamburg 1990, Bd. 3, S. 983–995.

6 Rousseau war Anhänger einer konsequent empirischen Forschungsmethode, wie auch aus diesem Bekenntnis zu Bacon eindeutig hervorgeht. Exemplarisch hat er diese Methode in „Briefe vom Berge“ (1764), in dem „Entwurf einer Verfassung für Korsika“ (1764 ff.) und in den „Betrachtungen über die Regierung Polens“ (1772) praktiziert.

7 Hier deutet sich an, daß die empirische Forschungsmethode konstitutiv für die vergleichende Forschung gewesen ist. Siehe: Winfried Schröder, Vergleichende Literaturwissenschaft. In Wörterbuch der Literaturwissenschaft, hrsg. von Claus Träger, Leipzig 1986, S. 539–542.

8 „Der Geist der Gesetze“ (1748).

9 Hier wird deutlich, daß Rousseau den Materialismus nicht prinzipiell abgelehnt hat.

10 Mit dieser im Ansatz historisch materialistischen Erkenntnis vollzieht Rousseau nicht nur den Bruch mit dem anthropologisch-naturrechtlichen Denken, sondern ermöglicht auch das Verständnis von der Bedeutung der Arbeitsteilung und der Eigentumsverhältnisse für den Verlauf der Gesellschaftsgeschichte.

11 Eine im 4. und 5. Jahrhundert besonders im Orient verbreitete Religionspartei, deren System durch einen ausgeprägten antithetischen Dualismus charakterisiert ist. Es beruht auf der Voraussetzung zweier von Ewigkeit zu Ewigkeit räumlich nebeneinander bestehender, sich direkt entgegengesetzter Grundwesen, des bösen und des guten Prinzips, die im Kampf miteinander verschlungen sind. Die Sittenlehre der Manichäer gebot die strenge Askese, die jedoch nur von den Auserwählten (*electi*) oder Vollkommenen (*perfecti*) gefordert wurde. Den anderen Menschen, die Hörer (*auditores*) genannt, war lediglich die Pflicht auferlegt, die Auserwählten zu ernähren. Seit 377 wurden die Manichäer von der christlichen Kirche als Ketzer verfolgt und unterdrückt.

12 Voltaires „Das Zeitalter Ludwigs XIV.“, gegen das sich diese Bemerkung richtet, war im Jahre 1751 erschienen.

Caspar Escher an ...?

Genf den 30ten April 1765

(...) Aber was mich am meisten freut: ich habe Rousseau gesehen und eine kleine halbe Stunde bei ihm zugebracht. Ah! Wie hat Er mich eingenommen! Zu Genf, bei uns, wie an allen Orten, legt man ihm grosse Laster zur Last. Er soll keine Religion, entsetzlich viel Hochmuth und Eitelkeit haben – ein Verführer der Jugend – ein Enthusiast sein, der viel Imagination und wenig Verstand habe.

Wie betriegen sich diese Leute alle. Wenn ich nicht ganz und gar verführt bin, und das kann ich mir doch nicht vorstellen – (...) so ist Rousseau ein unvergleichlicher Mann. Er ist es, der mich gelehrt, die Vorurtheile und den Wahn der Welt abzulegen, den Weg der Tugend trutz allen Hindernissen zu betreten und munter auf demselben fortzugehen. Wenn ich in seinen Schriften lese, so empfinde ich eine unbeschreibliche, reine Wollust; so richtig finde ich allenthalben seine Beobachtungen und Schlüsse, so vortrefflich seine Lehren, so kräftig und rührend seine Ermunterungen der Wahrheit und Tugend zu folgen. Nein! Man versteht entweder Rousseau nicht, oder man will ihn nicht verstehen. Er ist zu gut für die Menschen, als dass er ihnen gefallen könne. Es braucht ein Herz, das sich ganz der Wahrheit widmet und alles eigne Interesse auf die Seite setzt. Einmal ich für mich bin ich der Redlichkeit im Herzen bewusst, und dass nicht Liebe zum ungewohnten, nicht Enthusiasterey mich bewegt, diesen Mann so besonders zu schätzen und zu lieben. Ich weiss zwar, es sind Leute von meiner Bekanntschaft, die Einsichten und Redlichkeit haben und doch in vielen Stücken mit Rousseau unzufrieden sind – ich weiss aber auch, dass ich den Grund davon allemahl in einem Vorurtheil, das sie noch haben oder in einem Missverständnis gefunden habe; und wenn würklich in seinen Schriften Irrthümer sind, welches er selbst gesteht und ich gern annehme, wo ist ein Buch, das nicht noch mehrere enthalte?

Wir haben mit ihm über die Wissenschaften und die Handarbeit geredt. Er stritte heftig gegen S[1], der das Studieren vertheidigte. Er zeigte ihm wie unendlich schwehr es seye die Wahrheit zu finden, dass man in Büchern fast unmöglich finden könne, dass man in dem Buch der Natur lesen müsse. Er wünschte sehr, dass er in seiner früher Jugend bei der Arbeit, zu welcher man ihn bestimmt hatte, geblieben wäre. Er hätte weit ruhiger und glücklicher gelebt. – Ein Mensch, der sich mit der Arbeit seiner Hände ernähre, sey der Gesellschaft weit nützlicher als der grösste Gelehrte und hange von nichts als seinen Händen ab. Die Arbeit, besonders auf dem Feld und Lande, habe noch überdas einen grossen Einfluss auf das Sittliche. Sie erhalte immer den Geschmack an den Einfältigen, Ungekünstelten und vermehre immer die Stärke und die *vigueur* der Seele sowie des Körpers. Er sagte noch vieles über diesen Punkt, weit bestimmter und einleuchtender, als ich dir jetzt sagen kan – aber er halt nichts auf denjenigen, die zugleich Bauren und Gelehrte seyn wollen. Er glaubt, man müsse alle Bücher auf dem Lande wegwerfen; nicht Academien und Gesellschaften um Rath fragen, sondern selbst sehen und versuchen. Kleinjogg lese auch nichts über seinen Feldbau. Die Gelehrten, die nur über die Landwirthschaft speculieren und nicht selbst Bauren sind, machen eine Menge Entwürfe, die meistens irrig und nicht practicabel sind; der eine sagt dieses, der andere etwas anderes usw. Es wird dir vielleicht vorkommen, er habe über diesen Punkt nicht Recht, man könne von den Anwesungen erleuchteter oeconomischer Gesellschaften viel profitieren – allein sinne ihm recht nach, und du wirst finden, dass es meistens so ist, wie Rousseau sagt; er hat es aus der Erfahrung gelehrt. Kleinjogg ist mit unserer Gesellschaft[2] gar nicht zu frieden (...)

1 Gemeint ist der Züricher Gelehrte Schulthess.

2 Die 1765 in Schinznach gegründete „Société helvétique“, die sich mit der Förderung der Landwirtschaft befaßte. Der Bauer Kleinjogg nahm an ihrer Gründung teil.

François-Marie Arouet de Voltaire an Louise-Dorothea von Meiningen, Herzogin von Sachsen-Gotha

[30. Juni 1763]

(...) Wenn Eure Durchlauchtigste Hoheit an den kleinen Dingen Gefallen zu finden vermag, die vom Menschlichen künden, so will ich Ihr mitteilen, daß Jean-Jacques Rousseau, der in der Stadt Calvins verurteilt wurde, weil er einem savoyischen Vikar Sprache verlieh, Jean-Jacques, der seine Genfer Bürgerrechte[1] aufgab, nun Bürger gefunden hat, die seine Partei ergreifen. Zweihundert Personen, darunter zwei oder drei Geistliche, haben für ihn ein Gesuch bei der Behörde eingereicht. Wir wissen wohl, daß er kein Christ ist, erklären sie, aber wir wollen, daß er unser Bürger sei. Da sieht man, wo Toleranz waltet, Gott sei gelobt. Es ist ein Beispiel, dem man weder in Rom noch in Spanien oder Österreich nacheifern wird (...)

1 Am 12. Mai 1763 hatte Rousseau die Verzichtserklärung auf seine Genfer Bürgerrechte an die Genfer Regierung geschickt.

Doktor Théodore Tronchin an Louis-François Tronchin

1. Juli 1763

(...) Bei uns hier ist ein Sturm losgebrochen, der uns große Beschwernisse verursacht hat. Du weißt, es wurden zwei Werke[1] von Rousseau verbrannt. Du weißt auch, daß er sein Bürgerrecht[2] niedergelegt hat. Das war der Gipfel des Hochmuts. Nicht zufrieden mit diesem Schritt, wollte er sich dann an seiner Vaterstadt rächen, indem er Unruhe in ihr säte. Er hat dort eine Partei gebildet und sie veranlaßt, ebenso ungerechtfertigte wie aufrührerische Repräsentationen beim Rat einzubringen. Deluc, als das Haupt dieser Partei, hat die Mehrzahl seiner Mitbürger verleitet, doch der Rat hat sich sich so vortrefflich verhalten und darauf so klug und energisch geantwortet, daß Rousseau und Deluc mit Schande bedeckt dastanden. Ich hoffe, es ist alles vorüber. Von Rousseau gibt es zwei am selben Tage geschriebene Briefe, der eine an Monsieur Moultou, in dem predigt er Frieden und Eintracht, der andere an Monsieur Marc Chappuis, darin stachelt er zum Aufruhr an und beklagt sich, daß man damit so lange gezögert habe, da traue einer den Menschen. Was wird Monsieur David Hume sagen, der ihm einen Brief schrieb, wie man ihn an einen Sokrates oder Epiktet richten würde. Monsieur Hume kennt ihn halt, wie so viele andere, auch nur aus seinen Schriften, und darum fällt er auf ihn herein. Ich, der mit ihm zusammen lebte und ihn von Grund auf kenne, tue das nicht und werde es nicht tun. Mißtrauen wir allezeit den Menschen, die ihre eigene Tugend hervorkehren. Jetzt erzählt man, er sei erzürnt und wolle sich nach Schottland zurückziehen. Es ist sehr bedauerlich, daß dieser Mann nur einen Anschein von Tugend besitzt. Dies erklärt auch, wieso er, nachdem er unkeusch lebte und mehrere Kinder mit seiner Konkubine zeugte, diese allesamt aussetzte.[3] Wem das ursprüngliche Gefühl der Natur abgeht, der wird auch all die übrigen nur gering achten. (...)

1 „Emile“ und der „Gesellschaftsvertrag“.
2 Am 12. Mai 1763 hatte Rousseau diesen Akt vollzogen.
3 Siehe Brief 157. Es liegt nahe, daß Voltaire, der diesen Sachverhalt in seinem Pamphlet „Die Meinung der Bürger“ (Dezember 1764) in diffamierender Absicht genutzt hat (siehe Dokumente A 343), von Théodore Tronchin darüber informiert worden war.

François-Marie Arouet de Voltaire an Etienne-Noël Damilaville

21. August [1763]

Unsere Brüder[1] sollen wissen, daß gestern sechshundert Personen zum dritten Mal erschienen, um für Jean-Jacques beim Genfer Rat einzutreten, welcher es gewagt hat, den *Savoyischen Vikar*[2] zu verdammen. Sie erklären, es sei jedem Bürger erlaubt, über Religion zu schreiben, was ihm beliebt, man könne ihn nicht verurteilen, ohne ihn anzuhören, man müsse die Menschenrechte respektieren; es heißt, dies könne durchaus noch in einem Waffengang enden. Ich fände es gar nicht übel, wenn wegen des *Savoyischen Vikars* noch ein Bürgerkrieg ausbräche. (...)

1 Gemeint sind die Pariser Aufklärungsphilosophen.
2 Das „Glaubensbekenntnis des savoyischen Vikars" im Vierten Buch des „Emile".

François-Marie Arouet de Voltaire an César-Gabriel de Choiseul, Herzog von Praselin

Ferney, den 21. August 1763

(...) Während ich Ihnen Tragödien sende, hat Ihnen Monsieur de Montpéroux zweifellos von der Genfer Farce berichtet: Sie werden gesehen haben, wie sich die Kinder Calvins wandelten. Es ist recht amüsant zu erleben, wie ein ganzes Volk Genugtuung für Jean-Jacques Rousseau einfordert; sie sagen, es sei wahr, er habe gegen die christliche Religion geschrieben, aber dies sei kein hinlänglicher Grund, um es zu wagen, einem Genfer Bürger eine Art Vorladung oder Anhörung zukommen zu lassen; denn wenn ein Genfer die christliche Religion schlecht findet, dann müsse man seine Gründe in aller Bescheidenheit mit ihm erörtern, nicht aber ihn verurteilen, ohne ihn angehört zu haben etc.

Sie werden alsbald von der Stadt Genf reden hören, und ich glaube, Sie werden genötigt sein, den Schlichter[1] zwischen Volk und Behörden zu spielen; denn Sie haben ja die Garantie für die Gesetze dieser kleinen Stadt wie für den Westfälischen Vertrag übernommen. Es wird Sie amüsieren, und Sie werden Freude haben, Ihre Talente als Friedensstifter Europas zu üben. (...)

1 Voltaire bezieht sich hier auf die Rolle, die Frankreich bei der Beendigung des Bürgerkriegs in Genf im Jahre 1738 gespielt hat (siehe Brief 2734).

[François-Marie Arouet de Voltaire]

[Genf, Dezember 1764]

Die Meinung der Bürger[1]

(1) Nach den *Briefen vom Lande*[2] erschienen die *Vom Berge*[3]. Hier die Meinung der Stadt.

(2) Mit einem Verrückten hat man Mitleid; wenn aber sein Wahnsinn zur Raserei wird, bindet man ihn. Die Toleranz, welche eine Tugend ist, wäre ansonsten ein Laster.

(3) Wir haben Jean-Jacques Rousseau, einstmals Bürger unserer Stadt, bedauert, solange er sich auf das unglückliche Gewerbe eines Possenreißers in Paris beschränkte, der in der Oper Nasenstüber empfing und den man in der Comédie-Française auf allen vieren laufen ließ und dem Gespött feilbot; in Wahrheit fielen diese Schandflecken in gewisser Weise auf uns zurück; es war traurig für einen nach Paris kommenden Genfer, wenn er sich durch die Schande eines Landsmannes erniedrigt fand. Einige von uns wiesen ihn darauf hin und besserten ihn nicht. Wir haben seinen Romanen verziehen, in denen Anstand und Schamhaftigkeit ebensowenig verschont werden wie der gesunde Menschenverstand. Unsere Stadt war vordem allein durch ihre tadellosen Sitten und durch wohlbegründete Werke bekannt, welche die Fremden an unsere Akademie lockten: zum erstenmal hat einer unserer Bürger sie durch Bücher bekanntgemacht, die sittlichen Anstoß erregen, von rechtschaffenen Menschen verachtet und von der Frömmigkeit verdammt werden.

(4) Als er seinen Romanen den Unglauben beimischte,[4] waren unsere Behörden unweigerlich gezwungen, es denen von Paris und Bern nachzutun; die einen erließen einen Haftbefehl, die anderen vertrieben ihn. Der Genfer Rat aber, der in seiner Rechtspflege immer noch auf das Mitgefühl hörte, ließ eine Tür offen für die Reue eines verirrten Schuldigen, der in sein Vaterland zurückkehren und sich dort Gnade verdienen mochte.

(5) Ist heute die Geduld nicht erschöpft, da er eine neue Schandschrift[5] zu veröffentlichen wagt, in der er voller Raserei die christliche Religion schmäht, den reformierten Glauben, zu dem er sich selbst bekennt, sämtliche Geistli-

chen des Heiligen Evangeliums und alle Körperschaften des Staates? Wahnsinn kann nicht länger als Entschuldigung dienen, wenn er zu Verbrechen führt.

(6) Nun könnte er noch sooft sagen: erkennt meine Geisteskrankheit[6] an meinen Inkonsequenzen und Widersprüchen. Es bleibt dennoch wahr, daß dieser Wahn ihn so weit getrieben hat, Jesus Christus zu schmähen, so weit, daß er drucken ließ: *das Evangelium ist ein anstößiges, verwegenes, gottloses Buch, dessen Moral dahin geht, die Kinder zu lehren, daß sie ihre Mütter, ihre Brüder verleugnen, usw.*[7] (Seite 40 der kleinen Ausgabe). Ich will die übrigen Worte nicht wiederholen[8], sie machen erschaudern. Er glaubt, ihre Greulichkeit verbergen zu können, indem er sie einem Widerpart in den Mund legt; aber er entgegnet diesem imaginären Widerpart nicht. Es gab niemals einen derart verlassenen Menschen, der solch ruchlose Einwände vorgebracht und so bösartig den natürlichen und göttlichen Sinn der Gleichnisse unseres Erlösers verdreht hätte. *Stellen wir uns eine höllische Seele vor,* setzt er hinzu, *die auf diese Weise das Evangelium auslegt.*[9] Ach! wer hat es denn jemals so ausgelegt? Wo ist diese höllische Seele? La Mettrie sagt in seinem Werk *Der Mensch – eine Maschine*, er habe einen gefährlichen Atheisten gekannt, und er bringt dessen Gedankengänge vor, ohne sie zu widerlegen: man sieht recht wohl, wer dieser Atheist war; doch es ist bestimmt nicht zulässig, dergleichen Gift auszustreuen, ohne das Gegenmittel anzubieten.

(7) Es ist wahr, daß Rousseau sich an derselben Stelle mit Jesus Christus vergleicht, mit der gleichen Demut, die ihm den Vorschlag eingab, wir sollten ihm ein Standbild errichten. Es ist bekannt, daß dieser Vergleich aus einem Anfall seines Wahns kommt. Aber kann einen derart blasphemischen Wahn ein anderer Arzt kurieren als jene Hand, die auch seine übrigen Schandtaten aburteilte?

(8) Mochte er noch, in seiner obskuren Art, eine Entschuldigung für seine Gotteslästerungen zu verfertigen glauben, wenn er sie einem imaginären Denunzianten zuschrieb, so kann er deren keine mehr vorbringen hinsichtlich der Art, in der er über die Wunder des Erlösers spricht. Er sagt eindeutig in seinem eigenen Namen (Seite 98), *es gibt im Evan-*

gelium Wunder, die man nicht wörtlich nehmen kann, ohne sich des gesunden Menschenverstandes zu entschlagen.[10] So macht er alle die wundersamen Taten lächerlich, die Jesus zu vollbringen gedachte, um die Religion zu begründen.

(9) Wir räumen hier noch ein, daß es sich um Wahnsinn handelt, wenn er sich einen Christen nennt und dabei die tiefsten Grundlagen des Christentums unterhöhlt; aber dieser Wahn macht ihn nur noch verbrecherischer. Christ zu sein und das Christentum zerstören zu wollen, das kommt nicht mehr einem Gotteslästerer, sondern einem Verräter zu.

(10) Nachdem er Jesus Christus gelästert hat, überrascht es nicht, wenn er auch die Priester seines heiligen Evangeliums schmäht.

(11) Er bezeichnet eines ihrer Glaubensbekenntnisse als *amphigouri* (Seite 53), ein ordinärer Ausdruck aus dem Rotwelsch, der Irrsinn bedeutet. Ihre Erklärung vergleicht er mit den Plädoyers von Rabelais;[11] sie wissen nicht, so behauptet er, was sie glauben, was sie wollen und was sie sagen.

(12) *Man weiß weder*, sagt er an einer anderen Stelle (Seite 54), *was sie glauben noch was sie nicht glauben, noch was sie zu glauben vorgeben.*[12]

(13) Er beschuldigt sie also der schwärzesten Heuchelei, ohne den geringsten Beweis, ohne den geringsten Anlaß. So behandelt er jene, die ihm seine erste Abtrünnigkeit[13] verziehen haben und nicht den mindesten Anteil an der Bestrafung seines zweiten Abfalls hatten, bei der seine, in einem schlechten Roman[14] verbreitete, Gotteslästerungen dem Henker ausgeliefert wurde. Ist unter uns ein Bürger, der bei gelassener Abwegung dieses Betragens nicht über den Verleumder empört wäre?

(14) Ist es einem aus unserer Stadt Gebürtigen erlaubt, derartig unsere Pastoren zu beleidigen, von denen die meisten unsere Verwandten und Freunde, und die bisweilen unsere Trostspender sind? Betrachten wir den Mann, der sie so behandelt; ist es ein Gelehrter, der mit Gelehrten disputiert? Nein, es ist der Verfasser einer Oper und zweier ausgepfiffener Komödien. Ist es ein redlicher Mann, der, durch einen falschen Eifer getrogen, ungebührliche Vor-

würfe gegen tugendhafte Männer erhebt? Wir gestehen errötend und leidvoll, daß es ein Mann ist, der die schlimmen Zeichen seiner Ausschweifungen[15] noch an sich trägt und, als Gaukler verkleidet, jene Unglückselige[16] von Dorf zu Dorf und von Berg zu Berg mit sich führt, deren Mutter[17] er den Tod brachte und deren Kinder[18] er vor der Pforte eines Hospizes aussetzte, womit er ihnen die Pflege versagte, die ihnen eine mildtätige Frau angedeihen lassen wollte; damit hat er allen Empfindungen der Natur abgeschworen und die der Ehre und der Religion von sich getan.

(15) Ein solcher Mann also wagt es, unseren Mitbürgern Ratschläge zu erteilen (wir werden alsbald sehen, was für Ratschläge). Ein solcher Mann also spricht über die Pflichten der Gesellschaft!

(16) Bestimmt erfüllt er diese Pflichten nicht, wenn er in demselben Pamphlet, das Vertrauen eines Freundes verratend, einen Brief[19] von ihm drucken läßt, um drei Pastoren auf einmal hinters Licht zu führen. Hier läßt er einen der ersten Männer Europas, denselben Schriftsteller, der einen Roman über die Erziehung schrieb, bemerken: wer einen jungen Mann erziehen will, muß zuerst einmal selbst gut erzogen sein.

(17) Kommen wir zu dem, was uns im besonderen angeht, zu unserer Stadt, die er umstürzen möchte, weil er in ihr ein Vorbestrafter ist. In welchem Sinne ruft er uns unsere beigelegten Wirren[20] ins Gedächtnis? Weshalb weckt er unsere früheren Zwistigkeiten und spricht über unser Unheil? Will er, daß wir uns gegenseitig an die Kehle gehen, weil in Paris und Genf ein schlechtes Buch verbrannt wurde? Wenn unsere Freiheit und unsere Rechte in Gefahr sind, werden wir sie sehr wohl ohne ihn verteidigen. Es ist lächerlich, wenn ein Mann seines Schlages, der unser Mitbürger nicht mehr ist, uns sagt:

(18) *Ihr seid weder Spartaner noch Athener, ihr seid Kaufleute, Handwerker, Bürger, die mit ihren privaten Interessen und ihrem Gewinn befaßt sind.*[21] (Seite 340). Wir waren nichts anderes, als wir Philipp II. und dem Herzog von Savoyen Trotz boten; wir haben unsere Freiheit durch unsere Tapferkeit und um den Preis unseres Blutes errungen und werden sie auf gleiche Weise erhalten.

(19) Möge er aufhören, uns *Sklaven*[22] zu nennen (Seite 260), wir werden das niemals sein. Er nennt die Beamten unserer Republik, deren oberste wir selbst wählen, Tyrannen. *Man hat*, so sagt er (Seite 259), *im Rat der Zweihundert stets wenig Einsicht und noch weniger Tapferkeit vorgefunden.*[23] Durch aufgehäufte Lügen sucht er die Zweihundert[24] gegen den Kleinen Rat, die Pastoren gegen beide Körperschaften und am Ende alle gegen alle aufzuhetzen, um uns der Verachtung und dem Gespött unserer Nachbarn auszuliefern. Will er uns aufreizen, indem er uns schmäht, will er unsere Verfassung umstürzen, indem er sie entstellt, so wie er das Christentum stürzen will, zu dem er sich zu bekennen wagt? Es genügt, darauf hinzuweisen, daß die Stadt, welche er in Unruhe versetzen will, ihn mit Grausen von sich weist. Sollte er geglaubt haben, wir würden wegen des Romans *Emile* zum Schwert greifen, so mag er diesen Gedanken unter seine lachhaften und wahnwitzigen Ideen einreihen. Doch er soll wissen, daß einen gottlosen Romancier zwar nur eine leichte Strafe trifft, eine kapitale jedoch den niederträchtigen Aufrührer.

1 Dieses anonyme Pamphlet, dessen Autor Voltaire ist, war eine der ersten Reaktionen der Genfer Regierungspartei, deren Interessen Voltaire aktiv vertrat, auf Rousseaus „Briefe vom Berge", die im Dezember 1764 in Paris erschienen waren und alsbald verboten und verbrannt wurden. Dieses Pamphlet dokumentiert exemplarisch, mit welch infamen Methoden und pauschalisierenden Argumenten soziale und politische Interessenkonflikte selbst unter den Gruppierungen der Aufklärungsphilosophen ausgetragen wurden. Die heiße Phase der Verfolgung Rousseaus und des Bürgerkriegs zwischen den Genfer Demokraten und der Genfer Regierung, die mit allen Mitteln versuchte, ihr Machtmonopol zu behaupten, war damit eröffnet. Sie dauerte bis zum März 1768 und endete mit einer Kompromißlösung. Rousseau hat dieses Pamphlet mit Anmerkungen versehen und es am 6. Januar 1765 seinem Pariser Verleger Pierre Guy zur Veröffentlichung geschickt. Rousseau wußte damals nicht, daß es von Voltaire verfaßt und in Umlauf gesetzt worden war. Er verdächtigte den Genfer Pastor Jacob Vernes, der jedoch dagegen entschiedenen Protest erhob.

2 Die im September 1763 vom Generalprokurator Jean Robert

Tronchin veröffentlichte Rechtfertigungsschrift der Genfer Regierung.

3 Rousseaus „Briefe vom Berge“ (Dezember 1764).

4 Gemeint ist das „Glaubensbekenntnis des savoyischen Vikars“ in „Emile“.

5 „Briefe vom Berge“.

6 Dieser Vorwurf Voltaires ist bis in die Gegenwart von der Rousseau-Forschung reproduziert worden.

7 Polemische Verkehrung eines Satzes aus dem 1. Brief der „Briefe vom Berge“ (siehe Jean-Jacques Rousseau, Kulturkritische und politische Schriften, hrsg. von Martin Frontius, Berlin 1989, Bd. 2, S. 157; im folgenden nach dieser Ausgabe zitiert).

8 Voltaire unterschlägt hier Rousseaus Feststellung, daß es darum geht, „Den Reichen zu bereichern und den Armen zu unterdrücken“ (siehe ebenda, S. 157 f.).

9 Ebenda, S. 158.

10 Im 3. Brief der „Briefe vom Berge“ hatte Rousseau gegen den christlichen Glauben an Wunder Stellung genommen (siehe ebenda, S. 173, 186 f., 193).

11 Ebenda, S. 166.

12 Ebenda, S. 166 f.

13 Anspielung auf Rousseaus Wiederaufnahme in die kalvinistische Kirche am 1. August 1754.

14 „Emile“.

15 Diffamierende Anspielung auf Rousseaus organisches Blasenleiden.

16 Thérèse Levasseur.

17 Auch diese Behauptung entspricht nicht den Tatsachen. Marie Levasseur starb im Oktober 1766.

18 Siehe Briefe 157 und 2789.

19 3. Brief der „Briefe vom Berge“ (siehe ebenda, S. 186, Anm. 3).

20 Gemeint ist Rousseaus historischer Rückblick auf die politischen Kämpfe im 18. Jahrhundert in Genf in „Briefe vom Berge“.

21 9. Brief der „Briefe vom Berge“ (siehe ebenda, S. 350).

22 7. Brief der „Briefe vom Berge“ (siehe ebenda, S. 299).

23 7. Brief der „Briefe vom Berge“ (siehe ebenda, S. 298).

24 Rat der Zweihundert.

François-Marie Arouet de Voltaire an Charles-Augustin Feriol, Graf d'Argental

10. Januar [1765]

(...) Ein weiterer Anlaß zur Betrübnis, aber nur zu leichter. In Genf herrscht immer noch Zwietracht. Rousseau hat das Geheimnis entdeckt, von seinem Berge droben die Fackel zu entflammen; ohne daß es eigentlich die geringste Grundlage für den Streit gibt. Das Volk ist dreist, und der Rat[1] ist schwach. Das ist der ganze Anlaß zum Kriege. Amüsant an der Affäre ist, wie ich Ihnen schon sagte, daß das Volk Calvins behauptet, ein Genfer Bürger habe das Recht, soviel er wolle, gegen das Christentum zu schreiben, ohne daß dem Rat das Recht zustehe, dies zu tadeln; und um die Farce komplett zu machen, stehen die Priester des heiligen Evangeliums, über die sich Jean-Jacques weidlich lustig gemacht hat, auf seiner Seite. Es erscheint unbegreiflich, aber es ist ganz wahr. Diesmal gälte es, einen Spinoza als Vermittler anzurufen.

Dieser kleine Wichtelmann Rousseau hat ein dickes Buch[2] gegen die Regierung geschrieben, und sein Buch entzückt die halbe Stadt. Er erklärte förmlich, man müsse den gesunden Menschenverstand verloren haben, um an die Wunder von Jesus Christus zu glauben.

Leider hat er mir dabei sehr übel mitgespielt. Er erklärte dem Rat, ich hätte ja die *Predigt der Fünfzig*[3] verfaßt. Ach, Jean-Jacques, dies ist nicht Philosophenart. Denunzieren ist infam.[4] Und einen Zunftgenossen anzuprangern und ihn derart ungerechtfertigt zu verleumden ist abscheulich.

1 Der Kleine Rat, die Genfer Regierung.

2 Die „Briefe vom Berge" (1764).

3 Rousseau hatte im 5. Brief der „Briefe vom Berge" (1764) seinen Feinden in Genf empfohlen, sich von Herrn Voltaire den Geist der Tolanz einflößen zu lassen, den er beständig predigte, und Voltaire folgende Rede in den Mund gelegt: „Meine Herrn, wer vernünftelt, stiftet kein Unheil, sondern die Heuchler. (...) Und wenn ich gleich nicht selbst vernünftele, so tue ich mehr als das, ich gebe meinen Lesern zu denken. Lesen Sie mein Kapitel von den Juden, es ist in der Predigt der Fünfzig noch weiter ausgeführt." Da diese Schrift Voltaires aus dem Jahre 1749 eine seiner

radikalsten Streitschriften gegen die christliche Religion ist und anonym erschienen war, sah sich Voltaire durch diese Bemerkung Rousseaus bloßgestellt. Dennoch ist seine Empörung, wie es seine Pamphlete gegen Rousseau dokumentieren, heuchlerisch oder zumindest doppelbödig.

4 Voltaire sieht hier stillschweigend von seinen eigenen diffamierenden und denunzierenden Pamphleten gegen Rousseau ab (siehe Dok. A 343).

Abbé Gabriel Bonnot de Mably an Marie-Charlotte (?) Saladin

Paris, den 11. Januar 1765

(...) Höchst ärgerlich ist die Lektüre der *Briefe vom Berge*, die ich gerade abgeschlossen habe. Damit sind all meine Vorstellungen hinsichtlich Rousseau umgestülpt. Ich hielt ihn für einen ehrenhaften Mann, ich glaubte, seine Moral sei aufrichtig und wohne in seinem Herzen und nicht in seinem Federkiel. Ich muß wider Willen zu einer anderen Denkweise kommen, und das trifft mich tief. Hätte er lediglich behauptet, sein Deismus sei gutes Christentum und man habe unrecht gehandelt, als man sein Buch[1] verbrannte und einen Haftbefehl gegen seine Person verfügte, könnte man über seine Sophismen, seine Trugschlüsse und Paradoxa lachen und sagen, es sei ärgerlich, daß es dem beredtesten Menschen seines Zeitalters an gesundem Menschenverstand fehlt. Doch der Mann wird zu einer Art Verschwörer. Ist er ein Herostrat, der den Tempel in Ephesos anzünden will? Ist er ein Gracchus? Ich weiß wohl, daß die drei letzten Briefe, in denen Rousseau Ihre Regierung angreift, nur aus Deklamationen und untauglichen Gedanken bestehen. Doch ist zu befürchten, daß all das als sehr richtig, klug und vernünftig bei den Hitzköpfen gelten wird, die ihr Glück nicht zu schätzen und zu genießen wissen. Ich würde meinen, Ihre Regierung ist angesichts ihrer Lage so gut, wie sie nur sein kann, und in diesem Falle ist es ein Verbrechen, ihre Harmonie zu stören. Ich hoffe, die Affäre wird kein ärgerliches Nachspiel haben, und der hervorragende Kopf[2], der die *Briefe vom Lande* verfaßt hat, besitzt zweifellos alles, was not tut, um inmitten der Gärung die Ordnung zu erhalten, dem Volk die Augen zu öffnen und ihm seine, oder vielmehr Rousseaus, Irrtümer klarzumachen. Was wollen Sie, für die Menschen gibt es kein vollkommenes Glück und keine Regierung ohne Mißlichkeit. Es gilt, die Freiheit zu wählen, sie ist Umtrieben und Unruhen unterworfen, dennoch ist sie besser als ihr Gegenteil. Ich würde Sie, Madame, falls Sie Pariserin wären, um Verzeihung bitten, daß ich von so ernsten Dingen zu Ihnen spreche; aber Sie sind Genferin, und darum mögen Sie Ernstes lieber als unseren Flitterkram. (...)

1 „Emile“.
2 Jean-Robert Tronchin.

Joseph-Michel-Antoine Servan an Jean Le Rond d'Alembert

[11. April 1765]

(...) Doch während Sie auf sanfte, feine Art die Dummheiten der Religion belachen, haben wir hier einen Menschen, der beißt und zerfetzt. Es ist der berühmte Rousseau, den seine neuerlichen Mißgeschicke noch säuerlicher machen. Sein letztes Werk, Sie kennen es zweifellos, betitelt *Briefe vom Berge*, hat die Stadt an allen vier Ecken in Brand gesteckt; die geruhsamen Genfer sind allesamt toll geworden. Alle bilden sich ein, sie hätten ihre Freiheit eingebüßt. Sie suchen nach ihr, sie beunruhigen sich und gleichen recht wohl dem Manne, der nach seinem Hut verlangte, den er auf dem Kopf trug. Uns Franzosen, die wir barhäuptig gehen, sticht ihr Hut in die Augen; doch wir mögen ihnen das noch so lange vorhalten, sie wollen nicht hören und suchen immer weiter. Aber dieser politische Streit wäre eine Nichtigkeit, wenn er nicht zusätzlich durch die Religion vergiftet würde. Rousseau wollte Jesus Christus die Wunder absprechen[1], und zwar zu seinem Besten, wie er sagt, denn diese Wunder lassen ihn wie einen schlechten Scharlatan auf den Jahrmärkten von Galiläa aussehen. Die übrigen Scharlatane des Klüngels haben laut aufgeschrien. Alle diese mit dem Evangelium genährten Männer speien nur noch Invektiven. Sie haben haargenau jenen Taschenspielertrick nachgeahmt, bei dem man Werg frißt, um hernach Flammen und Rauch zu spucken. Der arme Rousseau ist jetzt ganz davon bedeckt. Das schlimmste aber ist, das Konsistorium von Neuchâtel hat die Sache des Evangeliums nun auch in seine Hände genommen. Es hat Rousseau vorgeladen. Es geht die Rede, man wolle ihn förmlich exkommunizieren. Die Dorfleute von Môtiers sind furchtbar voreingenommen, zumal das devote Geschlecht in einem Maße aufgebracht ist, daß Rousseau letzthin schrieb, er brauche nur aus seinem Hause zu gehen, um das Schicksal des Orpheus zu erleiden. Ich glaube, der feine Plan all dessen läuft darauf hinaus, ihn aus dem Lande zu verjagen und ihn zu zwingen, sich nach Berlin zu flüchten. Ich weiß nicht, wie der König von Preußen mit einem Manne zurechtkommen wird, der weder Opern noch Kriege mag. Ich füge hier zwei Briefe bei, die Rousseau über die ihm vorgeworfene Angelegenheit verfaßt hat. Sie schildern ihn vom Kopf bis zu den Füßen. Warum besitzen nicht alle Philosophen unseres Zeitalters Ihre Weisheit und Mäßigung? Der Wahrheit ginge dabei nichts ab; und sie hätten viel Ruhe gewonnen. Die Kunst, die Wahrheit zu sagen, scheint noch schwieriger zu sein als die, sie zu finden. Sie, Monsieur, der Sie sie beherrschen, haben an Verfolgung nur so viel erlitten, wie nötig war, um ihre Verdienste zu steigern. Sie haben die ganze Hand voll Wahrheiten, aber Sie verstehen es, die Finger nacheinander aufzumachen. Ach, welch ein Wahnsinn in unserer heutigen Zeit, sich an einem so heiklen Punkt wie der Religion zu entblößen. Man müßte, wie es neulich abends Monsieur de Voltaire bemerkte, 50 000 Männer zur Verfügung haben, um einen jeden Band abzustützen. Eine etwas zu große Aufgabe für jeglichen Autor. Wenn man aber nicht geradewegs vorgehen kann, warum dann nicht in schräger Linie? Will man sehen, was sich in der Hölle abspielt, muß man Zerberus mit einer Näscherei ködern. Rousseau aber hat sich zur Devise erkoren: *vitam impendero vero*[2]: Das ist edel, doch ich gestehe, daß ich selbst für die Wahrheit keine

Dorne der Märtyrerkrone in Kauf nehmen würde. Möge er verbrennen, möge er in Brand stecken, soviel er will, Ihnen Monsieur, kommt es zu, uns mit einem friedlichen und beständigen Licht zu erhellen. (...)

1 Siehe Briefe vom Berge, 3. Brief.
2 lat.: Das Leben der Wahrheit zu weihen.

Johann Jakob Bodmer an Johann Georg Sulzer

Zürich, 20. April 1765

(1) (...) Wie fürchte ich, daß auch Rousseau genöthigt werde, zu Ihnen zu flüchten! die venerable Compagnie des Konsistoriums vom Môtiers will von ihm eine Confession de foy (Glaubensbekenntnis) haben, wie ihr System sie fordert. Da er eine solche nicht geben kann, so muß er erwarten, daß man ihn als einen Ungläubigen ausstossen werde. Man sagt wirklich, daß es schon geschehen seÿ. Er hat an dem König[1] Schutz begehren wollen, aber es scheint, daß der Clerus sich darüber weg setzt; und wir wissen daß die Religion dieser Priester, wie der katholischen, zween Gesetzgeber, zweÿ Kanzler, zweÿ Vaterlande hat. Ich halte es für providentiel, wenn *Rousseau* in das Land kommt, wo Sie, F. S., M., leben. Alle Winkel der Erde sind ihm verschlossen, Holland und England ausgenommen, denen er ohne Zweifel Brandenburg vorzieht. Er hat den 14. März einen Brief an den Professor Felicé publiziert, wo er sagt, daß er das Werk der *Princes* (Fürsten) nicht verfaßt hat; ich habe es nicht gesehen; ich bezweifle sogar, daß es existiert. Ich begreife nur zu gut, wer sich das ausgedacht hat. Vermutlich hat er Voltaire in Verdacht.

(2) Vernes, Pastor von Celigny, Genfer, hat vier Briefe an *J. J. Rousseau* mit dessen Antwort drucken lassen. Er klagt sich, daß *Rousseau* die *Sentimens des citoyens* (Meinungen der Bürger) in Paris habe nachdrucken lassen, mit einem Brief an den Verleger, Duchesne, wo er sagt, der Autor sei *Vernes*, und er habe ihn sogleich an seinem pastoralen Stil erkannt. *Vernes* declariert: er habe keinen Anteil an dieser

infamen Brochure. *Rousseau* antwortet ausdrücklich, daß er trotz der Verleugnung die verleugnete Schrift allein *Vernes* zuschreibt.

(3) Unter der Aufschrift, Bern, den 12. März, sieht man eine Brochure, Le préservativ (Die Verhütung), die an Bosheit die *Sentimens des citoyens* hoch übertrifft. *Rousseau* wird darin beschuldigt, jegliche Moral zerstören zu wollen, jede Gesetzgebung, jeden Kult usw. bis hin zur natürlichen Religion. Es heißt, *R.* betrachte den Menschen als ein Tier, dazu bestimmt, wild und isoliert zu leben, und der als solches vollkommen sei, weil er verroht und verkommt, sobald er den Gesetzen unterworfen wird.

(4) Ich muß fürchten, wenn der Verläumder meinen *Italus*[2] sehen würde, wo ich gegen Erbauung einer Stadt alles sage, was *Rousseau* gesagt hat, daß ich mit ihm in dasselbe Gerüst fallen würde. Ohne Zweifel würde *Bielefeld* eben so wenig damit zufrieden seyn; die 33 und 34 von seinen lettres familières widerlegen *Rousseau.*

(...)

1 Gemeint ist der König von Preußen.
2 Ein politisches Drama von Bodmer.

Minister Martin Künzli an Johann Jakob Bodmer

[1. Juli 1765]

(...) Es schickt sich vortrefflich gut für Voltaire, daß er eine Verfolgung gegen Rousseau angestellt, *quis ferat Gracchos de seditione quaerentes*[1]. Doch läßt das ebenso artig, daß die Herren *Theologi* diesem Affen ihre Hände geliehen haben, seine Rachsucht zu sättigen. Ein Böser findet alle Zeit einen noch Böseren zu seinem Helfer (...).

1 lat.: der die nach Aufstand trachtenden Gracchen-Brüder wieder auferstehen ließ.

Isaac Iselin an Salomon Hirzel

[Basel, den 2. November 1765]

(...) Herr Rousseau ist jüngsthin hiedurch gegangen. Der gute Mann hat nur letzten Mittwoch übernachtet. Er wäre gern länger geblieben, allein es muss ihm allzu bange gewesen sein, und obgleich seine Gesundheit diesen Aufenthalt erfordert hätte, so hat er sich diese Erleichterung dennoch aus Furcht versagt und niemand sehen wollen. H. Johann Bernouilli, der dessen Ankunft erfahren hatte, wollte ihn besuchen, allein umsonst, und H. Rousseau schrieb ihm des folgenden Tages einen höflichen Zettel, ihn zu entschuldigen. Diese Verfolgung eines kranken und unglücklichen Philosophen machet unsern aufgeklärten Zeiten wenig Ehre.

Indessen ist dieses vielleicht der letzte Ausbruch dieser Art. (...)

Isaac Iselin an Salomon Hirzel

[Basel, den 16. November 1765]

(...) Die Furcht von H. Rousseau war nicht die Furcht eines Flüchtlings oder eines Übeltäters, der einer Strafe zu entgehen sucht, sondern die Furcht eines Mannes, der von den Narren und Heuchlern nicht mehr Beschimpfung und Unmut leiden will, als er bisher erlitten hat. (...)

Brief des Königs von Preußen (Horace Walpole[1]) an Rousseau

[den 23. Dezember 1765]

Mein lieber Jean Jacques,

Sie haben sich von Genf, Ihrem Vaterland, losgesagt; Sie haben sich selbst aus der Schweiz vertrieben, einem in Ihren Schriften so gepriesenen Land; Frankreich hat einen Haftbefehl gegen Sie erlassen. Kommen Sie also zu mir; ich bewundere Ihr Talent; ich habe Freude an Ihren Träumereien, die sie (es sei im Vorübergehen gesagt) zu viel und zu lange beschäftigen. Sie müssen endlich weise und glücklich werden. Sie haben sich genug ins Gerede gebracht wegen Eigenheiten, die kaum zu einem wahrhaft großen Mann passen. Zeigen Sie Ihren Feinden, daß Sie manchmal gesunden Menschenverstand haben können. Dies wird sie ärgern, ohne Ihnen zu schaden. Meine Staaten bieten Ihnen eine friedliche Zuflucht; ich wünsche Ihnen alles Gute und würde Ihnen gerne helfen, wenn Sie es annehmen können. Aber wenn Sie fortfahren, meine Hilfe abzulehnen, seien Sie versichert, daß ich es niemand sagen werde. Wenn Sie darauf bestehen, sich den Kopf zu zerbrechen, um neues Mißgeschick zu suchen, wählen Sie, wie es Ihnen beliebt; ich bin König und kann alles tun, Ihren Wünschen zu entsprechen; und – was Ihnen sicherlich nie geschehen wird von seiten Ihrer Feinde – ich werde aufhören, Sie zu verfolgen, wenn Sie aufhören werden, Ihren Ruhm darin zu sehen, verfolgt zu werden.

Ihr guter Freund Friedrich

1 Dieser angebliche Brief des Königs von Preußen an Rousseau war im Dezember 1765 in Paris im Salon der Madame Geoffrin von Horace Walpole unter Mitwirkung der dort Anwesenden verfaßt worden, zu einer Zeit also, als sich Rousseau auf der Flucht nach England befand. Am 28. Dezember schickte Madame Du Deffand eine Kopie an Voltaire, und am 1. Januar 1766 veröffentlichte ihn Melchior Grimm in der „Literarischen Korrespondenz". Daraus geht bereits hervor, daß er im Rahmen der publizistischen Diffamierungskampagne Rousseaus einen Platz hat. Mit seiner Veröffentlichung am 3. April 1766 in der Londoner Zeitung St. James Chronicle wurde dann die verleumderische Pressekampagne in England gleichsam eröffnet. Erneut griff auch Voltaire mit dem „Brief an Dr. J.-J. Pansophe" (April 1766) in diese Kampagne ein. In diesem Vorgang sind die Ursachen für den Bruch zwischen Rousseau und Hume zu sehen und die fluchtartige Rückkehr Rousseaus im Mai 1767 nach Frankreich.

Choiseul droht den Genfern in Paris

November 1766

Am 11. November 1766 schrieb Choiseul an Sartine mit der Bitte, alle in der Umgebung der Place Dauphine wohnhaften Genfer Uhrmacher zusammenzurufen und ihnen zu erklären: „im Falle, daß der Allgemeine Rat von Genf den Plan einer Versöhnung ablehnte, wird seine Majestät keinem Genfer erlauben, im Königreich zu verbleiben“ (...) Am 17. berichtete Sartine Choiseul: „Ich habe heute die wichtigsten der in Paris angesiedelten Genfer Uhrmacher zu mir befohlen und ebenso die Bankiers, um ihnen Choiseuls Botschaft zu übermitteln. Alle waren sehr betroffen und werden wahrscheinlich ihren Freunden und Verwandten in Genf schreiben und sie beschwören, dem Plan der Schlichter zuzustimmen.“ Am folgenden Tag setzte Sartine hinzu: „(...) ich erfuhr, daß die Konsternation ebenso groß wie allgemein war.“

In einem Brief, den ein Genfer in Paris an seine Verwandten oder Freunde in Genf richtete und der Norton, dem diplomatischen Agenten Großbritanniens in Bern, mitgeteilt wurde, findet man ein Echo dieses von Sartine unternommenen Schrittes: „(...) Der Herr Lieutenant der Polizei hat uns beauftragt, uns an unsere Genfer Mitbürger zu wenden, um ihnen von diesem Schreiben Mitteilung zu machen und sie zu Schritten zu ermahnen, welche nicht jene äußerst mißlichen Folgen zeitigen, die uns angedroht sind.“

Jean-Pierre Crommelin an Etienne-François de Choiseul-Stainville, Herzog von Choiseul

20. November 1766

Monsieur,

(1) Ich erfahre, daß Eure Exzellenz die Güte hatten, Lenieps zu arretieren, und bin, auch nach all dem nachträglich noch zur Kenntnis Bekommenen, überzeugt, daß dies zum höchsten Wohle unserer Sache geschehen ist.

(2) Doch ich erfahre ebenfalls, Herr Herzog, daß Sie Weisung erlassen haben, Falavel den dringenden Befehl zu erteilen, sich zu entfernen. Ich nehme es auf mich, den Herrn Lieutenant der Polizei zu bitten, dessen Ausführung auszusetzen, bis ich die Ehre hatte, diesbezüglich bei Ihnen vorstellig zu werden.

(3) Ich würde mich niemals darüber trösten können, einem Manne geschadet und in seiner Existenz Störungen zugefügt zu haben, der zwar geschwätzig, verwegen und übermäßig voreingenommen gegen unsere Bourgeoisie ist, aber ansonsten ein rechtschaffener Mann mit einem Gewerbe, welches durchaus ganz und gar aus der Bahn käme. Ich habe Eure Exzellenz lediglich bitten wollen, ihn observieren zu lassen und für den Fall, daß er sich weiter in unsinnigen Reden erginge, ihn durch Monsieur Sartine zu mehr Vorsicht ermahnen zu lassen.

(4) Ich werfe mich Ihnen also zu Füßen, Herr Herzog, und flehe Sie an, Ihre diesbezüglichen Ordres darauf zu beschränken.

(5) Ich bin sogar überzeugt, daß man es ihm gar nicht sagen muß, die Verhaftung von Lenieps wird ihm gänzlich den Mund verschließen.

(6) Ich ersuche Sie inständigst um diese Gnade und bin mit tiefem Respekt, Monsieur,

Eurer Exzellenz ergebenster und gehorsamster Diener

Crommelin.

Paris, den 20. November 1766

Chrétien-Guillaume de Lamoignon de Malesherbes an Guy-Claude, Graf Sarafield

Bâville, den 28. November [1766]

(1) (...) In all diesen Fällen und vielen anderen sind wir nur darum unglücklich, weil der Reichtum in so hoher Geltung steht.

(2) Täuschen Sie sich nicht, mein lieber Sarafield, allein dabei kann die Philosophie eine gewisse Abhilfe schaffen, leider wird es niemals eine sehr wirksame sein, denn die tat-

sächliche Überlegenheit des Reichtums wird ihm stets auch in der öffentlichen Geltung überwiegen lassen.

(3) Dennoch scheint mir, wenn Rousseau, d'Alembert und ein paar andere Männer von gleichem Stoff, die sich persönlich nicht viel darauf einbilden können, den Prunk zu verschmähen, weil ihr großes Dasein von ihm nicht abhängt, wenn diese Leute also mit ihrer Beredsamkeit die Menschen dazu bringen könnten, daß sie zuversichtlich sagen: ich bin arm, und ich lebe als ein Armer, ja wenn sie jenem Axiom zur praktischen Verwirklichung verhelfen könnten, das jedermann im Munde und beinahe niemand im Herz trägt: *Armut ist kein Laster*, dann würden viele, die heute arm und, nach Meinung der Welt, unglücklich sind, sich reich dünken wie Krösus; sie könnten dann all ihre Talente, all ihre Antriebe, all ihre Aktivitäten für rechtschaffene und dem Staat nützliche Dinge einsetzen, statt durch die schmutzige Begierde, Geld aufzuhäufen, erniedrigt zu werden.

(4) Dies will die moderne Philosophie festhalten, und ebendem widersetzen Sie sich, aus Furcht, der Adel könne dabei gewissen Schaden nehmen. Doch bedenken Sie, und dies ist wohl das entscheidende Wort: wenn Rousseau einfach verkündet hätte, ich verachte den Adel, dann hätte man ihm erwidert: Sie sind unverschämt, Sie verachten ihn nur, weil Sie ihn nicht erlangen können, oder vielmehr, man hätte ihn gar nicht wahrgenommen, weil es keinen Kassierer in Paris oder Lyon gibt, der nicht dasselbe zu sagen wüßte. Indes, er hat gesagt, ich verachte den Reichtum und verschmähe die Mittel, durch die ich ihn erlangen könnte. Damit hat er die Aufmerksamkeit des Publikums gewonnen, denn das ist wirklich sehr eigenwillig. Daß er die Sache übertrieben und mit seinem Verhalten sich selbst widersprochen hat, ist seine persönliche Sache, und es wäre ärgerlich, wenn seine Fehler die von ihm verfochtenen Grundsätze in Mißkredit brächten. (...)

Rousseaus Rückkehr nach Paris[1]

J.-J. Rousseau, dessen Subskription den Patriarchen[2] nicht gerade sonderlich gefreut hat, ist mit seiner Haushälterin, Fräulein Levasseur, die er schließlich zu seiner Frau gemacht hat, seit etwas vier Wochen in Paris. Er hat den armenischen Kittel[3] abgelegt und trägt wieder französische Kleidung. Man hat darüber eine ungehörige Geschichte erfunden, die die Tugend von Frau Jean-Jacques und noch mehr den Geschmack dessen verleumdet, der mit ihr gesündigt haben soll. Man behauptet nämlich, ihr Gatte habe, als er sie in flagranti mit einem Mönch überraschte, sofort das armenische Gewand mit den Worten abgelegt, er habe sich bis jetzt im Äußeren von den anderen unterscheiden wollen, sehe nun aber ein, daß er sich getäuscht habe und ein Mensch wie andere sei. Ich glaube, an diesem Kleidungswechsel hatte die Hoffnung, nach Paris zurückkehren zu dürfen, größeren Anteil als Frau Rousseaus Liebesabenteuer. Für den Armenier wäre nie die Erlaubnis zu erreichen gewesen, hier aufzutauchen, doch hat man den Herrn Oberstaatsanwalt[4] bewogen, Jean-Jacques in französischer Kleidung nach Paris zu lassen. Als einzige Bedingung hat dieser Justizbeamte gefordert, nicht mehr zu schreiben oder wenigstens nichts mehr drucken zu lassen. Die Rückkehr des merkwürdigen Mannes in die Stadt, in der er den größten Teil seines Lebens verbracht hat und die allein für ihn in Frage kommt,[5] war einige Tage lang Gesprächsthema in Paris. Er hat sich mehrere Male im Café de la Régence auf der Place du Palais-Royal sehen lassen; seine Gegenwart hat eine ungeheuere Menschenmenge dorthin gelockt, und der Pöbel hat sich auf dem Platz zusammengerottet, um ihn vorübergehen zu sehen. Man fragte einzelne aus dem Pöbel, was sie da wollten; sie antworteten, sie wollten Jean-Jacques sehen. Man fragte sie, wer denn Jean-Jacques sei; sie antworteten, das wüßten sie nicht, er käme aber da vorbei. Man machte dem Schauspiel dadurch ein Ende, daß man Herrn Rousseau ermahnte, sich weiterhin weder in diesem Café noch an irgendeinem anderen öffentlichen Ort zu zeigen, und seither lebt er in noch größerer Zurückgezogenheit. Wirklich würde ein einziger

Heißsporn unter unseren Herren Vernehmungs- und Gesuchsräten genügen, um ihn anzuzeigen und damit den Oberstaatsanwalt zu zwingen, *den noch immer gültigen Haftbefehl zu vollstrecken*[6] [Hervorhebung W.S.], wodurch dem armen Jean-Jacques nichts übrig bleiben würde, als sich erneut davon zu machen; wenn er aber ein zu großes Aufsehen in der Öffentlichkeit vermeidet, wird er nicht in diese Lage kommen. Er geht im übrigen viel in Gesellschaften, zu den schönen Damen: mit dem armenischen Gewand hat er seine Bärbeißigkeit abgelegt und ist wieder höflich und freundlich geworden. Er geht mit den größten Stutzern und Gecken zum Abendessen bei Sophie Arnould und scheint sich Rulhière zum Führer erkoren zu haben. Den Beruf des Schriftstellers hat er bis auf weiteres aufgegeben und wieder den des Notenschreibers ergriffen. Er gesteht, er sei früher ein schlechter Abschreiber gewesen, weil er, wie er sagt, ehemals darauf versessen war, Bücher zu verfassen; jetzt aber, wo er seinen gesunden Menschenverstand wiedergefunden hat, behauptet er, es gebe nicht seinesgleichen. Er müsse, sagt er weiter, mit seinen Abschriften 1500 Livre im Jahr verdienen, um ordentlich leben zu können. Mehrere Neugierige waren bei ihm zu Besuch. (...)

1 Aus der Zeitschrift „Literarische Korrespondenz" vom 15. Juli 1770. Zitiert nach: Melchior Grimm, Paris zündet die Lichter an. – Literarische Korrespondenz, hrsg. von Kurt Schnelle, Leipzig 1977, S. 311–313. Die „Literarische Korrespondenz" wurde von 1753 bis 1773 von Melchior Grimm herausgegeben und an ein Dutzend europäische Höfe verschickt. Ab 1773 war der Züricher Jakob-Heinrich Meister der Herausgeber.

2 Am 17. Mai 1770 hatte eine Versammlung von siebzehn hochachtbaren Pariser Philosophen vorgeschlagen, Voltaire ein Standbild zu errichten, mit der Inschrift: „Dem lebenden Voltaire von den Schriftstellern, seinen Landsleuten". An der Subskription für dieses Standbild hatte sich auch Rousseau beteiligt.

3 Seit 1762 trug Rousseau diesen aufsehenerregenden armenischen Kittel. Nach den „Bekenntnissen" wegen seines Blasenleidens.

4 Guillaume-François-Louis Joly de Fleury.

5 Rousseau hatte von 1744 bis 1756 in Paris gelebt.

6 Der Haftbefehl gegen Rousseau war am 8. Juni 1762 zusammen mit dem Verbot des „Emile“ erlassen worden und blieb bis zu seinem Tode im Jahre 1778 in Kraft.

Anne-Robert-Jacques Turgot an Marie-Jean-Antoine-Nicolas Caritat, Marquis Condorcet

Limoges, den [...] Dezember 1773

(1) Da ich nicht befürchte, Monsieur, Sie würden jemals ein philosophisches Buch ohne Logik, ein literarisches ohne Geschmack und ein moralisches ohne Ehrlichkeit schreiben, glaube ich nicht, daß mein strenges Urteil über das Buch *Vom Geist*[1] Sie erschrecken kann.

(2) Solange man keine Schmähungen von sich gibt, wird man schwerlich jemanden kränken. (...)

(3) Man soll nicht glauben, daß die Verfolgung eine Lust sei. Sehen Sie, wieviel Interesse Jean-Jacques Rousseau trotz seiner Verrücktheiten eingeflößt hat und wie sehr er respektiert würde, wenn seine Eigenliebe maßvoll geblieben wäre. Es ist wahr, das Parlament hat einen Haftbefehl gegen ihn erlassen, aber 1.) geschah dies, weil er die Wahnidee hatte, seinen Namen unter den *Emile*[2] zu setzen, und 2.) wäre es dem Parlament höchst verdrießlich gewesen, ihn zu ergreifen, und wenn Rousseau gewollt hätte, wäre er diesem Ungewitter leicht entkommen, indem er sich zwei, drei Monate versteckt gehalten hätte. Wirklich verfolgt worden ist er nur von den Genfern[3]; dies aber, weil er tatsächlich der Anlaß zu ihren inneren Wirren war und weil sie ihn fürchteten.

(4) Im Tone der Redlichkeit kann man alles aussprechen, und das um so leichter, wenn man das Gewicht der Vernunft in die Waagschale wirft und ein paar unschwer zu begreifende Vorsichtsmaßregeln trifft. Ich weiß Rousseau für fast alle seine Werke Dank; was aber soll ich von einem Marktschreier wie Helvétius denken, der ungestüme Schmähungen hervorstößt und bittere Sarkasmen über die Regierung im allgemeinen verbreitet, (...) und der sich, nachdem er die unglückseligen Zustände in seinem Vater-

land beklagte, wo der Despotismus, behauptet er, zum höchsten Grad von Unterdrückung und Niedertracht gelangt ist, was durchaus nicht stimmt, was soll man sagen, wenn er sich dann zu seinen Helden den König von Preußen und die Zarin[4] erwählt? (...)

1 Helvétius' Buch „Vom Geist" löste bei seinem Erscheinen im Jahre 1759 einen Sturm der Entrüstung aus und wurde vom Parlament, der Sorbonne, dem Erzbischof von Paris, vom König und vom Papst verurteilt.
2 Die im 18. Jahrhundert von den Aufklärungsphilosophen aus Sicherheitsgründen oft praktizierte Taktik, ihre Bücher unter fremden Namen (oft von Verstorbenen) oder anonym zu publizieren, hat Rousseau stets entschieden abgelehnt.
3 Wie aus Turgots Briefen zu entnehmen ist, war ihm sehr wohl bekannt, daß Rousseau auch von Pariser Philosophen publizistisch bekämpft und diffamiert wurde. Turgot hat in diesen Fällen stets zur Mäßigung und Zurückhaltung aufgerufen.
4 Katharina II.

François de Chambrier an Salomé de Chambrier

[15. Dezember 1773]

(...) Sie erkundigen sich nach Jean-Jacques. Ich besuche ihn in größeren Abständen, und erst gestern morgen war ich mit dem Fürsten Golyzin bei ihm, der seine Bekanntschaft zu machen wünschte. Der brave Mann wohnt in einem fünften Stockwerk, wo sein ganzes Appartement aus einem kleinen Schlafzimmer mit zwei Betten und einer Küche, die Durchgangsraum ist, besteht. Er verkehrt nirgends mehr; vom Morgen bis zum Abend kopiert er für Hinz und Kunz Noten; mit einer Arietta[1] als Geleitbrief in der Tasche kann man bei ihm ebenso ungezwungen eintreten wie in einen Laden, wo man irgend etwas in Auftrag geben will. Seit er sich hinter dieser einzigen Beschäftigung verschanzt hat, verbringt er seine Tage ruhiger und glücklicher als in der Vergangenheit. Ich traf ihn stets bei guter Stimmung und bereit zum Gespräch, welches er ohne Unterbrechung seiner Arbeit führt. Die gewisse Frau[2], von der man erzählte, er habe sie fortgeschickt, ist sehr wohl seine Frau, sie leben miteinander in vollkommener Harmonie. Madame brutzelt das Essen, putzt das Zimmer, macht die Betten und setzt sich dann mit dem Strickzeug zu ihrem Mann, an einen winzig kleinen Kamin; all dies ist reizend; so hielten es unsere Patriarchen. (...)

1 Kleine Arie.
2 Thérèse Levasseur.

Zum Tode Rousseaus[1]

Die allgemein verbreitete Ansicht über die Art von J.-J. Rousseaus Tod ist auch durch einen Pariser Arzt, Herrn Le Bègue de Presle, seinen Freund, nicht aus der Welt geschaffen worden (...) Man glaubt weiterhin, unser Philosoph habe sich vergiftet.[2] Von sehr vertrauter Seite wissen wir, daß er während seines Aufenthalts in England und seitdem sehr oft melancholische Anwandlungen hatte, die von außergewöhnlichen Krämpfen begleitet waren, und daß er in diesem Zustand mehrmals nahe daran war sich das Leben zu nehmen. Seine schwierige Stellung, die ihm mehr Ärger eintrug denn je, die Aufregung, in die ihn die angebliche Veröffentlichung seiner Lebenserinnerungen versetzte, sei es nun, daß sie ihm gestohlen worden war, daß er sie selbst zum Druck gegeben hat oder daß er nur von dem darüber umgehenden Gerücht erschrocken war, schließlich die Vereinsamung, in die ihn seine Menschenscheu getrieben hatte, durch all das war sein Kopf merklich verwirrt. Dieser von Natur argwöhnische und mißtrauische Geist, der das Opfer einer doch wirklich nur geringfügigen, wenngleich recht seltsamen Verfolgung war, den Mißgeschicke verbittert hatten, die er vielleicht selbst verschuldet hatte, die aber darum nicht weniger wirklich waren, den eine Einbildungskraft quälte, die all seine Affekte, all seine Grundsätze übersteigerte, ja den vielleicht noch mehr die Zanksucht seiner Frau quälte, die ihn, um seine Gedanken allein zu beherrschen, seine besten

Freunde entfremdete, indem sie sie vor ihm verdächtigte: dieser Geist, der zugleich zu stark und zu schwach war, um gelassen die Last des Lebens zu tragen, sah sich ständig von Abgründen und Gespenstern umgeben, die ihm zu schaden suchten. Von solcher geistigen Verfassung ist es sicherlich nicht mehr weit bis zum Wahnsinn, und anders kann man die Zwangsvorstellungen kaum nennen, die seit Monaten noch tiefer in ihm saß, als alle Staaten Europas auf ihn blickten und ihm die Ehre erwiesen, in ihm ein höchst gefährliches Ungeheuer zu sehen, das es auszumerzen gelte. Er hat sich in den Kopf gesetzt, es bestünde ein allmächtiges Komplott gegen ihn, und in Paris waren seiner Meinung nach die Häupter dieses Komplotts in recht seltsamem Verein der Herzog von Choiseul, Herr Dr. Tronchin, Herr von Grimm und Herr d'Alembert (...)

1 Aus der Zeitschrift „Literarische Korrespondenz" vom Juli 1778. Zitiert nach: Melchior Grimm, Paris zündet die Lichter an. – Literarische Korrespondenz, hrsg. von Kurt Schnelle, Leipzig 1977, S. 400.

2 Es konnte bis heute nicht eindeutig geklärt werden, ob Rousseau eines natürlichen Todes gestorben ist oder ob er ermordet wurde.

Diderots Abrechnung mit Rousseau

(aus „Essay über die Herrschaft der Kaiser Claudius und Nero sowie über das Leben und die Schriften Senecas" (1782)[1]

Hier habe ich in der ersten Ausgabe[2] dieses Essays gesagt: „Wenn infolge einer Verrücktheit, die nicht ohne Beispiel ist, irgendwann ein Werk[3] erscheinen sollte, in dem rechtschaffene Menschen erbarmungslos von einem durchtriebenen Schurken geschmäht werden, der sich selbst in den schwärzesten Farben malt, um seinen ungerechten und grausamen Beschuldigungen einige Wahrheit und Wahrscheinlichkeit zu verleihen, so greift ein und fragt euch selbst, ob ein Unverschämter, ein Cardano, der sich zu tausenderlei Schlechtigkeiten bekennt, ein glaubwürdiger

Bürge der Wahrheit sein könne. Fragt euch, was er sich aus einer Verleumdung gemacht hätte und was eine Schandtat mehr oder weniger an der Schändlichkeit eines Lebens ausmachen könnte, die mehr als fünfzig Jahre lang unter der undurchdringlichsten Maske der Heuchelei verborgen war. Werft seine infame Schmähschrift weg; fürchtet, daß ihr sonst von seiner trügerischen Beredsamkeit geblendet, durch das ebenso unsinnige wie kindische Beifallsgeschrei seiner schwärmerischen Verehrer mitgerissen und schließlich sogar seine Mitschuldigen werden könntet! Verabscheut den Undankbaren, der von seinen Wohltätern Böses sagt; verachtet den Verruchten, der unbedenklich seine ehemaligen Freunde anschwärzt; verabscheut den Feigen, der an seinem Grabe Geheimnisse enthüllt, die ihm zu seinen Lebzeiten anvertraut wurden oder die er sich erschlichen hat! Ich aber schwöre, daß meine Augen niemals durch die Lektüre seiner Schriften besudelt werden sollen, und beteure, daß ich seine Schmähungen seinen Lobreden vorziehen würde. Aber hat ein solches Ungeheuer überhaupt gelebt? Ich glaube es nicht."

Dieser Abschnitt meines Werkes hat großes Aufsehen erregt, und ich hoffe, daß man mir verzeihen wird, wenn ich nun für einen Augenblick mein Thema verlasse, um mich mit einer Rechtfertigung zu befassen, die man wohl mit Recht von mir erwartet.

Man hat behauptet, mein Ausfall hätte sich gegen Jean-Jacques Rousseau gerichtet.

Hat dieser Jean-Jacques ein Werk geschrieben, wie ich es charakterisiere; hat er seine ehemaligen Freunde verleumdet; hat er die schwärzeste Undankbarkeit gegenüber seinen Wohltätern an den Tag gelegt; hat er seinem Grabe anvertraute oder erschlichene Geheimnisse enthüllt und kann eine so feige und erbärmliche Indiskretion in einträchtige Familien Zwietracht bringen und unter Menschen, die sich lieben, langen Haß schüren, so werde ich sagen und auf sein Denkmal schreiben: *Dieser Jean-Jacques, den ihr hier seht, war ein verdorbener Mensch.*

1 Zitiert nach: Denis Diderot, Philosophische Schriften, hrsg. von Theodor Lücke, Berlin 1951, Bd. 2, S. 318.

2 Die erste Ausgabe des Seneca-Essays ist im Jahre 1778 und die zweite im Jahre 1782 erschienen. Da Rousseau am 2. Juli 1778 starb, ist auch Diderots haßerfüllter und besserwisserischer Text gleichsam als sein Nachruf auf Rousseau zu verstehen.

3 Diderots unsachliche und polemische Ausfälle richten sich gegen Rousseaus „Bekenntnisse", deren erster Teil 1782 erschien. Eine weitere Schmähschrift gegen Rousseau verfaßte Madame d'Epinay, die jedoch erst nach ihrem Tode publiziert wurde. Es sind die „Histoire de Madame de Montbrillant" (Hrsg. G. Roth, 1951).

Revolutionsfest in Lyon am 16. Oktober 1794

In einem vierseitigen Blatt mit dem Titel *Protokoll / des Generalrats / der Stadt Lyon / für die Feierlichkeiten zu Ehren von J. J. Rousseau* vom 25. Vendémiaire, Jahr III, also dem 16. Oktober 1794, an dem die Überführung der sterblichen Überreste von Rousseau ins Panthéon gefeiert wurde, werden folgende Gruppen aufgeführt, die an der Veranstaltung teilnahmen:
eine Schar junger Burschen unter einem Banner mit der Aufschrift: *Er hat uns Emile zum Vorbild gegeben.* Eine Schar junger Mädchen unter einem Banner mit der Aufschrift: *Bei uns findet man Sophies Reinheit.* Eine Gruppe von Kindern mit stillenden Müttern unter einem Banner mit folgenden Worten: *Er gab die Mütter ihren Pflichten und die Kinder dem Glück zurück.* Eine Gruppe von Lyonesern, die Rousseau gekannt und empfangen hatten, zogen unter einem Banner mit den Worten: *In Lyon lernte er den Zauber der Freundschaft kennen.* Eine Gruppe von Genfern unter einem Banner mit der vom Nationalkonvent beschlossenen Inschrift: *Das aristokratische Genf hatte ihn verbannt, das freie Genf hat sein Andenken gerächt.* Eine Schar aus Greisen, Künstlern und Bürgern, die in ihrer Mitte feierlich das Buch *Vom Gesellschaftsvertrag* und auf einem Banner die dem Buch entnommenen Worte mit sich führten: *Der Mensch ist frei geboren* (...) *Auf seine Freiheit Verzicht zu tun, heißt auf die Eigenart des Menschen, auf die Menschenrechte, ja auf die Pflichten des Menschen zu verzichten.*

Bei dieser Gelegenheit wurde in Lyon ein Standbild für Rousseau geweiht. Der Volksvertreter Charlier, eigens aus Paris gekommen, hielt eine Laudatio auf Jean-Jacques und sprach von (...) dem Ruhm, mit dem sich das französische Volk bedeckt, wenn es durch ein Fest das Andenken des größten Mannes verewigt, welcher die Menschheit seit den herrlichen Zeiten Griechenlands und Roms geehrt hat.
Nach dieser Denkmalsweihe führte der Bürger Coignet, der die Musik zu Rousseaus *Pygmalion* komponiert hat, mit einem vielköpfigen Orchester und Chören eine selbstkomponierte Hymne auf. Der Text der Hymne stammte von Monsieur Soubry, dem Stadtschreiber von Lyon. Ihr Kehrreim lautet:

„Nein, Rousseau sank niemals in den Tod;
Im Pantheon wird er nun weiterleben:
Es wächst die Freiheit, die in seinem Namen
Dem Leben ward zurückgegeben."

Personenregister

Abälard (Pierre Abélard/Petrus Abaelardus; 1079–1142): französischer Philosoph, Wegbereiter der Scholastik. Die Briefe zwischen ihm und Heloisa erlangten weltliterarische Bedeutung. 198

Abauzit, Firmin (1679–1767): Bibliothekar der Republik Genf. 201, 395

Addison, Joseph (1672–1719): englischer Schriftsteller und Publizist; mit Richard Steele Herausgeber der moralischen Zeitschrift „Spectator". Sie erschien seit 1744 in Amsterdam in französischer Übersetzung und war in Frankreich sehr beliebt. 190, 196

Aguesseau, Henri-François d' (1668–1751): von 1717 bis 1750 Kanzler. 97, 100

Alamanni (le Père): Oratorianer, den Rousseau 1760 kennenlernte. 221, 222

Alba, Fernando de Silva Alvarez de Toledo, Herzog d' (1508 bis 1582): spanischer Feldherr und Staatsmann. 382

Alembert, Jean Le Rond d' (1717–1783): französischer Mathematiker und Philosoph, führender Aufklärer; gab bis 1758 zusammen mit Diderot die „Enzyklopädie" heraus und verfaßte deren „Einleitung" (Discours préliminaire, 1751). Als Vertreter der geschichtsphilosophischen Fortschrittstheorie und eines aufgeklärten Absolutismus gehörte er mit Voltaire zu den engagierten Gegnern Rousseaus. 14, 19, 20, 21, 35, 88, 89, 160, 161, 162, 173, 175, 186, 189, 218, 265, 303, 311, 389, 391, 428, 434

Anitus (Anytos): Athener Politiker, der sich 399 v. u. Z. als Hauptankläger des Sokrates einen Namen gemacht hat. In Analogie dazu nannte Voltaire den Kardinal Fleury (1654–1743), der von 1723 bis 1743 die Regentschaft für den minderjährigen König Ludwig XV. ausübte, Anitus. D'Alembert, der sich im Jahre 1762 noch mit Rousseau solidarisiert, gebraucht hier diesen Namen als Typenbezeichnung. 219

Anson, Georg (1697–1762): englischer Marineoffizier, der 1764 eine Reise um die Welt machte. Rousseau wußte davon aus der „Histoire générale des Voyages" von Prévost. 125

Antonius, Marcus (82–30 v. u. Z.): römischer Feldherr und Staatsmann, Parteigänger Cäsars. 103, 403

Argental, Charles-Augustin de Feriol, Comte d' (1700–1788): Justizbeamter und Diplomat, enger Freund Voltaires. 418

Aristides, Aelius (um 540 – 468 v. u. Z.): aristokratischer Politiker in Athen, der in der Überlieferung als Beispiel für Gerechtigkeit und Unbestechlichkeit gilt. 264

Arnould, Madeleine, gen. Sophie (1744 – 1802): Sopransängerin an der Pariser Oper von 1757 bis 1780; sie empfing in ihrem Haus die großen Geister der Zeit, darunter d'Alembert, Diderot, Rousseau, Duclos, Mably. 430

Aubeterre, Marie-Rosalie de Scepeau de Beaupréau: zweite Frau des Joseph-Henri Bouchard d'Esparbès de Lussan (1714 – 1788), comte d'Aubeterre, Gesandter und Marschall von Frankreich. 322

Augustinus, Aurelius (354 – 430): einer der römischen Kirchenväter. Zu seinen wichtigsten Schriften gehören „Vom Gottesstaat" und „Bekenntnisse". 31, 402

Augustus; Titel des C. Julius Cäsar Octavianus (23. 9. 63 v. u. Z. bis 19. 8. 14 v. u. Z.): begründete nach dem Seesieg bei Aktium (2. 9. 31 v. u. Z.) die römische Kaiserherrschaft. Das „Augusteische Zeitalter" bedeutete eine Hochblüte der Kunst und Wissenschaft. 103, 105

Bacon, Francis; Baron von Verulam (1561 – 1626): englischer Philosoph und Staatsmann, Begründer des neuzeitlichen Empirismus, der alle Erkenntnis auf Erfahrung zurückführt; als Wegbereiter des naturwissenschaftlichen Denkens und Stammvater des englischen Materialismus von großem Einfluß auf die französische Aufklärung. 395, 400, 406

Baldwin, Henri: Herausgeber der Londoner Zeitung „St. James Chronicle", die am 3. April 1766 den angeblichen Brief Friedrichs II. an Rousseau ohne Angabe des wirklichen Verfassers Horace Walpole in Französisch und Englisch veröffentlicht hatte. 306

Ballot, Sylvain (1702? – 1760): Anwalt am Parlament von Paris 76, 78

Bardaloue, Louis (1632 – 1704): Bischof von Nimes. 402

Barillot (Familie): Jacques Barillot (? – 1748), Buchhändler in Lyon, und sein Sohn Jacques-François (? – 1750). 56, 57

Bayle, Pierre (1647 – 1706): stammte aus einer kalvinistischen Pastorenfamilie; sein Hauptwerk ist das „Historische und kritische Wörterbuch" (1695 – 1697). 11

Beaumont, Christophe de (1703 – 1781): Erzbischof von Paris, hatte am 28. August 1762 in einem Verdammungsbrief Rousseaus „Emile" als ein Buch verurteilt, das eine „schändliche Lehre" enthalte, die geeignet sei, die „Grundlagen der christlichen Religion zu zerstören". 8, 28, 258, 259, 260, 390, 391, 432

Beauteville, Pierre de Buisson, chevalier de (1703 bis nach 1790): fungierte 1766 im Auftrag des französischen Königs als Mittler zwischen den Genfer Bürgerkriegsparteien. Rousseau hatte ihn beim Herzog von Luxembourg kennengelernt. 307, 308, 309, 316

Beckett, Maria Lydia: eine Engländerin, die mit Madame de Boufflers in Beziehung stand. 297

Béranger: Bruder des Loiseau de Moléon. 321

Bernard, Suzanne (1637–1712): Mutter Rousseaus; Tochter des Uhrmachers Jacques Bernard (und nicht, wie Rousseau sagt, des Pastors Samuel Bernard, dessen Bruder). Nach dem Tod ihres Vaters wurde sie von Samuel Bernard aufgezogen. 8

Bodmer, Johann Jakob (1698–1783): Schweizer Schriftsteller, Kritiker und Kunsthistoriker; begründete 1721 nach dem Vorbild von Addinsons „Spectator" mit Breitinger, Meister u. a. die moralische Wochenzeitschrift „Diskurse der Maler". 422, 423

Bolingbroke, Henri Saint John, Lord (1678–1751): englischer Staatsmann und Moralphilosoph. 403

Bondeli, Julie von (1731–1778): Berner Patrizierin, die sich durch ihre Beziehungen zu J.-J. Rousseau, Wieland, Lavater, Sophie von La Roche, Zimmermann und anderen hervorragenden Persönlichkeiten einen Namen gemacht hat. 393, 395

Bonnac oder *Bonac*, Jean-Louis d'Usson, marquis de (1672 bis 1738). 243

Boufflers, Marie-Charlotte-Hippolyte de, geb. Campet de Saujon (1724–1800): hatte 1746 den Grafen Boufflers-Rouverel geheiratet, seit 1750 die Geliebte des Prinzen Conti. Sie hatte Rousseau 1765 geraten, nach England zu gehen. 182, 229, 296, 303

Bourdaloue, Louis (1632–1704): Bischof von Nîmes. 402

Boy de la Tour, Jean-Pierre (1742–1822): ältester Sohn des Pierre Boy de la Tour und seiner Frau Julie-Anne-Marie Roguin. Eigentümer des Hauses, das Rousseau in Môtiers bewohnte. 226

Boy de la Tour, geb. Julie-Anne-Marie Roguin (1715 bis 1780): Nichte des Daniel Roguin, heiratete 1740 den Kaufmann Pierre Boy de la Tour (1706–1758). Ihrem ältesten Sohn Jean-Pierre Boy de la Tour gehörte das Haus, in dem Rousseau in Môtiers wohnte. 226, 259, 290, 307, 319

Buttafuoco oder *Buttafoco*, Mathieu (1731–1806): Offizier und korsischer Gesandte in Frankreich; Anhänger der korsischen Befreiungsbewegung unter Paoli. 30, 274, 281, 287, 290

Cahouet: Verwalter der Madame d'Epinay. 114

Cajot, Dom Joseph (1726–1779): ein Benediktinermönch, der

1765 ein gegen Rousseau gerichtetes Plagiat über die Erziehung veröffentlicht hat. 305

Calas, Jean (1698–1762): ein hugenottischer Stoffhändler aus Toulouse, der fälschlich beschuldigt worden war, seinen Sohn ermordet zu haben, weil dieser angeblich die Absicht gehabt hätte, zum Katholizismus überzutreten. Am 9. März 1762 wurde er auf Beschluß des Parlaments von Toulouse gerädert und anschließend hingerichtet. 215

Caligula, Beiname des C. Caesar Germanicus (12–41 u. Z.): römischer Kaiser seit 37; regierte mit despotischer Willkür und wurde schließlich von Tribunen der Prätorianergarde ermordet. 343

Calvin, Jean (1509–1564): berühmter Reformator; seit 1541 in Genf. 409, 411, 418

Cato, M. Porcius Censorius (234–149 v. u. Z.): kämpfte 217 am Trasimenischen See gegen Hannibal; nahm 204 an der Expedition Scipios nach Afrika teil. Er suchte die altrömische Sittenstrenge zu stärken. Die größte Gefahr für Rom sah er in der Stärke Karthagos. Wiederholt forderte er daher die Zerstörung dieser Stadt. 390

Chambrier, Salomé de: Schwester des François de Chambrier (1739–1781), der 1765 zum Kammerherrn des Königs Friedrich II. ernannt wurde. 432

Chapelain, Jean (1595–1674): Kritiker und Dichter, der sich berufen fühlte, den Franzosen nach antikem Vorbild ein nationales Heldenepos zu schenken. 1756 erschien sein Epos „Die Jungfrau oder das befreite Frankreich“. Dagegen richtete sich Voltaires parodistisches Epos „Die Jungfrau von Orléans“, in dem er den offiziellen Kult, der mit dieser volkstümlichen Heldin betrieben wurde, verspottete. 102

Chaponay, Pierre de, Baron de Morancé. 61

Chappuis, Marc (1714–1779): reicher Kaufmann in Genf, mit Rousseau seit 1744 bekannt. Seit 1763 spielte er im Kampf der Bürgerbewegung gegen den Amtsmißbrauch des Kleinen Rates eine aktive Rolle. 103, 257, 260, 308, 410

Chenonceaux, Jacques-Armand Dupin de (1730–1767): Sohn aus zweiter Ehe des Claude Dupin mit der Louise de Fontaine. 1743 Schüler Rousseaus. 93

Chenonceaux, Louise-Alexandrine-Julie de, geb. Rochechouart-Ponteville. 93, 179, 255

Choiseul, Etienne-François, Herzog von (1719–1785): französischer Staatsmann; von 1758 bis 1761 und von 1766 bis 1770 Minister für die auswärtige Politik; Günstling der Madame de Pompadour und Freund der Enzyklopädisten, 1764 setzte er sich für das Verbot des Jesuitenordens ein. Ch. hatte einen wesentlichen Anteil an der Beendigung des Bürgerkriegs in Genf (1768) und der Annexion Korsikas (1768). Rousseau hatte ihn in Montmorency beim Herzog von Luxembourg kennengelernt. 27, 35, 308, 309, 314, 324, 361, 375, 379, 411, 426, 434

Cicero, M. Tullius (106–43 v. u. Z.): römischer Redner, Schriftsteller und Politiker. Als Konsul vereitelte er 63 v. u. Z. die Umsturzpläne des Catilina. Nach Cäsars Ermordung 44 v. u. Z. versuchte er noch einmal die alte republikanische Ordnung wiederherzustellen. 103, 105

Coindet, François (1743–1809): Genfer Bürger, Angestellter an einer Genfer Bank in Paris. Er lernte Rousseau in Montmorency kennen. 34, 182, 320, 339, 356, 364, 365, 367, 368, 371, 437

Condorcet, Marie-Jean-Antoine-Nicolas Caritat, marquis de (1743 bis 1794): Mathematiker, Astronom und physiokratischer Ökonom; repräsentativer Vertreter der an Fontenelle und Turgot anschließenden geschichtsphilosophischen Fortschrittstheorie der Aufklärung; seit 1773 ständiger Sekretär der Akademie der Wissenschaften, seit 1782 Mitglied der Académie française; während der Revolution von 1789 gemäßigt republikanischer Politiker. 392, 431

Conti, Louis-François de Bourbon, Prinz de (1717–1776): war mit dem Herzog von Luxembourg befreundet und lernte bei ihm in Montmorency Rousseau kennen. Er hat Rousseau 1767, nach seiner Rückkehr nach Frankreich, in seinem Schloß Trye bei Gisors (Departement Eure in der Normandie) Zuflucht geboten. 34, 35, 223, 243, 296, 305, 336, 338, 339, 362, 363, 364, 386

Conway, Henry Seymour: englischer General, der an der Spitze des Auswärtigen Amtes stand und sich beim König Georg III. einsetzte, damit Rousseau eine Pension gewährt wurde. Er teilte nicht David Humes Haß auf Rousseau. 31, 324

Corneille, Pierre (1606–1684): französischer Dramatiker, Begründer der klassischen französischen Tragödie und ihr Hauptvertreter neben Racine. Mit der Tragödie „Le Cid“ hatte er eine lebhafte kontroverse Debatte ausgelöst. 104, 404

Coste de la, Pater: wahrscheinlich ein Verwandter des Jean Bonnot Mably, dessen Mutter eine geb. Catharine de la Coste war. 66

Courtilles siehe: Wintzenried de

Cramer, Philibert: Verleger in Genf und Freund Voltaires. 269, 286

Crébillon, Claude-Prosper Jolyot de (genannt Crébillon fils; 1707–1777): Sohn des Dramatikers Prosper Jolyot de C. Romancier. Er prägte entscheidend das Genre der schlüpfrig-erotischen Erzählungen. Legte die Sittenverderbnis der dem Nichtstun verfallenen Aristokratie bloß. 245

Crébillon, Prosper Jolyot de (père: 1674–1762): Dramatiker, galt als Nachfolger Corneilles und Racines: Er verarbeitete Stoffe aus Mythologie und antiker Geschichte, stellte detailliert schauererregende Greueltaten dar (deshalb der Beiname „der Schreckliche"). 245

Crommelin, Jean-Pierre (1716–1768): Mitglied des Genfer Rates der Zweihundert, dann des Kleinen Rates; von 1763 bis 1768 Minister der Republik Genf am französischen Hof. 426

Damilaville, Etienne-Noël (1723–1769): hoher Steuerbeamter, enger Freund Voltaires und der *philosophes*, deren Post er unter seinem Dienstsiegel verschickte. 391, 410

Danaiden: in der griechischen Sage die 50 Töchter des Danaos. Sie sträubten sich gegen eine Eheverbindung, indem sie ihre Männer in der Brautnacht ermordeten. Zur Strafe mußten sie in der Unterwelt Wasser in Sieben in ein durchlöchertes Faß schöpfen. 402

Davenport, Richard: Vom 29. März 1766 bis Mai 1767 bewohnte Rousseau einen Teil des Hauses des Herrn Davenport in Wootton, Derbyshire. 31, 302, 313, 321, 322, 330

De Brosses, Charles (1709–1777): Geschichtsforscher und Präsident des Parlaments von Bourgogne. 392

Deleyre, Alexandre (1726–1797): Mitarbeiter der Enzyklopädie; befreundet mit Diderot.

Deluc oder *De Luc*, Jacques-François (1698–1780): Genfer Uhrmacher und Sprecher der demokratischen Partei; seit 1754 mit Rousseau befreundet. 1770 wurde er Mitglied des Rates der Zweihundert. 28, 270, 271, 272, 301, 378, 380, 382, 395, 409

Descartes, René (1596–1650): französischer Philosoph, Mathematiker und Physiker; vertrat einen erkenntnistheoretischen Rationalismus. Indem er den Zweifel zur Methode erhob und mit dem von der Scholastik geprägten Autoritätsdenken brach, wirkte er als Wegbereiter der Aufklärung. 11, 321

Dessaint, Jean (?–1776): Verleger und Partner von Charles Saillant (1716–1786). 212

Diderot, Denis (1713–1784): führender französischer Aufklärungsphilosoph. Mitarbeiter und Herausgeber der „Großen Französischen Enzyklopädie". Er lernte Rousseau im Februar 1742 in Paris im Café de la Régence kennen. Bis zu Rousseaus Flucht nach Montmorency 1756 waren beide freundschaftlich verbunden. Dann kam es zu einer fortschreitenden persönlichen Entfremdung, die mit weltanschaulichen Differenzen verbunden war. 14, 15, 89, 92, 110, 111, 113, 114, 115, 116, 120, 121, 138, 141, 142, 144, 149, 150, 153, 156, 379, 398, 405, 434, 436

Diogenes von Sinope (um 412 bis um 323 v. u. Z.): kynischer Philosoph, der als Verächter der Kultur in die Geschichte eingegangen ist (Diogenes in der Tonne). Der Satz von der „Umwertung der Werte“ geht auf ihn zurück. Von ihm wurden wichtige Prinzipien Rousseaus antizipiert. 388

Domitian, Titus Flavius (51–96): römischer Kaiser seit 81; ließ sich als erster „Dominus et Deus“ (Herr und Gott) nennen; sicherte die römische Grenze nach Germanien durch den Bau einer militärisch mit Wällen und Kastellen gesicherten Straße, den Limes; veranstaltete in Rom großartige Festspiele und zerrüttete damit die Staatsfinanzen. Er wurde durch eine Verschwörung entmachtet. 105

Dubettier: Monsieur D. war einer der Sekretäre des Herzogs von Luxembourg. 222

Duchesne, Nicolas-Bonaventure (1712–1765): Buchhändler in Paris; Kompagnon von Pierre Guy. Nach seinem Tode führte seine Frau zusammen mit Guy die Buchhandlung weiter. 289, 371, 374, 422

Duclos, Charles Pinot (1704–1772): Romancier und Moralist; seit 1755 Ständiger Sekretär der Académie française. In dieser Funktion verhalf er mehreren Aufklärern zu einem Sitz in der Akademie und so 1770 der Partei der Philosophen zur Mehrheit. Sein „Commentaire sur la Grammaire de Port-Royal“ von 1754 regte Rousseau wesentlich zu seinen Überlegungen über den Ursprung der Sprache und der Musik an. 166, 167, 170, 266

Du Deffand, Marie de Vichy-Chamrond, marquise (1697–1780): geistreiche Salondame, bei der seit 1747 die bedeutendsten Männer der Zeit verkehrten, darunter Voltaire, Montesquieu, d'Alembert, Hume; seit 1766 Intimfreundin von Horace Walpole. 1753 erblindete sie. 425

Dumoulin oder *Du Moulin*, Cyprien-Antoine-Baudouin, sieur (?–1770): Neffe des Anwalts Mathas in Montmorency. 220, 221

Du Pan, Jean-Louis: Erster Syndikus (Bürgermeister) von Genf. 100

Du Peyrou, Pierre-Alexandre (1729–1794): seit 1748 Bürger von Neuchâtel; seit 1762 Freund und Vertrauter Rousseaus. Im November 1767 besuchte er ihn auf Schloß Trye in der Normandie. Er veranlaßte zusammen mit Paul Moultou die vorzeitige Veröffentlichung des ersten Teils der „Bekenntnisse“. 301, 302, 307, 323, 340, 362

Dupin, Claude (1681–1769): seit 1726 Generalsteuerpächter. Sein Sohn aus erster Ehe war Charles-Louis Dupin de Francueil. 93

Dupin, Louise-Marie-Madeleine, geb. de Fontaine (1706–1799): uneheliche Tochter des Bankiers Samuel Bernard und des Fräuleins de Fontaine. Sie heiratete mit siebzehn Jahren Claude Dupin. Als Sekretär unterstützte Rousseau Frau Dupin bei der Arbeit an mehreren Buchprojekten, u. a. an einer zweibändigen Kritik an Montesquieus „Vom Geist der Gesetze“. 13, 14, 92, 179

Durand, Laurent: Buchhändler in Paris. 209

Du Theil, Jean-Gabriel de La Porte (1679–1755): Beamter in der Sektion Politik des französischen Außenministeriums. 67

Epikur (342/41–271/70 v. u. Z.): griechischer Philosoph. Horaz und besonders Lukrez waren von ihm beeinflußt. 388

Epinay, Denis-Joseph Lalive d' (1724–1782): Sohn des Generalsteuerpächters Louis-Denis-Joseph d'Epinay und Ehemann der Louise-Florence-Pétronille. 22, 35, 113, 114, 116, 137, 144

Epinay, Louise-Florence-Pétronille d', geb. d'Esclavelles (1726 bis 1783): Schriftstellerin, arbeitete mit Grimm an der „Literarischen Korrespondenz“. Von 1746 bis 1758 mit Rousseau befreundet. Danach war sie seine erbittertste Feindin. 1771 veranlaßte sie den Pariser Polizeipräfekten Sartine, Rousseaus Lesungen aus den „Bekenntnissen“ zu verbieten. Auch die Pseudo-Memoiren mit dem Titel „Histoire de Mme. de Montbrillant“ dokumentieren dies. 22, 111, 112, 113, 115, 116, 117, 118, 119, 120, 121, 135, 136, 137, 138, 139, 141, 142, 143, 144, 145, 146, 147, 149, 154, 155, 165, 303, 436

Escher, Caspar (1744–1829): Genfer Bürger in einer leitenden kirchlichen Funktion. 308, 407

Essex, Robert Devereux, comte de (1567–1601): wurde 1599 zum Statthalter von Irland ernannt, um den Aufstand der Grafen von Throne niederzuschlagen. Nachdem er sich den Aufständischen angeschlossen hatte, wurde er von der Königin Elisabeth I. in Haft genommen. Als Kronanwalt hatte Francis Bacon Anklage gegen seinen früheren Gönner erhoben, der 1600 zum Verlust seiner Ämter und mit Arrest auf unbestimmte Zeiten verurteilt wurde. 395

Falavel, Scipion: französischer Protestant, der seit 1705 in Lausanne lebte. Einer seiner Söhne war mit Lenieps und Rousseau befreundet. 427

Fatio, Pierre: einer der Führer der demokratischen Bewegung des Jahres 1707 in Genf, der zum Tode verurteilt wurde. In der Erinnerung der Bürger lebte er als Held und Märtyrer fort. 265

Félix V.: Amadeus VIII. (1383–1451): erster Herzog von Savoyen, der 1439 vom Baseler Konzil für den abgesetzten Eugen IV. zum Papst erwählt und 1440 als Félix V. in Basel gekrönt wurde. Er war der letzte Gegenpapst. 381
Fénelon, François de Salignac de La Mothe (1651–1715): pädagogischer und religiöser Schriftsteller, Erzbischof von Cambrai, Verfasser des Fürstenerziehungsromans „Die Abenteuer des Telemach“ (1699), in dem scharfe Kritik am absolutistischen Regime geübt wird. 11, 395, 404
Feriol, Charles-August, Graf d'Argental: siehe Argental
Fiesco, Giovanni Lodovico, Graf von Fiesque (1523–1547): Mitglied einer Genueser Patrizierfamilie. Er hat durch eine Verschwörung versucht, den Dogen Andrea Doria (1468–1560) zu entmachten. 403
Fitzjames, Herzogin. 307
Fléchier, Valentin-Esprit (1632–1710): Bischof von Paris. 402
Fontenelle, Bernard Le Bovier de (1657–1757): eine der größten Autoritäten der französischen Aufklärung, vertrat im Streit der Alten und der Modernen engagiert die Partei des Fortschritts. 226, 345
Formey, Jean-Henri-Samuel (1711–1797): in Berlin als Sohn einer französischen Hugenottenfamilie geboren; seit 1731 Prediger der französisch-reformierten Gemeinde zu Brandenburg; seit 1748 Sekretär und seit 1780 Direktor der philosophischen Klasse der Preußischen Akademie der Wissenschaften zu Berlin. 1764 erschien in Berlin sein „Anti-Émile“. 179
Fouquet, Louis-Marie, Graf von Gisors (1723–1758). 162, 340
Francœur, François (1698–1787): zusammen mit Rebel von 1757 bis 1766 Direktor der Pariser Oper. 167, 168
François, Louis: ehemaliger Kavalleriefähnrich. 202
Francueil, Charles-Louis Dupin de (1716–1780): Sohn aus erster Ehe des Claude Dupin mit Marie-Jeanne Bouilhat de Laleuf. Seit 1738 Generalsteuerpächter von Metz und dem Elsaß, später Sekretär am Hof des Königs. Er lernte Rousseau 1743 kennen und machte ihn zu seinem Sekretär. 13
Francueil, Suzanne Dupin de, geb. Bollioud de Saint-Julien, seit 1737 Frau des Charles-Louis Dupin de Francueil. Ihr vertraute Rousseau am 20. April 1751 an, daß er seine Kinder ins Findelhaus gegeben hatte. 82
Franz I. (1494–1547): König von Frankreich 1515 bis 1547; unter ihm setzte sich die Ausbildung der absolutistischen Staatsform in Frankreich fort. Nachdem Franz I. wegen seiner Bündnisse mit deutschen protestantischen Fürsten gegen Karl V. von Habsburg die Ausbreitung der Reformation in Frankreich zeit-

weilig toleriert hatte, setzte 1535/40 eine entgegengesetzte Reaktion ein (Ketzerprozesse). 403

Friedrich II. (1712–1786): König von Preußen 1740 bis 1786; versammelte einen Kreis französischer Aufklärer – darunter Voltaire 1750 bis 1753 – am Potsdamer Hof und wurde von diesen als aufgeklärter Monarch hochgeschätzt. Zu seinem Herrschaftsbereich gehörte das Fürstentum Neuenburg (Neuchâtel). Als Rousseau dort Asyl suchte, befand sich Friedrich II. noch im Siebenjährigen Krieg (1756–1763). 22, 28, 32, 218, 223, 227, 229, 235, 243, 248, 255, 296, 300, 306, 309, 311, 387, 392, 393, 421, 423, 424, 432

Gafforio (General der Korsen) 291

Galilei, Galileo (1564–1642): italienischer Physiker und Astronom. Verteidigte offen die kopernikanische Lehre. 1615 wurde er bei der römischen Inquisition denunziert, der Aussage der Bibel zu widersprechen. 1633 schwor er, unter dem Druck der Inquisition, der kopernikanischen Lehre ab. 101, 107

Garsault, François-Alexandre Pierre de (1693–1778): Schriftsteller und Maler. 363

Gauffecourt, Jean-Vincent (1691–1766): Sohn eines Genfer Uhrmachers, der zwischen 1735 und 1737 Sekretär des französischen Gesandten in Genf La Closure war. Rousseau lernte ihn zwischen 1735 und 1737 kennen. 90

Geoffrin, Marie-Thérèse, geb. Rodet (1711–1777): eine der geistvollsten Salondamen des 18. Jahrhunderts, früh reich verwitwet, Schutzherrin der Aufklärer, bei der seit 1750 alle Größen der Zeit verkehrten. 32, 425

Georg III. (1738–1820): König von England und Irland 1760 bis 1820; in seiner Regierungszeit erfolgte mit der industriellen Revolution eine soziale und politische Umstrukturierung. Der Einfluß der Whigs ging zurück, und es bildeten sich neue politische Gruppierungen heraus. Die Gegensätze zwischen England und den nordamerikanischen Kolonisten verschärften sich. 31, 307, 309, 310, 330

Geßner, Salomon (1730–1788): Schweizer Idyllendichter, auch Landschaftsmaler und Radierer, mit seinen empfindsamen Schäferdichtungen erfolgreich in ganz Europa, besonders in Frankreich. 404

Girardin, René-Louis, comte d'Ermenonville, marquis de (1735 bis 1808): Am 20. Mai 1778 folgte Rousseau der Einladung des Marquis, auf dessen Gut in Ermenonville überzusiedeln. Er starb dort am 2. Juli. 38

Gisors, Graf von, siehe Fouquet

Golizyn, Dimitri Alekseevič, Fürst (1738–1803): russischer Diplomat und Schriftsteller; war 1762 bis 1768 Gesandter der Zarin in Paris. Freund Voltaires und der Enzyklopädisten. 432

Gracchus: Beiname des plebejischen Geschlechts der Sempronier. Das Wirken von Tiberius Sempronius Gracchus (162–133 v. u. Z.) und von Gajus Sempronius Gracchus (153–121 v. u. Z.) war die größte demokratische Bewegung in der römischen Geschichte. 419

Grenville, Henry: Gesandter von England. 307, 309

Grimm, Friedrich Melchior, Baron von (1723–1807): aus Regensburg stammender, aber französisch schreibender Diplomat, Journalist, Literatur- und Kunstkritiker; lebte seit 1748 in Paris und gehörte mit Diderot anfangs zu den engsten Freunden Rousseaus. Seit der zweiten Hälfte der fünfziger Jahre wurden sie zu erbitterten Feinden. Als Herausgeber der „Literarischen Korrespondenz" (1753–1773) hatte er wesentlichen Anteil an der Diffamierungskampagne gegen Rousseau. 14, 32, 81, 90, 113, 116, 135, 144, 145, 148, 149, 150, 154, 179, 298, 303, 379, 425, 430, 434

Grotius, Hugo (1583–1645): protestantisch-reformierter Rechtsphilosoph; einer der Begründer des Naturrechts. 261

Guy, Pierre: Kompagnon des Pariser Buchhändlers Nicolas-Bonaventure Duchesne, nach dessen Tod der Madame Duchesne. Er wurde am 25. Januar 1767, im Zusammenhang mit Maßnahmen der französischen Regierung gegen die Genfer Demokraten und gegen Rousseau, in Paris verhaftet. 34, 320, 321, 324, 371, 416

Hasse, Johann Adolf (1699–1783): einer der großen Repräsentanten der *opera seria*, seit 1730 in Dresden tätig. 402

Heinrich IV. (1553–1610): König von Frankreich und Navarra 1589 bis 1610; beendete durch das Toleranzedikt von Nantes 1589 die Religionskriege zwischen französischen Protestanten und Katholiken und sicherte durch Reformen die wirtschaftliche und politische Gesundung des Landes, bis er einem Mordanschlag zum Opfer fiel. 10, 403

Helvétius, Claude-Adrien (1715–1771): Generalsteuerpächter und materialistischer Philosoph. Sein Werk „Vom Geist" wurde 1758 auf Gerichtsbeschluß verbrannt. 186, 403, 431, 432

Herostratos: ruhmsüchtiger Einwohner von Ephesos, der 356 v. u. Z. den Artemistempel in Brand setzte, um seinen Namen der Nachwelt zu überliefern. 95, 419

Hirzel, Hans (Johann) Kaspar (1725–1803): Schriftsteller im Fach der praktischen Philosophie und Mitglied des Großen Rates in Zürich. Sein Buch „Die Wirtschaft eines philosophischen Bauer's" (Zürich 1771) widmete er dem Bauern Kleinjogg. Es wurde unter dem Titel „Le Socrate rustique" ins Französische übersetzt. 424

Hobbes, Thomas (1588–1679): englischer Rechts- und Staatsphilosoph. Die letzte und reifste Version seiner Staatstheorie, der „Leviathan", erschien 1651, zwei Jahre nach der Hinrichtung Karls I. Stuart. Im Gegensatz zu Rousseau ging er davon aus, daß der Kampf aller gegen alle der Naturzustand sei. Daraus leitete er die absolute Unterwerfung des Einzelwesens unter den Staat ab. 343

Holbach, Paul-Henri-Thiry, baron de (1723–1789): französischer Philosoph deutscher Abstammung; lebte seit 1748 in Paris. Sein Salon und sein Sommersitz Grandval wurden zum bedeutenden Diskussionszentrum der Pariser Aufklärer. Sein „System der Natur" (1770) ist ein Hauptwerk des französischen Materialismus (siehe „Bekenntnisse" Buch VIII, S. 364, 366, 392, 486). 90, 117, 125

Horaz, Quintus Horatius Flaccus (65–8 v. u. Z.): römischer Lyriker. Besonders mit seiner theoretischen Abhandlung „Dichtkunst" und seinen Oden übte er großen Einfluß auf die französische Literaturentwicklung aus. 11, 103, 105

Houdetot, Élisabeth-Sophie-Françoise d', geb. Lalive de Bellegarde (1730–1813): heiratete 1748 den Grafen Claude-Constant-César d'Houdetot. Schwägerin der Madame d'Epinay und Geliebte Saint-Lamberts. In den Jahren 1756 bis 1757 besuchte sie Rousseau in Montmorency, der sich in sie verliebte. 22, 125, 127, 146, 147, 151, 159, 179

Hume, David (1711–1776): aus Schottland stammender Philosoph, ein Hauptvertreter der englischen Aufklärung; war 1763 bis 1766 Sekretär an der englischen Botschaft in Paris; unterhielt enge Beziehungen zu den Enzyklopädisten. Am 4. Januar 1766 begleitete er Rousseau ins Exil nach England. Einige Monate später kam es zu dem spektakulären Streit zwischen beiden, der Rousseau veranlaßte, 1767 nach Frankreich zurückzukehren. 31, 32, 33, 251, 296, 297, 300, 304, 306, 310, 311, 312, 313, 367, 410, 425

Iselin, Isaac (1728–1782): Geschichtsphilosoph und seit 1756 Baseler Ratsschreiber. 424

Ivernois de Môtiers, Jean-Antoine d' (1703–1764): Mediziner und Botaniker aus Môtiers. Rousseau verdankt ihm erste Anregungen für seine botanischen Studien. 14

Ivernois, François-Henri d' (1722–1778): Geschäftsmann aus Genf und einer der Sprecher der demokratischen Partei. Er besuchte Rousseau wiederholt in Môtiers. 34, 270, 271, 272, 289,

300, 303, 304, 306, 313, 315, 317, 345, 348, 356, 359, 364, 365, 367, 368, 369, 372

Jaucourt, Charles Leopold, Chevalier de: Brigadekommandeur, der die französischen Truppen in Gex (Arrondissementshauptstadt im französischen Departement Ain) bei der Belagerung von Genf befehligte. 313

Joly de Fleury, Guillaume-François-Louis (geb. 1710): Justizbeamter, seit 1746 Oberstaatsanwalt am Pariser Parlament; Bruder des Omer Joly de Fleury, Staatsanwalt am Pariser Parlament. 386, 430

Joly de Fleury, Omer (1715–1810): Justizbeamter, 1746 bis 1768 Staatsanwalt am Pariser Parlament, erbitterter Gegner der Philosophen; Bruder von Guillaume-François-Louis Joly de Fleury. 227, 386, 391, 392

Junet: Postdirektor in Pontarlier. 289

Karl V. (1337–1380): König von Frankreich 1364 bis 1380; seine Regierungszeit fiel in die Epoche des Hundertjährigen Krieges mit England, der mit Unterbrechung von 1337 bis 1453 dauerte; er begünstigte Künste und Wissenschaften; stiftete die königliche Bibliothek in Paris und ließ die Bastille erbauen. 403

Karl XII. (1682–1718): König von Schweden 1697 bis 1718; nach anfänglichen Siegen über Dänemark, Rußland und Polen erlitt er (1709) bei Poltawa eine entscheidende Niederlage durch Peter I. Voltaire hat ihn in seiner „Geschichte Karl XII." glorifiziert. 255

Katharina II., Alexejewna (1729–1796): Zarin von Rußland 1762 bis 1796, unter ihr festigte sich die Großmachtstellung des Reiches, aber es verschärfte sich auch die Unterdrückung im Inneren; als Vertreterin des aufgeklärten Absolutismus führte sie anfangs Reformen in Wirtschaft und Verwaltung durch, förderte Wissenschaft und Literatur und suchte sich die französischen Aufklärer zu verpflichten. 256, 432

Keister, Henri: gehörte zum Bekanntenkreis der Madame de Warens. 73

Keith, George, Lord-Marschall von Schottland (1686–1778): war als Parteigänger der Stuarts aus England vertrieben worden; seit 1747 enger Vertrauter des Preußenkönigs, regierte als Statthalter Friedrichs II. das Fürstentum Neuenburg (Neuchâtel), das seit 1707 zu Preußen gehörte (siehe „Bekenntnisse" Buch XII, S. 585 ff.). 28, 218, 223, 225, 231, 248, 251, 252, 256, 300, 309, 312, 387, 392, 393

Kleinjogg oder *Klijogg* (der kleine Jakob): Jakob Gujer (1716 bis 1785); Bauer aus dem Kanton Zürich, dessen Wirtschaftsmethoden damals als vorbildhaft angesehen wurden. Goethe hat ihn „eines der herrlichsten Geschöpfe, wie sie die Erde hervorbringt", genannt (siehe auch Hirzel). 394, 408

Künzli (1709–1765): Professor und Minister in Winterthour. 423

La Beaumelle, Laurent Angliviel de (1726–1773): Literat, einer der schärfsten Gegner Voltaires. Er hatte 1753 in einer kommentierten Ausgabe von Voltaires „Zeitalter Ludwig XIV." sachliche Fehler angemerkt und Voltaires Begriff „Zeitalter" in Frage gestellt. 104

La Bruyère, Jean de (1645–1696): Prosaschriftsteller, Moralist; seine literarischen Charakterbilder (1688) stellen typische Vertreter der Zeit in satirischer Sicht vor; als einer der ganz wenigen sah er das unmenschliche Los der Bauern, von deren Arbeitsertrag das luxuriöse Wohlleben der herrschenden Minderheit bestritten wurde. 11

Laliaud: nicht bekannt. Korrespondierte mit Rousseau von 1764 bis 1771. 371

La Mettrie, Julien-Offray de (1709–1751): Arzt, Philosoph, Satiriker. In seiner materialistischen Schrift „Der Mensch eine Maschine" (1747) griff er religiösen Aberglauben und Fanatismus an, insbesondere das Dogma von der Unsterblichkeit der Seele. 413

La Mothe Le Vayer, François de (1588–1672): Schriftsteller und skeptischer Philosoph, der freundschaftlichen Umgang mit den gelehrten Libertins pflegte, die gegen Grundsätze der christlichen Lehre und der kirchlichen Orthodoxie verstießen und sie in Zweifel zogen. 89

La Poplinière oder *La Poupelinière*, Alexandre-Joseph Le Riche de (1692–1762): Generalsteuerprächter. 14

La Roche: wurde 1730 in Genf geboren, ging später nach London und war mit Rousseaus Cousin Jean Rousseau befreundet. 221

La Roche, Marie Sophie de (1731–1807): deutsche Schriftstellerin. 393

La Roche, Pierre de: Kammerdiener der Herzogin von Luxembourg. 188, 222, 305, 321

Leibniz, Gottfried Wilhelm (1646–1716): deutscher Philosoph, Vertreter des Rationalismus, initiierte 1700 die Gründung der Berliner Akademie der Wissenschaften. Voltaire hat in „Candide" seine Lehre von der „prästabilierten Harmonie" satirisch in Frage gestellt. 11

Lenieps oder *Le Nieps*, Toussaint-Pierre (1697–1774): Mitstreiter des Radikaldemokraten Micheli-du-Chrest; wurde 1731 auf Lebzeiten aus Genf verbannt und lebte als Bankier in Paris. Als ein langjähriger Freund Rousseaus wurde er im November 1766, im Zusammenhang mit der Verschärfung des Bürgerkriegs in Genf, in Paris verhaftet und bis 1768 in der Bastille eingekerkert. 34, 164, 175, 266, 315, 317, 321, 370, 371, 426, 427

Lepidus: Beiname eines Zweigs des Geschlechts der Ämilier. M. Aemilius Lepidus war ein Anhänger Sullas, der durch Proskription und Erpressungen als Proprätor in Sizilien zu großem Reichtum gelangte und 78 v. u. Z. Konsul wurde. 103

Lesage, Alain-René (1668–1747): Verfasser von gesellschaftskritischen Schelmenromanen, besonders der „Geschichte des Gil Blas von Santillana" (1715–1735). 192, 196

Levasseur oder *Le Vasseur*, Marie, geb. Renoux oder Renoult, gestorben im Oktober 1766: Mutter der Thérèse L. Von Rousseau Madame Levasseur genannt. 82, 83, 85, 93, 111, 113, 114, 115, 205, 206, 259, 321, 417

Levasseur oder *Le Vasseur*, Thérèse (1721–1801): Lebensgefährtin Rousseaus, die er 1745 in einer Pariser Herberge kennenlernte. Sie arbeitete hier als Wäscherin und Näherin. Erst 1768 haben beide geheiratet. Rousseau nannte sie in seinen Briefen auch Mademoiselle. 13, 94, 111, 113, 114, 115, 204, 205, 206, 220, 256, 271, 273, 297, 298, 305, 309, 317, 319, 324, 384, 405, 417, 429,

Linné, Karl von (1707–1778): schwedischer Biologe, besonders Botaniker, Begründer einer sich auf äußerliche Merkmale beziehenden Methode der Klassifizierung der Arten und Gattungen, wodurch die beschreibende Botanik eine völlig neue Form erlangte. 363

Locke, John (1632–1704): englischer Philosoph, Begründer des neueren Sensualismus, der alle Erkenntnisse auf Sinneswahrnehmung zurückführt. Besonders mit seiner Erkenntnistheorie hatte er großen Einfluß auf die französische Aufklärung. Als Staatstheoretiker war er für eine konstitutionelle Monarchie. 11, 404

Lord-Marschall siehe: Keith, George

Lorency, Chevalier de: gehörte zum Hofstaat des Prinzen von Conti, zur Gesellschaft der Madame de Luxembourg und zum Freundeskreis von Horace Walpole. 182, 322

Ludwig XIV. (1638–1715): König von Frankreich 1643 bis 1715, gen. der „Sonnenkönig". Unter seiner Regierung gelangte der französische Absolutismus auf seinen Höhepunkt, was seinen Ausdruck in der Errichtung prachtvoller Bauten im klassizistischen Stil fand. 102, 403

Ludwig XV. (1710–1774): König von Frankreich 1715 bis 1774. 50, 90, 91, 92, 225, 309, 313, 314, 329, 403, 409, 432
Luise-Dorothea (1710–1767): Herzogin von Sachsen-Gotha-Meiningen. Sie unterhielt einen lebhaften Briefwechsel mit französischen Aufklärungsphilosophen und korrespondierte auch mit Friedrich II. 409
Lukrez, Titus Lucretius Carus (um 96–55 v. u. Z.): römischer materialistischer Philosoph und Dichter, berief sich vor allem auf die Lehre Epikurs. In seinem großen Lehrgedicht „Von der Natur der Dinge" stellt er in 6 Büchern dessen Philosophie dar. Er versucht die Entstehung der Gesellschaft und Kultur auf natürliche Weise zu erklären, verurteilt den sittlichen Verfall des Adels, beklagt den Krieg und seine Schrecken. 103, 388
Lully, Jean-Baptiste (Giovanni Battista Lulli) (1632–1687): seit 1646 in Paris, wo er zunächst vornehmlich Ballette, sodann Opern *(tragédies lyriques)* schrieb, deren lange Tradition er in Frankreich begründete – daher galt er für die Aufklärer als der Inbegriff des etablierten konventionellen Musiktheaters. 402
Luxembourg, Charles-François-Frédéric de Montmorency, duc de Luxembourg (1702–1764): 1757 wurde er zum Marschall von Frankreich ernannt. 22, 210, 223, 236, 376, 386, 399, 393
Luxembourg, Madeleine-Angélique, geb. de Neufville-Villeroy (1707–1787): Sie hatte 1750 den Herzog von Luxembourg geheiratet, der 1757 Marschall von Frankreich wurde. Rousseau nennt sie auch Madame la Maréchale. 84, 182, 204, 205, 207, 208, 221, 222, 223, 298, 305, 321

Mably, Gabriel Bonnot, abbé de (1709–1785): Philosoph und Historiker; in seinen sozialtheoretischen Anschauungen von Rousseau beeinflußt, vertrat utopisch kommunistische Ideen. 293, 419
Mably, Jean Bonnot de: Generalprofoß von Lyon. Bruder des utopischen Kommunisten Gabriel Bonnot de Mably und des Philosophen Etienne Bonnot de Condillac. 12, 61, 62, 63, 64, 65, 66
Maillebois, Maréchal de: korsischer Feldherr. 291
Malebranche, Nicolas (1638–1715): Philosoph, der die rationalistische Philosophie mit der Theologie in Übereinstimmung zu bringen versuchte. 1674 erschien sein dreibändiges Werk „Von der Wahrheit oder Von der Natur des menschlichen Geistes und dem Gebrauch seiner Fähigkeiten, um Irrtümer in Wissenschaften zu vermeiden". 11, 103, 104
Malesherbes, Chretin-Guillaume de Lamoignon de (1721–1794): Justizbeamter und Staatsmann; von 1750 bis 1768 Direktor des

Buchwesens und Chef der Zensurbehörde. Auch in dieser Funktion war er ein toleranter Anhänger der Aufklärungsbewegung. Rousseau hatte ihn in Montmorency beim Marschall von Luxembourg kennengelernt. Im Winter 1761/62 richtete er vier Briefe an ihn – wichtige autobiographische Dokumente. 23, 24, 177, 183, 184, 185, 186, 210, 386, 405, 427

Mandar oder *Mandard*, Jean-François (1732–1803): Oratorianer, der Rousseau oft in Montmorency besuchte. 221

Marboeuf, Comte de: Kommandant der französischen Truppen auf Korsika. 292

Marc Aurel, Marcus Aurelius Antoninus (121–180): römischer Kaiser seit 161. Als Philosoph war er einer der bedeutendsten Vertreter des späten eklektischen Stoizismus. 388

Marius, C. (156–86 v. u. Z.): römischer Heerführer und Politiker; schlug die Kimbern und Teutonen; als Sulla auf Rom marschierte, floh er nach Afrika, kehrte aber 87 v. u. Z. nach Rom zurück und rechnete grausam mit seinen Gegnern ab. 103

Marot, Clément (1496–1544): war wegen seiner Sympathie für die Protestanten zweimal in Kerkerhaft, die er 1542 in der allegorischen Satire „Die Hölle" beschreibt. 103

Massillon, Jean Baptiste (1663–1742): Bischof von Clermont. 402

Mathas, Jacques-Joseph (gest. 1762): seit 1733 Anwalt in Montmorency. Er hat Rousseau sein Haus Mont-Louis in Montmorency zur Verfügung gestellt. 221

Maupertuis, Pierre-Louis Moreau (1698–1759): Naturwissenschaftler und Philosoph, propagierte als erster in Frankreich das Weltbild des Newton und fand in Voltaire einen wirkungsmächtigen Verbündeten im Kampf gegen den Cartesianismus. 1744 berief ihn Friedrich II. nach Berlin und übertrug ihm die Reorganisation der Berliner Akademie. 388

Meister, Jakob-Heinrich (1744–1826): Schüler Johann Jakob Bodmers aus Zürich, als Hauslehrer nach Paris gelangt, gab er als Nachfolger Melchior Grimms die „Literarische Korrespondenz" von 1773/75 bis 1790 heraus. 1789 kehrte er nach Zürich zurück. Er war eng mit Diderot und dem Baron d'Holbach befreundet. 430

Meslier, Jean (1664–1729): ein atheistischer Dorfpriester, dessen berühmtes dreibändiges „Testament" Voltaire 1762 in einer verkürzten und veränderten Fassung veröffentlicht hat. 391

Mézières, Isaac-Ami Marcet de: ein liberaler Genfer Bürger und Freund des Vaters von Rousseau. Er setzte sich im August 1762 für Rousseau beim Kleinen Rat ein. 227

Minet: Proviantmeister auf dem Postschiff in Dover. 297

Mirabeau, Victor Riquetti, marquis de (1715–1789): physiokra-

tischer Ökonom, Verfasser des „Menschenfreund“ (1756/58). 34, 334, 335, 338, 340, 345
Misopriest: gemeint ist Voltaire.
Molière; eigtl. Jean-Baptiste Poquelin (1622–1673): französischer Dichter, Schöpfer der klassischen französischen Komödie. 108, 219
Montaigne, Michel Eyquem de (1533–1592): skeptischer Moralphilosoph der Renaissance, Verfasser der berühmten „Essays“. 106, 400
Montaigu, Pierre-François-Auguste, comte de (1692–1764): der französische Botschafter in Venedig, dessen Sekretär Rousseau war. 13, 67, 68, 69, 74
Montesquieu, Charles-Louis de Secondat, baron de La Brède (1689–1755): französischer Philosoph, Moralist, Staatstheoretiker; führender Aufklärer und Interessenvertreter der *noblesse de robe*. Mit seinem Hauptwerk „Der Geist der Gesetze“ (1748) hat sich Rousseau als Sekretär der Dupins eingehend befaßt. 14, 200, 277, 283, 320, 357, 400
Montmollin, Frédéric-Guillaume de (1709–1783): Pastor in Môtiers von 1742 bis zu seinem Tode. Professor für schöne Literatur in Neuchâtel. Er hatte sich anfangs für Rousseau eingesetzt, ging dann aber nach der Veröffentlichung der „Briefe vom Berge“ (1764) zur Partei seiner Gegner über. 231, 232, 234, 249, 250, 317, 392, 393
Morel-Disque Antoine: Weinhändler in Calais. 247
Mouchon, Pierre: von 1756 bis 1766 Minister in Genf. 1766 ging er als Pastor nach Basel an die französische Kirche. 361
Moultou, Paul-Claude (1725–1787): protestantischer Pastor; seit 1755 Bürger Genfs; dort hatte ihn Rousseau kennengelernt. Er wurde sein Freund, Briefpartner und Testamentsvollstrecker (zusammen mit Du Peyrou). 196, 201, 213, 364, 410
Mussard, François (1691–1755): ein Landsmann und Freund Rousseaus, der in der Nähe von Paris wohnte (siehe „Bekenntnisse“ Buch VIII, S. 368). 90

Nero, Claudius Drusus Germanicus Caesar (37–68): römischer Kaiser seit 54; erkämpfte sich durch Ermordung seiner Rivalen und Gegner die Macht; wurde verdächtigt, den Brand Roms angestiftet zu haben; berüchtigt auch wegen grausamer Christenverfolgung. 105, 343, 434

Octavianus siehe Augustus. 103
Octavius: altes Patriziergeschlecht in Rom; siehe Augustus. 403
Orléans, Louis-Philippe, duc d’: wurde nach dem Tod des Königs

Louis XIV. 1715 zum Regenten (1715 bis 1723) für die Zeit der Minderjährigkeit des künftigen Königs Ludwig XV. ernannt. 389

Panckoucke, Charles-Joseph (1737–1798): Pariser Verleger, bei dem die Neuausgabe der „Enzyklopädie“ von 1782 und die Werke Voltaires und Buffons erschienen. 324

Paoli, Pasquale di (1725–1807): korsischer Freiheitskämpfer, Führer des Aufstands gegen die über die Insel herrschende Stadtrepublik Genua 1755 bis 1768. 277, 278, 280, 281, 289, 291, 292

Pascal, Blaise (1623–1662): Mathematiker, Physiker und Philosoph, führender Vertreter der religiösen Bewegung des französischen Jansenismus, die in Port-Royal ihr Zentrum hatte. 11

Perdriau, Jean (1712–1786): Pfarrer in der Umgebung Genfs; seit 1764 Professor für Schöne Literatur an der Akademie von Genf. Rousseau hatte ihn 1754 kennengelernt. 94

Peter I. Alexejewitsch, der Große (1672–1725): Zar von Rußland 1682 bis 1725; er unternahm Reisen durch Westeuropa und legte den Grundstein für die allseitige Entwicklung Rußlands zur modernen Großmacht. 253

Philidor; eigtl. François-André Danican (1726–1795): ein französischer Komponist, der mit Rousseau bekannt war. 165

Philipp II. (1527–1598): König von Spanien seit 1556; sein politisches Hauptanliegen war, der katholischen Kirche und mit dieser Spanien die Herrschaft über die Welt zu verschaffen. Diese Politik löste 1566 die Unabhängigkeitsrevolution der Niederlande aus, deren nördlicher Teil 1581 die Unabhängigkeit ausrief. 415

Philipp V. (1683–1746): Enkel von Ludwig XIV., König von Spanien (1700–1746). 75

Pissot: Pariser Verleger Rousseaus. 172, 173

Platon (427–347 v. u. Z.): griechischer Philosoph; Schüler des Sokrates; gründete um 386 v. u. Z. seine philosophische Schule in der Akademie zu Athen; sein bedeutendster Schüler war Aristoteles; war der eigentliche Begründer des objektiven Idealismus, Kernstück seiner Lehre war die Ideenlehre, die seiner Naturphilosophie, Erkenntnistheorie, Ethik und Staatstheorie zugrunde liegt. 11, 84, 401, 402

Plutarch (46–119 u. Z.): griechischer Schriftsteller; Anhänger der platonischen Philosophie. In 46 „Parallelbiographien“ stellt er je einem berühmten Griechen einen berühmten Römer gegenüber. 395, 397, 403

Pompadour, Jeanne-Antoinette, marquise de (1721–1764): Mätresse Ludwigs XV., eine hochgebildete, politisch einflußreiche

Frau, Förderin von Kunst und Wissenschaft und Gönnerin der Aufklärungsphilosophen. 91, 92
Praselin, César-Gabriel de Choiseul-Chevigny, duc de (1712–1785): Offizier und französischer Staatsmann; von 1761 bis 1766 Minister für die auswärtige Politik; Bruder des Herzogs Etienne-François de Choiseul. 308
Prévost d'Exiles, Antoine-François, abbé (1697–1763): Schriftsteller und Almosenier des Prinzen von Conti; gab von 1733 bis 1740 die nach englischem Vorbild gestaltete Zeitschrift „Le Pour et le Contre" heraus. Zu seinen vielen Romanen gehört: „Der englische Weltweise oder Histoire des Herrn Cleveland" (1731/39), in dem der Titelheld unter dem doppelten Zwang seiner Liebe und der politischen Verfolgung steht. 185
Pythagoras von Samos (540–500 v. u. Z.): griechischer Philosoph; Begründer der pythagoreischen Schule. 123

Rabelais, François (um 1495–1553): humanistischer Schriftsteller, Verfasser des mit dem Geist des Mittelalters abrechnenden humoristisch-phantastischen Romans „Gargantua und Pantagruel" (1532/64). 414
Rameau, Jean-Philippe (1583–1764): einer der großen Universalisten der Musikgeschichte, der in allen seinerzeit gepflegten Gattungen Überragendes leistete, insbesondere auf dem Gebiet der Oper. Er war Rousseaus Hauptgegner im musikalischen Bereich. 1755 veröffentlichte er ein Pamphlet gegen Rousseaus Artikel über Musik für die „Enzyklopädie". 12, 14, 402
Raynal, Guillaume-Thomas-François, abbé (1713–1796): Jesuit und Seelsorger in Paris; seit 1747 Journalist, Autor historischer und philosophischer Werke. An seinem antikolonialistischen Werk „Philosophische und politische Geschichte der Niederlassungen und des Handels beider Indien" (1770) arbeitete Diderot mit. 85, 88
Réaumur, René-Antoine Ferchauld de (1683–1757): Physiker und Zoologe. 12
Rebel, François (1701–1775): Direktor der Pariser Oper. 167, 168
Renou, Jean-Joseph: Pseudonym Rousseaus, unter dem er von 1767 bis zum März 1768 illegal in Frankreich lebte. 34, 337, 338, 348, 378
Rey, Marc-Michel (1720–1780): Genfer Bürger und Verleger in Amsterdam, den Rousseau 1754 in Genf kennengelernt hatte. Ihre Korrespondenz umfaßt etwa dreihundert Briefe. Da Rey mit der Veröffentlichung von Rousseaus Werk ein gutes Geschäft gemacht hatte, bezeugte er ihm seine Dankbarkeit, indem

er für Thérèse Levasseur eine lebenslängliche Pension aussetzte. 23, 175, 176, 177, 181, 209, 211, 379

Richardson, Samuel (1698–1761): englischer Romanautor; hatte mit seinen empfindsamen und moralisierenden Romanen in Briefform großen Einfluß in Frankreich. Insbesondere mit „Pamela oder Die belohnte Tugend" (1740) und „Die Geschichte des Herrn Carl Grandison" (1753). 196, 404

Richelieu, Louis François Armand de Vignerot du Plessis, duc de (1696–1788): Offizier und Marschall von Frankreich, war mit Voltaire befreundet. 14, 76, 77

Robespierre, Maximilian-Marie-Isidor (1758–1794): Revolutionär und Staatsmann. Verfocht die Ideen der bürgerlichen Demokratie und wurde durch sein Auftreten zum anerkannten Führer der Jakobiner. Nach dem Sturz der revolutionären Notstandsdiktatur am 9. Thermidor 1794 wurden er und seine Anhänger guillotiniert. 5, 39

Roguin, Daniel (1691–1771): lernte Rousseau 1742 in Paris kennen, besuchte ihn häufig in Montmorency und empfing ihn in der Zeit des Exils in Yverdon. Rousseau nannte ihn den ältesten seiner Freunde. 28, 223, 248, 298

Rougemont, Josué de (1709–1796): lebte seit 1737 in London. 312, 313, 340

Rousseau, Isaac (gest. 1747): Vater Jean-Jacques', Uhrmacher in Genf, verheiratet mit Suzanne Bernard, mußte 1722 Genf verlassen und siedelte nach Nyon auf Berner Gebiet über. 1730, 1734 und 1737 besuchte Jean-Jacques seinen Vater in Nyon. 1744 waren die Beziehungen zwischen Vater und Sohn bereits abgebrochen. 8, 9, 20, 21, 28, 33, 38, 46, 49, 50, 57

Rousseau, Jean-Baptiste (1670–1741): Dichter formvollendeter Oden und Psalmen, auch von Epigrammen und Episteln, bis weit ins 18. Jahrhundert als größter neuerer französischer Lyriker angesehen; 1712 wegen satirischer Gedichte gegen erfolgreiche Autoren und gegen die Kirche aus Frankreich verbannt. 79, 389

Rousseau, Pierre (1716–1785): von 1756 bis 1785 Herausgeber des „Journal encyclopédique". 79

Rulhière, Claude-Carloman de (1735–1791): französischer Schriftsteller und Historiker; war Botschafter in Petersburg; erregte u. a. 1762 Aufsehen mit seinen Enthüllungen über die Verhältnisse am Zarenhof. Er vermittelte 1770 dem polnischen Grafen Michał Wielhorski die Bekanntschaft Rousseaus. 253, 430

Saillant, Charles (1716–1786): Verleger und Partner von Jean Dessaint. 212

Saint-Lambert, Jean-François, marquis de (1716–1803): stammte aus verarmtem Adel; ergriff die militärische Laufbahn, bevor er sich 1759 der Literatur zuwandte. Er gehörte zu den Mitarbeitern der „Enzyklopädie"; war mit Madame d'Houdetot befreundet, über die er Rousseau kennenlernte. Sein Hauptwerk ist das Lehrgedicht „Die Jahreszeiten" (1769). 143

Saint-Non, Jean-Claude-Richard de (1727–1791): Abt von Poultières, Mitglied der Akademie für Malerei. 322

Saint-Pierre, Abbé Charles-Irénée Castel (1658–1743): politischer Schriftsteller, Verfasser zahlreicher Werke mit Reformvorschlägen för die Staatsverwaltung, die Volkswirtschaft, das Sozialwesen, besonders des barühmten „Plans zur Herbeiführung eines ewigen Friedens in Europa" (1713). Auf Ersuchen der Madame Dupin hatte sich Rousseau 1754 bis 1758 mit der Veröffentlichung dieses Werkes befaßt. 341

Saladin, Marie-Charlotte: Genfer Bürgerin. 419

Sallest. C. Sallustius Crispus (86–35 v. u. Z.): römischer Historiker. In seinem letzten und reifsten Werk, den „Historiae", trat seine pessimistische Geschichtsauffassung deutlich zutage, da er bereits in der republikanischen Frühzeit, bald nach der Vertreibung der Könige, den Verfall Roms beginnen ließ. 105

Sartine, Antoine Gualbert de, comte d'Alby (1729–1801): Polizeipräfekt von Paris von 1759 bis 1774, danach Marineminister bis 1780. 27, 426, 427

Seneca der Jüngere (um 4 v. u. Z.–65 u. Z.): römischer Philosoph, Erzieher Neros, als dessen Berater er von 54 bis 59 zusammen mit seinem Freund Burrus fast unumschränkt das römische Weltreich regierte. Nachdem er beim Kaiser in Ungnade gefallen war, zog er sich 62 vom Staatsleben zurück und wurde schließlich von Nero zum Selbstmord gezwungen. Diderot hat in seinem „Seneca-Essay" (1778–1782) die Problematik dieses Lebens behandelt. 105, 434, 436

Serre, Suzanne: ein unbekanntes junges Mädchen aus Lyon, in das Rousseau verliebt war. 58

Servet, Michel (1511–1553): ein aus Spanien stammender Arzt und bedeutendster Antitrinitarier des 16. Jahrhunderts, der auf Betreiben Calvins in Genf verbrannt wurde. 251

Shaftesbury, Anthony Ashley Cooper, earl von (1671–1713): englischer Moralphilosoph der Frühaufklärung, der Voltaire, Diderot, Rousseau beeinflußte; nach seiner Lehre ist die Welt eine in sich geschlossene harmonische Ganzheit. 403

Sokrates (470–399 v. u. Z.): griechischer Philosoph, Lehrer des Platon. Sein Lehrverfahren bestand darin, seine Gesprächspartner in Widersprüche zu verstricken, um sie so zur Selbsterkenntnis zu führen, besonders zum Wissen um das eigene Nichtwissen. Richtiges Wissen sah er als Grundlage der Tugend an. 219, 293, 410

Stanisław I., Leszcynski (1677–1751): König von Polen von 1704 bis 1709 und von 1733 bis 1735. Im September 1751 hatte er im „Mercure de France" gegen Rousseaus „Abhandlung über die Wissenschaften und Künste" Stellung genommen. Rousseau wies seine Kritik im November 1751 respektvoll zurück. 98, 100

Stanisław II. August Poniatowski (1732–1798): letzter König von Polen (1764–1795). 36

Stanley, Hans (1720–1778): englischer Politiker, der 1761 nach Paris geschickt wurde, um über einen Friedensvertrag zwischen England und Frankreich zu verhandeln. 229

Sulla, Lucius Cornelius (138–78 v. u. Z.): römischer Feldherr und Politiker. Er war der erste, der mit einem Heer gegen Rom marschierte und 82 v. u. Z. einen Bürgerkrieg gegen die demokratischen Marianer eröffnete. Da er 79 v. u. Z. erkennen mußte, daß er seine Ziele nicht erreichen konnte, legte er seine diktatorischen Vollmachten nieder. 103, 292

Sulzer, Johann Georg (1720–1779): Mathematiker und Ästhetiker, erhielt seine Bildung in Zürich und ging 1742 nach Berlin. Sein Hauptwerk ist die „Allgemeine Theorie der schönen Künste" (1771–1774). 422

Tacitus, Publius Cornelius (um 55–120 u. Z.): der letzte bedeutende römische Geschichtsschreiber. In seinen beiden Hauptwerken, den „Historiae" und den „Annales", hat er die Geschichte der römischen Kaiserzeit dargestellt. Mit seiner ethnographischen Studie „Germania" verbindet er Kritik am Sittenverfall in Rom. 11, 105

Tasso, Torquato (1544–1595): italienischer Dichter, neben Ariost größter Epiker des 16. Jahrhunderts. Er hatte Verfolgung und Exil kennengelernt und gehörte zu Rousseaus Leitfiguren. Schon im ersten Akt der Oper „Les Muses galantes" identifizierte er sich mit Tasso. 101

Taulès, Pierre de (1731–1820): stand im Dienst des französischen Außenministers, des Herzogs von Choiseul, und arbeitete mit Beauteville zusammen. 308, 309

Terenz. P. Terentius Afer (190–159 v. u. Z.): neben Plautus größter römischer Komödiendichter. 105

Thamas Couli Can: gemeint ist Tahmasp-Kouli-Khan (1688–1747), der 1736 den Thron in Persien usurpierte. Er zeichnete sich durch besondere Grausamkeit aus. 308

Theokrit (erste Hälfte des 3. Jh. v. u. Z.): griechischer Dichter, der das Leben der Bauern und Hirten in seiner ländlichen Einfachheit darstellt. 402

Thomas, Antoine-Léonard: stand im Dienst des französischen Außenministers. 308

Tiberius, Claudius Nero (42 v. u. Z.–37 u. Z.): römischer Kaiser seit 14 u. Z. 343

Trajan, M. Ulpius Traianus (53–117): römischer Kaiser seit 98. In seiner Regierungszeit erreichte das Römische Reich seine größte territoriale Ausdehnung. 395

Tronchin, Jean-Robert (1710–1793): Genfer Justizbeamter, seit 1759 Generalstaatsanwalt der Genfer Regierung, der ihre Maßnahmen gegen Rousseau mit den „Briefen vom Lande" im Jahre 1763 zu rechtfertigen suchte. 29, 273, 416, 420

Tronchin, Louis-François (geb. 1743): Sohn des Théodore Tronchin. Traf mit Rousseau 1766 in London bei Hume zusammen. 84, 303, 409

Tronchin, Théodore (1709–1781): Schweizer Arzt in Amsterdam, seit 1755 in Genf; seit 1766 in Paris als Leibarzt des Duc Philippe d'Orléans; angesehenster Impfarzt des 18. Jahrhunderts; Enzyklopädist und Freund Voltaires. Er hatte den Kleinen Rat in Genf veranlaßt, die „Neue Heloïse" zu verbieten. Rousseau nannte ihn den „Jongleur". 22, 29, 84, 137, 162, 164, 226, 228, 230, 300, 309, 310, 409, 410

Trublet, Nicolas-Charles-Joseph, abbé (1697–1770): Literat; von Voltaire als Zusammenschreiber verspottet; war um 1755 unter Malesherbes Mitarbeiter der französischen Zensurbehörde. 179, 180

Turgot, Anne-Robert-Jacques; baron de l'Aulme (1727–1781): Philosoph, Ökonom, Staatsmann. Zwischen 1748 und 1752 hat er eine Reihe geschichtsphilosophischer Studien geschrieben, die der Grundstein zu einer systematischen Theorie des Fortschritts sind. 19, 33, 38, 311, 431, 432

Valmalette, Madame de: Tochter des François Mussard. 188

Verdelin, Marie-Madelaine, geb. de Brémond d'Ars, marquise de (1728–1810): traf sich mit Rousseau in Montmorency, besuchte ihn 1765 in Môtiers und versuchte ihn zu bewegen, in England bei Horace Walpole Asyl zu suchen. Rousseau nannte sie 1770 eine „Furie". 221, 322, 340

Vergil. P. Vergilius Maro (70–19 v. u. Z.): bedeutendster römischer Epiker; verehrte Octavian, den späteren Kaiser Augustus. In dem Lehrgedicht „Georgica“ (Landbau) preist er die friedliche und mühevolle Arbeit der Bauern mit dem Ziel, ein Leitbild für die durch den Bürgerkrieg entwurzelte und zerrüttete Gesellschaft zu geben. Mit dem Epos „Äneis“ steht er in der Nachfolge Homers. 11, 103, 105

Vernes, Jacob (1728–1791): Theologe und Minister in Genf, den Rousseau 1752 in Paris kennengelernt hatte. Brach mit Rousseau nach dem Erscheinen des „Emile“ (1762). Rousseau verdächtigte ihn fälschlich, der Autor des anonymen Pamphlets „Die Meinung der Bürger“ (1764) zu sein. 416, 422, 423

Vieusseaux, Jacques: gehörte mit De Luc, Marc Chappuis und d'Ivernois zu den gewählten Repräsentanten der Genfer Bürgerschaft, die gegen den Machtmißbrauch des Kleinen Rates protestierten. 272, 307

Voisin, Jean-Jacques du: Schweizer Geistlicher. 210

Voltaire, eigtl. François-Marie Arouet (1694–1778): innerhalb der Aufklärungsbewegung die große Gegenfigur zu Rousseau. Nach einem kurzen Aufenthalt am preußischen Hof hatte er sich im März 1755 in Les Délices bei Genf niedergelassen. Bis zum Jahre 1764 war dies sein Hauptwohnsitz. Als sich der Bürgerkrieg in Genf verschärfte, suchte er Zuflucht auf seinem Landgut Ferney, das er im Oktober 1758 erworben hatte und das fünf Kilometer von Genf entfernt auf französischem Territorium lag. Nach der Flucht Rousseaus aus Frankreich und seinem Engagement für die demokratische Bürgerbewegung im Genfer Bürgerkrieg hat Voltaire ihn auf die infamste Weise moralisch diffamiert und politisch denunziert. 5, 11, 14, 17, 19, 20, 21, 22, 26, 30, 33, 35, 38, 39, 76, 77, 79, 81, 84, 103, 104, 108, 161, 178, 181, 202, 226, 228, 230, 233, 234, 245, 250, 269, 272, 310, 317, 379, 387, 389, 390, 391, 392, 404, 406, 409, 410, 411, 412, 416, 417, 418, 419, 421, 422, 423, 425, 430

Walpole, Horace, le comte d'Orford (1717–1797): vermögender englischer Kunstsammler und Literat; Sohn des Premierministers von Georg II., Sire Robert Walpole; besuchte häufig Frankreich und die Pariser Salons; mit David Hume verbunden und seit 1766 Intimfreund der Marquise Du Deffand. Rousseau war für ihn ein Scharlatan. 32, 298, 303, 306, 311, 425

Warens, Françoise-Louise-Eléonore, geb. de La Tour (1699–1762): stammte aus der waadtländischen Adelsfamilie de La Tour, die in Vevey am Genfer See ansässig war. Mit fünfzehn Jahren wurde sie an den Gutsbesitzer und Ratsherrn von Vevey, Sébastien de

Loys de Warens, verheiratet. 1726 trat sie zum Katholizismus über und trennte sich von ihrem Mann, der nicht katholisch werden wollte. In Annecy, einer kleinen Stadt auf savoyischem Gebiet, eröffnete sie sodann eine Art Aufnahme- und Durchgangsheim für Konvertiten. Aus der Kasse des Königs von Sardinien und Savoyen wurden damals großzügig Gelder und Pensionen an Schweizer Adlige verteilt, die sich bekehren ließen. Rousseau fand 1728 im Haus der Frau Warens eine neue Heimat. Er nannte sie liebevoll „Maman". Die zum Teil idyllischen Jahre ihres Zusammenlebens endeten 1740. 10, 11, 28, 49, 50, 53, 54, 55, 56, 61, 64, 65, 72, 90, 101

Wattelet, Claude-Henri (1718–1786): Generalsteuereinnehmer von Orléans, besuchte Rousseau in Montmorency und Môtiers. 322

Wielhorski, Michał (1759–1817): polnischer Graf; Gesandter der Konföderation von Bar in Paris. Die Konföderation stellte ein Bündnis dar, das gegen den polnischen König Stanisław II. August Poniatowski (König von 1764 bis 1795) opponierte und gegen die Protektoratsherrschaft, die Rußland seit der Jahrhundertwende über Polen ausübte. Sie löste den Bürgerkrieg von 1768 bis 1772 aus, in welchem die schwache Königsgewalt von russischen Truppen verteidigt wurde. Die französische Diplomatie gewährte den Konföderierten als Gegnern des Zarenreichs Unterstützung. 35, 379

Wintzenried de Courtilles, Jean-Samuel-Rodolphe (1716–1772): hatte geschäftliche Verbindungen mit Frau von Warens. 65

Inhalt

(Die Numerierung der Briefe und Dokumente richtet sich nach der von uns benutzten kritischen Ausgabe, hrsg. von R. A. Leigh.)

Einleitung 5

Wander- und Lehrjahre: 1728–1744

5 Rousseau an Isaac Rousseau
[Ende Mai/Anfang Juni 1731] 46
10 Rousseau an Isaac Rousseau (26. Juni 1735) 49
11 Rousseau an Isaac Rousseau [Herbstende 1735] 50
15 Rousseau an Baronin de Warens
[24. und 26. ? Juli 1737] 56
32 Rousseau an Suzanne Serre (?) [1739] 58
35 Rousseau an Pierre de Chaponay [Anfang 1740] 61
36 Rousseau an Jean Bonnot de Mably [April 1740] 63
37 Rousseau an Baronin de Warens (25. April 1740) 64
38 Rousseau an Baronin de Warens [1. Mai 1740] 65
120 Rousseau an Jean-Gabriel La Porte du Theil
(8. August 1744) 67

In Paris: 1744–1756

132 Rousseau an Baronin de Warens
(25. Februar 1745; 29. [1. März] 72
139 Rousseau an Voltaire [11. Dezember 1745] 76
140 Voltaire an Rousseau [15. Dezember 1745] 77
149 Rousseau an Voltaire [30. Januar 1750] 79
150 Voltaire an Rousseau [etwa 2. Februar 1750] 81
152 Rousseau an die Mitglieder der Akademie von Dijon
[20. Juli 1750] 81
157 Rousseau an Suzanne Dupin de Francueil
(20. April 1751) 82
159 Rousseau an Abbé Raynal [Ende Mai 1751] 85
162 Rousseau an d'Alembert (26. Juni [1751] 88
187 Rousseau an François Mussard [17. Dezember 1752] . . 90
193 Rousseau an Baronin de Warens (13. Februar 1753) . . . 90
195 Rousseau an Marquise de Pompadour (7. März 1753) . 92
235 Rousseau an L.-M.-M. Dupin (20. Juli 1754) 92
258 Rousseau an Jean Perdriau (28. November 1754) 94
317 Voltaire an Rousseau [30. August 1755] 101

319 Rousseau an Voltaire (7. September 1755) 104

In der Idylle von Montmorency bei Paris: 1756–1762

484 Rousseau an Diderot [16. März 1757] 110
485 Rousseau an Madame d'Epinay [16. März 1757] 113
486 Rousseau an Madame d'Epinay [16. März 1757] 115
491 Diderot an Rousseau [21. oder 22. März 1757] 116
493 Rousseau an Diderot [23. oder 24. März 1757] 117
494 Rousseau an Madame d'Epinay (26. [März 1757] 121
509 Rousseau an Gräfin d'Houdetot [Anfang Juli 1757] .. 125
533 Rousseau an Gräfin d'Houdetot
[um den 10. Oktober 1757] 127
545 Rousseau an Friedrich Melchior Grimm
[26. Oktober 1757] 135
547 Rousseau an Marquis de Saint-Lambert
(28. Oktober 1757) 143
548 Rousseau an Gräfin d'Houdetot
[Ende Oktober 1757] 146
558 Gräfin d'Houdetot an Rousseau (1. November 1757) . 147
562 Rousseau an Gräfin d'Houdetot [3. November 1757] . 151
574 Diderot an Rousseau [um den 14. November 1757] ... 153
580 Rousseau an Madame d'Epinay (23. November 1757) . 155
624 Rousseau an Diderot (2. März 1758) 156
639 Gräfin d'Houdetot an Rousseau (6. Mai [1758]) 159
659 Rousseau an d'Alembert (25. Juni 1758) 160
660 D'Alembert an Rousseau (27. Juni [1758]) 161
743 Rousseau an Théodore Tronchin
(26. November 1758) 162
795 Rousseau an Toussaint-Pierre Lenieps (5. April 1759) . 164
796 Rousseau an Marc-Michel Rey
[um den 13. April 1759] 176
968 Rousseau an Marc-Michel Rey (10. April 1760) 176
993 Marc-Michel Rey an Rousseau [19. Mai 1760] 177
1019 Rousseau an Voltaire (17. Juni 1760) 178
1101 Rousseau an Marc-Michel Rey [14. September 1760] .. 181
1103 Rousseau an François Coindet [19. September 1760] .. 182
1301 Herzogin de Luxembourg an Rousseau
[18. Februar 1761] 182
1303 Rousseau an Malesherbes [19. Februar 1761] 183
1306 Charlotte de La Taille an Rousseau
[19. Februar 1761] 186
1316 Ein Unbekannter an Rousseau (23. Februar 1761) 187
1337 Pierre de La Roche an Rousseau [3. März 1761] 188
1344 Paul-Claude Moultou an Rousseau [7. März 1761] 196

1379 Louis François an Rousseau [24. März 1761] 202
1430 Rousseau an Herzogin de Luxembourg [12. Juni 1761] 204
1540 Marschall de Maisonneuve an Rousseau [14. November 1761] 208
1741 Marc-Michel Rey an Rousseau [15. April 1762] 209
1809 Rousseau an Marc-Michel Rey (28. Mai 1762) 211
1835 Rousseau an Paul-Claude Moultou (7. Juni 1762) 213

Exil in Preußisch Neuenburg (Neuchâtel): 1762–1765

1874 D'Alembert an Rousseau (15. Juni [1762]) 218
1880 Rousseau an Thérèse Levasseur (17. Juni [1762]) 220
1976 Rousseau an Friedrich II. [10. oder 11. Juli 1762] 223
1985 George Keith an Rousseau (12. Juli 1762) 223
2051 Eine Genferin an Rousseau [Ende Juli 1762] 224
2086 Rousseau an George Keith [um den 18. August 1762] . 225
2092 Rousseau an Isaac-Ami Marcet de Mézières (20. April [1762]) 227
2271 Rousseau an Gräfin de Boufflers-Rouverel (31. Oktober 1762) 229
2274 Rousseau an Friedrich II. [1. November 1762] 235
2440 Rousseau an Marschall de Luxembourg (20. Januar 1763) 236
2489 Rousseau an Paul-Claude Moultou (17. Februar 1763) 250
2491 Rousseau an David Hume (19. Februar 1763) 251
2502 Rulhière an Rousseau (20. Februar 1763) 253
2503 George Keith an Rousseau [22. Februar 1763] 256
2705 Marc Chappuis an Rousseau [18. Mai 1763] 257
2726 Rousseau an Marc Chappuis (26. Mai 1763) 260
2734 Ein Genfer an Rousseau [31. Mai 1763] 263
2844 Rousseau an Charles Pinot Duclos (28. Juli 1763) 266
2885 Rousseau an Jacques-François Deluc (22. August 1763) 270
2886 Rousseau an François-Henri d'Ivernois (22. August 1763) 271
2945 Jacques-François Deluc an Rousseau (30. Septemer 1763) 272
3475 Matthieu Buttafoco an Rousseau [31. August 1764] ... 274
3523 Rousseau an Matthieu Buttafoco (22. September 1764) 278
3542 Matthieu Buttafoco an Rousseau (3. Oktober 1764) .. 281
3564 Rousseau an Philibert Cramer (13. Oktober 1764) ... 286
3573 Rousseau an Matthieu Buttafoco (15. Oktober 1764) . 287

3634 Matthieu Buttafoco an Rousseau
[10. November 1764] 290
4014 Gabriel Bonnot de Mably an Rousseau
(11. Februar 1765) 293

Exil in England: 1766–1767

4988 Rousseau an Gräfin de Boufflers-Rouverel
(18. Januar 1766) 296
5056 Rousseau an Daniel Roguin (15. Februar 1766) 298
5136 Rousseau an Friedrich II. (30. März 1766) 300
5139 Rousseau an François-Henri d'Ivernois
(31. März 1766) 300
5146 Rousseau an Gräfin de Boufflers-Rouverel
(5. April 1766) 303
5149 Rousseau an Henri Baldwin (7. April 1766) 306
5178 François-Henri d'Ivernois an Rousseau
(28. April 1766) 306
5242 Rousseau an David Hume (23. Juni 1766) 310
5416 Rousseau an George Keith (7. Oktober 1766) 312
5659 François-Henri d'Ivernois an Rousseau
[um den 4. Januar 1767] 313
5663 François-Henri d'Ivernois an Rousseau
(5. Januar 1767) 315
5714 Rousseau an François-Henri d'Ivernois
(7. Februar 1767) 317
5721 François Coindet an Rousseau (9. Februar 1767) 320
5778 Pierre-Alexandre Du Peyrou an Rousseau
(16. März 1767) 323
5858 Rousseau an Henry Seymon Conway (18. Mai 1767) . 324
5859 Rousseau an Richard Davenport (18. Mai 1767) 330

Illegalität in Frankreich: 1767–1778

5866 Rousseau an Marquis de Mirabeau (22. Mai 1767) 334
5876 Marquis de Mirabeau an Rousseau (25. Mai 1767) 335
5892 Prinz de Conti an Rousseau [ungefähr 1. Juni 1767] . . 336
5901 Prinz de Conti an Rousseau [um den 8. Juni 1767] 338
5944 Rousseau an Marquis de Mirabeau (24. Juni 1767) 338
5946 François Coindet an Rousseau (26. Juni 1767) 339
5991 Rousseau an Marquis de Mirabeau (26. Juli 1767) 341
6225 Rousseau an François-Henri d'Ivernois
(29. Januar 1768) 345
6241 Rousseau an François-Henri d'Ivernois
(9. Februar 1768) 348

6256 François-Henri d'Ivernois an Rousseau (17. Februar 1768) 359
6271 Rousseau an Pierre-Alexandre du Peyrou (3. März 1768) 362
6280 Rousseau an Paul-Claude Moultou (7. März 1768) 364
6284 Rousseau an François-Henri d'Ivernois (8. März 1768) 368
6289 François-Henri d'Ivernois an Rousseau (11. März 1768) 369
6306 Rousseau an Toussaint-Pierre Lenieps (24. März 1768) 370
6307 Rousseau an Pierre Guy (24. März 1768) 371
6308 Rousseau an François-Henri d'Ivernois (24. März 1768) 372
6311 Rousseau an Herzog de Choiseul (27. März 1768) 375
6796 Rousseau an Graf Wielhorski [Ende September 1770] . 379
6963 Jacques-François Deluc an Rousseau (8. September 1772) 380
6964 Rousseau an Herzog von Alba (1. Oktober 1772) 382

Dokumente zur Person Rousseaus

1835 Joly de Fleury an Malesherbes (10. Juni 1762) 386
1970 Les Scholarques de Berne aux Censeurs (8. Juli 1762) .. 387
2128 Friedrich II. an George Keith (1. September 1762) 387
2143 D'Alembert an Voltaire (8. September [1762]) 389
2165 Voltaire an d'Alembert [15. September 1762] 391
2344 Friedrich II. an George Keith (26. November 1762) .. 392
2554 Julie von Bondeli an Marie Sophie von La Roche [um den 20. März 1763?] 393
A 325 Wegelin und Schulthess nach einem Besuch bei Rousseau 394
4365 Caspar Escher an ...? (30. April 1765) 407
2786 Voltaire an Herzogin von Sachsen-Gotha [30. Juni 1763] 409
2789 Théodore Tronchin an Louis-François Tronchin (1. Juli 1763) 409
2883 Voltaire an Etienne-Noël Damilaville (21. August [1763]) 410
2884 Voltaire an Herzog von Praselin (21. August 1763) ... 411
A 343 [Voltaire] Die Meinung der Bürger [Genf, Dezember 1764] 412
3865 Voltaire an Graf d'Argental (10. Januar [1765]) 418
3867 Gabriel Bonnot de Mably an Marie-Charlotte (?) Saladin (11. Januar 1765) 419

4272 Joseph-Michel-Antoine Servan an d'Alembert [11. April 1765] ... 420
4318 Johann Jakob Bodmer an Johann Georg Sulzer (20. April 1765) ... 422
4505 Martin Künzli an Johann Jakob Bodmer [1. Juli 1765] ... 423
A 429 Isaac Iselin an Salomon Hirzel [2. November 1765] ... 424
Isaac Iselin an Salomon Hirzel [16. November 1765] .. 424
A 431 Brief des Königs von Preußen (Horace Walpole) an Rousseau [23. Dezember 1765] ... 424
A 477 Choiseul droht den Genfern in Paris (November 1766) ... 426
A 479 Jean-Pierre Crommelin an Herzog von Choiseul (20. November 1766) ... 426
5585 Malesherbes an Graf Sarafield (28. November [1766]) . 427
Rousseaus Rückkehr nach Paris ... 429
7018 Anne-Robert-Jacques Turgot an Marquis Condorcet (Dezember 1773) ... 431
7021 François de Chambrier an Salomé de Chambrier [15. Dezember 1773] ... 432
Zum Tode Rousseaus ... 433
Diderots Abrechnung mit Rousseau (1782) ... 434
A 595 Revolutionsfest in Lyon am 16. Oktober 1794 ... 436

Personenregister ... 439

RECLAM
Bibliothek

PHILOSOPHIE · GESCHICHTE
KULTURGESCHICHTE

KONFUZIUS

Gespräche
(Lun-Yu)

Aus dem Chinesischen übersetzt und herausgegeben von Ralf Moritz
167 Seiten. RBL 888. 10,– DM
ISBN 3-379-00004-3

Es besteht selbstverständlich kein Grund, die euphorischen Einschätzungen eines Gottfried Wilhelm Leibniz oder Christian Wolff zu wiederholen, die aus dem konfuzianischen Kanon eine Verkörperung des Naturrechts und eines Philosophen- und Gelehrtenstaates herauslasen. Die Begeisterung der Aufklärer für die chinesische Staatsordnung, die auch Voltaire fälschlicherweise für die vorzüglichste der Welt hielt, erklärt sich aus einem folgenschweren Irrtum, der sich aus Berichten jesuitischer Missionare über China ergab. Der Konfuzius, wie er uns von Ralf Moritz nahegebracht wird, ist nicht ein durch den späteren Kult legendär verklärter Heiliger, sondern der historische Konfuzius, ein Mahner und Lehrer, Bewahrer des Alten und Reformer zugleich.

Roland Felber in: Die Weltbühne

RECLAM
Bibliothek

DEUTSCHE ERSTÜBERSETZUNG

JAMES HARRINGTON

Oceana

1656

Aus dem Englischen übertragen von Klaus Udo Szudra. Herausgegeben und mit einem Anhang von Hermann Klenner und Klaus Udo Szudra.

432 Seiten. 2 Abbildungen. RBL 1403. 16,– DM
ISBN 3-379-00700-5

„The Commonwealth of Oceana", 1656 veröffentlicht, war ein Staatsentwurf, den sein Autor, der Republikaner James Harrington (1611–1677), dem Lordprotektor von England, Schottland und Irland, Oliver Cromwell, gewidmet und zur Realisierung empfohlen hatte. Das Modell, zum ersten Mal in deutscher Sprache vorgelegt, verbirgt kaum seine Doppelnatur: es gehört sowohl in die Geschichte der großen Sozialutopien als auch in die der großen Sozialtheorien.
Was Harrington fordert: eine geschriebene Verfassung, Gewaltenteilung, geheime Wahlen (bei einer auch für Analphabeten sinnvollen Methode) und – als erster! – die Einführung des Rotationsprinzips, gehört bis heute zum unverzichtbaren Inventar eines Rechtsstaates.

RECLAM
Bibliothek

PHILOSOPHIE · GESCHICHTE
KULTURGESCHICHTE

BLAISE PASCAL

Gedanken

Aus dem Französischen übersetzt von Ulrich Kunzmann. Herausgegeben und mit einer Einführung von Jean-Robert Armogathe.
424 Seiten. RBL 1211. 14,– DM
ISBN 3-379-00178-3

Kunzmann/Armogathe haben mit ihrer Ausgabe die deutsche Pascal-Edition endlich auf den seit längerem vorgegebenen internationalen Stand gebracht. Es ist erfreulich, daß nun endlich ... auch die philologisch epochemachende und für die Auslegung unentbehrliche Version Lafumas zugänglich (ist). „Pendent opera interrupta" lautete die Inschrift über dem Emblem der Originalausgabe von 1670. Das Gebäude der Pascalschen Apologie ist auch mit den neuesten philologischen Methoden nicht herzustellen, da es nie existierte. Aber die hinterlassenen Ruinen – um im Bilde zu bleiben – bieten genügend Stoff für immer neue Beschäftigung.

Albert Raffelt in: Zeitschrift für Philosophie und Theologie

RECLAM
Bibliothek

PHILOSOPHIE · GESCHICHTE
KULTURGESCHICHTE

FRIEDRICH DER GROSSE

Der Antimachiavell

oder
Untersuchung von Machiavellis „Fürst“
bearbeitet von Voltaire

Aus dem Französischen, herausgegeben und mit einem Nachwort von Helga Bergmann.
150 Seiten. 1 Abbildung. RBL 1404. 10,– DM
ISBN 3-379-00701-3

Der „Antimachiavell“, eine Jugendschrift Friedrichs des Großen (1712–1786), ist ein Sonderfall der Editionsgeschichte: Ein deutscher Monarch setzt sich mit einem politischen Traktat auseinander, ein französischer Aufklärer ermutigt ihn dazu, nimmt sich auf Bitten des Autors des Manuskriptes an, überarbeitet es und sorgt für die Publikation in den Niederlanden; von dort aus findet das Buch überall in Europa Verbreitung. Voltaire firmiert als Herausgeber, Friedrich bleibt anonym, doch seine Autorschaft ist ein öffentliches Geheimnis.